Kanu Kompass

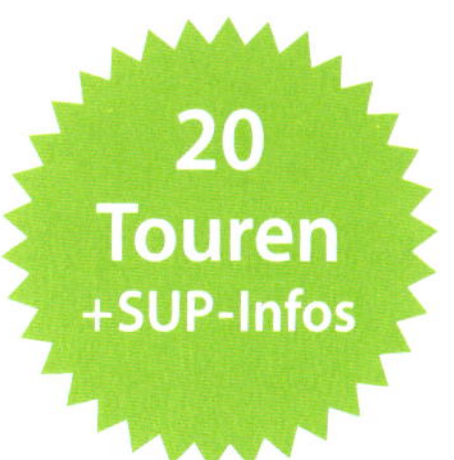

Nördliche Alpenseen

Thomas Kettler Verlag

Impressum

©2016 **THOMAS KETTLER VERLAG**
Von-Hutten-Str. 15
D-22761 Hamburg
Tel +49 (40) 39 10 99 10
Fax +49 (40) 390 68 20
www.thomas-kettler-verlag.de

2. aktualisierte Auflage Juli 2018
Text: Björn Nehrhoff von Holderberg
Lektorat & Textergänzung: Thomas Kettler
Titelfoto: *Gosausee,* Björn Nehrhoff von Holderberg
Fotos: Björn Nehrhoff von Holderberg
Fotos Thomas Kettler: Seite 119 u.,120 o., 138, 139, 140, 168
Karten: Stepmaps, Heide Schwinn
Layout und Satz: Carola Hillmann, Thomas Kettler Verlag
Kanufahrschule: Michael Hennemann, Falk Bruder
Illustrationen Kanufahrschule: Ann-Sophie Ränger, Carola Hillmann
Druck: Gutenberg Beuys Feindruckerei, Langenhagen

Weitere Bildnachweise (o. = oben, u. = unten)**:**
Seite 19, 20 u., 24, 28 o., 66, 71, 72, 80, 82 © Christian Perret/Luzern Tourismus
Seite 28 u.: Swiss Tubes TCS Camping Thunersee-Gwatt
Seite 29, 247 o.: Camping Park am See, Obertraun
Seite 45 u.: Mattias Nutt / Interlaken Tourismus
Seite 63: Jost von Allmen / Interlaken Tourismus
Seite 69: Gabriel Ammon / Luzern Tourismus
Seite118: Tourist-Info Grainau / W. Ehn
Seite 119 o.: Eibsee-Hotel
Seite 162: Outdoorhotel Jäger von Fall
Seite 181, 188, 189, 192: © Egbert Krupp, © Tegernseer Tal Tourismus GmbH
Seite 183, 185 u.: © Manfred Manke, © Tegernseer Tal Tourismus GmbH
Seite 185 o.: © Thomas Linkel, © Tegernseer Tal Tourismus GmbH
Seite 241: Dachstein im Salzkammergut / Schöpf
Seite 242 o.: Dachstein im Salzkammergut / Leo Himsl
Seite 264 o.: Alfons Zaunhuber

Bildnachweise Wikimedia Commons (o. = oben, u. = unten):
Seite 27: Edwin Lee*; Seite 44 & 70 o. & 240: Andrew Bossi**; Seite 45 o.: Fafner**; Seite 58 o.: Inswinger7**; Seite 58 u.: Martin Abegglen (Flickr: giessbachbahn)*; Seite 65: Tobi 87**; Seite 70 u.: Joachim Kohler****; Seite 76: Gindegg**; Seite 83: Michael from Ostschweiz*, Seite 86: Caumasee**; Seite 89: Boehringer Friedrich***; Seite 91: Markus Bernet***, Seite 94 o.: Schofför**; Seite 98: Cezary Piwowarski***; Seite 99 o.: Harenb01**, Seite 99 u.: Hubert Berberich (HubiB)**; Seite 100 Hansj Lipp*; Seite 103 & 106: Flodur63****; Seite 108: Kogo****; Seite 120 u. & 184 u. & Seite 199 u. & 200 u.: Bbb at wikivoyage*; Seite 126: Octagon**; Seite 130: Elian***; Seite 141: MOs810***; Seite 150: Gras-Ober**; Seite 172: HellasX**; Seite 184 o.: Lm 1909****; Seite 195: Gerhard66**; Seite 199 o.: InterPixel.de**; Seite 200 o.: Allie Caulfield*; Seite 212: Ailura**; Seite 213: SEBASTIAN WOLPERS**; Seite 219 & 258: Hermann Hammer****; Seite 220: Tigerente**; Seite 221 u. & 243: H. Helmlechner****; Seite 222 o.: Co riolis**; Seite 222 u.: Christian Philipp, all rights reserved von Herzi Pinki**; Seite 223 u.: Peter Gerstbach**; Seite 230: Goisern auf wikivoyage**; Seite 232: By Karelj*; Seite 238: Zeitblick**; Seite 246: Ncsakany**; Seite 253 o.: Ch.baumi**; Seite 254 o.: Gerhard Anzinger, Wels**; Seite 255: Kuratorium Pfahlbauten (wikicommons); Seite 266: Piotr Zarobkiewicz**; Seite 269: Haeferl****, Seite 273: Thomas Ledl****; Seite 274: Wolfgang Sauber **.

Die Deutsche Nationalbibliothek verzeichnet diese Publikation in der Deutschen Nationalbibliografie; detaillierte bibliografische Daten sind im Internet über *http://dnb.d-nb.de* abrufbar.

ISBN 978-3-934014-73-2

Kanu Kompass

20 Touren
+SUP-Infos

Nördliche Alpenseen

Thomas Kettler Verlag

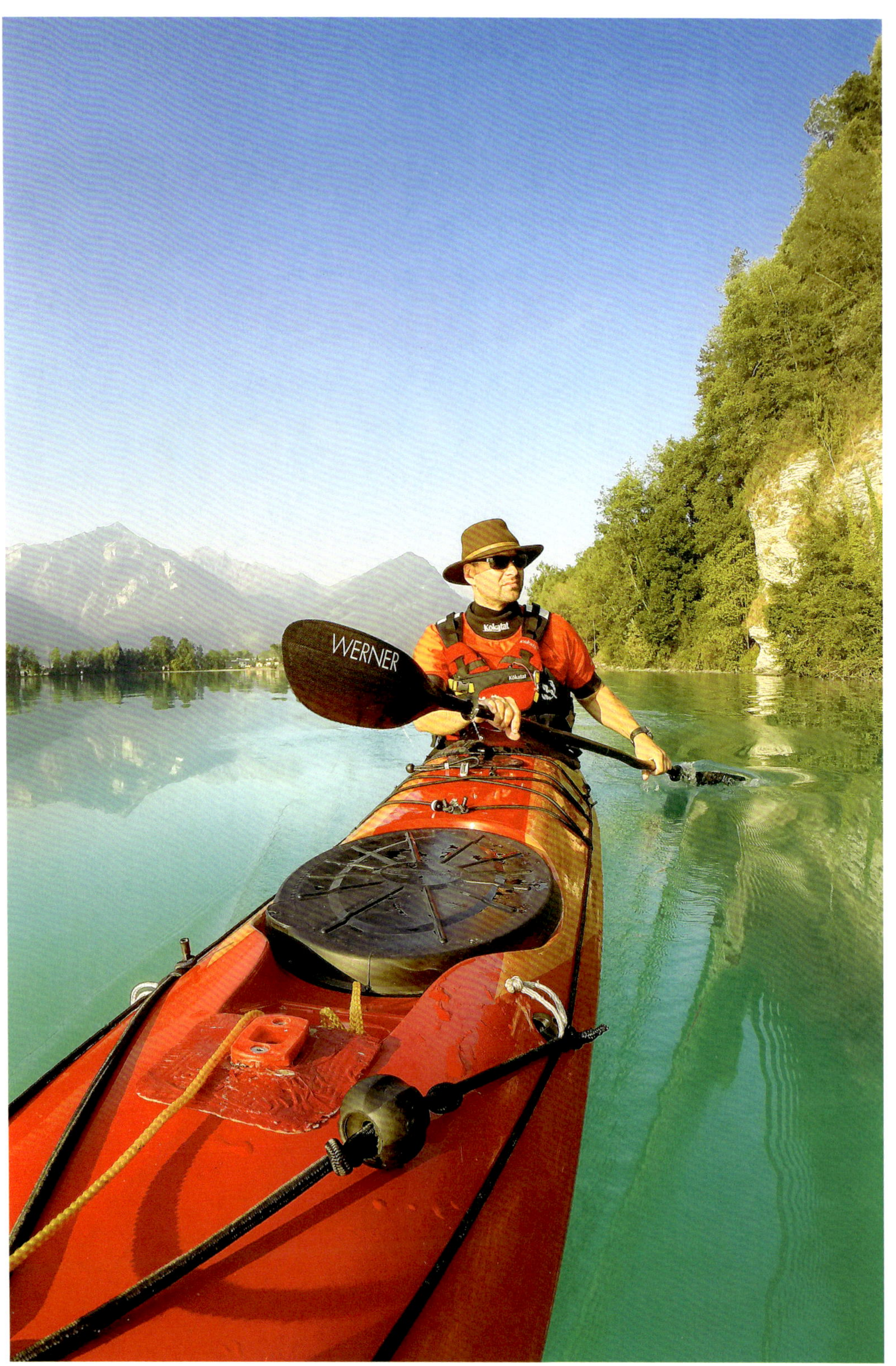
WERNER
Kokatat

Alles rund ums Paddeln

SUP Basics

Reiseinfos von A-Z

Touren für den Paddler

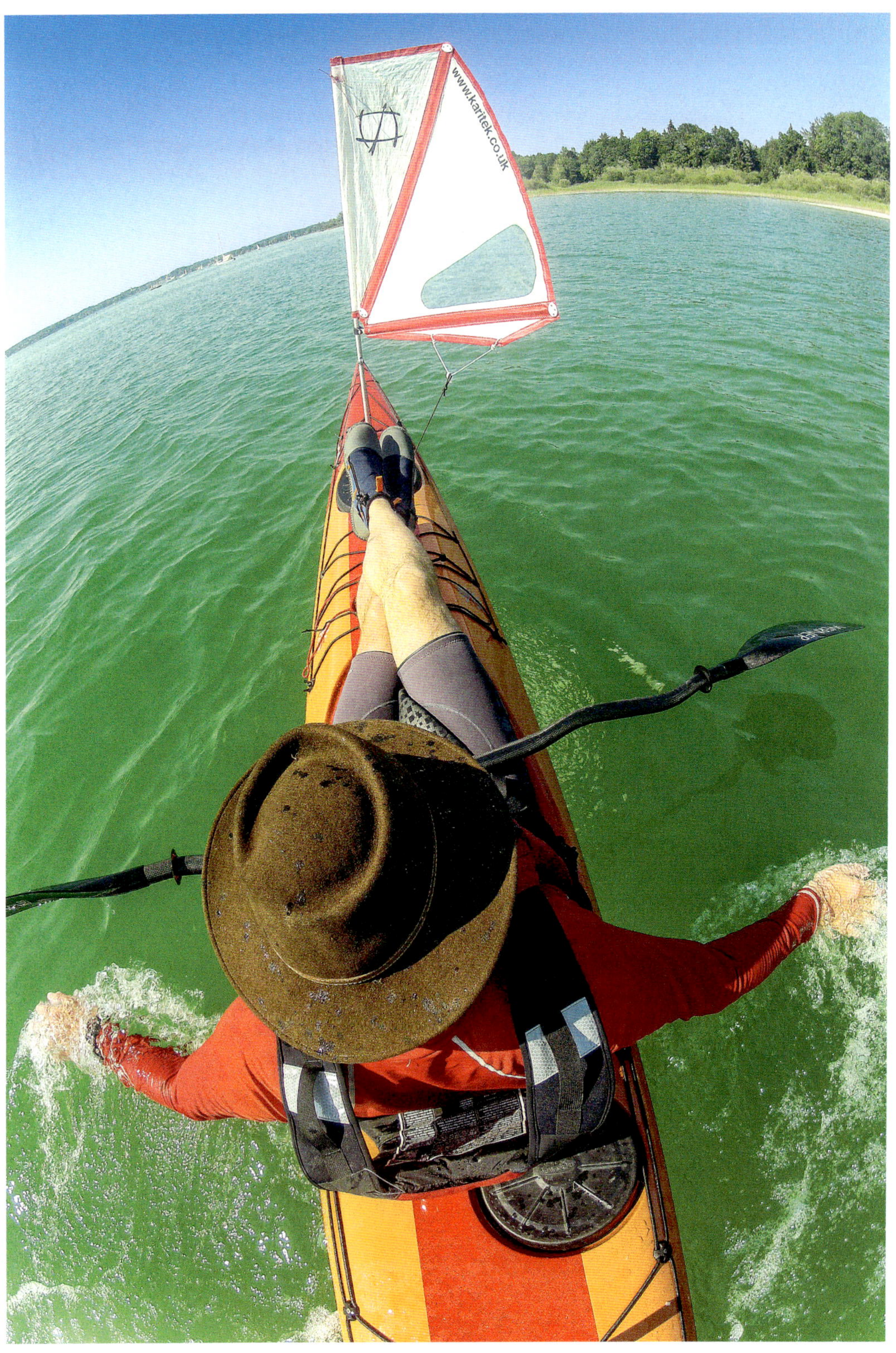
www.karitek.co.uk

Vorweg

Die nördlichen Alpenseen sind ein wahres Paradies für jeden Paddler, egal ob man mit dem Kanadier, dem Kajak oder SUP-Board unterwegs ist. In diesem Buch finden sich 20 Vorschläge für Paddeltouren in den Nordalpen in Deutschland, Österreich und der Schweiz. Der Autor hat versucht aus der Vielzahl der Seen die schönsten auszusuchen, wobei die Auswahl natürlich immer auch eine subjektive Angelegenheit bleibt. Die Größe der im Buch beschriebenen Seen reicht von kleinen Seen wie dem Eib- oder dem Gosausee, die sich für eine vergnügliche und gemütliche Nachmittagsausfahrt eignen, aber extrem spektakuläre Landschaften bieten, bis hin zu größeren Seen wie dem Attersee und dem Thunersee, auf denen man auch mehrere Tage unterwegs sein kann. Für durchgehende, noch längere Kanutouren eignet sich vor allem der Verbund aus Thuner- und Brienzersee in der Schweiz oder der Walensee, wenn man von dort aus weiter zum Zürichsee paddelt.

Doch auch eine Kombination aus mehreren Tagestouren in einem Gebiet kann für eine Woche lang tolle Paddelerlebnisse bereithalten. Dafür bietet sich z.B. das Salzkammergut mit seinen Seeperlen Wolfgangsee, Hallstätter See, Attersee, Traunsee und Gosausee.

Wer in der Region südlich von München unterwegs ist, findet mit dem Staffelsee, Kochelsee, Walchensee, Sylvensteinspeicher und dem Achensee ein ganzes Ensemble spektakulärer Bergseen die nahe beieinander liegen. Natürlich kann man die Seen auch nacheinander an den Wochenenden abklappern.

Da nicht alle Leser dieses Buches ausschließlich auf dem Wasser unterwegs sein wollen, gibt es zu jedem See auch immer Tipps für Wander- und Radtouren.

Was gibt es Schöneres, als ein Gebiet von verschiedenen Seiten aus zu betrachten? – Mal aus luftiger Höhe und ein anderes Mal von der Mitte eines Sees aus.

Björn Nehrhoff von Holderberg

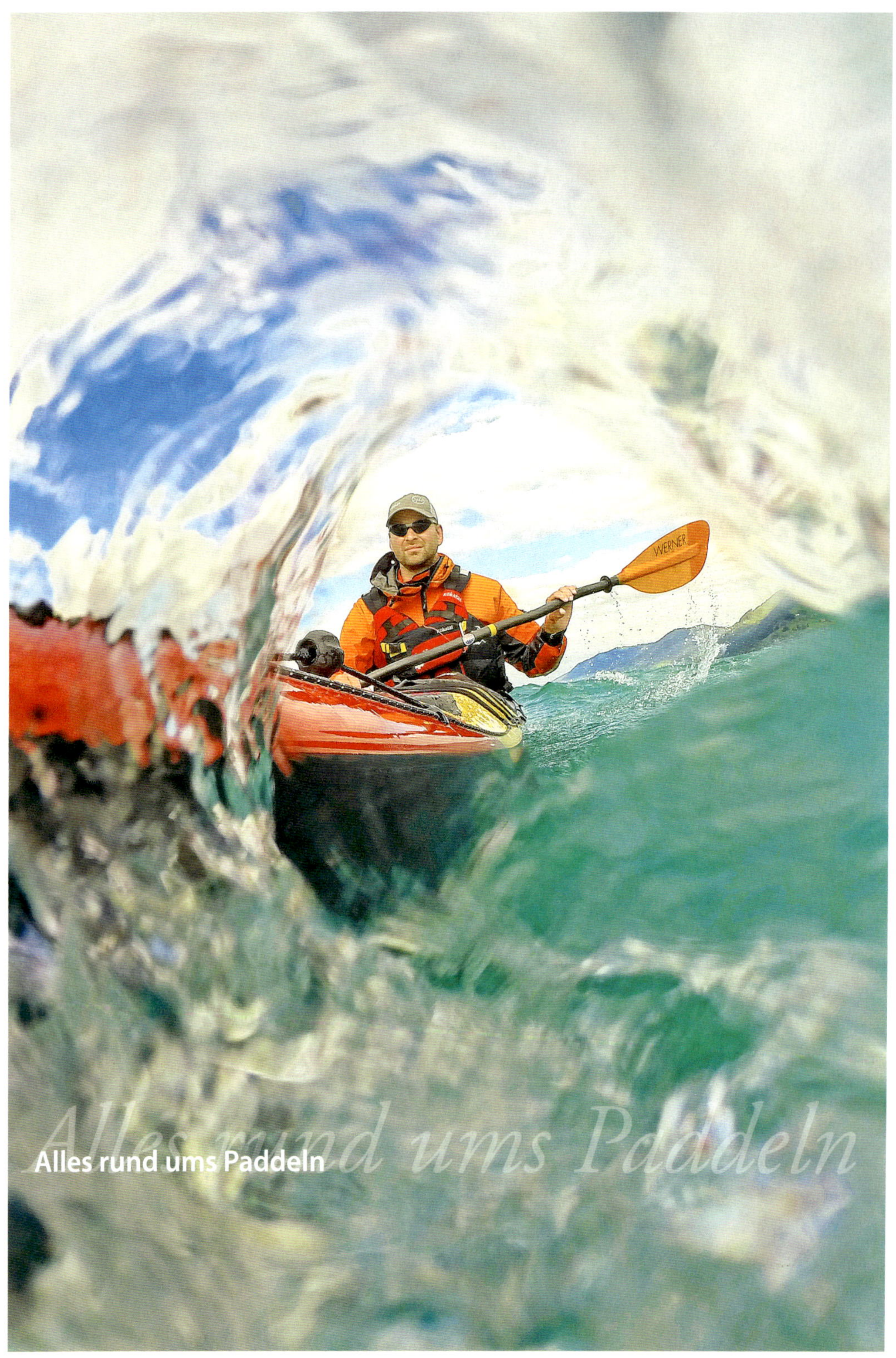

Alles rund ums Paddeln

Alles rund ums Paddeln

i

Wahl des Kanus

Kajak oder **Kanadier**? Generell gilt, dass ein Kajak, also ein **geschlossenes** Kanu, auf offenen, dem Wind ausgesetzten Wasserflächen, immer einen großen Sicherheits- und Geschwindigkeitsvorteil gegenüber einem Kanadier, einem offenen Kanu, hat.

Wer große Strecken zurücklegen und sich in der Streckenwahl nicht so leicht einschränken lassen will, der besorgt sich also am besten ein schnittiges **Tourenkajak**.

Auch **Seekajaks** geben auf allen Seen eine gute Figur ab. Wer nicht unter allen Bedingungen 100 % sattelfest im Boot sitzt, sollte sich immer nahe am Ufer aufhalten, denn thermische Bergwinde können sich auch im Sommer schnell entwickeln.

Der Vorteil beim **Kanadier** liegt im leichteren Beladen des Bootes und der größeren Bewegungsfreiheit im Boot.

Neben dem **Paddel** (und evtl. Ersatzpaddel), **Schwimm-** oder **Rettungsweste** gehören ein **Bootswagen** für den längeren Landtransport, **Leinen** zum Festmachen und Halten des Kanus sowie ein **Schwamm** zum Säubern und „Entwässern“ des Kanus zur Ausstattung.

Wasserdichte Packsäcke wie beispielsweise von der Firma Ortlieb oder Kunststofftonnen und Packsäcke der Firma Zölzer, schützen die Ausrüstung vor Nässe.

Kanu mieten

Wer sein Wassersportgerät nicht mitnehmen möchte oder kann und auch kein Faltboot besitzt, freut sich über die 2011 getroffene Entscheidung, das Vermieten von Kanus und Kajaks an den bayerischen Seen zu erlauben.

Wer jetzt erwartet tolle Highend-Kanus mieten zu können wird meist enttäuscht, da man eher auf Tretbootvermieter trifft oder auf Surfschulen, die sich gerade mal ein oder zwei Anfängerkajaks (oft auch „Sit-on-Tops“) an den Steg oder auf die Wiese gelegt haben.

Gute, flott laufende Kanus findet man daher eher bei Anbietern, die sich auf das Tourenkajakfahren spezialisiert haben.

Im Bereich „Stand up Paddling“ sieht das, gerade bei Windsurfschulen, deutlich besser aus. Hier bekommt man häufig gute Bretter zum Mieten. In den mittlerweile überall aus dem Boden sprießenden SUP-Schulen hat man oft eine richtig gute Auswahl.

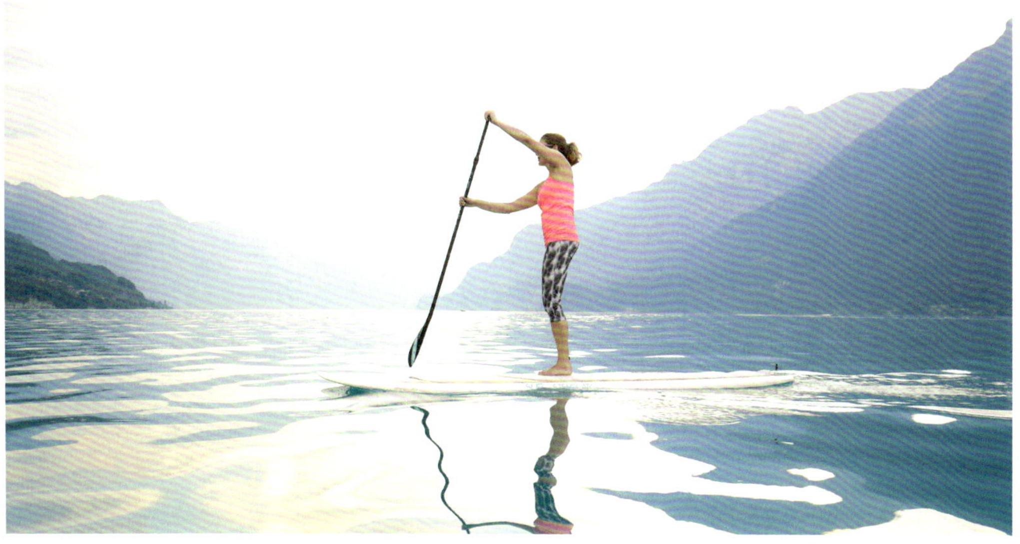

SUP auf dem Brienzersee beim TSC Camping Böningen

i

Ausrüstung

Bekleidung

Trotz des relativ milden Klimas sollte man nicht unvorbereitet auf Tour gehen. Unabdingbar ist eine **Schwimmweste**, für Kinder eine **ohnmachtssichere Rettungsweste**. Bei einer Kanufahrt muss immer die Wassertemperatur mit einbezogen werden.

Oft gibt es im Frühling schon warmes und sommerliches Wetter, das Wasser ist aber noch eiskalt. Hier heißt es dann: **„dress for a swim"**, denn allzu schnell fällt man in kaltem Wasser der Unterkühlung anheim.

Besonders in den unbeständigen Tagen im Herbst oder Frühling hebt gute Kleidung den Tourenkomfort.

Eine vernünftige **Paddeljacke** gehört auch im Sommer ins Reisegepäck, ebenso wie ein Satz **Wechselkleidung** wenn man den möglichen Temperatursturz nach Föhnlagen in Betracht zieht. Wer in der Nebensaison paddeln möchte, der sollte sich auf den dann menschenleeren Seen der Sicherheit wegen nur auf einen **Neoprenanzug** oder einen **Trockenanzug** verlassen.

Das gilt in besonderem Maße für Stand-up-Paddler, da sie den Wetterbedingungen mit dem ganzen Körper ausgesetzt sind und die Wahrscheinlichkeit ins Wasser zu fallen höher ist.

Wer gut vorbereitet sein will, kleidet sich nach dem bewährten **Zwiebelprinzip**: Die unterste Schicht besteht dabei aus dünner **Funktionswäsche**. Sie leitet die Feuchtigkeit von der Haut weg in eine Wärmeschicht (Fleece oder Wolle) und von dort im Idealfall durch eine **wasserdampfdurchlässige Jacke** (GoreTex und andere Membranen) nach außen.

Auch den besten High-Tech-Materialien gelingt es nicht das Schwitzen gänzlich zu verhindern, dafür aber die Feuchtigkeit auf der Haut auf ein komfortables Niveau zu senken.

In der kälteren Jahreszeit empfiehlt sich auch das Tragen einer **Mütze** als Schutz vor Auskühlung, denn ein Großteil der Körperwärme geht über den Kopf verloren.

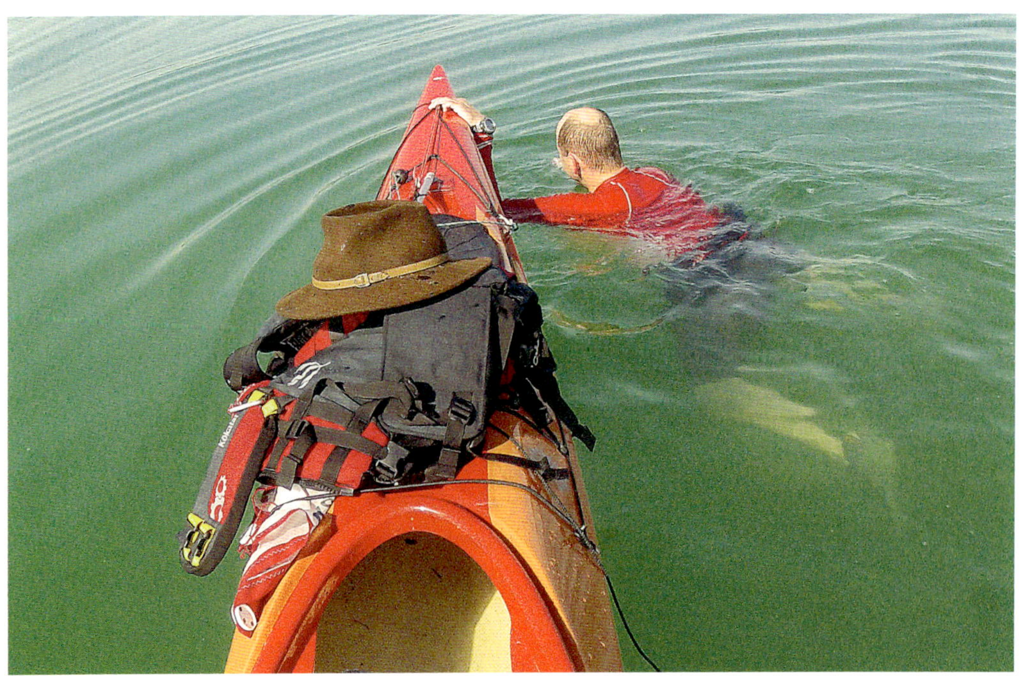

„Dress for a swim . . ."

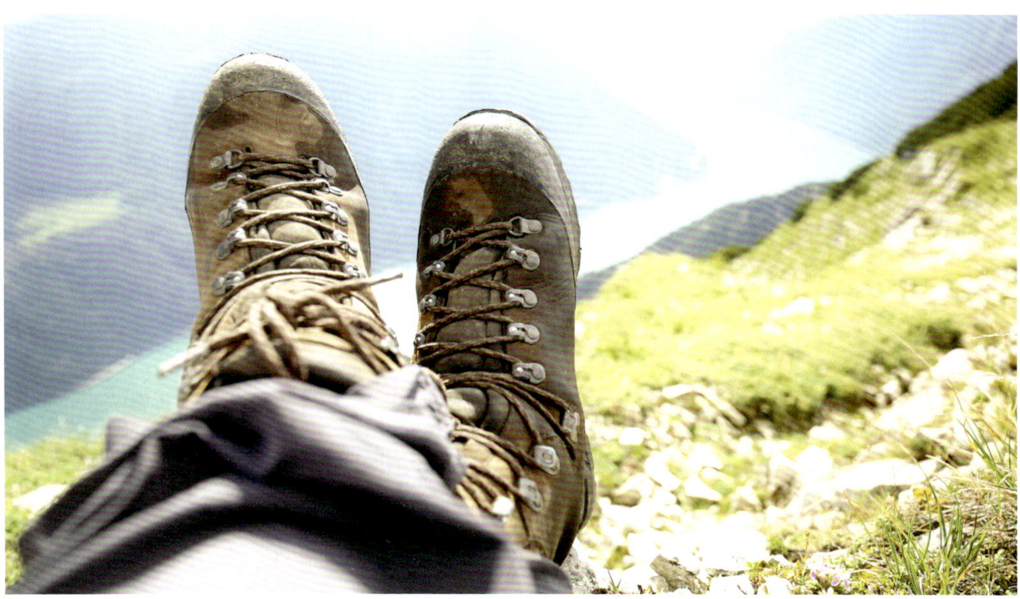

Wanderschuhe sollten nicht im Gepäck fehlen – die Berge sind immer nah

Als **Schuhe** eignen sich spezielle Paddel- oder SUP-Schuhe (Neopren). Eventuell kann man auch leichte Sportschuhe tragen. Diese dann eher im Kanadier.

Zum **Baden** nehmen Sie sich am besten einfache Badeschuhe mit – die Ufer sind meist steinig! Für die Wanderung in die Berge sollten **knöchelhohe Wanderschuhe** nicht fehlen.

Das Dach über dem Kopf

Nicht immer findet sich ein Hotel oder eine Pension in Wassernähe. Oder man möchte ausdrücklich die Nacht unter freiem Himmel verbringen. Dann gehören ein **Zelt** nebst **Zeltunterlage**, eine **Isomatte** und ein **Schlafsack** und evtl. ein kleines **Kopfkissen** mit ins Gepäck.

Ob **freistehendes Kuppel-** oder **Tunnelzelt** bleibt jedem selbst überlassen. Ersteres hat den Vorteil, dass auf steinigem Untergrund weder Heringe noch Leinen zum Abspannen benötigt werden. Letzteres ist schneller aufgebaut und, da das Innenzelt im Außenzelt eingehängt bleibt, kann es auch bei strömendem Regen aufgebaut werden.

Die Wahl des **Schlafsacks** hängt bei einer Paddeltour in höheren Regionen weniger von der Jahreszeit ab, denn auch im Sommer kann es unangenehm kühl werden.

Ein **Deckenschlafsack** reicht dann auf jeden Fall nicht aus. Besser ist ein **Mumienschlafsack** oder wenigstens ein Schlafsack in Eiform, der die Vorteile des Decken- und Mumienschlafsacks miteinander verbindet.

Daunenschlafsäcke stehen für hohen Schlafkomfort, wärmen aber, anders als **Kunstfaser-Schlafsäcke**, nicht mehr wenn sie feucht sind. Ihr Vorteil ist auch das geringere Volumen und Gewicht, was auf einer Kanutour aber von geringerer Bedeutung ist.

Wichtig ist die Isolationseigenschaft der **Unterlage**. Finger weg von Standard-Luftmatratzen, die sind immer kalt, da sich die Luft darin bewegt.

Empfehlenswert sind **Outdoorluftmatratzen** mit Isolationsfüllung z.B. von Exped, geschlossenzellige **Schaummatten** oder selbstaufblasbare **ThermaRest-Matten**.

Zu guter Letzt gehört zur Zeltausrüstung eine **Lampe** (Zelt-, Stirn- oder Taschenlampe).

Kocher & Küche

Wegen der zahlreichen Möglichkeiten zur **Einkehr** kann der Kocher eigentlich zu Hause bleiben. Sparsame Kanuten empfinden ihn aber als angebrachte Alternative oder aber auch nur fürs Picknick zwischendurch.

Am einfachsten ist ein **Spirituskocher**, am effektivsten ein **Benzinkocher**. Wobei man speziell gereinigtes Kocherbenzin verwenden sollte, um unerwünschte Abgase fern zu halten. Nachteilig sind die höhere Wartungsanfälligkeit und die mitunter entstehenden Stichflammen beim Starten des Gerätes.

Als **Küchenausstattung** empfiehlt sich ein **Kochset**, bestehend aus zwei bis drei verschieden großen, ineinander gestellten Kochtöpfen (z.B. 1,5 L, 1,2 L, 1 L) mit Deckeln, die gleichzeitig als Pfannen dienen, ein **Brettchen** und ein gutes **Messer** zum Schneiden. Tiefe und/oder flache **Teller**, **Besteck**, **Thermobecher, Thermoskanne**, **Wassersack**, **Spülmittel**, **Spülschwamm**, **Geschirrtuch** und eine **Faltschüssel**.

Weitere nützliche Ausrüstungsgegenstände entnehmen Sie bitte der Checkliste auf Seite 30 nach Ihrem persönlichen Gusto.

Verhalten und Sicherheit

Da wir das Wasser nicht für uns alleine haben und es mit den Tieren der Region teilen, müssen wir uns an die örtlichen **Naturschutz-Vorschriften** halten.

Es ist außerdem selbstverständlich **keinen Müll** zu hinterlassen, sowie **private Grundstücke** zu respektieren.

Beachten sollte man auch, dass **Strandbäder** für das Betreten ihres Grundstücks meist Eintritt verlangen. Daher nicht einfach vom Wassser aus ranfahren.

Als Paddler sollten wir immer eine **Schwimmweste** tragen und die Kleidung der Wassertemperatur entsprechend wählen.

Ein Satz trockener und wasserdicht verpackter Kleidung gehört ebenso in die Ausrüstung

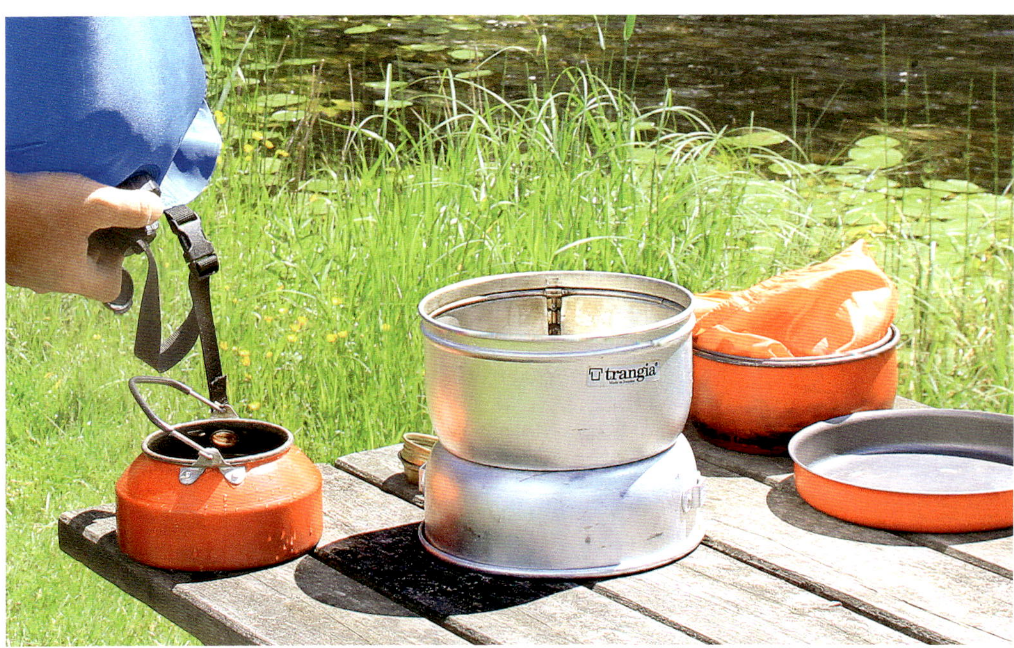

Der unkaputtbare Sturmkocher von Trangia und ein Wassersack von Zölzer oder Ortlieb gehören zur Outdoor-Küche

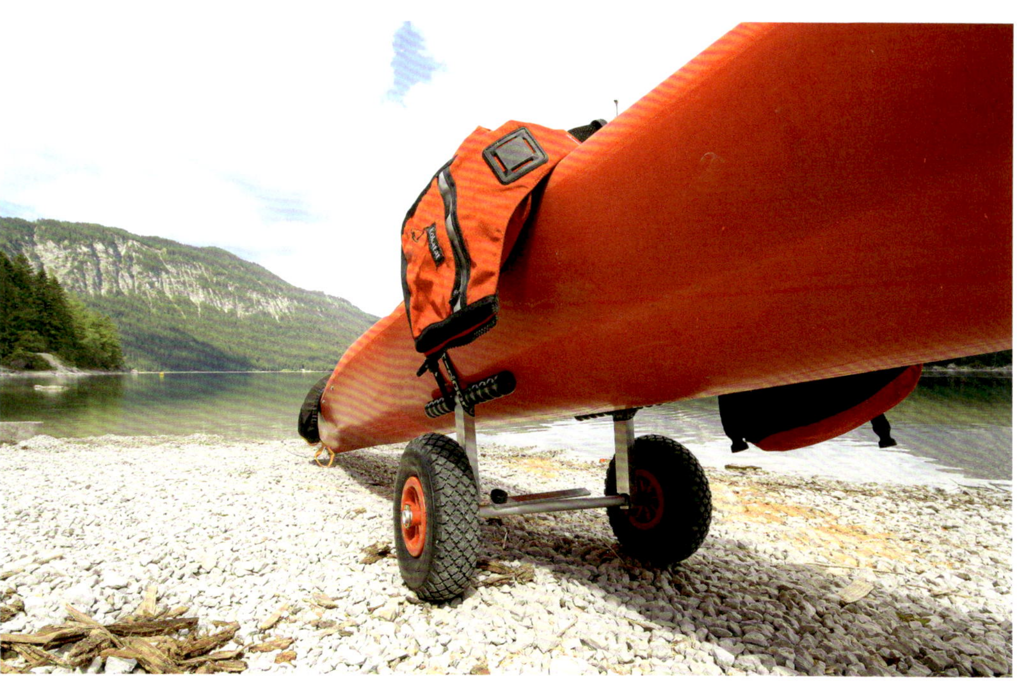

Unverzichtbar – Schwimmweste und Kanuwagen!

wie **Sonnenbrille**, **-creme** und **Hut** bei gutem Wetter. Wer nicht alleine paddelt, ist sicherer unterwegs.

Grundsätzliches:

- ***Alkohol*** *im Kanu ist tabu.*
- *Jeder der ein Kanu besteigt, muss* ***schwimmen können.***
- *Kinder tragen immer eine* ***ohnmachtssichere Rettungsweste,*** *Erwachsene eine* ***Schwimmweste.***
- *Bei* ***Sturmwarnung*** *oder* ***Gewitter*** *geht man* ***nicht aufs Wasser.***
- ***Kleidung*** *entsprechend der* ***Wassertemperatur*** *wählen.*
- *Es ist ratsam mit einem* ***erfahrenen Mitpaddler*** *loszufahren.*
- *Führe ein* ***wasserdicht verpacktes Handy*** *mit eingespeicherten* ***Notrufnummern*** *mit:*
  Deutschland: +49 110
  Österreich: +43 133
  Schweiz: +41 117
- *Im Falle einer* ***Kenterung*** *fern des Ufers, beim Kanu bleiben und andere Schiffsführer auf sich aufmerksam machen. Besser ist es, vorab* ***Wiedereinstiegstechniken*** *zu* ***erlernen.***
- *Wer bei Wind allein mit dem* ***SUP-Board*** *rausfährt, sollte ein* ***Leash (Knöchelband)*** *benutzen, damit beim Fall vom Board dieses nicht abhandenkommt.*
- *Wer keinerlei Paddelerfahrung hat, dem sei die* ***Teilnahme an einer geführten Tour*** *empfohlen. Adressen von Veranstaltern finden sich bei jeder Tour-Info in diesem Buch unter Kanuvermieter.*

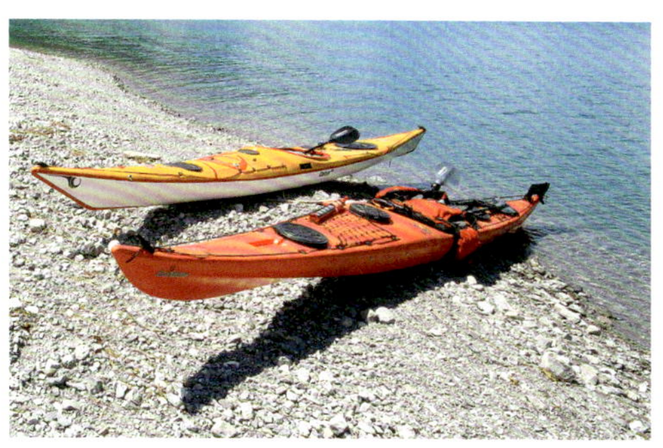

i

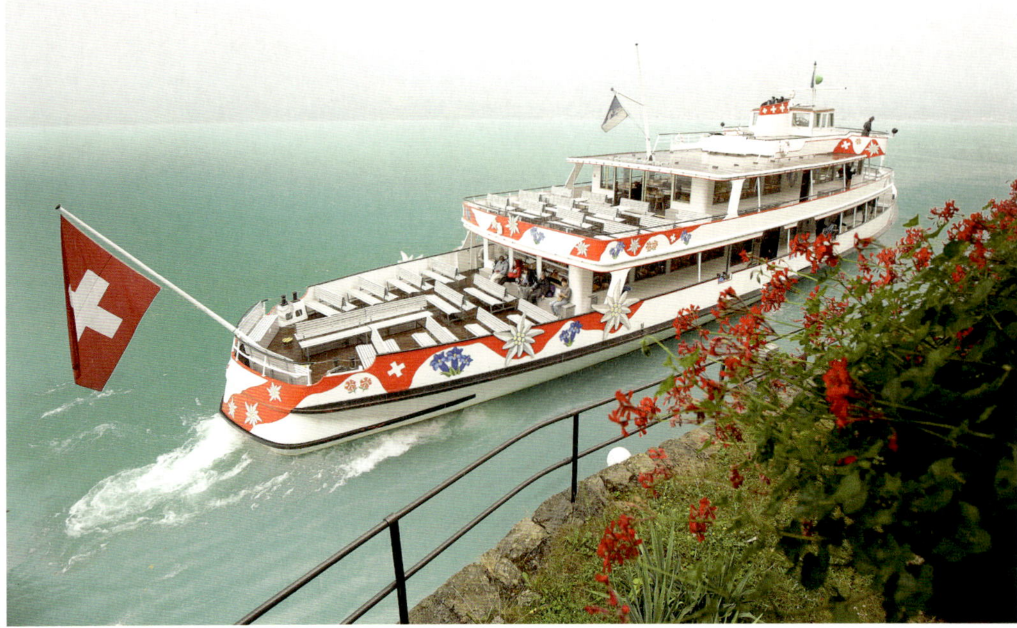

Auch wenn die Alpenseen manchmal klein erscheinen mögen, sollte man ihnen immer mit Respekt begegnen, denn gerade die Bergwelt hält einige **Wetterüberraschungen** in Form plötzlich auftretender Extreme parat.

Darüber hinaus bitte beachten:

- ***Kurs- und Berufsschifffahrt*** *hat* ***immer Vorfahrt.***
- ***Segelboote*** *haben Vorfahrt,* ***wenn sie*** *ohne Motor* ***unter Segeln laufen.***
- *Die für Kanuten geltende* ***Vorfahrt gegenüber privaten Motorbooten*** *sollte man tunlichst nicht erzwingen.*
- *Die* ***Querung vor Anlegern der Kursschifffahrt*** *findet zügig und geschlossen (in Gruppen) statt. Sichtkontakt mit der Brücke und genaue Beobachtung zeigen, wann die Schiffe wieder abfahren.*
- *Das* ***Befahren*** *von* ***Naturschutzgebieten*** *und* ***Strandbädern*** *ist ausdrücklich* ***verboten*** *und kann mit einem Bußgeld geahndet werden.*
- *Für die Schifffahrt (auch Kanus)* ***gesperrte Bereiche*** *sind in der Regel durch* ***rot-weiß-rote Schilder*** *oder Bojen markiert, Strandbäder oft auch durch gelbe oder weiße Bojen. Der gesperrte Bereich wird durch die Linie zwischen den Bojen begrenzt.*
- *Auch außerhalb von Naturschutzgebieten dürfen* ***Schilfzonen*** *wegen der dort Schutz suchenden Wasservögel* ***grundsätzlich nicht befahren werden.***
- *Achte bitte darauf* ***Müll*** *wieder mitzunehmen und* ***Zigarettenkippen*** *nicht dem See zu überlassen.*
- *Vermeide Lärm, nimm* ***Rücksicht*** *auf andere Erholungssuchende.*
- *Umfahre* ***Vogelansammlungen*** *weiträumig.*
- *Lasse Dich niemals von einem Motorboot abschleppen! Die Gefahr einer Kenterung ist dabei außerordentlich groß.*

Wind und Wetter

Berge beeinflussen das Wettergeschehen. Daher soll hier eine kleine Übersicht über die Windphänomene gegeben werden, die in den nördlichen Alpen häufig vorkommen. Zum einen, weil lokale Windphänomene selten in den großräumigen Wetterberichten enthalten sind und zum anderen, kann der Wassersportler viel Kraft sparen oder gefährliche Situationen vermeiden, wenn er mehr über den Wind weiß.

Windstärke

Beim Paddeln, vor allem auf großen Seen, ist der Wind ein wichtiger Faktor. Schon bei mehr als vier Windstärken können Anfänger in Schwierigkeiten geraten. Die Windstärke wird in Beaufort angegeben. Der **Beaufortgrad** reicht von **1= leichter Zug bis 12 = Orkan.**

Die Grenze für Anfänger liegt, wie schon gesagt, bei Windstärke Beaufort 4 – mäßiger Wind mit Schaumkronenbildung und kleinen längeren Wellen. Ein guter Kajaker fängt hier jetzt an zu surfen, lange Strecken gegen den Wind werden jedoch anstrengend.

Föhnwind

Der **Föhn** ist ein lokal auftretendes Wetterphänomen der Nordalpen, um das man als Wassersportler wissen sollte.

Dieser Bergwind hat stets auch gutes Wetter im Gepäck, während der Rest Mitteleuropas in graue Wolken gehüllt wird. Föhn entsteht, wenn feuchte Luftmassen von Süden her an die Alpen prallen, sich beim Aufsteigen abkühlen und ihre Feuchtigkeit in Form von Regen oder Schnee verlieren. Beim anschließenden Absinken auf der Nordseite der Alpen erwärmt sich die trockene Luft doppelt so schnell wie beim Aufsteigen.

Als Ergebnis hat man auf der Nordseite mitunter 10 bis 15 Grad höhere Temperaturen und frischen bis starken Wind aus Südrichtung auf den Seen, der nicht selten auch zu einem ausgewachsenen Föhnsturm werden kann. Bricht so ein Föhnwind zusammen, folgt häufig ein Temperatursturz um 10 bis 20 Grad. Auch darauf sollte man in puncto Kleidung vorbereitet sein.

Berg- und Talwind

An **Schönwettertagen** kommt in den Bergen oft ein tagesperiodisches Windsystem in Gang: Die **Berg- und Talwind-Zirkulation**, in den nördlichen Alpen, auch als Ober- und Unterwind bezeichnet. Der Motor dieses Systems sind immer Druckunterschiede (Hoch- und Tiefdruck) die durch verschieden warme Flächen ausgelöst werden und Luftmassen zum Aufsteigen oder Absinken bringen.

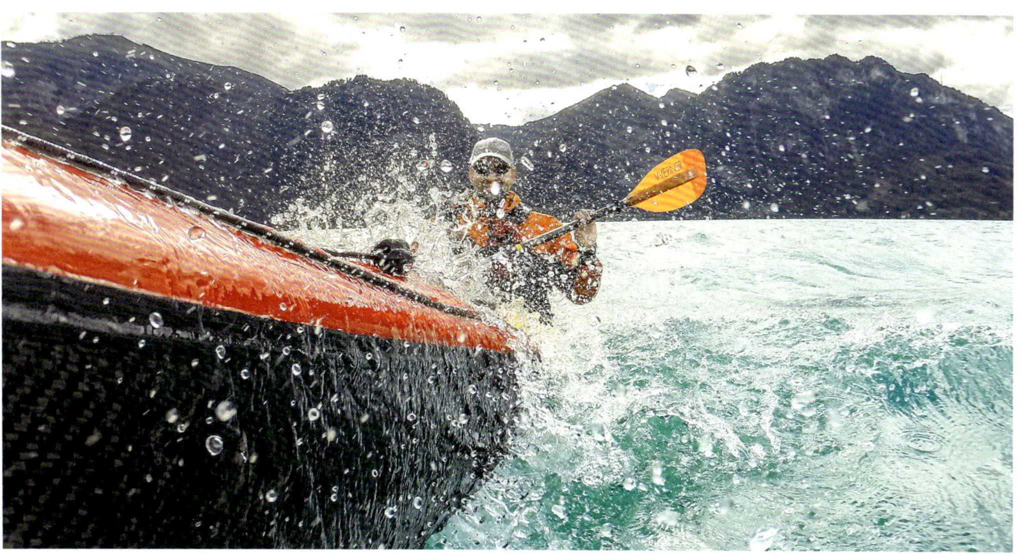

i

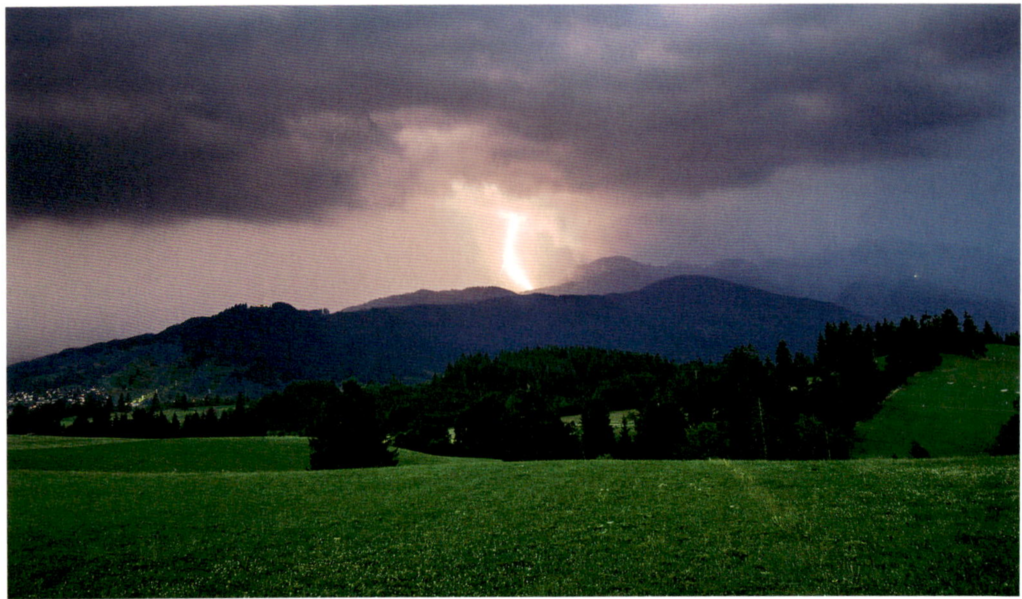

Bergwind entsteht durch stärkere Ausstrahlung und Abkühlung der Luft auf den Hochflächen der Berge. Diese kalte Luft sinkt herab und weht vom späten Abend bis zum Morgen. Der Bergwind weht vom Berg zum Tal.

Talwind entsteht, wenn die Luft an den Hängen durch die Sonne stärker erwärmt wird als die restliche Umgebungsluft, nach oben steigt und die Luft aus dem Tal nachzieht. Es weht also ein Wind vom Tal zum Berg.

Bergwind ist an den im Buch beschriebenen Seen meist als Südwind zu beobachten. Der Talwind weht aus nördlichen Richtungen.

Gewitter

Am **Alpenrand** werden im Jahr durchschnittlich 35 **Gewittertage** im Jahr gezählt. Laut Detektoren des Blitz-Informationsdienstes von Siemens, schlagen in den Alpenregionen ca. fünf Blitze pro Quadratkilometer ein während es in Norddeutschland an der Küste nur 1,3 Blitze sind.

Aber nicht nur die Blitze sind ein Grund warum wir bei Gewittern schnellstmöglich vom Wasser verschwinden sollten. Gewitter bringen stets starken Wind, der das Paddeln unmöglich machen kann. Dazu kommt schwerer Regen der die Sicht stark erschwert. Da wir mit unseren Wassersportgeräten immer tief unten im Talkessel unterwegs sind, wird die Sicht auf die Wetterentwicklung mitunter sehr erschwert.

Man sollte sich **niemals nur** auf **Vorhersagen** oder das **Sturmwarnsystem** verlassen und immer einen **Blick für die Wetterentwicklung** über die eigene Schulter werfen. Braut sich da etwas Dunkles zusammen, heißt es den Abbruch der Tour zu erwägen.

Allgemeine Bemerkungen zum Wind

Bergwände und Täler können darüber hinaus Wind an einigen Stellen ganz blockieren und an anderen Stellen wieder durch Düseneffekte verstärken. Wind auf Bergseen ist daher nicht so homogen wie z.B. auf dem offenen Meer. Auch hier hilft nur eine stetige Beobachtung der Verhältnisse, um nicht auf dem Wasser unangenehm überrascht zu werden.

Bergwetter im Alpenverein:
www.alpenverein.de/DAV-Services/Bergwetter

i

Sturmwarnsysteme an den Seen

In Deutschland und der Schweiz wird an den Seeufern der Alpenseen mit identischem zweistufigen Sturmwarnsystem durch **blinkende Sturmleuchten** gewarnt.

Starkwindwarnung: **40 orangefarbene Blitze pro Minute weisen auf starke Windböen ab 6 Beaufort (25-33 Knoten) hin.**

Sturmwarnung: **90 orangefarbene Blitze pro Minute kündigen das Auftreten von Sturmböen ab 8 Beaufort (ab 34 Knoten) an.**

Eine **Sturmwarnung** wird etwa eine Stunde vor dem erwarteten Eintreffen eines Sturms ausgelöst und soll Wassersportler veranlassen das windgeschützte Ufer aufzusuchen.

Dieser Dienst wird an den folgenden **deutschen Seen** in diesem Buch vom 1. April bis 31. Oktober von 7 bis 22 Uhr betrieben: **Staffelsee, Walchensee, Tegernsee, Chiemsee, Forggensee**.

Am **Eibsee, Kochelsee** und **Sylvensteinspeicher** gibt es **keine derartigen Leuchtsysteme.**

Alle in diesem Buch beschriebenen Schweizer Seen haben diese Warnsysteme installiert und sind das ganze Jahr im 24 Stundenbetrieb ohne Pause aktiv. **Thunersee, Brienzersee, Vierwaldstättersee** und **Walensee**.

An **Österreichs Seen** gibt es leider kein einheitliches System, da Leuchten verschiedenen Alters verwendet werden.

Am **Hallstätter See** gibt es auch zwei Stufen mit verschiedener Bedeutung: **Langsames Rotieren des Warnlichts** bedeutet: Vorsicht, es kann sich ein Sturm entwickeln. **Ein schnelles Rotieren des Warnlichts** bedeutet: Sturm steht unmittelbar bevor, ein sofortiges Verlassen des Sees ist angebracht.

An **Wolfgangsee, Attersee, Traunsee** und **Achensee** gibt es ein **einstufiges System** von Warnleuchten. Sie werden aktiviert, wenn Wind der Stärke 6 mit Böen von mehr als 60 Stundenkilometern erwartet wird.

Am **Gosausee**, **Wiestalstausee** und **Plansee** gibt es **keine Sturmwarnsysteme.**

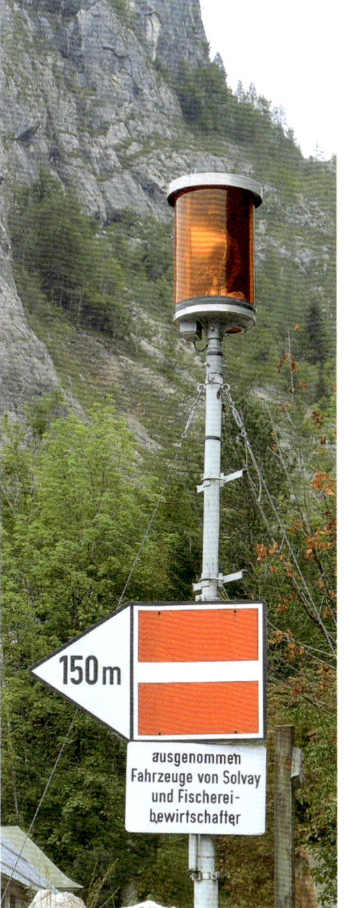

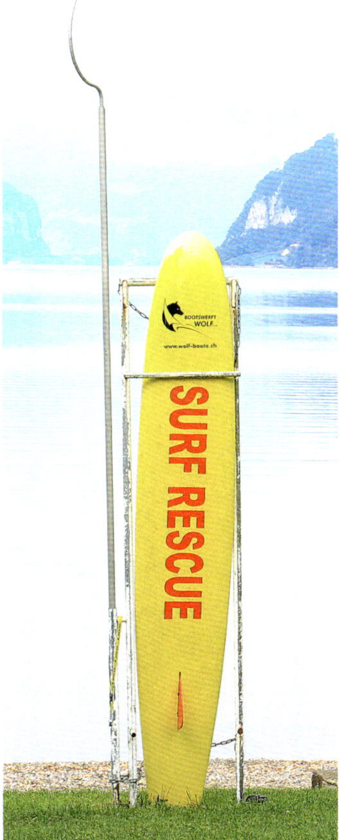

Sturmwarnleuchte am Traunsee und Surfer-Rettungsboard am Walensee

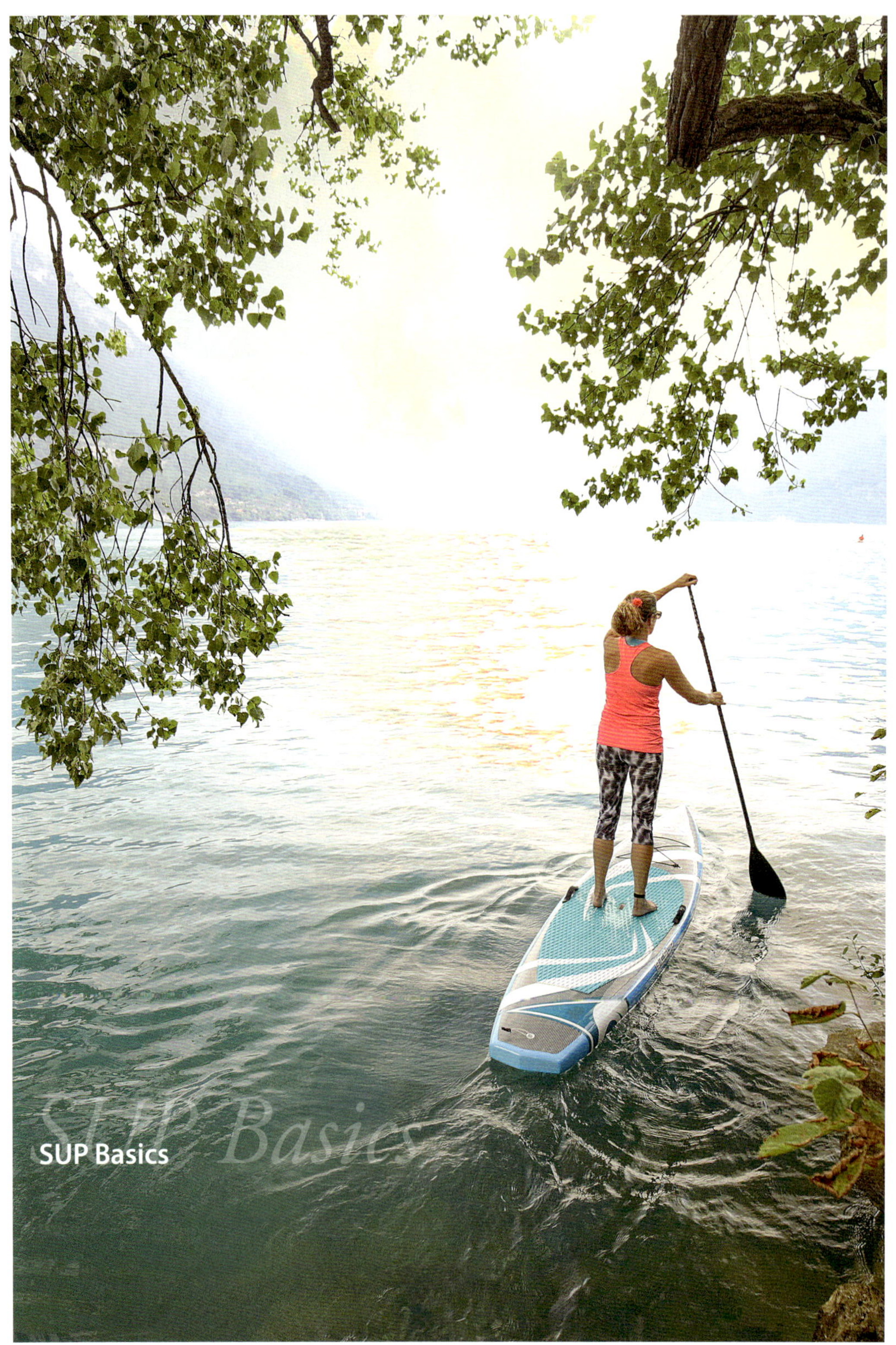

SUP Basics

i

SUP Basics

Wo dürfen Stand Up Paddler ihren Sport ausüben? Es gibt für diese junge Sportart noch keine gesetzliche Regelung. Man kann sich daran orientieren, ob das Kajakfahren, Rudern oder Surfen auf dem jeweiligen Gewässer erlaubt ist. In diesem Buch sind natürlich alle Seen auch für SUP-Paddler erlaubt.

SUP-Boards

Wer es auf dem Brett nicht eilig hat, kann natürlich jedes **SUP** nutzen.

Den größten Genuss bieten **leichte Boards**, die für das Tourenfahren optimiert *(länger und schmaler)* sind. Mit ihnen kann man deutlich größere Distanzen zurücklegen, als mit breiten **Allround**- und **Anfängerbrettern.**

SUP-Boards sind eher sperrig und eigenen sich vor allem für den Transport auf dem Autodach. Hat man einen weiten Weg vom Parkplatz können auch SUP-Paddler Bootswagen nutzen, müssen diesen dann aber am Ufer sicher verwahren oder zum Auto zurückbringen.

Es gibt **Feststoff-Boards (Hardboards)**, die wie feste Surfbretter aus laminiertem GFK in Lagen über einen Schaumkern gebaut werden. Diese Boards wiegen meist zwischen acht und 14 Kilogramm. Es gibt sie in der Ausführung als breite, kurze und drehfreudige Bretter zum Wellenreiten, als schlanke und lange Raceboads um Rennen zu fahren, als spezielle Yoga-Boards oder als Allround-Tourenboards. Für die Seen in diesem Buch sind vor allem letztere besonders geeignet.

Darüber hinaus gibt es **Inflatable-Boards** oder **I-SUPs,** die aufblasbaren Varianten in den vorher genannten Kategorien. Sie erleichtern entscheidend Transport und Lagerung zu Hause. Inflatables sind in der Regel etwas behäbiger als Feststoffboards der gleichen Kategorie.

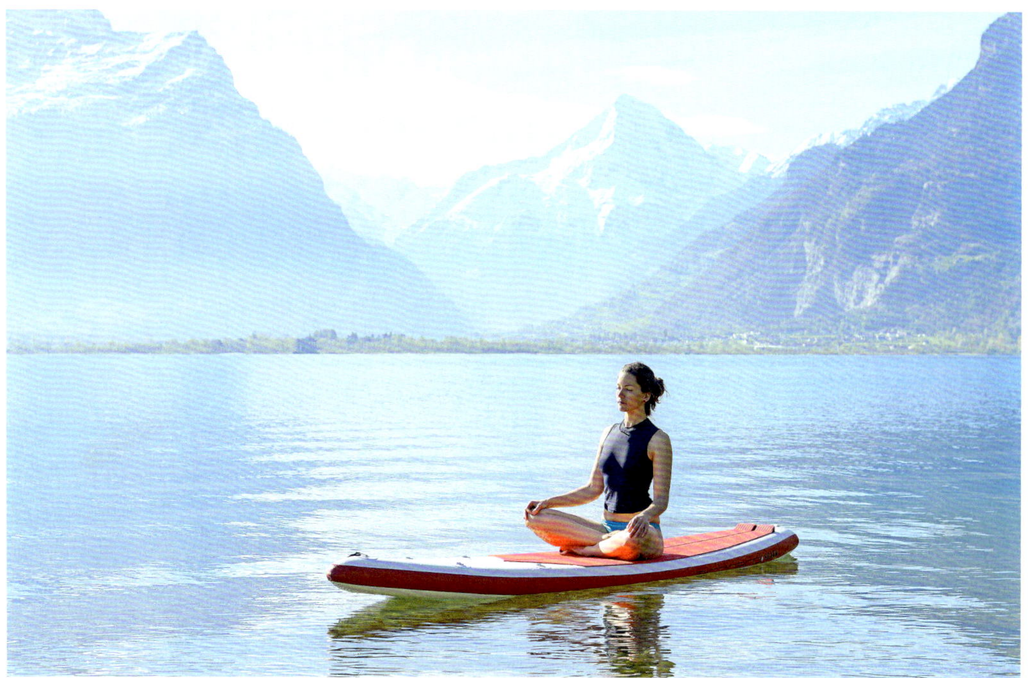

Yoga oder Meditation auf dem SUP wird immer beliebter – vor der spektakulären Alpenseenkulisse am frühen Morgen ist dies einzigartig

SUPaddler sollten **sichere Schwimmer** sein, und vorab geübt haben, schnell wieder aufs Board zu kommen.

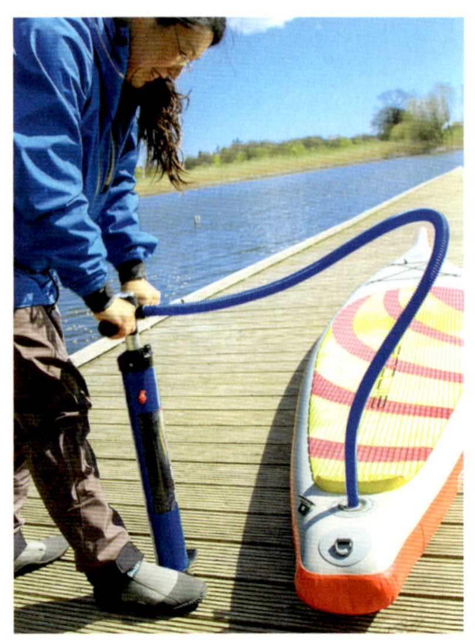

Trotz alledem sollte eine **Schwimmweste** in fester oder kompakter Form (als selbstaufblasbare Auftriebshilfe als Hüftgurt) selbstverständlich sein, insbesondere bei Querung größerer Wasserflächen oder wenn nicht in unmittelbarer Nähe des Ufers gepaddelt wird.

Auch sollte man darauf achten, das **Paddel fest in der Hand** zu halten, damit es nach einem Sturz ins Wasser nicht abhanden kommt.

Für die **Mitnahme** von **Pulli & Windjacke** sowie Kleinkram gibt es **wasserdichte Transportsäcke**, die sich einfach im Gepäcknetz des Boards festklippen lassen.

Um das Brett beim Reinfallen nicht zu verlieren (der Wind könnte es schnell abtreiben) ist eine **Leash** zu empfehlen. Dieses stabile Knöchelband aus Plastik verbindet das Board mit dem Knöchel des Paddlers.

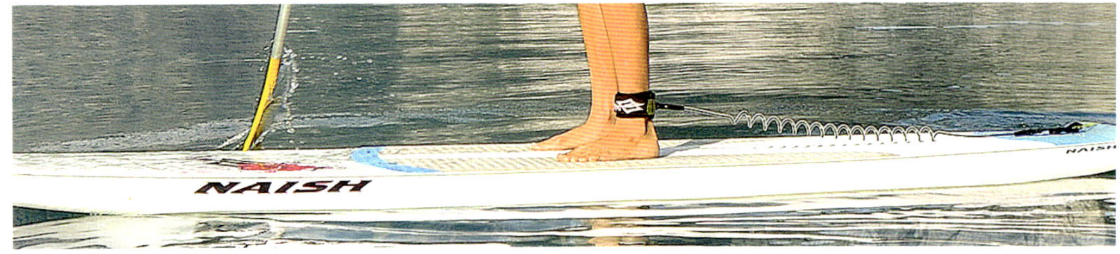

Buchempfehlungen

SUP - Stand Up Paddling:
Material - Technik – Spots
Christian Barth
Delius Klasing

Das Handbuch richtet sich sowohl an Einsteiger, die mit SUP in die faszinierende Welt des Wassersports einsteigen wollen, als auch an interessierte Wassersportler, die im SUP eine optimale Alternative zur Überbrückung windarmer Zeiten finden, sowie an Sportler, die ein effektives Fitnesstraining und Ganzkörper-Work-out wollen. Step-by-step-Fotos und Zeichnungen zeigen, wie's richtig geht.

Stand Up Paddling:
SUP - Faszination einer neuen Sportart
Steve Chismar
Delius Klasing

Als How-to-do-Buch und Appetitmacher in einem gibt Steve Chismar alle Infos, die Interessierte und Einsteiger suchen.

- *Brett und Paddel: alles, was man braucht*
- *See, Fluss, Welle: alles, was man können muss*
- *tolle Fotos, aufgenommen an den schönsten Locations der Welt*
- *die Stars des Sports in Wort und Bild*

SUP Technik & Paddelschläge

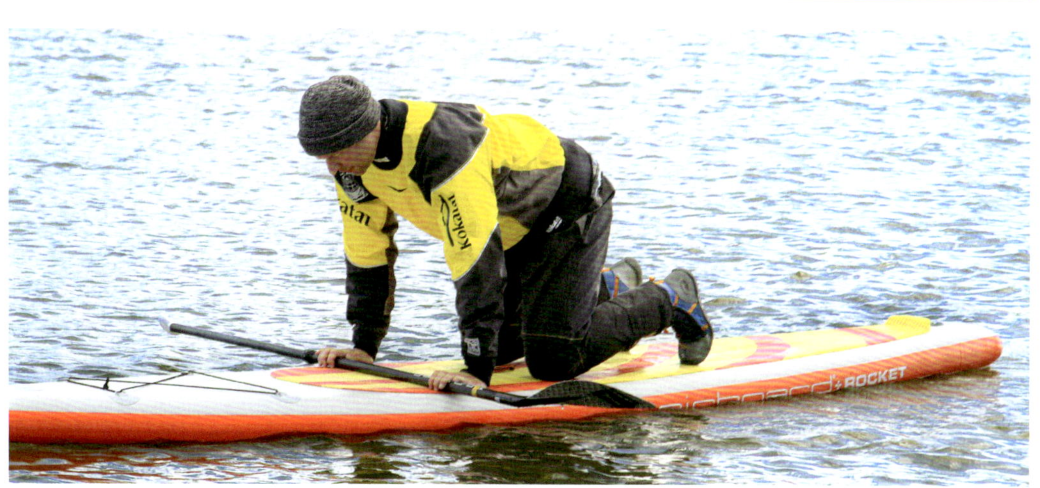

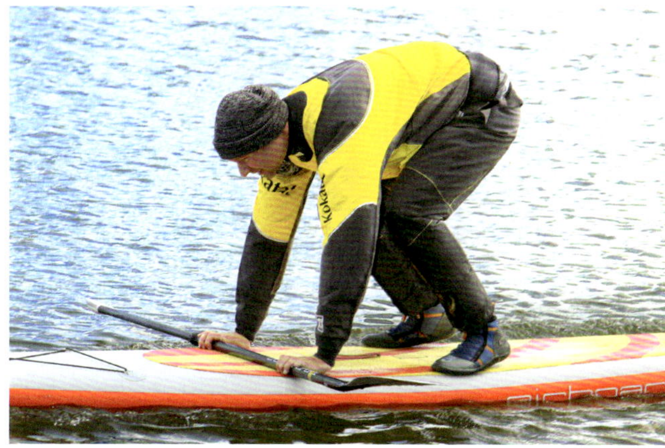

Optimale Lernbedingungen findet man an einem sommerlichen, windstillen Tag im warmen Wasser eines stehenden Gewässers.

Zunächst muss der Paddler lernen das Board zu balancieren.
Dafür kann er sich anfangs erst einmal auf das Brett knien, um ein Gefühl dafür zu bekommen. Hat man sich daran gewöhnt, kann man aufstehen.

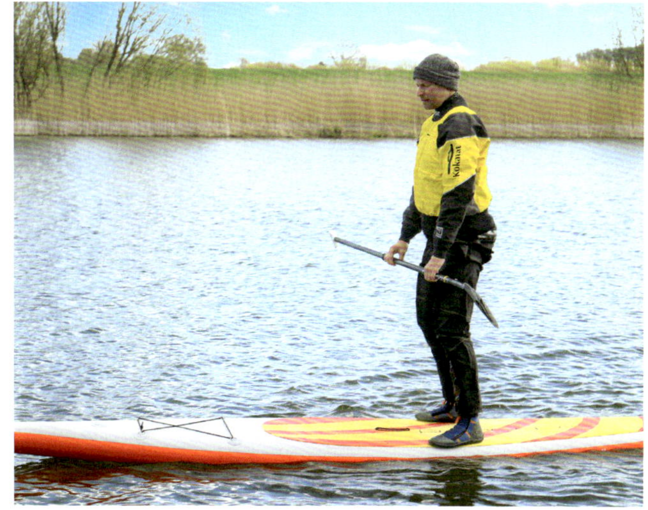

Man kniet schulterbreit mit den Händen vor sich auf dem Board.

Beim Aufstehen das Gewicht mittig behalten und das Paddel startbereit in beiden Händen halten.

Am sichersten steht man mit beiden Beinen parallel und etwa schulterbreit über dem Gewichtsschwerpunkt des Boards mit leicht gebeugten Knien, da wo in der Regel der Griff eingearbeitet ist. Das Paddel bringt Stabilität und hilft das Gleichgewicht zu halten.

i

Vorwärts mit dem SUP

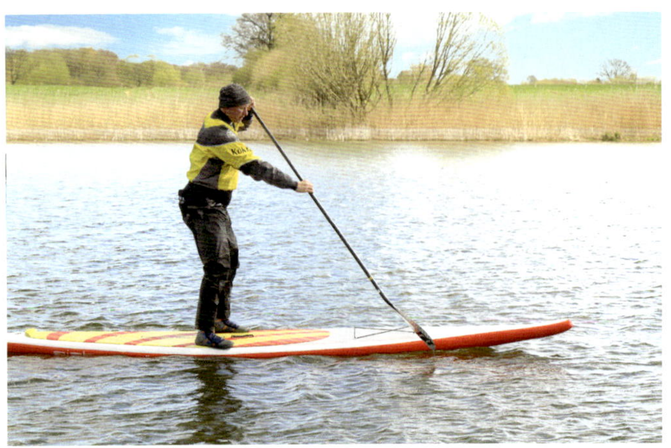

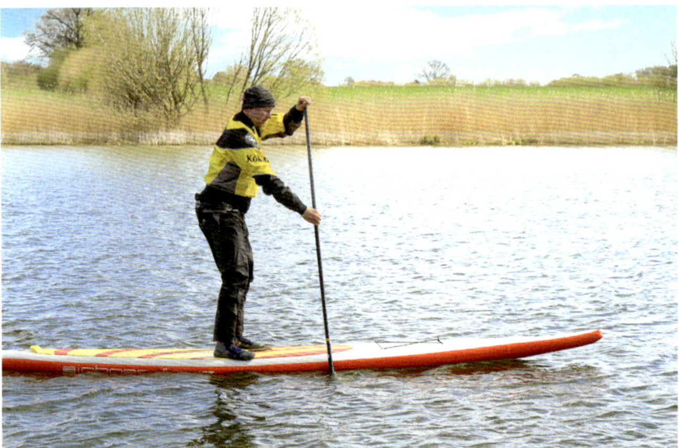

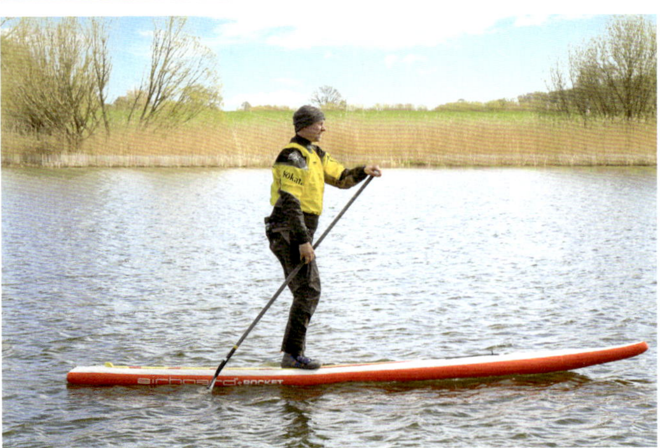

Es empfiehlt sich gleich nach dem „aufs Brett stellen" loszupaddeln.

Ein Stand-Up-Paddler bewegt sein Board in aufrechter Position mit Hilfe eines langen Stechpaddels vorwärts, mit dem man auch Steuerimpulse geben kann.

Dafür das Paddel seitlich weit vorne einstechen und parallel zum Brett nach hinten ziehen und es dann aus dem Wasser holen ohne dabei allzuviel Wasser „anzuheben".

Hat man einige Schläge gemacht, wird das Board beginnen von der gewünschten Richtung abzuweichen. Nun muss man die Paddelseite wechseln und auf der anderen Seite ein paar Schläge ausführen. Dabei gilt es seinen Rhythmus im Wechselspiel zu finden.

Wird es einmal zu windig und wellig um auf dem Board stehen zu bleiben, dann kann man sich wieder hinknien. Da der Schwerpunkt tiefer liegt, erhöht sich die Ballance und man bietet dem Wind weniger Angriffsfläche.

Gebremst wird, indem man das Paddel statisch ins Wasser steckt und sich auf die plötzliche Stoppbewegung mit gebeugten Knien einstellt.

Gesteuert wird das Brett durch vermehrte Schläge auf einer Seite, durch Veränderung der Schlagrichtung in Bogenform sowie für Fortgeschrittene durch Gewichtsverlagerung nach hinten (bei engen Kurven). All das am besten vor einer Tour ausprobieren und mit dem Board „herumspielen" – so lernt man am schnellsten.

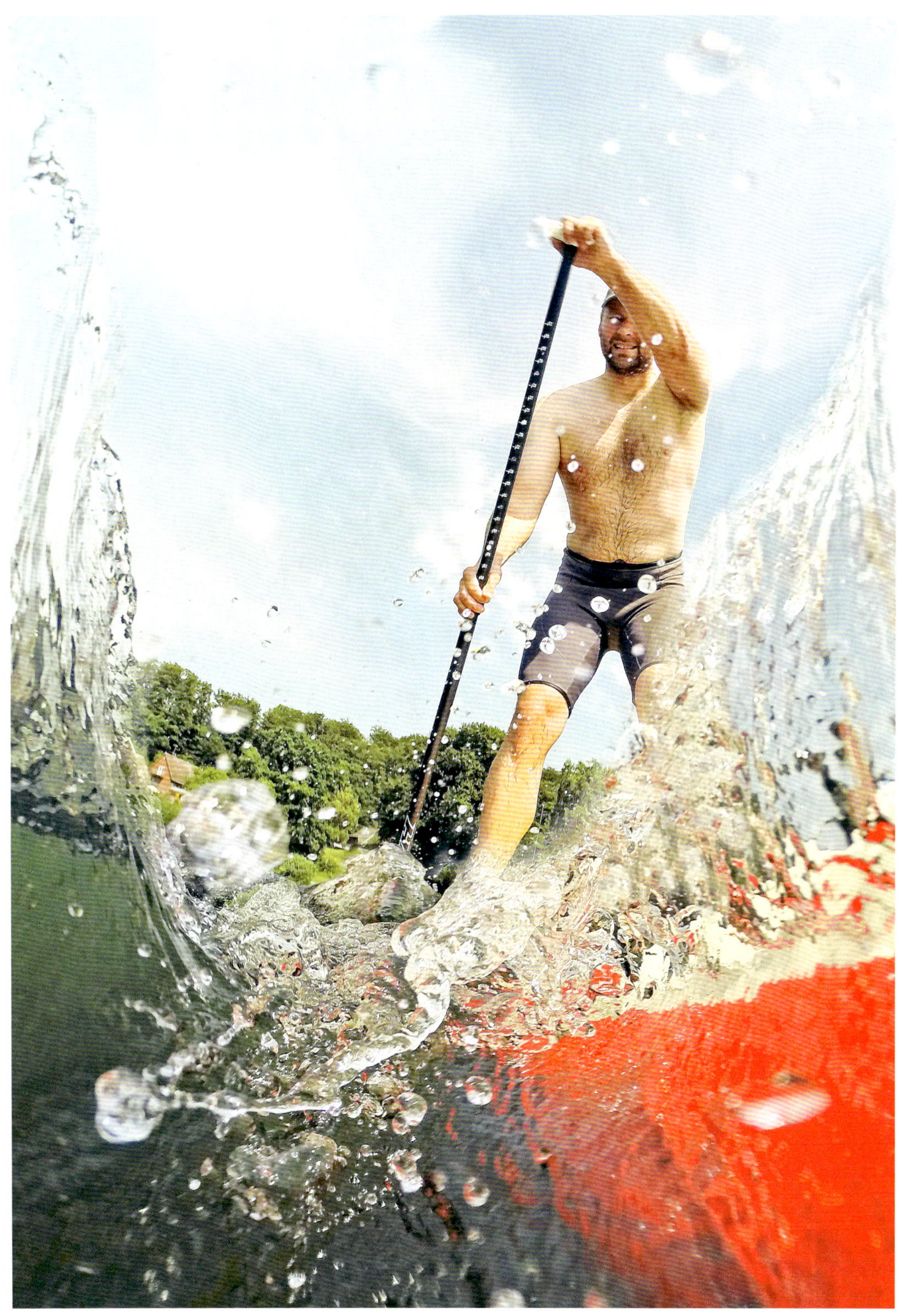

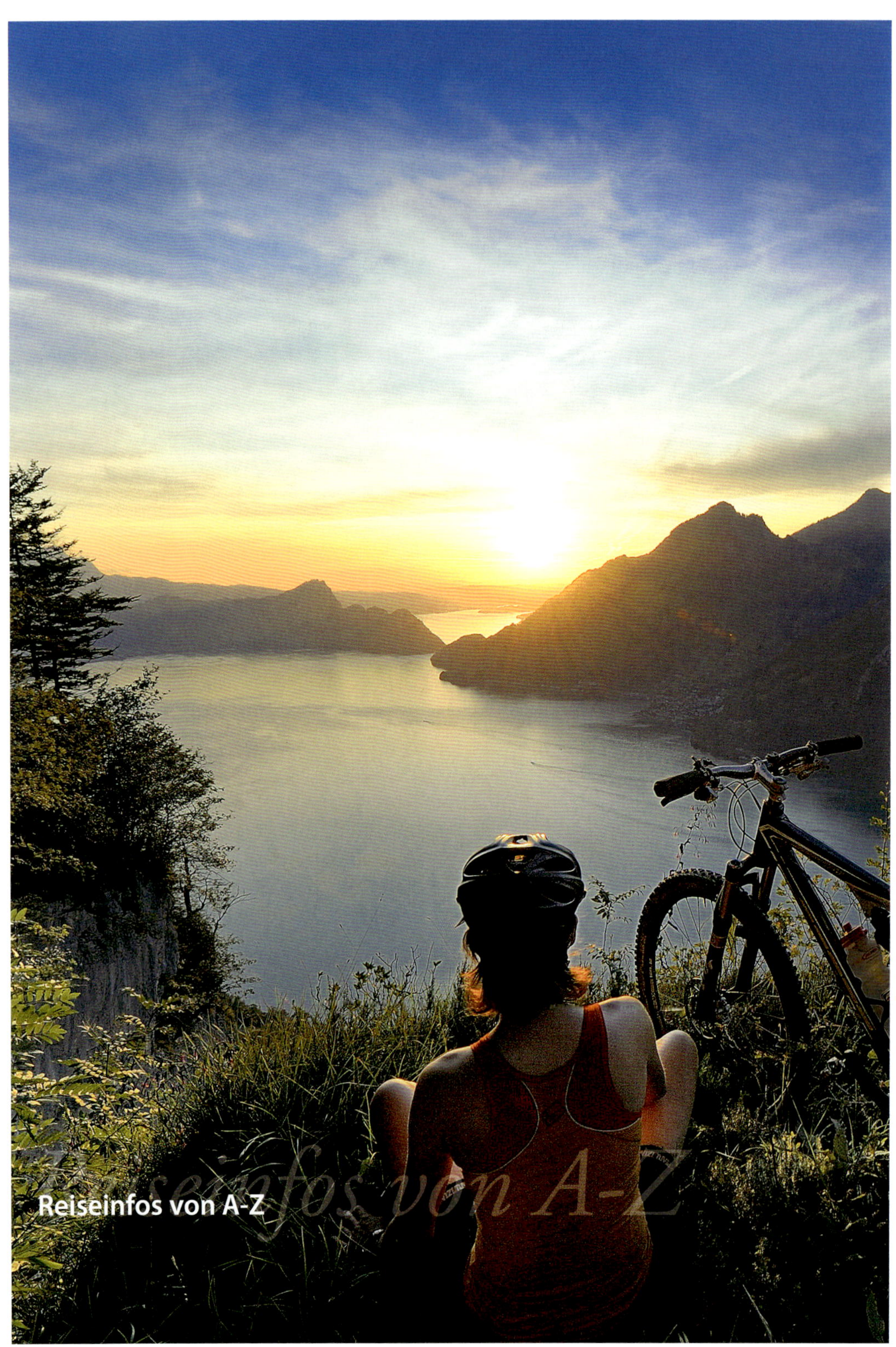

Reiseinfos von A-Z

Angeln

Für das **Angeln vom Boot** aus ist in den meisten Fällen ein Fischereischein (Befähigungsnachweis des jeweiligen Landes) sowie die entsprechende Angelkarte (Angelerlaubnisschein) notwendig.

Für das **Angeln vom Ufer** gilt: In der **Schweiz** herrscht an allen 4 in diesem Buch vorgestellten Seen das sogenannte **„Freiangelrecht“**. Dabei ist das Angeln mit der einfachen Angel von öffentlich zugänglichen Ufern, Brücken und Stegen aus ohne Bewilligung und Gebühren erlaubt. Will man vom Boot aus angeln, wird es ziemlich kompliziert, da hier auch verschiedene Fischereigebiete an den jeweiligen Seen bestehen. Daher bitte vorab explizit informieren.

In **Deutschland und Österreich** benötigt man immer einen **Angelschein**. Der Rest ist lokal stark unterschiedlich und hängt davon ab, ob man vor Ort wohnt oder als Tourist in die Gegend kommt. Für letztere werden aus kommerziellen Gründen oft Ausnahmen gemacht und sie benötigen keinen Befähigungsnachweis, dafür aber mancherorts eine Bestätigung des gewählten Beherbergungsbetriebes.

Zu jeder Tour steht im Tour-Infoteil unter „Angeln“ genauer, wie es vor Ort aussieht. Regeln über Fangquoten, Köder, etc. sind ebenfalls lokal sehr unterschiedlich und sollten in jedem Fall vorher auf den Internetseiten der Autoritäten recherchiert werden. Es müssen immer die Tierschutzbestimmungen der jeweiligen Region eingehalten werden.

Anreise

Einige Seen im Buch erreicht man nur mit dem **Auto**. Praktikabler öffentlicher Personennahverkehr ist dort dann nicht vorhanden.

Eine Ausnahme machen da die großen Schweizer Seen, sie können gut mit der **Bahn** erreicht werden. Nicht unerwähnt bleiben sollte der in den Sommermonaten dichte Autoverkehr in den Ufergemeinden, da es oft keine Umgehungsstraßen gibt.

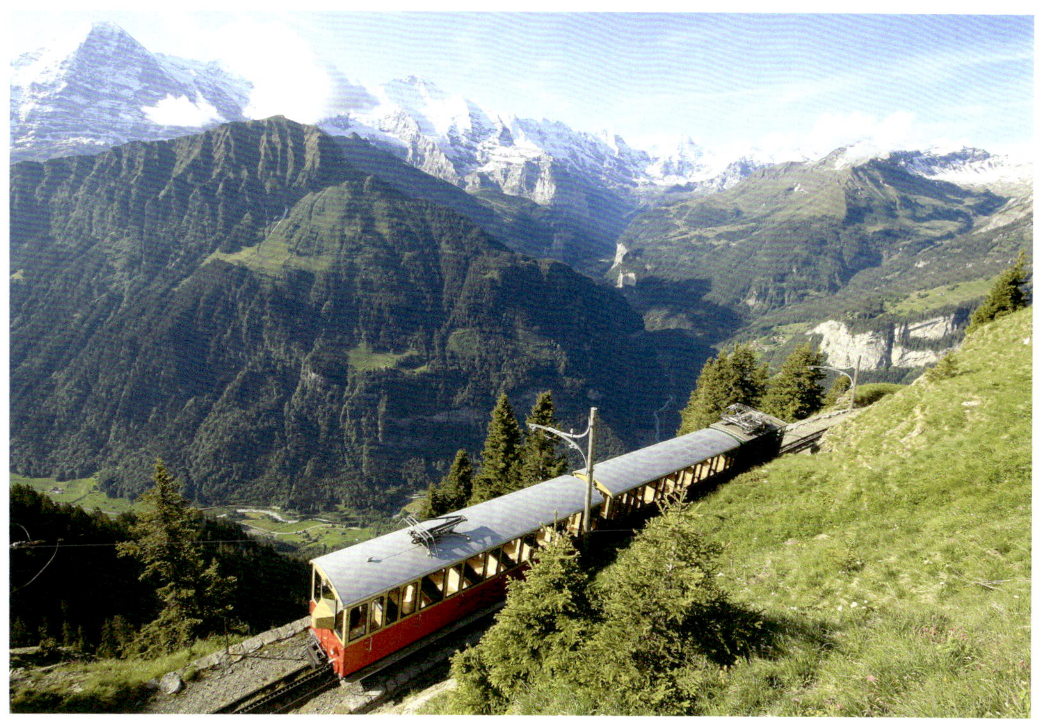

i

Fotografieren

Für normale Ansprüche braucht man keine super High-Tech-Spiegelreflexkamera. Auf Tour empfiehlt sich daher eine kompaktere Kamera, die einen gewissen Zoombereich (z.B. 28-120 mm Kleinbildäquivalent) abdeckt, um für verschiedene Aufnahmesituationen gewappnet zu sein. Ersatzbatterien und Speicherkarten gehören ebenso ins Gepäck wie eine schützende Fototasche, die beim Kanufahren am besten wasserdicht sein sollte.

Geld

Die Schweiz ist EU-Außengrenze und hat mit dem Franken eine eigene starke Währung. In Grenznähe kann man zwar fast überall problemlos mit Euro bezahlen, aber meist zu einem schlechteren Kurs als in offiziellen Wechselstuben oder am Geldautomaten. Es ist daher ratsam, sich schon vor Fahrtantritt mit Schweizer Franken zu versorgen.
. . . und nicht erschrecken, die Schweiz hat ein deutlich höheres Lohnniveau und damit einhergehend auch höhere Preise in der Gastronomie. Ein Trost: abseits der Touristenströme sinken die Preise spürbar.

Klima

Die Wasserkörper der Seen haben eine gewisse dämpfende Wirkung auf die Temperaturen rund um den See. Im Winter sind die Temperaturen etwas milder, im Sommer ist es nicht ganz so heiß. An windarmen, heißen Sommertagen kann es allerdings durch die vermehrte Verdunstung zu drückender Schwüle kommen. Demgegenüber wird das Klima bei heißem und windigem Wetter als angenehm empfunden, da der Luft durch die starke Verdunstung Wärme entzogen wird.

Notruf

112 für alle internationalen Handynetze

Deutschland
Polizei 110
Rettungsdienst 112
Feuerwehr 112

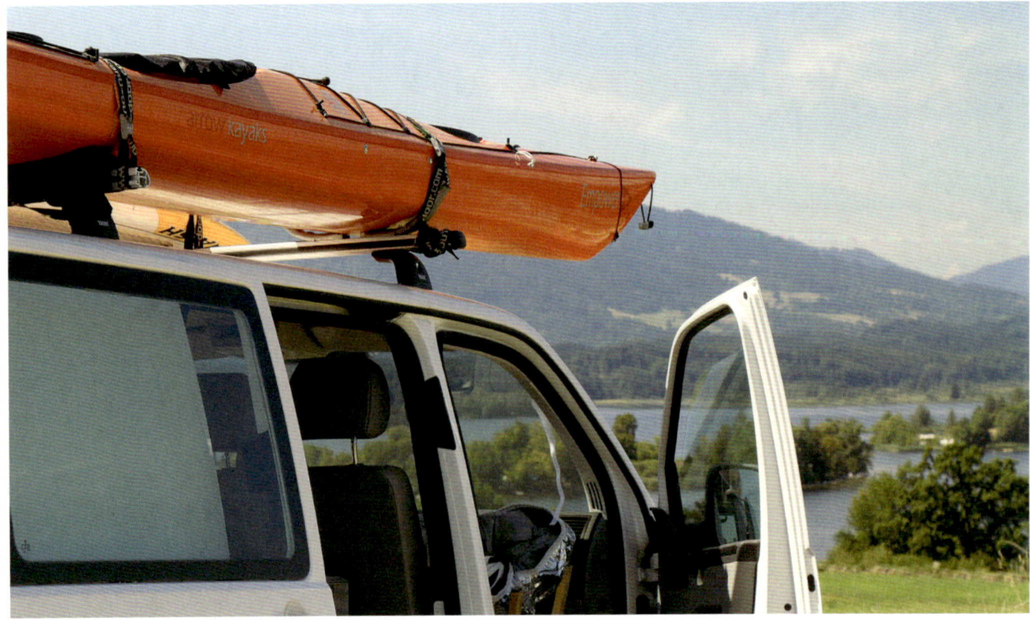

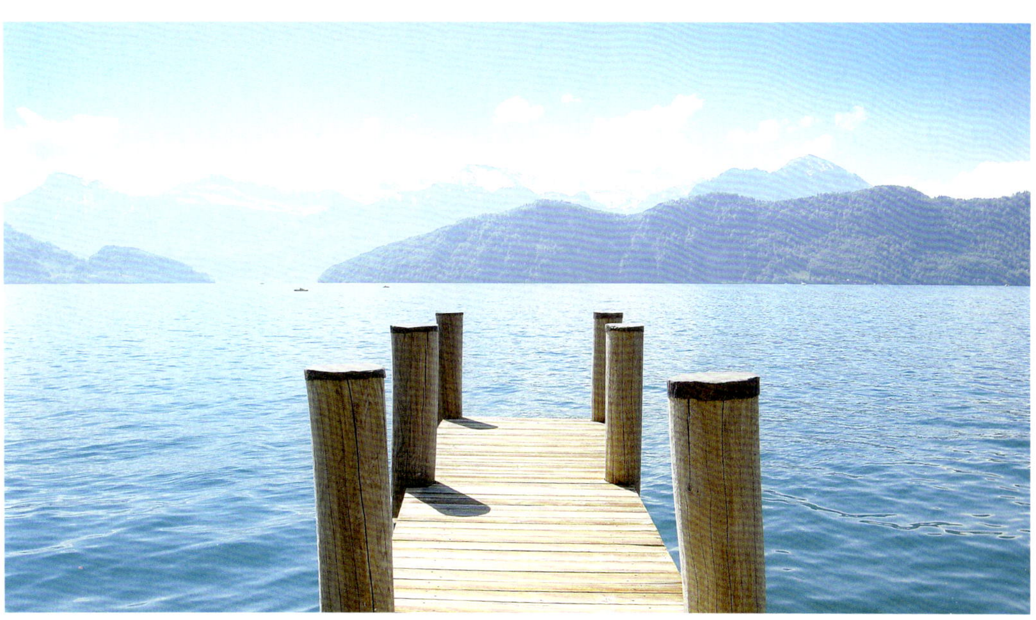

Schweiz
Polizei 117
Rettungsdienst 144
Feuerwehr 118

Österreich
Polizei 133
Rettungsdienst 144
Feuerwehr 122

Parken

Wer sein Boot möglichst nahe am See einsetzen möchte, ist oft auf kostenpflichtige Parkplätze angewiesen. Die Kosten liegen etwa zwischen zwei und fünf Euro am Tag. Es ist daher sinnvoll immer ein paar Münzen im Auto zu haben, um die Parkuhr füttern zu können.

Wenn man einen Bootswagen dabei hat und bereit ist, seine Ausrüstung ein Stück zu schieben, erhöht sich die Wahrscheinlichkeit einen kostenlosen Parkplatz zu finden.

In der Hauptsaison sind die besten Parkplätze oft schon schnell vergeben, daher kann es allein wegen der Parksituation sinnvoll sein, früh loszupaddeln.

Straßenverkehr

Deutschland
Höchstgeschwindigkeit:
innerorts: 50 km/h,
außerorts: 100 km/h,
Autobahn: kein generelles Tempolimit, aber teils durch Beschilderung tempolimitiert.
Die **Blutalkoholgrenze** beträgt 0,5 ‰ (0,3 ‰ bei „alkoholbedingten Ausfallerscheinungen“). 2016 wurde neben der Lkw-Maut die **Pkw-Maut** eingeführt. Diese wird jedoch bislang nicht erhoben (Stand Juli 2018).

Österreich
Höchstgeschwindigkeit:
innerorts: 50 km/h,
außerorts: 100 km/h,
Autobahn: 130 km/h
Die **Blutalkoholgrenze** beträgt 0,5 ‰.
Das österreichische Autobahn- & Schnellstraßennetz ist bis auf wenige Ausnahmen **gebührenpflichtig.** Es gibt die **Vignette** für **1 Jahr, 2-Monate** und **10-Tage.** Sie kosten 2018 für Pkw 87,30 € / 26,20 € / 9 €. Seit 2018 kann auch eine digitale Vignette erworben werden.

i

Schweiz
Höchstgeschwindigkeit:
innerorts 50 km/h,
außerorts 80 km/h,
Autostraßen 100 km/h,
Autobahnen 120 km/h
Die **Blutalkoholgrenze** beträgt 0,5 ‰.
Jährliche **Abgabe (Jahres-Vignette)** für das Benutzen von Autobahnen 2018: 40 CHF (€ 35,75) pro Kalenderjahr.

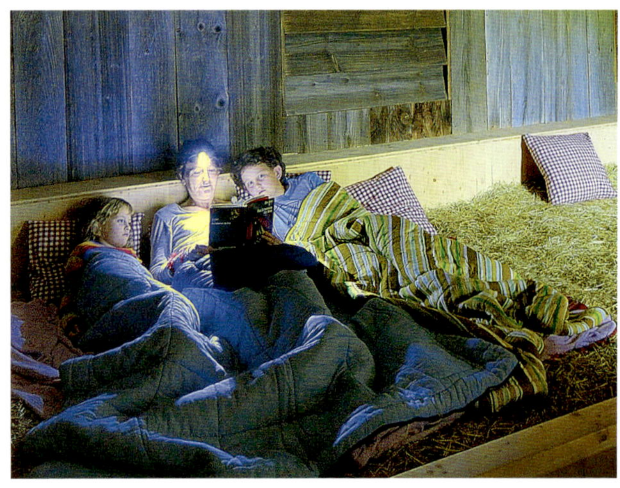

. . . oder „Schlafen im Stroh" . . .

Telefonieren

Die Ländervorwahlen lauten:
Deutschland 0049 oder auch +49
Österreich 0043 oder auch +43
Schweiz 0041 oder auch +41

Übernachten

In allen drei Ländern gibt es eine Vielzahl verschiedener **Übernachtungsangebote**. Sie reichen vom einfachen ***Campingplatz***, über preiswerte ***B&B's*** bis hin zu ***Oberklasse-Hotels***.

In diesem Buch werden vorrangig Campingplätze, Jugendherbergen, schöne B&B-Unterkünfte und Hotels für das „normale" Budget aufgeführt. Da, wo es in Wassernähe keine Alternativen gibt, auch mal ein teureres Hotel.

Was Besonderes bietet der ***TCS Campingplatz Gwatt am Thunersee***, hier kann man sich ein **SwissTube** zum Übernachten mieten. Im Modulhotel hat man von innen einen tollen Blick zum See.

Am ***Hallstätter See*** beim ***„Camping am See"*** kann man stilvoll in fünf originalen **Gypsy Roulottes, „Zigeunerwagen"** aus dem 19. Jahrhundert, teils wahre Museumsstücke, jedoch mit allem Komfort, übernachten oder im **Baumhaus** *(s. Fotos rechts)*.

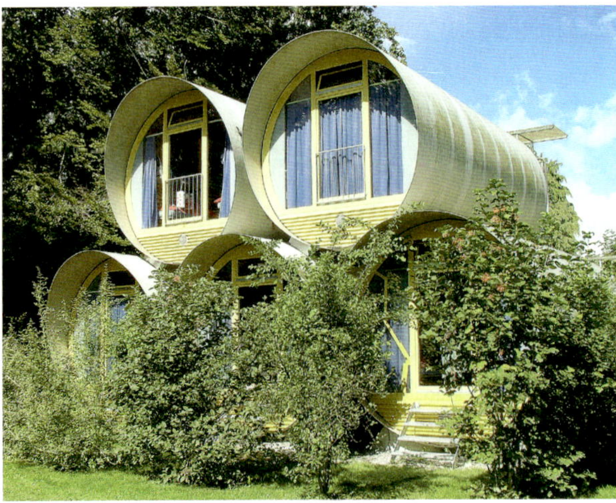

Außer im Zelt, Gasthof oder Hotel: Schlafen in „SwissTubes" am Thunersee auf dem TCS Campingplatz Gwatt . . .

Einige Bauernhöfe bieten neben Ferienwohnungen und -zimmern für Gruppen oder Familien **„Schlafen im Stroh"** an. Gerade in der Schweiz kann das ein preiswerteres Erlebnis sein – z.B. ***Hof Brändliberg*** oberhalb von ***Weesen*** am ***Walensee***, ***Biohof Grubisbalm*** in ***Vitznau*** oder der ***Chlosterhof*** in ***Brunnen*** am ***Vierwaldstättersee***, ***Schiltenhof*** in ***Iseltwald*** am ***Brienzersee.***

In der Schweiz muss man sich für das Übernachten, egal ob Campingplatz oder Hotel, fast immer auf saftige Preise einstellen.

Leider gibt es an den Alpenseen in den seltensten Fällen einen Kanuverein als

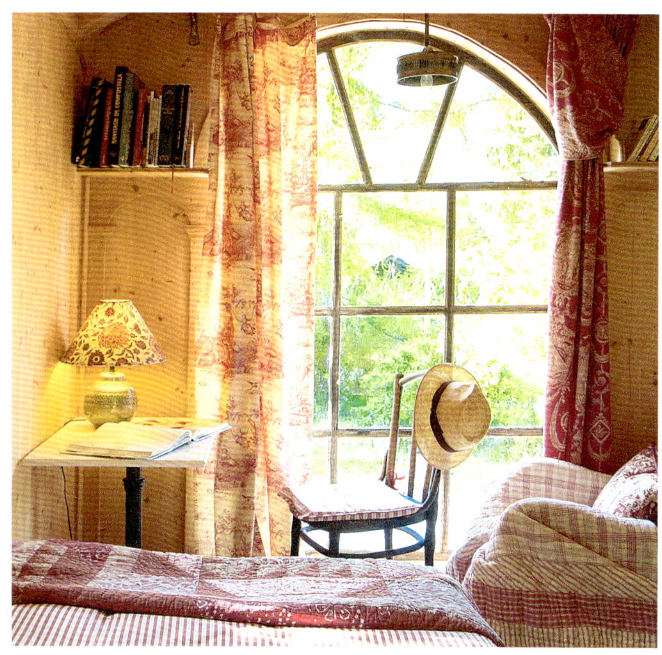

... im Baumhaus ...

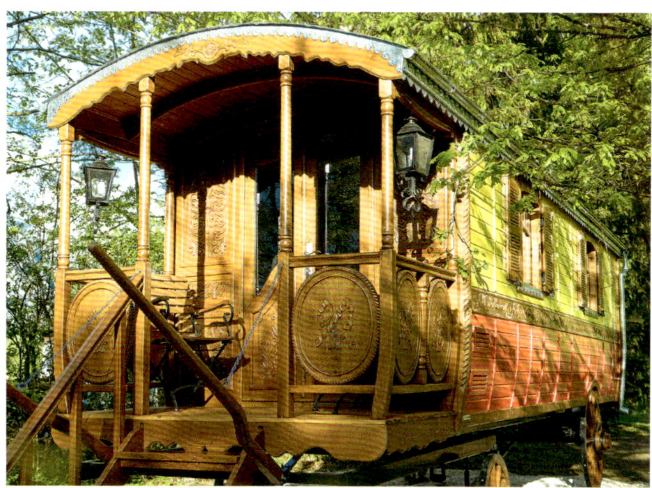

... oder im nostalgischen Zigeunerwagen

Anlieger. Ausnahme sind hier nur der ***Thunersee (Thun)*** und der ***Vierwaldstättersee (Luzern)***.

Die Schweizer Vereine an diesen beiden Seen haben leider in puncto Übernachtung nicht die angenehme Tradition der unbürokratischen Aufnahme von Übernachtungsgästen wie es in Deutschland in Vereinen üblich ist. In der Schweiz muss man in jedem Fall versuchen vorher persönlichen Kontakt aufzunehmen. Beim Kanu-Club Luzern besteht z.B. im Vereinsgebäude keine Übernachtungsmöglichkeit für externe Paddler, allerdings gibt es einen vereinseigenen Zeltplatz am See, für den man eine persönliche Einladung benötigt (www.kcl.ch).

Offiziell ist in allen drei Ländern an allen Seen „wildes" Campen verboten und bei der Vielzahl der im Text erwähnten Übernachtungsmöglichkeiten auch nicht nötig.

Allerdings gibt es Menschen die diese Form der Übernachtung bevorzugen, weil sie einfach am schönsten ist. Eingefleischte Einzel-Paddler haben schon so manche Nacht auf diese Weise in der Natur der Bergseen verbracht. Wer sich an den Kodex fürs Wildcampen hält, sollte damit zurechtkommen: Spät aufbauen, früh verlassen, kein Müll, kein Feuer, leise bleiben, nicht im Naturschutzgebiet. Aber eine Empfehlung vom Autoren gibt es natürlich nicht.

Zollbestimmungen

Waren für den Eigenbedarf müssen EU-weit nicht verzollt werden. Allerdings gelten Höchstmengen. Werden diese überschritten, gelten die Waren als gewerblich. Während das für Deutschland und Österreich kein Problem darstellen sollte, liegt in der Schweiz die Grenze z.B. für Alkohol bis 18 % Vol. bei fünf Litern, Zigaretten/Tabak 250 Stück/Gramm. Freigrenze des Warenwertes max. 300 CHF.

Auf der Internetseite www.ezv.admin.ch findet man die aktuellen Zollbestimmungen für die Schweiz als PDF zum Download.

i

Checklisten

Lebensmittel

- [ ] Kartoffeln
- [ ] Zwiebeln / Knoblauch
- [ ] Kräuter / Gemüse
- [ ] Obst *(vorzugsweise Äpfel)*
- [ ] Nudeln
- [ ] Reis
- [ ] Kartoffelpüree
- [ ] Mehl
- [ ] Salz
- [ ] Zucker
- [ ] Backpulver/Trockenhefe
- [ ] Gewürze
- [ ] Eier
- [ ] Speck
- [ ] Ketchup
- [ ] Tomatenkonzentrat
- [ ] Parmesankäse in Beuteln
- [ ] Gemüsebrühe
- [ ] Instantsuppen
- [ ] Olivenöl
- [ ] Essig
- [ ] frisches Brot
- [ ] Knäckebrot
- [ ] Margarine
- [ ] Salami
- [ ] Hartkäse
- [ ] Marmelade
- [ ] Honig
- [ ] Kaffee
- [ ] Tee
- [ ] Milchpulver
- [ ] Puddingpulver
- [ ] Kakao
- [ ] Müsli
- [ ] Nüsse / Trockenfrüchte
- [ ] Kekse
- [ ] Schokolade
- [ ] Müsliriegel
- [ ] Säcke für Wasservorrat
- [ ] ______________________

Kleidung & Körperpflege

- [ ] lange Hosen
- [ ] Fleecehose
- [ ] kurze Hose
- [ ] T-Shirts
- [ ] einmal Klamotten stadtfein
- [ ] Pullover aus Fleece 100
- [ ] Pullover aus Fleece 200
- [ ] Unterwäsche
- [ ] lange Sportunterwäsche
- [ ] Socken
- [ ] Fleecesocken
- [ ] Regenjacke, Regenhut
- [ ] Regenhose
- [ ] Sonnenbrille mit Band
- [ ] Kopfbedeckung (Sonne)
- [ ] Badesachen, Handtuch
- [ ] Badeschuhe
- [ ] Outdoor-Handtuch
- [ ] Waschbeutel *(Shampoo, Seife, Fettcreme, Zahnbürste/-pasta, Haarbürste, Sonnenschutz, Insektenabwehr, Spiegel, Rasierzeug)*
- [ ] Wanderschuhe
- [ ] leichte Leinenschuhe
- [ ] Neoprenschuhe
- [ ] evtl. Neoprenhandschuhe
- [ ] evtl. Fleecemütze
- [ ] evtl. Halstuch
- [ ] ______________________
- [ ] ______________________
- [ ] ______________________
- [ ] ______________________

Küche

- [ ] Kocher, Brennerersatzteile
- [ ] Brennstoff für Kocher
- [ ] Anzünder
- [ ] Streichhölzer / Feuerzeug
- [ ] Kochtopfset mit Deckel
- [ ] Grillrost
- [ ] Espressokanne
- [ ] Thermoskanne & Trinkflasche
- [ ] Wassersack
- [ ] Thermobecher / Tassen
- [ ] Teller (tief / flach)
- [ ] Bestecke
- [ ] Kochlöffel, Sparschäler
- [ ] große Schere
- [ ] kleines scharfes Messer
- [ ] kleines Holzbrett
- [ ] Alufolie
- [ ] Faltschüssel
- [ ] Geschirrtuch
- [ ] Spülmittel
- [ ] Waschmittel
- [ ] Stahlschwamm
- [ ] Topfreiniger
- [ ] ______________________
- [ ] ______________________

Werkzeug & Zubehör

- [ ] Reparatur-Set für Kanu
- [ ] Duck Tape-Klebeband
- [ ] Seam-Grip-Kleber
- [ ] Gummihammer (Ally)
- [ ] Draht
- [ ] Brennerersatzteile
- [ ] Reparatur-Sets Kanu & Zelt
- [ ] Ersatz-Blitzverschlüsse
- [ ] Holzleim
- [ ] Tool *(mit Schraubenzieher und Kombizange)*
- [ ] Taschenmesser
- [ ] Schleifstein
- [ ] Klappsäge
- [ ] Klappspaten
- [ ] Arbeitshandschuhe
- [ ] Schraubhaken
- [ ] Karabinerhaken
- [ ] Spanngurte
- [ ] Spiralschloss
- [ ] Taschenlampe *(auch als Stirnlampe)*

- ☐ Batterien oder Akkus
- ☐ Ladegerät für Akkus
- ☐ Kerzen
- ☐ Plastiktüten
- ☐ Plastiknetz / Kartoffelnetz
- ☐ Toilettenpapier
- ☐ Papiertaschentücher
- ☐ Schnüre / Seile
- ☐ Wäscheklammern
- ☐ Gummis, Draht
- ☐ Nähzeug
- ☐
- ☐ ____________________
- ☐ ____________________

Erste-Hilfe-Set

- ☐ Wundpflaster, Blasenpflaster
- ☐ Mullbinden
- ☐ sterile Wundauflagen
- ☐ elastische Binden
- ☐ Dreieckstücher
- ☐ Verbandspäckchen
- ☐ kl. Brandwundenverbandtuch
- ☐ Leukoplast
- ☐ Desinfektionsmittel / Antiseptikum
- ☐ Wundsalbe
- ☐ Kopfschmerztabletten
- ☐ Schmerztabletten
- ☐ Salbe für Sportverletzungen
- ☐ Brandsalbe
- ☐ Erkältungsmittel
- ☐ Antihistamingel
- ☐ Antihistamintropfen
- ☐ Mücken- & Insektenabwehr
- ☐ Zeckenzange
- ☐ Pinzette
- ☐ Augensalbe
- ☐ ____________________
- ☐ ____________________
- ☐ ____________________
- ☐ ____________________

Freizeit & Kinder

- ☐ Bücher
- ☐ Vorlesebuch
- ☐ Bestimmungsbücher
- ☐ Malzeug, -block
- ☐ Schreibstifte, Anspitzer
- ☐ Edding wasserfest
- ☐ Blumenpresse
- ☐ Lupe / Becherlupe
- ☐ kleines Brett-Steckspiel
- ☐ Schnorchel, Tauchermaske
- ☐ Frisbee, Ball
- ☐ Angelrute
- ☐ Angelköder
- ☐ Klappkescher
- ☐ evtl. Hängematte
- ☐ Fotokamera (evtl. Stativ)
- ☐ Speicherkarten
- ☐ Fotobatterien, Objektive
- ☐ ____________________
- ☐ ____________________
- ☐ ____________________

Unterwegs

- ☐ Topografische Karten
- ☐ wasserdichte Kartentasche
- ☐ Kompass, Bootskompass
- ☐ evtl. GPS - Gerät
- ☐ Reiseführer
- ☐ Handy
- ☐ Auto-/Ladegerät für´s Handy
- ☐ Uhr / Wecker
- ☐ Einhandmesser
- ☐ Fernglas
- ☐ Tagesrucksack, Hip-Pack
- ☐ evtl. Trekkingstöcke
- ☐ ____________________
- ☐ ____________________
- ☐ ____________________
- ☐ ____________________
- ☐ ____________________

Wichtige Dokumente

- ☐ Krankenkassenkarte
- ☐ Personalausweis, Pass
- ☐ Führerschein, Fahrzeugschein
- ☐ Campingkarte (Rabatt)
- ☐ DKV-Ausweis
- ☐ Bahncard,
- ☐ evtl. Bahnticket
- ☐ Bargeld, EC-Karte, Kreditkarte
- ☐ Schlüssel
- ☐ Adressbuch

Kanu & Ausrüstung

- ☐ Kanu
- ☐ Paddel, Reservepaddel
- ☐ Spritzdecke, Persenning
- ☐ Schwimmweste
- ☐ Kanuwagen, Luftpumpe
- ☐ Leinen, Ersatzleine
- ☐ Spanngurte
- ☐ Sitzunterlage / Kniepolster
- ☐ Paddeljacke, Trockenanzug
- ☐ evtl. Paddelhandschuhe
- ☐ Schwamm zum Entwässern
- ☐ Wasserdichte Säcke
- ☐ Wasserdichte Tonne
- ☐ Wasserd. Tasche f. Kleinkram

Campingausrüstung

- ☐ Zelt, Zeltstangen & -heringe
- ☐ Sand- und Stahlheringe
- ☐ Zeltunterlage, Zeltlampe
- ☐ Therm-a-Rest-Matte, Isomatte
- ☐ Schlafsack
- ☐ Fleece-/Baumwollinlett
- ☐ Kopfkissen, -bezug oder Fleecehülle zum Befüllen
- ☐ Faltsitz, Campingsitz
- ☐ Tarp (Regen-/Sonnenschutz) mit Leinen & evtl. Karabiner
- ☐ ____________________

i

„Kleine Kajak- & Kanadier-Fahrschule"

Kajak-Fahrschule

Allgemeines

In der Regel sind die beiden Blätter eines Doppelpaddels gegeneinander verdreht. Beim üblichen rechtsgedrehten Paddel umfasst die rechte Hand den Schaft so, dass das rechte Paddelblatt senkrecht ins Wasser eingetaucht werden kann. Die linke Hand umfasst den Paddelschaft nur locker und nach jedem Paddelschlag wird das Paddel mit der rechten Hand so gedreht, dass das aktive Blatt senkrecht ins Wasser gesetzt werden kann (beim linksgedrehten Paddel gelten die Hinweise entsprechend seitenvertauscht). Stellen Sie die Fußstützen des Kajaks so ein, dass Sie bequem sitzen und gleichzeitig einen guten Bootskontakt mit den Oberschenkeln haben. Bei Kajaks mit Fußsteuerung den Abstand der Pedale so wählen, dass Sie mit angewickelten Beinen im Boot sitzen und genügend Spielraum nach vorne haben, um das Pedal durchzutreten und das Steuer bewegen zu können.

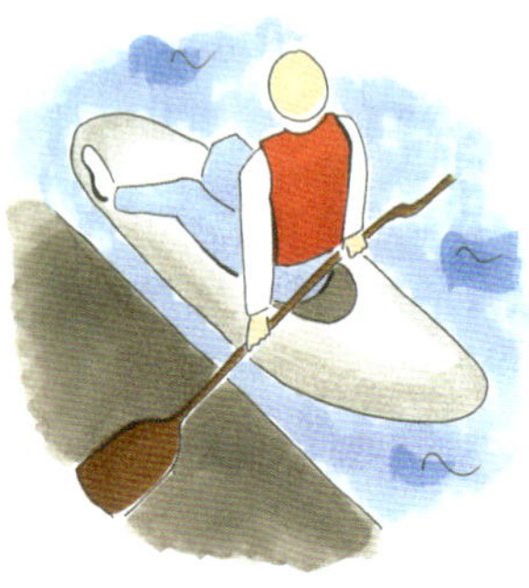

Einsteigen

Kanu parallel zum Ufer ausrichten, bei starker Strömung mit dem Bug (= Bootsspitze) gegen die Strömungsrichtung. Zum Einsteigen das Boot mit der sogenannten „Paddelbrücke" stabilisieren: Paddel im rechten Winkel zum Boot über Süllrand (= Bootsrand) und Ufer oder Steg legen; mit einer Hand Süllrand und Paddel fassen und mit der anderen Hand das Paddel aufs Ufer drücken. Zum Einsteigen das Gewicht über das Paddel verlagern und mit dem bootsseitigen Fuß zuerst einsteigen. Anschließend möglichst rasch hinsetzen, d. h. im Kajak gleich auf den Sitz rutschen, um einen tiefen Schwerpunkt zu erzielen und die Stabilität des Kanus zu erhöhen.

Spritzdecke

Spritzdecke zunächst hinter dem Körper um den Süllrand legen und von hinten nach vorne schließen; abschließend vorne über den Süllrand ziehen. Dabei unbedingt darauf achten, dass die Lasche vorne herausguckt, um die Spritzdecke im Falle einer Kenterung schnell öffnen zu können.

Paddelhaltung

Das Paddel in beide Hände nehmen und auf den Kopf legen. Die optimale Griffweite ist erreicht, wenn der Winkel zwischen Ober- und Unterarm ein wenig kleiner als 90 Grad ist.

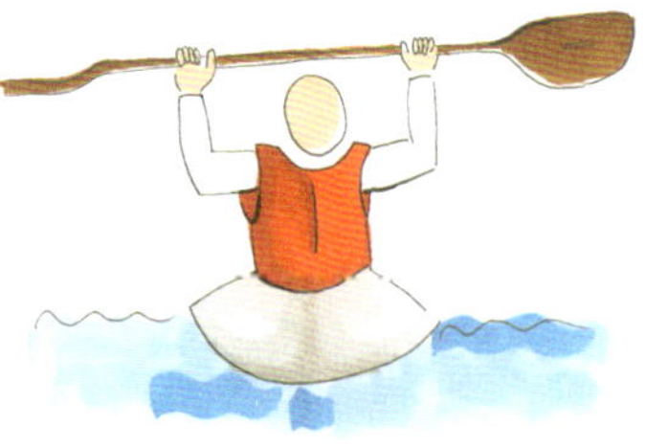

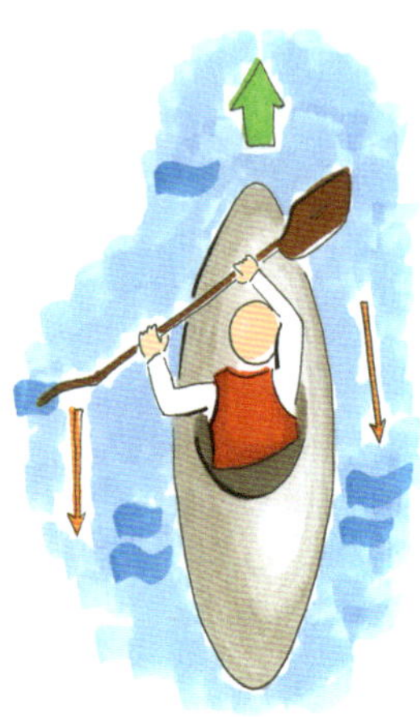

Grund- und Treibschlag

Mit leicht nach vorne gebeugtem Oberkörper Paddel vorne, dicht neben der Bootswand, einsetzen. Die „Zughand" zieht das Paddel parallel am Boot entlang nach hinten, während die „Druckhand" das sich in der Luft befindliche Blatt nach vorne drückt. Die Bewegung nicht allein mit den Unterarmen ausführen, sondern zur Unterstützung bei gestrecktem Arm den Oberkörper mitdrehen. Ist das aktive Paddelblatt knapp hinter der Sitzposition, den Zug stoppen und die Seite wechseln.

Kajak-Fahrschule

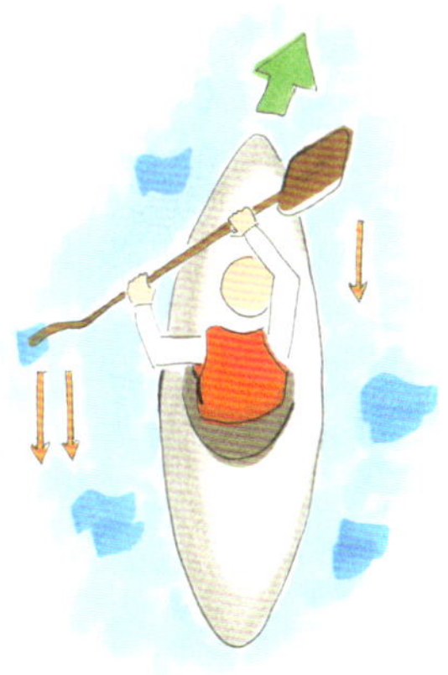

Steuern

Wird der Paddelschlag auf der linken Seite stärker ausgeführt, dreht der Bug nach rechts – und umgekehrt. So können Sie das Boot – ganz ohne eventuell vorhandene Fußsteueranlage – auf Kurs halten. Sind starke Kursänderungen erforderlich, erreichen Sie diese mit dem Bogenschlag. Beim Ab- und Anlegen mit Kajaks, die über eine Steueranlage verfügen, unbedingt daran denken, das Steuer rechtzeitig einzuklappen, um es nicht zu verbiegen.

Ziehschlag

Steuerschlag, um das Boot seitlich zu versetzen; dazu das Paddelblatt möglichst weit entfernt senkrecht zur Längsachse und parallel zum Boot ins Wasser tauchen und nicht zu dicht, an die Bootswand heranziehen und nach oben aus dem Wasser nehmen. Dabei darauf achten, dass das Paddelblatt nicht unter den Bootskörper gezogen wird, da dies zum Kentern führen kann.

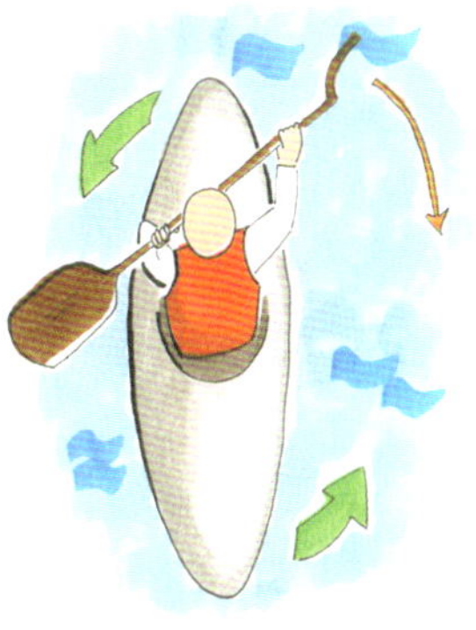

vorwärts

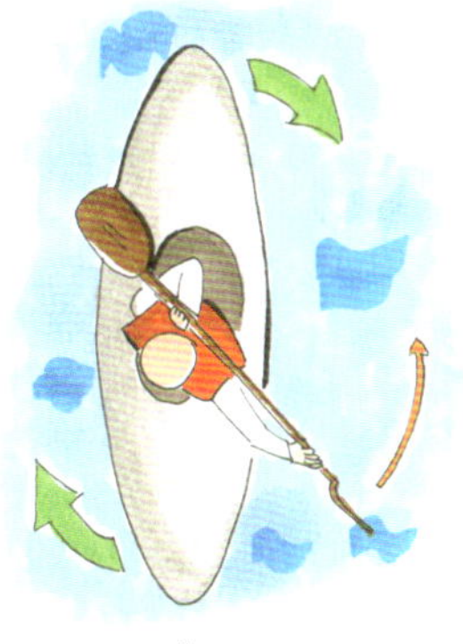

rückwärts

Bogenschlag

Steuerschlag, um das Boot zu drehen: vorwärts ausgeführt, dreht er das Boot weg von der Schlagseite. Dazu das Paddel möglichst weit vorne und dicht am Boot eintauchen und das Paddelblatt flach unter der Wasseroberfläche in einem weiten Halbkreis um das Boot bis nahe ans Heck führen. Je größer der Radius, desto stärker die Steuerwirkung. Um das Kanu abzubremsen und gleichzeitig eine Kurskorrektur zur Paddelseite hin durchzuführen, können Sie den Bogenschlag rückwärts ausführen.

Paddelstütze

Stabilisierungsschlag, bei dem das Paddel als Ausleger genutzt wird, um das Kentern zu verhindern; dazu einfach das Paddel auf der Seite, zu der das Boot zu kippen droht, soweit wie möglich nach außen flach auf das Wasser drücken.

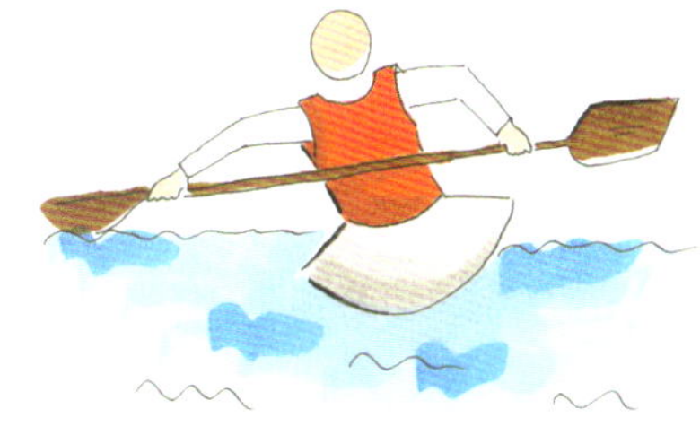

Schlagrichtung des Paddlers 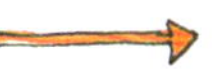

Bewegungsrichtung des Kanus 

i

Kanadier-Fahrschule

Allgemeines
Auf dem hinteren Sitz nimmt in der Regel der erfahrenere oder kräftigere Paddler Platz. Er gibt im Flachwasser die grobe Richtung vor, der Vordermann versucht ihn zu unterstützen. Der Vordermann gibt die Schlagzahl vor; achten Sie darauf, einen möglichst gleichmäßigen Schlagrhythmus einzuhalten, um ein „Aus-dem-Ruder-laufen“ zu vermeiden. Je nach Ausdauer kann ein gelegentlicher Wechsel der Paddelseiten stattfinden, der von beiden nach Absprache gleichzeitig durchgeführt wird. Der Vordermann hat stets die Aufgabe auf Hindernisse, die direkt vor dem Kanadier auftauchen, aufmerksam zu machen.

Einsteigen
Kanu parallel zum Ufer ausrichten, bei starker Strömung mit dem Bug (= Bootsspitze) gegen die Strömungsrichtung. Zum Einsteigen das Boot mit der sogenannten „Paddelbrücke“ stabilisieren: Paddel im rechten Winkel zum Boot über Süllrand (=Bootsrand) und Ufer oder Steg legen; mit einer Hand Süllrand und Paddel fassen und mit der anderen Hand das Paddel aufs Ufer drücken. Zum Einsteigen das Gewicht über das Paddel verlagern und mit dem bootsseitigen Fuß zuerst einsteigen. Anschließend möglichst rasch hinsetzen oder beim Kanadier auch möglich, eventuell hinknien, um einen tiefen Schwerpunkt zu erzielen und die Stabilität des Kanus zu erhöhen.

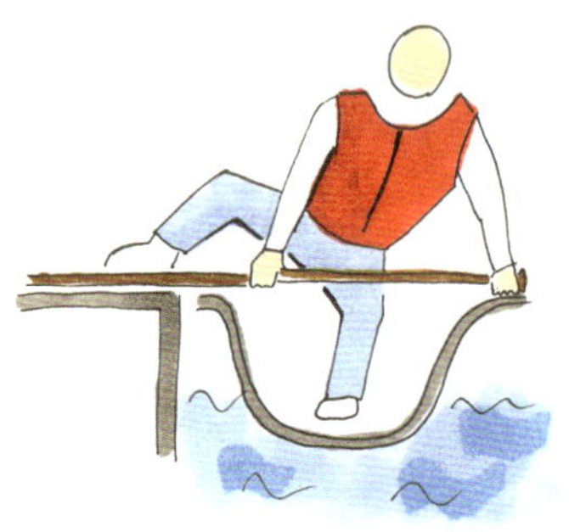

Aussteigen
Wie Einsteigen, nur in umgekehrter Reihenfolge.

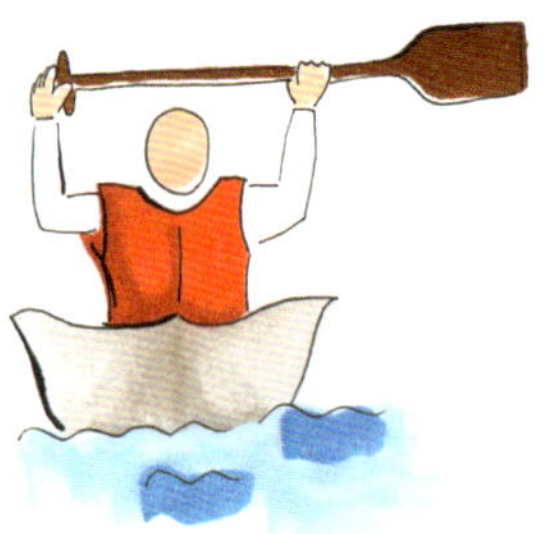

Paddelhaltung
Eine Hand fasst den Paddelknauf, hierbei wird der Griff von oben wie beim Spaten umfasst. Die andere Hand umgreift den Paddelschaft, so dass Ober- und Unterarm einen Winkel von 90 Grad bilden.

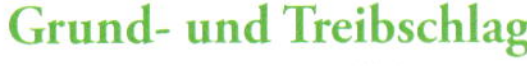

Grund- und Treibschlag
Das ganze Paddelblatt wird senkrecht ins Wasser getaucht und parallel zum Boot (in Bootslängsachse) bis etwa auf Körperhöhe durchs Wasser gezogen. Dabei wird mit dem unteren Arm gezogen, während der obere Arm drückt; gleichzeitig wird der Oberkörper etwas nach vorne geneigt und mitgedreht. Stimmen Vorder- und Hintermann ihren Grundschlag aufeinander ab, bewegt sich der Kanadier kursstabil geradeaus. Paddelt nur einer, bewegt sich das Kanu der paddelabgewandten Seite zu.

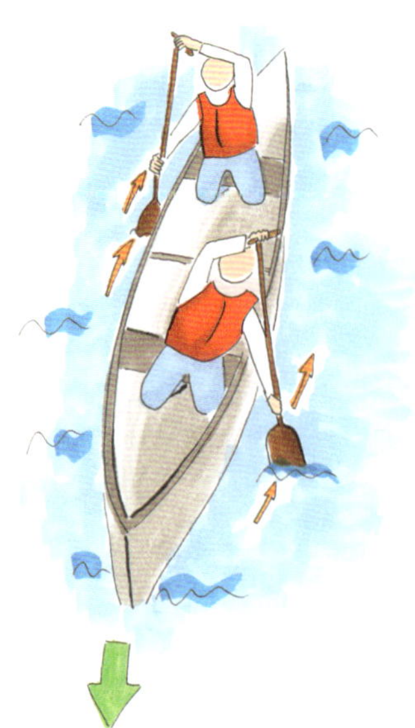

Kanadier-Fahrschule

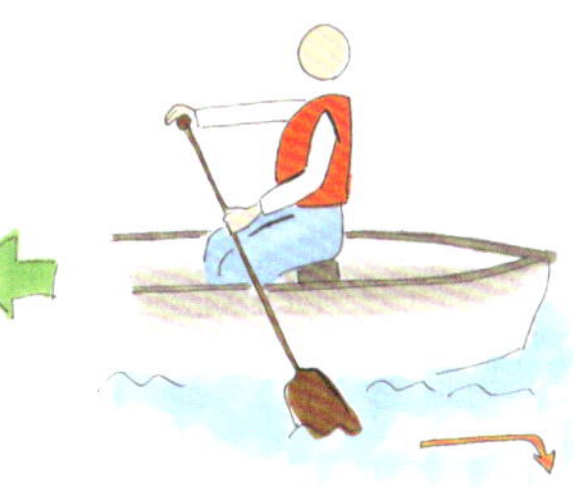

Steuern oder J-Schlag (nur Hintermann)

Dabei wird das Paddel zuerst wie beim Grundschlag geführt, am Körper vorbei in einer Bogenbewegung mit der wasserverdrängenden Paddelseite vom Boot weggedrückt. Dabei zeigt der Daumen der Hand am Paddelknauf nach unten und der Handrücken nach außen. Der Vordermann kann weiterhin den Grundschlag ausführen oder die Drehbewegung mit einem Bogenschlag verstärken.

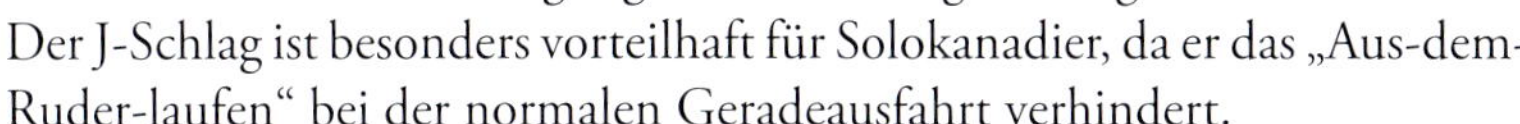

Der J-Schlag ist besonders vorteilhaft für Solokanadier, da er das „Aus-dem-Ruder-laufen" bei der normalen Geradeausfahrt verhindert.

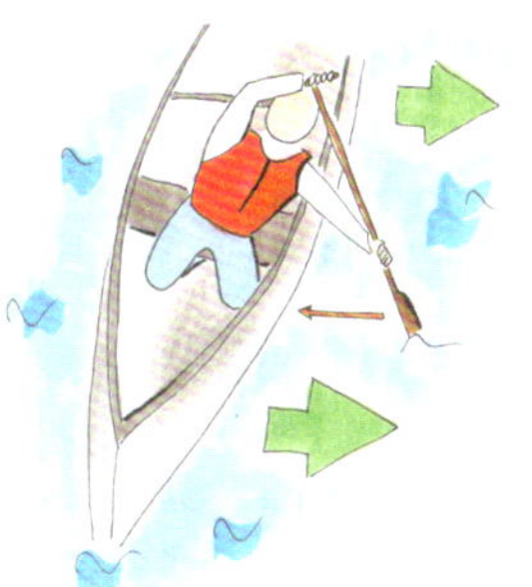

Ziehschlag

Steuerschlag, um das Boot seitlich zu versetzen; dazu das Paddelblatt möglichst weit entfernt senkrecht zur Längsachse und parallel zum Boot ins Wasser tauchen und, nicht zu dicht, an die Bootswand heranziehen und nach oben aus dem Wasser nehmen. Dabei darauf achten, dass das Paddelblatt nicht unter den Bootskörper gezogen wird, da dies zum Kentern führen kann.

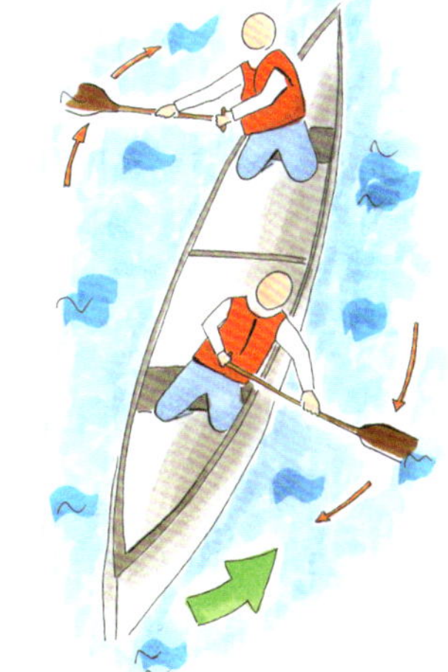

Bogenschlag

Steuerschlag, um das Boot zu drehen. Um einen Zweierkanadier auf de Stelle zu drehen, führt der Vordermann den Bogenschlag vorwärts un der Hintermann den Bogenschlag rückwärts aus (oder umgekehrt, abe immer gegenläufig). Vorne vorwärts: das Paddel möglichst weit vorn und dicht am Boot eintauchen und das Paddelblatt flach unter der Wa seroberfläche in einem Viertelskreis bis auf Körperhöhe führen. Hinte rückwärts: Beginn nahe am Heck des Bootes und das Paddelblatt vo hinten nach vorne im Viertelskreis bis auf Körperhöhe führen. Dies dreh das Boot weg von der Paddelseite des Vordermanns. Zum Drehen zu anderen Seite werden die Schläge genau gegenläufig durchgeführt: vorn rückwärts, hinten vorwärts. Jeweils gilt, je größer der Radius, desto stärke

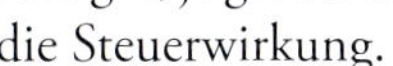

die Steuerwirkung.

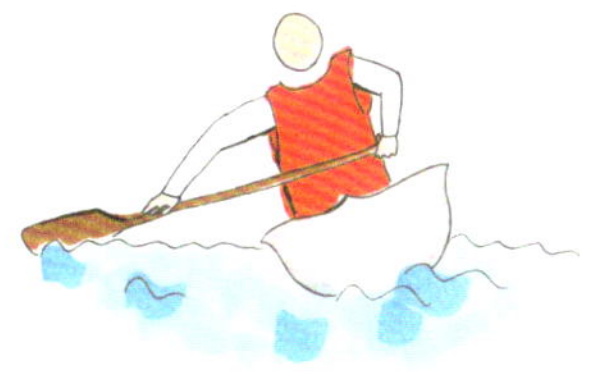

Paddelstütze

Stabilisierungsschlag, bei dem das Paddel als Ausleger genutzt wird, um das Kentern zu verhindern; dazu einfach das Paddel auf der Seite, zu der das Boot zu kippen droht, soweit wie möglich nach außen flach auf das Wasser drücken.

Die beschriebenen Paddelschläge für Kajak und Kanadier können und sollen miteinander kombiniert werden. Einige Beispiele haben wir gegeben. Zur korrekten Ausführung wird das Paddel im Prinzip nicht durch das Wasser „gezogen", sondern soll annähernd stationär bleiben und das Kanu über das Wasser bewegt werden.
Hierbei wird eine optimale Kraftausbeute angestrebt. Bei einem sehr gut ausgeführten Paddelschlag gibt es keine Verwirbelungen und kaum Wellen am Paddelblatt.

Text: Michael Hennemann, Lektorat: Falk Bruder

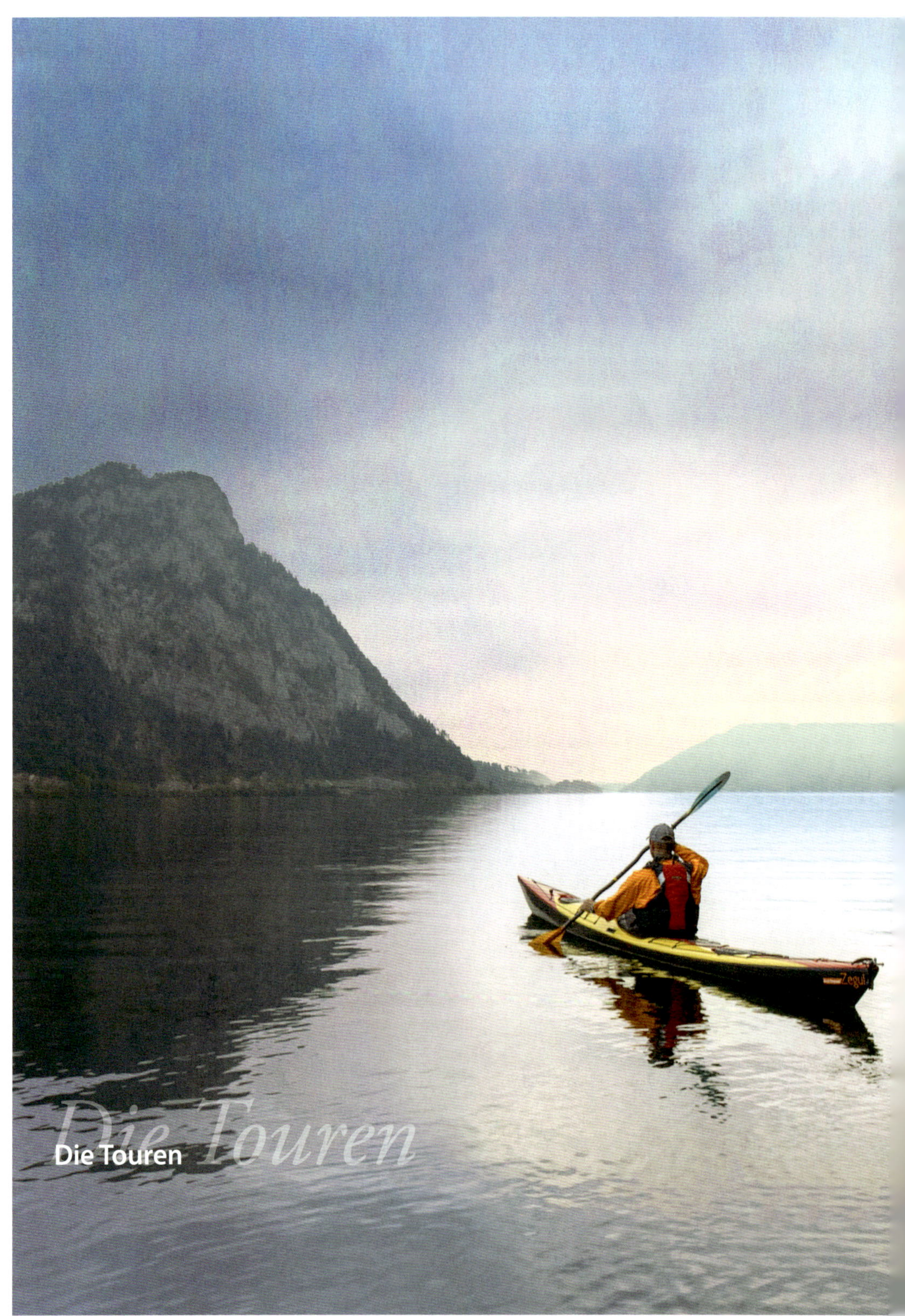

Die Touren

Die Touren

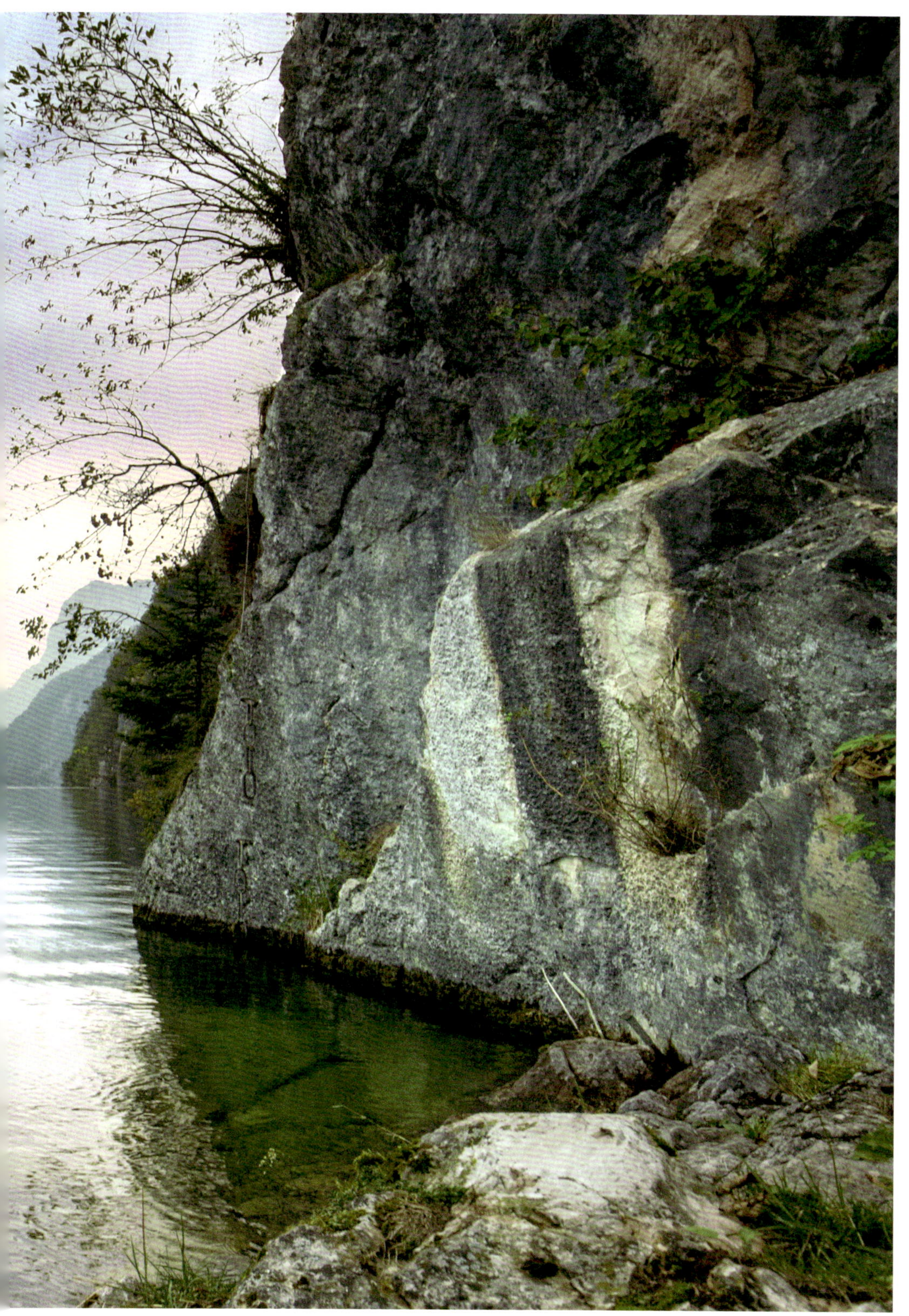

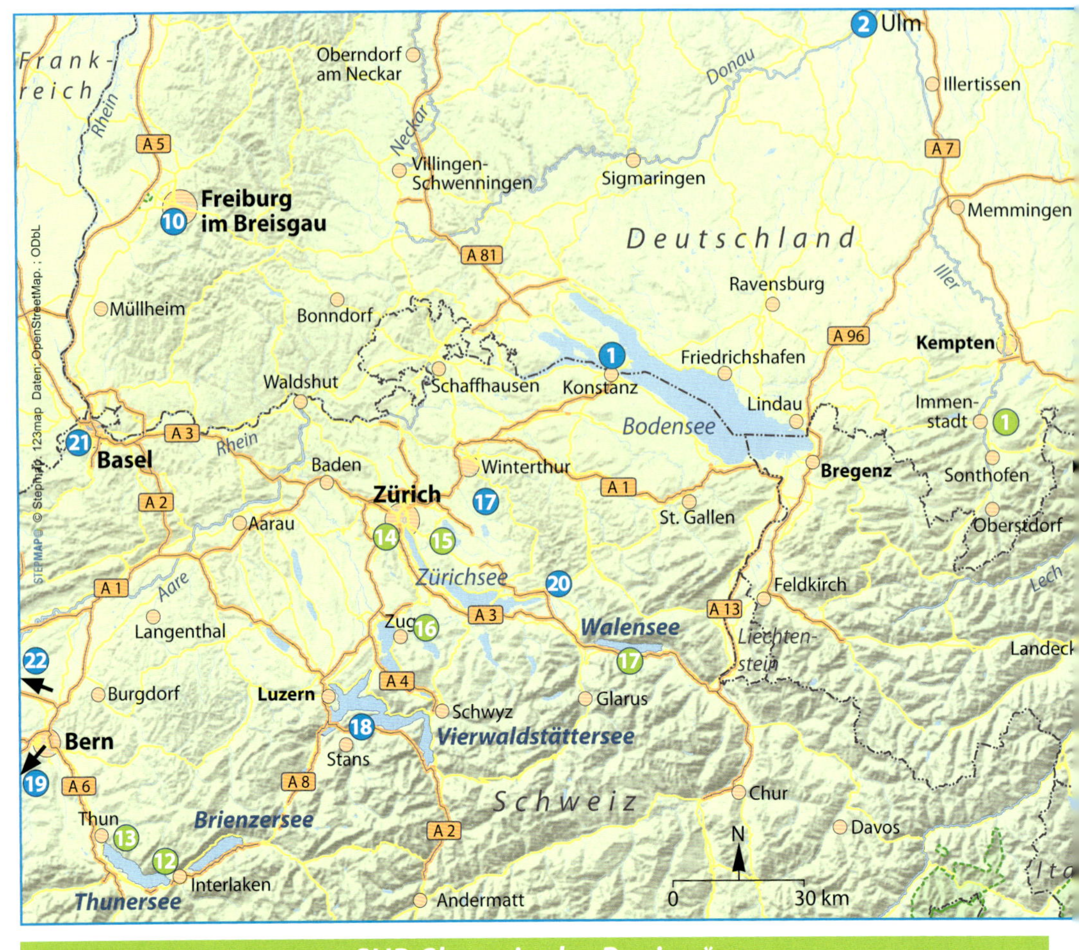

SUP-Shops in der Region*

Deutschland:

1 SUP-Center Allgäu
Am Kreuzbach 3
87509 Immenstadt
Tel. +49 (0)8323 968 22 27
www.sup-allgaeu.de

2 Oberland Sports (Kanu + SUP)
Petersgasse 3, 82418 Murnau
Tel. +49 (0)8841 99 88 963
www.oberland-sports.de

3 SUP-Center Ammersee
Seestraße 8
86919 Utting am Ammersee
Tel. +49 (0)8806 76 21
www.steinlechnerbootswerft.de

4 Munich Stand Up Paddling
Kössener Str. 29
81373 München
Tel. +49 (0)172-896 49 74
www.munich-sup.com

5 Surftools
Olympiastr. 1
82319 Starnberg *(OT Wangen)*
Tel. +49 (0)8151 446 28 01
www.surftools.de

Bavarianwaters
6 -SUP Testcenter Pilsensee
Pilsensee 2
82229 Seefeld
Guido +49 (0)176-20 50 14 02
7 -SUP Station Chiemsee
Harrasserstr. 41 (Schraml)
83209 Prien am Chiemsee
Toby +49 (0)151-12 51 21 63
www.bavarianwaters.com

8 SUP-Chiemsee
Vermietung + kleiner Shop
Julius-Exter-Promenade 21
83236 Übersee
Tel. +49 (0)176-843 703 85
www.sup-chiemsee.de

Österreich:

9 SUP Center Attersee
Agerstr. 30, 4861 Schörfling
Tel. +43 (0)699-811 383 17
www.sup-attersee.at

10 Sport & Abenteuerschule
Hauptstraße 14
4813 Altmünster/Traunsee
Tel. +43 (0)664-545 43 70
www.sport-abenteuer.at

11 CrosLake SUP Boards
Moosgasse 18
6065 Thaur bei Innsbruck
Tel. +43 (0)664-975 06 80
www.croslake.com

Schweiz:

12 Mountainsurf Thunersee
Seestr. 123, 3800 Unterseen
Tel. +41 (0)79-789 57 32
www.mountainsurf.ch

13 Sörfbrätt Hilterfingen
Hübelistraße 20
3652 Hilterfingen
Tel. +41 (0)79-614 85 49
www.soerfbraett.ch

14 SUPSWISS *(Mi-Sa ab 9)*
Steinstraße 37, 8003 Zürich
Tel. +41 (0)44 451 90 90
www.supswiss.ch

15 SUP Greifensee
Fällandenstr. 2, 8124 Maur
Tel. +41 (0)76-571 12 79
www.supgreifensee.ch

16 SUP-Piraten
Höfnerstr. 1, 6314 Unterägeri
Tel. +41 (0)76-595 00 62
www.sup-piraten24.ch

17 Shirocco Wassersport (Kanu + SUP)
Alte Staatsstr. 6, 8877 Murg
Tel. +41 (0)76-383 13 90
www.shirocco.ch

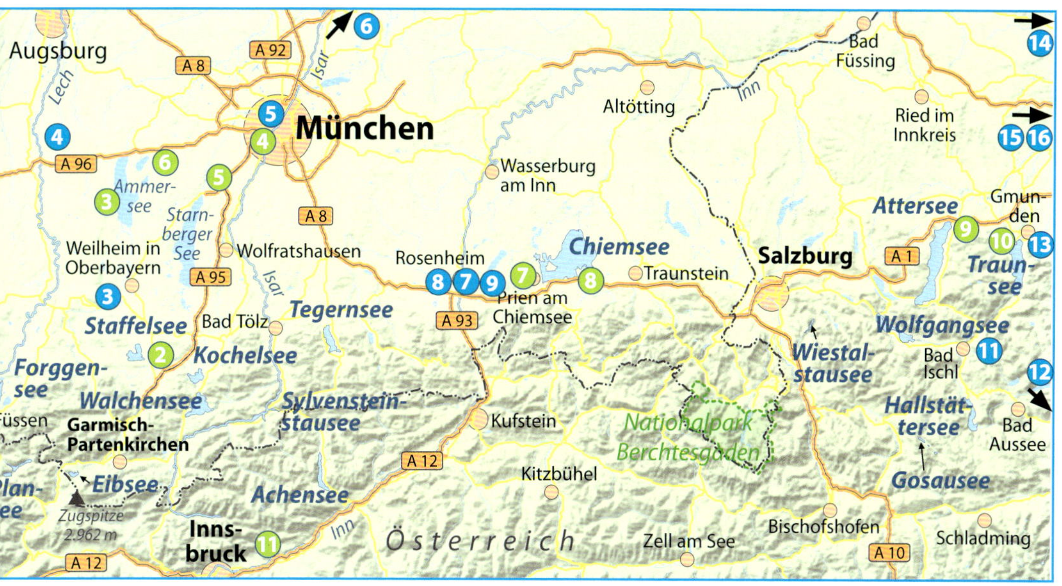

*Kanu- & Outdoorläden in der Region** (viele bieten auch Kurse an)

Deutschland:

1 KanuZentrum Konstanz
(Kanu + SUP)
Robert-Bosch-Str. 4
78467 Konstanz
Tel. +49 (0)7531 95 95 95
www.lacanoa.com

2 Faltbootzentrum Out-Trade
Nicolaus-Otto-Str. 34
89079 Ulm
Tel. +49 (0)731 400 76 75
www.faltboot.de

3 Kajak-Hütte
(Kanu + SUP)
Zur Alten Bergehalde 3
82380 Peißenberg
Tel. +49 (0)8803 46 70
www.kajak-huette.de

4 Kanu-Trekking Grabscheid
Brückenring 17
86916 Kaufering
Tel. +49 (0)8191 652 88
www.kanu-trekking.de

5 Globetrotter München
(Kanu + SUP)
Isartorplatz 8 - 10
80331 München
Tel. +49 (0)89 444 555 70
www.globetrotter.de

6 WaterWorld Dreisbusch
(Kanu + SUP)
Bichlmannstr. 21-37
84174 Eching
Tel. +49 (0)8709 92 87 05
www.waterworld24.com

7 Prijon Sportshop
(Kanu + SUP)
Innlände 6
83022 Rosenheim
Tel. +49 (0)8031 303 70
www.prijonshop.de

8 Klepper Faltbootwerft
Klepperstraße 18 E
83026 Rosenheim
Tel. +49 (0)8031 21 67-0
www.klepper.de

9 Blue and White
Eichenstraße 3
83083 Riedering
(OT Niedermoosen)
Tel. +49 (0)8036 906 30
www.blue-and-white.com

10 Gert´s Kanu Shop
(Öffnungszeiten anfragen)
Rehlingstraße 5
79100 Freiburg
Tel. +49 (0)761 292 25 00
www.gertspilker.de

**die Auflistung der Shops erhebt keinen Anspruch auf Vollständigkeit*

Österreich:

11 xsport - Wiesinger
Di & Do 16-20 oder anmelden
Rettenbachwaldstr. 4
4820 Bad Ischl
Tel. +43 (0)664-514 57 78
www.seekajakcenter.at

12 Outzeit-Fliegfix
Donnersbachstr. 99
8952 Irdning
Tel. +43 (0)3682 261 12 30
www.fliegfix.com

13 Kajak Kanu Salzkammergut
Mi-Fr 15-18, Sa 9.30-12.20
Traunsteinstraße 13
4810 Gmunden
Tel. +43 (0)664-444 24 03
www.kajak-kanu.at

14 kayak-connection
(Kanu + SUP)
Marktplatz 16
4100 Ottensheim
Tel. +43 (0)664-764 09 20
www.kayak-connection.at

15 ARWEX-Sport RAABE
Am Rollerdamm 2, 1210 Wien
Tel. +43 (0)1 263 71 11
www.arwex.at

16 Treksport Outdoor Shop
Stumpergasse 16, 1060 Wien
Tel. +43 (0)664-504 78 48
www.treksport.com

Schweiz:

17 seekajak.ch
Öffnungszeiten s. Website
Länggstr. 15
8308 Illnau
www.seekajak.ch

18 Kanuwelt Buochs
Seefeld 8
6374 Buochs
Tel. +41 (0)78-635 24 14
www.kanuwelt.ch

19 Siesta Oppi Kanu Shop
Sensebrücke 13a
3176 Neuenegg
Tel. +41 (0)31 741 91 92
www.kanuladen.ch

20 Kuster-Sport
(Kanu + SUP)
Mo geschlossen
St. Gallerstr. 72
8716 Schmerikon
Tel. +41 (0)55 286 13 73
www.kustersport.ch

21 Globepaddler
(Kanu + SUP)
Elsässerstr. 207, 4056 Basel
Tel. +41 (0)61 361 44 33
www.globepaddler.ch

22 Globepaddler Bielersee
Mi-Fr 10-18.30, Sa 10-16
Schlossstr. 24, 2560 Nidau
Tel +41(0)32 331 76 88
www.kanurental.ch

Zu den Touren

Die in diesem Buch beschriebenen Touren wurden über mehrere Jahre gepaddelt, einige Seen auch mehrfach befahren. Die Bilder innerhalb einer Tour können daher unterschiedliche jahreszeitliche Stimmungen zeigen. Alle Angaben zu Preisen, Adressen, Telefonnummern und sonstige Angaben wurden nach bestem Wissen erstellt. Zwar erhebt dieses Handbuch keinen Anspruch auf Vollständigkeit, doch haben wir versucht, aus allen Bereichen die wichtigsten Adressen zu nennen. Trotz aller Aktualität können sich örtliche Gegebenheiten und Adressen jedoch schnell wieder verändert haben. Sie als Leser helfen uns, den KANU KOMPASS „Nördliche Alpenseen" aktuell zu halten, indem Sie uns etwaige Änderungen mitteilen. Unsere Adresse finden Sie im Impressum.

Jeder halbwegs fitte Paddler oder SUP-Boarder kann die kleinen und mittleren Seen im Buch in ein paar Stunden oder bis zu einem Tag ohne Probleme umrunden. Für die großen Seen benötigen durchschnittliche Paddler in der Regel mehrere Tage. Für Familien mit Kindern ist es ratsam die Tourenetappen kürzer zu halten. Gründe dafür gibt es schließlich genug, denn auch die Ufer sind meist reich an Sehenswürdigkeiten und eine passende Übernachtungsmöglichkeit ist nie weit. In der Hochsaison ist bei den Übernachtungen meist eine rechtzeitige Reservierung empfehlenswert.

Die Berge rund um die Seen bieten tausende Kilometer an Wanderwegen und Radtourenmöglichkeiten, sei es mit dem normalen Rad, dem Rennrad oder dem Mountainbike. Die dazu im Buch gegebenen Tourenvorschläge sind fast immer technisch einfach, erfordern aber mitunter etwas Kondition. Gute Wanderschuhe, bzw. ein gutes Fahrrad sind zu empfehlen. Letztlich konnten wir zu jeder Tour aber auch immer nur eine Auswahl an „Sonstigen Aktivitäten" aufführen.

Die zu jeder Tour angegebene ***Einsetzstelle*** ist natürlich nur ein Vorschlag und orientiert sich am beschriebenen Tourenverlauf. Darüberhinaus gibt es natürlich zahllose andere Stellen um einzusetzen. In Österreich und Deutschland oft an oder neben Strandbädern.

Die ***Piktogramme*** (Sternchen) zu „Landschaft, Kultur, Baden, Verkehrslärm" auf den Infoseiten jeder Tour sollen Ihnen helfen, die Tour auf einen Blick gemäß Ihrer Vorlieben und Interessen einzuschätzen. Wir haben Sternchen von 0 (wenig) bis 4 (viel) vergeben.

Der ***Saisonfaktor*** soll Ihnen einen Eindruck verschaffen, wie voll es auf und am Gewässer ist – niedrig, mittel oder hoch. Außerhalb der Ferienzeiten oder der Sommersaison ist er meist überall niedriger.

Die ***Kartenskizzen*** im Buch dienen lediglich der Übersicht und Tourenplanung und sind kein Ersatz für topografische Karten.

Öffnungszeiten haben wir so dargestellt: (Di-So 10-17), was heißen soll, dass Dienstag bis Sonntag von 10.00 Uhr bis 17.00 Uhr geöffnet ist.

Alle ***Telefonnummern*** haben wir mit der jeweiligen ***Ländervorwahl*** aufgeführt:

Deutschland +49
Österreich +43
Schweiz +41

Thunersee

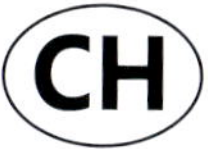

„Riviera" im Berner Oberland

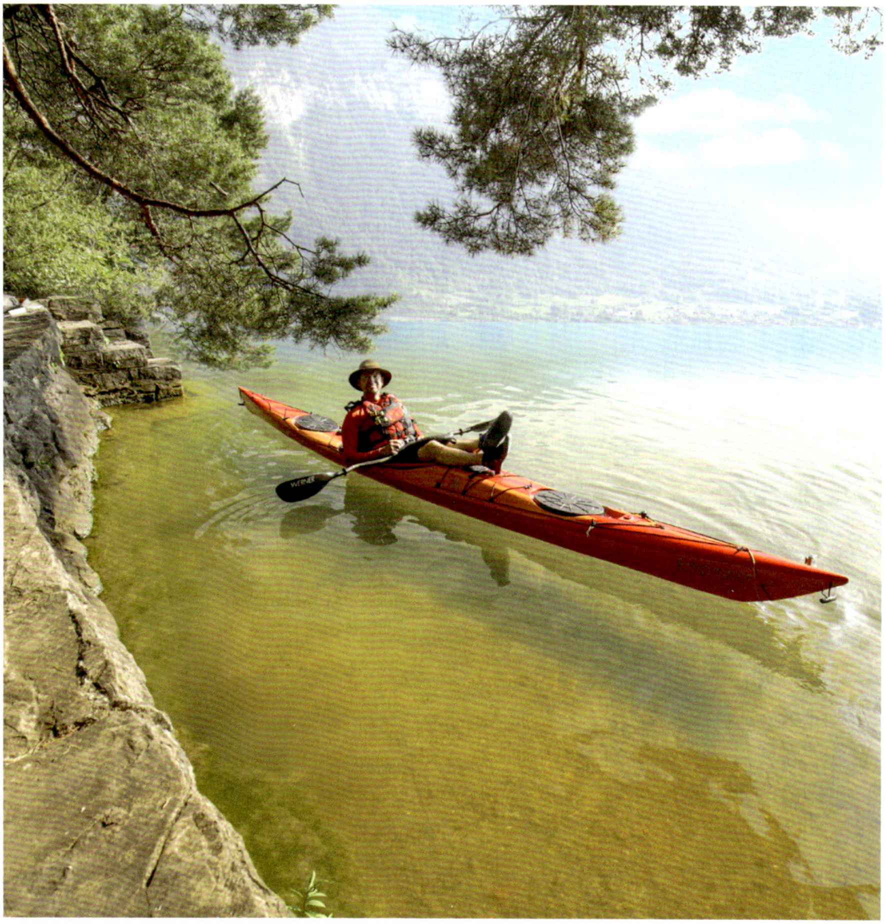

Tour

Tour-Infos Thunersee

Landschaft	Kultur	Baden	Verkehrslärm
★★★★	★★★★	★★★	★★★

Charakter des Sees

Gleich für ein ganzes Wochenende oder länger, bietet sich eine Tour auf dem 18 Kilometer langen und bis zu dreieinhalb Kilometer breiten See an. Nicht ganz so rau wie das des kleineren Nachbarn Brienzersee ist das Landschaftsbild des Thunersees, denn die Berge rücken nicht ganz so dicht an sein Ufer. Zwar ist dieses meist stark besiedelt, jedoch sind die schönsten Abschnitte am See durch Felsen oder das steile Ufer vor Verkehrslärm geschützt. Insbesondere im Südosten ist jedoch wegen der nahen Bundesstraße mit einem deutlichen Geräuschpegel zu rechen. Für SUP-Boarder eigenen sich Teilabschnitte wie z.B. die Felswände an der Beatenbucht. Paddler, die einen Bootswagen an Bord haben, können auf und Gerade Kulturliebhaber kommen am Thunersee dank alter Burgen, Schlösser, mittelalterlichen Kirchen und – ganz besonderes Schmankerl – der Altstadt von Thun, voll auf ihre Kosten.

Länge und Dauer der Tour: 45 km, 2-3 Tage **Schwierigkeit:** leicht **Saisonfaktor:** mittel

Etappenvorschlag:
1. Tag: Neuhaus (Interlaken) – Spiez (15 km)
2. Tag: Spiez – (über Thun Innenstadt) Oberhofen (16 km)
3. Tag: Oberhofen – Neuhaus (14 km)

Bootswagen: Transport vom Parkplatz und zum Übernachtungsplatz.

Gefahren

Auch am Thunersee kommt es bei schönem Wetter zur Ausbildung thermischer Winde. Am frühen Morgen bläst dann ein kühler Bergwind herunter. Der Talwind weht ab Mittag bis in den Abend hinein. Ein starker Föhnwind aus Süden kann ebenfalls über den Thunersee fegen. Die Täler die vom See wegführen haben oft eigene thermische Windsysteme, die mehr oder weniger stark ausfallen können. Bekannt ist der Justistaler, die Cholere, oder der Därliger.

Befahrungsregelungen

Das Ufer zwischen Fähranleger Neuhaus bei Interlaken und der Aare ist Naturschutzgebiet und durch einen Zaun im Wasser gekennzeichnet. Das Kanderdelta bei Gwatt ist als Ruhezone ausgewiesen und darf nicht befahren werden. Ein Uferstreifen von 30 bis 40 Metern ist für Fußgänger ganzjährig frei zugänglich und soll als natürlicher Badestrand weiterhin zur Verfügung stehen.

Anreise

Auf der Autobahn A 8 von **Interlaken** kommend bis Ausfahrt 24 *(Interlaken-West)*. Dann rechts auf die Weissenaustraße / Seestraße und dieser bis Neuhaus (Unterseen) folgen. Dort links ab zum **Strand- und Golfhotel Neuhaus**.

Einsetzen und Parken

Am östlichen Ende des Sees in **Interlaken-Neuhaus** neben dem Strand- und Golfhotel Neuhaus an einer Slipanlage. Ein großer Parkplatz mit Parkuhr befindet sich am Strand von Neuhaus.
Alternativ 500 Meter hinter Neuhaus in Richtung St. Beatus-Höhlen. Dort gibt es am Nordufer eine kleine Parkfläche direkt am See.

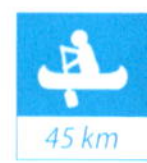

Kartenmaterial

Wanderkarte Nr. 30 Interlaken, Thuner- & Brienzersee, 1:50.000, Hallwag
Wanderkarte 84 Jungfrau-Region, Thuner- und Brienzersee, 1:50.000, Kompass Karten
254T Interlaken Wanderkarte: Jungfrauregion - Oberer Thunersee – Brienzersee, Swisstopo
Jungfrau-Region, Thuner- & Brienzersee, 1:60.000, Kümmerly+Frey Wanderkarte Nr.18

Literaturtipps

Eine kulinarische Entdeckungsreise Berner Oberland, *K. Schmidt*, Neuer Umschau Buchverlag.
Lebensraum Thunersee, *Diana Lawniczak*, Zytglogge Verlag.
Berner Oberland West: Thunersee - Gstaad - Lenk - Kandersteg. 50 Touren, Bergverlag Rother.
„Scherbenhaufen", „Brahmsrösi", „Narrentod", Thun-Krimis, *Stefan Haenni*, Gmeiner-Verlag.

Übernachtung in Wassernähe *(in der Reihenfolge des Tourenverlaufs)*

Interlaken:
Camping Hobby
Lehnweg 16
Tel. +41 (0)33 822 96 52
www.campinghobby.ch

Camping Alpenblick
(Bistro, Laden)
Seestraße 130
Tel. +41 (0)33 822 77 57
www.camping-alpenblick.ch

Camping Manor Farm
(Mobilheim, Chalet, Restaurant)
Seestraße 203
Tel. +41 (0)33 822 22 64
www.manorfarm.ch

Leissigen:
Jugendherberge Leissigen
Oberfeldweg 9
Tel. +41 (0)33 847 12 14
www.youthhostel.ch/de/hostels

Faulensee:
Seehotel Jägerhof Hubertus
Interlakenstraße 136
Tel. +41 (0)33 655 89 89
www.jaegerhof-hubertus.ch

Spiez:
Seegarten Marina (Hotel)
Schachenstraße 3
Tel. +41 (0)33 655 67 67
www.seegarten-marina.ch

Thun:
TCS Camping Thunersee
(Zelt und SwissTubes)
Gwattstraße 103, **OT Gwatt**
Tel. +41 (0)33 336 40 67
www.tcs.ch

alpha thun Hotel & Sleepfactory
Gwattstraße 4
Tel +41 (0)33 223 73 47
www.alpha-thun.ch

Oberhofen:
Hotel Ristorante Stella del Lago
Schoren 45
Tel. +41 (0)33 243 66 33
www.stelladellago.ch

Kanuvermieter & Veranstalter

Thun OT Gwatt:
Absolut Outdoor
(auch Bike-Vermietung)
Deltapark Vitalresort
Deltaweg 27
Tel. +41 (0)33 655 03 91
www.absolutoutdoor.ch

Neuhaus-Interlaken:
Mountainsurf
Seestraße 123, **Unterseen**
Tel. +41 (0)79-789 57 32
www.mountainsurf.ch

Interlaken:
RiverLodge
Brienzstraße 24
Tel. +41 (0)33 822 44 24
www.riverlodge.ch

Swissraft
Jungfraustraße 72
Tel. +41 (0)33 823 02 10
www.swissraft.ch

Matten b. Interlaken:
Outdoor Interlaken
Hauptstraße 15
Tel. +41 (0)33 826 77 19
www.outdoor-interlaken.ch

Alpin Raft (Outdoor Interlaken)
Hauptstraße 36
Tel. +41 (0)33 826 77 19
www.alpinraft.ch

Faulensee:
Bootsfahrschule Lüthi
Allmendweg 8
Tel. +41 (0)33 650 99 40
www.bootsfahrschule-luethi.ch

Boltigen (am Brienzersee):
LiquidSunshine (Sit On Top)
Taubental 123
Tel. +41 (0)79-458 52 82
www.liquidsunshine.ch

Kanuweg Thunersee:
Sie mieten ein Kanu am Standort Ihrer Wahl und geben am Abend das Kanu an einer der Vermietstationen *(Bucht Spiez, Faulensee, Leissigen, Deltapark Gwatt)* wieder ab: www.kanuwegthunersee.ch

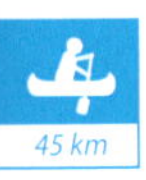

Tourist-Infos

Interlaken Tourismus, Höheweg 37, Tel. +41 (0)33 826 53 00, www.interlaken.ch
Thun-Thunersee Tourismus, Seestr. 2, Tel. +41 (0)33 225 90 00, www.thunersee.ch
Tourismus Information Spiez, Bahnhofstr. 12, Tel. +41 (0)33 655 90 00, www.spiez.ch
Hilterfingen Tourismus, Staatsstr. 18, Tel. +41 (0)33 244 84 84, www.hilterfingen-tourismus.ch
Leissigen Ferien, Dorfstraße 26, Tel. +41 (0)33 847 11 36, www.leissigen-ferien.ch

Sehenswürdigkeiten rund um den Thunersee

Interlaken: siehe Seite 58 (Brienzersee).

Leissigen: ehem. romanische, heute barocke *Kirche* (1675); *historische Säge* am See (1841).

Spiez: *Schloss Spiez* (10./13./18. Jh.) mit Schlosspark und frühromanischer *Schlosskirche* (10. Jh.). *Museum Schloss Spiez* (Schlossstr. 16, Tel. +41 (0)33 654 15 06, Anfang Apr-Jun, Sep-Mitte Okt, tgl. Mo 14-17, Di-So 10-17, Jul-Aug, tgl. 14-18, www.schloss-spiez.ch); *Heimat- und Rebbaumuseum* (Spiezbergstr. 48, Tel. +41 (0)33 654 73 72, Mai-Okt, Mi, Sa, So 14-17, www.museum-spiez.ch).

Gwatt: 600 Jahre alte *Bettlereiche* (Naturdenkmal).

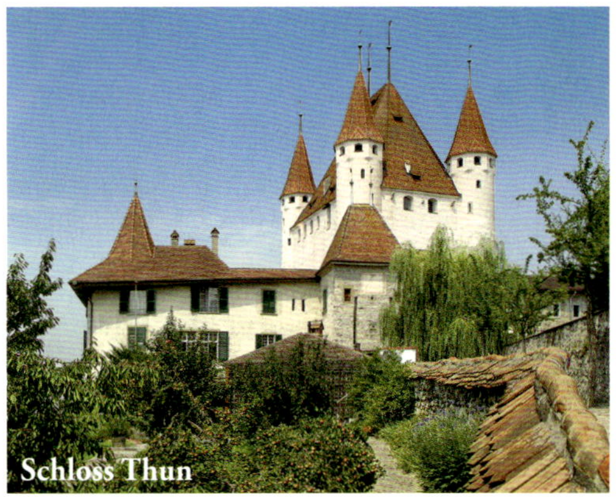
Schloss Thun

Thun: *Historischer Altstadtkern* mit Hochtrottoirs, Rathausplatz und Schleusenbrücken; *Schloss Thun* (12. / 15. Jh.) mit mächtigem Dachstock und 4 Wehrtürmen; *Rathaus* (16. Jh.); *Stadtkirche Thun* (14. Jh.); *Schloss Schadau* (19. Jh.) in englischer Gartenanlage mit *Gastronomiemuseum* und *Wocher-Panorama* (1814, älteste erhaltene Rundbild der Welt); *Kirche Scherzligen* (9. Jh.); *Ruine Strättligen* (Höhenburg 13. Jh.); *Schwäbisturm* (13. Jh.); *Museumsschloss Schloss Thun* (Schlossberg 1, Tel. +41 (0)33 223 20 01, Apr-Okt tgl. 10-17, www.schlossthun.ch); *Kunstmuseum Thun* (Hofstettenstr. 14, Tel. +41 (0)33 225 84 20, Di-So 10-17, Mi 10-19, www.kunstmuseumthun.ch), *Panzermuseum Thun* (Dufour Kaserne, Eingang Militärstraße, Tel. +41 (0)33 221 89 51, Mo-Fr 9-17, www.armeemuseum.ch).

Hilterfingen: ***Schloss Hünegg*** (19. Jh.): *Museum für Wohnkultur des Historismus & Jugendstil* und *Schweizerisches Gastronomiemuseum* www.gastronomiemuseum.ch (Staatsstr. 52, Tel. +41 (0)33 243 19 82, Mai-Okt Di-Sa 14-17, So, Fei 11-17, Märli-Läse-Hüsli: Sa 14–17, www.schlosshuenegg.ch).

Oberhofen: *Schloss Oberhofen* (Mitte 19. Jh. umgestaltet, *Bergfried* 12. Jh., *Palas* mit Kapelle 14. Jh.), sehenswerter *Schlosspark*, *Wohnmuseum* (Anf. Mai - Mitte Okt Di-So, 11-17, Tel. +41 (0)33 243 12 35, www.schlossoberhofen.ch); *Schlössli* (romantischer Villenbau in der Tradition französischer Landschlössser des 17. / 18. Jh.); *Turmhaus* (pittoresker Putzbau mit Eckturm im Stil eines toskanischen Landhauses 1863 als kleines lokales Krankenhaus erbaut); *Klösterli* (Verbindung eines vorreformatorischen Rebhäuschens und eines Schlösschens, 17. Jh., heute Kleinkunstbühne); *Museum für Uhren und mechanische Musikinstrumente* (Staatsstr. 18, Tel. +41 (0)33 243 43 77, Mai-Okt 14-17, www.uhrenmuseum.ch).

Merligen, Beatenbucht: *Kirche von Merligen* (20. Jh.) auf einem Felssporn; *Standseilbahn nach Beatenberg*, im Anschluß *Seilbahn zum Niederhorn* (Niederhornbahn); *St. Beatus-Höhlen* mit *Höhlenmuseum* (Tropfsteinhöhlen unterhalb von Beatenberg, 1 Kilometer tief begehbar, Mitte Mär-Mitte Nov tgl. 9.30-17, Museum 11.30-17), www.beatushoehlen.ch); *Artilleriewerk Waldbrand* (Festungsmusem im Berner Oberland), Besichtigungen: Tel. +41 (0)33 841 18 18 (www.beatenberg.ch), www.festung-waldbrand.ch

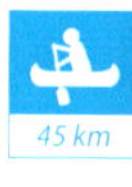

Sonstige Aktivitäten am Thunersee

Kanu:

Simme, Obere und Alte, Neue &Untere Aare, siehe Buch **PADDELLAND Schweiz**, Thomas Kettler Verlag.

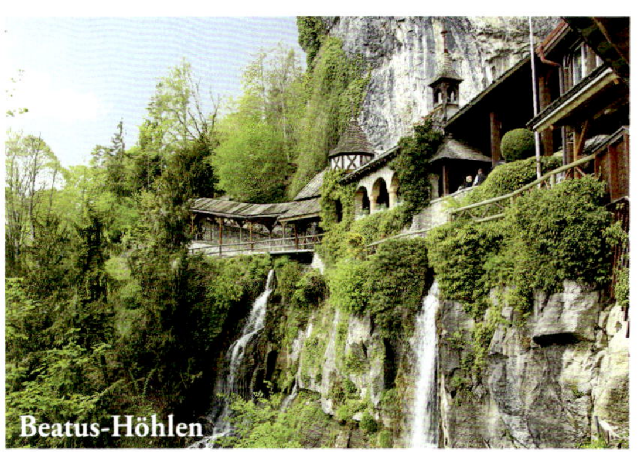

Beatus-Höhlen

Wandern:

Von **Neuhaus** nach **Merligen** schlängelt sich ein leicht zu gehender und aussichtsreicher ***Wanderpfad*** an den Bergflanken entlang (250 Höhenmeter Auf- & Abstieg). Höhepunkt bilden die ***St. Beatus-Höhlen***.

Mit der Bergbahn (www.niesen.ch) ***auf den Niesen,*** dann 1.750 Meter im Abstieg nach **Wimmis**. Eine konditionell fordernde Wanderung mit ***grandiosen Ausblicken***.

Schöne, konditionell anspruchsvolle ***Wanderung*** von **Leissigen** ***aufs Morgenberghorn*** (Auf- & Abstieg je 1.630 Meter).

Gut ausgebauter ***Wanderweg*** entlang des ***Hünibaches in die Cholerenschlucht*** (Tobel) bei **Thun**: Rund 3 Stunden vom Thunersee durch die Cholerenschlucht nach **Goldiwil**, über Wiesen- und Waldwege nach **Heiligenschwendi**, dort mit dem Bus zurück nach **Thun**.

Panorama-Rundweg Thunersee: Das Jahrhundert-Wanderwerk rund um den Thunersee. Sechs Hängebrücken sind (und werden noch) in den 56 km langen Rundweg integriert. So lassen sich Gräben und Schluchten wie *Cholerenschlucht, Kellischlucht, Riderbachschlucht, Guntenbachschlucht, Chrutbachgraben & Spissigraben* mühelos und sicher überwinden (www.brueckenweg.ch).

Fahrrad:

Technisch einfache und konditionell leicht fordernde Tour ***von*** **Beatenberg** ***via*** **Grön** ***ins einzigartige Justistal*** (ca. 450 Höhenmeter).

Von **Interlaken** nach **Thun** führt am ***Nordufer des Thunersees*** eine technisch einfache und konditionell leicht fordernde Tour (ca. 650 Höhenmeter, 25 Kilometer). Zurück mit Bahn oder Schiff.

Brücke Sigriswil am Panorama-Rundweg

Baden:

Strandbäder in **Faulensee** (gratis), **Hünegg** (gratis), **Krattigen, Leissigen, Merligen, Neuhaus, Spiez,** das Flussbad Schwäbis in **Thun** sowie bei schlechtem Wetter der Fitnesspark **Oberhofen** oder das Wellnesshotel „Beatus" in **Merligen**.

Angeln:

Am Thunersee gilt das sogenannte Freiangelrecht: Mit einer Angelrute (einfacher Haken, keine Drillinge) darf vom Ufer aus ohne Patent gefischt werden. *Beachten Sie dabei dringend das in der Schweiz gültige Tierschutzgesetz, welches die Verwendung von Haken mit Widerhaken verbietet!* **Alle anderen Gewässer sind patentpflichtig (Angelschein).** Gefangen werden z.B. **Maränen**, **Saiblinge** und **Seeforellen**.

Fahrgastschifffahrt auf dem See:

Es werden die Orte **Beatenbucht, Beatushöhlen-Sundlauenen, Faulensee, Gunten, Gwatt Zentrum, Hilterfingen, Hünibach, Interlaken West, Merligen, Neuhaus, Oberhofen, Spiez, Thun, Thun Werft** angelaufen. ***Schifffahrt Berner Oberland***, Lachenweg 19, Thun, Tel. +41 (0)58 327 48 11, www.bls.ch

Bergbahnen am See:

Niederhornbahn, Sahli 66 A, Beatenberg, Tel. +41 (0)33 841 08 41, www.niederhorn.ch

Niesenbahn, Talstation Mülenen, Heustrichstr. 12, Tel. +41 (0)33 676 77 11, www.niesen.ch

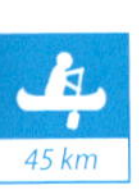

SUP Infos **SUP-Tipps:** Zum ***Sundowner*** treffen sich die SUP-Boarder in **Neuhaus** und kehren danach in der ***Laguna Beach Bar*** direkt am Wasser ein.
In **Thun** kann man nicht nur gemütlich in den ***Sonnenuntergang paddeln***, sondern sich mit dem ambitionierten ***SUP-Racing-Team*** vom Naish SUP Center messen. **Naish Center:** www.naishsupcenter.ch

SUP-Vermieter & Kurse:

Neuhaus-Interlaken:
Mountainsurf
Seestraße 123 (Unterseen)
Tel. +41 (0)79-789 57 32
www.mountainsurf.ch

Leissigen:
Bootswerft WILKE
Untere Ey 4
Tel. +41 (0)33 847 17 70
www.wilke.ch

Faulensee:
Tourismusbüro Faulensee
Interlakenstraße 95
Tel. +41 (0)79-103 80 07
www.kanuwegthunersee.ch

BlueTurtle
Interlakenstraße 107
Tel. +41 (0)79-422 65 92
www.blueturtle.ch

Spiez:
Spiez Marketing
Bahnhof Spiez
Tel. +41 (0)33 655 90 00
www.spiez.ch

Thun:
Honu SUP Center Thun
Strandweg 5 (Grunderinseli)
Tel. +41 (0)79-447 79 61
www.honu.ch

Thun OT Gwatt:
Base Camp Thun
Gwattstraße 103 A (Camping)
Tel. +41 (0)79-434 29 60
www.supandfit.ch

Absolut Outdoor
Deltaweg 27
Tel. +41 (0)33 655 03 91
www.absolutoutdoor.ch

Oberhofen:
Pier 17, Schlossgasse 10
Tel. +41 (0)79-120 74 47
www.pier17.ch

Gunten:
Windsurf & SUP Schule SWAV
Badhuus du Lac
Seestraße 30
Tel. +41 (0)78-668 90 60
www.badhuus-gunten.ch

Der Thunersee

Ganz am östlichen Ende des Thunersees, neben dem Strand- und Golfhotel in **Neuhaus-Interlaken**, kann an einer Slipanlage das Kajak oder SUP-Board gut eingesetzt werden. Hier gibt es überdies reichlich Parkplätze. Jetzt, an einem Hochsommertag, ist eine ganze Menge los. In besonderem Maße gilt dies für den Badestrand, der zu den beliebtesten der ganzen Gegend zählt. Schon beim Wässern des Kajaks beeindruckt das weite Panorama rund um den 48 Quadratkilometer großen Thunersee. Herausstechend ist die Silhouette des ***Berges Niesen***, der tatsächlich so aussieht, wie ein jedes Kind einen Berg malen würde.

Die ersten Paddelschläge bringen mich vorbei an den Badenden in Richtung des mächtigen ***Därliggrat***, der im ***Berg Morgenberghorn*** seinen Höhepunkt findet. Dabei passiere ich das über Jahrtausende von der Aare aufgeschüttete Delta, von dem freilich heutzutage bis auf zwei kanalartige Flussarme nicht mehr viel übrig geblieben ist. Ein Teil des Schilfgebietes, ***die Weissenau***, steht unter Naturschutz und wird durch einen Faschinenzaun aus Weidenästen vor Bootsverkehr geschützt. *Es zeichnet sich durch Auen und Flachmoore mit einer artenreichen Flora aus und bietet zahlreichen Vögeln Nahrungs- und Brutplätze. Überdies ist es ein wichtiges Durchzugsgebiet und Überwinterungsquartier für viele von ihnen.*

Von links münden nun die beiden Arme der ***Aare***, zwischen denen, in Nähe einiger Bootshäuser, die Möglichkeit besteht anzulegen, um über eine Brücke zur nahen ***Ruine der Burg Weissenau*** zu gelangen. *Sie wurde im 13. Jahrhundert gebaut, um den Handelsweg über die*

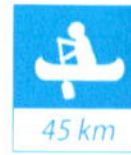

Alpenpässe zu sichern und zu kontrollieren. Mit Gründung des Ortes Unterseen verlor der mächtige Wehrbau allerdings bald an Bedeutung und wurde 1530 ganz aufgegeben. Die Reste der Burg wurden so restauriert, dass man als Besucher den Burgturm besteigen kann, um einen Überblick über die Lage der Burg und die Umgebung zu bekommen.

Vorbei an den flotten Wassern der Aare komme ich nach **Därligen**. Auf den nächsten Kilometern wird es laut, sehr laut. Ufernah folgt die Autobahn A8 dem Thunersee gen Westen.

In **Leissigen** steht eine der zwölf sagenumwobenen tausendjährigen Thunerseekirchen. *Älteste Grabungsfunde deuten auf einen Kirchenbau aus dem 7./8. Jahrhundert hin. Über Jahrhunderte hat sie allerdings mehrmals ihre äußere Gestalt verändert. Ihre heutige Gestalt – ein barocker Predigtsaal – geht auf das Jahr 1675 zurück.* Außerdem zu bewundern ist hier die einzige am Thunersee erhaltene Säge mit drei noch vorhandenen Antriebsarten: Wasserrad, Petrol- und Elektromotor.

Der Lärm steigert sich hinter Leissigen sogar noch mal, da nun die Straße mit Stelzen in den See hineingebaut wurde und die Bahnlinie parallel verläuft. Insgesamt bedeutet dies bis hin zum Ort **Faulensee** gute zehn Kilometer Geräuschkulisse. Wer nicht unbedingt den ganzen See bepaddelt haben muss, dem ist die gegenüberliegende Seite für den Hin- und Rückweg zu empfehlen, zumal das Nordufer auch den schönsten Abschnitt bereithält.

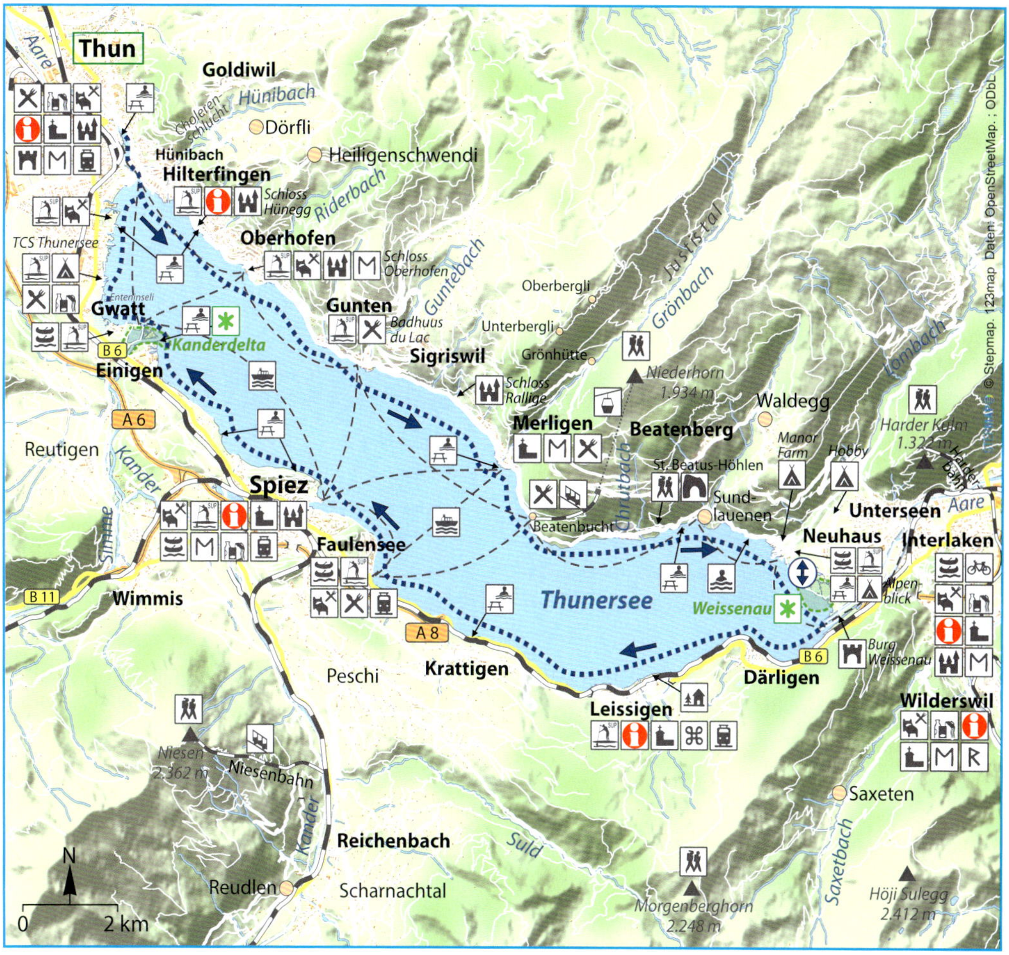

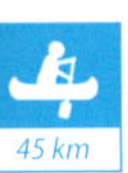

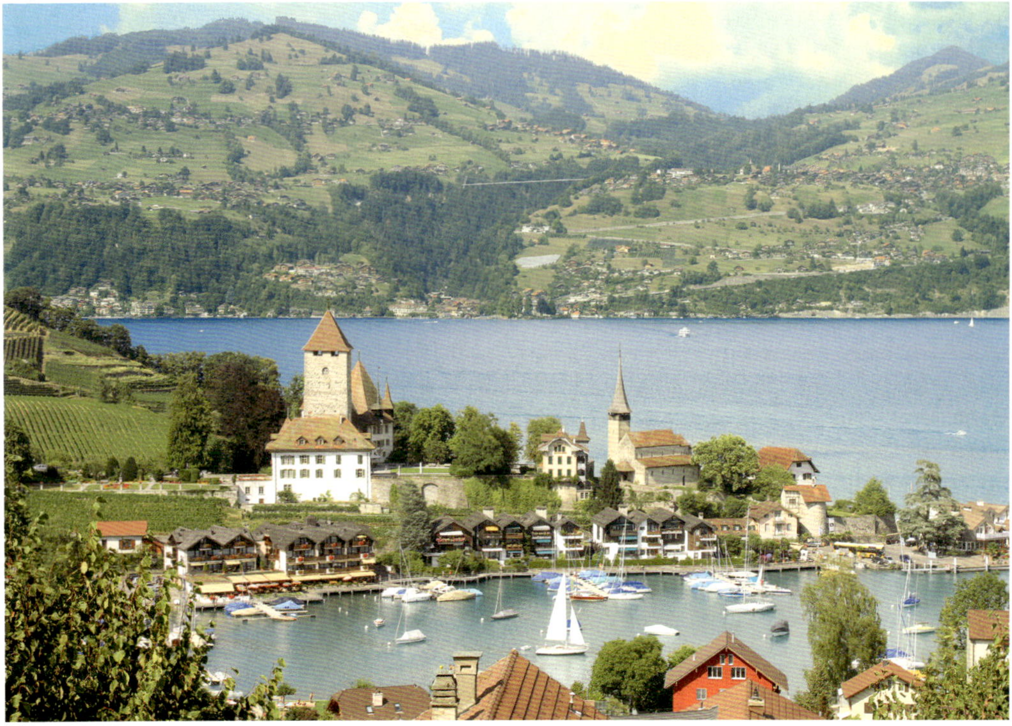

Laut den Touristikern liegt Spiez in der „schönsten Bucht Europas"

In der Bucht von **Faulensee** tritt die Straße vom Ufer zurück und der Straßenlärm verebbt langsam. Vorbei an noblen Seegrundstücken ist bald ein lang ersehnter Waldabschnitt erreicht. Hier führt lediglich ein Wanderweg am Ufer entlang und der Paddler kann die Seele baumeln lassen. Alte Buchen strecken ihr Blätterdach über den Uferrand hinaus. Mit grünem Moos bewachsene Felsen liegen im Wasser. Der Blick hinüber auf die u-förmige Scharte zwischen ***Mittaghorn*** und ***Niederhorn*** auf der anderen Seeseite ist beeindruckend.

Hinter dem Waldstück rücken die Türme von Schlosskirche und Schloss **Spiez** ins Blickfeld. Wem die Nase nach Kultur steht, der kann im Hafen anlegen um sich beides anzuschauen.

Der untere Teil des Bergfrieds stammt gar aus dem 10. Jahrhundert. Das Schloss selbst beherbergt ein Museum über seine Geschichte und andere interessante Sonderausstellungen.

Liebhaber des Rebensaftes, finden in Spiez nicht nur Gastwirtschaften zum Einkehren, sondern auch ein ***Rebbaumuseum***, um ihr Wissen über den Wein zu vertiefen.

Bekannt wurde der Ort in Deutschland aber wohl eher, weil im Hotel Belvédère die deutsche Nationalmannschaft während der Fußballweltmeisterschaft 1954 einquartiert war. Dort entwickelte sich eine positive Mannschaftseinstellung, die gern als „Geist von Spiez" bezeichnet wurde und einen wichtigen Teil zum Gewinn der Weltmeisterschaft beigetragen haben soll.

Da **Spiez** mit seinem Schloss und Hafen sehr schön ist, könnte man bei einer drei Tagestour hier den ersten Übernachtungstopp einlegen *(Leider keine Zeltmöglichkeit).*

Hinter Spiez ziehen sich erst sauber geordnete Reihen von Weinreben die Hänge hinauf, dann folgt ein langes Waldstück, das langen und stillen Paddelgenuss verspricht. Im Anschluss daran wird die Landschaft offener. Am örtlichen Elektrizitätswerk strömt auf breiter Front vom

weit oben befindlichen Stauweiher Wasser in den See, das zur Stromgewinnung genutzt wird.

Hinter einer Kette aus ankernden Booten gelange ich zum breiten ***Mündungsdelta*** des Flusses ***Kander***, das unter Naturschutz steht. In die verästelten Arme des Kiesfächers dürfen Paddler nicht hineinfahren. Allerdings darf am vordersten Uferstreifen (auf 30-40 Meter Breite) auf der Seeseite angelandet werden, um zu pausieren. Mit diesem Ausblick und der privilegierten Lage wohl einer der schönsten Rastplätze am ganzen See. Das Gebiet dahinter ist Natur-Ruhezone und darf nicht betreten werden. Hier fühlen sich seltene Vogelarten wie Flussregenpfeifer und Flussuferläufer wohl.

Gleich hinter dem Delta folgt der ***Kandergrien***, ein ausgebaggerter Kiestopf mit tollen Wasserfarben und bewaldeten Ufern. Daneben steht bei schönem Wetter an der „Brätlistelle Seewiese" von Mai bis Oktober am Wochenende sowie am Mittwoch Nachmittag ein Snack-Verkaufswagen für alle die nach dem Baden Hunger haben.

Erstmals kommt nun bewusst Thun ins Blickfeld, dessen hübsche Burg aus dem Stadtbild herausragt. Hinter der kleinen, mit Bäumen bestandenen ***Insel „Enteninseli"*** im Ortsteil **Gwatt** liegt der TCS Campingplatz *(Restaurant, Supermarkt)*, dann folgen einige, wohl künstliche, Inseln, die über Brücken miteinander verbunden sind. Wer hier übernachtet, dem sei ein Blick auf das hinter dem Camping stehende ***Naturdenkmal „Bettlereiche"*** empfohlen. *Unter der 600 bis 700 Jahre alten gewaltigen Stieleiche, mit dem größten Stammumfang der Schweiz, fanden früher sowohl Fahrende als auch Bettler Schutz, was ihr wohl zu dem Namen verhalf.*

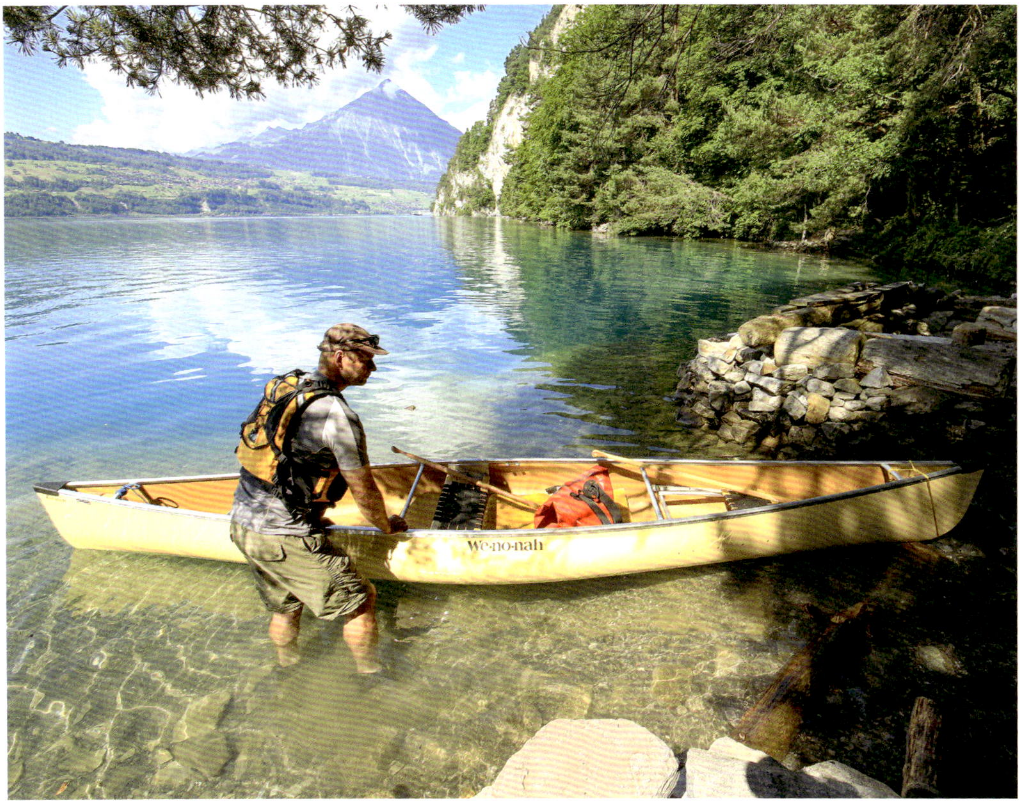

Hübsche Pausenplätze finden sich überall am See

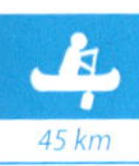

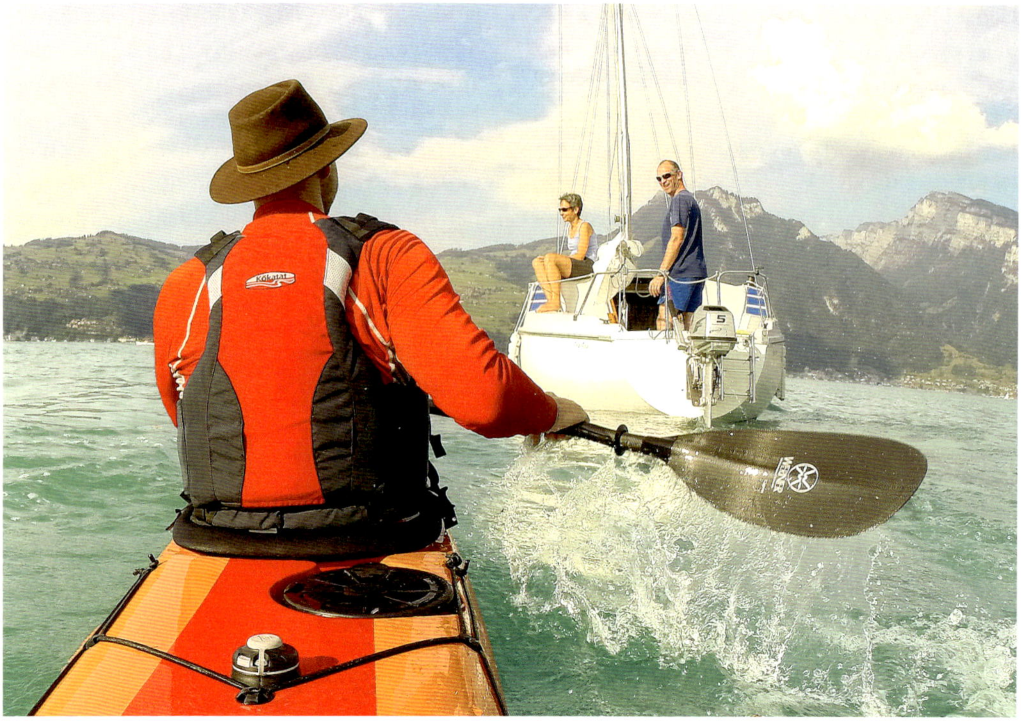

Wer macht wohl das Rennen . . . ?

Knapp eineinhalb Kilometer nach dem Campingplatz geht es vorbei an der Bühne der ***Thunerseespiele***, die in den See hineinragt. *Jeden Sommer schallen hier Musicals aus aller Welt hinaus auf den See. Ein Spektakel, das jährlich über 70.000 Besucher erleben. Die Festspiele zählen heute zu den 10 Top-Destinationen für Freilichtmusicals in Europa.*

Das riesige Stadtbad von **Thun** und einige Sportboothäfen und Schiffsanleger links liegen lassend, paddle ich nun in die Thuner Innenstadt hinein. Das in einer Englischen Parkanlage thronende ***Schloss Schadau*** beherbergt auch das ***Gastronomiemuseum*** und liegt gleich links des Ausflusses der ***Aare*** aus dem Thunersee. Während eine schmale Bucht auf der linken Seite zum großen Stadthafen ausgebaut wurde – hier starten zahlreiche Ausflugsdampfer auf ihre Seereise – halte ich mich rechts und paddle vorbei am ***„Kleist-Inseli"*** (Privatbesitz) *auf dem der berühmte Dichter Heinrich von Kleist doch 1802 für zwei Monate lebte und an seinem Drama „Der zerbrochene Krug" schrieb.* Sein auf der Inselspitze stehendes Haus existiert allerdings nicht mehr.

Wer weiter in die Stadt hineinpaddeln möchte, muss sich der Wehranlangen bewusst sein, über die die Aare weiterfließt. Je nach Wasserstand gibt es starke Strömungen. Nicht weit ist es von hier bis in den **Altstadtkern von Thun**, der mit seinen Gassen, den außergewöhnlichen Hoch trottoirs und den vielen Sehenswürdigkeiten als sehr besuchenswert einzustufen ist.

Eine Allee aus gestutzten Linden geleitet mich wieder auf den See hinaus. Der Fernblick ist dabei sogar noch spektakulärer – prominente Berge wie ***Eiger, Mönch*** und ***Jungfrau*** reihen sich nun im Hintergrund ins Panorama ein. Das Kajak gleitet weiter durchs klare, grüne Wasser und bringt mich vorbei an noblen Stadtvillen und bald auch am ***Schloss Hünegg***, dessen prachtvolle Silhouette aus einem Park

hervorsticht. *Im Stil der Loire-Schlösser erbaut, gehört es zu den imposantesten Bauwerken am Thunersee und beherbergt heute das Museum für Wohnkultur des Historismus und des Jugendstils.* Die Dörfer **Hilterfingen** und **Hünibach,** die ich nun hinter mir lasse, werden der attraktiven Lage wegen oft auch als Goldküste oder Riviera des Thunersees bezeichnet.

Es sind nur ein paar hundert Paddelschläge und das nächste Schloss tritt aus der Uferlinie hervor.

Bevor wir dieses erreichen, liegt das ***Turmhaus*** in **Oberhofen** am Ufer – *ein pittoresker Putzbau im Stil eines toskanischen Landhauses mit markantem Eckturm, gebaut als lokales kleines Krankenhaus im Auftrag der Gräfin Anna von Pourtalès von Schloss Oberhofen. Von seiner Erbauung 1864 bis ins Jahr 1920 wurden viele ärmere Leute im Pourtalès-Spital gratis betreut, gepflegt und ärztlich versorgt.* Im Andenken an die großzügige Stifterin hat die Gemeinde dafür gesorgt, dass auch heute im Turmhaus immer ein Arzt mit Praxis wohnt.

Die in einen Englischen Landschaftspark eingebettete Schlossanlage von ***Schloss Oberhofen*** mit ihrem mittelalterlichen Bergfried und dem malerischen Seetürmchen liegt wenige Meter weiter direkt am Ufer des Thunersees. Das Türmchen im See, das durch eine überdachte Brücke mit dem Schloss verbunden ist, gilt als eines der Wahrzeichen des gesamten Thunersees. *Beim Rundgang durchs Schloss staunt man über den eleganten Sommersaal, das neugotische Speisezimmer, über die Rüstungen im Rittersaal und den orientalischen Rauchsalon und nicht zuletzt über die Schlosskapelle mit ihren außergewöhnlichen Wandmalereien aus dem späten 15. Jahrhundert.*

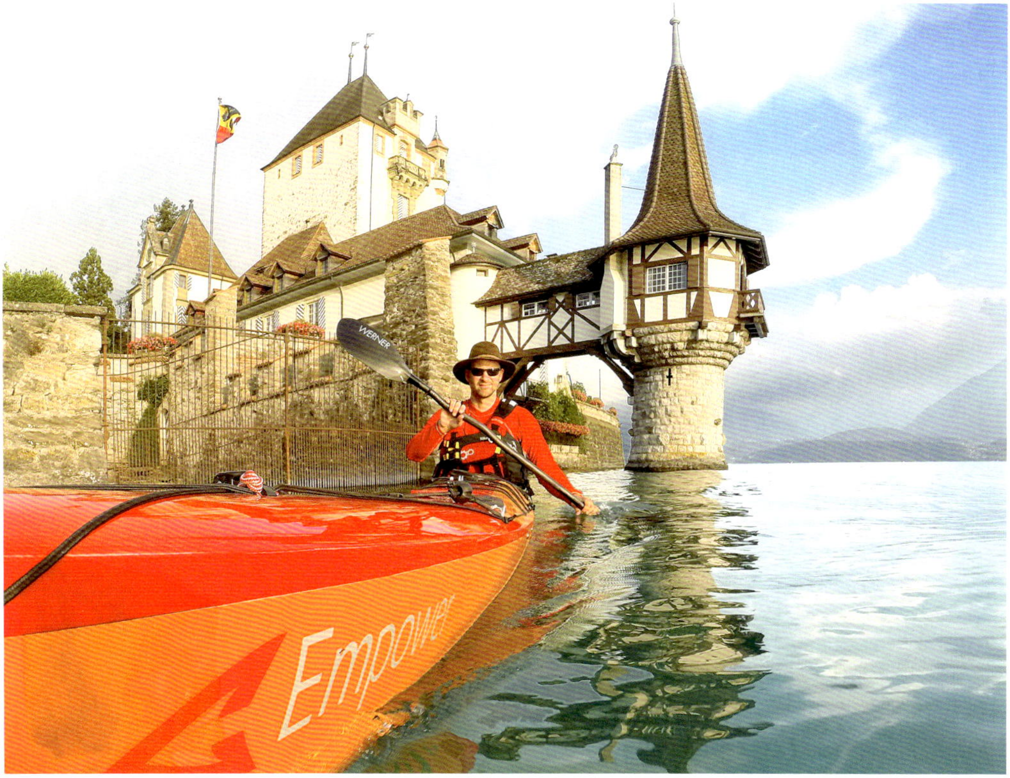

Ein Schloss wie aus dem Bilderbuch: Schloss Oberhofen.
Es gehörte einst Walter von Eschenbach, der 1308 König Albrecht von Habsburg ermordete

Bis zum ***Strandbad* Oberhofen** folge ich nun dem Promenadenweg des Schlossparks, wo Treppenstufen in der Uferbefestigung zum Anlanden einladen.

Hinter dem Strandbad zieht sich ein Weinberg den Hang hinauf und die Straße tritt wieder dicht ans Ufer heran. Allerdings ist sie längst nicht so stark befahren, wie am gegenüberliegenden Seeufer.

Paddeln, tauchen, segeln, schwimmen, windsurfen oder wakeboarden – im beschaulichen **Gunten** steht alles im Zeichen des Wassersports. Besonders deutlich wird das im hölzernen ***„Badhuus du lac"*** mit den geschwungenen Sprossenfenstern und dem großen Bootssteg. Bereits 1976 war hier eine der ersten Windsurfschulen der Schweiz gegründet worden. In dieser einmaligen Lage können Wassersportler im kleinen Clubcafé im Garten unter Bäumen mit herrlichem Blick auf die umliegenden Berge einkehren.

Bald folgt der sicherlich schönste Abschnitt auf dem ganzen Thunersee. Am Fuße des mächtigen ***Niederhorns*** geht das Ufer langsam in eine steile Felslandschaft über. Direkt hinter dem Anleger und der Standseilbahnstation der **Beatenbucht** geht es los.

Ein tolle Mischung aus Wald und Felsen fesseln den Blick und die Paddelschläge werden wie von selbst langsamer oder setzen gleich ganz aus – groß ist die Faszination, intensiv der Genuss. Irgendwo hoch oben wurde eine Straße entlang einer Steilwand nach außen auf Stelzen verlegt.

Am Ufer tun sich immer mal kleine Lücken in den Felswänden auf. In diesen winzigen Minibuchten kann man gut anlanden und pausieren. An einigen Stellen weisen Feuerringe darauf hin, dass hier schon andere Paddler länger verweilten.

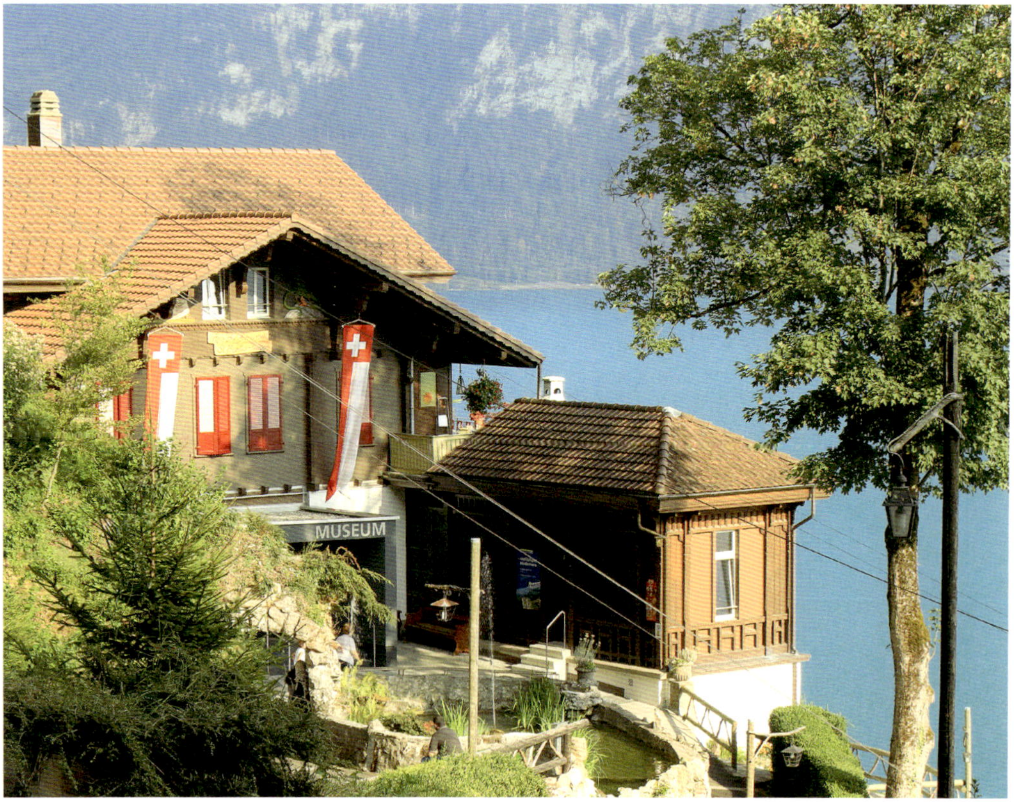

Spannend und informativ – das neugestaltete Museum der Beatus-Höhlen

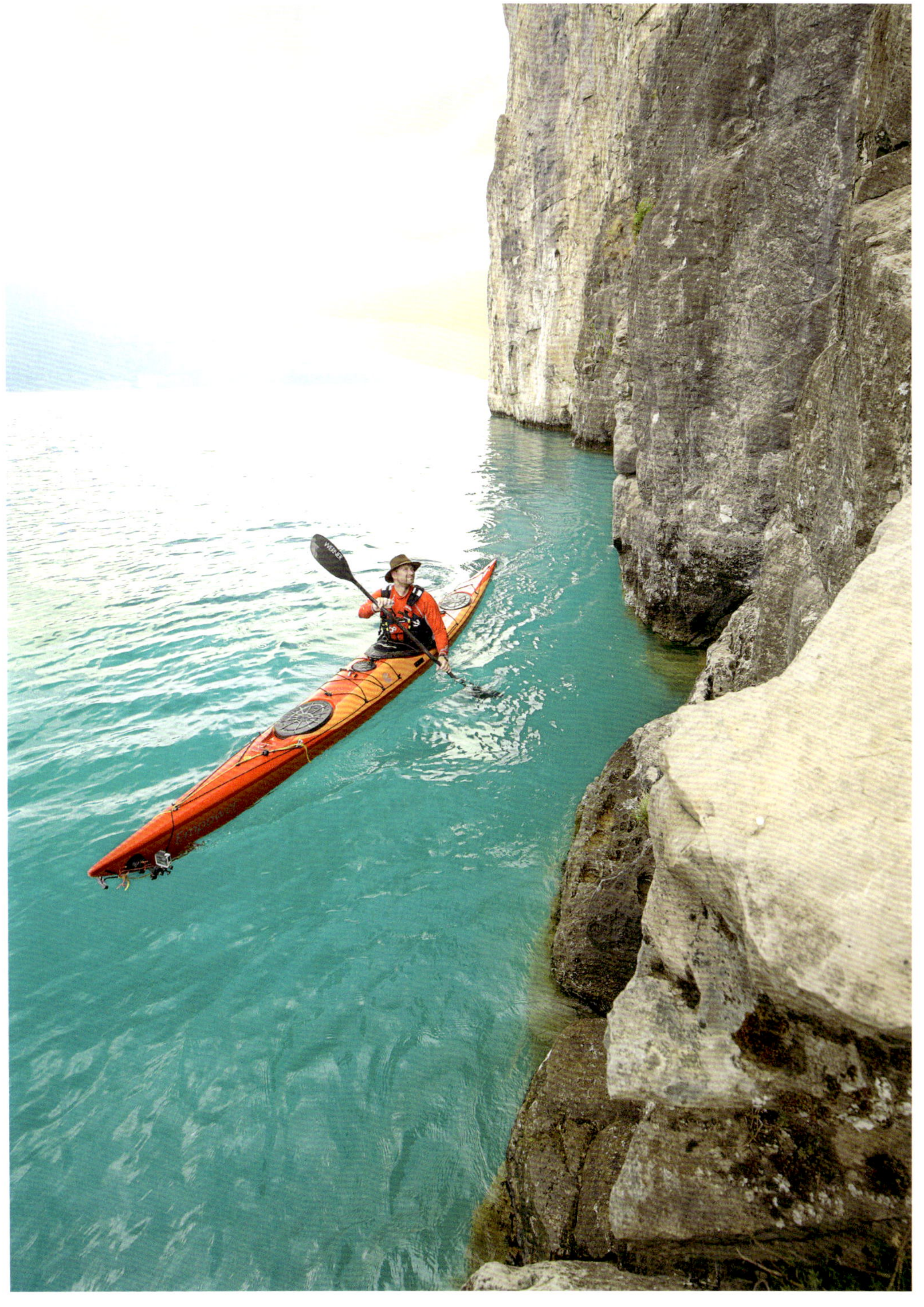

Ganz klein fühlt man sich angesichts dieser grandiosen Felslandschaft

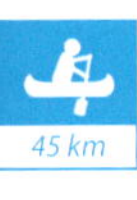

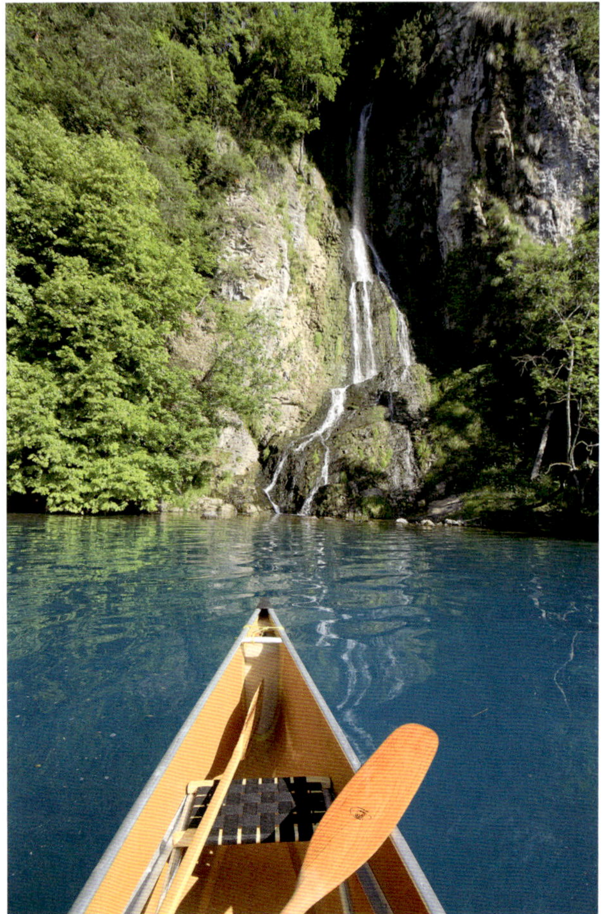

Sie sind ein Verbund von Tropfsteinhöhlen unterhalb des Beatenbergs. Vom weitverzweigten Höhlensystem sind bis heute zirka 14 Kilometer erforscht. Ein Kilometer davon ist dank elektrischer Beleuchtung und gesicherter Pfade bequem begehbar. Der Rundgang führt durch gewaltige Tropfsteinformationen, weite Hallen, Seen und Schluchten. Der Legende nach soll hier der Heilige Beatus gestorben sein. Am Höhleneingang kann sein Grab und eine Nachbildung seiner Zelle besichtigt werden.

Unterhalb der Höhlen verläuft ein Teil des Jakobswegs. Bis zur Reformation befand sich in der Höhle eine Wallfahrtskapelle zu Ehren des Heiligen, die dem Kloster Interlaken unterstand. Die Berner Regierung ließ sie 1528 abreißen und den Höhleneingang zumauern, um die Wallfahrten zu unterbinden.

Ein Stückchen weiter beeindrucken weiße Klippen die sich hundert Meter senkrecht emporstrecken. Hoch oben sind wieder die Serpentinen einer in den Fels gesprengten Straße auszumachen auf der eine Gruppe bunt gekleideter Radfahrer unterwegs ist.

Ein Steinbruch stört kurzzeitig die Idylle. An seinem Beton-Anleger hat ein riesiger Nauen, wie die Frachtschiffe auf den Schweizer Seen heißen, festgemacht.

Wenige Meter weiter ist der Trubel vergessen und links lugt ***Schloss Lerau*** zwischen den Bäumen hervor. Bald fällt der Blick auf einen schmalen Wasserfall, dessen feines Band sich in den See ergießt. Der perfekte Platz um sich einfach mal treibenzulassen. Direkt oberhalb liegen die ***St. Beatus-Höhlen***, eines der beliebtesten Ausflugziele am Thunersee. Vom Schiffsanleger Beatushöhlen in **Sundlauenen** ein paar Paddelschläge weiter, sind die Höhlen in 20 Minuten zu Fuß zu erreichen.

Ab der Siedlung Sundlauenen gehört die Felsenpracht der Vergangenheit an. Hinter dem Ort ist vor kurzem am ***Sundgraben*** eine Mure abgegangen, ein breiiges Gemisch aus Wasser, Schlamm und großen Gesteinsbrocken. Lokale Experten gehen davon aus, dass das betroffene steile Landstück jederzeit abbrechen kann, daher sollte man sich in diesem Bereich nicht lange aufhalten.

Die letzten zwei Kilometer bis zurück nach Neuhaus sind schnell gepaddelt.

Zufrieden lade ich mein Kajak zurück aufs Autodach und beobachte noch, wie einige SUP-Paddler die Gunst der Stunde nutzen und im Sonnenuntergang ihre Abendrunde absolvieren.

Brienzersee

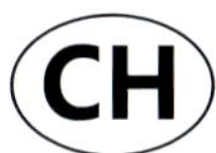

Seeperle zwischen Felswänden

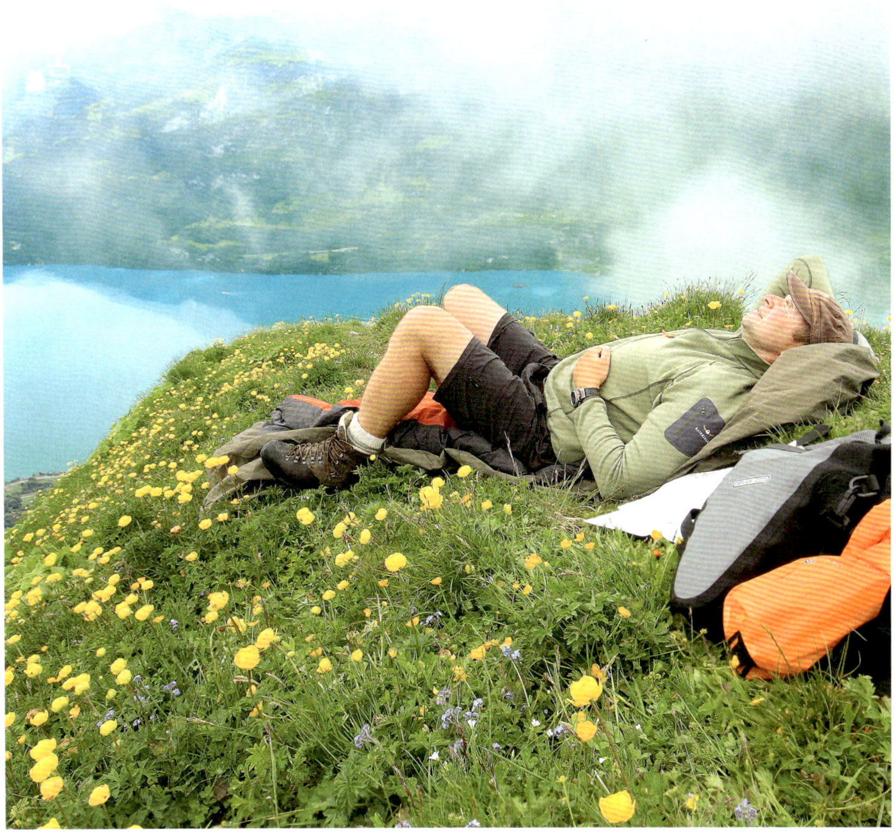

Tour

Tour-Infos Brienzersee

Landschaft	Kultur	Baden	Verkehrslärm
★★★★	★★★☆	★☆☆☆	★★★☆

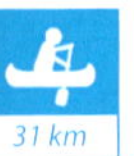

Charakter des Sees

Der 14 Kilometer lange, 2,8 Kilometer breite und 260 Meter tiefe See, dessen Wassertemperatur auch im Hochsommer meist nicht über 18 Grad steigt, ist nährstoffarm und gilt daher als einer der saubersten der Schweiz. Das Landschaftsbild mit den steil aufragenden Bergen ist rau und schroff und gleicht in vielerlei Hinsicht einem norwegischen Fjord. Durchflossen wird der Brienzersee von der Aare, durch die er mit dem Thunersee verbunden ist. Daher eignet sich die Gegend hervorragend für Touren in Kombination mit ihm.

An seinem Südufer ergießen sich die Giessbachfälle direkt in den See und sind vom Kajak oder SUP-Board aus besonders schön anzuschauen. Zwar ist der See rundum von Straßen flankiert, allerdings verschwinden diese an einigen besonders steilen Felswänden in Tunneln. Das Bödeli (die Schwemmebene zwischen Thuner- und Brienzersee) mit den Ortschaften Interlaken, Matten und Unterseen liegt am Westende des Sees und hat kulturell eine Menge zu bieten.

Länge und Dauer der Tour: 31 km, 1-2 Tage **Schwierigkeit:** leicht **Saisonfaktor:** niedrig

Etappenvorschlag: **1. Tag:** Brienz – Böningen (14 km)
2. Tag: Böningen – Brienz (17 km)

Bootswagen: evtl. für den Transport zum Übernachtungsplatz.

Gefahren

Der Brienzer See gilt zwar als relativ windarm, jedoch gibt es meist in den Abendstunden eine leichte Thermik an den Seeenden, während im mittleren Abschnitt oft Flaute herrscht.

Bei heranziehendem Gewitter und Föhnwindlagen ist natürlich trotzdem mit stärkeren Winden / Fallwinden und entsprechenden Wellen zu rechnen. Zwischen Iseltwald und Brienz bestehen wegen der Felsen nur wenige Anlandemöglichkeiten. Vorsicht vor Steinschlag an steilen Felsabschnitten!

Anreise

Auf der Autobahn A8 von **Interlaken** kommend bis Ausfahrt 29 *(Brienz)*. Gleich in der Abfahrt in einer Linkskurve rechts ab auf den Bächlischwendi und der Ausschilderung zum Campingplatz Aaregg folgen. An der nächsten Kreuzung rechts und unter der Autobahn durch bis zur Einmündung Seestraße. Dort rechts ab auf die Seestraße Richtung Campingplatz, vorbei am Kieswerk.

Einsetzen und Parken

Am langen Kiesstrand in der Seestraße zwischen **Brienz** *(Campingplatz Aaregg)* und **Aare-Mündung** *(Kieswerk)*. Dort gibt es sowohl gebührenfreie als auch kostenpflichtige Parkplätze.

Kartenmaterial

Wanderkarte Nr. 30 Interlaken, Thuner- & Brienzersee, 1:50.000, Hallwag
Wanderkarte 84 Jungfrau-Region, Thuner- und Brienzersee, 1:50.000, Kompass Karten
Jungfrau-Region, Thuner- & Brienzersee, 1:60.000, Wanderkarte Nr.18, Kümmerly+Frey

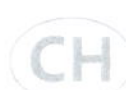

Literaturtipps

Wanderführer Berner Oberland: Die 40 schönsten Touren zum Wandern rund um den Reichenbachfall, Kandersteg, Grindelwald, Thunersee & Brienzer See, *Eugen E. Hüsler*, Bruckmann Verlag.
Berner Oberland Ost: Interlaken – Grindelwald – Meiringen. 50 Touren, Bergverlag Rother.
Jenseits der Rache (Kriminalroman rund um das Grandhotel Giessbach und die Wasserfälle), *Esther Pauchard*, Kindle Edition.

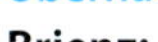

Übernachtung in Wassernähe *(in der Reihenfolge des Tourenverlaufs)*

Brienz:
Aaregg Familiencampingplatz
(Holzhütten, Bungalows)
Seestraße 22
Tel. +41 (0)33 951 18 43
www.aaregg.ch

Camping Seegärtli
Strandweg 12
Tel. +41 (0)33 951 13 51
www.camping-seegaertli.ch

Jugendherberge Brienz
Strandweg 10
Tel. +41 (0)33 951 11 52
www.youthhostel.ch/brienz

Seehotel Bären
(neben kleinem Bootshafen)
Hauptstraße 72
Tel. +41 (0)33 951 24 12
www.seehotel-baeren-brienz.ch

Hotel Brienzerburli
Hauptstraße 11
Tel +41 (0)33 951 12 41
www.brienzerburli.ch

Grandhotel Giessbach
Tel. +41 (0)33 952 25 25
www.giessbach.ch

Ringgenberg:
Camping au Lac
(Restaurant, Laden)
Seestraße 69
Tel. +41 (0)33 822 26 16
www.au-lac.ch

Interlaken:
TCS Camping Interlaken
Brienzstraße 24
Interlaken-Ost
Tel. +41 (0)33 822 44 34
www.campinginterlaken.ch

Hostel RiverLodge
(1-4-Bett-Zimmer)
Brienzstraße 24
Tel. +41 (0)33 822 44 24
www.riverlodge.ch

Bönigen:
TCS Camping Bönigen
Campingstraße 14
Tel. +41 (0)33 822 11 43
www.campingtcs.ch

Hotel Oberländerhof
Am Quai 1
Tel. +41 (0)33 822 17 25
www.oberlaenderhof.ch

Iseltwald:
Lake Lodge
(Hostel, Ein- & Mehrbettzimmer, günstige Seekajaks für Hausgäste)
Feld 17
Tel. +41 (0)33 845 11 20
www.lakelodge.ch

Hotel Chalet du Lac
Schorren 7
Tel. +41 (0)33 845 84 58
www.dulac-iseltwald.ch

Camping du Lac
(etwas oberhalb gelegen, 2 Minuten zum See)
Schorren 6
Tel. +41 (0)79-353 30 21
Tel. +41 (0)33 845 11 48
www.campingdulac.ch

Strandbad & Camping Iseltwald
(direkt am See, Kiosk, Snacks)
Tel. +41 (0)79-210 18 18
www.badi-info.ch/be/iseltwald.html

Kanuvermieter & Veranstalter

Interlaken:
RiverLodge
Brienzstraße 24
Tel. +41 (0)33 822 44 24
www.riverlodge.ch

Swissraft *(Veranstalter)*
Jungfraustraße 72
Tel. +41 (0)81-911 52 50
www.swissraft.ch

Bönigen:
Hightide *(Veranstalter & Kurse)*
Am Quai 1
Tel. +41 (0)79-906 05 51
www.hightide.ch/de

Matten b. Interlaken
Alpin Raft
Hauptstraße 7
Tel. +41 (0)33 823 41 00
www.alpinraft.ch

Neuhaus-Interlaken:
Mountainsurf
Seestraße 123, **Unterseen**
Tel. +41 (0)79 789 57 32
www.mountainsurf.ch

Boltigen (nicht am See):
LiquidSunshine *(Sit On Top)*
Taubental 123
Tel. +41 (0)79 458 52 82
www.liquidsunshine.ch

Tourist-Infos

Brienz Tourismus, Hauptstraße 143, Tel. +41 (0)33 952 80 80, www.brienz-tourismus.ch
Interlaken Tourismus, Höheweg 37, Tel. +41 (0)33 826 53 00, www.interlaken.ch
Bönigen-Iseltwald Tourismus, Seestraße 6, Bönigen, Tel. +41 (0)33 822 29 58, www.boenigen.ch
Ringgenberg Tourist-Info, Hauptstr. 170, Tel. +41 (0)33 822 33 88, www.ringgenberg-goldswil.ch
Tourist Info Wilderswil, Kirchgasse 43, Tel. +41 (0)33 822 84 55, www.wilderswil.ch

31 km

Sehenswürdigkeiten rund um den Brienzersee

Brienz: *Malerische Brunngasse*; ev.-reform. *Kirche Brienz* (12. Jh.); *Seepromenade*; *Holzbildhauerei Museum* (Hauptstr. 111, Tel. +41 (0)33 952 13 17, Jun-Sep Mi-So 10.30-17, Mai+Okt Mi-So 13.30.-17, www.museum-holzbildhauerei.ch); Fahrt mit der *dampfbetriebenen Brienz-Rothorn-Bahn* (Jun-Okt) über 1.680 Höhenmeter auf das *Brienzer Rothorn*, Hotel-Restaurant *Berghaus Rothorn Kulm* (Jun-Okt, z.B. Sonntagsbrunch, Tel. +41 (0)33 951 12 21, www.brienz-rothorn-bahn.ch); *Freilichtmuseum Ballenberg* (Museumsstr. 131, OT Hofstetten, Tel. +41 (0)33 952 10 30, Apr-Okt, tgl. 10-17, www.ballenberg.ch); *Wildpark Brienz* (kleiner Wildpark oberhalb Bahnhof Brienz, 15 Min. zu Fuß, gratis, tgl. offen) www.wildparkbrienz.ch

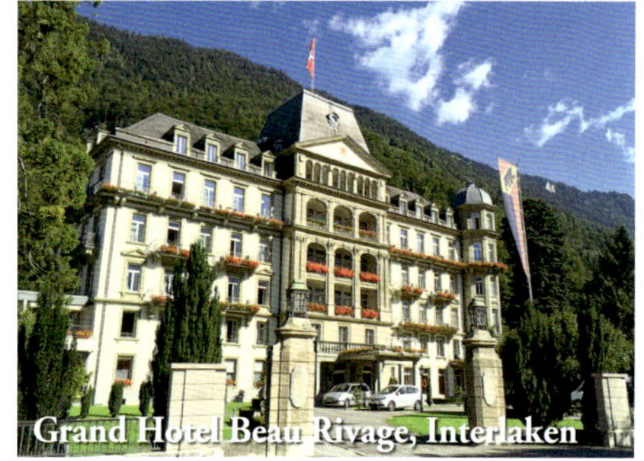
Grand Hotel Beau Rivage, Interlaken

Ringgenberg: *Burgruine Schadburg* (12. Jh.); *Burgkirche* (17. Jh.); romanische *Kirchenruine Goldswil* (11. Jh.) – eine der ersten Kirchen der Region; *Dorfmuseum Schlossweid* (Kirchgasse 12, Tel. +41 (0)33 822 33 88, Mi & Fr 19-21); *Naturstrandbad Burgseeli* (Moorsee) – bis 26 Grad warm.

Interlaken: *Kloster* (12. Jh.); *Schlosskirche* (13. Jh.); *Schloss* (18. Jh.); *Casino Interlaken* (1853); verschiedene *historische Hotels*; *Greenfield Festival* (mehrtägiges Rock-/Pop-Musikfestival im Juni); *Schleuse* (1854); *Altstadt im Ortsteil Unterseen* mit Stadthausplatz; *Burgruine Weissenau* (13. Jh.) an der Aare-Mündung in Thunersee. *Kunsthaus Interlaken* (Jungfraustr. 55, Tel. +41 (0)33 822 16 61, Mi-Sa 15-18, So 11-17, www.kunsthausinterlaken.ch); *Tourismuseum der Jungfrau-Region* (Obere Gasse 28, OT Unterseen, Tel. +41 (0)33 826 64 64, Mai-Okt, Do-So 14-17, www.tourismuseum.ch).

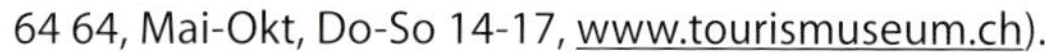

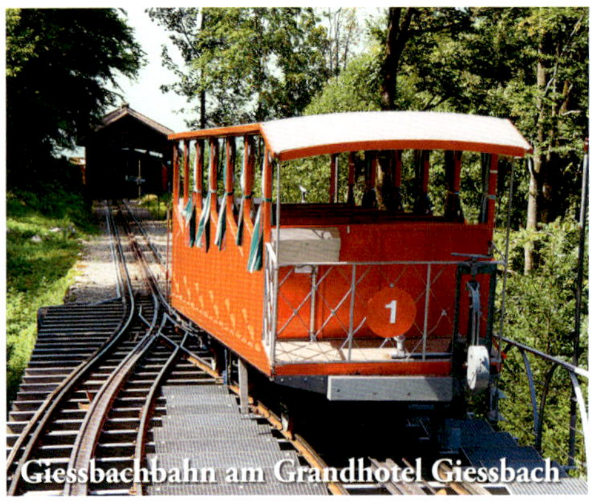
Giessbachbahn am Grandhotel Giessbach

Zahlreiche tolle Bergbahnen rund um Interlaken: *Giessbachbahn* am Grandhotel Giessbach, www.giessbach.ch, *Jungfraubahn*, *Schynige Platte-Bahn* (19.Jh.), *Berner Oberland-Bahn*, *Wengernalpbahn* (WAB), *Bergbahn Lauterbrunnen-Mürren* (BLM) *Harderbahn* (HB), *Firstbahn*, Rail Info Jungfraubahnen, Höheweg 37, Tel. +41 (0)33 828 72 33, www.jungfrau.ch

Matten: *Tell-Freilichtspiele Interlaken* (Tellweg 5, Tel. +41 (0)33 822 37 22, Jun-Sep, www.tellspiele.ch); *Freizeitpark JungfrauPark* (unglaublichste Phänomene – initiert von Erich von Däniken, er widmete sich unerklärlicher und doch real fassbarer Welträtsel), Obere Bönigstr. 100, Tel. +41 (0)33 827 57 57, Mai-Okt, tgl. 11-18, www.jungfraupark.ch)

Wilderswil: *St. Michaels-Kirche Gsteig* (12. Jh., mit Wand-Fresken aus dem 14. Jh.); *Burgruine Unspunnen* (12. Jh.); *Dorfmuseum Alte Mühle* (13. / 15. Jh.) (Mühlenstr. 38, Tel. +41 (0)33 822 84 55, Mai-Okt, Mi 17.30-21, So 10-15, www.museums.ch/org/de/Dorfmuseum3812).

Iseltwald: *Schloss Seeburg* (20. Jh.); *Kirche Iseltwald* (20. Jh.).

Sonstige Aktivitäten am Brienzersee

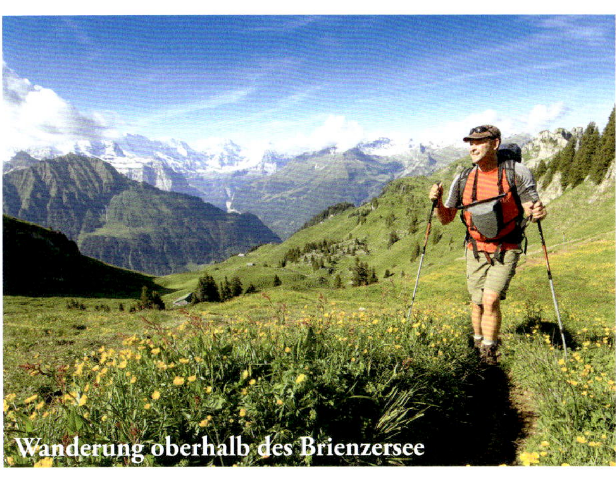

Wanderung oberhalb des Brienzersee

Wandern:

Von **Brienz** mit der ***Brienz-Rothorn-Bahn*** hinauf auf das ***Brienzer Rothorn*** *(Übernachten im Berghaus Rothorn Kulm)*. Mehrere kurze und längere Wanderungen entlang rot-weißer Markierung möglich.

Wanderweg Brienz – Oberried – Ringgenberg – Interlaken (17 km, knapp 5 Std., zurück in 20 Min. mit der Bahn).

Von **Interlaken** mit der ***Harderbahn*** hoch zum ***Harder Kulm***. Von dort anspruchsvolle Wanderung (ca. 15-16 km) auf dem ***Brienzergrat*** ins Schutzgebiet der ***Steinwildkolonie am Augstmatthorn*** (grandiose Aussicht). Abstieg (seeseitig) über **Niederried** *(Bahnhof)* oder weiter zum ***Blasenhubel*** und Abstieg nach **Oberried** *(Bahnhof)*.

Mit der ***Schynige Platte-Bahn von* Wilderswil *hinauf auf die Schynige Platte*** und von dort auf technisch leicht, aber konditionell anspruchsvollen Wegen nach **First**. Grandiose Aussichten auf *Eiger*, *Mönch* und *Jungfrau* (16 km, 6-7 Std.). Von **First** mit der ***Gondelbahn „Firstbahn"*** nach **Grindelwald** und von dort ***mit der Berner Oberlandbahn zurück*** nach **Interlaken**.

Auf dem ***Uferweg von* Iseltwald *zu den Giessbachfällen*** und dem historischen ***Grandhotel* Giessbach** und zurück (ca. 10 km, 3 Std.).

Fahrrad:

Mit dem MTB von **Brienz *auf die Axalp*** *(Einkehr)*. Konditionsfordernde Mountainbike-Tour auf Asphalt (ca. 1200 Höhenmeter) mit tollen Aussichten.

Deutlich weniger Höhenmeter (ca. 300 Meter) gibt es auf der schönen Radstrecke ***von* Interlaken *ins Lauterbrunnental entlang dem Fluss Lütschine*** und zurück auf gleichem Weg.

Angeln:

Wichtigste Fischarten am See sind **Felchen (Brienzlig, Albock), Trüschen** und **Seeforellen**.

Mit einer einzigen Angelrute und einer einfachen Angel (keine Drillinge) **darf** am Brienzer- und Thunersee vom Ufer aus **ohne Patent (Freiangelrecht) geangelt** werden. *Beachten Sie dabei dringend das in der Schweiz gültige Tierschutzgesetz, welches die Verwendung von Haken mit Widerhaken verbietet.*

Alle anderen Gewässer sind patentpflichtig.

Fahrgastschifffahrt:

Seit 1839 gibt es eine Kursschifffahrt auf dem See. In der Saison werden die Orte **Interlaken Ost, Bönigen, Iseltwald, Niederried, Oberried, Ringgenberg** und **Brienz** angelaufen.

BLS Reisezentrum Schifffahrt, Lachenweg 19, Thun, Tel. +41 (0)58 327 48 11, www.bls.ch

Fahrradvermietung:

Interlaken: *RiverLodge*, Brienzstraße 24, Tel. +41 (0)33 822 44 24, www.riverlodge.ch
Interlaken: *Flying Wheels* *(auch E-Bikes)*, Höheweg 133, Tel. +41 (0)33 557 88 38, www.flyingwheels.ch
Matten b. Interlaken: *Alpin Raft*, Hauptstraße 7, Tel. +41 (0)33 823 41 00, www.alpinraft.ch
Matten b. Interlaken: *FunRental*, Hauptstraße 19, Tel. +41 (0)33 822 01 75, www.funrental.ch

Segway: *mobileo Schweiz*, Eichzun 4, Unterseen, Tel. +41 (0)840-424 242, www.mobileo.ch

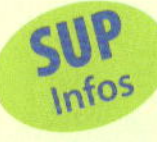

SUP-Tipps: ***Sundowner:*** Am Strand neben der **Aaremündung** bei **Brienz** muss man das Board nur 4 Meter zum Wasser tragen und kann den grandiosen Sonnenuntergang über den Bergen auf dem spiegelnden Wasser genießen.

Von **Bönigen** bei **Interlaken** erreicht man nach ein paar hundert Metern Seequerung eine ***wunderbare Felswand***, vor deren Kulisse sich besonders im ***Sonnenuntergang*** das SUP genießen lässt.

31 km

SUP-Vermietung, geführte Touren, Kurse:

Bönigen (bei Interlaken):
Hightide
Am Quai 1
Tel. +41 (0)79-906 05 51
www.hightide.ch/de

SUP fit & fun
im Strandbad Bönigen
Gsteigstraße 15
Tel. +41 (0)79-476 01 79
www.supandfit.ch

Neuhaus-Interlaken (Thunersee)
Mountainsurf
Seestraße 123, Unterseen
Tel. +41 (0)79-789 57 32
www.mountainsurf.ch

Der Brienzersee

Nähert man sich von den Bergen her dem ***Brienzersee***, gewinnt man den Eindruck, dass kein anderer See in der Schweiz in solchen Blautönen schillert – mal türkis, dann wieder silberblaugrau. Ringsum türmen sich steile Bergflanken und der ***Oltschibach***, nordöstlich vom ***Faulhorn*** kommend, stürzt sich 140 Meter tief ins Tal um seinen Weg in die ***Aare*** und dann weiter in den Brienzersee zu nehmen.

Links oder rechts der Aare-Mündung im Brienzer Ortsteil **Kienholz** finden sich am flachen, kiesigen Ufer ideale Einsetzstellen sowie Parkmöglichkeiten. Die örtlichen Campingplätze *(Restaurant)* liegen, die Straße Richtung **Brienz** Zentrum fahrend, direkt am Wasser.

Am nächsten Morgen gleitet das Paddel sanft durchs klare Wasser des Sees, als ich mit dem Seekajak zur zweitägigen Seeumrundung entge-

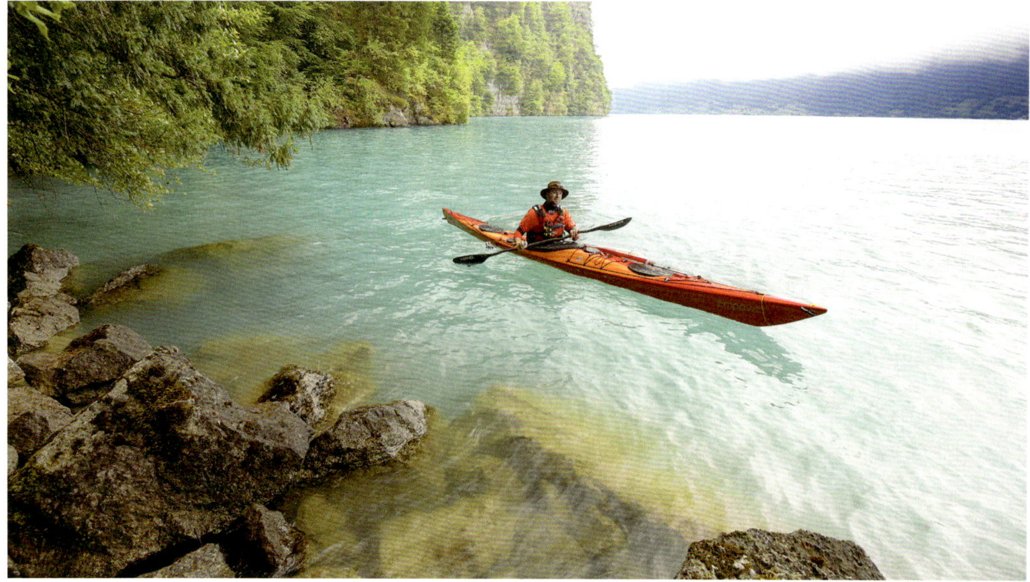

Je nach Wetter verändern sich auch die Farbtöne des Sees

gen dem Uhrzeigersinn Richtung Brienz fahre. Das grandiose Bergpanorama des ***Brienzer Rothorns*** im Blick, dessen einziger Wermutstropfen die betonierte Lawinenschutzverbauung ist, geht es auf den kleinen und hübschen Ort **Brienz** zu. Dieser zeigt sich mit seinen hölzernen und schindelgedeckten Chalets, den bunt bepflanzten Balkonkästen und den vielen farbigen Fensterläden in bester alpenländischen Tradition. Nicht nur der schöne Ortskern hat mit seine Seepromenade etwas zu bieten. Im nahen ***Freilichtmuseum Ballenberg*** kann man gar einen Spaziergang durch die Jahrhunderte unternehmen. *Hier sind originale, jahrhunderte-alte Gebäude aus allen Landesteilen der Schweiz aufgebaut worden.* Wer lieber eine grandiose Aussicht erleben will, kann mit der weltweit ältesten, noch in Betrieb befindlichen ***dampfbetriebenen Zahnradbahn*** aufs 2.350 Meter hohe ***Rothorn*** fahren. Dort beginnen auch gleich zahlreiche Wanderrouten.

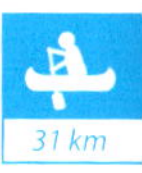

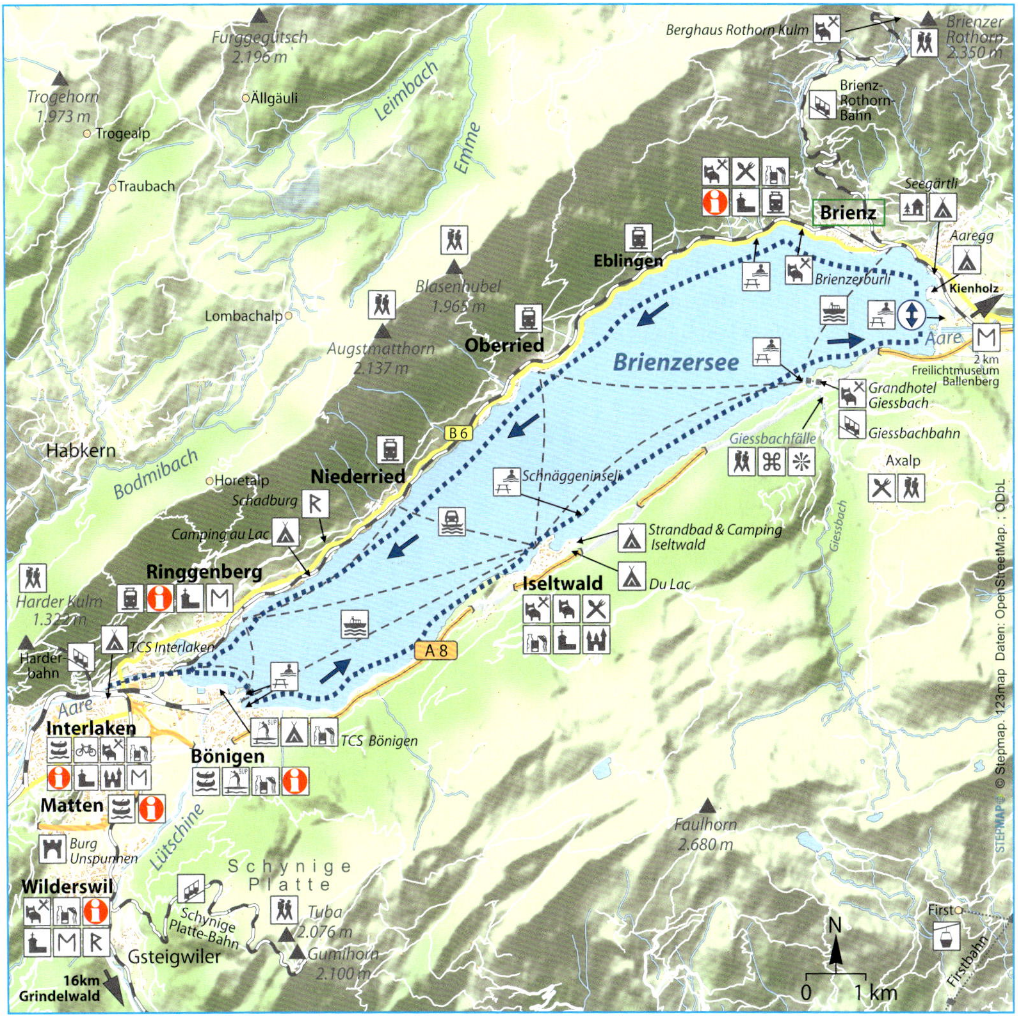

Ein Passagierschiff dessen Wellen vom steilen Ufer zurückgeworfen werden, sorgt am Nordufer für kurzen, aber spritzigen Paddelspaß. Kleine Jollen und auch Paddelboote liegen in teils aufwendig gemauerten Bootsschuppen vertäut, hinter denen sich auf den nächsten Kilometern leider eine vielbefahrene Straße am Ufer entlangschlängelt. Obendrein zieht laut pfeifend die ***dampfbetriebene Brünigbahn*** vorüber, die Luzern mit Interlaken verbindet.

Bei **Oberried** konkurrieren scheinbar die Seegrundbesitzer um den aufwändigsten Privathafen – bullige Betongaragen beherbergen PS-starke Motoryachten. Schon bald entfernt sich die Straße etwas vom Ufer und bietet nun Raum für Naturentdeckungen. Ein kleiner Wasserfall plätschert sanft über grüne Moospolster in den türkisfarbenen See, darüber streiten sich ein Milan und eine Krähe um die Lufthoheit.

31 km

Hinter **Niederried** gestaltet sich das Anlanden an einem hübsch gelegenen, öffentlichen Grillplatz etwas schwierig, dafür wird man mit einem Unterstand belohnt, der vor dem einsetzenden Regen Schutz bietet. Bald brutzelt ein Würstchen über glühenden Holzscheiten, während der Blick über die grauen Wolken schweift, die an den Berggipfeln zu kleben scheinen.

In **Ringgenberg** steht die auf den Ruinen einer mittelalterlichen Burg errichtete Ortskirche auf einem Hügel unweit des Fähranlegers. Daneben unterhält der örtliche Heimatverein das ***Dorfmuseum mit dem Ofenhaus*** in dem von April bis Oktober jeweils am ersten Samstag im Monat feines Holzofenbrot und weitere Leckereien gebacken und zum Verkauf angeboten werden. Darüberhinaus gibt das Dorfmuseum Einblick in die Geschichte und die Kultur des Ortes und zeigt Arbeiten einheimischer Künstler.

Gleich hinter dem Ort kommt man zu einer der schönsten Stellen am ganzen See. Weiße Kalkwände ragen direkt vor dem Ufer aus dem Wasser. Darüber breitet sich Bergwald aus. Dies ist der Lieblingsspot der hiesigen SUP-Paddler, denn es gibt sogar eine einsame Felsplatte zum Anlanden.

Bald verengt sich der See und wird zum breiten Fluss ***Aare***. Eine luftige Brücke markiert den Beginn der Ortschaft. Gleich rechter Hand liegt der ***TCS Camping Interlaken***. **Interlaken**, *was soviel wie „zwischen den Seen“ bedeutet, besticht vor allen Dingen durch seine schöne Altstadt mit den extravaganten Hotels, von denen viele aus der Mitte des 19. Jahrhunderts stammen, als überwiegend englische Touristen sich von der Bergwelt faszinieren ließen.* Heute ist der Tourismus sehr international und die Stadt scheint besonders bei Chinesen, Indern und Arabern beliebt zu sein, in deren Landessprache so manche Restaurant-Speisekarte verfasst ist.

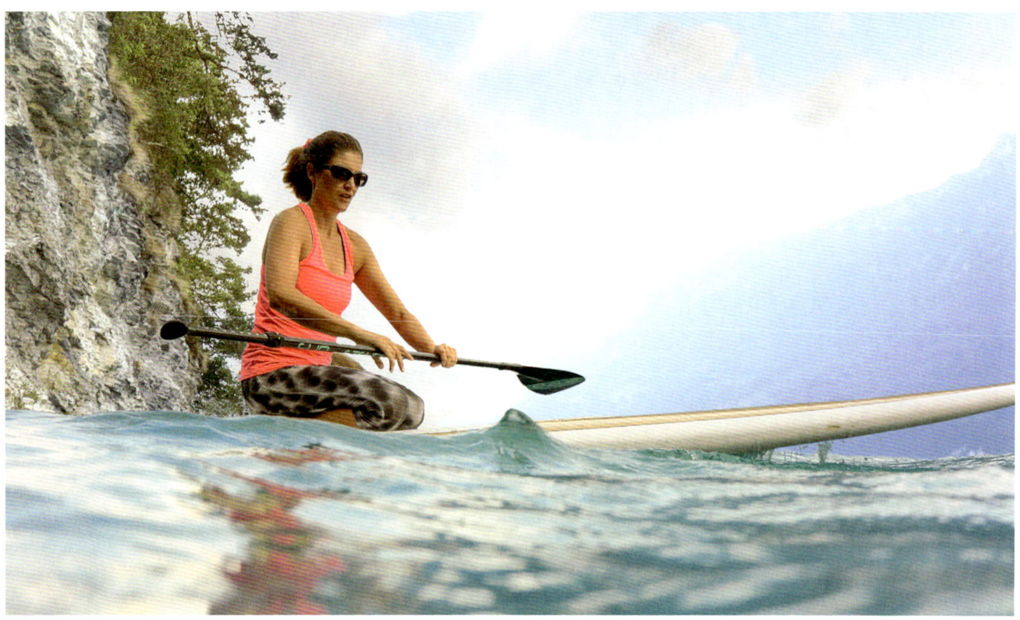

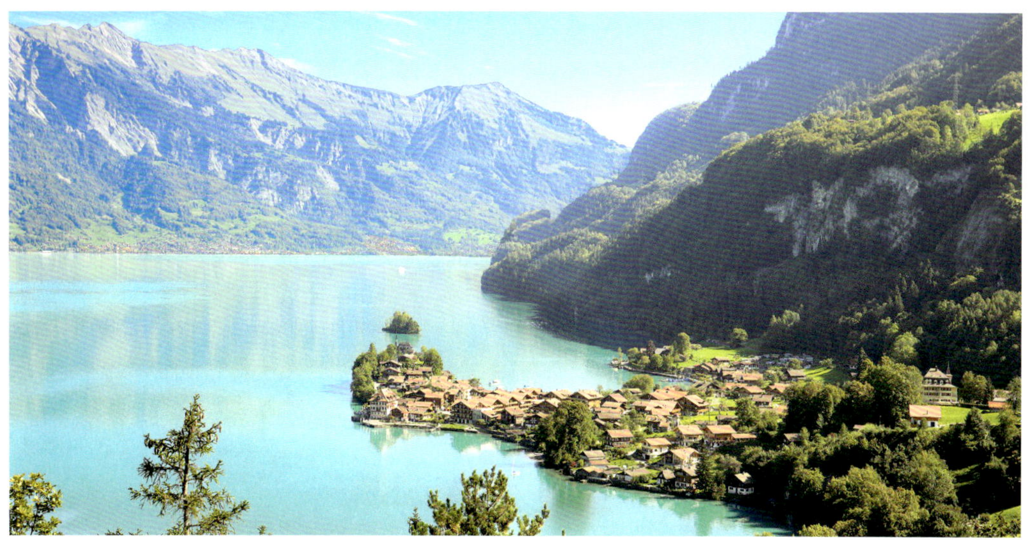

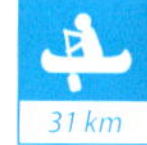

Gelegen in einer idyllischen Fischerbucht – Iseltwald wird zu Recht als die Perle am Brienzersee bezeichnet

Die ganze Stadt steht auf dem ***„Bödeli"***, *das sind Geschiebemassen aus den Bergen, die den Brienzer- und Thunersee, die einst ein einziger riesiger Wasserkörper waren, im Laufe der Zeit trennten.* Um von hier weiter in den Thunersee zu paddeln, muss man nach der zweiten Eisenbahnbrücke aussetzen und mit dem Bootswagen das Kanu gut einen Kilometer bis zur offiziellen Schiffsanlegestellestelle rollern und dort am gegenüberliegenden Ufer wieder in die Aare einsetzen.

Anderntags geht es vorbei an **Bönigen**, wo eine SUP-Padlderin gerade für eine frühe morgendliche Trainingsrunde ihr Board ins Wasser schiebt. Wer den See einmal aus einer anderen Perspektive betrachten will, kann hier auch Boards ausleihen oder gar einen Yoga-Kurs auf dem Brett machen.

Der Mündungsbereich des Gebirgsflüsschens ***Lütschine*** erinnert mit seinen Schwebstoffen und dem Geschiebe daran, *dass im Laufe der Ortsgeschichte bei extremen Hochwassern der Fluss ausbrach und schon mehrmals das ganze „Bödeli" mitsamt der Stadt Interlaken überschwemmte.*

Mit Annäherung an die Autobahn nimmt der Verkehrslärm erst deutlich zu, verschwindet dann aber nach wenigen Kilometern hinter einem immer höher und dichter werdenden Mantel aus Waldufern und kurz darauf in einem langen Tunnel. Zum Glück – denn sonst wäre das nach wenigen Paddelschlägen auftauchende malerische Dörflein **Iseltwald** nicht so malerisch wie es eben ist! *Zu Recht als die Perle am Brienzersee bezeichnet, bietet das schmucke Fischerdorf von der idyllischen Fischerbucht bis zu höchsten Berggipfeln mit atemberaubender Aussicht einfach alles. Davor liegt auf der Spitze einer Halbinsel im See das* ***Schloss Seeburg****. Der Berner Händler Gottfried Siegrist ließ es 1907 als südländische Villa erbauen. Ende des 20. Jahrhunderts wurde die Seeburg dann ein Kongress- und Kurzentrum. Seit 2015 steht das Anwesen zusammen mit dem nahen Schnäggeninseli zum Verkauf.*

Hinter Iseltwald nähere ich mich nun dieser in Privatbesitz befindlichen Insel, der einzigen Insel auf dem See. Darauf befindet sich eine Kapelle und ein Grillplatz. *Ob die kleine Größe der Insel oder der Umstand, dass die Mönche des Klosters Interlaken früher dort eine Schneckenzucht betrieben hatten oder aber eine Herleitung der sicherlich dort vorkommenden „Schnaken" der Namensgebung zugrunde liegen, ist ungewiss.*

Das Kajak gleitet vorbei an von kleinen Felsen bestandenem dichtem Uferwald in dem sich Buchen neben Tannen, Fichten, Eiben und

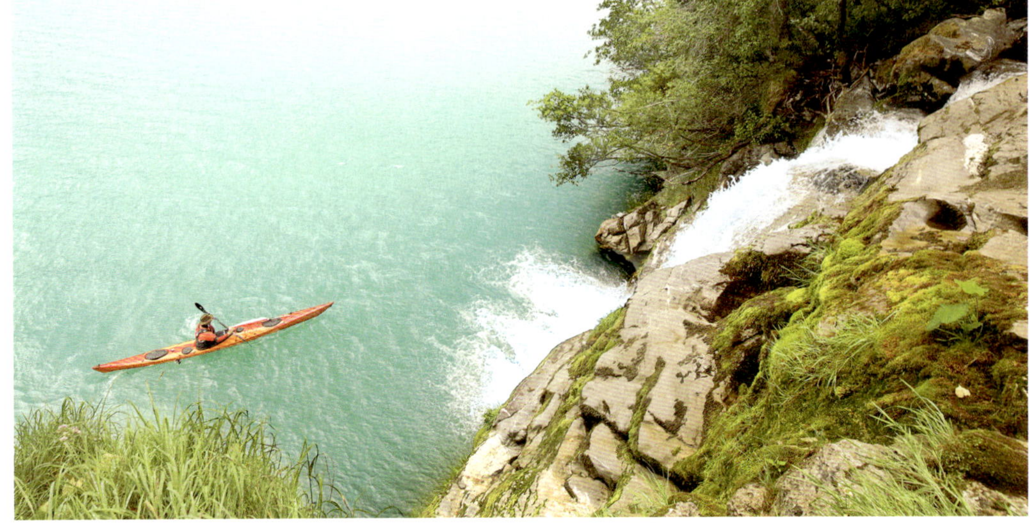

Der imposante Giessbachfall stürzt in 14 Stufen über 500 Meter in den See

Vogelbeeren breitmachen. Erst mit Erreichen des **Grandhotel Giessbach** und der dazugehörigen Ländte, wie der Schiffsanleger auf Hochdeutsch heißt, bin ich zurück in bebauter Umgebung. *Vor Errichtung des Anlegers Anfang des 19. Jahrhunderts wurden die Gäste mit Ruderbooten zum Giessbach gebracht. Der Weg hinauf zum Gasthaus war beschwerlich und daher baute man in den Jahren 1878/79 die Standseilbahn, die gedeckte Halle mit dem Fahrkartenschalter für die Schiffe schon Jahre zuvor.*

Links neben dem eigentlichen Schiffsanleger steuere ich das Kajak ans Ufer. Vom Berg herunter kommen die Gleise der ***Giessbachbahn***, *der ältesten, noch in Betrieb befindlichen Standseilbahn der Schweiz. Durch seine architektonisch eleganten Linien und die spektakuläre Umgebung erfreute sich der Hotelbau in seiner Hochzeit vor dem Ersten Weltkrieg regen Zuspruchs bei Staatsoberhäuptern, gefeierten Künstlern oder Mitgliedern europäischer Adelsfamilien. Nach den Weltkriegen verlor das Hotel an Glanz und stand irgendwann vor der Schließung.*

Heute gehört es wieder zu den schönsten und renommiertesten Häusern im schweizerischen Gastgewerbe. Ein Besuch lohnt sich, auch wenn man, mit bezaubernder Aussicht auf den See, nur einen Kaffee trinken will. Schön ist der Fußweg hinauf zu den ***Gießbachfällen***, die in Wasserkaskaden in 14 Stufen über 400 Meter hinunterdonnern und die eigentliche Faszination dieses Platzes ausmachen. An einer Stelle führt ein Fußweg über eine Brücke unter dem Wasserfall hindurch. Nachts wird die Naturkulisse gar effektvoll beleuchtet.

Was nun folgt sind steile Felsufer, so unzugänglich, dass sich keine Menschen ansiedeln konnten. Bäume die in Felsritzen wachsen, wölben ihre Kronen über das Wasser. Große, runde Steine werden von Moospolstern umschlossen. Einige Felsen bilden kleine Spalten in die ich die Nase des Bootes hineinstecke – hier hat man die Natur hautnah und ganz für sich allein.

Nun ist es nicht mehr weit bis zum Kiesstrand an der Aare Mündung. Das Wasser im Brienzer See ist in diesem Jahr außergewöhnlich warm, so dass ich den Paddeltag mit einem erfrischenden Bad ausklingen lassen kann. Doch der Brienzer See bietet nicht nur was für Paddler. Wanderungen auf schmalen Bergpfaden mit königlichen Ausblicken auf die sich ständig verändernde Seefläche des Brienzersees. Und über allem thronen die schneebedeckten Dreitausender der Jungfrau-Region.

Vierwaldstättersee

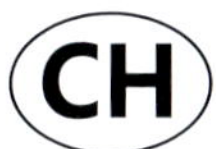

Paddeln in grandioser Fjordlandschaft

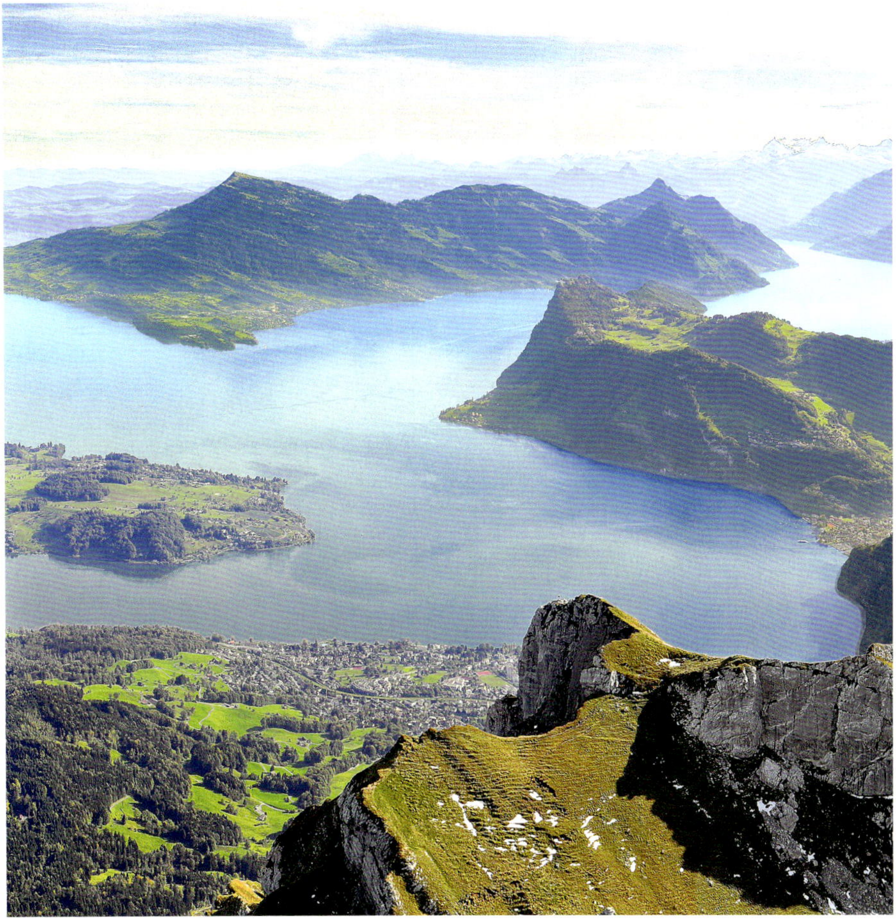

Tour

Tour-Infos Vierwaldstättersee

Landschaft	Kultur	Baden	Verkehrslärm
★★★★	★★★★	★★★★	★★★ 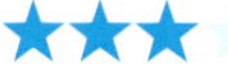

Charakter des Sees

Weit verästelt und von hohen Bergen umgeben, so dass selbst norwegische Fjorde neidisch werden könnten, prangt der Vierwaldstättersee im Herzen der Schweiz. Er gliedert sich in acht voneinander abgegrenzte Seebecken. Wer wirklich alle Buchten ufernah ausfahren will, kommt auf etwa 130 Kilometer. Damit ist er der größte der gänzlich innerhalb der Schweizer Grenzen liegende See und in diesem Buch mit Abstand das größte Tourenrevier. Gemütliche Paddler finden am See genug Beschäftigung für eine ganze Woche. Selbst Schnellpaddler brauchen 3-4 Tage für seine Umrundung.
Die Landschaften der einzelnen Seeteile sind durchaus sehr verschieden. Liebliche grüne Hügel, viele Siedlungen und pompöse Villen prägen die Gegend von Luzern, hier kann der Verkehr auch mal als laut empfunden werden – extrem beeindruckende Berglandschaften mit stillen Ufern faszinieren dagegen im Urnerseeteil.
Da viele Menschen direkt am See wohnen, ist im Sommer mit starkem privatem Motorboot- und Segelverkehr zu rechnen, was durchaus einmal nervig und wegen unachtsamer Freizeitkapitäne gar gefährlich werden kann. Das Klima am Vierwaldstättersee gilt als sehr mild. Nicht umsonst gedeihen hier Feigen, Palmen, Kakteengewächse und andere südländische Pflanzenarten.

Länge und Dauer der Tour: 120-130 km, 6-7 Tage **Schwierigkeit:** leicht **Saisonfaktor:** sehr hoch, voll

Etappenvorschlag: **1. Tag:** Buochs – Kehrsiten-Dorf (14 km) **2. Tag:** Kehrsiten-Dorf – Horv (18 km)
3. Tag: Horv – Merlischachen über Luzern (21 km) **4. Tag:** Merlischachen – Vitznau (21 km)
5. Tag: Brunnen – (Umrundung Urnersee) Brunnen (28 km) **6. Tag:** Brunnen – Buochs (17 km)

Bootswagen: sinnvoll für den Transport zum Übernachtungsplatz oder zur Ein- und Aussetzstelle.

Gefahren

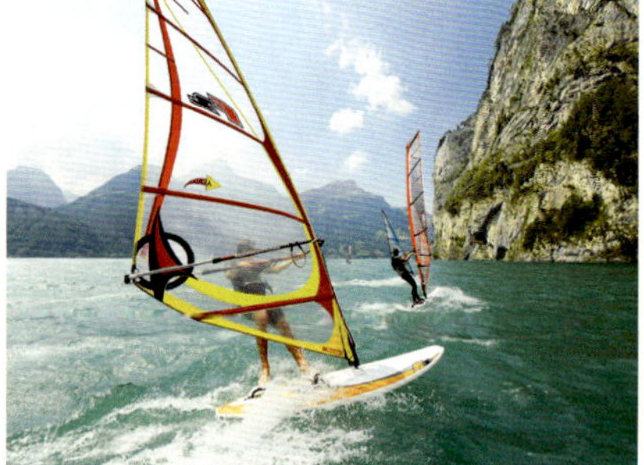

Der Wind am Gewässer gilt als lebhaft, ist allerdings sehr verschieden ausgeprägt. In jedem der acht Seebecken können zur gleichen Zeit unterschiedliche Windbedingungen herrschen. Flautenzonen, Düseneffekte und thermischer Wind – alles kommt vor. Für Paddler und SUP-Boarder sind natürlich vor allem die stärkeren Winde von Bedeutung.

Der **Urnersee** nimmt eine Sonderstellung ein: *Hier gibt es* ***besonders häufige und starke Winde.*** *Bei Föhnwetterlage weht der Wind aus Süden und fegt mit Karacho über die Berge. Er kommt mitunter sehr plötzlich, ist ausgesprochen böig und kann durch die Ausrichtung des Urnersees schnell 6-9 Beaufort erreichen. Für Normalpaddler bedeutet dies eine echte Gefahr, wenn sie an der falschen Stelle erwischt werden.* **Die Kanuvermieter verbieten dann, manche gar immer, eine Fahrt mit ihren Booten auf diesem Teil des Sees. Erfahrene Paddler, die hier mit eigenen Kanus unterwegs sein wollen, sollten ihre Ausrüstung unbedingt diesen Besonderheiten anpassen!**
Bei schönem Wetter weht auf dem Urnersee meist ein ausgeprägter thermischer Nordwind. Heizen sich im Laufe des Tages die Felswände am Urnersee durch die Sonne auf, steigt die Luft und zieht kühle Luft vom kalten See nach. Am Nachmittag erreicht die Thermik dann 2-4 Windstärken, manchmal auch mehr.
Auch an den anderen Seeteilen gibt es örtliche Winde, die aber nicht so ausgeprägt sind wie hier.

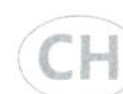

Während an den felsigen Uferpartien mit Steinschlag zu rechnen ist und hohe Felsen mancherorts ein Anlanden auf mehreren Kilometern unmöglich machen, schlägt man sich im Bereich der Luzerner Innenstadt lediglich mit hohem Aufkommen an Fahrgastschifffahrt herum.

Grundsätzlich ist der ganze See frei befahrbar. Ausgenommen sind kleine Naturschutzgebiete und Strandbäder (diese sind alle mit gelben Bojen deutlich markiert).

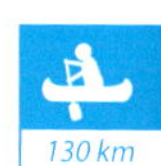

Anreise

Auf der Autobahn A 2 bis Abfahrt 33 *(Stans-Süd)*. Über Ennetbürgerstraße und Stanserstraße nach **Ennetbürgen**. Dort rechts ab in die Buochserstraße. Nach etwa 600 Meter links ab in die **Straße „Strandbad"**. Anreise auch mit dem **Bus der Linie 20 vom Bahnhof - Stans** bis Haltestelle *„Ennetbürgen - Strandbad"* möglich oder mit den Schiffen der Schifffahrtsgesellschaft.

Einsetzen und Parken

In **Buochs-Ennetbürgen**, zwischen Freibad und Seglerhafen. Anfahrt Kreuzung Seefeldstr. / Strandbad. Rechts vom Freibad *(kostenlose Parkplätze)* mit dem Bootswagen den Strandweg entlang *(Durchfahrtsverbot)* 150 Meter hinunter zum Wasser. Der TCS Camping liegt gegenüber des Strandbades.

Kartenmaterial

Vierwaldstättersee: Nr. 11, 1:50.000, Tourenwanderkarte mit Gratis-Download für Smartphone, Hallwag Kümmerly+Frey
Vierwaldstättersee, Luzern, 1:50.000, KOMPASS-Karten

Literaturtipps

Zentralschweiz - Vierwaldstättersee: Pilatus bis Wägital Alpinwandern/Gipfelziele, 40 Touren, SAC-Verlag Schweizer Alpen-Club.
Vierwaldstätter See, 50 Touren, Bergverlag Rother.
Wanderführer Vierwaldstätter See, 35 Touren, DUMONT Reiseverlag.
Der See (See-Bilderbuch mit literarischen und informativen Texten), *Armin Grässl,* Benteli Verlag.
Himmel, Hölle, Mensch (Luzern Krimi), *Monika Mansour,* Emons Verlag.

Übernachtung in Wassernähe *(in der Reihenfolge des Tourenverlaufs)*

Buochs:
*TCS Camping Buochs****
Tel. +41 (0)41 620 34 74
www.tcs.ch

Kehrsiten-Dorf:
Seehotel Baumgarten
Tel. +41 (0)41 610 77 88
www.seehotel-baumgarten.com

Alpnachstad:
*Camping Bachmattli****
Niederstad 6
Tel. +41 (0)41 671 07 30
www.bachmattli.ch

Horw:
*TCS Camping Luzern-Horw*****
Seefeldstraße *(kein Kanuanleger)*
Tel. +41 (0)41 340 35 58
www.tcs.ch

Luzern:
Camping International Lido
Lidostraße 19
Tel. +41 (0)41 370 21 46
www.camping-international.ch

Merlischachen:
Camping Vierwaldstättersee
Luzernerstraße 271
Tel. +41 (0)41 850 08 04
www.seecamping.ch

Küssnacht:
Hotel Restaurant Seehof
Seeplatz 6
Tel. +41 (0)41 850 10 12
www.hotel-restaurant-seehof.ch

Weggis:
Bauernhof Gerbeweid
(Camping, Womo-Stellplatz)
Eichistraße 2
Tel. +41 (0)41 390 15 74
www.hri.ch/de/6353/gerbeweid

Hotel Friedheim (400 m)
Friedheimweg 31
Tel. +41 (0)41 390 11 81
www.hotel-friedheim.ch

Seehof Hotel du Lac
Gotthardstraße 4
Tel. +41 (0)41 390 11 51
www.hotel-du-lac.ch

Vitznau:
Camping Vitznau *(300 m)*
(auch Schlafhüsli & FeWo)
Altdorfstraße
Tel. +41 (0)41 397 12 80
www.camping-vitznau.ch

130 km

Gersau:
Hostel Rotschuo Gersau
Seestraße 163 *(direkt am See)*
Tel. +41 (0)41 828 12 77
www.hostelrotschuo.ch

Seehotel Schwert
Seestraße 29
Tel. +41 (0)41 828 11 34
www.schwert-gersau.ch

Brunnen (Urnersee):
Camping Urmiberg
Gersauerstraße 75
Tel. +41 (0)41 820 33 27
www.campingurmiberg.ch

Camping Hopfräben
Hopfrebenstraße
Tel. +41 (0)41 820 18 73
www.camping-hopfraeben.ch

Sisikon (Urnersee):
Hotel Eden Sisikon
Axenstraße 12
Tel. +41 (0) 41 820 41 41
www.hotel-eden-sisikon.ch

Camping Bucheli
Campingstraße 2
Tel. +41 (0)79 387 07 51
www.camping-bucheli.ch

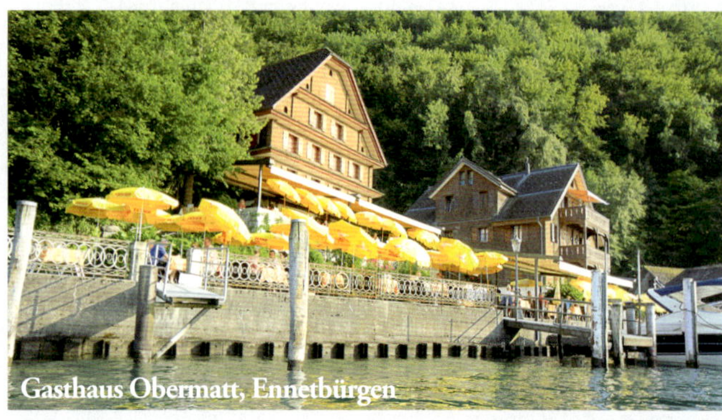
Gasthaus Obermatt, Ennetbürgen

Flüelen (Urnersee):
Windsurfing Urnersee
Unter Winkel 11 *(Zelten)*
Tel. +041 (0)41 870 92 22
www.windsurfing-urnersee.ch

Bauen (Urnersee):
Fischli am See *(Restaurant)*
Im Dorf 6 *(FeWo, kein Frühstück)*
Tel. +41 (0)41 878 01 10
www.fischliamsee.ch

Beckenried:
Privatzimmer Annelis Murer
Seestraße 74 *(ab 2 Nächte)*
Tel. +41 (0)41 620 25 47

Hotel-Restaurant Rössli
Dorfplatz 1
Tel +41 (0)41 624 45 11
www.roessli-beckenried.ch

Hotel-Restaurant Seerausch
Buochserstraße 54
Tel. +41 (0)41 501 01 31
www.seerausch.ch

Kanuvermieter, Veranstalter, geführte Touren & Kurse

Buochs:
Kanuwelt Buochs
Seefeldstraße 8
Tel. +41 (0)78 635 24 14
www.kanuwelt.ch

Luzern & Alpnach Dorf:
Kanuzentrum am Vierwaldstättersee
Unterdorfstraße 21, **Alpnach Dorf**
Tel. +41 (0)41 670 30 05
www.kanuzentrum.ch
Kanu-Stationen:
Freibad Tribschen **Luzern** *&*
Camping **Sarnen** *am Sarnersee*

Brunnen:
Adventure Point
Kanustation beim Hallenbad
Föhnhafen 6 *(7.30-9.30)*
Tel. +41 (0)79 247 74 72
www.adventurepoint.ch

Outdoor-Veranstalter:
www.outventure.ch

Tourist-Infos

Tourismus Buochs-Ennetbürgen, Beckenriederstraße 7, Buochs, Tel. +41 (0)41 622 00 55, www.tourismus-buochs.ch
Luzern Tourismus, Bahnhofstraße 3 & Zentralstraße 5,Tel. +41 (0)41 227 17 17, www.luzern.com
Gersau Tourismus, Seestraße 27, Tel. +41 (0)41 828 12 20, www.gersau.ch
HohlgassLand Tourismus, Unterdorf 15, Küssnacht am Rigi, Tel. +41 (0)41 850 33 30, www.hohlgassland.ch
Tourist-Info Rigi, Rigi Kaltbad, Tel. +41 (0)41 399 87 87, www.wvrt.ch
Tourist-Info Weggis, Seestraße 5, Tel. +41 (0)41 227 18 00, www.weggis.ch
Brunnen Tourismus, Bahnhofstraße 15, Tel. +41 (0)41 825 00 40, www.brunnentourismus.ch
Uri Tourismus, Schützengasse 11, Tellspielhaus, Altdorf , Tel. +41 (0)41 874 80 00, www.uri.info
Tourismus Emmetten, Dorfstraße 28, Tel. +41 (0)41 620 15 64, www.tourismus-emmetten.ch
Tourismus Beckenried - Klewenalp, Tourismusbüro + Schiffstation, Seestraße 1, Beckenried, Tel. +41 (0)41 620 31 70, www.beckenried.ch

Sehenswürdigkeiten rund um den Vierwaldstättersee

Buochs: Klassizistische *Kirche St. Martin*; *Obgass-Kapelle* (1662); *Blauhaus* (19. Jh.).

Ennetbürgen: *Bürgenstock Panoramaweg*; *Hammetschwand-Lift* (20. Jh.); *Pfarrkirche St. Anton* (19. Jh.).

Stansstad: *Schnitzturm* ehem. Wehrturm (1310-15); *Nidwaldner Museum: Festung Füringen* von 1942 (Kehrsitenstrasse 15, OT **Stansstad,** Mär-Okt Sa+So 11-17), *Winkelriedhaus* (Engelbergstr. 54a, OT **Stans**, Mi 14-20, Do-Sa 14-17, So 11-17), *Salzmagazin* (Stansstaderstr. 23, OT **Stans**, Mär-Okt Mi 14-20, Do -Sa 14-17, So 11-17, Tel. +41 (0)41 618 73 40, www.nidwaldner-museum.ch

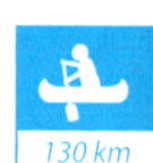

Alpnachstad: Klassizistische *Kirche St. Maria Magdalena; Pilatusbahn* (weltweit steilste Zahnradbahn).

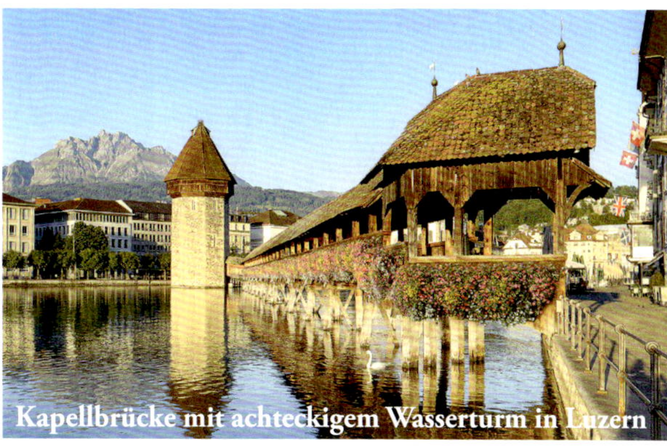
Kapellbrücke mit achteckigem Wasserturm in Luzern

Hergiswil: Alte *Glasbläserei* mit Museum und Laden (Mo-Fr 9-18, Sa 9-16); byzantinische *Kirche St. Niklaus* (1855-1857); *Sigristenhaus* (Haus des Küsters, 15. Jh.).

Luzern: Ein *Highlight der Schweiz*! *Kapellbrücke* (14. Jh.) (nach Brand 1993 wieder aufgebaut) mit *achteckigem Wasserturm* (14. Jh.); holzgedeckte *Spreuerbrücke* mit *Bildtafeln „Totentanz“* (16. Jh.); *Rathaus* (17. Jh.); *Museggmauer* und *Museggtürme* (Befestigungswall 14. Jh.); *Ritter'scher Palast* (Renaissancepalais, 16. Jh.); *Löwendenkmal* (gedenkt der beim Tuileriensturm in Paris gefallenen Soldaten der Schweizer-Garden); *Nadelwehr* (1860); *Hotel Château Gütsch* (Märchenschloss nach Vorbild Schloss Neuschwansteins) mit *Seilbahn*; neugotische *Matthäuskirche* (Traukirche von Richard Wagner); *Jesuitenkirche St. Franz Xaver* – älteste große Barockkirche der Schweiz (17. Jh.); *Hofkirche St. Leodegar* – eine der kunsthistorisch wertvollsten Kirchen der deutschen Spätrenaissance (17. Jh.); *Schweizerhofquai und Gotthardgebäude* – das repräsentativste Gebäude im Stil der Neurenaissance im Kanton (19. Jh.); *Anderallmend-Haus* – 1679 vom gleichnamigen Patriziergeschlecht erbaut (17. Jh.); *Franziskanerkirche* (13. Jh.). Alle Infos: www.luzern.com

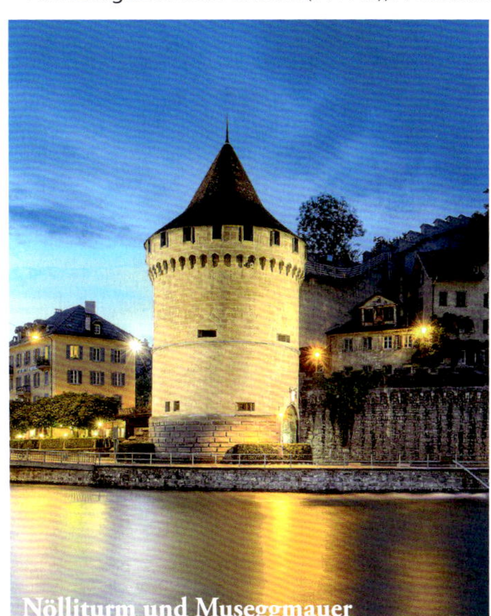
Nölliturm und Museggmauer

Richard Wagner Museum (Richard Wagner Weg 27, Tel. +41 (0)41 360 23 70, Di-So 10-17, www.richard-wagner-museum.ch).

Museum „Verkehrshaus der Schweiz“, Lidostr. 5, tgl. 10-18, Tel. +41 (0)41 375 75 75, www.verkehrshaus.ch).

Bourbaki Panorama Luzern Museum mit Rundbild (Löwenplatz 11, Tel. +41 (0)41 412 30 30, Apr-Okt 9-18, Nov-Mär 10-17, www.bourbakipanorama.ch).

Sammlung Rosengart (Pilatusstr. 10, Tel. +41 (0)41 220 1660, Apr-Okt 10-18, Nov-Mär 11-17, www.rosengart.ch).

Kunstmuseum Luzern (Europapl. 1, Di-So 11-18, Mi 11-20, Tel. +41 (0)41 226 78 00, www.kunstmuseumluzern.ch).

Alpineum Luzern, 3D-Alpen Panorama (Denkmalstraße 1, Tel. +41 (0)410 62 66, Mo-So 9-12.30, Apr-Okt 13.30-18, www.alpineum.ch).

Natur-Museum Luzern (Kasernenplatz 6, Tel. +41 (0)41 228 54 11, Di-So 10-17, www.naturmuseum.ch).

Historisches Museum, Pfistergasse 24, Tel. +41 (0)41 228 54 24, Di-So 10-17, www.historischesmuseum.lu.ch).

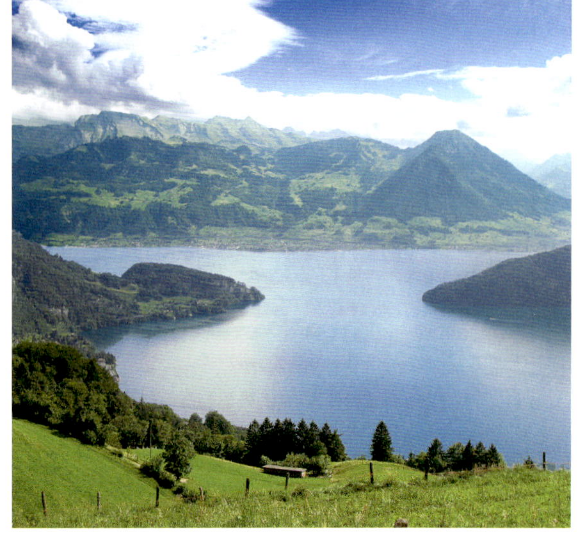

Meggen: *Neurenaissance-Schloss Meggenhorn* (Apr-Okt So 12-17)) und die unterhalb des Schlosses in einer Bucht gelegene *St. Nikolaus-Kapelle* (15. Jh.), im Stil von Mies van der Rohe 1966 erbaute *Piuskirche*.

Küssnacht: *Ruine Gesslerburg* (14. Jh.) und die *Hohle Gasse* in der Willhelm Tell 1307 den Vogt Gessler erschossen haben soll; barocke *Pfarrkirche St. Peter und Paul*; *Heimatmuseum* (Unterdorf 15, Tel. +41 (0)41 850 33 30 (Apr-Okt Di-Sa 14-17, So 10-17, www.heimatmuseum.ch).

Weggis Unterdorf: *Allerheiligenkapelle* mit *Freskenzyklus* (17. Jh.); *Pfarrkirche St. Maria* (13. / 20. Jh.); *Verenakapelle* (20. Jh.); *Heiligkreuzkapelle* (19. Jh.).

Vitznau: *Barock-klassizistische Kirche St. Hieronymus* (1843); *Museum Vitznau-Rigi* (Altes Schulhaus, Zihlstr. 1, Tel. +41 (0)41 227 18 10, Pfingsten-Bettag Mi-Sa 16-18, So 10-12, www.regionalmuseum.ch); *Vitznau-Rigi-Bahn* (1871, erste Bergbahn Europas) zum *Aussichtsberg Rigi* (www.rigi.ch); *Steigelfadbalm* (Höhle in der Würm-Eiszeit von Höhlenbären bewohnt); 1941-43 erbaute *Festung Vitznau* (Museum und erstes Festungshotel der Schweiz, www.festung-vitznau.ch)

Gersau: *Pfarrkirche St. Marzellus* (19. Jh.); *Altes Rathaus* (18. Jh.); *Tellswerkstatt* (Rundgang durch die historische Armbrustwerkstatt).

Brunnen: *Bundeskapelle* (1635) mit *Hochaltarbild* des Niederländers Justus van Egmont; *Wylerbrücke* (35 Meter lang, holzgedeckt); *Victorinox-Museum Knive Valley* (Bahnhofstr. 3, Tel. +41 (0)41 825 60 10, Mai-Okt Di-Fr 10-18.30, Sa, So, Fei 10-17, Nov-Apr Di-Fr 10-12+13.30-17, Sa 10-16, www.swissknifevalley.ch).

Sisikon: *Tellskapelle* (1880) mit vier Fresken (Apfelschuss, Tellsprung, Gesslers Tod, Rütlischwur).

Flüelen: *Schloss Rudenz* (13. / 17. Jh.); *Pfarrkirche Herz Jesu* (20. Jh.).

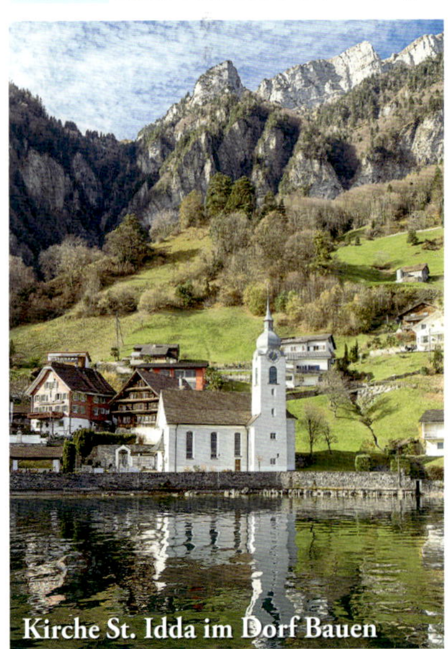
Kirche St. Idda im Dorf Bauen

Seedorf: *Urner Mineralien-Museum* (Dorfstraße, Tel. +41 (0)41 870 44 80, Do, Sa, So 13-17, www.mineralienfreund.ch); *Wasserschloss A Pro* (Restaurant, www.schlossapro.ch).

Altdorf: *Historisches Museum Uri* (Gotthardstr. 18, Tel. +41 (0)41 870 19 06, Mai-16. Okt Mi, Sa, So 13-17, www.hvu.ch).

Bürglen: *Tell-Museum* (Postplatz, Tel. +41 (0)41 870 41 55, Mai-Jun 10-11.30 & 13.30-17, Jul-Aug 10-17, Sep-Okt 10-11.30 & 13.30-17, www.tellmuseum.ch).

Bauen: *Klassizistische Kirche St. Idda* (1812); Gault Millaugekröntes *Restaurant „Zwyssighaus"* (Geburtshaus von Pater Alberik Zwyssig, dem Komponisten der Schweizer Nationalhymne).

Rütli: *Bergwiese*, wo der Überlieferung nach das Bündnis der drei Urkantone Uri, Schwyz und Unterwalden im sogenannte *„Rütlischwur"* geschlossen worden sein soll. Heute Nationaldenkmal.

Beckenried: *Pfarrkirche St. Heinrich* (18. Jh.); *Kapelle Maria im Ridli* (1701).

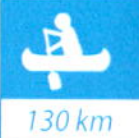
130 km

Sonstige Aktivitäten am Vierwaldstättersee

Kanu:

Tour auf der ***Reuss*** von **Perlen** nach **Windisch** (ca. 59 km, teils WW I-II). Besonders reizvoll ist das ***Gnadental*** zwischen Bremgarten und Windisch, mit vielen Inseln und einer landschaftlich schönen Waldschlucht.

Paddeln auf ***Hallwilersee***, ***Sempachersee***, ***Zugersee***, ***Lauerzersee***, ***Ägerisee,*** siehe **PADDEL-LAND Schweiz**, T. Kettler Verlag.

Lauerzersee

Wandern:

Familientaugliche ***Wanderung*** von **Ennetbürgen** zum ***spektakulären Felsenweg*** und zum aussichtsreichen ***Bürgenstock***. Dann mit dem ***Felsenlift*** hinauf auf die ***Hammetschwand*** (atemberaubende Rundsicht auf die Zentralschweiz). Alternativ weiter wandern bis nach **Stansstad** (4 Std. 15 Min.) und mit ***Zug und Bus zurück*** nach **Ennetbürgen**.

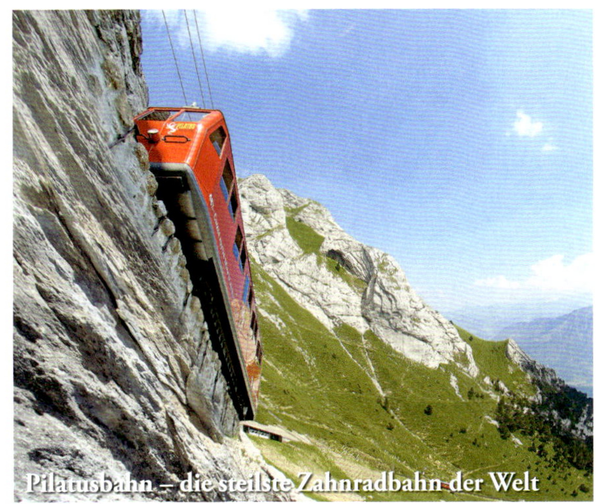
Pilatusbahn – die steilste Zahnradbahn der Welt

Mit der steilsten ***Zahnradbahn*** der Welt – der ***Pilatusbahn*** – von **Alpnachstad** auf den ***Pilatus***. Von dort mittelschwere ***Bergwanderungen im Pilatusgebiet (Esel, Tomlishorn, Mittaggüpfi).***

Von **Alpnach** ausgedehnte, schöne Wanderungen und Radtouren ins ***Schlierental***.

Auf dem ***„Mark Twain-Themenweg"*** *(In seinem Buch „A Trip to Mt. Rigi" beschreibt er den Aufstieg)* von **Weggis** in 4-5 Std. über die ***Rigi*** nach ***Rigi Kulm*** (zurück ab **Rigi Kaltbad** mit der ***Panorama-Luftseilbahn Weggis – Rigi Kaltbad,*** www.rigi.ch).

Von **Vitznau** mit der ***Selbstfahrer-Gondelbahn*** (www.hinterbergen.ch) hinauf nach **Hinterbergen**. Aufstieg zur ***Rigi Scheidegg*** und dann hinüber zur ***Rigi***. Zurück mit der ***Zahnradbahn Vitznau – Rigi Kulm*** (www.rigi.ch) nach **Vitznau** (technisch leichte Wanderung, Aufstieg ca. 1.200 Meter, Abstieg ca. 300 Meter).

Wanderung von **Beckenried** in die ***Risletenschlucht*** (ca. 1 Std. 30 Min.). ***Naturführung*** auf den Spuren von Dinosauriern am Steinbruch und durch die Gesteinswelt der Risletenschlucht. Nach weiteren 2 Std. nach **Treib**. Von dort stündlich ***zurück mit dem Schiff***.

Auf dem 35 km langen ***„Weg der Schweiz" (Wanderroute 99)*** rund um den Urnersee **(Rütli – Seelisberg – Bauen – Isleten – Seedorf – Flüelen – Sisikon – Brunnen)**.

Fahrrad:

Einmal ***rund um den östlichen Teil des Sees*** (ca. 65 km). Mit einer ***Schifffahrt*** über den See quert man von **Beckenried** nach **Gersau**.

Eine konditionsfordernde ***Mountainbike-Tour*** führt von **Arth-Goldau** rund ***um die Rigi*** (inklusive Abstecher auf den Gipfel, ca. 1500 Höhenmeter, anspruchsvoll).

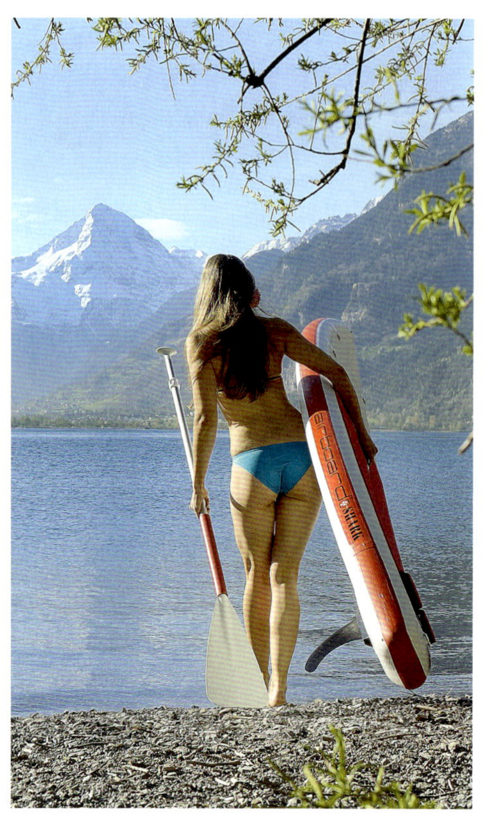

Baden:
Viele kleine ***Badestellen*** und ***Strandbäder*** am See. Besonders stilvoll und entspannend ist das ***„Mineralbad & Spa Rigi Kaltbad"***. Anreise mit der ***Panorama-Luftseilbahn*** ab **Weggis** oder mit der ***Zahnradbahn*** ab **Vitznau** (www.mineralbad-rigikaltbad.ch, www.rigi.ch).

Angeln:

Am Vierwaldstättersee **ohne Bewilligung und Gebühren mit der einfachen Angel** von öffentlich zugänglichen Ufern, Brücken und Stegen erlaubt. *Dabei dürfen nur natürliche Köder, aber keine toten oder lebenden Köderfische eingesetzt werden.* Wer ambitionierter angeln möchte, benötigt einen Angel-Befähigungsnachweis und eine Angelkarte (Patent). Da der See unter den vier Kantonen aufgeteilt ist, gibt es fast 30 Patente rund um den See. Gefangen werden **Saibling, Felchen, Forelle, Hecht, Barsch, Aal**.
Infos: www.lawa.lu.ch/NJF/fischerei/angelfischerei

Fahrgastschifffahrt:
Diverse Schifffahrtsmöglichkeiten & Fähren, z.B. mit dem Spazier- & Stadtschiff *(hopp on, hopp off im Luzerner Seebecken)*, Rundfahrt mit der Panorama-Yacht oder kulinarische Weltreise mit dem Worldfood-Schiff. ***Schifffahrtsgesellschaft Vierwaldstättersee***, Werftestr. 5, Luzern, Tel. +41 (0)41 367 67 67, www.lakelucerne.ch

SUP Infos

SUP-Tipps: Wer am Abend in **Brunnen** zum ***Sundowner*** sein Board ins Wasser schiebt, bekommt den ***spektakulärsten Ausblick*** am ganzen See und ein paar schöne Strände dazu. Wer ***Yoga auf dem SUP-Board*** probieren oder seine ***Paddeltechnik verfeinern*** möchte, schaut bei ***Surfcorner*** in **Luzern** vorbei.

SUP-Vermietung, geführte Touren, Kurse, Events:

Brunnen:
Adventure Point
Föhnhafen 6 *(Schnupper SUP)*
Tel. +41 (0)79 247 74 72
www.adventurepoint.ch

Flüelen:
Windsurfing Urnersee
Unter Winkel 11
Tel. +041 (0)41 870 92 22
www.windsurfing-urnersee.ch

Gersau:
Strandbad Cholplatz
Seestraße 73
Tel. +41 (0)78-827 60 08
Tel. +41 (0)79 175 32 33

Luzern:
Surfcorner
(Vermietung,Yoga, Events)
Strandbad Lido, Lidostraße 6a
Strandbad Tribschen, Warteggstraße
www.surfcorner.ch

Beckenried:
Naish SUP-Center im Strandbad
(Events, Kurse, Vermietung)
Seestraße 1
Tel. +41 (0)41 620 31 70
Tel. +41 (0)79-883 29 56 (Sommer)
www.tourismus-beckenried.ch
www.naishsupenter.ch

Küssnacht am Rigi:
Pedalo- & Bootsvermietung
Seeplatz
Tel. +41 (0)41 850 58 55
www.hohlgassland.ch

Alpnach Dorf & Luzern:
Kanuzentrum am Vierwaldstättersee
Shop, Kurse, Vermietung, Touren
Unterdorfstr. 21 in **Alpnach**
Tel. +41(0)41 670 30 05
Vermietung & Kurse:
Strandbad Tribschen
in **Luzern,** Warteggstraße
www.kanuzentrum.ch

Der Vierwaldstättersee

Im kleinen Ort **Buochs** gibt sich das Wetter, im Gegensatz zur fjordartigen Landschaft, alles andere als nordisch, als ich mein Seekajak in den von der sommerlichen Hitze erwärmten See einsetze. Er gehört zu den schönsten Seen der Schweiz und mit Luzern, dem gesellschaftlichen und kulturellen Zentrum der Zentralschweiz, liegt eine überaus interessante Kulturstadt an seinem Ufer, die wohl zu den schönsten Städten Europas zählt.

Im Uhrzeigersinn soll es einmal um den See herumgehen, der mit seinen 130 Kilometern Uferlänge tage- oder gar wochenlangen Paddelspaß garantiert. Das Tagesziel ist Luzern, aber zunächst geht es um den ***Bürgenstock*** herum, einem mächtigen Gebirgszug, der sich als wuchtige Halbinsel in den See erstreckt. Flotte Paddelschläge bringen mich rasch hinaus auf den See nahe an seine tiefste Stelle, mit 214 Metern ein wahrer Schlund. Zu Beginn wird das Ufer zur Linken von grünen Almwiesen und kleinen Bauernstellen gesäumt, die sich steil den Berg hochziehen. Dazwischen stehen solitäre Ahornbäume und spenden den Kühen auf der Weide Schatten. Nach zwei Kilometern enden die Almwiesen abrupt und die Hänge sind bedeckt mit tiefgrünem Wald. Immer wieder laden stille und winzige Buchten, die mit Feuerstellen und Sitzgelegenheiten ausgestattet sind, zum Anlanden ein.

Dann schaut der Vordersteven des Seekajaks um die Ecke des Bürgenstocks. Der Blick wird frei in Richtung ***„Chürztrichter“ (Kreuztrichter),*** *wie die Fläche mit der größten Ausdehnung des Vierwaldstättersees seit alters her von den Nidwaldner Fischern auch genannt wird. Die zugleich tiefste Stelle der Gegend stellt einen alten Grenzbereich zwischen Luzern und Nidwalden dar.* Alle paar hundert Meter sind nun Motorboote vor dem schönen Ufer verankert. Ihre Besitzer

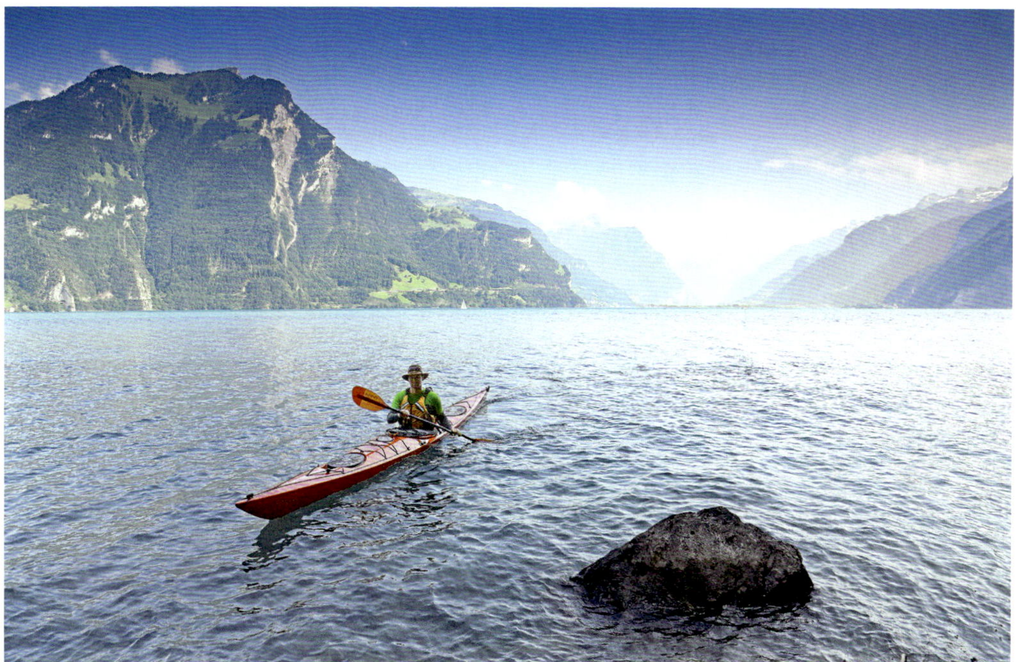

Eine Woche paddeln auf einem der schönsten Seen der Schweiz

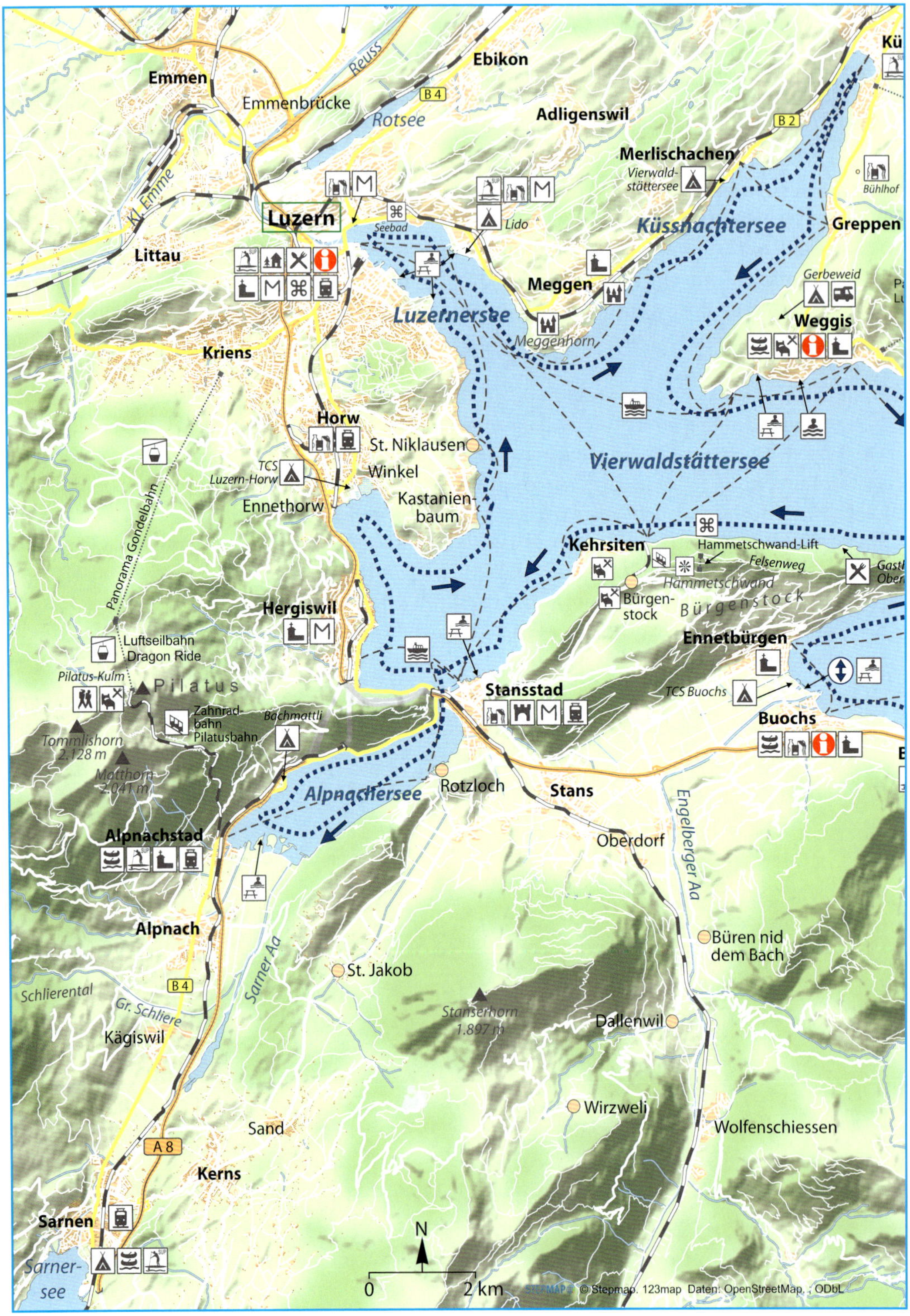

Emmen
Emmenbrücke
Reuss
Ebikon
B 4
Rotsee
Adligenswil
Merlischachen
B 2
Kü
Vierwald-
stättersee
Bühlhof
Kl. Emme
Luzern
Seebad
Lido
Küssnachtersee
Greppen
Littau
Meggen
Gerbeweid
Weggis
Luzernersee
Meggenhorn
Kriens
Horw
St. Niklausen
TCS
Luzern-Horw
Winkel
Vierwaldstättersee
Ennethorw
Kastanien-
baum
Panorama Gondelbahn
Kehrsiten
Hammetschwand-Lift
Felsenweg
Hammetschwand
Bürgen-
stock
Bürgenstock
Hergiswil
Luftseilbahn
Dragon Ride
Ennetbürgen
Pilatus-Kulm
Pilatus
Stansstad
TCS Buochs
Buochs
Zahnrad-
bahn
Pilatusbahn
Bachmattli
Tomlishorn
2.128 m
Matthorn
2.041 m
Rotzloch
Alpnachersee
Stans
Engelberger Aa
Alpnachstad
Oberdorf
Alpnach
Büren nid
dem Bach
St. Jakob
Sarner Aa
Schlierental
B 4
Gr. Schliere
Stanserhorn
1.897 m
Dallenwil
Kägiswil
Wirzweli
Sand
Wolfenschiessen
A 8
Kerns
Sarnen
N
Sarner-
see
0
2 km
STEPMAP © Stepmap, 123map Daten: OpenStreetMap, ; ODbL

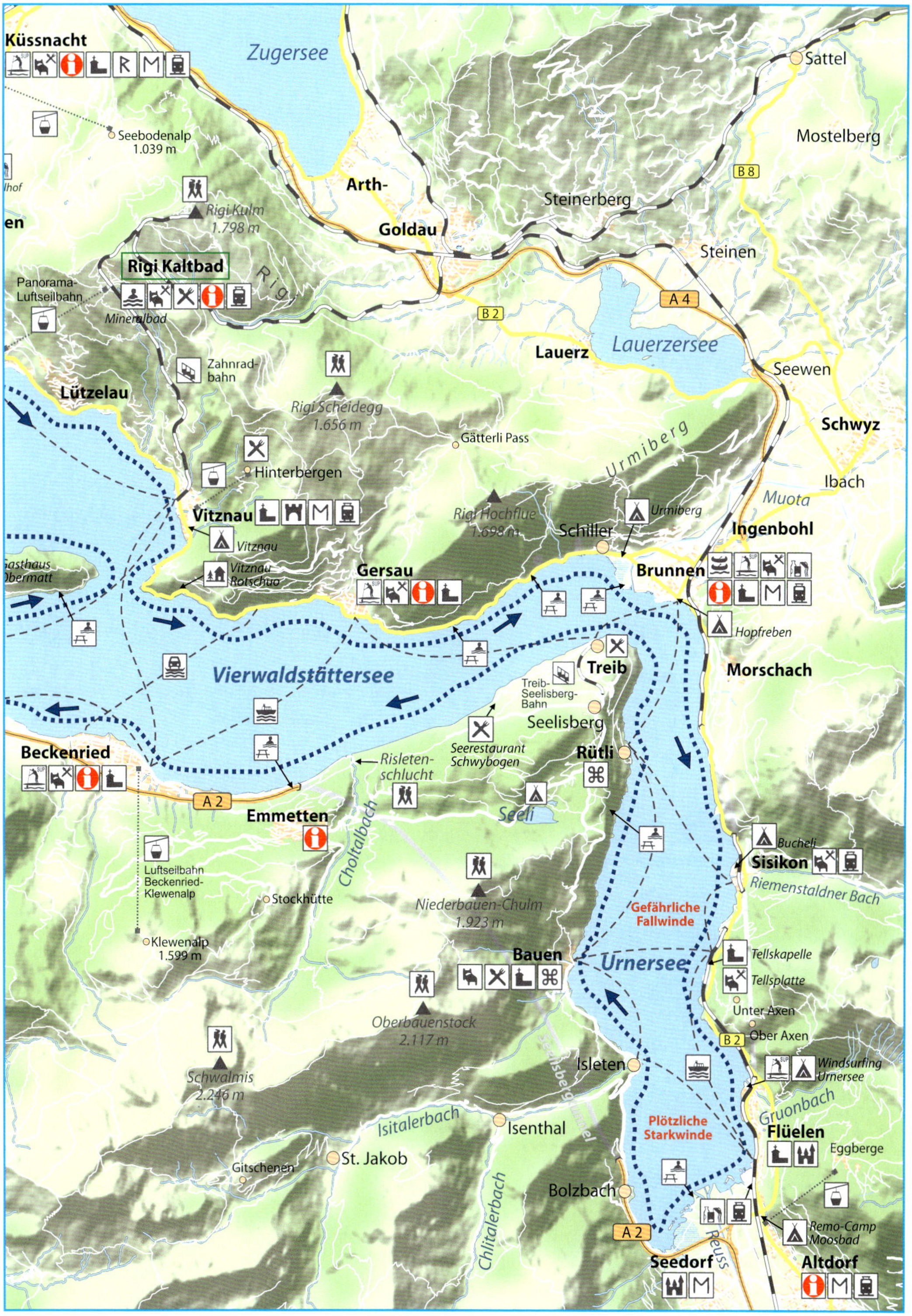

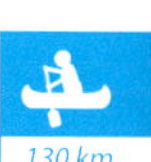

Küssnacht
Zugersee
Sattel
Seebodenalp
1.039 m
Mostelberg
B 8
Arth-
Goldau
Rigi Kulm
1.798 m
Steinerberg
Steinen
Rigi Kaltbad
Rigi
Panorama-
Luftseilbahn
Mineralbad
B 2
A 4
Lauerz
Lauerzersee
Seewen
Zahnrad-
bahn
Lützelau
Rigi Scheidegg
1.656 m
Schwyz
Gätterli Pass
Urmiberg
Hinterbergen
Ibach
Muota
Vitznau
Rigi Hochflue
1.698 m
Schiller
Urmiberg
Ingenbohl
Vitznau
Gasthaus
Obermatt
Vitznau
Rotschuo
Gersau
Brunnen
Hopfreben
Treib
Morschach
Vierwaldstättersee
Treib-
Seelisberg-
Bahn
Seelisberg
Beckenried
Seerestaurant
Schwybogen
Risleten-
schlucht
Rütli
A 2
Emmetten
Seeli
Bucheli
Sisikon
Riemenstaldner Bach
Choltalbach
Luftseilbahn
Beckenried-
Klewenalp
Stockhütte
Niederbauen-Chulm
1.923 m
Gefährliche
Fallwinde
Klewenalp
1.599 m
Bauen
Urnersee
Tellskapelle
Tellsplatte
Unter Axen
Oberbauenstock
2.117 m
Ober Axen
B 2
Schwalmis
2.246 m
Isleten
Seelisbergtunnel
Windsurfing
Urnersee
Gruonbach
Isitalerbach
Isenthal
Plötzliche
Starkwinde
Flüelen
Eggberge
St. Jakob
Gitschenen
Bolzbach
Chlitalerbach
Remo-Camp
Moosbad
A 2
Reuss
Seedorf
Altdorf

aalen sich in der Sonne. Ein Stück weiter warnen Schilder die Wassersportler vor einem Steinabbruch und fordern zu einem Abstand von 100 Metern auf. Tatsächlich brachte eine Untersuchung zutage, dass im Falle eines größeren Felssturzes oder Hangrutschs von einer „Tsunamigefahr" und Auswirkungen auf die gegenüberliegenden Seeorte mit bis zu vier Meter hohen Flutwellen zu rechnen ist.

130 km

Bald lädt das einsam gelegene, geschichtsträchtige und urige **Gasthaus Obermatt** direkt am See zu Fisch und feinen Älplermagaronen, eine Schweizer Spezialität aus Teigwaren, Kartoffeln, Rahm, Käse und Zwiebeln. Kanufahrer können etwas hinter dem Restaurant an einem winzigen Strand anlegen.

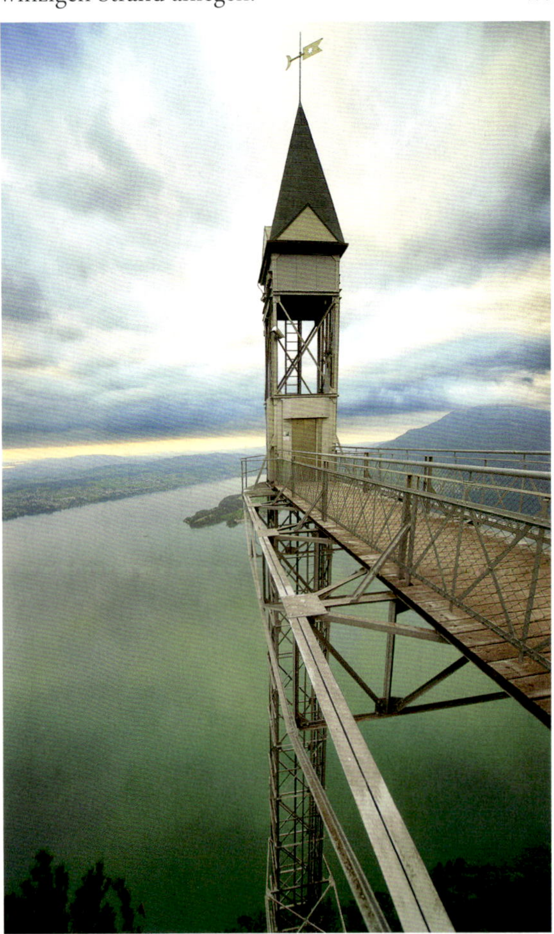

Der höchste Freiluft-Aufzug Europas

Beim Blick auf die steilen Uferfelsen fällt eine endlos lang scheinende Stahlkonstruktion auf. Dabei handelt es sich um den ***Hammetschwand-Lift,*** ein Fahrstuhl, direkt in der beeindruckenden Hammetschwand verankert, der Wanderer vom ***Felsenweg*** hinauf zum ***Aussichtspunkt Hammetschwand*** am ***Bürgenstock*** bringt.

Was heutzutage etwas verbaut anmutet, war bei der Eröffnung im Jahre 1905 eine absolute Sensation. Der Hammetschwand-Lift saust 152 Meter in weniger als einer Minute hinauf und oben angekommen, hat man eine grandiose und uneingeschränkte Sicht auf den Vierwaldstättersee. Er ist noch immer der höchste Freiluft-Aufzug Europas.

Nun erreiche ich den eigentlichen ***„Chürztrichter"***. Unterhalb des Bergmassivs erstreckt sich am Ufer eine riesige Wiesenfläche, wo am Fähranleger des feinen Dörfchens **Kehrsiten** mein Blick auf eine kleine Kapelle fällt. *Der „Marienerscheinung zu Kehrsiten" ist es zu verdanken, dass die Kapelle in den Jahren 1613-15 am Ufer des Sees gebaut, und in den folgenden Jahrhunderten nach Bränden und Plünderungen stetig erneuert wurde. Vor Jahren fanden Hobbytaucher vor dem Ort sogar Überreste einer steinzeitlichen Pfahlbausiedlung, dem ersten Siedlungsplatz am Vierwaldstättersee. Besonders selten, neben 5500-jährigen Keramikteilen, Werkzeug, Knochen und Samen – ein steinzeitlicher Hut!*

Auf den nächsten Kilometern bewundere ich eine kleine Straße, die teils wie in die Felsen gekerbt wirkt oder streckenweise gleich ganz in Tunneln verschwindet. Nach Passieren eines großen Steinbruchs ist der Ort **Stansstad** erreicht, der wegen seines am Ufer stehenden Wehrturms von weit her sichtbar ist. *Wahrscheinlich war er Teil einer ausgedehnten Seeufer-Befestigungsanlage. Ihr größerer Teil bestand aus Holzpalisaden und liegt, da der Wasserspiegel zu jener Zeit erheblich tiefer lag, heute unter Wasser. Eine Analyse der Holzjahresringe ergab, dass die für die Palisaden notwendi-*

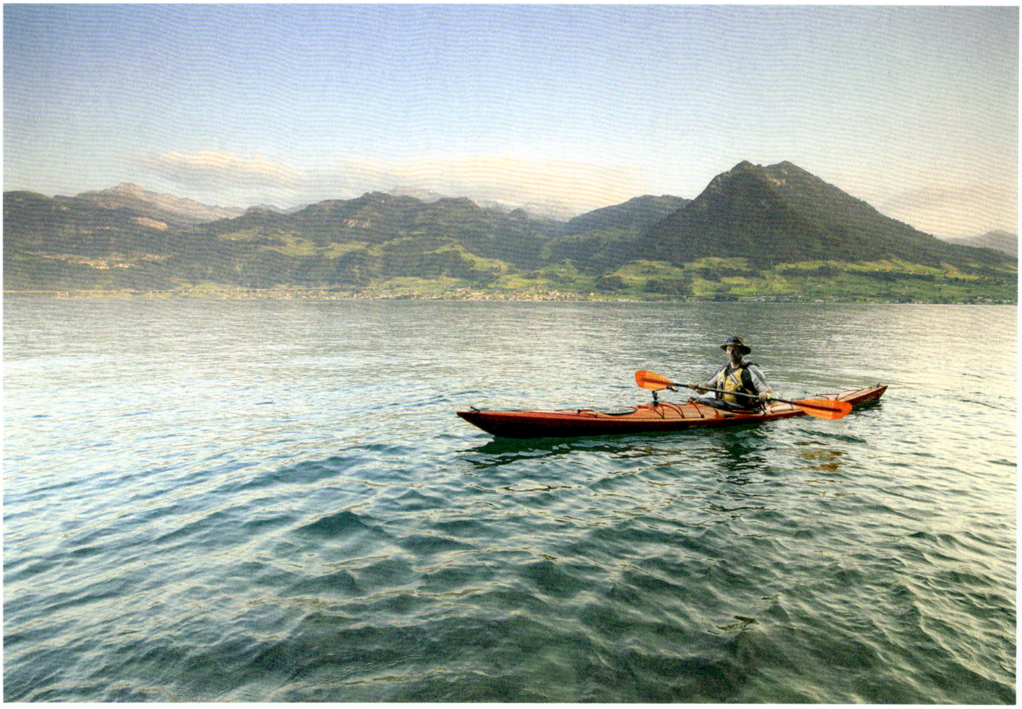

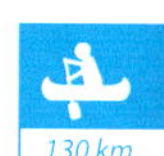

Die einzelnen Seeteile zeigen sich sehr verschieden – mal lieblich-grüne Hügel, dann wieder beeindruckende Felsen

gen Bäume Anfang des 14. Jahrhunderts gefällt worden waren. Ein Ortsschreiber notiert, dass ein angreifendes Schiff durch einen von der Festung aus geschleuderten Mühlstein versenkt wurde.

Gleich hinter Stansstad unterquere ich die Autobrücke und stecke die Nase des Kajaks in den ***Alpnachersee***. Links und rechts des Ufers verursachen geschäftige Verkehrsadern heftigen Verkehrslärm, der dem ansonsten hübschen See einiges an Attraktivität nimmt. Trotzdem würde sich ein Übernachtungsstopp auf dem terrassenförmig angelegten ***Campingplatz Bachmattli*** *(Restaurant)* lohnen, da man von hier in rund 25 Minuten Fußweg die Talstation der ***Pilatusbahn,*** der steilsten ***Zahnradbahn*** der Welt, in **Alpnachstad** erreicht, um hinauf auf den ***Pilatus (historisches Berghotel Pilatus-Kulm)*** zu fahren, in dessen Bergmassiv sich anspruchsvolle Wanderungen unternehmen lassen. Aber auch Wanderungen und Biketouren ins nahe ***Schlierental*** sind reizvoll.

Nach etwa vier Kilometern ist das Seende mit dem von Schilf bestandenen Mündungsbereich des Flusses ***Sarner Aa*** erreicht. Zurück geht es nach Stansstad und dann links, immer noch begleitet von starkem Autoverkehr, nach **Hergiswil**. Dort sollte man auf keinen Fall verpassen die traditionsreiche ***„Glasi Hergiswil“*** zu besichtigen, wo man Musikinstrumente aus Glas zum Klingen bringen oder einem Glasbläser über die Schulter schauen kann.

Voraus liegt die malerische ***Horwer Bucht*** an deren Ende sich der zum ***Naturschutzgebiet Steinibachried*** gehörende Schilfgürtel erstreckt. Ein ***Erlebnisweg*** auf hölzernen Bohlen, begleitet von Infotafeln, führt durchs Schilf und informiert über Flora und Fauna. Rechts des Schilfgürtels im Ortsteil **Winkel** liegt, mit eigenem Bootsanleger, das hochpreisige ***Seehotel Sternen.***

Während der Umrundung der Horwer Halbinsel ebbt der Verkehrslärm ab und die Landschaft wird lieblicher. Die großen Berge im

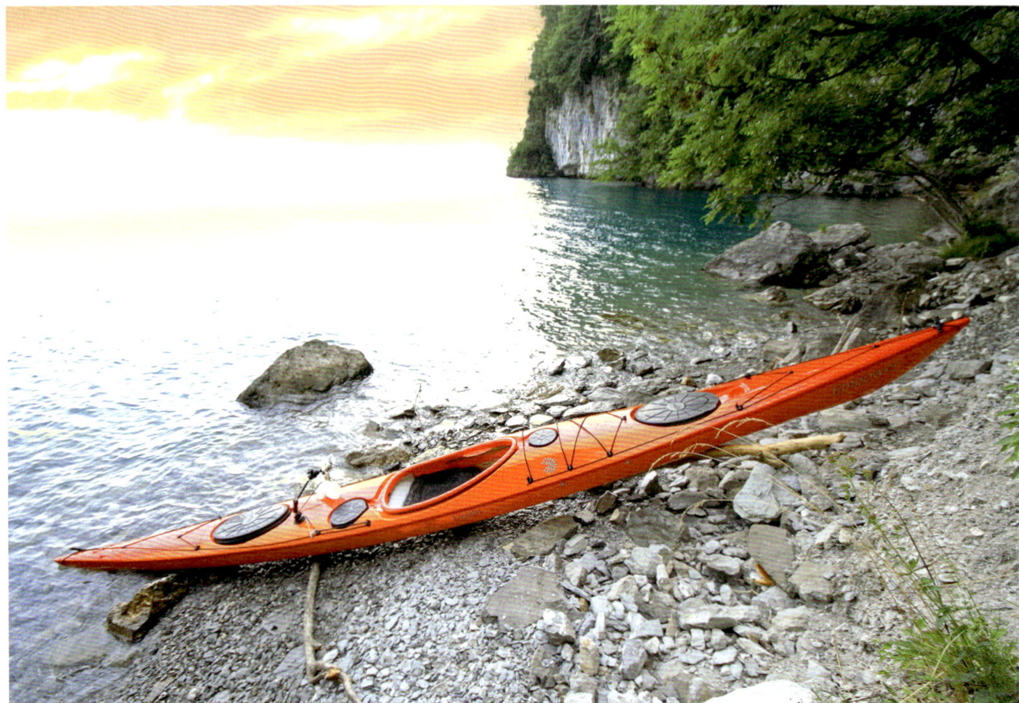

Rücken, blicke ich auf grüne Hügel auf denen einige Waldflächen eingestreut sind oder Teile als Weinberge genutzt werden. Der Ort **Kastanienbaum** beeindruckt durch seine Villensiedlungen. *Die 1786 vom Florettseidenunternehmer Balthasar Falcini am Ufer erbaute klassizistische* ***Villa Krämerstein*** *brilliert mit ihren weiten Parkanlagen und beherbergt die International School of Zug and Luzern. Das kleine Nebengebäude „Haus am See" ist für Kunstschaffende und Wissenschaftlerinnen.* Der davorliegende Badeplatz und der Park sind unentgeltlich zugänglich.

An der nördlichsten Spitze der Halbinsel besteht im Bereich des ***Fähranlegers Tribschen*** die Möglichkeit anzulegen, um dem nahen ***Richard Wagner-Museum*** einen Besuch abzustatten. *Richard Wagner wählte 1866 für sechs Jahre das von einem Park umgebene Tribschner Landhaus für sich, seine zweite Frau Cosima und die Kinder, zu seinem Wohnort. Es wurde zum Treffpunkt für Prominente, wie Franz Liszt, Gottfried Semper, Friedrich Nietzsche oder den Bayernkönig Ludwig II.*

Den Villengürtel von **Luzern** hinter mir lassend, erreiche ich nun das Zentrum der Stadt. Der riesige Sackbahnhof, zahllose Schiffsanleger, das futuristische Gebäude des Kultur- und Kongresszentrums mit seiner markanten Silhouette sowie die Sportboothafenanlagen zeugen von geschäftigem Treiben. Ein ganz anderes Bild bietet das Wahrzeichen der Stadt, die ***Kapellbrücke***, *eine lange überdachte Holzkonstruktion mit endlosen Reihen aus Blumenkästen, die hier über den Fluss Reuss führt. Mit rund 200 Metern Länge gilt sie als die zweitlängste überdachte Holzbrücke Europas. Sie wurde im 14. Jahrhundert zwecks Verbunds der Stadtteile über die Reuss gelegt. Wer genau hinschaut, entdeckt im Giebel 111 Gemälde, die entscheidende Szenen aus der Schweizer Geschichte charakterisieren. Die Brücke brannte allerdings 1993 zu großen Teilen ab, so ist das was man heute sieht eine getreue Rekonstruktion des Originals.* In ihrer Mitte steht ein ***achteckiger Turm,*** einst Wasser- und Befestigungsturm zugleich. Zusammen bilden Brücke und Turm das wichtigste Wahrzeichen Luzerns.

Zu beachten ist, dass der Seeausfluss wegen gefährlicher Wehranlagen und sehr tiefer Brücken generell gesperrt ist.

Entlang der von Kastanien bestandenen Seepromenade und der 1884-85 erbauten und in den 1960er Jahren im Stile des „Neuen Bauens" modernisierten ***Seebad-Anstalt*** *(Einzigartige hölzerne Bade-Anlage mitten in der Stadt)* geht es wieder aus der Stadt hinaus. Noch vor dem ***Strandbad Lido*** mit dem dahinterliegenden ***Campingplatz*** thront hinter einem Grüngürtel das ***Verkehrshaus***, *das meistbesuchte Museum der Schweiz. Hier kann der Besucher in alter Technik schwelgen, eine große Sammlung an Lokomotiven, Autos, Schiffen und sogar Flugzeugen bestaunen.*

Am ***Meggenhorn***, einer Landzunge die in den Vierwaldstättersee hineinragt und den ***Luzerner***- vom ***Küssnachtersee*** trennt, ragen ein paar große Felsen aus dem See. *Auf einem steht die kleine St. Nikolaus-Kapelle die wohl schon im 14. Jahrhundert hier auf den Stein gesetzt wurde und dem Patron der Schiffsleute und Matrosen gewidmet ist.* Darüber thront auf einem zum See hin abfallenden Hügel zwischen Weinhängen das weiße ***Schloss Meggenhorn***. *Es wurde Ende des 19. Jahrhunderts nach dem Vorbild des Loire-Schlosses Chambord erbaut, kann für Anlässe gemietet und an den Sonntagnachmittagen besichtigt werden.*

Auf dem Weg Richtung Küssnacht geht es nun am neugotischen ***Schloss Neuhabsburg*** *(privat)* und an herrschaftlichen Villen entlang. Der vor dem Dörfchen **Merlischachen** am Ufer liegende ***Campingplatz*** mit seinem langen Strand bietet sich zur Erkundung der Gegend um Küssnacht oder des nur acht Kilometer entfernten Luzerns *(Bus & Bahn)* an. Schon den Küssnachter Bootshafen im Blick fällt am linken Ufer die kleine ***Astrid-Kapelle*** auf. *Sie wurde 1936 zu Ehren der hier ums Leben gekommenen Königin von Belgien errichtet. Entgegen seiner Gewohnheit saß König Leopold III. selbst am Steuer, als der Wagen von der Straße abkam. Während Astrid von Schweden noch an der Unfallstelle in den Armen des Königs starb, wurde dieser nur leicht verletzt.*

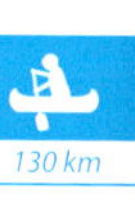

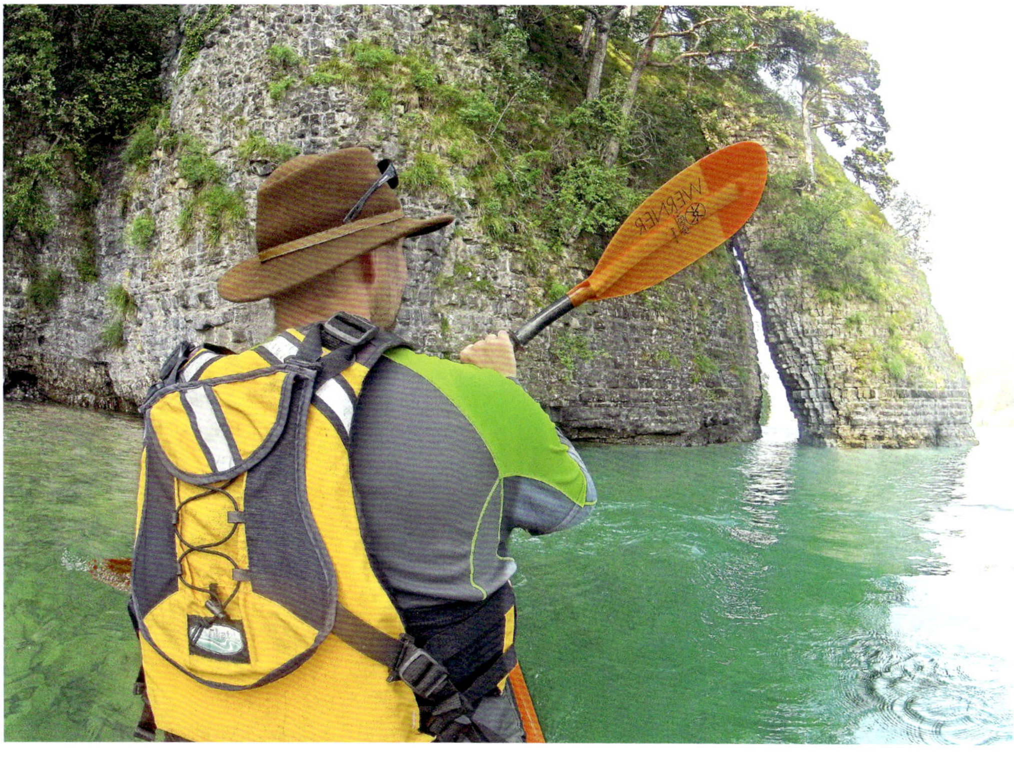

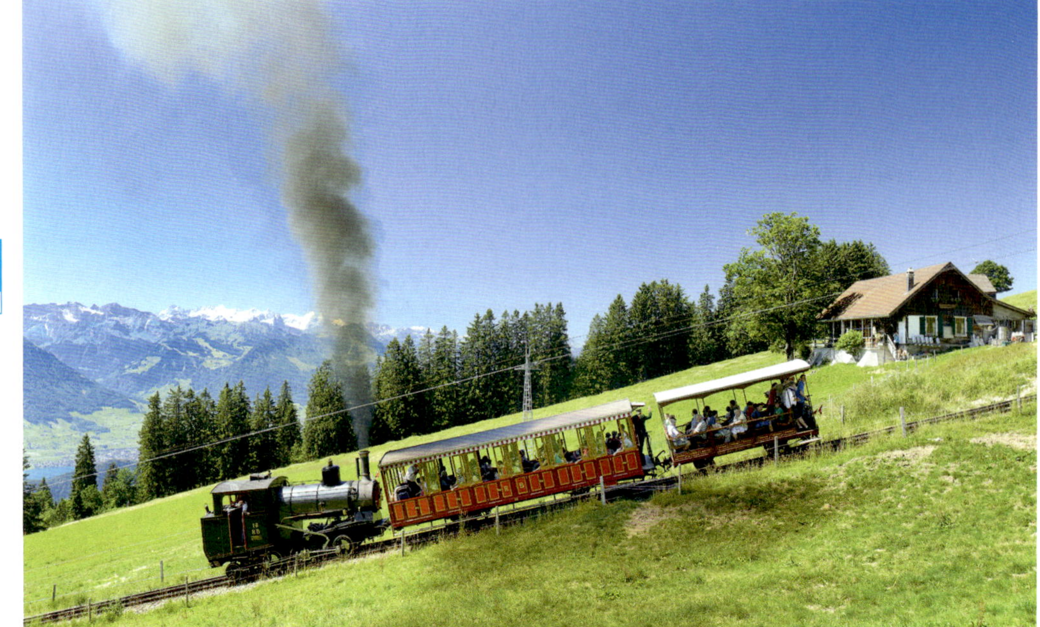

Die erste Bergbahn Europas – die Schweizer pflegen mit Stolz ihren einzigartigen und teils nostalgischen Wagenpark

Für Schweizer Verhältnisse günstig zu bezeichnen ist das im nordöstlichen Teil der Bucht, neben dem Fähranleger, liegende ***Hotel du Lac Seehof***. Das Herzstück ist die Gartenterrasse mit eigener Bootsanlegestelle direkt am Ufer des Vierwaldstättersees. Ein Übernachtungsstop in **Küssnacht** böte Gelegenheit, die durch Friedrich Schillers Drama bekanntgewordene ***„Hohle Gasse"*** zu besichtigen, *in welcher der Schweizer Nationalheld Wilhelm Tell den Habsburger Vogt Gessler mit einer Armbrust erschossen haben soll, nachdem ihm dieser als Strafe für einen verweigerten Gruß seinem Sohn einen Apfel vom Kopf schießen ließ.*

Auf den nächsten drei Kilometern aus der Bucht hinaus, wird das Paddeln wieder voll von der Natur bestimmt. Schöne bewaldete Hänge wechseln ab mit dem Blick auf das 2128 Meter hohe ***Pilatus Massiv***. Wer sich zwischendurch mal die Füße vertreten will, kann das gut vom Fähranleger oder Bootshafen **Greppen** aus tun. Von ihm aus sind es etwa einen Kilometer Fußweg zum ***„Bühlhof"***. Dort erhält man Beeren, Putenfleisch, Honig, Schnaps und mehr im Direktverkauf, so auch Wellnessprodukte von NatuRigi.

Für Paddler und Naturverbundene empfiehlt sich auf jeden Fall als Standortwahl der ein Stück weiter südlich von Greppen gelegene ***Bauernhof Gerbeweid***. Dort zeltet es sich preiswert in herrlicher Natur, mit Sicht zur Rigi, Feuerstellen und nur wenige Gehminuten vom Vierwaldstättersee entfernt. Die Ausstiegsstelle ist an einem Kieslagerplatz an einer Rampe. Dort setzt man aus und schiebt (1 km) das Kanu auf dem Bootswagen die asphaltierte Röhrlistraße bis zu ihrem Ende. Dort rechts und gleich wieder rechts in die Eichistraße, an deren Ende der Bauernhof liegt.

Nach Umrundung der Halbinsel rücken die Häuser und Höfe von **Weggis** ins Blickfeld. Der gemütliche Ort mit seiner guten Gastronomie, auch als *„Riviera der Zentralschweiz"* bezeichnet, ist bekannt für sein mildes Klima in dem südliche Pflanzen wie Orchideen, Palmen, Weintrauben und Kastanienbäume gedeihen. *Mark*

Twain, der hier 1897 weilte, bezeichnete Weggis als „den schönsten Flecken der Erde".

Eine ***Panoramaluftseilbahn*** führt in wenigen Minuten hinauf auf die „Königin der Berge" – die ***Rigi***. Dort lohnt auch ein Besuch des ***„Mineralbad & Spa Rigi-Kaltbad"*** im gleichnamigen, 1450 Meter hoch gelegenen aussichtsreichen Ferienort **Rigi-Kaltbad**.

Hinter Weggis rückt die Straße wieder ans Ufer und nach Passieren eines kleinen Felsens der die Form eines Elefanten aufweist, bietet sich am kleinen ***Brougier Park*** ein kiesiger Badestrand *(Badefloß, Toilette)* für eine Pause an. Der hier gelegene ***Tauchplatz „Unterwilen"*** ist bei Tauchern beliebt und bietet beeindrukkende Canyons, interessante Steinformationen, Baumstämme und eine üppige Flora und Fauna.

Das imposante schlossartige ***Parkhotel*** kündigt **Vitznau** an. *Das Luxushotel wurde 1903 nach dreijähriger Bauzeit eröffnet und trug dem Umstand Rechnung, dass Vitznau seit der Eröffnung der Vitznau-Rigi-Bahn 1871, der ersten Zahnradbahn Europas, ein Anziehungspunkt für den damals aufkommenden Massentourismus war.* Das jüngst mit 250 Millionen Franken modernisierte Hotel wurde vom Gastroführer „Gault Millau" zum Schweizer Spitzenreiter erklärt. Wer dort logieren will, muss allerdings mindestens knapp 1000 Franken investieren.

Es lohnt sich im alten **Kurort Vitznau** Station zu machen – zum Besuch der ehemals hochgeheimen ***Artilleriefestung*** mit ihren mächtigen Kanonen, des ***Regionalmuseums*** oder für Wanderungen auf den Ausflugsberg Rigi.

Anschließend verengt sich das Gewässer etwas und es geht zurück ins ***Gersauer Becken***. Dem nördlichen Ufer folgend ist das nächste Ziel **Brunnen**. Trotz der Straßennähe bieten sich immer wieder Anlandemöglichkeiten an kleinen Kiesstränden. *Am Abhang des Ingenbohler Waldes entstand im Hochmittelalter die von Fischern und Schiffern bewohnte Siedlung Brunnen, die Verladeort für den wichtigen Viehhandel mit dem Tessin und Italien war.* Der Blick auf das gegenüberliegende Ufer und den Grat des 2117 Meter hohen ***Oberbauenstock*** ist beeindruckend, aber nichts im Vergleich zu dem was nun folgen soll, als ich von Brunnen aus den Bug meines Kajaks nach Süden richte. Vor mir liegt jetzt der ***Urnersee*** in seiner gesamten Länge. In Anbetracht der Tatsache, dass einige Berge an der 3000-Meter-Marke kratzen, übertrumpft der Urnersee in Punkto Höhendifferenzen locker alle norwegischen Fjorden, denn einen Höhenunterschied von mehr als 2500 Meter wird man im Land der Mitternachtssonne vergeblich suchen.

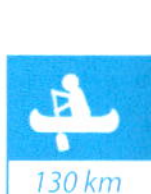

Rund acht Kilometer weiter liegt südlich von **Sisikon** am linken Ufer die ***Tellskapelle*** mit den *vier Fresken Rütlischwur, Apfelschuss, Gesslers Tod und Tellsprung. Sie liegt an der Tellsplatte wo laut Sage Wilhelm Tell bei Föhnsturm vom Boot des tyrannischen Landvogts Gessler an Land gesprungen sein soll.* Wenige Minuten Fußweg oberhalb liegt das für Schweizer Verhältnisse erschwingliche ***Hotel-Restaurant „Tellsplatte"***.

Fünf nostalgische Schaufelraddampfer, teils auf Schweizer Werften gebaut, die allesamt kurz nach 1900 ihre Jungfernfahrt hatten, kreuzen auf dem See. *Über eine dieser Fahrten schrieb der amerikanische Autor Mark Twain in seinem Buch: „Bummel durch Europa": „Wahrhaftig, ein Ausflug auf diesen See ist beinahe eine Vergnügungsreise in höchster Vollkommenheit. Das Wunder der Berge nahm kein Ende. Manchmal steigen sie direkt aus dem See auf, türmen sich hoch hinaus und überschatten dabei in ihrer ungeheuren Mächtigkeit ganz bedrückend unseren zwergenhaften Dampfer".*

Die Flotte, von der das Schiff „Unterwalden" gar mit einer Maschine fährt, die bei der Weltausstellung 1899 in Paris ausgestellt war, ist wirklich eine Augenweide. *Der Seetourismus begann sich allerdings schon ab dem Jahre 1833, mit dem Bau der Gotthardstraße, zu entwickeln. Und findige Fischer machten ein Geschäft damit, Reisende über den See nach Flüelen zu schippern.*

Das an der ***Reusseinmündung*** liegende **Flüelen** war schon früh als Warenumschlagsplatz an der Gotthardroute bekannt. Wer länger bleiben will, schlägt sein Zelt beim ***Camping „Windsurfing Urnersee"*** beim ***Gruonbach*** auf. Von dort aus erreicht man per Bus gut das ***Historische Museum Uri*** in **Altdorf** sowie das ***Tell-Museum*** in **Bürglen**. Aber auch das ***Urner Mineralienmuseum*** im nahen **Seedorf** lohnt einen Besuch. *Es ist das wohl ungewöhnlichste und faszinierendste Mineralienmuseum der Schweiz. Eine abenteuerliche Entdekkungsreise in die Endzeit der Entstehungsgeschichte unserer Alpen vor 12 bis 15 Millionen Jahren mit den schönsten Funden aus der Region.*

130 km

Direkt nebenan kann man noch einen Blick auf das spätgotische ***Wasserschlösschen A Pro*** (1558) werfen, in dessen sorgfältig restaurierten Räumen oder der blumenumrankten Gartenwirtschaft eine von Gastronomieführern ausgezeichnete Küche serviert wird.

Nun geht es hinüber zum Westufer des Sees, vorbei an einem von der ***Reuss*** geschaffenen kleinen Delta mit Kiesbänken und Inselchen, an denen reger Badebetrieb herrscht. Im Gegensatz zu der von der prallen Sonne beschienenen Ostseite, liegt das Westufer tief im Schatten. Fast kommt wegen des plötzlichen Temperaturunterschiedes ein Frösteln auf.

Das hinter einer günblauen Bucht gelegene **Bauen** ist das kleinste Dorf im Kanton Uri. Dank seiner geschützten Lage ist der stille Ort mit dem für Autos gesperrten Ortskern eine Oase für Ruhesuchende. Bevor 1956 die Straße nach Altdorf gebaut wurde, war Bauen nur mit dem Schiff erreichbar. Überdies lässt das milde Klima südliche Pflanzen wir Feigen, Bananen und Palmen gedeihen. *Das Geburtshaus des berühmten Pater Alberik Zwyssig (1808-1854), Komponist der Schweizer Nationalhymne, ist das heutige Gourmet-Restaurant „Zwyssighaus".* Schade eigentlich, dass die Appartements des am Ufer gelegenen ***Restaurants „Fischli am See"*** nur für mindestens drei Tagen gebucht werden können . . .

Die unscheinbare Häuseransammlung von **Rütli**, die einige Kilometer weiter folgt, ist Teil der Eidgenössischen Gründungslegende. *Auf der Rütliwiese schworen sich die Vertreter von Uri, Schwyz und Unterwalden per Eid auf ein Bündnis gegen die despotischen Vögte der Habsburger ein. Was schlussendlich zur Entstehung der Schweiz führte. Der Vierwaldstättersee änderte seinen Namen in diesem Zusammenhang. Aus Luzerner See im Mittelalter wurde nun der See der vier Waldstätten. Friedrich Schiller kombinierte 1804 den Tell-Mythos mit dem Rütli, das jedes Jahr rund 100.000 Besucher anzieht.*

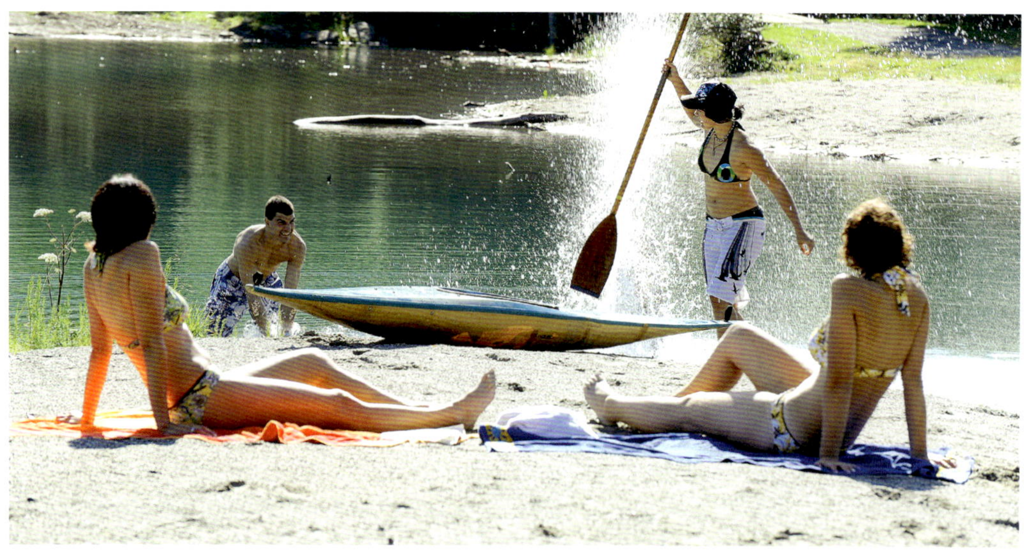

Baden im Reussdelta. Aus Rücksicht auf die Tier- und Pflanzenwelt nur im Bereich der Badeplätze

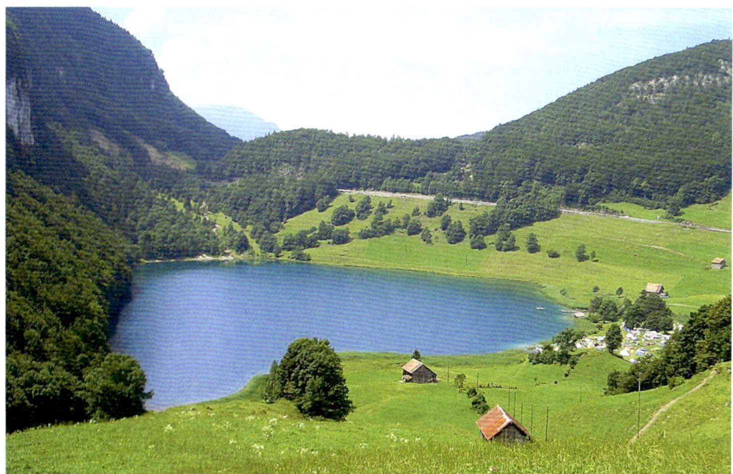

Auf dem sehr schönen Campingplatz Seelisberg, rechts im Bild, am „Seeli" sind nur Zelte erlaubt

Vom Fähranleger gelangt man in 10 Minuten zur ***Rütliwiese***, der „Wiege der Eidgenossenschaft", vorbei am ***Gasthaus Rütli.*** Direkt beim Gasthaus beginnt der den Urnersee umrundenden 35 Kilometer lange ***Wanderweg „Weg der Schweiz"***. Alternativ könnte man auch vom Rütli-Fähranleger eine acht Kilometer lange Wanderung *(hin und zurück: 16 km)* über **Seelisberg** *(Hotel, Restaurants)* und die ***Wallfahrtskapelle Maria Sonnenberg*** *(17. Jh., wo laut Legende um 1350 von einem Hirtenjungen eine aus Lindenholz geschnitzte Madonnenfigur im Wald gefunden worden sein soll)* zum ***Strandbad Seelisbergsee*** am „Seeli" (idyllischer Campingplatz nur für Zelte) machen.

Bald nimmt die Felslandschaft wieder meine Aufmerksamkeit in Anspruch und ich entdecke einen Spalt im Fels, durch den ich hindurchpaddel. Gleich dahinter ragt der ***Schillerstein*** auf – ein 20 Meter hoher markanter Felsblock, *der schon 1470 unter dem Namen „Mythenstein" als Wegweiser zum nahen Rütli erwähnt wurde und heute eines der bekanntesten touristischen Ziele der Zentralschweiz ist. Anlässlich des 100. Geburtstags von Friedrich Schiller beschloss man 1859 den Felsen, der nur vom Wasser aus erreichbar ist, in ein Schillerdenkmal umzuwandeln. Der Fels wurde in Form eines Obelisken behauen und mit einer goldenen Inschrift versehen.*

Bisher hat sich der berüchtigte Wind am ***Urnersee*** zurückgehalten, doch nun scheint langsam eine Thermik aufzukommen, die die Segelboote in der Nähe krängen lässt. Auf der vom Campingplatz Buochs zur Verfügung gestellten Kanukarte ist hier ein durchgehend rotes Feld eingezeichnet. Als ich die Bedeutung nachlese, stoße ich auf den Satz: *„Verboten für Verleihkajaks und -kanus!"* Natürlich hat diese Warnung seinen Grund. *An den Bergen rund um den Urnersee wehen im Sommer ab dem späten Vormittag bis in den Nachmittag hinein sehr häufig starke thermische Winde, die Anfänger im Boot überfordern können. Manchmal wird der Wind so stark, dass er auf der kurzen Wasserfläche Wellen von einem Meter Höhe aufwerfen kann. Dies geschieht alles ohne Vorwarnung binnen weniger Minuten. Verbunden mit der Tatsache, dass es auf einigen Teilstrecken keine Anlandeplätze gibt, sollte sich ein jeder, der dieses Seebecken befahren möchte, der Gefahr bewusst sein.*

Nach Umrunden der ***Seelisbergkuppe*** ist man zurück im ***Gersauer Becken*** und paddelt wieder im wärmenden Sonnenlicht. Gleich links lockt neben dem Fähranleger **Treib** das aufwendig verzierte, hölzern-nostalgische ***„Wirtshaus zur Treib"*** mit seinem kleinen Hafen zum Pausenstop. *Schon im frühen Mittlalter bestand hier ein Schutzhafen vor dem stürmischen Föhn auf dem Urnersee. In dem aus dem Jahre 1658 stammenden denkmalgeschützten Haus fanden Versammlungen der Abgesandten der Kantone, sogenannte „Tagsatzungen" statt. Die alte Tagsatzungsstube kann noch heute besichtigt werden.* Die vielgelobte Küche ist nicht nur bekannt für ihre Egli-Fischknusperli *(Flussbarsch im Bierteig)*.

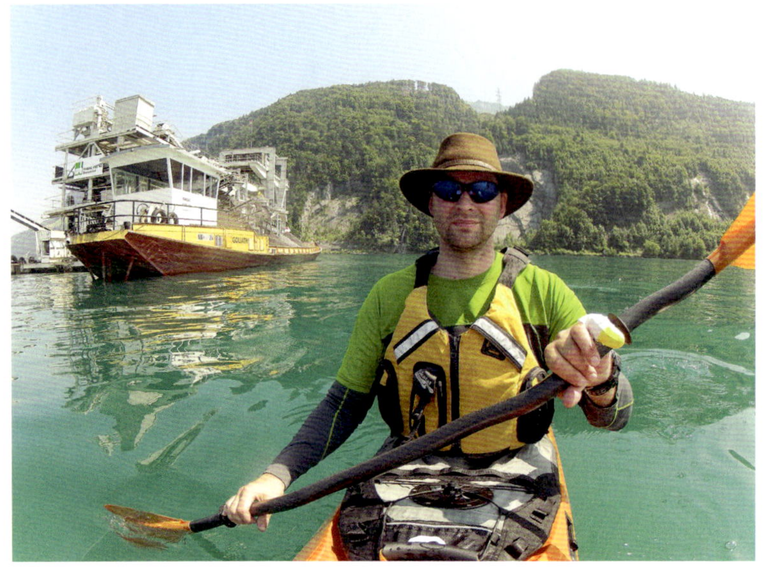

Vor dem Steinbruch Risleten

Im Steinbruch Risleten wurde von 1890-1973 Kalk abgebaut. Rund 30 Jahre später entdeckte man dank des früheren Gesteinabbaus auf einer steilen Felsplatte, welche damals flacher Meeresstrand gewesen war, zahlreiche Vertiefungen, bei denen es sich um 110 Millionen Jahre alte versteinerte Abdrücke von einer Herde Iguanodon-Sauriern handelt.

Wer die Augen aufhält, kann vielleicht Spuren der Dionosaurier im Fels entdecken. Auf jeden Fall lohnend ist ein Gang durch die Schlucht über drei Brücken, entlang der spektakulären ***Risleten-Wasserfälle,*** wo das Wasser zwischen mächtigen Felsen die Schlucht hinunterstürzt und unzugängliche Wannen bildet. Auch von **Beckenried** aus kann im Rahmen einer spannenden dreieinhalbstündigen ***Wanderung „auf den Spuren der Dinosaurier"*** (ca. 10 km) die ***Risletenschlucht*** und anschließend weiter bis nach **Treib**, erwandert werden. Zurück geht es mit dem stündlich ab Treib verkehrenden Schiff.

Wäldchen und Berghöfe wechseln sich am Ufer ab, auf den nächsten Kilometern ist die wunderbare Ruhe dem Umstand zu verdanken, dass der Straßenverkehr durch Tunnel geführt wird. Am steinigen Strand vor dem vielgelobten ***„Seerestaurant Schwybogen"*** mit seiner tollen Fischküche bietet sich zwei Kilometer weiter erneut eine Einkehrmöglichkeit. Schon in neunter Generation wird die jahrhundertealte Tradition aus kleiner Landwirtschaft, Fischerei und Restaurant von der Familie Näpflin weitergeführt. Im schönen Biergarten unter Platanen sitzend, hat man einen tollen Blick hinüber auf die Rigi.

Auf dem Weg nach **Beckenried** markieren gelbe Bojen den Arbeitsbereich eines riesigen Kiesbaggers. Förderbänder spucken Steine nach Größen sortiert in die Ladeluken eines Nauen, wie die Kiestransporter auf Schweizer Seen heißen. Mit einigem Abstand zum Bagger paddel ich zügig vorbei und komme zu einem kleinen Hafenbecken im ehemaligen ***Steinbruch Risleten***, wo es sich auch wunderbar baden lässt. Oberhalb davon gibt es eine Feuerstelle und dahinter einen Kletterfelsen.

Nachdem die laute A2 wieder aus dem Berg getreten ist, zeigt sich, vorbei am Picknick- und Badeplatz **Rütenen**, bald die Ortschaft **Beckenried** mit ihren idyllischen kleinen Holzhäusern und der hübschen Kirche. Wer wenigsten zwei Nächte bleiben will, um beispielsweise die Risleten-Wasserfälle zu besuchen, übernachtet entweder in günstigen Privatzimmern bei Annelis Murer oder ein Stück weiter im ***Hotel-Restaurant Rössli*** direkt am See.

Mit einem letzten Blick auf das Bergpanorama endet die Tour wieder in **Buochs**.

Walensee

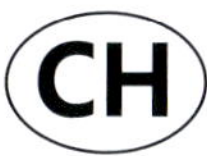

Kanutour im „Heidiland“

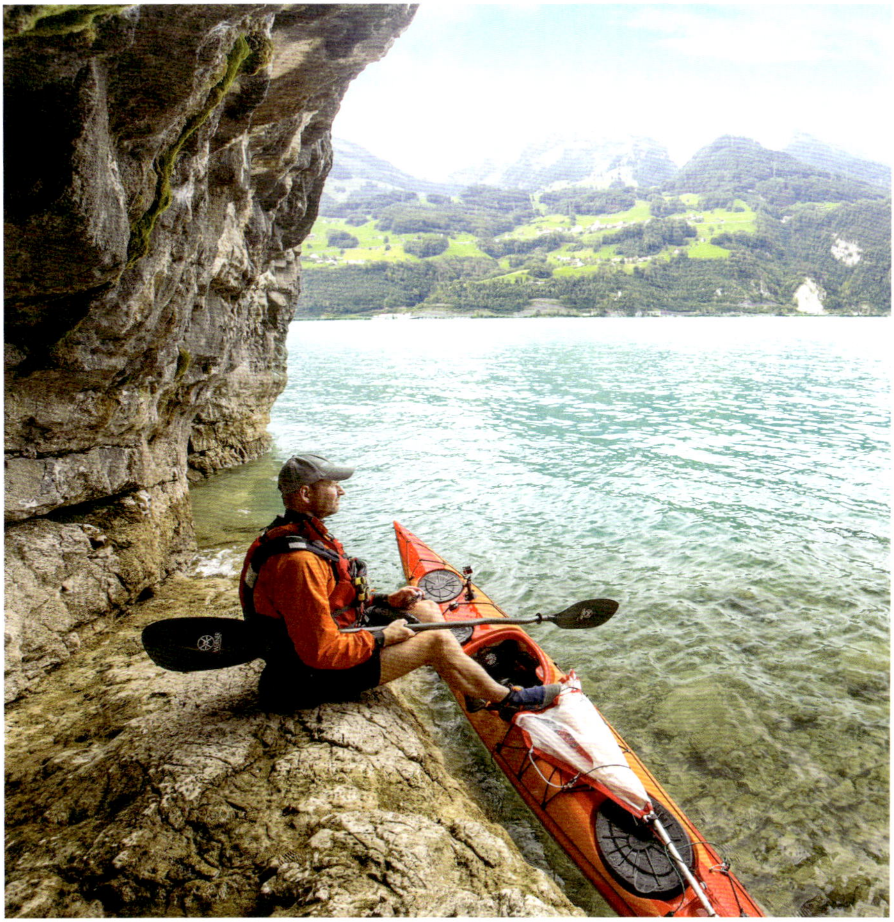

Tour

Tour-Infos Walensee

Landschaft	Kultur	Baden	Verkehrslärm
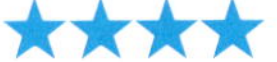	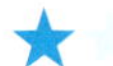	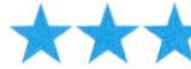	

Charakter des Sees

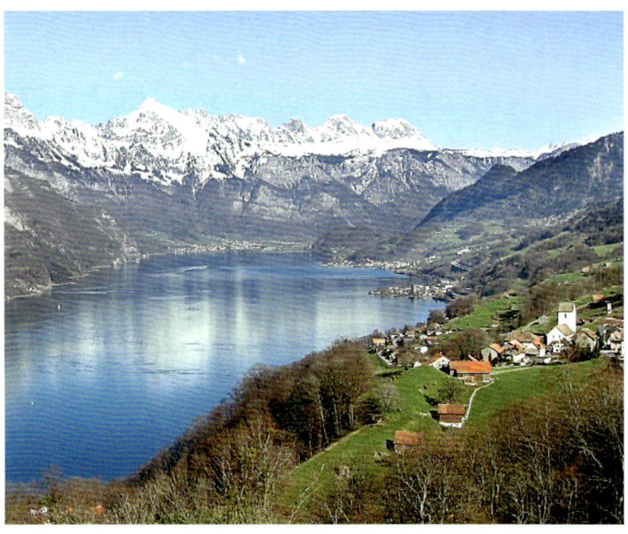

Der fjordartige 15 Kilometer lange und 2 Kilometer breite Walensee neigt zu einer dunklen, norwegisch anmutenden Stimmung. Vor Nordwinden geschützt, herrscht auf der von der Sonne verwöhnten Nordseite des Sees trotzdem ein mediterranes Klima, das sogar Feigenbäume gedeihen lässt. Dort reichen die Berge bis dicht ans Wasser. Das ist zum einen wegen der landschaftlichen Schönheit bemerkenswert, denn hier finden Kanuten und SUP-Gondolieri Steilwände, an denen sie direkt entlangpaddeln können. Zum anderen sorgt es dafür, dass es nur wenige Straßen gibt und somit herrliche Ruhe herrscht. Das Südufer dagegen ist von Straßen gesäumt und der Verkehr stets deutlich wahrnehmbar.

Der von Motorbooten nur wenig befahrene See gehört zu den saubersten der Schweiz und seine Wasserfarben sind bei sonnigem Wetter ein echter Hingucker. Das hat seinen Grund darin, dass im Sommer häufige und stark wehende Winde das Oberflächenwasser gut mit tieferen und sauerstoffreicheren Schichten vermengt. Auf Kosten der Badetemperatur – die liegt meist unter 20 Grad.

Länge und Dauer der Tour: 33 km, 2-3 Tage **Schwierigkeit:** mittel **Saisonfaktor:** niedrig

Etappenvorschlag: **1. Tag:** Murg – Weesen (9 km)
2. Tag: Weesen – Walenstadt (17 km)
3. Tag: Walenstadt – Murg (7 km)

Bootswagen: evtl. für den Transport zum Übernachtungsplatz oder zur Ein- und Aussetzstelle.

Gefahren

Die Ost-West-Ausrichtung des Walensees sorgt für ausgeprägte, stärkere Winde. Bei schönem Wetter heizen sich die Luftmassen vor den Gipfeln der Churfirstenkette auf und sorgen gegen Mittag oft für einen westlichen Thermikwind. Am ausgeprägtesten ist dieser im Bereich Weesen. Er kann bis zu 5 Beaufort erreichen und den ganzen See betreffen.

Darüber hinaus sind Westwindfronten zu beachten, weil diese plötzliche harte Sturmböen im Gepäck haben. Das Gleiche gilt für den Föhnwind und aufziehende Gewitterfronten. Diese Winde können nicht selten sehr abrupt auftreten. Der Walensee ist daher mit einem Sturmwarnsystem *(siehe Einleitung Strumwarnsystem - Schweiz)* ausgestattet.

Achtung vor Steinschlag an den Steilwänden!

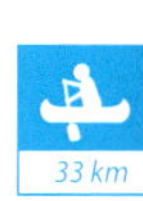

Anreise
A3 Richtung **Chur**. Ausfahrt 47 *(Murg)*. ***„Alte Staatsstraße"*** bis *Strandbodenstraße* in **Murg** fahren.

Einsetzen und Parken
In **Murg** neben dem Campingplatz. Dort auch gebührenpflichtige Parkplätze.
Der Campingplatz selbst eignet sich auch als Basislager für Tagestouren.

Kartenmaterial
Swisstopo, Walensee, 1:25.000, ***Bundesamt Für Landestopografie***
Glarnerland - Walensee - Pizol - Sarganserland: Wanderkarte, 1:40.000, ***KOMPASS-Karten***
Wanderkarte Glarnerland - Walensee 1:60.000, ***Kümmerly + Frey***

Literaturtipps
Glarnerland: Walensee - Obertoggenburg - Flumser Berge. **50 Touren,** *U. Tubbesing*, Bergverlag Rother.
Rund um den Walensee: Auf brennenden Füßen durchs Paradies, *Emil Zopfi*, AS Verlag.
Johann Melchior Kubli: Fürsprecher im Hexenhandel um Anna Göldi, *N. Lieberherr*, Baeschlin Verlag.
„Mord am Walensee" (Orte-Krimi), *Jon Durschei*, Appenzeller Verlag.
„Doppelbindung", „Doppelrolle", „Doppelgott", Alpsteinkrimi-Trilogie, *W. Burk*, Gmeiner-Verlag
Orte des Staunens: 15 Wanderungen zu 55 kraftvollen Plätzen in der Ferienregion Heidiland, *Andrea Fischbacher*, Werd Weber Verlag.

Übernachtung in Wassernähe *(in der Reihenfolge des Tourenverlaufs)*

Murg:
Camping Murg* *(Imbiss)*
Strandbodenstraße 16
Tel. +41 (0)81 738 15 30
www.murg-camping.ch

Weesen:
Camping Gäsi *(Restaurant)*
Tel. +41 (0)79-153 71 08
www.zkgl.ch

Hotel Flyhof
Betliserstr. 16, **(Ortsteil Fli)**
Tel. +41 (0)55 616 12 30
www.flyhof.ch

Betlis:
Landgasthof Paradiesli
(sehr schön, nicht am Wasser)
Obere Betliserstr. 12
Tel. +41 (0)55 611 11 79
www.paradiesli-betlis.ch

Quinten:
Kublihaus *(sehr schön, 1-6 Pers. auch 1-2 Nächte)*
Tel. +41 (0)81 738 22 17
Tel. +41 (0)79-543 33 89
www.kublihaus.ch

Walenstadt:
Hotel-Restaurant Seehof
Seestraße 104
Tel. +41(0)81 735 12 45
www.seehof-walenstadt.ch

See-Camping Bürer
Walenseestraße 50
Tel. +41 (0)81 735 18 96
www.see-camping.ch

Unterterzen:
Resort Walensee
Gostenstraße 20
Tel. +41 (0)81 588 01 59
www.walenseeapartments.de

Kanuvermieter & Veranstalter

Murg:
Shirocco Wassersport
Alte Staatsstraße 6
Tel. +41 (0)76-383 13 90
www.shirocco.ch

Unterterzen:
Intersport Walensee
Gostenstraße 25
Tel. +41 (0)81 720 16 00,
www.intersportwalensee.ch

Jona (am Zürichsee):
Paddlemotion
Busskirchstraße 126
Tel. +41 (0)79-600 64 30
www.paddlemotion.ch

Illnau (53 km entfernt): *Kurse, Touren, bedingte Vermietung siehe Website*, ***www.seekajak.ch***

Tourist-Infos
Amden & Weesen Tourismus, Dorfstr. 22, Amden, Tel. +41 (0)58 228 28 30, www.amden-weesen.ch
Heidiland Tourismus, Walenseestr. 18, Unterterzen, Tel. +41 (0)81 720 17 17, www.heidiland.com

Sehenswürdigkeiten rund um den Walensee

Mühlehorn: *Kirche* (17. Jh.); *alte Hammerschmiede seit 1777* (eine der ältesten in der Schweiz arbeitenden Schmieden, www.hammerschmiede.com).

Weesen: *Dominikanerinnenkloster Maria Zuflucht* (17. Jh.); *Heiligkreuzkirche* (15. Jh.); *Zwillingskirche* (20. Jh.); *Pfarrkirche St. Martin im* **Ortsteil Fli** (13. /19.Jh.); *Museum & Galerie Weesen* (Kruggasse 10, Mai-Okt, Di-Do & Sa 14-17, So 10-17, Nov- Apr, Mi,Sa,So 14-17, www.museum-galerie-weesen.ch).

Betlis: *Burgruine Strahlegg* (römischer Wachtturm, 15 .v. Chr.); *Betlis Kapelle* (hübsche Kapelle in malerischer Lage); *Seerenbachfälle* (Kaskade von drei Wasserfällen mit einer Gesamthöhe von 585 Metern).

Quinten: *Malerisches Dorf* ohne Straßenanbindung; *Kublihaus* (Glarner Herrenhaus, 18. Jh).

33 km

Walenstadt: *Kapelle St. Wolfgang* (18. Jh.); *Evangelische Kirche* (20. Jh.); *Paxmal* Friedens-Denkmal (20. Jh.); *Walensee-Bühne* Freilichtbühne mit Musicals zu Schweizer Themen (TSW Musical, Kasernenstraße, Tel. +41 (0)81 720 20 90, Tickets: Tel. +41 (0)900 313 313 (1.19/Min.), www.walenseebuehne.ch).

Sonstige Aktivitäten am Walensee

Kanu:

Der ***Walensee*** ist über den 20 Kilometer langen ***Linthkanal*** mit dem ***Zürichsee*** verbunden. Auf der Strecke gibt es keinerlei Wildwasser bis auf einen leichten Schwall. Die Strömung ist jedoch schnell. Tourenpaddler können so Walensee und Zürichsee in einem Rutsch erkunden und die Tour somit auf etwa 130 Kilometer Fahrtroute erweitern. Siehe PADDELLAND Schweiz, Thomas Kettler Verlag.

Wandern:

Themenpfad Kastanienweg in **Murg** (2,5 km durch alte Kastanienwälder entlang schöner Gletschermühlen). Evtl. Abstecher in die wildromantische ***Murgbachschlucht*** sowie zum tosenden Wasserfall.

Auf der ***Nordseite des Walensees*** führt ein technisch einfacher und konditionell wenig fordernder ***Steig am Seeufer*** entlang (z.B. von **Au** bis **Weesen** 12 km, Aufstieg 300, Abstieg 300).

Anspruchsvolle, aber wunderschöne ***Wanderung*** von **Quinten** über die ***Churfirsten*** und weiter bis **Walenstadt** (ca. 1.750 Höhenmeter, 19 km, 8-9 Std.).

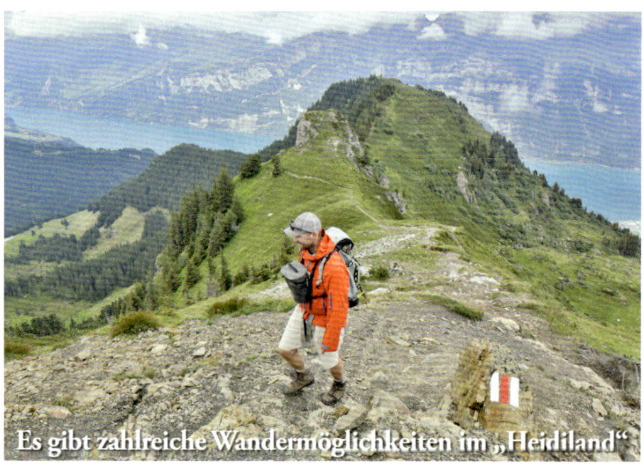
Es gibt zahlreiche Wandermöglichkeiten im „Heidiland“

Weesen – Fli – Betlis – Quinten (ca. 10 km, 4 Std., ***zurück mit dem Schiff***). Highlights: Herrliche Rundsicht von der ***Burgruine Strahlegg.*** Abstecher zur den fast 600 Meter hohen ***Seerenbach-Wasserfällen***.

Eine schöne, einfache Wanderung auf der ***Südseite des Walensees*** geht von der ***Tannenbodenalp am Flumserberg***, über den ***Maschgenkamm*** und zurück zum ***Tannenboden***. Von **Unterterzen** mit der Luftseilbahn zur ***Tannenbodenalp,*** von dort Wanderung, ca. 11 km Auf- & Abstieg ca. 600 Meter).

Fahrrad:

Eine an Ausblicken reiche Mountainbike-Tour führt z.B. von der ***Flumserberg Tannenbodenalp*** rund ***um den Maschgenkamm*** und zurück zur ***Tannenbodenalp***. Technisch leicht, aber mit 850 Meter Auf- und Abstieg konditionell fordernd.

Baden:

Badestrände in **Walenstadt, Mols, Unterterzen, Murg** und **Weesen**.

Der Walensee gilt als einer der saubersten Seen der Schweiz.

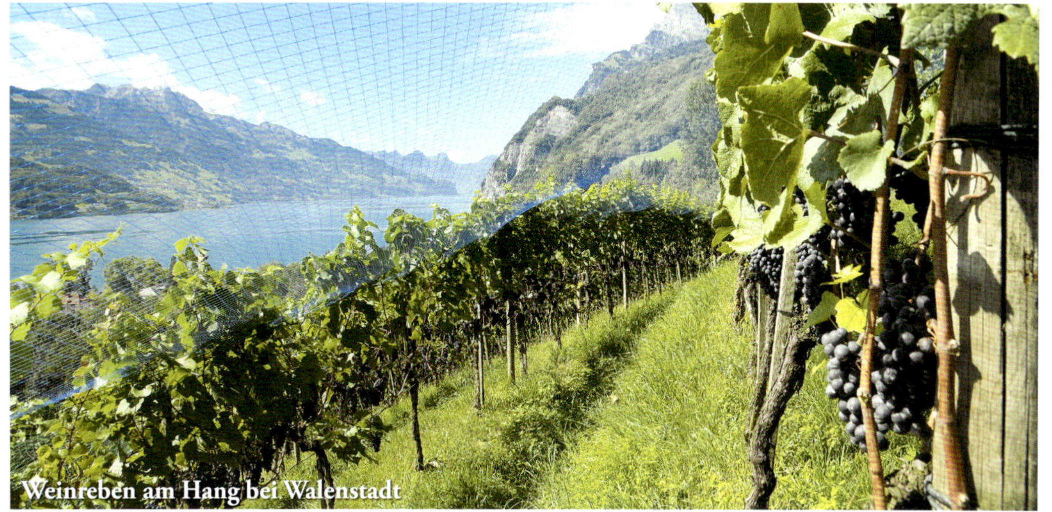
Weinreben am Hang bei Walenstadt

Angeln:
Auf dem Walensee gilt die **Freiangelfischerei:** Vom Ufer aus ist die Fischerei mit einer Rute oder einer Schnur mit einem einzigen Köder mit einfachem Haken ohne Patent und ohne Sachkundenachweis gestattet. Wer mehr will, benötigt einen Sachkundenachweis und eine Angelkarte.
Gefangen werden hauptsächlich **Forelle, Äsche, Seesaibling, Felchen** und **Hecht**. www.anjf.sg.ch

Fahrgastschifffahrt auf dem See:
Die Schiffe legen in **Weesen, Betlis, Mühlehorn, Quinten, Murg Ost, Murg West, Au, Unterterzen, Mols** und **Walenstadt** an. Es gibt 2 verschiedene Routen.
Schiffsbetrieb Walensee, Gostenstr. 11, Unterterzen, Tel. +41 (0)81 720 34 34, www.walenseeschiff.ch

Bergbahnen:
Bergbahnen Wildhaus, Vordere Schwendistr. 23, Wildhaus, Tel. +41 (0)71 998 50 50, www.wildhaus.ch
Bergbahnen Flumserberg, Tannenboden, Flumserberg,Tel. +41 (0)81 720 15 15, www.flumserberg.ch
Toggenburg Bergbahnen, Dorfstraße 17, Unterwasser, Tel. +41 (0)71 998 68 10, www.chaeserrugg.ch

Fahrradvermietung:
Weesen: ***Bahnhof Ziegelbrücke***, Tel. +41 (0)51 221 91 63
Unterterzen: ***Intersport Walensee & Rent a Bike***, Gostenstraße 25, Tel. +41 (0)81 720 16 00, www.intersportwalensee.ch
Walenstadt: ***Suso Bike,*** Waisenhausstraße 1, Tel. +41 (0)81 735 32 70, www.susobike.ch

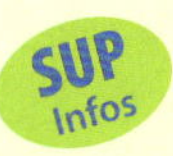

SUP-Tipps: Treffpunkt am Walensee ist der ***Campingplatz*** in **Murg,** wo man hervorragend eine ***Sundowner Runde*** drehen und anschließend im kleinen Café mit Gleichgesinnten den Blick auf den See genießen kann. Östlich von **Weesen** lässt sich prima chillen im ***Seebeizli Lago Mio***.

SUP-Vermietung und Kurse:

Murg:
Shirocco Wassersport
Alte Staatsstraße 6
Tel. +41 (0)76 383 13 90
www.shirocco.ch

Naish SUP Center Murg:
bei Shirocco Wassersport
www.naishsupcenter.ch

Unterterzen:
Intersport Walensee im Resort Walensee
Gostenstraße 25
Tel. +41 (0)81 720 16 00
www.intersportwalensee.ch

Der Walensee

Der Walensee hat zwei Gesichter – einmal die besiedelte Südseite mit Straßen und Bahnbegleitung und, das genaue Gegenteil, seine im Vergleich dazu fast unberührte Nordseite. Hier ist der Fels so schroff, dass man als Wassersportler lange Zeit unverbaute Strecken genießen kann. Für eine Rundtour um den See sollte man sich mindestens zwei Tage Zeit lassen. Als Startpunkt ist der schöne Campingplatz des Örtchens **Murg**, günstig in der Mitte des Südufers gelegen, eine gute Wahl.

Ich schiebe das Kajak ins Wasser und paddle Richtung Weesen. Das Wasser ist klar, sehr klar – nicht umsonst dient der Walensee als Trinkwasserspeicher für Millionen Einwohner der Region Zürich. Der Wind weht mir mit einer flotten Briese entgegen, so dass das laute Glucksen und Platschen des Wassers gegen meinen Bug gar den Verkehrslärm zu meiner Linken übertönt. Vom Südufer aus hat man eindeutig den besten Blick auf die beeindruckenden ***Churfirsten***, deren sieben Berge, die bis auf 2.300 Meter ansteigen, eine majestätische Bergkette bilden. *Der Name Churfirsten bezieht sich nicht, wie man vermuten könnte, auf jene sieben ranghöchsten Fürsten des Heiligen Römischen Reiches, denen die Wahl des Kaisers oblag, sondern entstammt der Verballhornung der Nachbarregion Toggenburg mit ihren „Kuhfürsten" durch das Kloster St. Gallen.*

Ein wunderbarer Kiesstrand ist auf der Karte als Feuerplatz ausgewiesen und der ihn umgebende dichte Mantel aus Weidengestrüpp lässt, nicht zuletzt dank Nieselwetter, Norwegenfeeling aufkommen. Bald geht es vorbei am Yachthafen **Mühlehorn** mit seinem großen Hafenbecken. *Hier stand schon im Jahr 1551 eine erste Mühle. Jetzt bestimmt die weiße Kirche aus dem 17. Jahrhundert das Ortsbild. Die alte, vom Meerenbach angetriebene* ***Hammerschmiede****, ist eine der ältesten in der Schweiz noch arbeitenden*

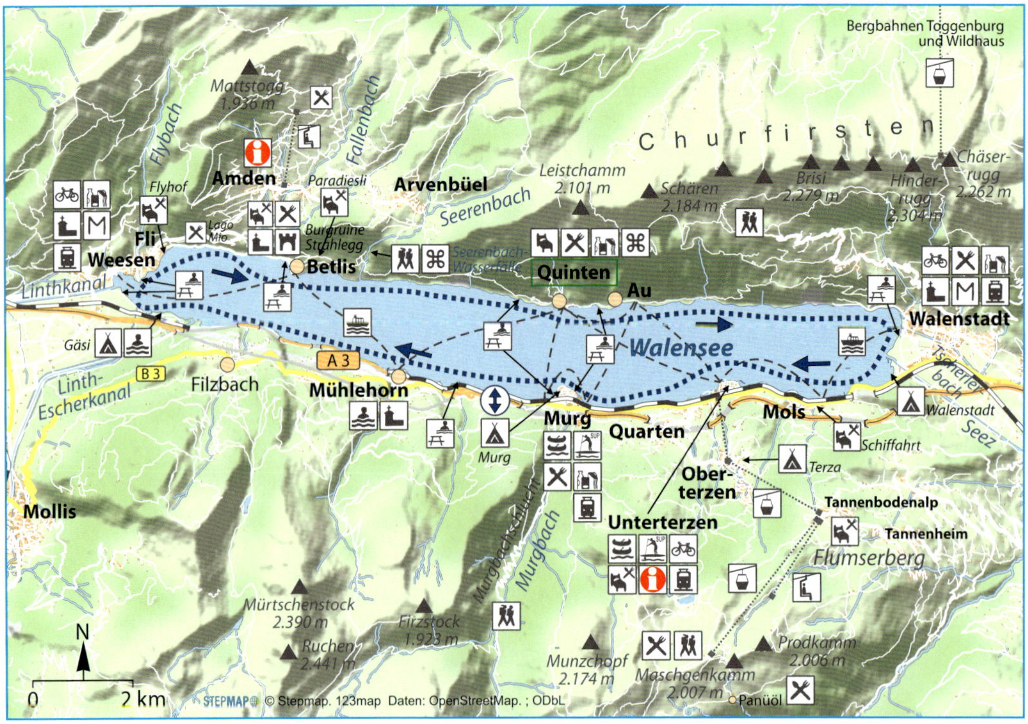

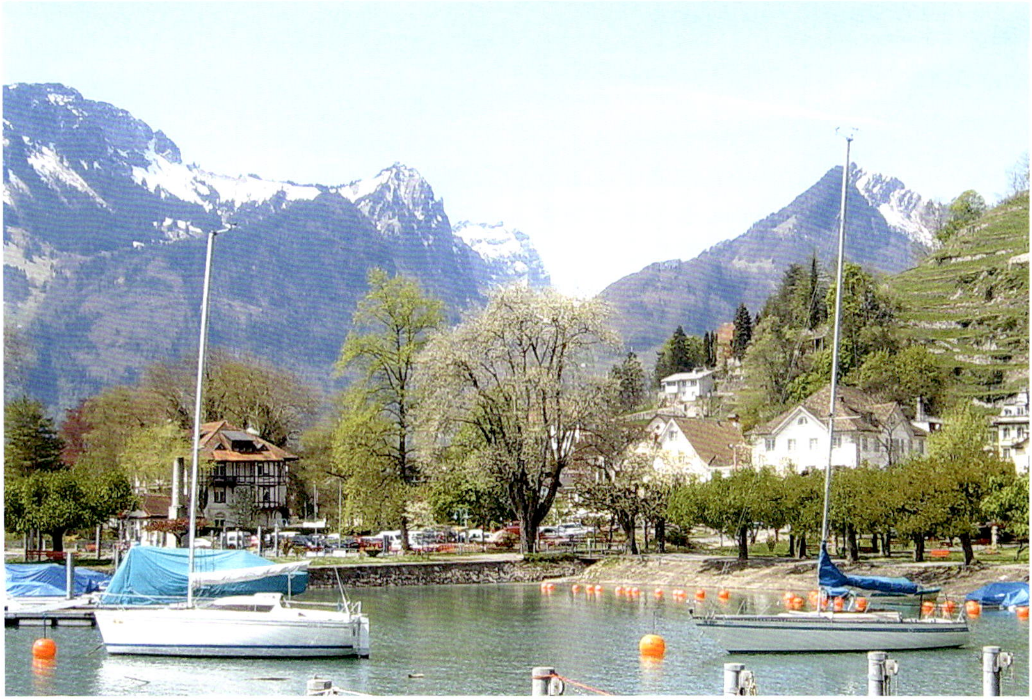

Weesen ist klein, ruhig gelegen und hat mediterranen Charme

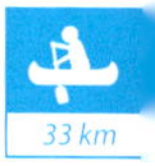

Schmieden und wird von einem Kunsthandwerker betrieben.

Zwischen hier und dem im unteren Teil im ***Escherkanal*** verlaufenden Flüsschen ***Linth*** geht es, nur durch das felsige Ufer getrennt, an der Autobahn entlang, bis diese in einem Tunnel verschwindet. *Wie so viele Alpenflüsse wurde der Lauf des Linth „korrigiert", weil bei Hochwasser durch Geschiebeablagerungen regelmäßig die Siedlungen rund um Weesen überschwemmt wurden, was zur Bildung einer Sumpflandschaft führte – Grund für regelmäßige Ausbrüche von Malaria im 18. Jahrhundert.* Auf diesen Geschiebeablagerungen steht heute der ***Campingplatz Gäsi***.

Kaum hat der ***Linth*** seine Sedimente in den Walensee gespült, verlässt er ihn schon wieder in Richtung Zürichsee. Paddler können diese 20 Kilometer ***Linthkanal*** in flotter Strömung befahren. Bis auf einen Schwall nach etwa vier Kilometern soll die Befahrung einfach sein. Gegenüber des Seeabflusses liegt das Halbrund des **Weesener** *Hafens*. Es wird von einer Promenade umrahmt und bildet gleichzeitig einen hübschen, von Kastanien bestandenen Park. Hier könnte man ebenfalls vorzüglich sein Kajak einsetzen.

Zusammen mit einem Fahrgastschiff der Seerundfahrt verlasse ich den Hafen von **Weesen** und umfahre eine in den See hineinreichende Landzunge, an deren Spitze der ***Flybach*** in den See mündet. Einige hundert Meter weiter liegt das Gelände des hübschen ***Hotel-Restaurant Flyhof***. *Einst war das Anwesen des Frauenklosters Schänis dessen Verwaltungsgebäude. Nach einem Klosterbrand im Jahre 1610 fanden die Nonnen hier Zuflucht. Die Verkehrsverbindung vom Mittelmeer in den Nordwesten Europas führte über den Walensee und war damals eine der wichtigsten des gesamten Kontinents. In dieser Zeit diente der Flyhof als Zoll- und Lagerhaus. Nach dem Bau der Walenstraße im Jahr 1850 und der Eröffnung der Bahnlinie Weesen-Chur hörte der Schiffsverkehr auf und der Flyhof wurde fortan als Gasthof geführt.*

Die Sonnenterrasse des chilligen ***Seebeizli „Lago Mio"***, wo man oft auch ein paar SUPler oder Surfer trifft, links liegen lassend, nehme ich Kurs auf die hellen Kalksteinfelsen vor mir, auf denen eine üppige Vegetation wuchert. Der Blick nach rechts auf ***Mürtschenstock, Firzstock*** und ***Rautispitz*** ist spektakulär. Vor dem Dorf **Betlis** kann der zur Energiegewinnung genutzte riesige ***Muslefall*** des ***Fallenbaches*** in den See stürzen, wenn der Staudamm oberhalb seine Pforten öffnet. Wer gleich darauf neben dem Schiffanleger des Dorfes anlandet und sich die Beine vertreten möchte, erreicht nach ein paar Schritten etwas oberhalb der Dorfwiesen die ***Burgruine Strahlegg***. *Bei einer Ausgrabung wurden unter den mittelalterlichen Mauerresten, die wahrscheinlich aus dem 14. Jahrhundert stammen, Reste einer Römischen Wachturmanlage entdeckt, die sich sogar auf das Jahr 15 vor Christi zurückdatieren ließen.*

33 km

Ein etwa 20-minütiger Spaziergang bringt mich hinauf zur hübschen ***Kapelle von Betlis*** und den in der Nähe befindlichen ***Seerenbachfällen***. *Sie stürzen in drei Kaskaden über fast 600 Meter tief ins Tal und gehören damit zu den Top Ten der höchsten Wasserfälle der Welt! Es besteht die Gelegenheit bis zu einer kleinen Aussichtsplattform am Fuße der dritten Kaskade hinaufzusteigen.* Auf dem Rückweg sollte man sich eine Einkehr im ***Landagsthof Paradiesli*** *(1 km Fußweg vom Schiffsanleger)* bei hausgemachten Spezialitäten auf der Gartenterrasse oder in der gemütlichen Stube nicht entgehen lassen *(Reservierung empfohlen, Tel. +41 (0)55 611 11 79).*

Die nun folgende Paddelstrecke macht großen Spaß, führt sie doch dicht an Felswänden entlang, die sich unter der Wasseroberfläche fortsetzen und bei Sonnenschein wunderschöne, bizarre Lichtspiele zeigen, um sich dann irgendwann im Dunkel der Tiefe zu verlieren. Gerüchten zufolge soll es hier bis in 120 Meter Tiefe hinabgehen. Wenig später passiere ich den von links einströmenden ***Seerenbach***, dessen spektakuläre Wasserfälle direkt vom Ufer aus nicht zu sehen sind. Ein Stück weiter ist vor einem Steinbruch oberhalb einer aufgegebenen Mole ein Feuerkreis zu entdecken. Diese Stelle scheint als Biwakplatz genutzt zu werden. Allerdings müsste man all seine Ausrüstung über eine nicht ganz so vertrauenswürdig erscheinende Aluleiter an Land bringen.

Hinter dem Steinbruch ist bald das knapp über 50 Einwohner zählende **Quinten** erreicht. Die Bewohner sind stolz auf ihre Ruhe hier, denn der Ort ist nur mit dem Schiff oder über einen langen Fußweg zu erreichen, der sich übrigens vorzüglich als Wanderweg eignet. Das malerische Bilderbuchdorf mit seinen Fachwerkhäuschen, Heuschobern, dem kleinen Dorfladen, einer kleinen Kapelle und einigen Almwiesen ist ein von der Sonne verwöhntes Fleckchen Erde. Wie mild das Klima ist, zeigen nicht zuletzt die umgebenden Weinhänge. Im Dorf selbst sieht man Feigen und Kiwis zwischen den Häusern wachsen. Quinten gehört mit zu den wärmsten Orten der Schweiz, da nimmt es kein Wunder, dass hier

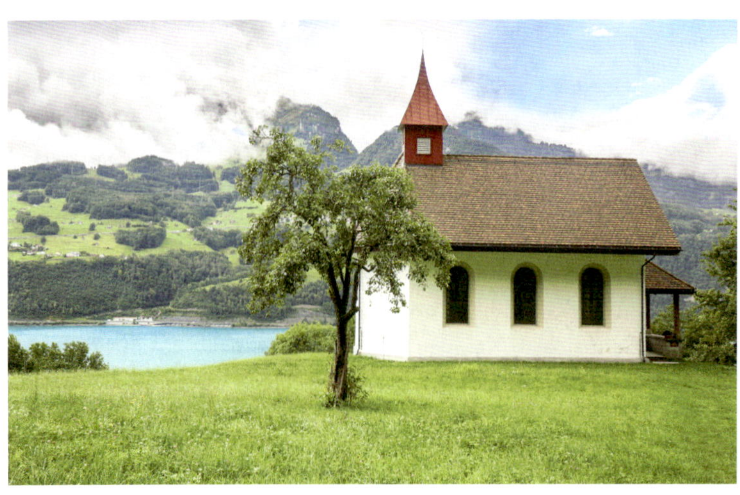

Kapelle Vorderbetlis

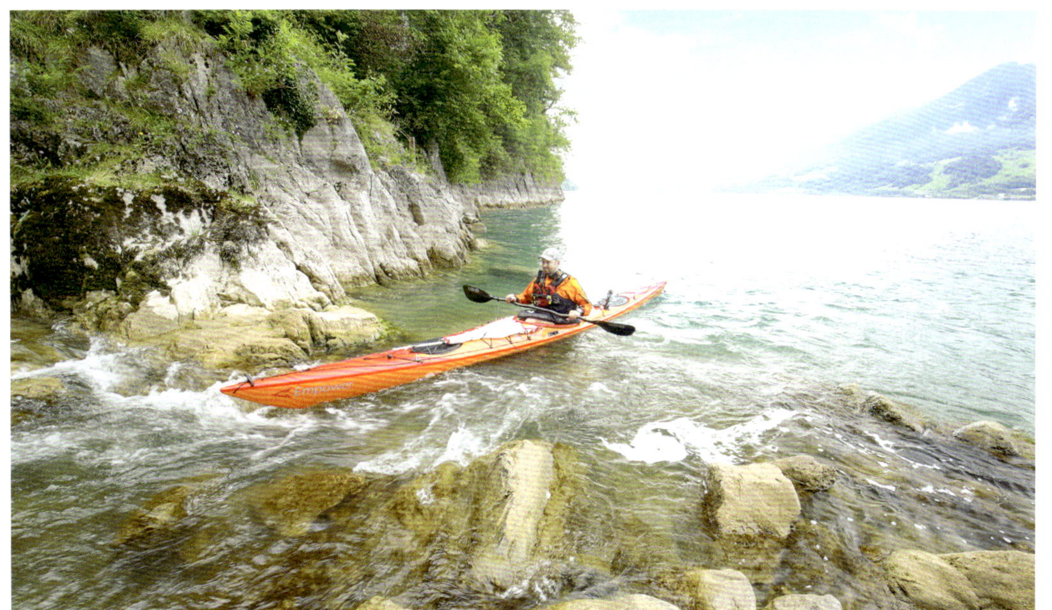

viele geschützte Reptilien wie Mauereidechsen, Zauneidechsen, Schling-, Ringel- und Äskulapnattern leben. Auf der über dem Wasser schwebenden Terrasse des ***Restaurants „Seehus"*** lassen sich knusprig im Bierteig gebackene Eglifilets und andere Köstlichkeiten genießen. Aber auch in der ***„Wirtschaft zur Schiffl ände"*** kann man gut essen. Wer die Idylle mag, dem sei unbedingt ein längerer Aufenthalt empfohlen. Vielleicht mietet er sich dann im ***„Kubli Erlebnis- und Kulturhaus Quinten"*** ein.

Benannt ist es nach dem bedeutenden Schweizer Politiker Johann Melchior Kubli, der im Jahre 1776 als Gerichtsschreiber und Ratsherr im Anna Göldi-Prozess wirkte. Anna Göldi war die letzte Frau, die in Europa als angebliche Hexe hingerichtet wurde. Er bezog Stellung für die Angeklagte und plädierte gar für ihre Unschuld und gegen die Anwendung der Folter. Er war es, der die Geheimakten zum Entsetzen der Behörden veröffentlichen ließ und damit das Unrecht gegen Anna Göldi publik machte. Hätte man Kubli als Informanten überführt, würde ihm sicher die Todesstrafe gedroht haben. Seinen politischen Höhepunkt erreichte er als Senatspräsident in der Helvetischen Republik und verhinderte als solcher einen Krieg gegen das französische Heer Napoleons in der Ostschweiz. Nach seinem Ruhestand widmetet er sich in Quinten dem Obst- und Weinbau; die noch heute im Ort anzutreffenden Feigenbäume – Wahrzeichen des Ortes – stammen von ihm. Im Alter von 85 Jahren starb er im ***„Kublihaus"***.

Auf dem Weg zum ebenfalls autofreien Nachbardorf **Au** lädt eine weiche Wiese zum Pausieren ein. Dann bieten die steilen Felsen noch einmal alles auf, um einen letzten spektakulären Eindruck zu hinterlassen. Dabei können die vom Fels zurückgeworfenen Wellen dem Paddler zusetzen. Dass der Walensee nicht ganz ungefährlich ist, zeigen zahlreiche Wracks, die auch heute noch auf dem Grund des Sees liegen und beliebte Ziele von Tauchern sind. *Der schlimmste Unfall ereignete sich im Jahre 1850, als das Ausflugsdampfboot „Delphin" während eines wütenden Föhnsturmes mit Mann und Maus sank. Dreizehn Menschen verloren ihr Leben. Der letzte größere Unfall ereignete sich erst 2006 als ein Ledischiff – so werden in der Schweiz die kleinen Frachtschiffe bezeichnet, die dem Kiestransport dienen – aufgrund nicht geschlossener Revisionsluken versank.*

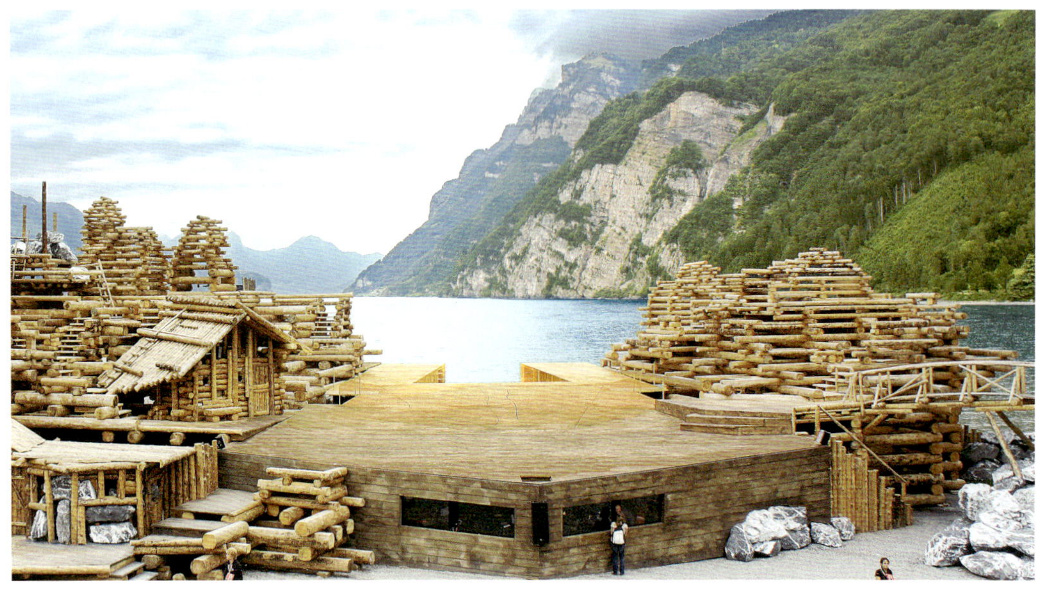

Jedes zweite Jahr finden am Walensee Musicalveranstaltungen mit jährlich 50.000 Besuchern statt. Die Bühne wird jeweils neu errichtet und nach der Veranstaltung wieder abgebaut.

In Richtung **Walenstadt** treten die Felswände etwas zurück und geben Raum für Uferwiesen. Von der langgezogenen Stadt sieht man am Ufer den kleinen Hafen und die von einem Park umgebene Badestelle. Hier steht auch die bekannte ***Walensee-Bühne***, auf der seit 2005 Musicals aufgeführt werden. In diesem Sommer (2018) wird das Stück „Die Schöne und das Biest" gespielt. Vorbei an der Mündung des Flusses ***Seez*** nehme ich Kurs auf die rund 80 Meter lange ***Schnittlauchinsel***, die einzige Insel im Walensee. *Wer anlegt, findet auf dem winzigen Eiland einen Briefkasten in dem eine mysteriöse Flaschenpost liegt, deren Hieroglyphen jedoch nicht zu entziffern sind.*

Auf den nächsten Kilometern halte ich etwas Abstand zum Ufer, um dem Geräuschpegel des Autoverkehrs zu entgehen und fahre in einem großen Bogen nach **Unterterzen** an den Kiesstrand des ***„Resort Walensee"***, an dem ein einzelner Baum samt Sitzbank zur Pause einlädt. Hinter dem Sportboothafen gibt es auf dem Gelände neben einem kleinen Resort-Shop, der Artikel für den täglichen Gebrauch führt, auch Restaurants und einen Intersport, der Kajaks und SUP-Boards vermietet. Jetzt ist es nur noch einen Steinwurf bis zu Strand des Campingplatzes in **Murg**, dem Ausgangspunkt der Tour.

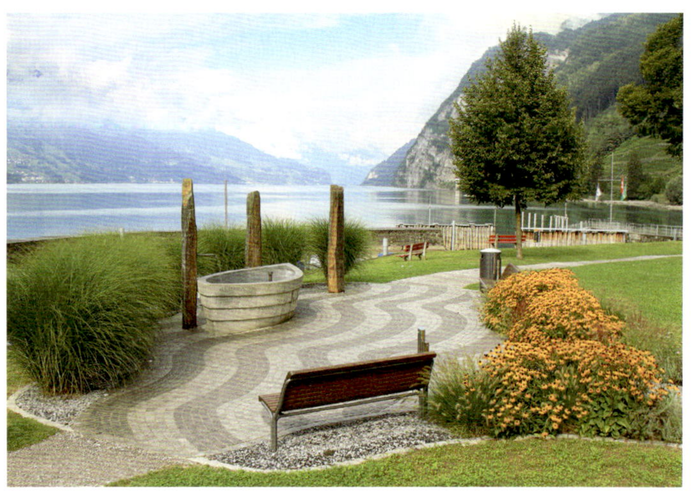

Seepromenade in Walenstadt am Ostufer des Walensees

Forggensee

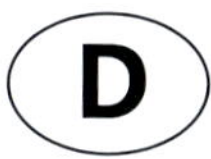

Deutschlands größter Stausee

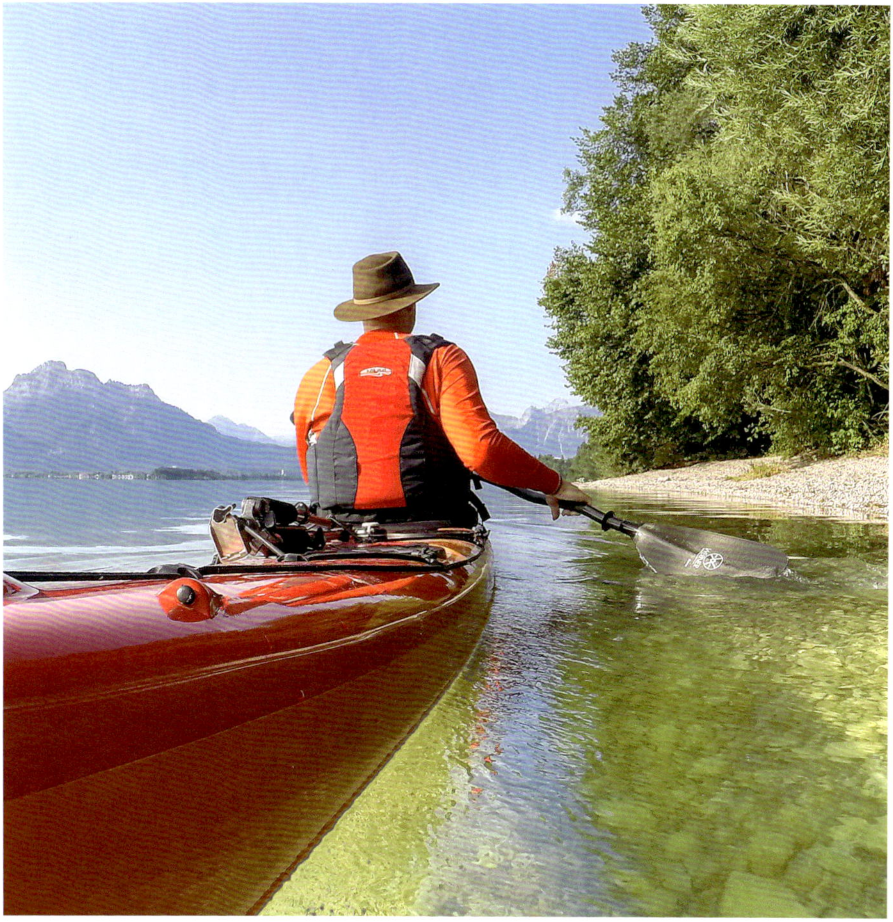

Tour

Tour-Infos Forggensee

Landschaft	Kultur	Baden	Verkehrslärm
★★★★	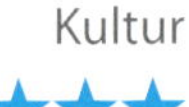	★★★	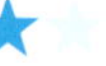

26 km

Charakter des Sees

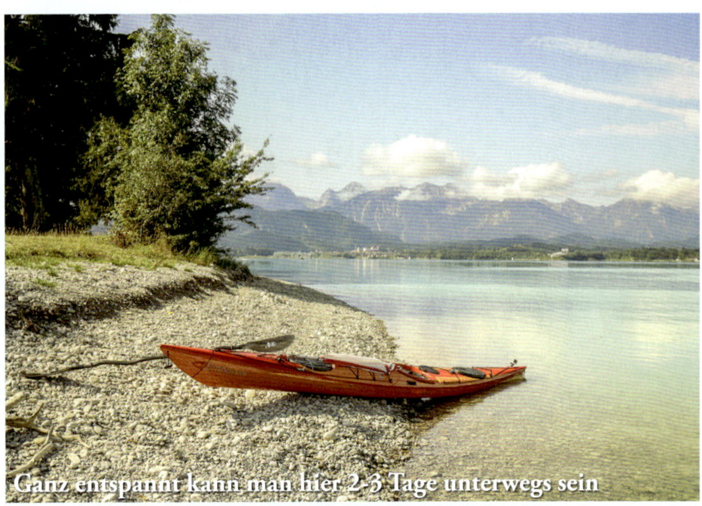

Ganz entspannt kann man hier 2-3 Tage unterwegs sein

Der Forggensee liegt im Königswinkel im Ostallgäu und ist ein vom Lech durchflossener Stausee, der im Sommer voll aufgestaut wird und im Winter bis auf eine 3 km² große Kernfläche weitgehend trockenfällt. In 2018 liegt er wegen Dammsanierungsarbeiten leider das ganze Jahr trocken.

Der auch „Speicher Roßhaupten" genannte See ist im Sommer mit 15 km² bei Vollstau der größte Stausee Deutschlands und hat an die 20 kleine Inseln aufzuweisen. In der Saison sehen seine Ufer überraschend natürlich aus. Auf dem neun Kilometer langen und bis zu 2,6 Kilometer breiten See tummeln sich dann Wassersportler aller Art. Mehrere Buchten sind für Kanuten und SUP-Boarder besonders interessant.

Während der See selbst noch mitten in den grünen Hügeln des Allgäus liegt, erheben sich am Südende die Berge wie ein riesiger Wall aus der Landschaft und bieten seinen Besuchern unglaubliche Aussichten. Kulturelles „Highlight" der Region sind die Schlösser Neuschwanstein und Hohenschwangau.

Länge und Dauer der Tour: 26 km, 1-2 oder 3 Tage **Schwierigkeit:** leicht **Saisonfaktor:** niedrig

Etappenvorschlag:
- **1. Tag:** Illasbergsee – Brunnen (8 km)
- **2. Tag:** Brunnen – Füssen – Osterreinen (9 km)
- **3. Tag:** Osterreinen – Füssen – Illasbergsee inkl. Roßhaupten Bucht (9 km)

Bootswagen: für den Transport zum Übernachtungsplatz und zur Ein- und Aussetzstelle nötig.

Gefahren

Fall- & Gewitterwinde können ebenso vorkommen wie starke Föhnwinde. Bei schönem Wetter bläst ein Thermikwind aus nordöstlicher Richtung über den See. Morgens ist es am See meist schwachwindig. Es können von Süden her sowohl kalte Fallwinde, als auch Föhnwind (warmer Fallwind) wehen, der, wie überall in den Nordalpen, von Süden über die Berge kommt und sehr stark werden kann.

Befahrunsregelungen

Ganzjähriges Befahrungsverbot in den überstauten Mündungsbereichen des ***Riedener Baches***, des ***Tiefentalbaches*** und der überstauten ***Hergratsrieder Bucht*** sowie direkt vor der ***Staumauer Roßhaupten***. Die Bereiche sind NICHT durch Bojen kenntlich gemacht.
Wasserfahrzeuge mit Maschinenantrieb und Segelboote dürfen am Forggensee nur eingesetzt werden, wenn Sie vom Landratsamt Ostallgäu nach schriftlichem Antrag genehmigt und zugelassen wurden.

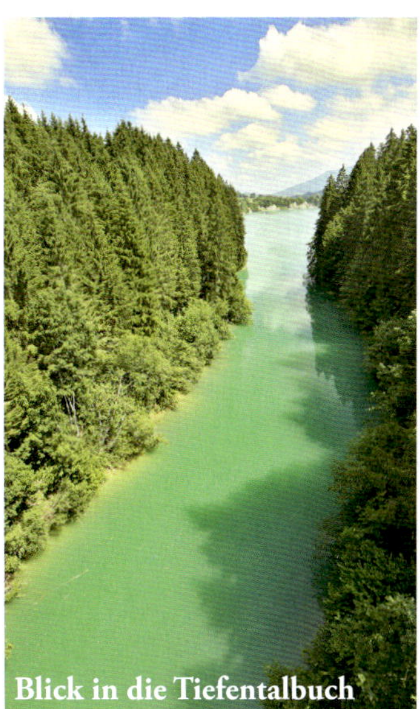
Blick in die Tiefentalbuch

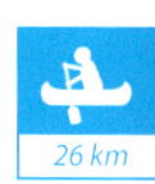

Anreise

Von **München**: A 96 bis Ausfahrt 24 *(Landsberg a. Lech-West)* und auf der B 17 bis ***Schongau***. Hier auf die B 472 und dann die B 17 Richtung Füssen bis ***Halblech***. Dort rechts auf die OAL 1 bis zum **Illasbergsee** fahren.

Aus Richtung **Ulm / Stuttgart**: A 7 über Kempten Richtung Füssen. Ausfahrt 138 *(Nesselwang)* Richtung *Nesselwang / Seeg / Rückholz / Roßhaupten* fahren. Auf der OAL 1 durch ***Roßhaupten*** bis zum **Illasbergsee** fahren.

Einsetzen und Parken:

Am ***Illasbergsee*** *(See 1, 87642 Halblech)* beim Weiler **See**.
Dort neben dem „Kiosk Illasbergsee" gute Parkmöglichkeiten.

Kartenmaterial

Outdoorkarte 02, Füssen - Pfronten, 1:35.000, ***Kümmerly+Frey***
Füssen, Außerfern, 1:50.000, ***KOMPASS-Karten***
Topographische Karten Bayern TK25, Karte 8330 und 8430, 1:25.000, ***Landesamt für Vermessung und Geoinformation***

Literaturtipps

Männertouren - Allgäu, 30 Wandertouren für „echte Kerle", J. Berg Verlag
Allgäu mit Kindern: 47 Wander- und Entdeckertouren für Familien, *S. Holtkamp*, Naturzeit Reiseverlag
„Rätsel um das Spukhotel" (Krimi für Kinder rund um Füssen), *Thomas Göhmann*, Emons Verlag
Vergessene Pfade im Allgäu, 32 stille Touren abseits des Trubels, *G. Schwabe*, Bruckmann Verlag
„Der dunkle Grund des Sees" (Krimi), *Stefanie Kasper*, Goldmann Verlag
„Der Neuschwanstein Code: Dem Schatz der Nibelungen auf der Spur" *(Krimi), A. Loeb*, Unsichtbar Verlag
„Die Ludwig-Verschwörung" (Krimi durch alle Schlösser des Märchenkönigs), *O. Pötzsch*, Ullstein

Übernachtung in Wassernähe

(in der Reihenfolge des Tourenverlaufs)

Am Tiefentalgraben (Rieden-Roßhaupten):
Campingplatz Seewang
Tiefental 1 *(Hütten, E-Bikes, Restaurant)*
Tel. +49 (0)8367 406
www.camping-forggensee.de

Rieden-Osterreinen:
Haus Sonnenlage & Camping Magdalena
Bachtalstr. 10
Tel. +49 (0)8362 49 31
www.sonnen-lage.de

Radlerhof Osterreinen
Forggenseestraße 1
Tel. +49 (0)178-474 88 03
www.radlerhof.com

Rieden:
Café Maria
Forggenseestraße18
Tel. +49 (0)8362 370 00
www.cafe-maria.de

Waltenhofen:
Landhaus Beim Ziller
Forggenseestr. 57
Tel. +49 (0)8362 86 98
www.landhaus-ziller.de

Hotel Gasthof am See
Forggenseestraße 81
Tel. +49 (0)8362 930 30
www.hotel-schwangau.de

Brunnen:
Camping Brunnen
Seestr. 81
Tel. +49 (0)8362 82 73
www.camping-brunnen.de

Gasthof Seeklause
Seestr. 75
Tel. +49 (0)8362 810 91
www.schwangau-seeklause.de

Kanuvermieter & Veranstalter

Füssen:
Kanu-Kini *(auch geführte Touren)*
Weidachstr. 71
Tel. +49 (0)8362 939 69 69
www.kanu-kini.de

Rieden-Osterreinen:
Kanuvermietung bei ALOHA
Dorfplatz-Stüble, Bachtalstr. 1
Tel. +49 (0)177-712 23 54
www.aloha-shop.eu

Peißenberg (40 km nördlich):
Kajak-Hütte *(SUP + Kanu)*
Zur Alten Bergehalde 3
Tel. +49 (0)8803 46 70
www.kajak-huette.de

Tourist-Infos

Füssen, Kaiser-Maximilian-Platz 1, Tel. +49 (0)8362 938 50, www.fuessen.de
Hopfen am See, Uferstr. 21, Tel. +49 (0)8362 74 58, www.fuessen.de
Weißensee, Seeweg 4, Tel. +49 (0)8362 65 00, www.fuessen-weissensee.de
Roßhaupten, Hauptstraße 10, Tel. +49 (0)8367 364, www.rosshaupten.de
Tourismusbüro Rieden, Gemeinde Rieden, Lindenweg 4, Tel. +49 (0)8362 370 25, www.rieden.de
Schwangau, Münchener Straße 2, Tel. +49 (0)8362 819 80, www.schwangau.de
Info-Stelle Hohenschwangau, Alpseestraße 2, Tel. +49 (0)8362 81 97 65, www.schwangau.de

Sehenswürdigkeiten rund um den Forggensee

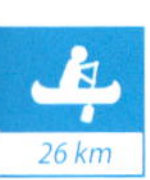

Roßhaupten: *Kath. Pfarrkirche St. Andreas* (17. Jh.); *gusseiserner Brunnen* (1872); *Pestfriedhof* mit Gräbern des 18.-19. Jh.; *„Römerkreuz"* (lateinisches Steinkreuz aus dem 17. Jh.); *Kath. Kapelle Maria Steinach* (18. Jh.); *Dorfmuseum im Pfannerhaus* (Hauptstr. 1, Tel. +49 (0)8367 364, Jul-Aug Fr 17.30-19 & So 15-18, Jun, Sep Fr 17.30-19, www.rosshaupten.de); *Infozentrum Wasserkraft* (Forggenseestr. 100, Tel. +49 (0)8191 32 81 01)

Rieden: *Pfarrkirche „Zu den Hl. Fünf Wunden"* (ab 17. Jh.); *Filialkirche St. Urban* (15. / 18. Jh.); *Puppenmuseum Rieden* mit über 600 Puppen (Eichenhof, Hintere Schöne 4, Tel. +49 (0)8362 34 70, nach telefonischer Anmeldung, www.puppenmuseum-rieden.de).

Füssen: *Hohes Schloss Füssen* (12./13. Jh.), eine der am besten erhaltenen mittelalterlichen Burganlagen Bayerns; *ehemaliges Benediktinerkloster Sankt Mang* (8. Jh.); *Krippkirche* (1717); *Feldkirche St. Ulrich & Afra* (1725); *Franziskanerkirche* (18. Jh.) mit Rokokoausstattung; *Spitalkirche Hl. Geist* (18. Jh.) mit *Fassaden-Freskobemalung*; sehenswerter und historischer *Sebastiansfriedhof*; *Lechfall*; *Stadtpark Baumgarten*; *Festspielhaus Füssen* (21. Jh.) im pseudobarocken Garten am Ufer des Forggensees mit Blick auf Schloss Neuschwanstein (www.das-festspielhaus.de); *Museum Staatsgalerie im Hohen Schloss und Gemäldegalerie* (Magnusplatz 10, Tel. +49 (0)8362 90 31 46, Apr-Okt, Di-So 11-17, Nov-Mär, Fr-So 11-16, www.stadt-fuessen.de/staatsgalerie.html); *Museum der Stadt Füssen* (Lechhalde 3, Tel. +49 (0)8362 90 31 46, Apr-Okt, Di-So 11-17, www.stadt-fuessen.de/museum.html); *Walderlebniszentrum mit Baumkronenweg*, Tiroler Str. 10, Tel. +49 (0)8362 938 75 50, www.walderlebniszentrum.eu

Hohenschwangau: *Schloss Neuschwanstein* und *Schloss Hohenschwangau* (Apr-Mitte Okt 9-18), *Museum der bayerischen Könige* (tgl. 10-18) Tickets für das Museum direkt im Museum (ohne Reservierung). KEINE Gepäckstücke, Kinderwagen oder Kraxen!

Tickets für die Königsschlösser NUR im Ticket-Center. Rechtzeitig, mindestens 2 Tage vorher, buchen/reservieren, es gibt nur ein begrenztes Ticket-Kontingent pro Tag, Alpseestr. 12, 87645 Hohenschwangau, Tel. +49 (0)83629 308 30, www.neuschwanstein.de

Waltenhofen: *Pfarrkirche St. Maria und Florian* (8. Jh.).

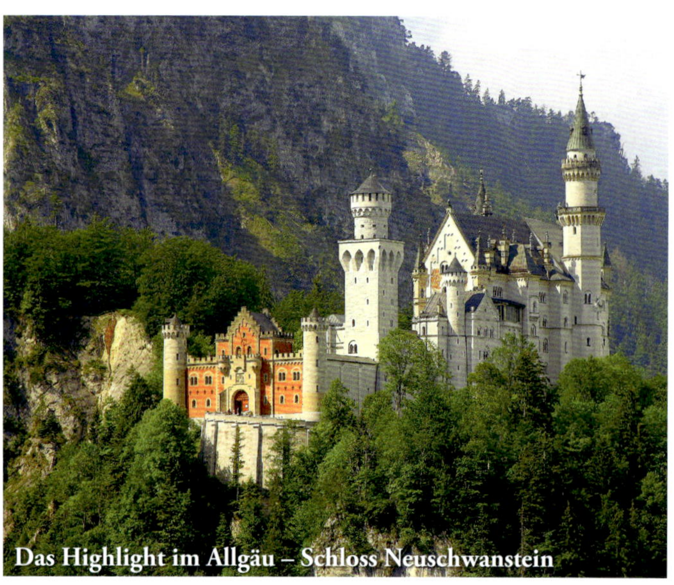
Das Highlight im Allgäu – Schloss Neuschwanstein

Sonstige Aktivitäten am Forggensee

Kanu:

Weiterfahrt auf dem schönen ***Wanderfluß Lech***, leider mit extremer Verbauung durch Kraftwerke. Die Flussstrecke von **Lechbruck am See** bis nach **Schongau** überzeugt besonders durch die Schönheit der Uferlandschaft. Highlight ist die ***Litzauer Schleife*** *(Naturschutzgebiet, nur in Flussmitte fahren, betreten der Ufer und Kiesbänke verboten!).*

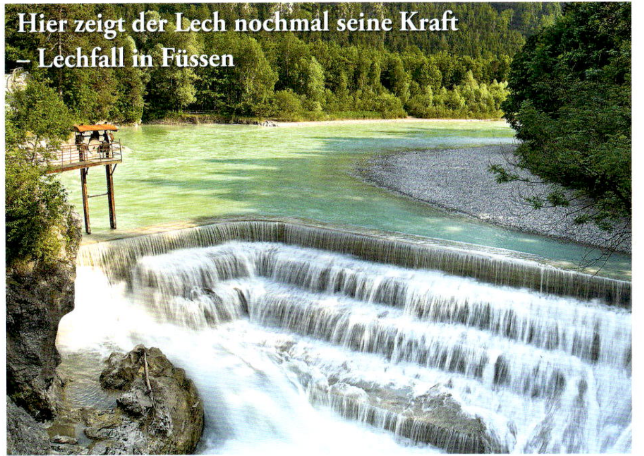
Hier zeigt der Lech nochmal seine Kraft – Lechfall in Füssen

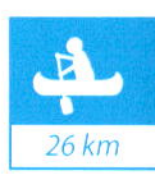

Wandern:

Die *„**Drei Schlösser Wanderung**"* vereint auf einer familienfreundlichen Wanderung ***Schloss Neuschwanstein, Schloss Hohenschwangau*** und das ***Hohe Schloss*** mit herrlichen Blicken auf den ***Alpsee*** und die umgebenden Waldberge. Dafür geht man von **Füssen** über den Lech und übersteigt den ***Kalvarienberg***. Anschließend geht es hinunter zum ***Schwansee*** und ***Alpsee*** und dann folgen ***Hohenschwangau*** und ***Neuschwanstein*** hintereinander. Zurück geht es über die Parkstraße und nördlich des ***Kienbergs***, vorbei am ***Hohen Schloss*** nach **Füssen** (14,6 km, 5:30 Std., Auf- und Abstieg ca. 580 Höhenmeter).

Eine konditionell fordernde Wanderung geht von **Hohenschwangau** aus hinauf zum ***Säuling (2.048 m).*** Wer zusätzlich die westliche Flanke des Berges umrunden möchte, benötigt Trittsicherheit.

Schöne Wanderung auf dem ***LechErlebnisWeg***, Etappe: **Roßhaupten** – **Füssen** (13,5 km, 3:40 Std.)

Rundweg von **Rieden** ***zum Faulensee*** über die ***Burgruine Hopfen*** (8 km, 2:30 Std.).

Nördlich von **Roßhaupten** auf dem ***Via Claudia-Rundweg*** (6,8 km, 1:45 Std.).

Entlang des ***Forggensee-Westufers*** auf der ***Römerstraße Via Claudia Augusta*** (mit dem Schiff nach **Roßhaupten** und zu Fuß nach **Füssen** (13 km / 3:45 Std.).

Fahrrad:

Rund um den Forggensee führt eine ***familientaugliche Fahrradrunde*** (30 km, 170 Höhenmeter).

Mit dem Mountainbike von **Füssen** auf der technisch einfachen ***Dreiländereckrunde*** nach **Hohenschwangau**, dann am nördlichen ***Alpseeufer*** entlang Richtung **Pinswang** und hinauf auf den ***Gipfel des Schwarzenbergmassivs***, anschließend parallel zum Lech zurück nach **Füssen** (23 km, 650 Höhenmeter).

Klettern:

DAV Kletterzentrum Allgäu, eine der modernsten Kletterhallen Bayerns, Dietringer Str. 50, Rieden, Tel. +49 (0)8362 50 71 88, www.alpenverein-fuessen.de

Bergsportzentrum am Tegelberg *(Mountain Lodge, Trainingskletterwand, Klettersteigtouren),* Tegelbergstraße 33, Schwangau, Tel. + 49 (0)8362 983 60, www.tegelbergbahn.de

Baden:

Rund um den Forggensee gibt es **zahlreiche Badeplätze** und Liegewiesen (kostenfrei).

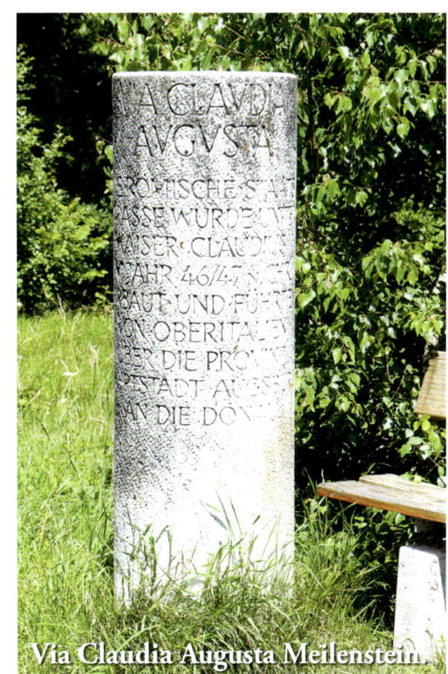

Via Claudia Augusta Meilenstein.

Thermalbad:

Königliche Kristall-Therme *(Thermalbad, Sauna, Wellness),* Am Ehberg 16, Schwangau, Tel. +49 (0)8362 819 630 (So-Do 9-22, Fr+Sa 9-23, ab 12,50 €, www.kristalltherme-schwangau.de).

Angeln:

Um am ***Forggensee*** zu angeln benötigt man einen ***gültigen staatlichen Fischereischein*** (bzw. Jugendfischereischein) und einen Erlaubnisschein des jeweiligen Fischereiberechtigten. Es werden **Hecht, Zander, Forelle, Renke, Karpfen, Schleie, Aal, Barsch** und **Weißfische** gefangen.

Angel-Kartenausgabe:

Fischerhütte in **Füssen,** Tel. +49 (0)8362 75 40
Café Maria in **Osterreinen,** Tel. +49 (0)8362 370 00
Camping Seewang **(Tiefentalgraben),** Tel. +49 (0)8367 406
Camping **Brunnen (Schwangau),** Tel. +49 (0)8362 82 73

Weitere Informationen erhalten Sie beim ***Kreisfischereiverein Füssen:*** Fischerhütte, Bei der Achmühle, Füssen, Tel. +49 (0)8362 94 16 16, www.fuessen-kfv.de

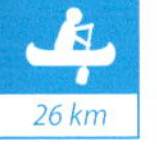

Fahrgastschifffahrt auf dem See:

Zwei verschiedene Linien (Kleine und Große Rundfahrt) fahren von Anfang Juni bis 15. Oktober die Stationen **Kraftwerk (Roßhaupten), Tiefental (Roßhaupten), Dietringen (Rieden), Osterreinen (Rieden), Brunnen (Schwangau), Waltenhofen (Schwangau), Füssen Festspielhaus** und **Füssen Bootshafen** an.
Tourist-Info Füssen, Kaiser-Maximilian-Platz 1, Füssen, Tel. +49 (0)8362 938 50, www.fuessen.de

Bergbahnen:

Buchenbergbahn *(Doppelsesselbahn zur Buchenberg Alm),* Füssener Str. 19, Halblech, Tel. +49 (0)8362 983 60, www.buchenbergbahn.de

Tegelbergbahn *(Gondelseilbahn auf den Tegelberg, Drachen- & Gleitschirmfliegen, an der Talstation gibt es eine 760 Meter langer Sommerrodelbahn und einen Erlebnisspielplatz),* Tegelbergstraße 33, Schwangau, Tel. +49 (0)8362 983 60, www.tegelbergbahn.de

Breitenbergbahn *(Gondelbahn zum Berghaus Allgäu und Hochalphütte),* Tiroler Straße 176, Pfronten, Tel. +49 (0)8363 58 20, www.breitenbergbahn.de

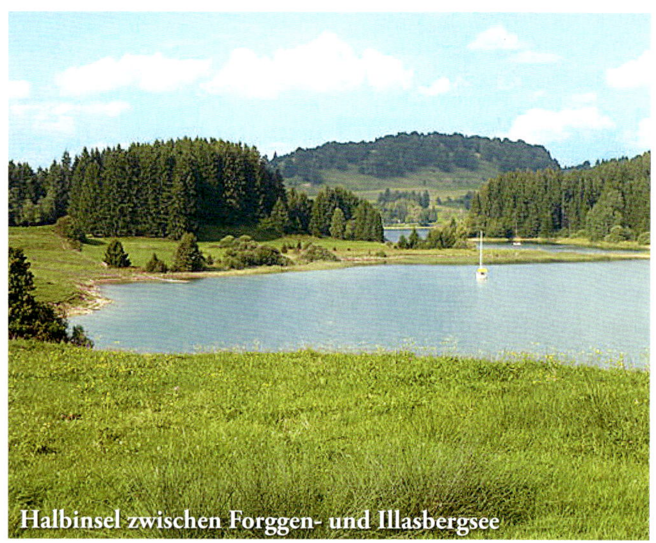
Halbinsel zwischen Forggen- und Illasbergsee

Fahrradvermietung:

Schwangau: ***Todos*** *(auch E-Bikes),* Füssener Str. 13, Tel. +49 (0)178-906 32 86, www.fahrradverleih-todos.de

Rieden: ***Alpen Bikes,*** Faulenseestraße 1, Tel. +49 (0)177-909 35 45, www.alpen-bikes.de

Rieden-Osterreinen:

Aloha Bikes, Bachtalstr. 1, Tel. +49 (0)177-712 23 54, www.aloha-shop.eu

Radlerhof Scheffler, Forggenseestr. 1, Tel. +49 (0)178-474 88 03, www.radlerhof.com

Campingplatz Seewang *(nur E-Bikes)*, Tiefental 1, Tel. +49 (0)8367 406, www.camping-forggensee.de

Roßhaupten: ***Stefans Sporteck,*** Hauptstraße 20/22, Tel +49 (0)8367 622, www.stefanssporteck.de

Am Bannwaldsee: ***Camping Bannwaldsee & Wohnmobilplatz,*** Münchner Straße 151, Tel. +49 (0)8362 930 00, www.camping-bannwaldsee.de

Der Forggensee

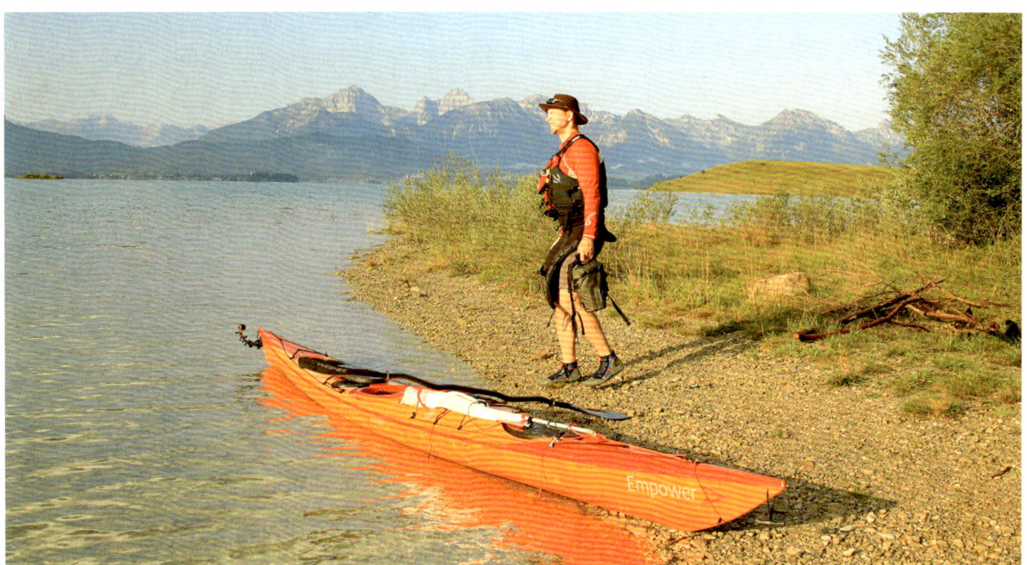

Hier trifft sich die SUP-Szene zum morgendlichen Paddeln oder zum Sundowner– am Illasbergsee

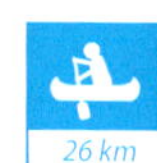

Badende Kinder toben durchs Wasser, SUP-Paddler kommen gerade von einer frühmorgendlichen Ausfahrt zurück und erste Sonnenanbeter sitzen bereits auf ihren Handtüchern. Von der Sonnenterrasse des ***Kiosk Illasbergsee*** genieße ich erstmal den Blick über den idyllischen Badeplatz des ***Illasbergsees*** auf das herrliche Alpenpanorama bei einer Tasse Kaffee, bevor ich meine Rundfahrt um den Forggensee starte. *Der kleine Illasbergsee ist eigentlich eine Bucht des Forggensees und durch einen Flaschenhals mit ihm verbunden.* Sein Badeplatz gehört zu einer der schönsten Stellen am gesamten Forggensee.

Nur ein paar Paddelschläge auf dem klaren, grünlich schimmernden Wasser und ich lasse den Trubel hinter mir, mit direktem Kurs auf die Durchfahrt in den ***Forggensee***. Während links dichter Wald das Ufer säumt, blicke ich auf der gegenüberliegenden Seite auf offene Wiesenhügel an deren Ende eine Baumgruppe steht, als wäre sie eine eigene Insel. Durch die Lücke hindurch kann ich bereits die wuchtigen Allgäuer Berge in der Ferne sehen, die plötzlich aus der Erde zu wachsen scheinen. Ein ganz dünner Nebelschleier liegt noch auf der Wasseroberfläche und schafft eine tolle Stimmung. Es ist

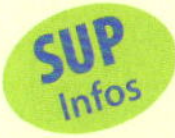

SUP-Tipp: Meeting Point für SUP-Freaks ist die kleine **Bucht Illasbergsee** – egal ob zum ***Sunsetpaddeln*** oder am Tage. Am Kiosk der Badestelle kann man sich anschließend stärken.

SUP-Vermietung und Kurse:

Rieden-Osterreinen:
SUP-Board-Verleih ALOHA
Dorfplatz-Stüble, Bachtalstraße
Tel. +49 (0)177-712 23 54
www.aloha-shop.eu

Rottachsee/Rottachspeicher (30 km westlich vom Forggensee):
Sup Schule Allgäu *(Kurse & Vermietung, auch Forggensee-Touren)*
***SUP Station in* Bisseroy**
Tel. +49 (0)176-78 92 54 89
www.sup-schule-allgaeu.de

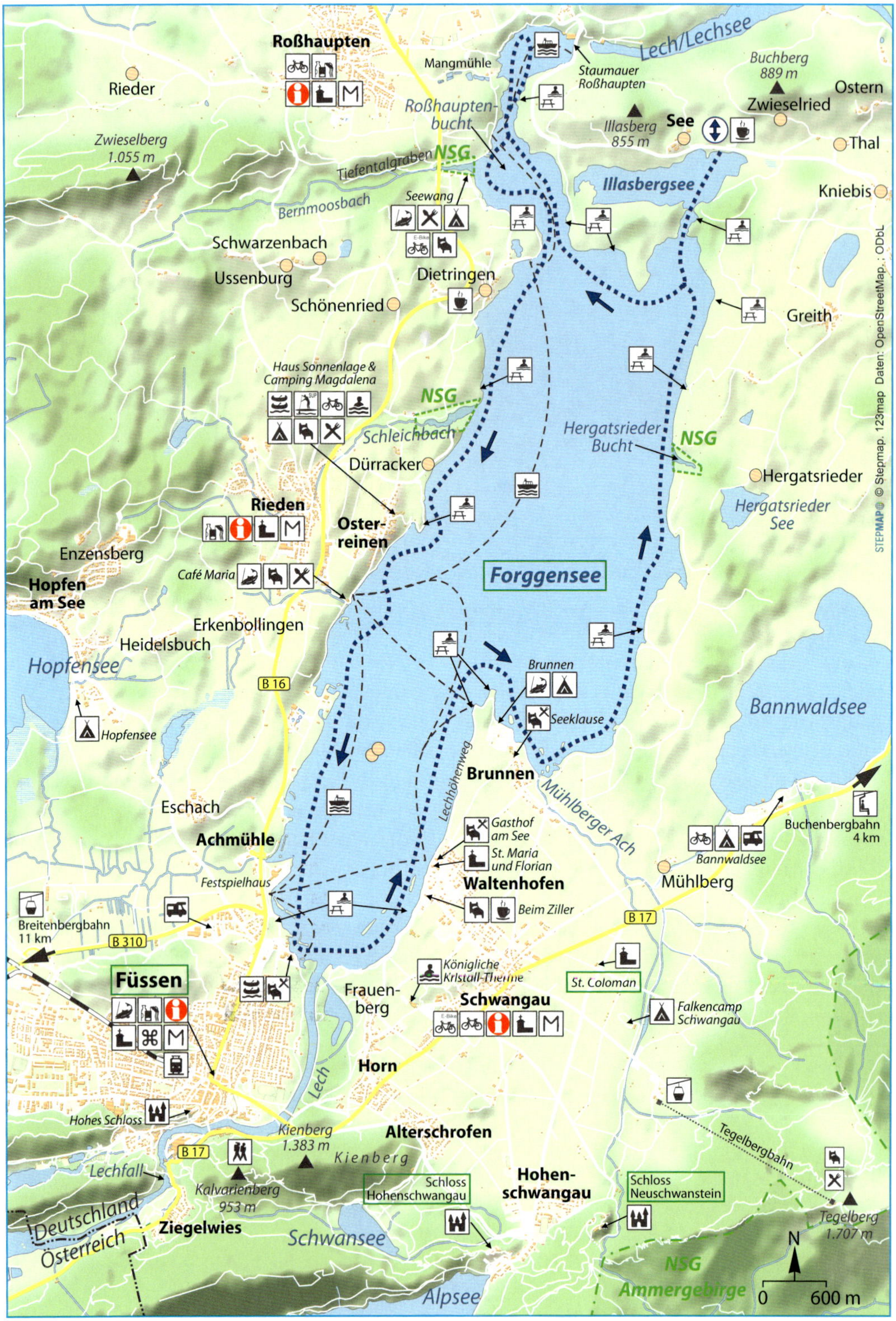

Roßhaupten
Mangmühle
Staumauer Roßhaupten
Lech/Lechsee
Buchberg 889 m
Ostern
Zwieselried
Rieder
Roßhaupten-bucht
Illasberg 855 m
See
Thal
Zwieselberg 1.055 m
Tiefentalgraben
NSG
Illasbergsee
Kniebis
Seewang
Bernmoosbach
Schwarzenbach
Ussenburg
Dietringen
Schönenried
Greith
Haus Sonnenlage & Camping Magdalena
NSG
Schleichbach
Hergatsrieder Bucht
NSG
Dürracker
Hergatsrieder
Hergatsrieder See
Rieden
Oster-reinen
Enzensberg
Forggensee
Café Maria
Hopfen am See
Erkenbollingen
Heidelsbuch
Hopfensee
B 16
Brunnen
Seeklause
Bannwaldsee
Hopfensee
Brunnen
Lechhöhenweg
Mühlberger Ach
Eschach
Gasthof am See
St. Maria und Florian
Buchenbergbahn 4 km
Achmühle
Bannwaldsee
Festspielhaus
Waltenhofen
Mühlberg
Beim Ziller
Breitenbergbahn 11 km
B 310
B 17
Königliche Kristall-Therme
St. Coloman
Füssen
Frauen-berg
Schwangau
Falkencamp Schwangau
Horn
Lech
Hohes Schloss
Kienberg 1.383 m
Alterschrofen
Tegelbergbahn
B 17
Kienberg
Lechfall
Kalvarienberg 953 m
Schloss Hohenschwangau
Hohen-schwangau
Schloss Neuschwanstein
Tegelberg 1.707 m
Deutschland
Österreich
Ziegelwies
Schwansee
NSG
Ammergebirge
Alpsee
N
0 600 m

STEPMAP © Stepmap. 123map Daten: OpenStreetMap ; ODbL

kaum zu glauben, dass ich hier auf einem Stausee paddle, so schön ist die Umgebung. *Vor rund 60 Jahren wurde der mächtige Staudamm fertiggestellt, der dem Lech eine 320 Meter lange Barriere entgegenstellt. Das Wasser füllt einen Bereich der bereits kurz nach der Eiszeit einen großen See bildete, den sogenannten Füssener See, der mit 60 km² deutlich größer gewesen sein muss als das heutige künstliche Gewässer. Mit dem Damm bei Roßhaupten sollte einerseits Strom gewonnen werden, andererseits ein Hochwasserückhaltebecken entstehen.*

Letzteres ist auch der Grund dafür, dass der See im Winter bis auf einen Kernbereich abgelassen wird. So kann er die Schmelzwassermassen des Frühjahrs abpuffern. *Schon seit der Zeit der Römer verlief eine Straße durch das Tal, nämlich die* ***Via Claudia Augusta****, die eine wichtige Handelsverbindung von Venedig über den Reschenpaß nach Augsburg war. Sie blieb nach dem Abzug der Römer noch jahrhundertelang in Benutzung und selbst heute noch können im Winter auf dem Grund des Sees ihre Spuren, aber auch Überreste einer villa rustica, einem römischen Landhaus, zwischen Brunnen und dem im Forggensee versunkenen Weiler Forggen, entdeckt werden. Damals waren 256 Einwohner von der Flutung des Stausees betroffen und mit ihnen mussten 16 Bauernhöfe dem Projekt weichen.* Was damals gravierende Auswirkungen auf das Leben vieler Menschen hatte, ist heute im Sommer ein Touristenmagnet.

Mich rechts haltend öffnet sich bald hinter einer etwas engeren Einfahrt eine Bucht und gibt den Blick frei auf eine bewaldete Steilküste, deren weiße Wände in der Landschaft besonders ins Auge fallen. Nach etwa einem Kilometer verengt sich die Bucht abermals und ich nähere mich der Staumauer. Irgendwo unter mir liegt die im Wasser versunkene alte Tiefental-Brücke, die bei niedrigen Winterwasserständen wieder zum Vorschein kommt. Das ***Infozentrum Wasserkraft*** in den Räumen des Kraftwerks informiert über die Erzeugung von regenerativer Energie aus der Wasserkraft des ***Lechs*** und die Zusammenhänge zwischen dem Fluß, der Umwelt und den Anwohnern.

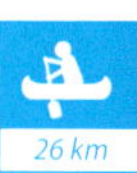

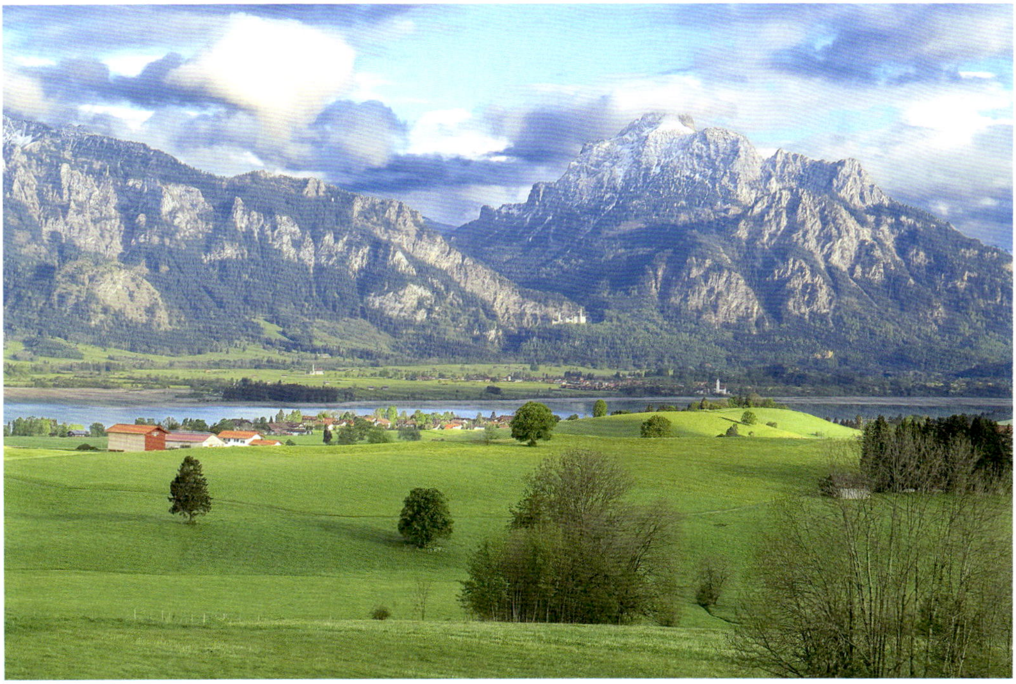

Als künstlicher Stausee füllt der Forggensee ein natürliches Becken, durch das der Lech fließt

Auf meinem Weg aus der Bucht heraus passiere ich die Mündung des ***Bernmoosbaches*** der ganzjährig aus Naturschutzgründen nicht befahren werden darf. Hinter der Engstelle bin ich wieder zurück auf dem Hauptbecken des Forggensees und gleich rechts liegt das Dörflein **Dietringen**, das sich durch Bootsstege und ankernde Jollen ankündigt. Ein Stück davor kann man am sonnigen Badeplatz des Dörfchens auf der Terrasse des ***Kiosks*** einkehren. Kein Ort liegt so dicht am Wasser wie diese sehr alte Siedlung. *Bei Ausgrabungen wurden Werkzeuge und wertvolle Münzen aus dem 1. Jh. n. Chr. entdeckt, Reste einer römischen Handelsstation der vorbeiführenden Via Claudia Augusta.*

26 km

Dem nun bewaldeten Uferstreifen folgend, komme ich zur Mündung des ***Schleichbaches***, der ebenfalls aus Naturschutzgründen nicht befahren werden darf. Zahlreiche Vogelstimmen dringen zu mir herüber aufs Wasser.

Ein Stückchen weiter erreiche ich den Hafen von **Rieden-Osterreinen**, in dessen kleiner Bucht sich auch der ***Campingplatz Magdalena*** mit Zimmmervermietung ***(Haus Sonnenlage)*** versteckt, die auch günstige Mehrbettzimmer für Biker und Backpacker anbieten. Die angeschlossene Pizzeria „Il Gambero" ist bekannt für ihre köstlichen Pizzen aus dem Holzofen. Nebenan im ***„Dorfplatz-Stüble"***, wo es auch frische Backwaren und Snacks gibt, bietet ***„Aloha Bikes'n Style"*** Kanu-, SUP- und Fahrradvermietung. Mit dem neugestalteten Badeplatz und der großen Liegewiese ist das gesamte Gelände ein sehr sympathischer Platz. Ebenfalls eine Übernachtungsmöglichkeit findet sich einen Kilometer weiter im ***Café Maria*** neben der Schiffsanlegestelle, wo man bei Mandelwaffeln auf der Terrasse mit schönem Blick auf den See sitzen oder sich auch gleich ein Zimmer buchen kann. Das inmitten eines barocken Gartens liegende

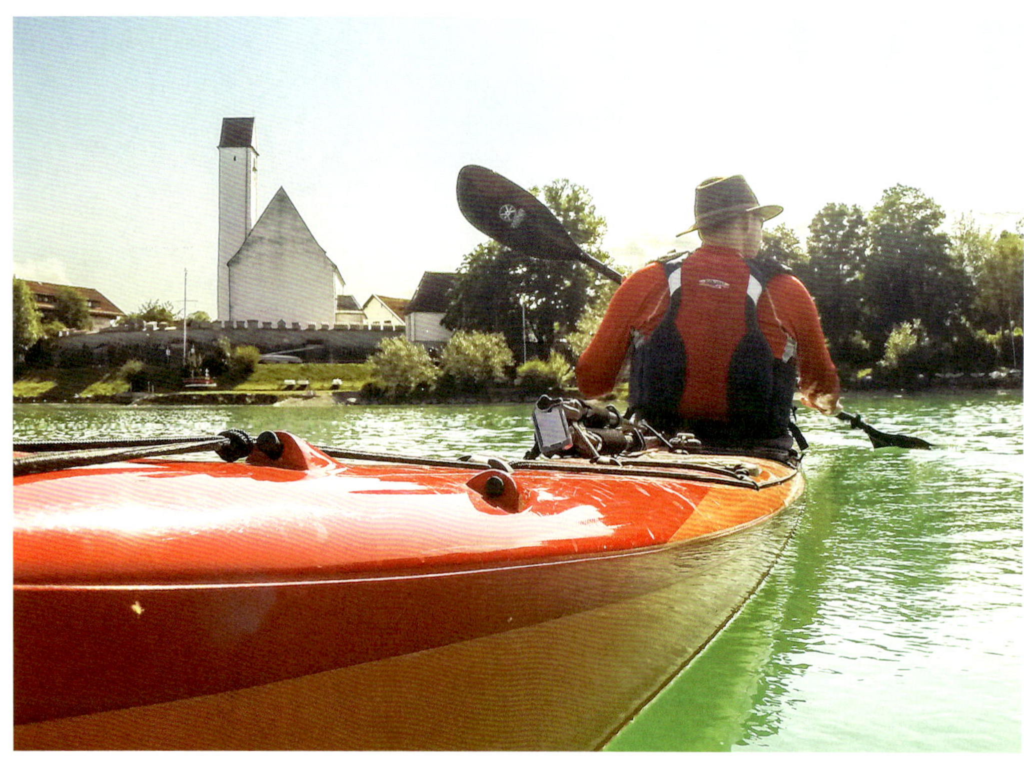

Die Pfarrkirche St. Maria und Florian ist dem heiligen St. Florian gewidmet, Beschützer gegen Feuersbrunst und Überschwemmungen

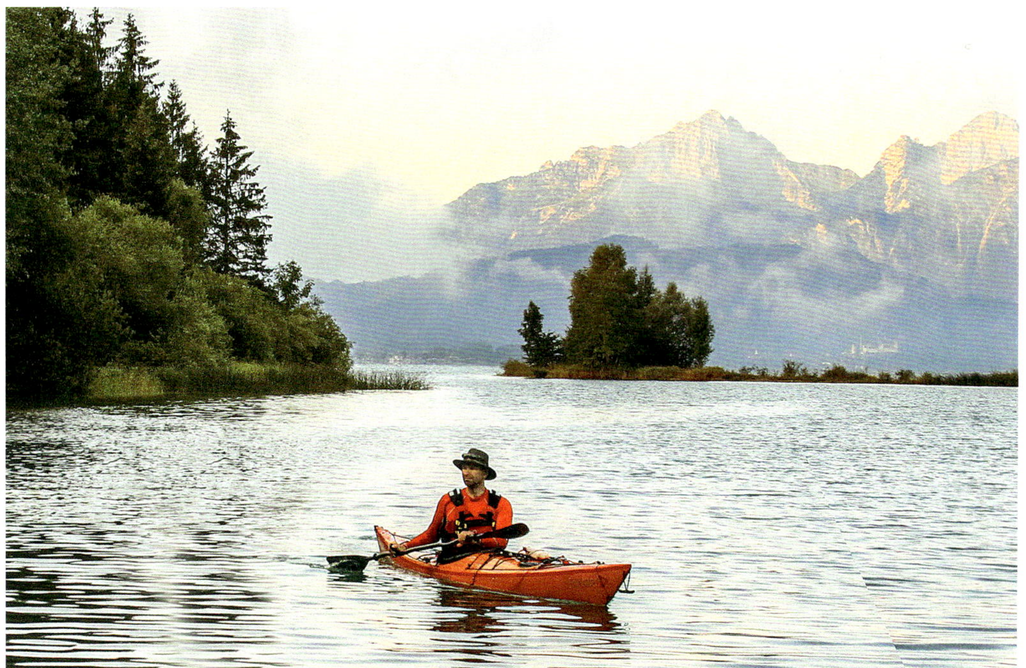

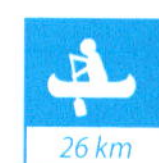

Von der Bucht Illasbergsee ist der Blick auf die Bergwelt besonders schön

Festspielhaus mit dem gläsernen Vorbau, das eigens auf einer 45.000 m² großen, künstlich geschaffenen Theaterinsel mit Blick auf Neuschwanstein errichtet wurde, kündigt Füssen an. **Füssen** selbst hat mit der Altstadt und dem ***Hohen Schloss*** kulturell einiges zu bieten. Wer die Stadt besichtigen will, muss allerdings ein Stück weit laufen, denn ihr Kern liegt etwas vom See entfernt. Nicht zuletzt ist auch die ganze Umgebung mit ***Schloss Neuschwanstein*** und ***Hohenschwangau*** ein Touristenmagnet. *Hohenschwangau wurde von Kronprinz Maximilian von Bayern aus der Ruine Burg Schwanstein im neugotischen Stil wieder aufgebaut. Hier lebte König Ludwig II. in seinen Jugendjahren, ehe er sich selbst mit dem weltweit bekannten Märchenschloss Neuschwanstein ein unverrückbares Denkmal setzte.* Beide Schlösser oben auf dem Berg sind vom Wasser aus gut zu erkennen.

Ein Stückchen weiter strömt mir das Wasser des ***Lechs*** kräftig entgegen. Heute ist es trübe gefärbt und bildet einen starken Kontrast zum grünen Wasser des Forggensees. Wald zur Rechten und einige kleine, spärlich bewachsene Inselchen zur Linken, begleiten mich auf der Strecke nach **Waltenhofen**. Die direkt am Wasser stehende ***Pfarrkirche St. Maria und Florian*** ist sicher eines der ältesten Gotteshäuser im Landkreis. *Ausgrabungen brachten mehrere Fundamente unterschiedlicher Bauten ans Licht. Eine kleine Urkirche aus dem 8. Jahrhundert, eine Vergrößerung im 10. oder 11. Jahrhundert und schließlich die Erweiterung aus der ersten Hälfte des 14. Jahrhunderts.*

Auf den nächsten zwei Kilometern begleitet der ***Lechhöhenweg*** das Ufer. Viele Radfahrer und Spaziergänger sind unterwegs. Die Spitze der ***Brunnenhalbinsel*** scheint sehr beliebt zu sein, denn dort haben sich viele von ihnen zum Müßiggang oder zum Baden niedergelassen.

Gleich hinter der Halbinsel versteckt sich in einer Bucht der mit einer vorgelagerten kleinen Insel hübsch gelegene ***Campingplatz*** **Brunnen**, der flächenmäßig größte Platz am See. Der komfortable 5-Sterne Campingplatz soll einer der besten 100 Campingplätze Europas sein.

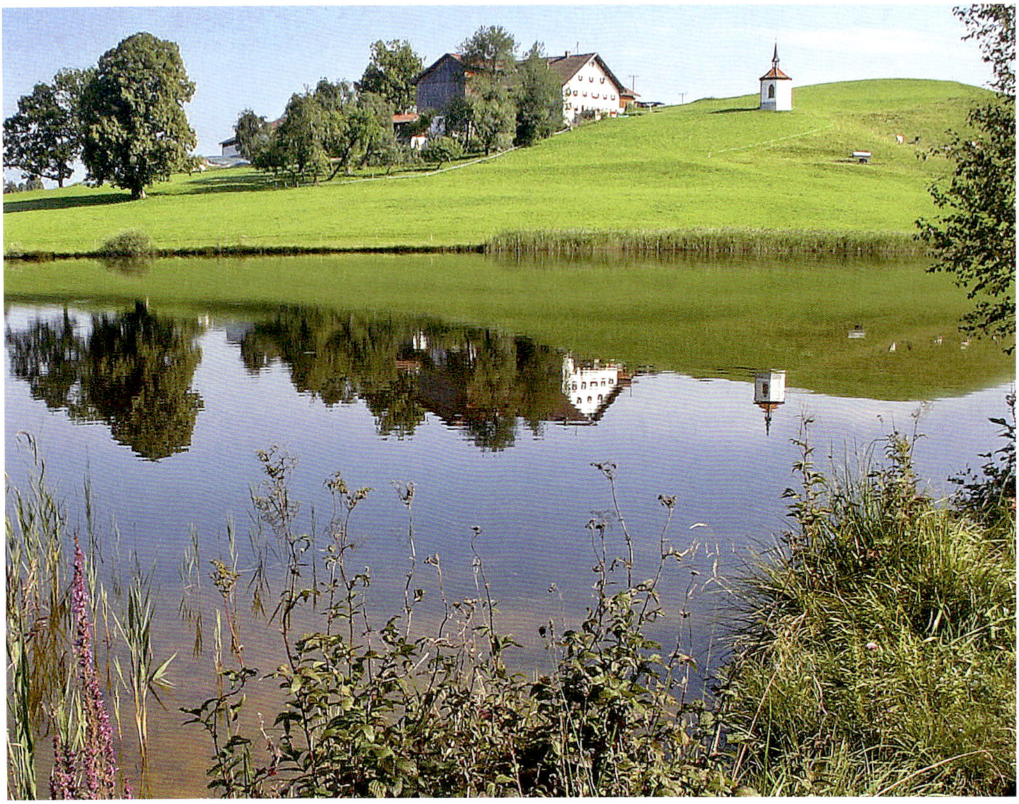

Der Hegratsrieder See ist malerisch in die saftige Hügellandschaft eingebettet

Tief in der Bucht, wo die ***Mühlberger Ach*** in den See mündet, finden sich weitere Inseln, ebenso zwei kleine Jollenhäfen und ein Schiffsanleger. Nach zwei einsamen Kilometern Richtung Norden auf dem kristallklaren türkisen Wasser, dieser Teil ist bis auf ein paar Heuschober am Ufer nicht besiedelt, bietet sich die Gelegenheit die Füße zu vertreten. In einer wenig ausgeprägten Bucht, die noch vor der schmalen, tief eingeschnittenen ***Hegratsrieder Bucht*** *(NSG, Betretungsverbot)* liegt, geht es über einen Feldweg hinauf zur Straße. Ein Stück nach links laufend, gelangt man zu einem Kleinod der Region. Der ruhig gelegene ***Hegratsrieder See*** ist von Wäldern und Magerrasen-Flächen umgeben und gehört zu einem Landschaftsschutzgebiet in dem zum Teil seltene Tier- und Pflanzenarten beheimatet sind. Wer einmal dem Ferientrubel des Forggensees entgehen will, findet an dem rund zehn Hektar großen, einsam gelegenen Gewässer auch Möglichkeiten zum Baden. Das leicht bräunlich gefärbte Wasser rührt nur von der Beschaffenheit des Untergrunds her und beeinträchtigt nicht seine sehr gute Wasserqualität. Die Naturidylle und der Ausblick auf die Berge im Hintergrund ist wunderschön. Am Ufer stehen ein alter Bauernhof und die kleine gotische ***Hegratsrieder Kapelle,*** die mit ihren kunstvollen Heiligenfiguren einen Ort der Ruhe und Besinnlichkeit bietet.

Auch die letzten Kilometer entlang des Ostufers zurück zum Illasbergsee sind nicht besiedelt und daher ein besonderer Paddelgenuss. Einige kleine Buchten sind wie geschaffen für eine Pause. Auf der restlichen Wegstrecke begegnen mir mehrere SUP-Boarder, so dass ich den Eindruck gewinne, dass hier deutlich mehr Brettsportler als Kanufahrer unterwegs sind.

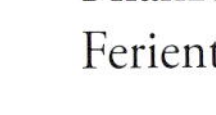

Plan- & Heiterwanger See

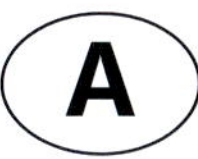

Karibikfeeling in den Alpen

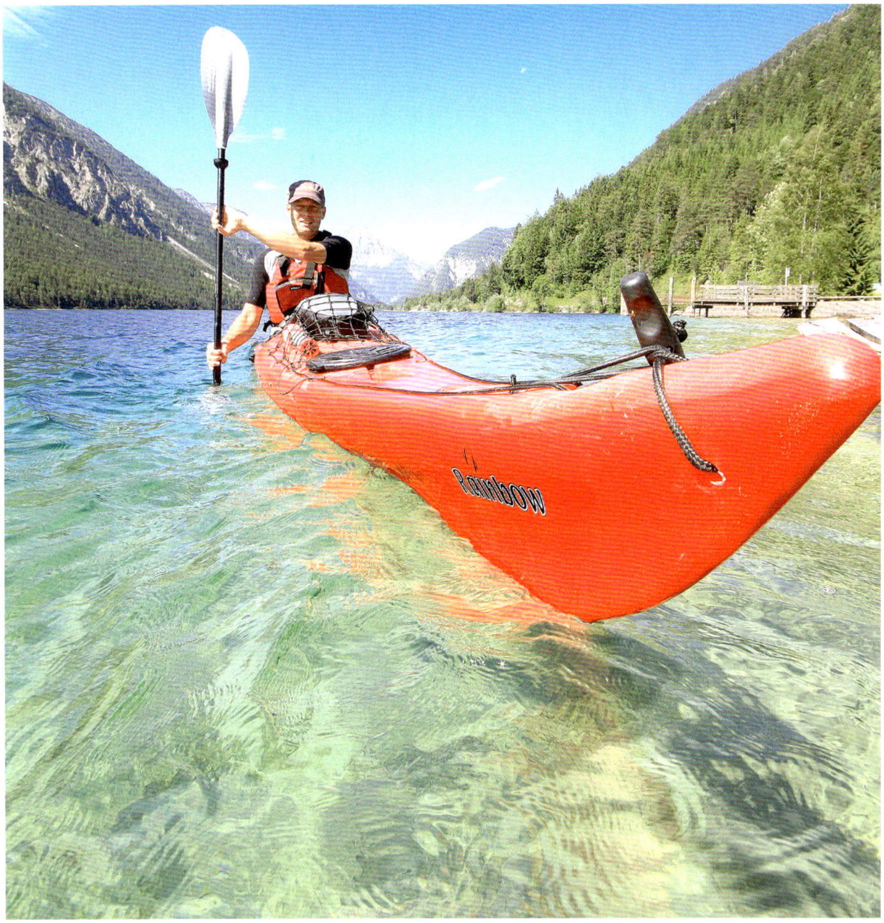

Tour

Tour-Infos Plansee & Heiterwanger See

Landschaft	Kultur	Baden	Verkehrslärm
★★★★	★	★★★	★★

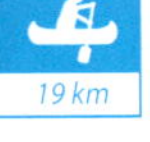

Charakter des Sees

Die fjordartige Landschaft rund um die beiden Seen ist ein wahrer Augenschmaus mitten in der Tiroler Bergwelt. Immerhin sieben Kilometer misst die längste Ausdehnung beider Seen. Die Breite schwankt zwischen 50 und 1.700 Metern. Zusammengenommen bilden sie die zweitgrößte Wasserfläche Tirols. Straßenverkehr gibt es nur an Teilen des Plansee-Nordufers.

Beide Seen sind Reste eines eiszeitlichen Schmelzwasser-Stausees, der anfangs bis zum heutigen Ort Ehrwald reichte und somit eine deutlich größere Ausdehnung hatte. Der Plansee bildet nach Norden hin eine kleine Bucht, die auch Kleiner Plansee genannt wird und an dessen Ende die heutige Staumauer steht. Die Seen werden seit 1902 zur Energiegewinnung genutzt, was zur Folge hat, dass die Wasserstände im Winterhalbjahr abgesenkt werden. Durch einen 1908 erbauten 300 Meter langen Kanal wurden beide Seen künstlich miteinander verbunden und somit schiffbar gemacht. Daher können wir heute mit unseren SUP-Boards und Kanus über beide Seen schippern.

Bei einer Umrundung inklusive dem Auspaddeln aller Buchten kommt man auf gute 18 Kilometer. Besonders SUP-Paddler werden die unglaubliche Sichttiefe von bis zu 15 Metern zu schätzen wissen.

Länge und Dauer der Tour: 19 km, 1-2 Tage **Schwierigkeit:** leicht **Saisonfaktor:** mittel

Etappenvorschlag: **1. Tag:** Sennalpe, Plansee Ost – Fischer am See, Heiterwanger See Westende (10 km)
2. Tag: Heiterwanger See Westende – Sennalpe, Plansee Ost (9 km).

Bootswagen: nicht erforderlich.

Gefahren

Beide Seen gelten eher als windarm. An schönen Tagen bildet sich oft ein Thermikwind zwischen dem ***Lichtbrenntjoch*** im Süden und dem ***Zwieselberg*** im Norden, der aber weder in Richtung noch Stärke besonders konstant ist. Natürlich können Gewitter, Fallböen und durchziehende Tiefdruckgebiete das Wasser auch einmal aufwühlen.

Befahrungsregelungen

Elektroboote zum Angeln sind erlaubt, private Motorboote sind verboten.

Anreise

Aus **München**: A95 Richtung Garmisch-Partenkirchen. Ab ***Eschenlohe*** weiter auf der B2 bis ***Oberau***. Dort rechts auf die B23 und dann die St2060 weiter über ***Ammerwald*** auf die L255 *(Plansee Landesstraße)* bis zum **Plansee**. Dort links ab zum Campingplatz **Sennalpe**.

Aus **Zürich, Bregenz, Kempten**: A7 Kempten Richtung Tirol und weiter auf der B179 *(Fernpassstraße)* bis ***Reutte-Süd***. Dort links ab auf die L255 und am **Plansee** entlang bis zum Campingplatz.

Aus **Innsbruck**: A12 Richtung Bregenz bis *Ausfahrt Mötz*. Dort rechts auf die Mötzer Landesstraße *Richtung Reutte/Fernpass* bis zur B189. Links ab und auf der Straße, die in die B179 übergeht, bis ***Reutte***. Dort rechts auf die L255 und am Plansee entlang bis zum Campingplatz **Sennalpe**.

Einsetzen und Parken

Campingplatz **Sennalpe**. Alternativ am Badeplatz an der Sennalpe. Dort auch kostenfreie Parkplätze.

Kartenmaterial

Tannheimer Tal, Lechtal, Plansee: Nr. 05, 1:35.000, ***Kümmerly+Frey***
Wetterstein und Mieminger Gebirge, West, 1:25.000, ***Deutscher Alpenverein***
Tiroler Zugspitz Arena XL-Ehrwald-Heiterwang-Plansee, 1:25.000, ***KOMPASS-Karten***

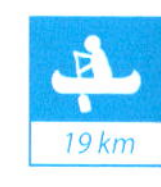

Literaturtipps

Wanderführer Karwendel und Wetterstein: Die 40 schönsten Touren zum Wandern rund um Garmisch-Partenkirchen, Mittenwald, Bruckmann Verlag.
Reutte und Breitenwang (historischer Bildband), *Richard Lipp,* Sutton Verlag.
Erlebnis-Wandern! Außerfern-Sagen und Mythen entdecken: Naturparkregion Reutte, Tannheimer Tal und Jungholz, Naturpark Lechtal, Tiroler Zugspitz Arena, *Chr. Zucchelli,* Tyrolia Verlag.
Lieblingsplätze zum Entdecken: Streifzüge durchs Werdenfelser Land, Gmeiner-Verlag.

Übernachtung in Wassernähe *(in der Reihenfolge des Tourenverlaufs)*

Plansee, Breitenwang:
Camping Sennalpe
Am Plansee 13
Tel. +43 (0)5672 781 15
www.camping-plansee.com

Hotel Forelle
Am Plansee 9
Tel. +43 (0)5672 781 13
www.hotelforelle.at

MusterAlpe am Plansee
Plansee 1 *(günstig + urig)*
Tel. +43 (0)5672 781 18
www.musteralpe-plansee.at

Camping Seespitze
Am Plansee *(auch Hütten)*
Tel. +43 (0)5672 781 21
www.camping-plansee.com

Hotel Seespitze
Am Plansee 2
Tel. +43 (0)5672 781 20
www.hotel-seespitze.at

Heiterwanger See:
Hotel Fischer am See &
Camping Heiterwanger See
Fischer am See 1+2
Tel. +43 (0)5674 51 16
www.fischeramsee.at

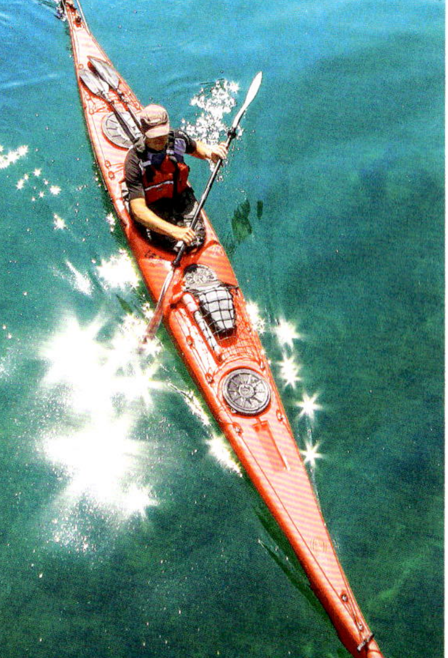

Tourist-Infos

Tourismusregion Tiroler Zugspitz Arena –
Oberdorf 5, Heiterwang, Tel.+43 (0)5673 20 00 07 00,
www.zugspitzarena.com

Tourismusverband Ferienregion Reutte, Untermarkt 34,
Tel. +43 (0)5672 623 36, www.reutte.com

Kanuvermieter & Veranstalter **keine**

Sehenswürdigkeiten rund um Plan- & Heiterwanger See

Reutte: *Burg Ehrenberg* (13. Jh.) mit *Erlebnismuseum „Dem Ritter auf der Spur"* (Burgenwelt Ehrenberg, Klause 1, Tel. +43 (0)5672 620 07, Mai-Nov tgl. 9/10-18, www.ehrenberg.at); *Highline179* (mit 406 m längste *Fußgängerhängebrücke* der Welt im Tibet-Style, tgl. 8-22, www.highline179.tirol); *Franziskanerkloster Reutte* (17. Jh.) mit *Annakirche* (Figurengruppe Anna selbdritt um 1515 vom Holzbildhauer J. Lederer); *Museum Grünes Haus:* von archäologischen Funden entlang der Via Claudia Augusta über die Geschichte von Reutte bis hin zu Kunstwerken der Familie Zeiller und von Anna Stainer-Knittel, besser bekannt als „Geierwally" (Museumsverein Reutte, Untermarkt 25, Tel. +43 (0)5672 723 04, Di-Sa 13-17, 1. Do im Monat 13-19, www.museum-reutte.at); historische Häuser mit *Lüftmalereien, z.B. Fassadenmalerei am „Zeillerhaus".*

Sonstige Aktivitäten am Plan- & Heiterwanger See

Wandern:

Eine wunderbare, aber konditionell fordernde Wanderung führt vom Ostende des Plansee hinauf auf die ***Geierköpfe*** (technisch einfach, 1.200 Höhenmeter Auf- & Abstieg). ***Schöne Ausblicke über den Plansee.***

19 km

Ebenfalls schöne Ausblicke bietet die mittelschwere Wanderung über den ***Tauern*** und den ***Zunterkopf*** vom Bergsattel am **Kleinen Plansee** aus, mitunter etwas ausgesetzt (ca. 7 km, 1.000 Höhenmeter im Auf- und Abstieg).

Eine lange, aber leichte Wanderung (ca. 20 km, 300 Höhenmeter im Auf- und Abstieg) führt seenah um ***Heiterwanger See und Plansee***. Sie kann mit der Seerundfahrt abgekürzt werden.

Plansee-Rundwanderweg (**Fischer am See – Seespitze**, 4,5 km, 1:15 Std; **Seespitze – Hotel Forelle**, 5 km, 1:30 Std.; **Hotel Forelle – Fischer am See**, 11 km, 3 Std).

Vom **Kleinen Plansee** zu den versteckt liegenden ***Stuibenfällen*** – ein wahres Naturjuwel in der Naturparkregion Reutte. Der Rundweg führt teils auf gesicherten Steigen an kleinen Wasserfällen vorbei, 6 km).

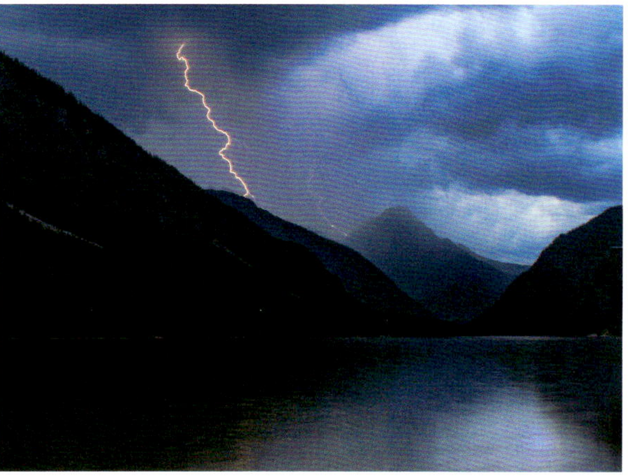

Wie überall in den Bergen können unvermittelt heftige Gewitter aufziehen

Canyoning:

Vom **Plansee** durch den ***Archbach*** und die ***Stuibenfälle*** hinab (das Wasser fließt von einem glasklaren Pool in den nächsten).

Fahrrad:

Eine konditionell ***fordernde Mountainbike-Tour*** geht vom **Ostende des Plansees** *Richtung Garmisch,* führt dann über den ***Tanzboden*** unterhalb des ***Hohen Ziegspitzs*** nach **Graswang**, um dann über ***Schloss Linderhof*** zurück zum **Plansee** zu führen.

Thermalbad:

Alpentherme Ehrenberg, Bade- und Saunaparadies Thermenstr. 10, Reutte, Tel. +43 (0)5672 722 22, tgl. 10-21, ab 10,50 € *(vergünstigter Eintritt mit der Gäste Aktiv Card Reutte),* www.alpentherme-ehrenberg.at

Angeln:

Wer den **Angelschein** erwerben will, muss im Besitz des **staatlichen Fischereischeines** sein. Vor Abholung der Angelkarte muss der Gastkartenbeitrag *(Erw. 25,-)* an den Tiroler Fischereiverband überwiesen werden (www.tiroler-fischereiverband.at).

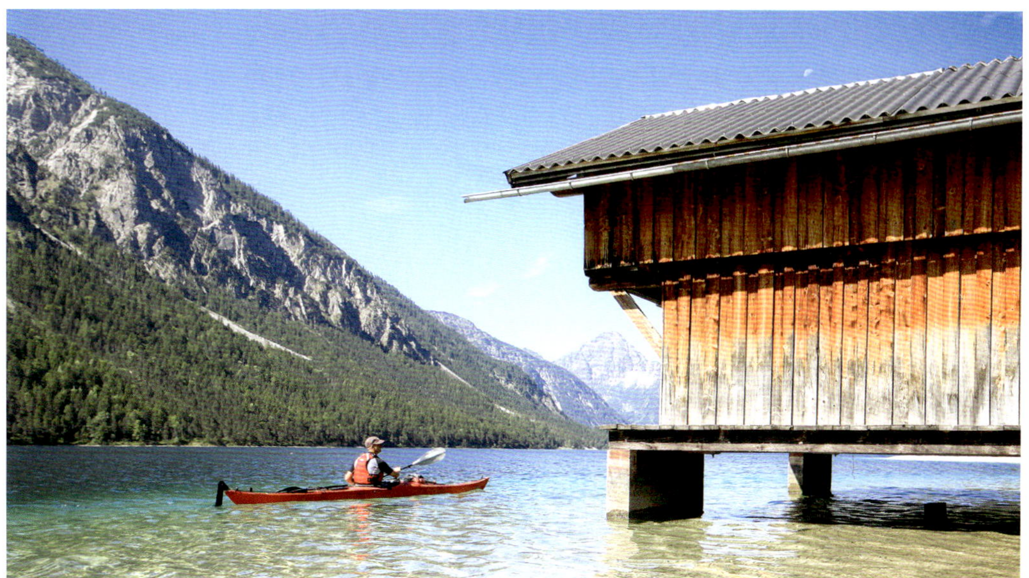

Im nordöstlichen Teil des Plansees

Saison: 16.3.-31.10. Gefangen werden z.B.: **Äsche, Bachforelle, Flussbarsch, Gründling, Karpfen, Koppe, Regenbogenforelle, Renken, Schleie, Seeforelle** und **Seesaibling**.
Weitere Infos: www.reutte.com/xxl/de/931568/_id/950438
Ausgabe Angelschein: *Camping Seespitze*, *Hotel „Fischer am See"*, *Hotel Forellenhof in* **Heiterwang.**

Tauchen:
Für Taucher ist der See wegen seiner hervorragenden Wasserqualität mit Sichtweiten von bis zu 15 Metern besonders interessant. ***Tauchbasis Planseecamp*** neben Camping Sennalpe, www.planseecamp.de Firmensitz: Friesenriederstr. 2, D-87648 Aitrang, Tel. +49 (0)8343 527

Bergbahn:
Hahnenkammbahn Höfen *(Bergstation: Barfußwanderweg, Panoramarestaurant, Höfener Alm, Singer Hütte),* Bergbahnstr.18, 6604 Höfen, Tel. +43 (0)5672 624 20, www.reuttener-seilbahnen.at

Fahrgastschifffahrt auf dem See:
Seit 1927 verkehren Linienschiffe auf dem See. Die Planseeschifffahrt hält an den Stationen **„Fischer am See"** *(Heiterwanger See),* am ***Plansee*** an **Seespitze** und **Hotel Forelle** sowie bei Bedarf im **Kanal**.
Hotel Fischer am See, Fischer am See 1, Heiterwang, Tel. +43 (0)5674 51 16, www.fischeramsee.at

Tipp:
Viele Vergünstigungen mit der **Gäste AKTIV CARD Reutte**, die man ab 1 Übernachtung kostenlos erhält.

Fahrradvermietung:
Breitenwang: ***Camping Sennalpe,*** Am Plansee 13, Tel. +43 (0)5672 781 15, www.camping-plansee.com
Reutte: ***INTERSPORT Reutte XL,*** Lindenstraße 25, Tel. +43 (0)5672 623 52, www.intersport.at

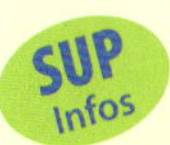

SUP-Tipp: ***Sundowner:*** Wer sein Board am späten Abend unterhalb der mächtigen ***Thallenerwand*** in den ***Heiterwanger See*** einsetzt und eine Runde dreht, kann grandiose Stimmungen auf dem Wasser erleben und sich klein wie eine Ameise in der riesigen Natur fühlen.

SUP-Vermietung am See: keine.
Geführte Tour auf Anfrage: ***Arlberg Alpin*** in **Lech,** Tel. +43 (0)664 320 35 06, www.arlbergalpin.at

Plansee & Heiterwanger See

Warum in die Ferne schweifen, wenn das Gute liegt so nah? Gleich hinter der deutschen Grenze finden wir in einer einzigartigen fjordähnlichen Landschaft einen Bergsee, dessen glasklares Wasser Trinkwasserqualität aufweist.

Schon der erste Blick aus dem Zelt in Richtung See ist vielversprechend – die Sonne schickt ihre Strahlen auf die Berggipfel gegenüber, deren steinerne Spitzen hell leuchten. Die tiefer liegenden bewaldeten grünen Berghänge verharren noch im dunklen Schatten. Ein Start vom ***Campingplatz Sennalpe*** im Nordosten des ***Plansees*** bietet sich aus mehreren Gründen an: zum einen gibt es hier die Möglichkeit sowohl im Zelt als auch im nebenan liegenden ***„Hotel Forelle“*** oder in den urigen Almzimmern der ***„MusterAlpe“*** zu übernachten. Zum anderen hat Letzere eine Schausennerei und -käserei in der in Eigenproduktion Milch, Käse und Butter hergestellt und auch ab Hof verkauft wird.

19 km

Nach einem langen Paddeltag bietet die regionale Küche „Rippelen, Erdäpfelrösti, Kasspatzen“ und andere Leckereien, so dass der Kocher kalt bleiben kann.

Wir schieben unsere bunten Boote über den kiesigen Uferstreifen in ein unwirklich klares, smaragdfarbenes Wasser. Der Blick geht glatt durch bis auf die hellen Schotterflächen des Seebodens und wir betrachten mehrere Meter unter uns, wie die Schatten unserer Kajaks über den Grund huschen. Zumindest die Wasserfarben des kalten Plansees müssen sich vor Vergleichen mit der Karibik nicht scheuen. Unmengen von kleinen schwarzen und tropfenförmigen Kaulquappen wuseln unter uns hin und her. Die ungewöhnliche Sichttiefe von bis zu 15 Metern hat ihren Grund im geringen Nährstoffeintrag. Sie spricht, ebenso wie die Unmengen an Kaulquappen, für einen ausgezeichneten Gewässerzustand.

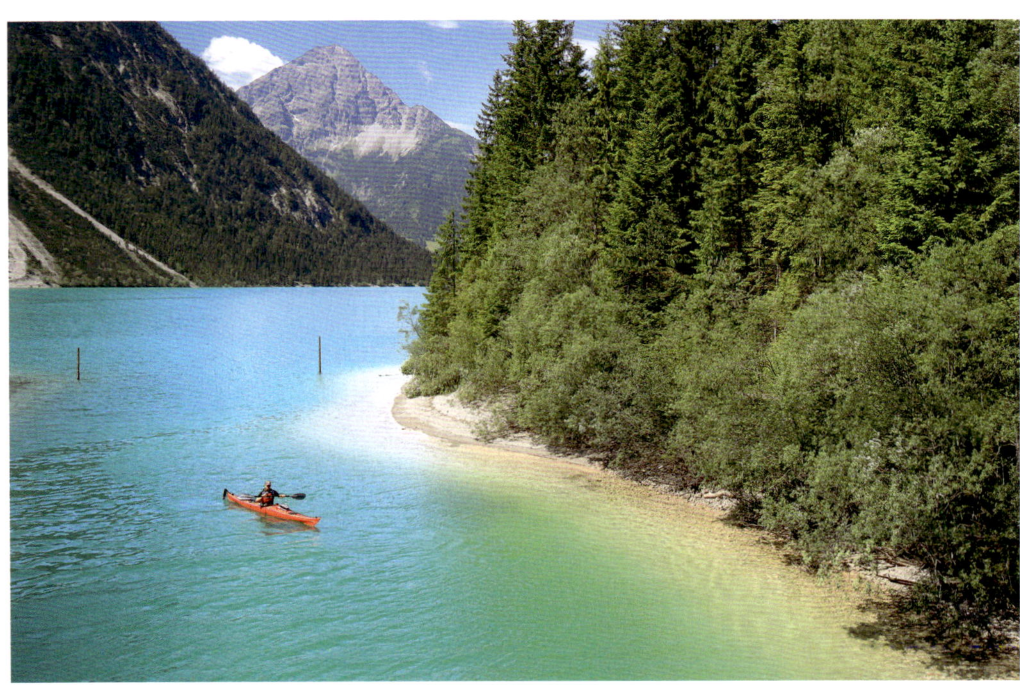

Das Farbenspiel des Wassers braucht den Vergleich mit der Karibik nicht zu scheuen

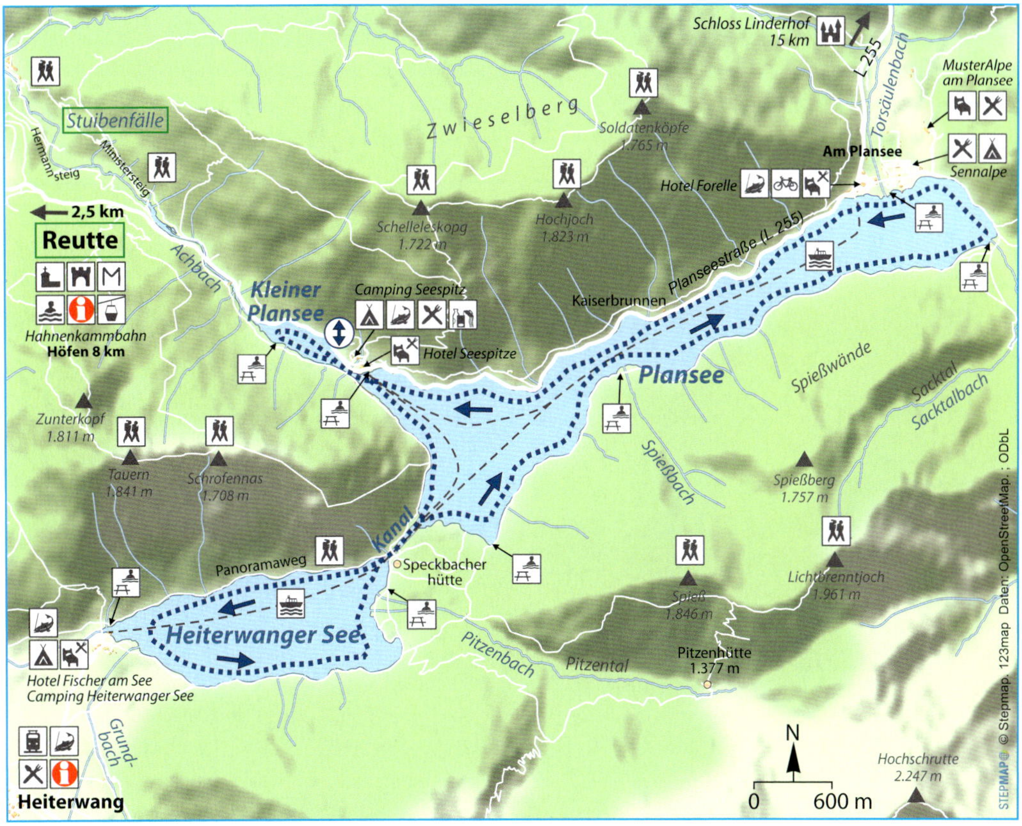

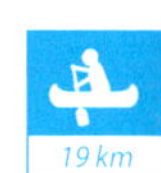

Unsere Blicke folgen den Konturen der hohen Berge die fjordartig den See umschließen. Der pyramidenförmige Gipfel des ***Thaneller*** hebt sich schon in der Ferne aufgrund seiner symmetrischen Form aus dem Bergensemble hervor. Mit immerhin 2.341 Metern Höhe steht er wie ein Wächter an der Stirnseite des Sees. Erste Quellwolken beginnen sich an den noch weiter entfernten Bergen zu stauen. Es scheint, als müssten wir später am Tag mit einem Gewitter rechnen.

Entlang der von der ***Planseestraße*** begleiteten Ufernordseite genießen wir den Blick auf das stille Ufer gegenüber, das teils von losem Schotter bedeckt ist, der sich seinen Weg von den bewaldeten Bergen hinunter gesucht hat. Die sich so ständig verändernden Flächen sind nicht gerade ein bequemer Standort für die Bäume die hier wachsen. Sie trotzen, oft bis „zur Hüfte" in Steinen versunken, den Gegebenheiten.

Die Birken, Kiefern Fichten und Vogelbeeren, die Bestandteil des Uferwaldes sind, dem wir rechter Hand in eine kleine Bucht folgen, haben es etwas besser getroffen. Sie dürfen ungestört gen Himmel wachsen. Nun verjüngen sich die Ufer schnell zu einer schmalen Durchfahrt in die ***Kleiner Plansee*** genannte Bucht. Sie wird von einer hölzernen Fußgängerbrücke überspannt. Ein Stück davor liegt hinter dem Bootsanleger der Plansee-Schifffahrt das einfache ***Hotel Seespitze***, die zur Badestelle gehörende Liegewiese und der ***Campingplatz*** **Seespitze**. Seit neuestem stehen hier auch gemütliche Hütten zum Übernachten. Ein Kiosk bietet einfache Gerichte. Der Platz ist idealer Ausgangspunkt für Wanderungen um den See oder zu den traumhaft schönen ***Stuibenfällen***. An seinem Ende fließt der Plansee über den ***Kleinen Plansee*** an seinem einzigen Abfluss in den ***Archbach***, der nach sieben Kilometern, an Reutte vorbei,

19 km

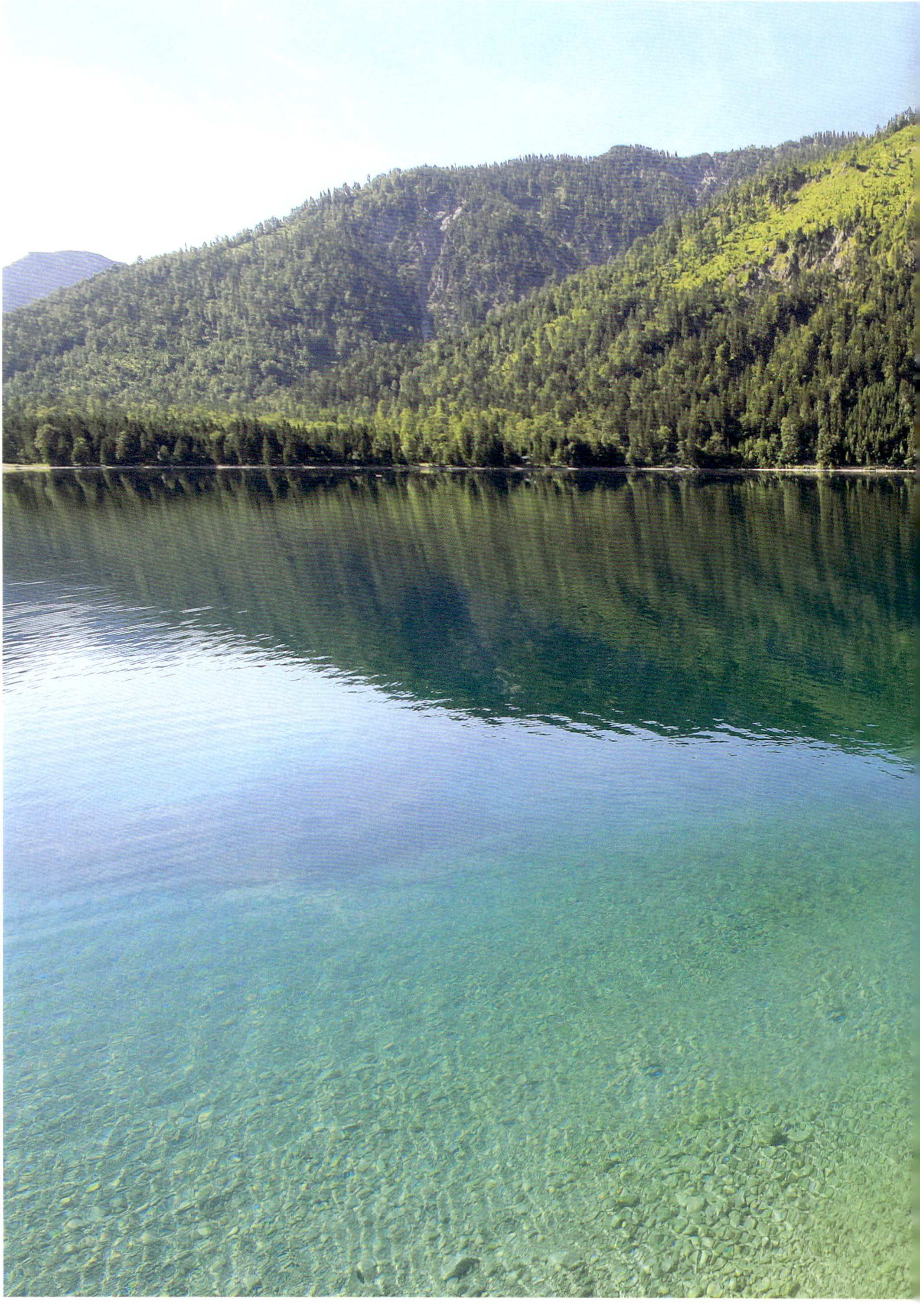

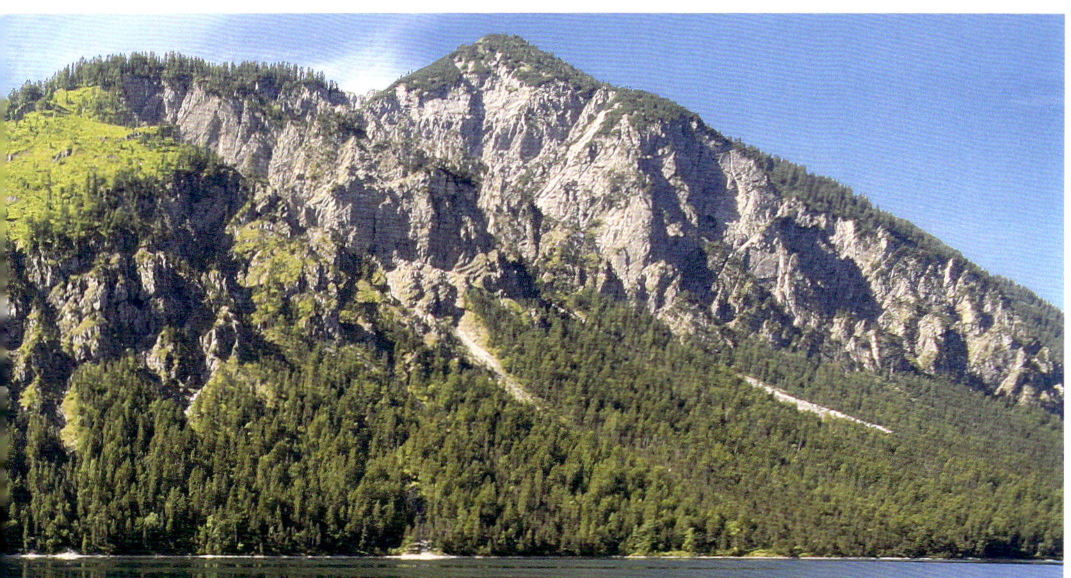

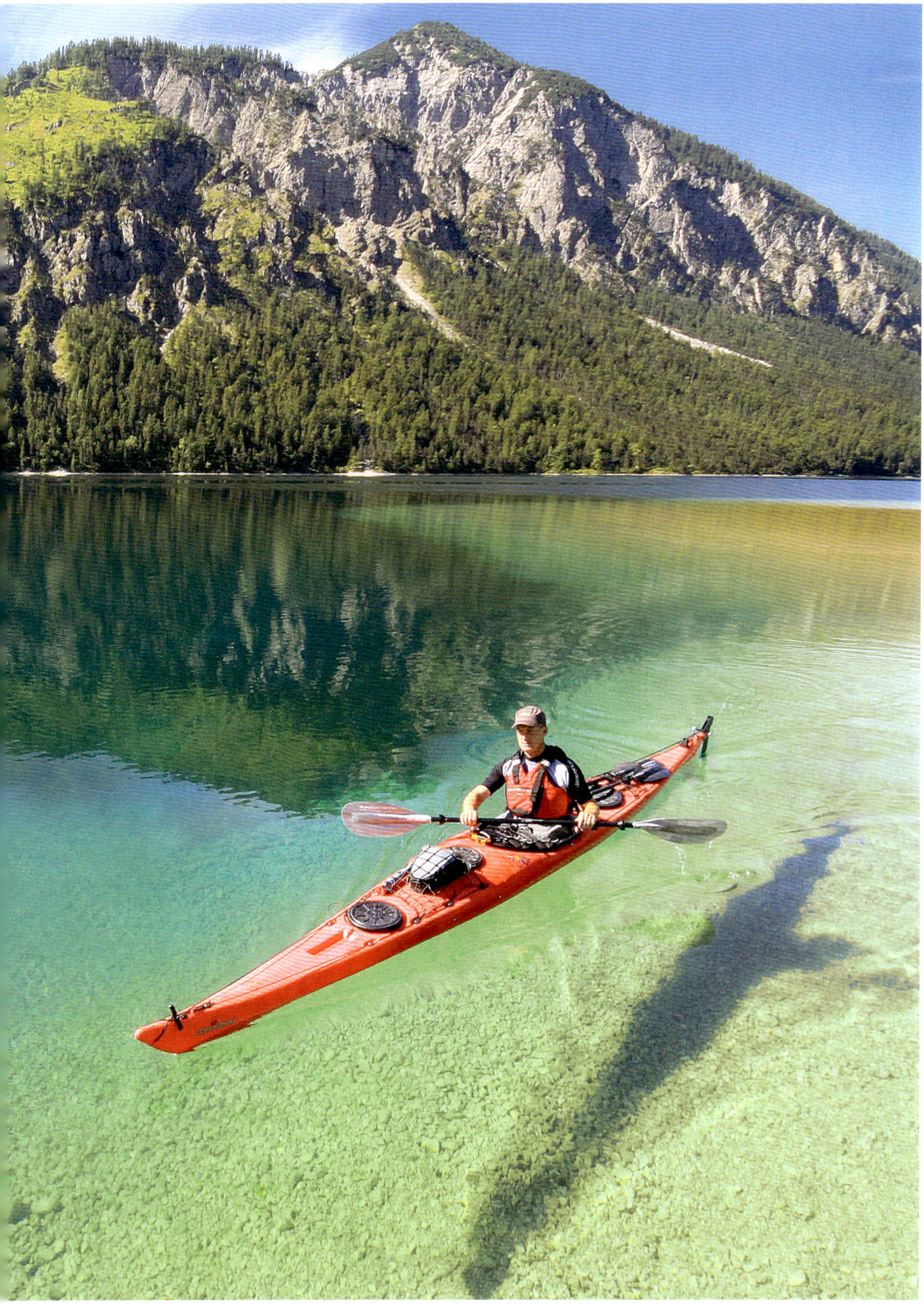

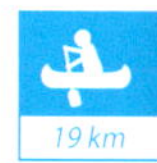
19 km

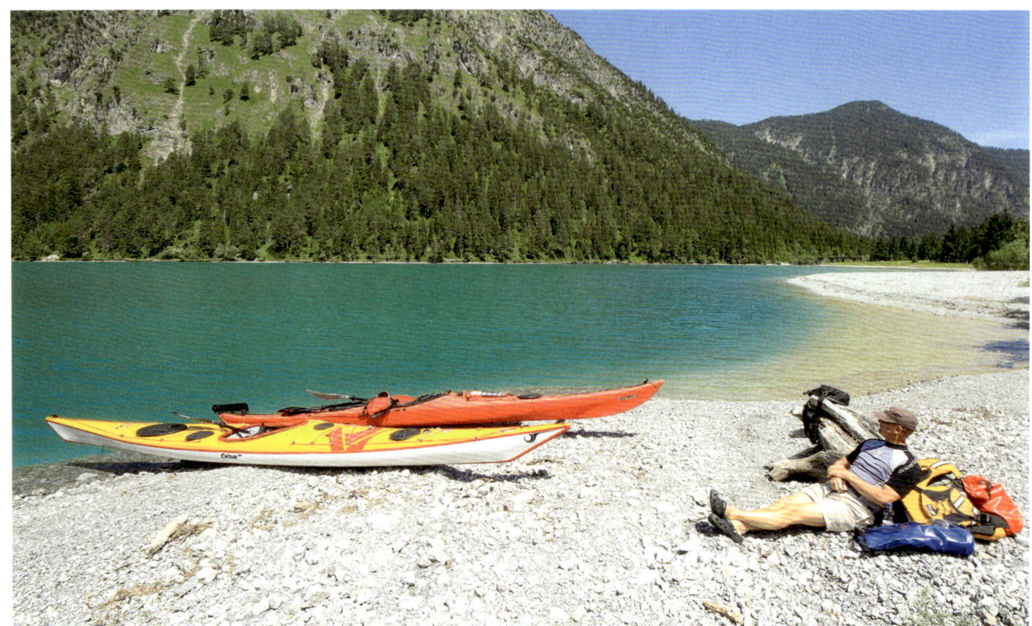

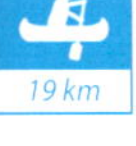

Einfach nur die Seele baumeln und den „lieben Gott einen guten Mann sein lassen“

in den ***Lech*** mündet. Auf seinem Weg dorthin fließt er über die erwähnten ***Stuibenfälle*** von einem glasklaren Pool in den nächsten. Sicher eine lohnende Wanderung!

Aus dem Seitenarm wieder hinaus, entdekken wir zur Rechten zwei kleine Yachthäfen in denen schmucke Jollen und Kreuzer vertäut sind. Dann erreichen wir das Ende des Sees. *Im Jahre 1908 wurde mit großem Aufwand ein 300 Meter langer Kanal gegraben um eine Verbindung mit dem Heiterwanger See herzustellen.* Im Kanal kommt uns ein Ausflugsdampfer entgegen, der zu einer der höchstgelegenen, kommerziellen Schifffahrtslinien Österreichs gehört, die familieneigene Linienschifffahrt wird seit 1927 vom **Hotel „Fischer am See“** betrieben.

Schnell gelangen wir in den ***Heiterwanger See*** und kommen ins Staunen. Direkt vor uns liegt nun die mächtige Flanke des ***Thaneller,*** den wir zuvor noch aus der Ferne bewundert hatten. Doch nicht er allein sorgt für die tolle Szenerie, denn die anderen Berge mit ihren steilen Felswänden machen den kleinen, nur etwa 140 Hektar großen See mit seinen rundlichen Formen zu einem mit grünem Wasser gefüllten 61 Meter tiefen Kessel. Am Seeende, im westlichen Teil des Sees, kann man beim ***„Fischer am See“*** lecker einkehren. Wer möchte, nächtigt in einem der stilvoll renovierten Zimmer oder schlägt das Zelt auf und verwöhnt sich mit einem Saunagang in der Finnischen Zirbenholz-Sauna.

Auch am ***Heiterwanger See*** haben sich allerorten riesige Schutthaldenflächen in den See ergossen. Eine davon eignet sich vorzüglich zum Anlegen und Pausieren. Langsam verdichten sich die Quellwolken zum dunklen Wolkenband. Deutlich ist nun die aufziehende Gewitterfront erkennbar. Zeit sich auf den Rückweg zu machen. Schnell drehen wir die Boote und schon bald pfeift uns ein steifer Bergwind entgegen. Gerade noch rechtzeitig schaffen wir es zu unseren Zelten, bevor die Blitze aus dunklen Wolken in Richtung See zucken. Aus einem Hochtal rauscht wenig später deutlich hörbar eine Böe das Tal hinunter, die gar einige Zelte zum Einsturz bringt. Von einer derartigen Windböe auf dem See erwischt zu werden, wäre sicher unangenehm gewesen.

Eibsee

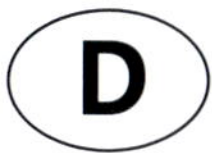

Juwel des Werdenfelser Landes

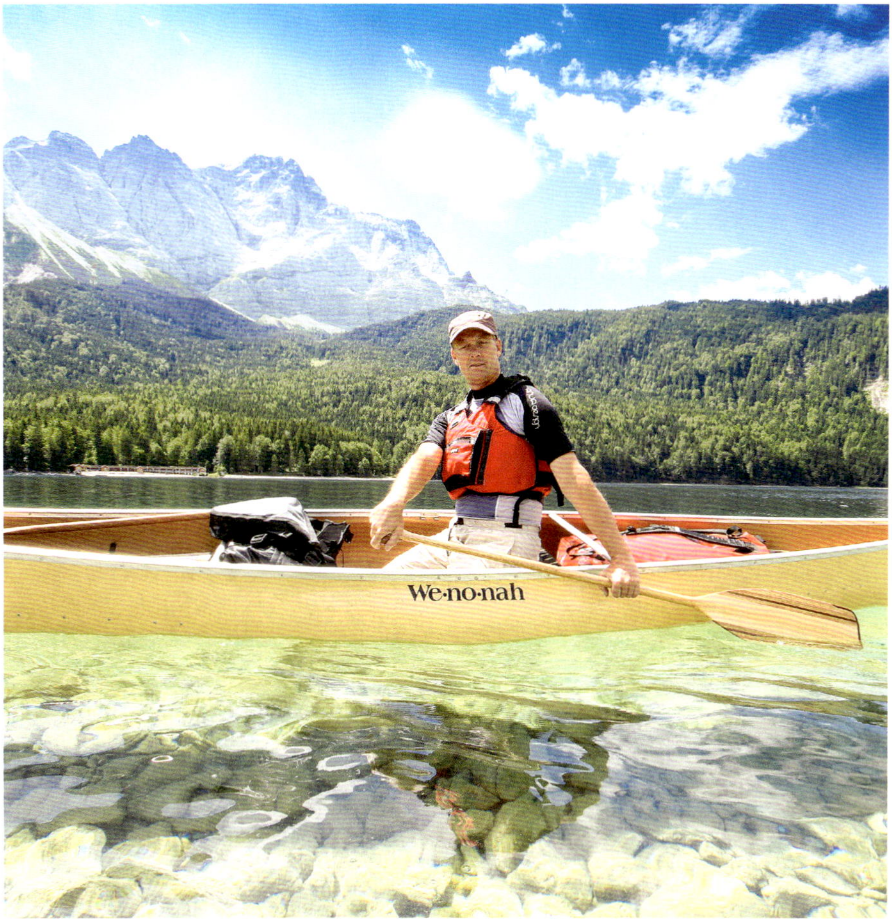

Tour

Tour-Infos Eibsee

Landschaft	Kultur	Baden	Verkehrslärm
★★★★	★ 	★★★	★ 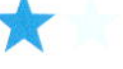

Charakter des Sees

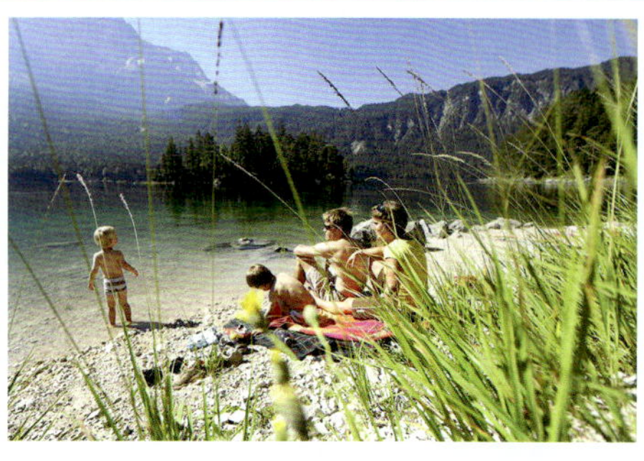

Der Eibsee ist ein sehr kleiner Bergsee am Fuße der Zugspitze, dem höchsten Berg Deutschlands. Er ist touristisch voll erschlossen und gehört zu den Ikonen deutscher Landschaften. Sicherlich ist er einer der schönsten Seen Bayerns! Wegen des touristischen Andrangs ist daher die Nebensaison oder der frühe Morgen die allerbeste Zeit für eine Ausfahrt auf dem See. Wer es einsamer mag, sollte sowieso außerhalb der Tretboot-Vermietungszeiten den See befahren.

Die unglaublichen Felswände, die bildhübschen Inselchen, der grüne Wald an den unteren Hängen, das türkisfarbene Wasser. All das verbindet man eigentlich eher mit Kanada. Egal ob SUP, Kajak oder Kanadier, hier kann jeder die Landschaft in vollen Zügen genießen.

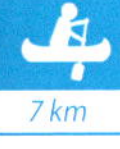

7 km

Länge & Dauer der Tour: 7 km, Halb- oder Ganztagestour **Schwierigkeit:** leicht **Saisonfaktor:** hoch

Bootswagen: für den Transport vom Parkplatz zur Einsetzstelle.

Gefahren

Wegen der geringen Ausmaße kommt es kaum jemals zu nennenswerter Wellenbildung. Wenn man Pech hat, können thermische Winde aber Paddler trotzdem zäh und langsam vorankommen lassen. Gewittergefahr besteht auch hier. Aber das Ufer ist ja niemals weit.

Befahrungsregelungen

Private Motorboote mit Verbrennungsmotor sind mit Ausnahme der Seerundfahrt nicht erlaubt.

Anreise

Aus **München**: A 95 bis Autobahnende, weiter nach ***Garmisch*** und der Ausschilderung nach ***Grainau*** bzw. ***Zugspitze*** zum **Eibsee** folgen.

Alternativ mit dem ***Eibsee-Bus*** von **Partenkirchen** oder mit der ***Zugspitzbahn*** zum **Eibsee**.

Aus der **Bodenseeregion**: A 7 Kempten – Österreich und weiter auf der B 179 über ***Reutte*** bis ***Lermoos***. Dort auf die B 187 und B 23 bis ***Grainau***. Dann rechts ab auf die *Loisachstr. / Eibseestraße* bis zum **Eibsee** fahren.

Einsetzen und Parken

Am Kiesstrand links neben der Bootsvermietung im Seeweg im Ort **Eibsee**. Günstiges Parken auf dem seenahen *Parkplatz (Achtung: Höhenbeschränkung)*. Parkplätze können in der Saison schnell vergeben sein. Sonst auf dem etwas weiter entfernten *Eibsee-Seilbahn-Parkplatz.*

Kartenmaterial

Wettersteingebirge, Zugspitze, 1:25.000, ***Deutscher Alpenverein***
Werdenfelser Land mit Zugspitze, Wandern / Rad, 1:25.000, ***KOMPASS-Karten***
Tiroler Zugspitz Arena XL, 1:25.000, ***KOMPASS-Karten***

Literaturtipps

Zeit zum Wandern – Zugspitze und Umgebung mit Faltkarte: Wanderführer mit den 40 schönsten Wandertouren rund um die Zugspitze und Garmisch-Partenkirchen sowie
Wanderführer Zugspitze und Umgebung: Die 55 schönsten Wandertouren rund um die Zugspitze und Garmisch-Partenkirchen, beide Bücher von *Janina & Markus Meier,* Bruckmann Verlag
Der Eibsee im Werdenfelser Land, *Claus-Peter Abèe,* Edition Alpenblick & Seenland
Lieblingsplätze zum Entdecken: Das Beste südlich von München, Gmeiner-Verlag
„Kreuzzug" (Thriller um die Zugspitzbahn), *Marc Ritter,* Knaur TB-Verlag
„Abgründig" (Jugendbuch-Thriller), *Arno Strobel,* Loewe Verlag

Übernachtung am Eibsee

Eibsee-Hotel *(hochpreisig,*
Am Eibsee 1-3, Tel. +49 (0)8821 98 810,
www.eibsee-hotel.de

Übernachtung im Umkreis:

viele Hotels, Pensionen und FeWo in Grainau und Garmisch-Partenkirchen.

Camping Grainau (6,5 km):
Camping Erlebnis Zugspitze
Griesener Str. 2 *(Zelt & Schlaffass)*
Tel. +49 (0)8821 94 39 111
www.pure-camping.de

Camping Resort Zugspitze
Griesener Str. 9
Tel. +49 (0)8821 943 91 15
www.perfect-camping.de

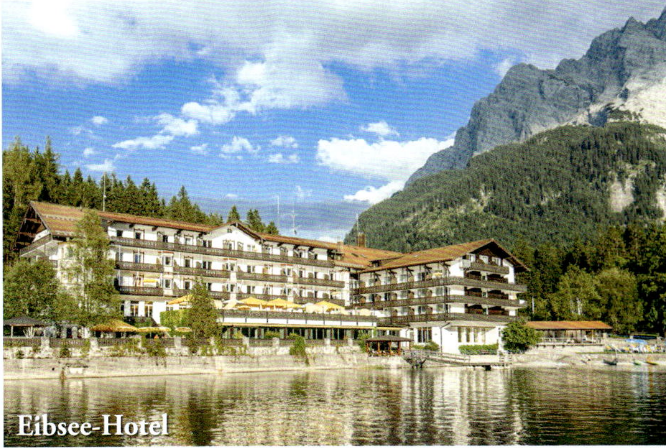
Eibsee-Hotel

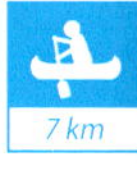

Camping Garmisch-Partenkirchen:
Alpencamp *(13 km entfernt)*
Wankbahnstraße 2
Tel. +49 (0)8821 967 78 05, www.alpencamp-gap.de

Tourist-Info

Garmisch-Partenkirchen, Rathausplatz 1, Tel. +49 (0)8821 91 00, www.gapa.de

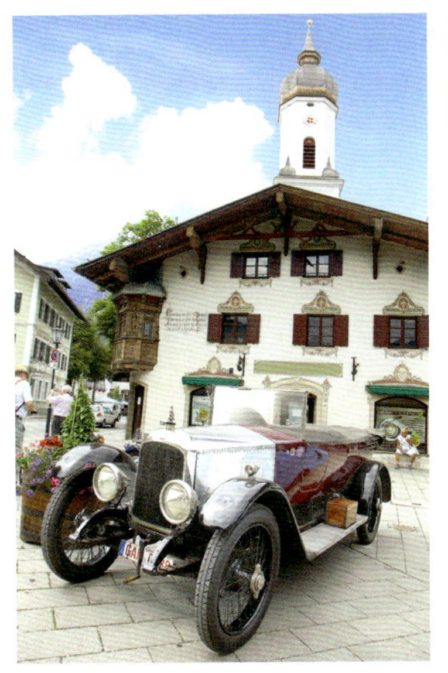

Kanuvermieter & Veranstalter

Garmisch-Partenkirchen: ***Wildwasserschule Werdenfels / WW-Gap,*** Alpspitzstr. 16, Tel. +49 (0)8821 14 96, www.ww-gap.com

Sehenswürdigkeiten rund um den Eibsee

Garmisch-Partenkirchen: *Alte Pfarrkirche* (ab 13. Jh.); *Neue Pfarrkirche St. Martin* (1730-34); *Wallfahrtskirche St. Anton* (18. Jh.); *hübsche Häuserfassaden* in der Sonnenstraße; *Olympia Skistadion mit Skisprungschanze; Werdenfels Museum:* Kunst & Brauchtum aus 1.000 Jahren Alpenland (Ludwigstr. 47, Tel. +49 (0)8821 75 17 10, Di-So 10-17, www.werdenfels-museum.de).
Richard Strauss Institut, Arbeits- und Wohnräume des Komponisten (Schnitzschulstr. 19, Tel. +49 (0)8821 910 59 50, Mo-Fr 10-16, feiertags geschlossen, www.richard-strauss-institut.de).
Burg Werdenfels (12. Jh.) zwischen Garmisch und Farchant; *Königshaus am Schachen* (19. Jh.) südlich von Garmisch-Partenkirchen.

Sonstige Aktivitäten am Eibsee

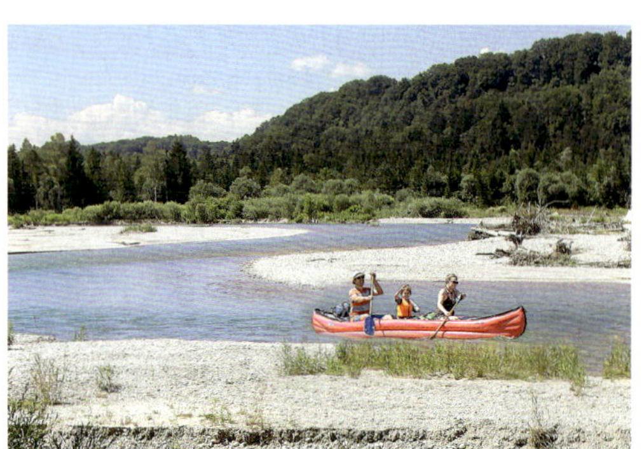

Wildwasser, Rafting, Kanuwandern:
Erfahrene Wildwasserkanuten wissen um das Potential von Loisach, Isar und Rißbach in der Region.
Achtung: *nur für Experten oder unter Anleitung bzw. als Rafting Tour* (***Wildwasserschule Werdenfels / WW-Gap***, Alpspitzstr. 16, Garmisch-Partenkirchen, Tel. +49 (0)8821 14 96, www.ww-gap.com)

Schöne Kanuwanderungen auf der ***Isar*** von **Krün** nach **München** oder auf der ***Loisach*** von **Garmisch-Partenkirchen** nach **Wolfratshausen** (siehe KANU KOMPAKT Isar & Loisach, Thomas Kettler Verlag).

Wandern:
Mehrere Wege führen ***auf den Gipfel der Zugspitze.*** Wer es bequem haben will, nimmt einfach die ***Seilbahn Zugspitze*** (Panoramagondel) oder die ***Zahnradbahn (Bayer. Zugspitzbahn)***, beide neben dem Parkplatz. Durch die ***Partnachklamm*** und hinein in das ***Reintal*** leitet der längste und einfachste Weg für Wanderer hin zur Zugspitze, der aber konditionell sehr fordernd ist oder mehrtägig begangen werden muss (Auf- und Abstieg ca. 2.500 Höhenmeter, mit der Bergbahn reduziert sich der Abstieg auf ca. 280 Höhenmeter). Drei Hütten liegen auf dieser Strecke. Schwindelfreiheit und Trittsicherheit sind Voraussetzung. Spannende und beeindruckende, aber etwas anstrengende Wanderung über Stege, Brücken und durch Tunnels durch die ***Höllentalklamm*** (7,7 km, 6 Std.).

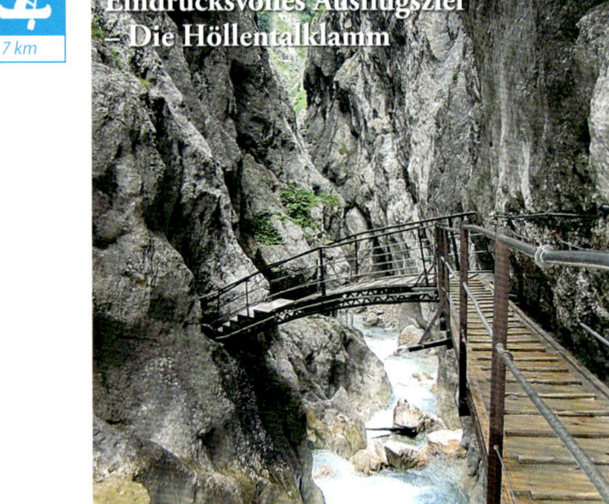
Eindrucksvolles Ausflugsziel – Die Höllentalklamm

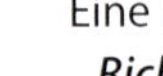

Die ***Höllental- und Partnachklamm*** sind schöne eigenständige Ausflugsziele auf kürzeren Wanderungen mit wenig Höhenmetern auch für die Familie.

Rund um den Eibsee in traumhafter Kulisse (7,5 km, 1:30-2 Std., ***mit Untersee*** ca. 8,5 km 2 - 2:30 Std.).

Naturhochseilgarten am Eibsee *(nur nach Voranmeldung)* – betreut durch die Bergsteigerschule Zugspitze, Tel. +49 (0)8821 58 999, www.bergsteigerschule-zugspitze.de

Fahrrad:
Aktive Biker fahren von **Garmisch** aus zum ***Eibsee*** und dann Richtung ***Hochtörle-Hütte*** auf dem Schotterweg an der Zugspitz-Zahnradbahn entlang.
Eine ***schöne Mountainbiketour*** führt die ***Loisach aufwärts*** nach **Griesen** und dann ins ***Naidernachtal*** in ***Richtung Plansee***.

Baden:
Malerische Buchten und ***idyllische Freibadeplätze*** laden zum Erholen oder Schwimmen im glasklaren, türkisen Wasser ein. Die Temperaturen sind selten über 20°C, steiniges Ufer. Die schönsten Badeplätze findet man am Südufer hinter dem ***Frillensee***. Am Nordufer FKK-Baden in der sogenannten ***Braxenbucht***.

Garmisch-Partenkirchen: ***Alpspitz-Wellenbad*** *(Frei- und Hallenbad, Sauna)*, Klammstr. 47, Tel. +49 (0)8821 75 33 13, ***Naturfreibad Kainzenbad***, Kainzenbadstr. 2, Tel. +49 (0)8821 910 50 00, beide www.gw-gap.de

Angeln:
Der See ist in Privatbesitz. Der See-Eigentümer erlaubt nur Hotelgästen das Fischen. **Forellen, Hecht, Karpfen, Schlei, Maräne.** *Eibsee-Hotel,* Am Eibsee 1-3, Tel. +49 (0)8821 988 10, www.eibsee-hotel.de

Fahrgastschifffahrt auf dem See:
Das kleine ***Ausflugsboot „Reserl"*** verkehrt auf dem See. Es gibt eine ***Ruder- & Tretbootvermietung***, die von den Touristen intensiv genutzt wird. Tel. +49 (0)8821 988 14 40, www.eibsee.de/bootsverleih

Bergbahnen:
Vom Bahnhof **Garmisch-Partenkirchen** sind es nur wenige Schritte bis zur ***Zahnradbahn der Zugspitzbahn***, mit der man zur ***Kreuzeckbahn***, ***Alpspitzbahn*** oder weiter auf die ***Zugspitze*** gelangt.
Vom **Eibsee** bringen einen die rundum verglasten Gondeln der neuen ***Seilbahn Zugspitze*** hinauf zum Zugspitzgipfel. ***Bayerische Zugspitzbahn Bergbahn,*** Tel. +49 (0)8821 79 70, www.zugspitze.de

Fahrradvermietung:
Eibsee: ***Eibsee-Hotel,*** Am Eibsee 1-3, Tel. +49 (0)8821 98 81-0, www.eibsee-hotel.de

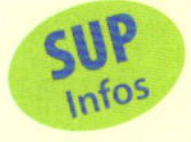

SUP-Tipp: Mit dem SUP auf smaragdgrünem Wasser lassen sich die ***acht kleinen Inseln an der Nordseite,*** auf einem der schönsten Seen der bayerischen Alpen, perfekt erkunden.
Buch-Tipp: **SUP-GUIDE Bayerisches Alpenvorland** + *die schönsten Biergärten,* T. Kettler Verlag
SUP-Vermietung: ***Sportbetriebe am Eibsee***, Seeweg 2, Tel. (08821) 988 10, www.eibsee.de/bootsverleih
Touren & Kurse: ***Bavarian Waters* (München),** Tel. +49 (0)176-20 50 14 02, www.bavarianwaters.com

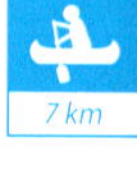

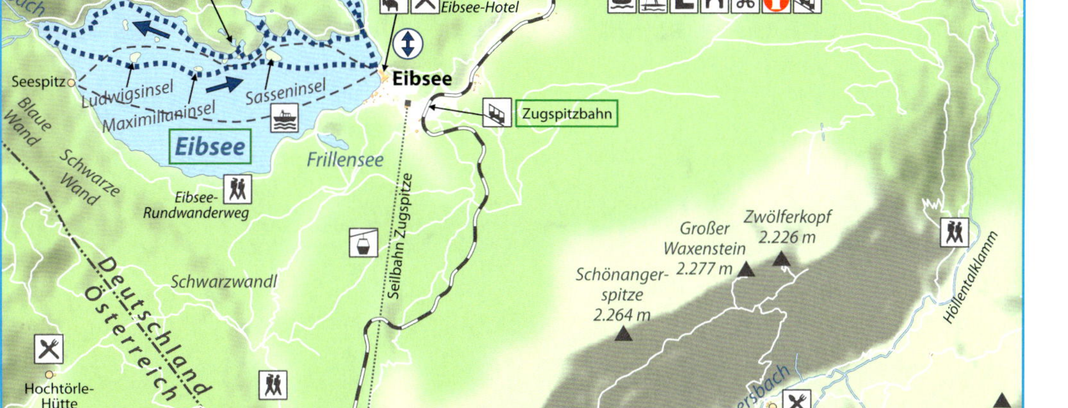

Der Eibsee

Der ***Eibsee***, der seinen Namen den früher hier zahlreich vorkommenden Eiben verdankt, misst von einer Seite zur anderen gerade einmal etwas mehr als zwei Kilometer. Kaum vorstellbar, dass auf solch einer „Pfütze“ eine Kanutour lohnend sein soll. Aber sie ist es, wie wir am Ende der kleinen Ausfahrt feststellen können, denn die Landschaft lädt dazu ein, die Seele baumeln zu lassen und die lauschigen Buchten und kleinen Inseln zur ausgiebigen Rast oder zum Baden im kristallklaren Wasser. Starten sollte man möglichtst früh, bevor die Reisebusse ihre Tagesbesucher ausspucken und die Parkplätze hoffnungslos überfüllt sind.

Um zur Einsetzstelle zu gelangen, schieben wir unsere Boote auf dem Bootswagen ans östliche Ufer. Links neben der Bootsvermietung finden wir am kiesigen Ufer eine Möglichkeit Kanadier und Kajak in den See zu schieben. Anfangs sind wir allein auf dem See. Und was für ein See! Fast gänzlich von Wald und Felsen umgeben, ragen rundherum die Berge in den Himmel. Die grauen ***Wettersteinwände*** der ***Zugspitze*** sind dabei die Hauptdarsteller.

Ganz nah am Ufer entlang, statten wir zunächst der kleinen engen Bucht im Norden des Sees, dem Untersee, einen Besuch ab, über dessen 50 Meter breite und nur 50 Zentimeter tiefe Engstelle sich eine Brücke spannt. Die schmale Rinne des ***Untersees*** wird dicht umschlossen von Wald und Fels. Die Sonne scheint auf die Baumwipfel und erwärmt die Sommerluft, die als würzige Brise aus dem dichten Tann zu uns herüberweht.

Dann folgen wir der nördlichen Uferlinie des 1.000 Meter über dem Meer gelegen Kleinodes.

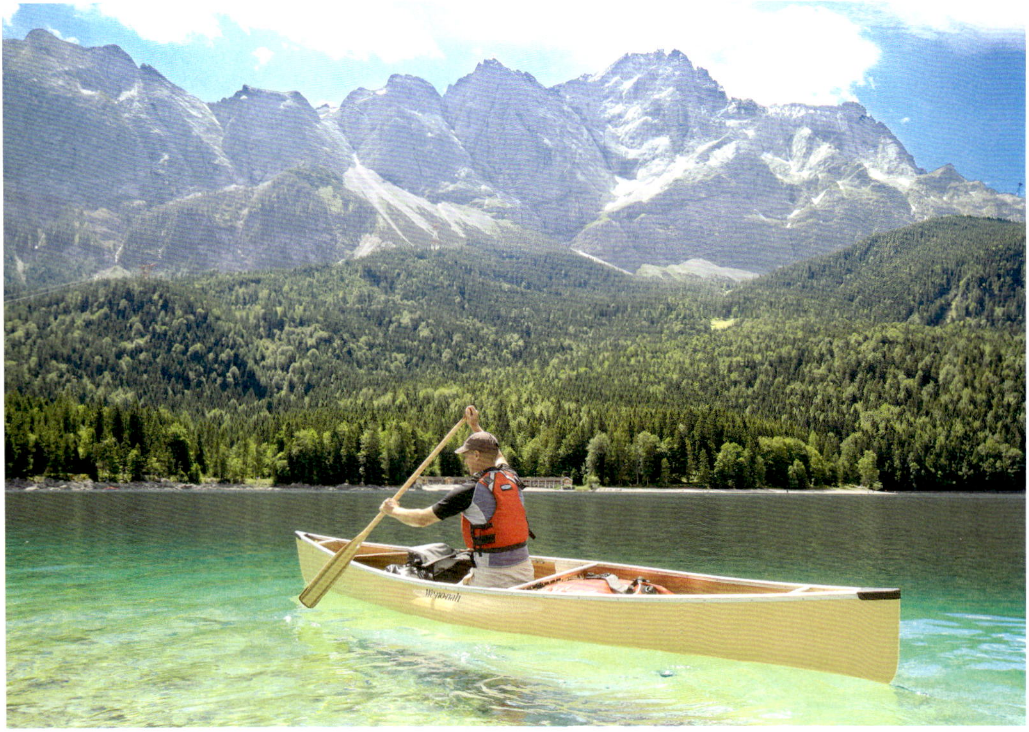

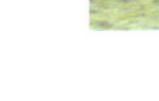

Der Eibsee – klein, aber oho

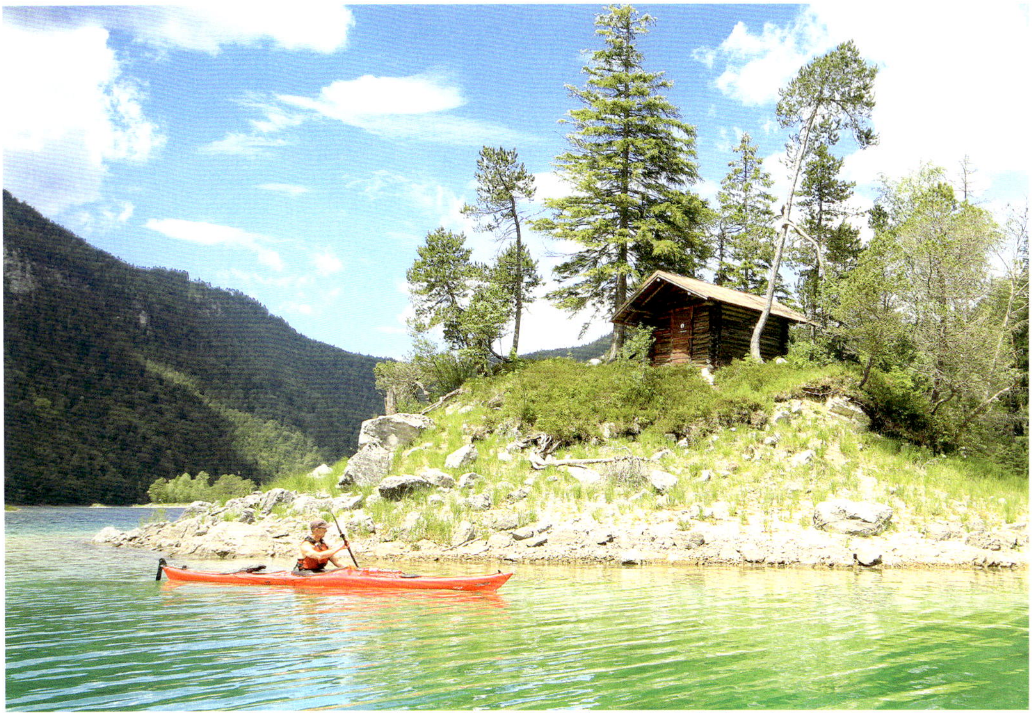

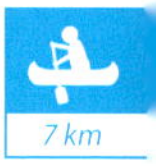

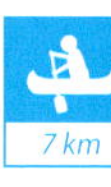

Auf der Maximilianinsel, dem Traumziel vieler Brautpaare, haben sich schon viele das Ja-Wort gegeben

Der erdgeschichtlich junge See bildetet sich erst am Ende der Würm-Kaltzeit mit Rückzug des Isar-Loisach-Gletschers, der eine riesige Senke hinterließ, die sich mit Wasser füllte. Vor etwa 3700 Jahren entstand die heutige Form mit ihren vielen Buchten, Mulden und Inselchen durch einen mächtigen Bergsturz mit einer geschätzten Energiefreisetzung von 220 Hiroshima-Bomben!

Bis zu 36 Meter tief ist der See heute. Am Ufer erkunden wir weitere tiefe Buchten, von denen die zerfranste ***Braxenseebucht*** am faszinierendsten ist. Felsnasen ragen hier ins Wasser. Über manch flache Steinriffe kommen wir gerade so hinweg in die Bucht hinein. Geformt wie ein Bocksbeutel öffnet sich eine weitere Vertiefung vor uns. Wir kommen nicht umhin, diese Landschaft mit den uns bekannten schönsten Orten der nordischen Länder zu vergleichen. Norwegen oder Kanada kommen uns dabei in den Sinn. Gemütlich bummeln wir mit unseren Booten weiter am Seeufer entlang und lassen jede noch so kleine Bucht oder Steinformation auf uns wirken. Von besonderer Faszination ist das smaragdgrün bis türkisblau schimmernde Wasser durch das wir unsere Boote steuern.

Beinahe gläsern kommt es uns vor, als wir die Schatten unserer Boote über den Seeboden huschen sehen. Die heutige Sichttiefe beträgt bis zu 10 Meter. *Noch zu Beginn des 20. Jahrhunderts konnte man bis zu 17 Meter tief in das Herz des Sees blicken. Abwassereinträge verschlechterten dann die Wasserqualität dramatisch, ehe die Abwassereinleitungen gestoppt wurden und die Wasserqualität wieder besser wurde. Zwei kleine Bäche speisen den See. Allerdings gibt es keinen Abfluss. Der See ist ein sogenannter Endsee, dessen Wasser in den Gesteinsschichten im Untergrund versickert.*

Irgendwann später kommt es dann in einem der besten Wildwasserbäche der Nordalpen, der ***Loisach***, wieder zutage.

Am Nordende des Sees legen wir eine frühmorgendliche Pause ein. Von einem kleinen Hang aus hat man einen tollen Blick über das Wasser.

7 km

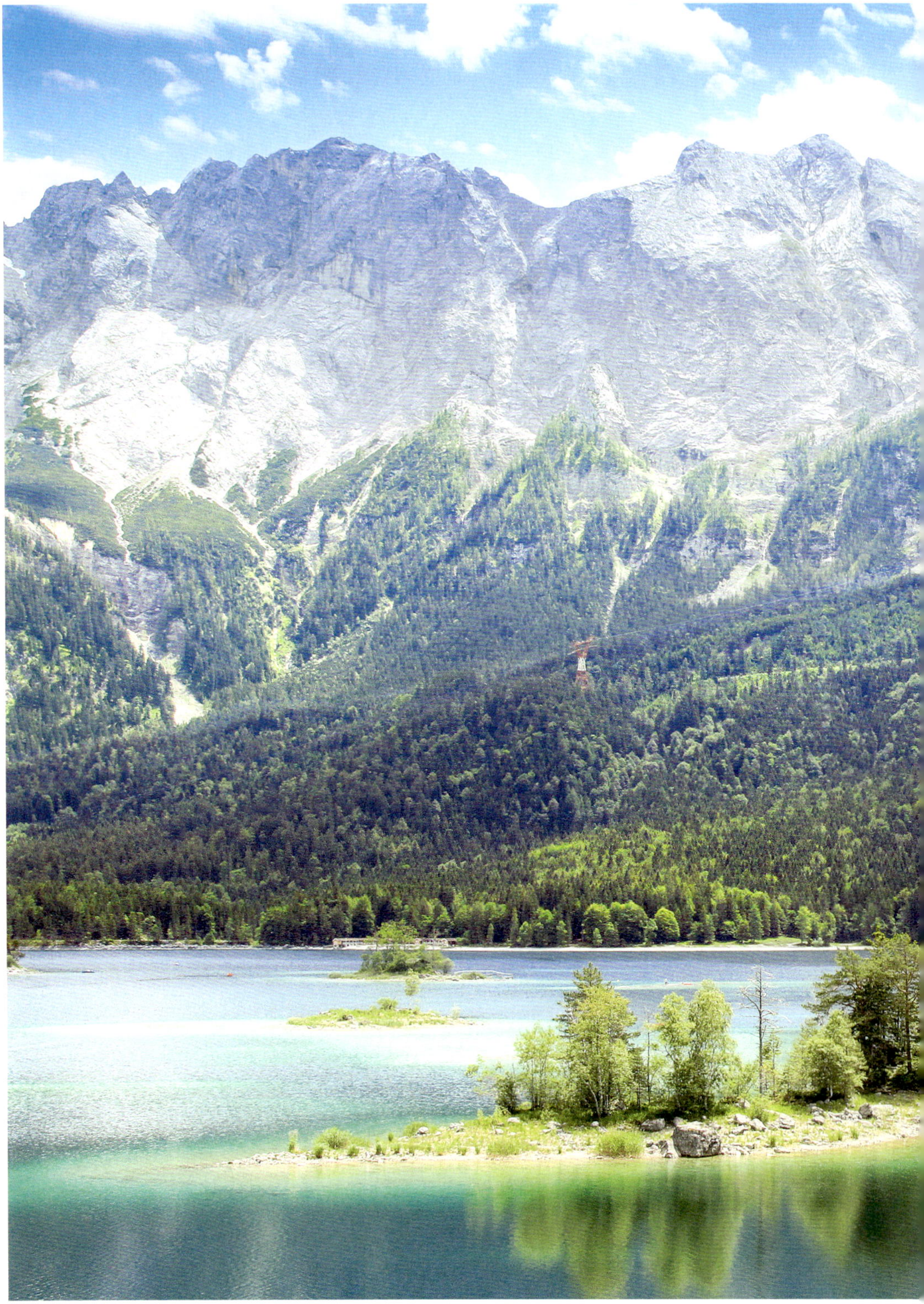

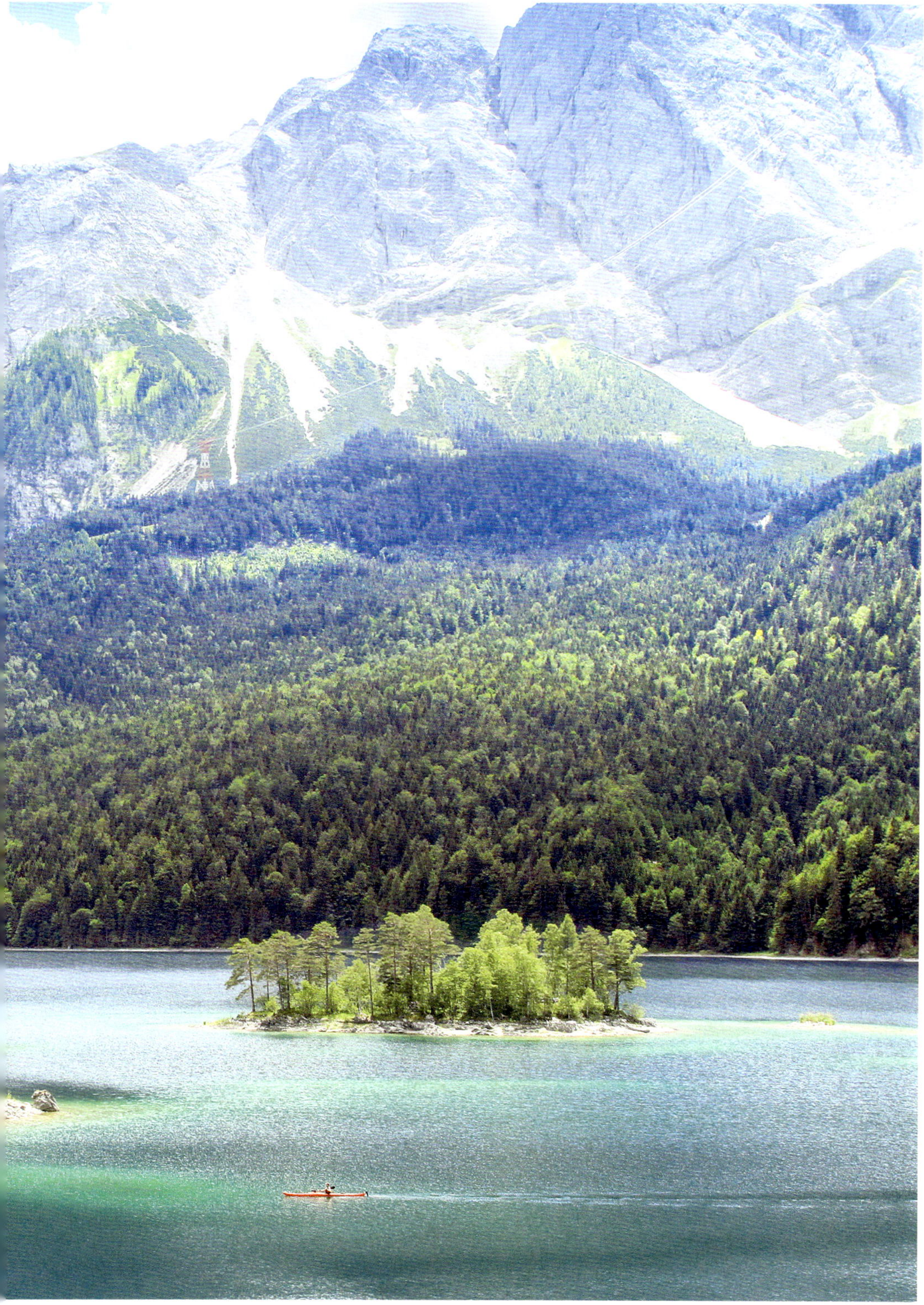

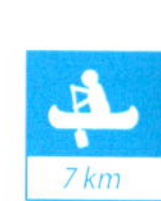
7 km

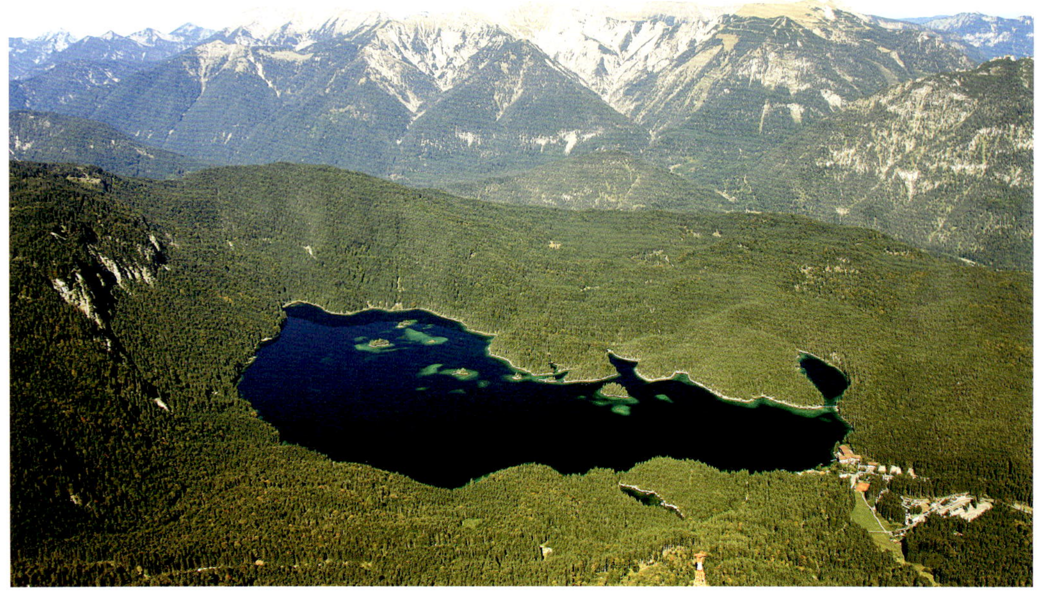

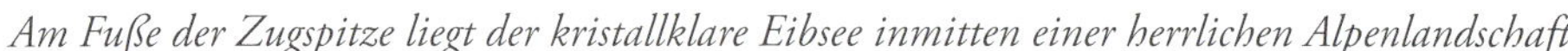

Am Fuße der Zugspitze liegt der kristallklare Eibsee inmitten einer herrlichen Alpenlandschaft

In der Ferne sind die als bunte Punkte wahrnehmbaren Tretboote zu sehen, die sich nun in Fächerform auf den See hinausbewegen. Daneben sehen wir das ***Eibsee-Hotel,*** in dessen wechselvoller Geschichte immer was los war.

Im Jahre 1884 kaufte August Terne für 10.000 Goldmark die vermeintlich wertlose „Zigeunerlache", wie der Eibsee von den Leuten im Werdenfelser Land oft abschätzig genannt wurde. Doch mit der Einrichtung einer regelmäßigen Verbindung zur Poststation Murnau kamen die Touristen. Im inzwischen am Seeufer errichteten Gasthof wurden frische Renken serviert, die man heute übrigens immer noch hier genießen kann. Schon vor dem Ersten Weltkrieg baute man ein Hotel mit 60 Betten, das später zu einem modernen Gebirgshotel mit internationalem Komfort avancierte. Zahlreiche Prominente gaben sich in all den Jahren ein Stelldichein. Zu ihnen zählte auch Richard Strauss, der nicht nur mit den Hotelinhabern regelmäßig Karten spielte, sondern auch viele seiner Kompositionen am Eibsee entstehen ließ. Oder das Flieger-Ass Ernst Udet, das vom Eibsee aus seine tollkühne Landung auf dem Zugspitzplatt vorbereitete und 1929 in einem Vergleichsrennen auf dem zugefrorenen See in seinem Flugzeug „Flamingo" dem Automobilrennfahrer Hans Stuck in seinem „Austro-Daimler"-Rennwagen unterlag. Bleibt noch ein besonderer Gast der jüngeren Geschichte zu nennen: seine Heiligkeit der XIV. Dalai Lama.

Auf der Rückfahrt erkunden wir die Inseln des Sees. Je nach Wasserstand zieren ihn sieben bis neun kleine Eilande. Einige von ihnen sind nicht mehr als ein paar Felsen die gerade über die Wasseroberfläche ragen. Andere sind von kleinen Wäldchen bestanden oder beherbergen kleine Holzhütten. Etwas ganz besonderes ist die ***Maximilianinsel*** – bis 2015 Traumziel vieler Brautpaare, denn hier konnte, nachdem mit Ruderbooten übergesetzt wurde, der Bund der Ehe eingegangen werden.

Nun ist es nicht mehr weit bis zum Ausgangspunkt unserer kleinen Ausfahrt. Unser letzter Blick geht hinauf zum Gipfel der 2.962 Meter hohen ***Zugspitze,*** ehe wir zufrieden unsere Fahrt beenden. Hat sich der Ausflug auf diese „Pfütze" nun gelohnt? Ja unbedingt!

Staffelsee

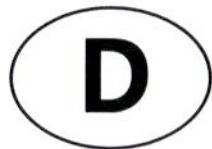

Inselkreuzen auf Bayerns wärmstem See

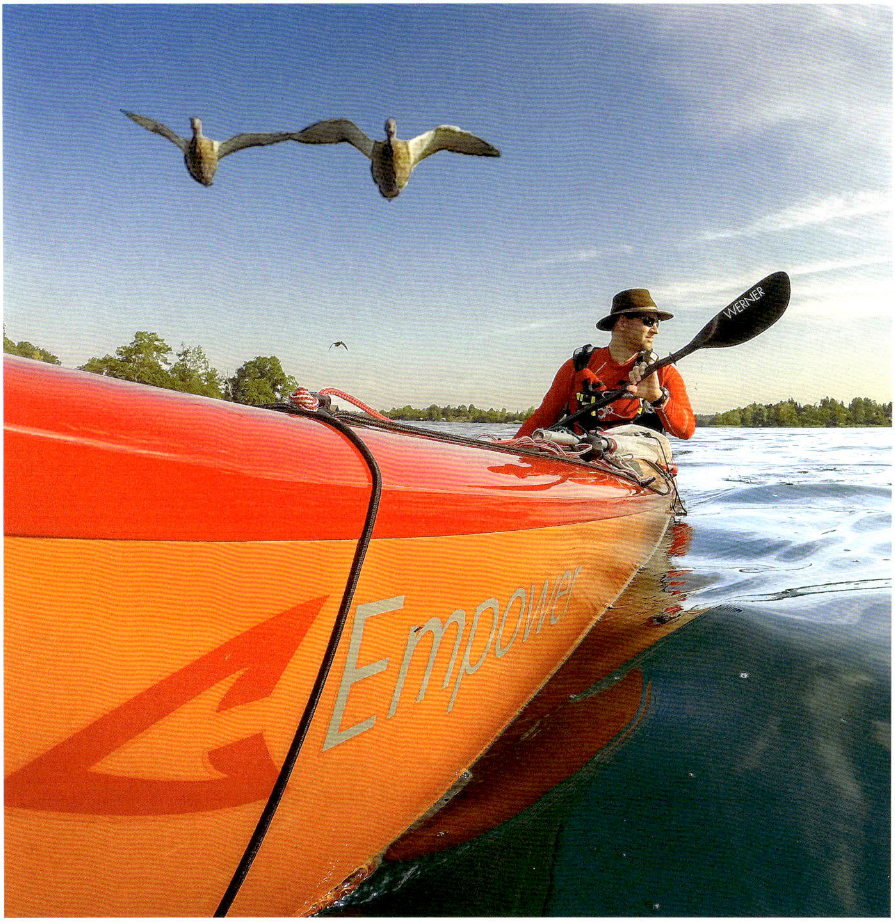

Tour 8

Tour-Infos Staffelsee

Landschaft	Kultur	Baden	Verkehrslärm
★★★★		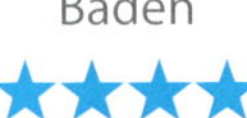	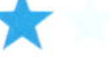

Charakter des Sees

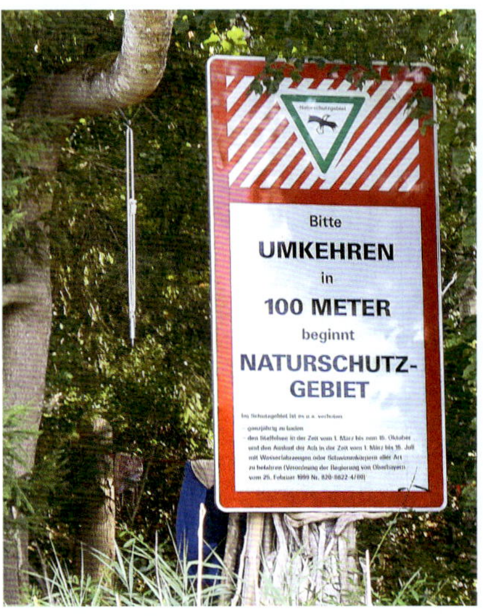

Der Staffelsee, ein verwinkelter, kleiner See, ist zwar nur 4,6 Kilometer lang und 3,7 Kilometer breit, aber wegen der sieben Inseln die das Gewässer in viele Arme und Buchten unterteilen, deutlich vielfältiger als die reine Größe vermuten lässt. Der Bayerische Kanu-Verband sagt über ihn gar: „Eine Landschaft wie in Kanada, nur nicht so weit weg und nicht so teuer." Die baumbestandenen Inseln, viele Felsen, jede Menge Wald und Moor an seinen natürlichen Ufern sowie die umliegenden Berge machen das Gewässer zu etwas ganz Besonderem.

Für alle Mitglieder des Deutschen Kanu-Verbandes gibt es darüber hinaus die Möglichkeit auf der Insel „Große Birke" auf einem Naturzeltplatz zu übernachten – perfekt für kleine Wildnisträume mit Familienanschluss. Doch auch Nicht-Mitglieder finden schöne Plätze am See. Aufgrund der vielen Inseln paddelt man relativ geschützt. Für die windanfälligeren SUP-Paddler ist es besonders interessant, dass man hier nicht selten im Windschatten der Inseln gegen den Wind fahren kann und auf der anderen Seite dann Rückenwind hat. Im Sommer gilt der Staffelsee mit Wassertemperaturen von bis zu 26 Grad als der wärmste größere Badesee Bayerns.

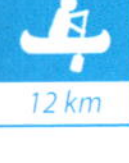

Länge und Dauer der Tour: 12 km, Tagestour **Schwierigkeit:** leicht **Saisonfaktor:** hoch

Bootswagen: evtl. für den Transport zur Einsetzstelle.

Gefahren

Fallwinde und herannahende Gewitter sind zu beachten. Bei Sturmwarnung sofort anlanden. Es gibt Sturmwarnlichter, die nach dem im Abschnitt „Wetter" beschriebenen System im Allgemeinen Teil des Buches funktionieren.

Befahrungsregelungen

Ganzjähriges Befahrungsverbot im ***NSG „Westlicher Staffelsee mit angrenzenden Mooren"***.
Die ***Uffinger Ach*** ist vom 01.03.-15.07 aus ***Naturschutzgründen*** vom Seeausfluss bis zur Straßenbrücke ***gesperrt***. Private Motorboote sind auf dem See verboten.

Anreise

Von **München**: A 95 Richtung Garmisch-Partenkirchen bis Ausfahrt 10 *(Murnau / Kochel)*. Rechts ab auf die St 2062 und im weiteren Verlauf B 2 bis ***Murnau*** fahren. Dort links abbiegen auf Seehauser Str. / Bahnhofstraße bis **Seehausen**. Dort links über die Dorfstraße bis Johannisstraße fahren.

Einsetzen und Parken

Im Anglerhafen im Mündungsbereich des ***Ferchenbachs*** in **Seehausen**, Johannisstraße 10 *(Wegweiser zur Seerundfahrt folgen)*. Dort großer, günstiger Parkplatz. Bei mehrtägigem Parken Bezahlung im Frem-

denverkehrsamt *(das gilt für alle Parkplätze in Seehausen und Murnau)*. Parken in **Murnau** an der Badewiese oder 100 Meter weiter am Biergarten.
Alternative Einsetzstelle beim **Strandbad Uffing** *(Parkmöglichkeit)*.

Kartenmaterial

Outdoorkarte 28, Pfaffenwinkel, Weilheim, Murnau, Staffelsee, 1:35.000, Kümmerly+Frey
Wanderkarte Murnau - Kochel - Das blaue Land rund um den Staffelsee, 1:50.000, KOMPASS-Karten
Topographische Wanderkarte Bayern, Pfaffenwinkel - **Staffelsee,** 1:50.000, Landesamt für Vermessung und Geoinformation Bayern

Literaturtipps

SUP-GUIDE Bayerisches Alpenvorland + die schönsten Biergärten, *Anja & Andy Klotz,* T. Kettler Verlag
Pfaffenwinkel: Weilheim - Murnau - Schongau. 50 Touren, *K. Schön & R. Lehmann,* Bergverlag Rother
Blaues Land. Murnau, Kochel, Werdenfelser Land, Pfaffenwinkel: 25 Kulturwanderungen zwischen Murnau, Kochel, Werdenfelser Land und Pfaffenwinkel, *Christian Rauch,* Bergverlag Rother
Der Staffelsee und seine Anrainergemeinden *(teils unveröffentlichte Fotos von 1894 bis in die Sechzigerjahre), Peter Blath,* Sutton Verlag
Lieblingsplätze und Abkühlung zum Entdecken: **Kontraste im Pfaffenwinekl,** Gmeiner-Verlag
„Wöhler´s zehnter Fall: Die toten Frauen vom Staffelsee", *Manfred Sutor,* Kindle Edition E-Book

Übernachtung in Wassernähe *(in der Reihenfolge des Tourenverlaufs)*

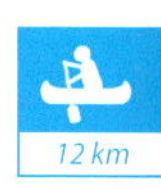

Seehausen:
Campingplatz Halbinsel Burg
Burgweg 41
Tel. +49 (0)8841 98 70
www.camping-staffelsee.de

Pension Vita Stafnensis
Burgweg 18
Tel. +49 (0)8841 14 80
www.urlaub-am-staffelsee.de

Südufer (Murnau):
Georg-Rauch-Haus (Mai-Sep)
Naturfreundehaus für Gruppen
Seewaldweg 100
Tel. +49 (0)8841 499 34 oder
Fritz Heller (0)8841 53 20
www.naturfreunde.de

Insel Große Birke:
Naturzeltplatz „Große Birke"
nur DKV Mitglieder
Anmeldung: Raimund Rasch
Schultheiß-Schneiderstr. 23
73312 Geislingen a.d Steige
Tel. +49 (0)7331 411 03
www.kanu-bayern.de
unter: *Freizeitsport*

Uffing:
Campingplatz Aichalehof
Aichalehof 4
Tel. +49 (0)8846 211
www.aichalehof.de

Insel Buchau:
Campinginsel Buchau
Seehausen a. Staffelsee
Tel. +49 (0)8841 488 17 01
www.buchau-campinginsel.de

Fähre „d´Fischerin" zur Insel:
Tel. +49 (0)160-93 12 19 91

Tourist-Infos

Tourist-Info Murnau, Kohlgruber Str. 1, Tel. +49 (0)8841 614 10, www.murnau.de
Verkehrsamt Seehausen, Johannisstraße 8, Tel. +49 (0)8841 35 50, www.seehausen-am-staffelsee.de
Verkehrsamt Uffing, Im Rathaus, Hauptstr. 2, Tel. +49 (0)8846 92 02 13, www.uffing.de

Kanuvermieter, Kurse, Shop

Murnau:
Bootsverleih Achele Murnau
beim Murnauer Strandbad
(Kanadier, keine Reservierung)
Seewaldweg
Tel. +49 (0)8841 62 88 33
mobil +49 (0)160-93 12 19 91
www.staffelsee.org/bootsverleih

Oberland Sports
(Vermietung, Shop, Schulung)
Petersgasse 3
Tel. +49 (0)172-469 67 26
Tel. +49 (0)8841 998 89 63
www.oberland-sports.de

Peißenberg (23 km entfernt):
Kajakhütte Peißenberg
(Kajak, Kanadier, Schlauchboote, SUP, Kurse, Vermietung, Verkauf)
Zur alten Berghalde 3
Tel. +49 (0)8803 46 70
www.kajak-huette.de

Sehenswürdigkeiten rund um den Staffelsee

Seehausen: *Kath. Pfarrkirche St. Michael* (18. Jh.); *Kapelle St. Bonifatius* auf der **Insel Wörth** (7. Jh.), *Seeprozession* an Fronleichnam, *Staffelseemuseum* (Heimatmuseum, Seestr. 1, Tel. +49 (0)8841 67 28 58 (Mai-Sep Do-So, Fei 14-18, Eintritt ab 16 J. 3,- €, www.staffelseemuseum.de), www.seehausen-am-staffelsee.de

Murnau: *Rathaus* (19. Jh.); *Pfarrkirche St. Nikolaus* (18. Jh.); *Kirche St. Georg* (14. Jh.); *denkmalgeschützter Ober- & Untermarkt* mit *Mariensäule*; *„Kargs Bräustüberl"* (urige Gaststube, Untermarkt); *„Griesbräu"* (Traditions-Wirtshaus am Obermarkt).

Münter-Haus, Kunst & Erinnerungen an Münter und Kandinsky (Kottmüllerallee 6, Tel. +49 (0)8841 62 88 80 oder (0)89 52 88 28, Di-So 14-17, www.muenter-stiftung.de).

Schloßmuseum (13. Jh.), Schloßhof 2-5, Tel. +49 (0)8841 47 62 07 (Di-So 10-17, www.schlossmuseum-murnau.de).

Uffing: *Kath. Pfarrkirche St. Agatha* (15. Jh.), *Heimatmuseum* (Sa, So 15-18, Mi 16-18).

Rieden: *Schloss Rieden* (18. Jh., Privatbesitz), *St. Peter und Paul Kirche* (15. / 17. Jh.).

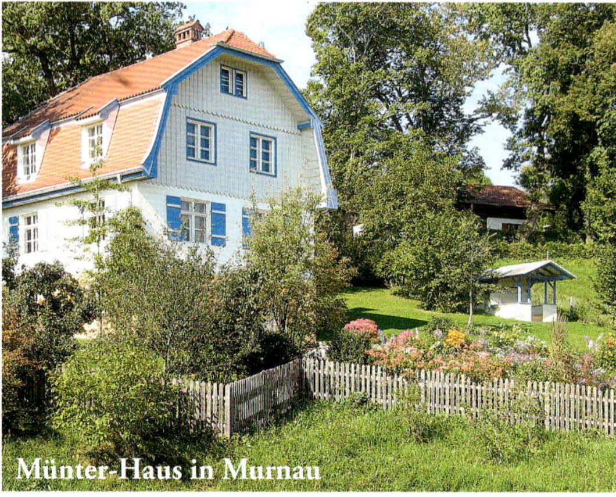
Münter-Haus in Murnau

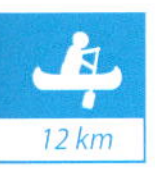

Sonstige Aktivitäten am Staffelsee

Wandern:

Im ***Murnauer Moos*** gibt es eine einfache ***Wanderung*** auf dem 12,5 km langen ***„Moosrundweg"*** durch eine verwunschene Moorlandschaft (Startpunkt z.B. **Westried**).

Moosführungen im Murnauer Moos in **Murnau** (Tourist-Info Tel. +49 (0)8841 614 10) oder ***Heilkräuterexkursionen*** in **Uffing & Umgebung** (Tel. +49 (0)8841 627 11 15, (0)160-93 16 92 53, www.heilendes-kraut.de)

Von **Grafenaschau**, südwestlich des ***Staffelsees,*** kann man auf einem einfachen Wanderweg hinauf zum ***Aussichtsgipfel „Aufacker"*** aufsteigen.

Staffelsee-Rundweg (22 km / 6:30 Std.) mit schönen Ausblicken auf See und Alpenvorland. Der Rundweg lässt sich auch gut mit einer ***Schiffsfahrt*** auf der ***„MS Seehausen"*** abkürzen. Die Wanderstrecke zwischen den Anlegestellen **Achele** und **Uffing** beträgt ca. 13 km. Man benötigt dafür ca. 2:40 Std.

Fahrrad:

Wer mit dem Rad einmal ***rund um den Staffelsee*** fährt, bekommt Eindrücke aus dem Moos, den Wäldern und Wiesen rund um die blaue Perle (wenige Steigungen, ca. 20km).

Baden:

Beliebter Badesee mit mildem, moorhaltigem Wasser dem sogar eine heilkräftige Wirkung nachgesagt wird und das sich im Sommer schnell erwärmt, oft bis auf 26 Grad Celsius.

Seehausen: (300 Meter langer Strand, Badeinsel, Kiosk & Café).

Murnau: Strandbad Lido (210 Meter langer Strand, große Liegewiese, Sand-Volleyball-Platz, kostenlose Liegestühle, Snacks & Burger).

Uffing verfügt gleich über zwei öffentliche Strandbäder.

Thermal- & Hallenbad in der Umgebung:

Kochel a. See *(17 km östlich).* ***Freizeit- & Thermalbad Kristall Trimini,*** Seeweg 2, Tel. +49 (0)8851 53 00, www.kristall-trimini-kochel-am-see.de

Oberammergau *(26 km südwestlich):* ***Erlebnisbad WellenBerg*** *(Baden und Erholen im Stile der großen Alpenbäder)*, Himmelreich 52, Tel. +49 (0)8822 923 60, www.wellenberg-oberammergau.de

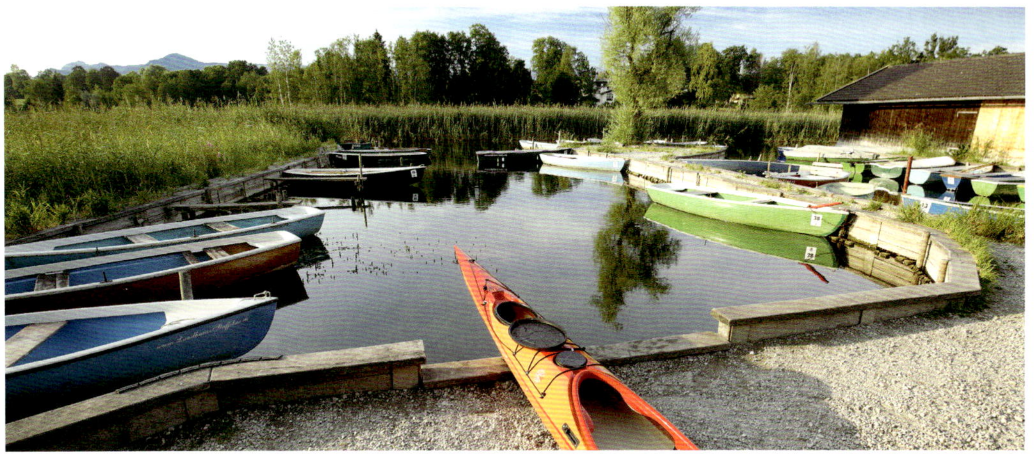

Angeln:
Wer in Besitz eines Fischereischeins ist, kann eine **Angelkarte** am ***Bootsverleih*** in **Seehausen** erwerben. Das Angeln ist vom 15. Mai - 15. Okt, tgl. von 8-19 gestattet (weitere Infos: ***Staffelsee Motorschifffahrt***, Im Hinterfeld 8, Seehausen am Staffelsee, Tel. +49 (0)8841 62 88 33, www.staffelsee.org).
Im Staffelsee werden bevorzugt **Hecht, Zander, Aal, Renke** und **Schleie** gefangen.

Fahrgastschifffahrt auf dem See:
Täglich sechs Rundfahrten (ca. 80 Minuten) mit den Anlegern Fischerstüberl (**Seehausen**), Achele (**Murnau**) und **Uffing**. Specials: Mondscheinfahrt mit Musik, Krimifahrt, Schmankerlfahrt u.v.m..
Staffelsee Motorschifffahrt, Im Hinterfeld 8, Seehausen, Tel. +49 (0)8841 62 88 33, www.staffelsee.org

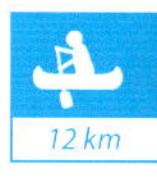

Fahrrad- und E-Bike-Vermietung:
Seehausen: *Verkehrsamt Seehausen*, Johannisstr. 8, Tel. +49 (0)8841 35 50
Murnau: *Oberland-Sports,* Petersgasse 3, Tel. +49 (0)8841 998 89 63, www.oberland-sports.de
Radstadl *(Mo geschlossen)*, Bahnhofstr. 10, Tel. +49 (0)8841 402 22, www.radlstadl.de

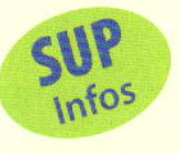

SUP-Tipps: In **Seehausen** kann man perfekt zum ***SUP Island-Crossing*** im inselreichsten See des Alpenvorlandes starten und später im ***Café im Strandbad*** die Tour ausklingen lassen. ***Sunset Paddeln*** von der **Halbinsel Burg** nach **Achele** zum ***„Lido Beach & Burger"***.

SUP-Vermietung und Kurse:

Seehausen:
Bootslände Seehausen
Johannisstraße 18 *(„Fischerstüberl")*
Tel. +49 (0)8841 62 88 33
Tel. +49 (0)177-66 222 77
www.staffelsee.org/bootsverleih

Camping Halbinsel Burg:
Freeride Guide
(auch Kurse, SUP Sunset Special)
Burgweg 41, Halbinsel Burg
Tel. +49 (0)8841 998 87 50
Tel. +49 (0)152-59 58 51 42
www.freeride-guide.com

Murnau:
Bootsverleih Achele Murnau
(keine Reservierung)
Seewaldweg, Strandbad
Tel. +49 (0)8841 62 88 33
Tel. +49 (0)177-66 222 77
www.staffelsee.org/bootsverleih

Oberland-Sports
Petersgasse 3
Tel. +49 (0)172-469 67 26
Tel. +49 (0)8841 998 89 63
www.oberland-sports.de

Nur Touren & Kurse:
Island Times
Griesstr. 3
Garmisch-Partenkirchen
Tel. +49 (0)160-302 13 72
www.island-times.de

Bavarian Waters
(München)
Tel. +49 (0)176-20501402
www.bavarianwaters.com

Der Staffelsee

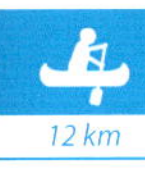

Das „Blaue Land" – eine hügelige Seen- und Moorlandschaft vor der Kulisse des Wettersteingebirges, Inspiration für Künstler wie Wassily Kandinsky und mittendrin der Staffelsee, auf dem ich einen herrlichen Paddeltag verbringen werde. **Seehausen** mit seinen alten und ursprünglichen Bauernhäusern, die teils mit Lüftlmalereien verziert sind, ist Ausgangspunkt der Tour. Vom Steg des kleinen Anglerhafens in der Mündung des ***Ferchenbachs*** gleite ich sanft durch einen dichten Teppich aus grünen Wasserpflanzen Richtung ***Staffelsee***, vorbei an hölzernen Bootsschuppen. Schnell erreiche ich den **Anleger Fischerstüberl** *(leider hat 2018 der nette Biergarten immer noch geschlossen)* der Seerundfahrt in der ersten Bucht des Staffelsees wo das Wasser deutlich wärmer ist als im Ferchenbach. Auch ist seine Farbe bräunlicher als das vieler anderer Alpenseen. Trotzdem hat das sehr saubere Wasser Trinkqualität. *Seine Färbung stammt vielmehr von den großen Hochmoorgebieten des Murnauer Moos, südlich des Staffelsees, aus*

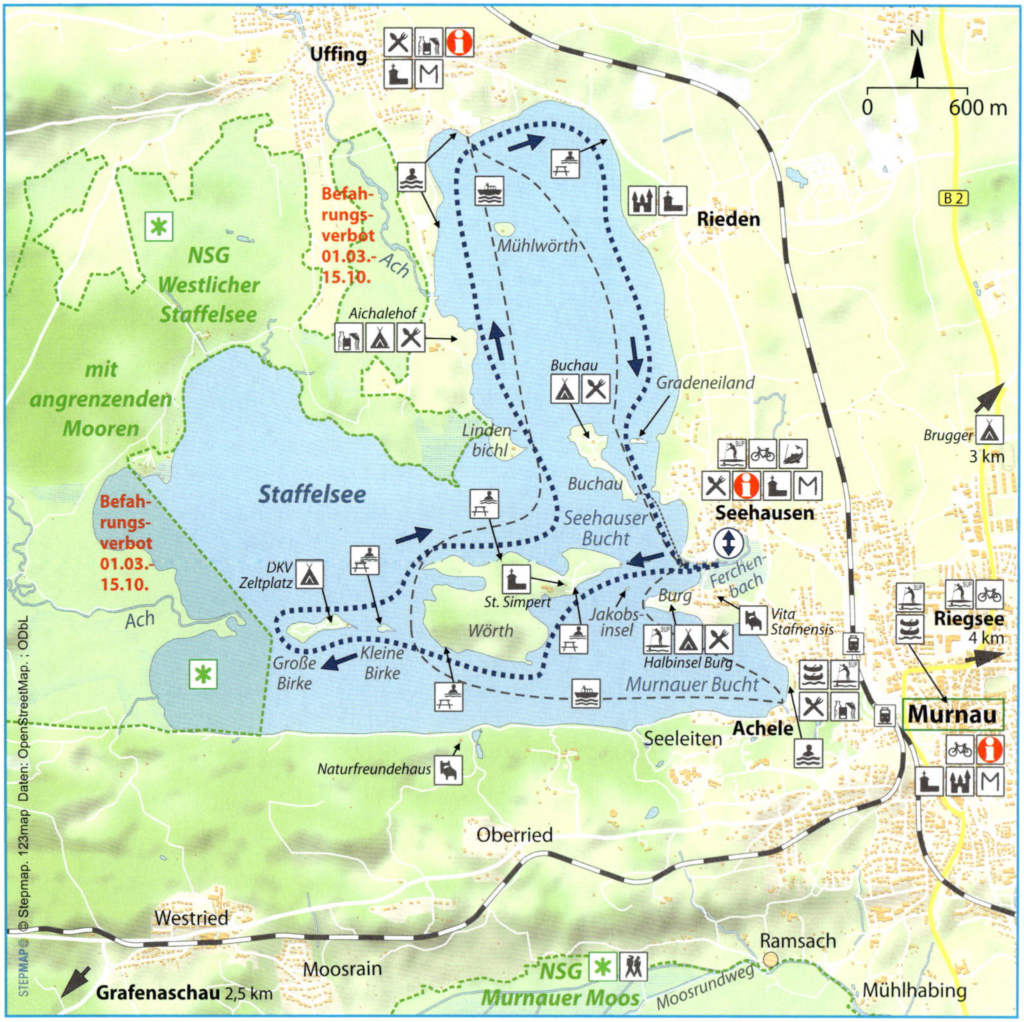

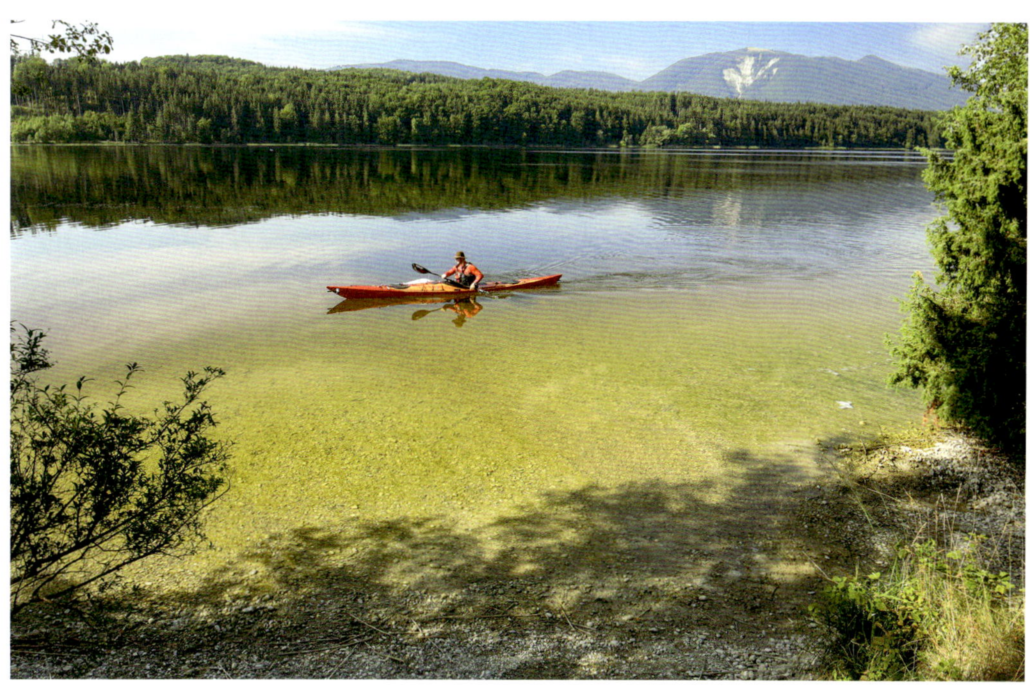

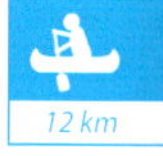

Ruhiges Dahingleiten in ruhiger Landschaft – „wie in Kanada, nur nicht so weit weg"

denen der See zu großen Teilen gespeist wird. Es ist mit 32 km² gar das größte zusammenhängende Alpenrandmoor Mitteleuropas und bietet seltenen Tier- und Pflanzenarten einen Lebensraum. Durch das Gebiet führt ein ***Wanderweg***, der mit vielen Anschlagtafeln über die Natur informiert.

Den ***Campingplatz*** auf der ***Halbinsel Burg*** links liegen lassend, steuere ich das Kajak auf die kleine *Jakobsinsel* zu, die kleinste und wohl auch schönste Insel auf dem See. Nicht weil dort ein von Papst Benedikt geweihtes Kreuz steht, sondern weil die felsige Struktur und die wild verästelten Kiefern dem Eiland einen besonders urigen Charakter verleihen. *Früher führte von der Halbinsel Burg ein Holzsteg über die Jakobsinsel, damals auch Steginsel genannt, hinüber zur **Insel Wörth**. Noch heute sind nördlich der Insel die alten Pfähle im Wasser sichtbar, an denen man kürzlich einen Süßwasser-Schwamm entdeckte, der bis dahin nur aus 40 Metern Tiefe des Baikalsees bekannt war. Jener Schwamm im Staffelsee dagegen ist sogar mannshoch und war somit eine biologische Sensation.*

*Schon vor 4000 Jahren erkannten die Menschen die schützende Lage der **Insel Wörth** und im 7. Jahrhundert errichtete ein Adeliger auf ihr einen Hof mit Kapelle, die allerdings mit dem Bau eines karolingischen Klosters im 8. Jahrhundert schon wieder Geschichte war. Nach Auflösung des Klosters wurde aus der Klosterkirche die Pfarrkirche für alle umliegenden Orte. Um diese Kirche auch ohne Boot erreichen zu können, baute man eben diesen besagten Steg vom Festland hierher. Im Jahre 1773 überführte man die Inselpfarrkirche mit der schönen barocken Ausstattung kurzerhand nach Seehausen und errichtete auf der Insel stattdessen die heutige **Kapelle St. Simpert**, die man vom Wasser aus gut sehen kann.*

Bayernweit einmalig – eine ***Fronleichnam-Seeprozession*** führt alljährlich von der Seehausener Kirche über festlich geschmückte Dorfstraßen zum Ufer des Sees und von dort mit vielen Dutzend Booten zur **Insel Wörth**. Gäste aus nah und fern kommen extra für dieses außergewöhnliche Fest zu Besuch an den Staffelsee.

Das parkartige Erscheinungsbild der Insel weist auf eine uralte landwirtschaftliche, und großflächige Weidenutzung hin. Typisch dafür sind vor allem die großen alten Eichen oder Kiefern. Um einer Verbuschung vorzubeugen, lebt eine Herde von Heckrindern als „natürliche Rasenmäher“ auf der Insel, denen man mit gebührendem Abstand begegnen sollte.

Jetzt stecke ich die Kajak-Nase in die ***Murnauer Bucht*** mit ihrer Badeanstalt und dem Schiffsanleger **Achele**. Dort findet man neben dem Strandbad das ***„Lido Beach & Burger“***, ein Lokal mit großer Sonnenterrasse und einer Lounge, die im karibischen Beach-Look erstrahlt. Auf der Karte stehen 25 verschiedene Burger von herzhaft über vegetarisch / vegan bis hin zu exotisch, allesamt mit selbstgemachten Saucen. Doch dafür ist es jetzt noch zu früh, genauso wie für die Sonnenuntergänge, die von hier aus spektakulär sein sollen.

12 km

Zurück geht es entlang des südlichen Ufers der ***Insel Wörth***, das von kleinen Schilfflächen und schönem Wald bestanden ist, hinüber zum Eiland ***„Kleine Birke“***. Während der Überfahrt genieße ich den weiten Blick hinein in die ***Ammergauer Berge,*** die sich am Horizont auftun. Das Eiland selbst ist ein hervorragender Pausenplatz und so kann ich mir nicht verkneifen, dem schmucken Inselchen mit der Liegewiese einen Besuch abzustatten.

Von da ist es nur ein Katzensprung hinüber zur Nachbarinsel ***„Große Birke“*** auf der Mitglieder des Deutschen Kanu-Verbandes *(DKV)* zelten dürfen. Ein perfekter Platz für einen Familienurlaub mit Standquartier. Allerdings scheint die Insel auch kein Geheimtipp mehr unter DKV-Paddlern zu sein, denn eine ganze Menge Zelte stehen an den Ufern.

Bald weißt ein großes Schild darauf hin, dass man in 100 Metern aus Naturschutzgründen umkehren soll. Der ungünstige Standort des Schildes suggeriert, dass die Insel nicht umpaddelt werden darf, was allerdings nicht stimmt, denn das Schild gilt für das am Westufer folgende Naturschutzgebiet, welches wir als Paddler selbstverständlich ganzjährig meiden. Sinnvol-

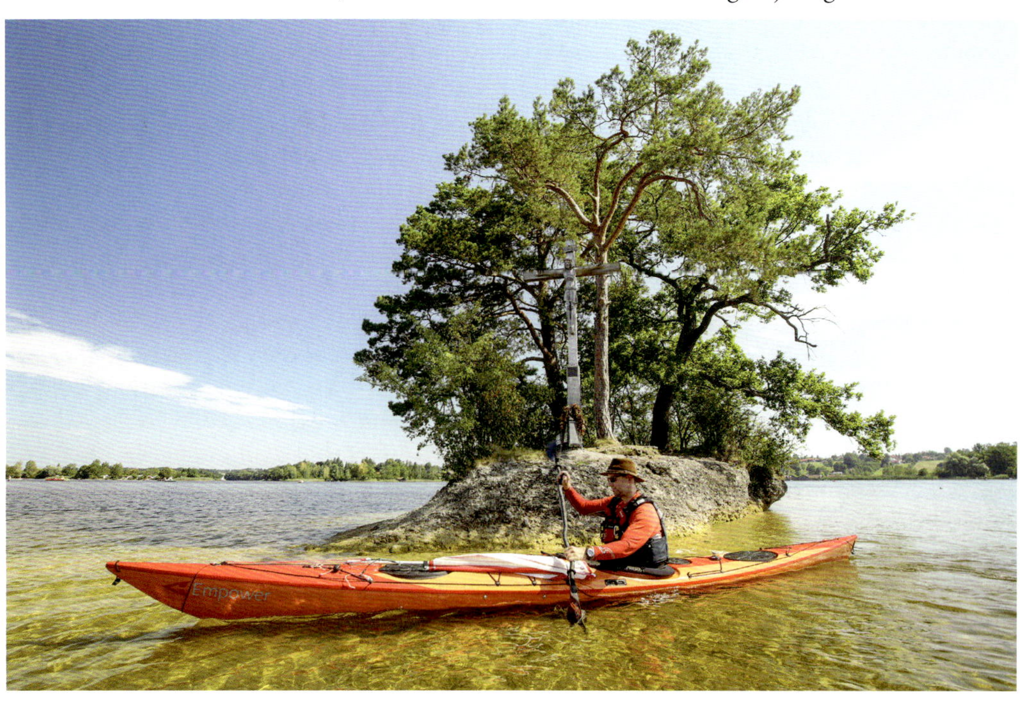

Sieben Inseln machen den Staffelsee zum inselreichsten See im Alpenvorland

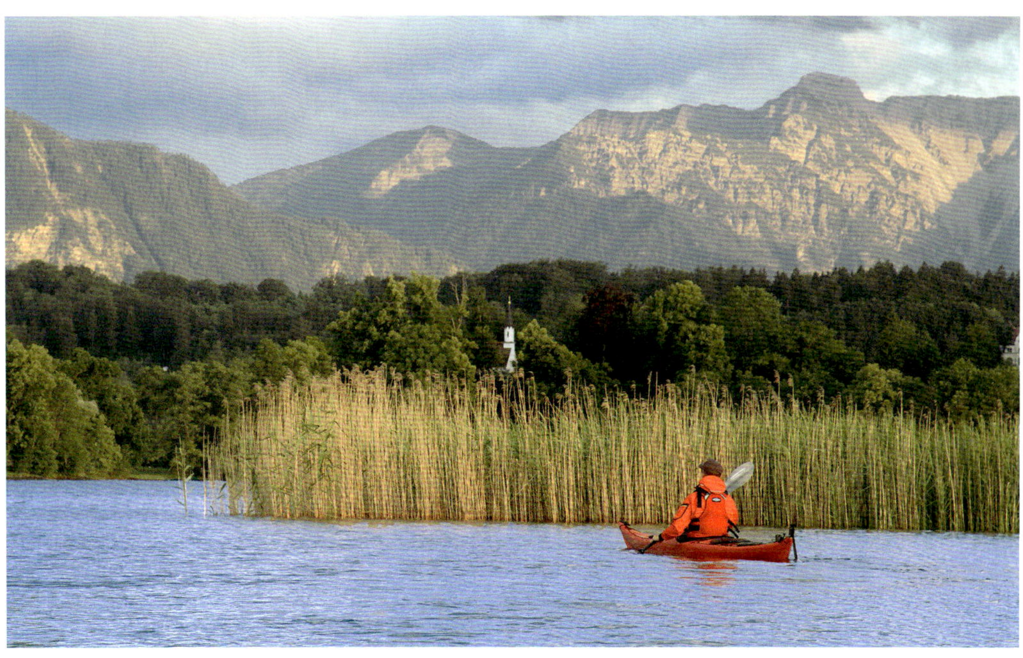

Direkt am Rande der Alpen gelegen, ist der See für das nahe München ein beliebtes Ausflugsziel

ler wäre sicher ein Schild mit einer Übersichtskarte gewesen.

Gegenüber der Insel, da wo die ***Ach*** an einer Halbinsel, einem landfest gewordenen Inselhügel der fast 400 Meter in den See ragt, in den Staffelsee mündet, beginnt das ***„Naturschutzgebiet Westlicher Staffelsee mit angrenzenden Mooren"***. *Mit einer Größe von 975 Hektar ist das Feuchtgebiet von internationaler Bedeutung und bietet einer großen Anzahl von gefährdeten Tieren und Pflanzen Schutz und Lebensraum.*

Schon bin ich auf der Nordwestseite der „Großen Birke" und paddel nun auf der Rückseite entlang der Inselkette. In der tief eingeschnittenen Bucht der Insel Wörth ankern Segelboote und auf der Halbinsel gegenüber sitzen auf dem ***Jugendzeltplatz „Lindenbichl"*** Jugendliche mit ihren Gitarren vor den Zelten.

Die Halbinsel ist von der evangelischen Jugend gepachtet worden, die hier seit 1953 alljährlich in den Sommerferien ein Zeltlager veranstaltet. Die Halbinsel wird mit Hilfe eines kleinen Motorbootes versorgt, da sie vom Festland her wegen eines unter Naturschutz stehenden Moorstreifens nicht zugänglich ist.

Mein schmales Kajak nimmt Kurs in Richtung Norden auf Uffing zu. Mitten auf dem See kommen mir zwei gut gelaunte SUP-Damen im Evakostüm entgegen, die fröhlich winken. Kein Wunder, ist das Thermometer doch schon lange auf über 25 Grad geklettert. Der idyllisch und ruhig gelegene ***Campingplatz Aichalehof*** ist eingebettet in das weitläufige Naturschutzgebiet mit der einzigartigen Moorlandschaft. Er ist idealer Ausgangspunkt für herrliche Wander- und Radtouren in die Umgebung. Zwar gibt es erst wieder in Uffing Einkaufsmöglichkeiten, aber dafür bietet auf dem Platz ein gut sortierter Kiosk eine große Auswahl an Lebensmitteln und Campingbedarf und eine Gastronomie fehlt natürlich auch nicht.

Kurz hinter dem Campingplatz entwässert der Staffelsee über die ***Ach*** und auf Höhe des Uffinger Strandbades liegt die Privatinsel ***Mühlwörth***, die natürlich nicht betreten werden darf. Ein Stück weiter, in der Bucht vor **Uffing**, lockt der lauschige Biergarten des ***Seerestaurants „Alpenblick"***. Die knusprigen

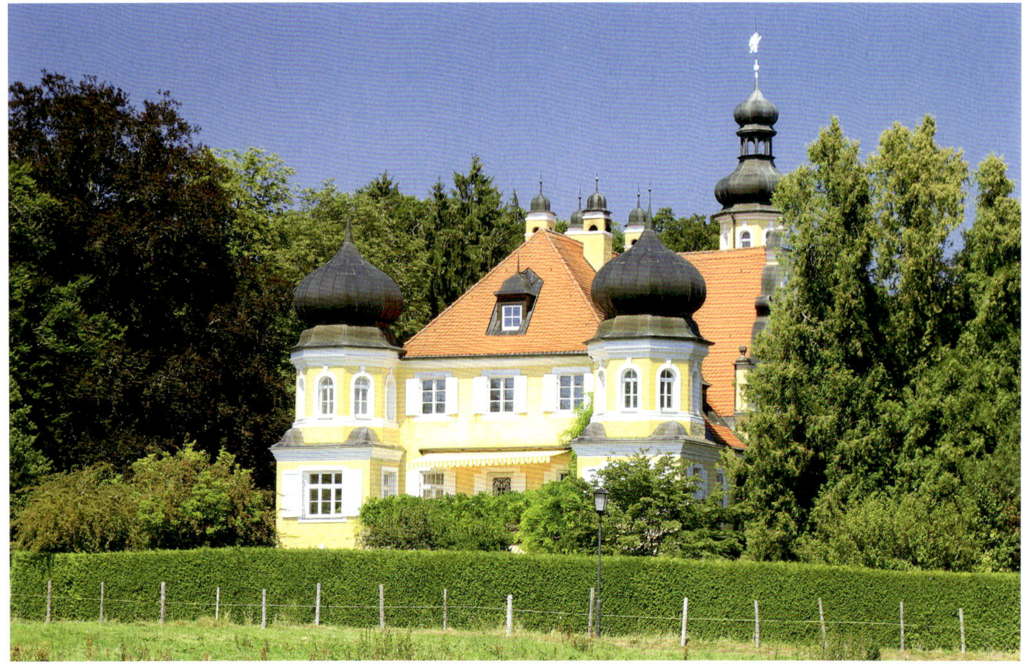

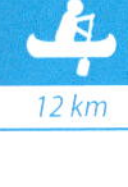

Schloss Rieden mit seinen Zwiebel-Ecktürmen stammt im Kern aus dem 18. Jahrhundert

Hendl vom Grill sind auf jeden Fall weitbekannt. Nebenan, hinter dem Schiffsanleger, lädt das zweite Uffinger Strandbad an Bayerns wärmstem See zum Baden. Mit seinem flachen Kieselstrand ist das Bad an Sommerwochenenden natürlich gut besucht.

Mittlerweile ist etwas Wind aufgekommen, der für wohltuende Abkühlung sorgt. Am Ostufer lugt hinter einem kleinen Wäldchen die ***Kapelle St. Peter und Paul*** zwischen den Bäumen hervor. Die zum Ortsteil **Rieden** gehörende Kapelle *stammt aus dem 15. und der Hochaltar aus dem 17. Jahrhundert. Wer es noch nicht weiß: Das in Privatbesitz befindliche hübsche Schloss mit den fotogenen Zwiebel-Ecktürmen direkt dahinter hat „Filmgeschichte" geschrieben. Eine Herzschmerz-Geschichte der Erfolgsautorin Utta Danella ist kürzlich hier abgedreht worden. Ein „Location Scout" fand aber auch noch andere geeignete Plätze in der Gegend. So sollen außerdem der Uffinger Biergarten „Alpenblick", die Murnauer Fußgängerzone, das Münterhaus und natürlich der Staffelsee als Hauptdarsteller die weißblaue Postkarten-Idylle in deutsche Fernsehzimmer bringen.*

In der Engstelle zwischen **Seehausen** und der ***Insel Buchau*** liegt die bewaldete ***Insel Gradeneiland***, die zweitkleinste Insel im Staffelsee. Eine echte Campinginsel ist das ***Naturschutzgebiet Insel Buchau***. Kein Autolärm, keine Wohnwagen – die autofreie Insel verspricht Natur pur, sie ist nur für Zelter und wird von der kleinen Fähre „d'fischerin" ab **Seehausen** angefahren.

Auf den letzten Metern denke ich über die Entstehung dieses so wunderbaren Gewässers nach. *Der See ist einst als Toteissee entstanden. Am Ende der Würm-Eiszeit spaltete sich ein riesiges Stück Eis vom Gletscher ab. Das Toteis schmolz anschließend im Untergrund mit der Klimaerwärmung langsam ab. Dadurch sackte die Oberfläche über dem Toteis langsam nach und es entstand ein Toteiskessel der sich langsam mit Grundwasser füllte.* Welch' Glück – sonst hätte ich diese schöne Paddeltour nicht unternehmen können, die nun mit der Einfahrt in die Mündung des Ferchenbachs ein Ende nimmt.

Kochelsee

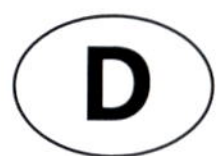

Des Bayernkönigs liebster See

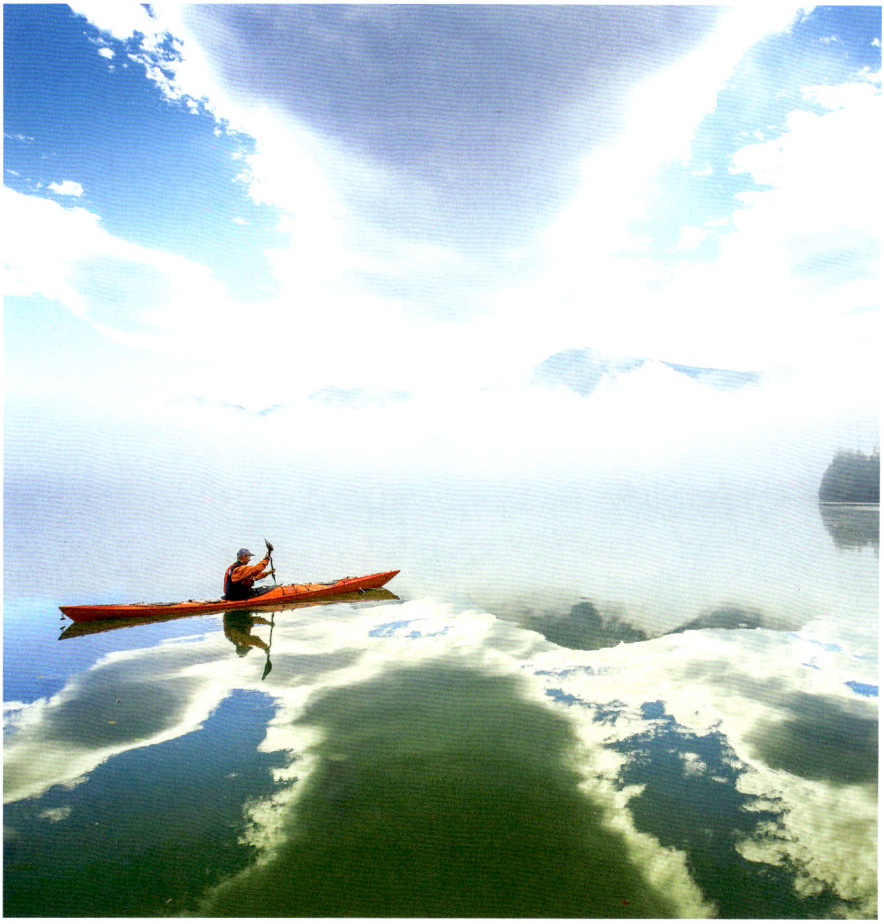

Tour 9

Tour-Infos Kochelsee

Landschaft	Kultur	Baden	Verkehrslärm
★★★★	★	★★	★★

Charakter des Sees

Der Kochelsee grenzt mit seinem Südufer direkt an die erste alpine Bergkette, während der Rest des Sees Teil des recht flachen Voralpenlandes ist, eingerahmt von Mooren und weiten Schilfgebieten. Der den See durchfließende Gebirgsfluss Loisach und das zufließende Wasser des Walchenseekraftwerks sorgen dafür, dass sich der See auch im Hochsommer auf kaum über 18 Grad Celsius erwärmt. Trotzdem ist er ein lohnendes und beliebtes Badegewässer.

Seine Entstehungsgeschichte ist, wie bei so vielen anderen Alpenseen, in eiszeitlichen Gletscherbewegungen zu suchen. Diese schürften hier eine Mulde aus, die dann durch feine, vom Gletscher mitgeschleppten Tone nach unten abgedichtet wurden. Zunächst war der See um ein Vielfaches größer und reichte wohl bis hin zum Ort Penzberg. Die von der Loisach mitgebrachten Sedimente ließen den See allerdings nach und nach verlanden und in seinen Ausmaßen schrumpfen.

Ebenso wie der Walchensee ist der Kochelsee unter den Wind- und Kitesurfen sehr beliebt. Der Thermikwind bläst am frühen Morgen und kommt somit den Spätaufstehern unter den Paddlern entgegen.

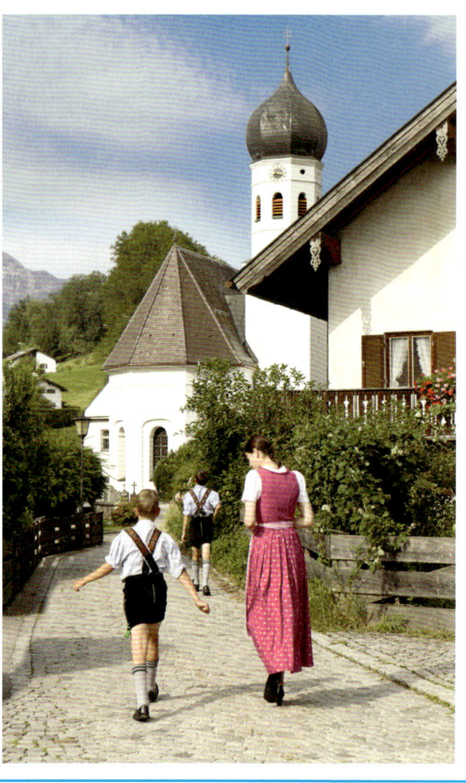

Länge und Dauer der Tour: 12 km, Tagestour **Schwierigkeit:** leicht **Saisonfaktor:** hoch

Bootswagen: evtl. für den Transport zur Einsetzstelle.

Gefahren

Plötzliche Fallwinde, aufkommende Gewitter, starke Föhnwinde und Strömung am ***Loisachausfluss***. Die in kalten Nächten auftretenden Fallwinde werden von einer Abkühlung der Luftmassen am ***Herzogstand*** ausgelöst und wehen aus Süden den Kesselbergpass hinunter. Der Föhnwind ist am Kochelsee ausgeprägter als am Walchensee. Er weht meist zur frühen Morgenstunde aus Richtung Süden über den Pass und kann sehr stark werden. Je weiter weg man sich vom Südufer befindet, desto schwächer ist seine Auswirkung.

Befahrungsregelungen

Am ganzen ***Nordwestufer*** zwischen der ***Loisachmündung*** und dem ***Ausfluss der Loisach*** besteht ein ***Uferbetretungsverbot*** (Wiesenbrütergebiet) in der Zeit ***vom 20.03.-15.07.*** mit Ausnahme im Bereich der Uferwanderwege. Informationstafeln an den Parkplätzen weisen darauf hin.

Anreise

Aus **München**: A 95 Richtung Garmisch-Partenkirchen bis Ausfahrt 10 *(Murnau / Kochel)*. Dann auf der St 2062 über ***Schlehdorf*** bis **Kochel**. Dort rechts ab auf die B11/Mittenwalder Str. fahren.

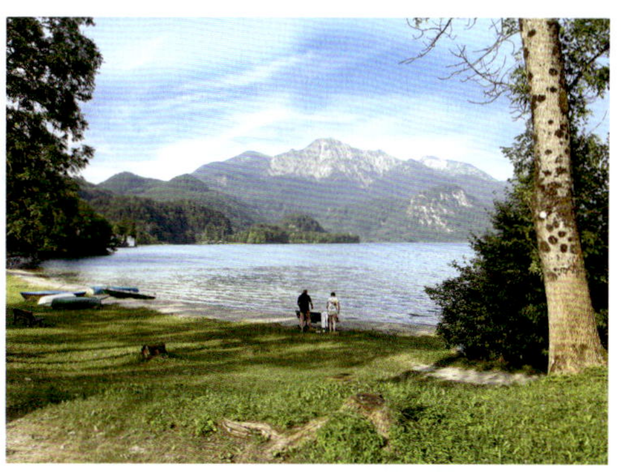

Einsetzstelle Badeplatz Finkberg

Einsetzen und Parken

Badeplatz Finkberg (B11/Mittenwalder Str. 50, **Kochel am See**). Parkplatz gebührenpflichtig.

Kartenmaterial

Outdoorkarte 04 Bad Tölz - Lenggries, Isarwinkel, 1:35.000, ***Kümmerly + Frey***
Walchensee - Kochelsee - Sylvensteinstausee: 1:25.000, ***KOMPASS-Karten***
Karwendelgebirge mit Wanderwegen, Radwanderwegen, 1:50.000, ***Landesamt für Vermessung***
Estergebirge, Herzogstand, Wank, 1:25.000, ***Deutscher Alpenverein***

Literaturtipps

Isarwinkel und Tegernseer Berge, **40 Touren in den bayerischen Voralpen,** Bruckmann Verlag
Oberbayerische Seen, Reiseführer, *Thomas Schröder,* Michael Müller Verlag
KANU KOMPAKT Isar & Loisach, *Alfons Zaunhuber,* Thomas Kettler Verlag
1705: Der bayerische Volksaufstand und die Sendlinger Mordweihnacht, Langen-Müller Verlag
Franz Marc: Eine Biographie, *Wilfried F. Schoeller,* Carl Hanser Verlag
Lieblingsplätze und 11 Badeseen entdecken: **Servus im Oberland,** Gmeiner-Verlag

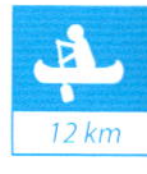

Übernachtung in Wassernähe *(in der Reihenfolge des Tourenverlaufs)*

Schlehdorf:
Gasthof Hotel Klosterbräu
Seestr. 2
Tel. +49 (0)8851 286
www.klosterbraeu-schlehdorf.de

Südostufer (Kochel a. See):
Campingplatz Kesselberg
Altjoch 2 ½, Tel. +49 (0)8851 464
www.campingplatz-kesselberg.de

Camping Renken
Mittenwalder Str. 106
Tel. +49 (0)8851 61 55 05
www.campingplatz-renken.de

Seehotel Grauer Bär
Mittenwalder Str. 82-86
Tel. +49 (0)8851 925 00
www.grauer-baer.de

Kanuvermieter, Veranstalter, Schulung, Shops

Kochel a. See:
Montevia *(Schlauchkanadier, Rafting, SUP, Veranstalter)*
Alte Straße 27
Tel. +49 (0)8042 97 24 00
www.montevia.de

Einsiedl am Walchensee:
Bootsverleih Einsiedl
Tel. +49 (0)157-83 15 49 90

Murnau am Staffelsee:
Oberland Sports
(Vermietung, Shop, Schulung)
Petersgasse 3
82418 Murnau
Tel. +49 (0)172-469 67 26
Tel. +49 (0)8841 99 88 963
www.oberland-sports.de

Peißenberg (35 km nordwestl.):
Kajak-Hütte Peißenberg
(Kajak, Kanadier, SUP, Schlauchboote, Kurse, Vermietung, Verkauf)
Zur alten Berghalde 3
82380 Peißenberg
Tel. +49 (0)8803 46 70
www.kajak-huette.de

Tourist-Infos

Kochel, Bahnhofstr. 23, Tel. +49 (0)8851 338, www.kochel.de
Walchensee (Ort), Ringstraße 1, Tel. +49 (0)8858 411, www.walchensee.de
Bad Tölz, Max-Höfler-Platz 1, Tel. +49 (0)8041 786 70, www.bad-toelz.de
Schlehdorf, Unterauerstr. 1, Tel. +49 (0)8851 484, www.urlaub-in-schlehdorf.de

Sehenswürdigkeiten rund um den Kochelsee

Kochel am See: *Denkmal Schmied von Kochel*; barocke *Pfarrkirche St Michael* (16. Jh.). *Franz Marc Museum* (Franz Marc Park 8-10, Tel. +49 (0)8851 92 48 80, Apr-Okt Di-So & Fei 10-18, www.franz-marc-museum.de).

Altjoch: Industriedenkmal *Erlebniskraftwerk Walchensee* (Altjoch 21, Tel. +49 (0)8851 772 25, Mai-Okt 9-17, sonst 10-16, Führung nach Vereinbarung, Oskar-von-Miller Einkehr Di-So, www.walchenseekraftwerk.de).

Schlehdorf: *Heilig-Kreuz Kirche* (Friedhofskapelle) von 1692 mit dem *Schlehdorfer Kreuz*, entstanden um das Jahr 970 und damit eines der ältesten erhaltenen lebensgroßen Kruzifixe der Christenheit; *Dominikanerinnen Kloster* (18. Jh.) & *Pfarrkirche St. Tertulin* (1727) mit der *Schlehdorfer Orgel* (1783).

Großweil bei Schlehdorf: *Freilichtmuseum Glentleiten* (An der Glentleiten, Tel. +49 (0)8851 185-0, 19.Mär-11.Nov Di-So 9-18, Jun-Sep auch Mo, Eintritt Erw. 7 €, www.glentleiten.de)

Sonstige Aktivitäten am Kochelsee

Kanu, SUP:

Auf der ***Loisach*** von **Garmisch** bis **Wolfratshausen** oder der *Isar* von **Krün** bis **München** (siehe KANU KOMPAKT Isar & Loisach und SUP-GUIDE Bayerisches Alpenvorland, beide Thomas Kettler Verlag).

Wandern:

Eine ***leichte Wanderung*** führt die Passstraße Richtung Walchensee hinauf zum ***Jochberg*** mit wunderschönen Aussichten auf Kochel und Walchensee (ca. 800 Höhenmeter).

Von **Schlehdorf** südlich des ***Karpfsees*** entlang zum ***Freilichtmuseum Glentleiten*** und zur ***Kreut-Alm*** *(Einkehr)* mit grandioser Aussicht auf den Kochelsee und das Loisachtal.

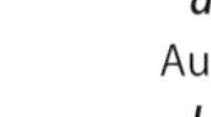

Von **Kochel** über den ***Höhenweg*** *(leichte Steigungen)* nach **Benediktbeuern** (Kloster, Einkehr) und zurück entlang der Loisach durchs ***NSG Loisach-Kochelsee-Moor*** (17,5 km, 4:15 Std.)

NSG Loisach-Kochelsee-Moor – Runde (9 km, 2:30 Std.).

Eine leichte ***Wanderung rund um den Kochelsee*** (15 km).

Auf dem ***Vogellehrpfad*** zu den ***Lainbachwasserfällen***.

Oder auf den ***Herzogstand*** *(siehe Walchensee)*.

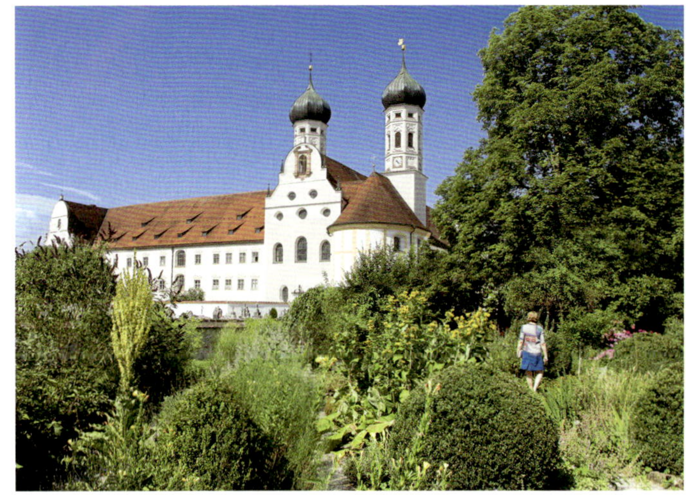

Kräuter-Führungen im Garten des Klosters Benediktbeuern

Klettern:

Kletterwald Blomberg, höchster Kletterwald Deutschlands (Am Blomberg 1a, Bad Tölz – Wackersberg, nur bei trockenem Wetter: Mo-Fr 12-18, Sa, So+Ferien Bayern 10-18, Tel. +49 (0)8041 79 35 692 *(Bergtelefon)* od. +49 (0)179-105 32 42, www.kletterwald-blomberg.de).

Fahrradfahren:

Im Norden des Kochelsees führt eine leichte Tour ***entlang von Loisach und Triftkanal*** nach **Zell / Pölten** und über **Schlehdorf** zurück (20 Kilometer, kaum Höhenmeter).

Eine konditionell herausfordernde Runde führt von **Kochel** den ***Kesselberg*** hinauf zum ***Nordufer des Walchensees***. Von dort hinüber in die ***Jachenau*** und weiter bis **Lenggries**. Über ***Wackersberg*** und **Bad Heilbrunn** zurück nach **Kochel**. (auf und ab je etwa 1300 Höhenmeter, 70 km).

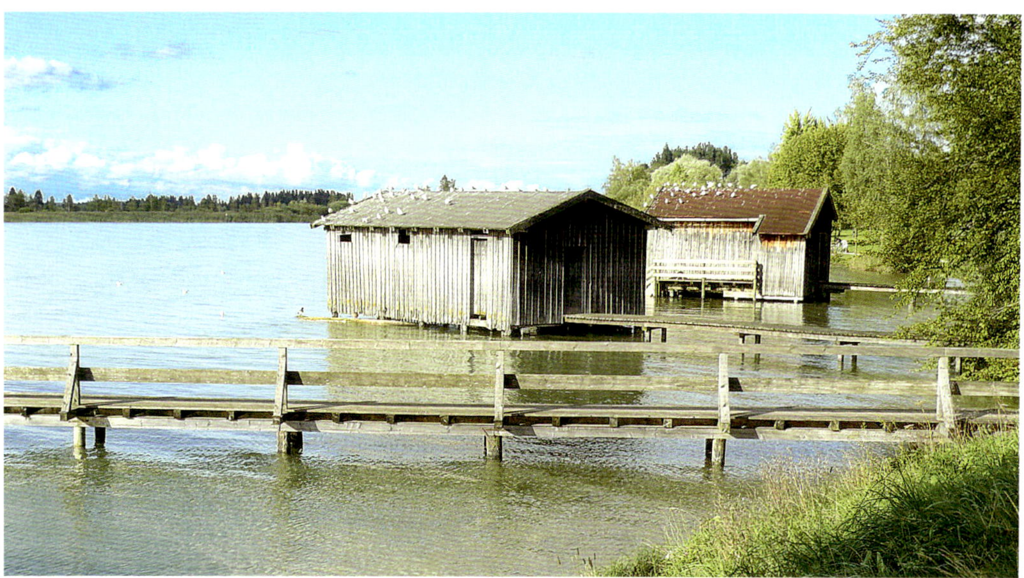

Baden:
Badeplätze mit Liegewiese zwischen **Kochel** und **Altjoch** oder an der ***Loisachmündung*** bei **Schlehdorf.**

Thermalbad:
Kochel: ***Freizeit- & Thermalbad Kristall Trimini,*** Seeweg 2, Tel. +49 (0)8851 53 00, Mai-Sep, tgl. 9-21, Eintritt ab 5 €, www.kristall-trimini-kochel-am-see.de

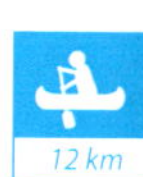

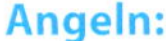

Angeln:
Von März bis September ist **Boots- und Uferangeln erlaubt**. Voraussetzung: Besitz des Fischereischeins und Kauf eines Angelscheines. Ausländische Gäste können einen Gastfischereischein erwerben, auch ohne Sachkundenachweis. Beliebte Fischarten sind: **Seesaibling, Renken, Bach-** und **Seeforelle, Hechte.**
Weitere Infos: www.fischerei-oberbayern.de Rubrik: *Angelfischerei*

Angel-Kartenverkauf:
***Tourist-Info* Kochel**, Bahnhofstr. 23, Tel. +49 (0)8851 338
Campingplatz Kesselberg, Altjoch 2 1/2, Tel. +49 (0)8851 464
***Fischermeister Schretter,* Schlehdorf**, Seestr. 20, Tel. +49 (0)8851 1345
***L. Schnieringer,* Schlehdorf**, Seestr. 14, Tel. +49 (0)8851 369

Fahrgastschifffahrt auf dem See:
Kochelseerundfahrt Jun-Sep tgl. 5x, Haltestellen **Kochel, Franz Marc Museum, Seehotel Grauer Bär, Altjoch** und **Schlehdorf**. Special: ***Abendliche Echofahrt*** zum Felsenkeller-Echo ab **Kochel** (Mai-Sep jeden 2. Fr, Anmeldung Tourist-Info: Tel. +49 (0)8851 338, Info: www.kochel-aktiv.de). ***Motorschiffahrt Kochelsee,*** Kirchenweg 1, Kochel am See, Tel. +49 (0)8851 416, www.motorschiffahrt-kochelsee.de

Bergbahnen:
Herzogstandbahn, Am Tanneck 6, Walchensee, Tel. +49 (0)8858 236, www.herzogstandbahn.de
***Brauneckbergbahn* Lenggries**, Gilgenhöfe 28, Tel. +49 (0)8042 50 39 40, www.brauneck-bergbahn.d
Blombergbahn in **Bad Tölz-Wackersberg, *Bergstation*** Blomberghaus und Wandergebiet, ***Mittelstation*** Sommerrodelbahn, ***Talstation*** Kindererlebnispark und „Blomberg-Blitz"(Alpen-Achterbahn), Am Blomberg 2, Tel. +49 (0)8041 37 26, www.blombergbahn.de

Fahrradvermietung:
Kochel a. See: ***Benedikt Heinritzi,*** Bahnhofstr. 8, Tel. +49 (0)8851 471, www.heinritzi-fahrrad.de

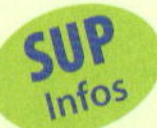

SUP-Tipp: Abendliches ***Echo-Paddeln*** zur Felsenwand am Südwestufer *(von Jun-Sep wird jeden 2. Freitag vom Ausflugsboot von Trompetern Richtung Felswand geblasen, ca. 19.30).*

Buch-Tipp: **SUP-GUIDE Bayerisches Alpenvorland** + die schönsten Biergärten, ***Anja & Andy Klotz***

SUP-Vermietung und Touren:

Kochel a. See:
Montevia
Alte Straße 27
Tel. +49 (0)8042 97 24 00
www.montevia.de

Benediktbeuern (8,5 km):
SUP Station
Prälatenstraße 29
Tel. +49 (0)8857 99 66
Tel. +49 (0)172-662 97 27
www.sup-station-bayern.de

Einsiedl, Walchensee (15 km):
Bootsverleih Einsiedl
Tel. +49 (0)157-83 15 49 90

Niedernach am Walchensee:
SUP Walchensee
Waldschänke
Niedernach 55 1/2
Shop in **Jachenau:**
Setzplatz 12 *(Jun-Sep, Sa 9.30-12)*
Tel. +49 (0)8043 91 86 76
www.sup-walchensee.de

Penzberg (17,5 km):
Stand Up Paddle Penzberg
Alpspitzstr. 3
Tel. +49 (0)176-51 60 58 11
www.stand-up-paddle-penzberg.de

Murnau am Staffelsee (18 km):
Oberland Sports
(Vermietung, Shop, Schulung)
Petersgasse 3
Tel. +49 (0)172-469 67 26
www.oberland-sports.de

Der Kochelsee

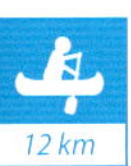

Langschläfer wird es freuen, denn am Kochelsee bläst am Morgen in der Regel ein Thermikwind vom Walchensee herunter. Wer diesen Wind meiden möchte, kann bis in den späten Vormittag hinein bummeln oder er macht es wie ich und besucht oberhalb der Badestelle in **Kochel am See** das ***Franz Marc Museum.*** *Franz Marc, ein Sohn der Stadt, gilt als einer der bedeutendsten Maler des Expressionismus in Deutschland und war Mitbegründer der Künstlergruppe um Kandinsky und August Macke.*

Als ich später mein Boot vom Autodach hole, hat sich auch der Nebel des frühen Morgen verzogen. Mit gleichmäßigen Schlägen treibe ich das Kajak über die stille Wasseroberfläche Richtung Nordostecke. Vor mir schiebt sich die Landzunge von Kochel in den See hinaus, auf deren Spitze das ***Freizeitbad „Kristall Trimini"*** liegt. Hier können sich Besucher in der Sauna, dem Wellnesbereich oder in den Thermen entspannen, sei es weil sie einen kalten, ungemütlichen Paddeltag hinter sich haben, oder sie der Familie etwas mehr bieten möchten als reine „Paddleschwingerei".

Der kurz hinter der Landspitze liegende Strand ist gut besucht und böte sich, auch wegen der gebührenfreien Parkplätze, ebenfalls für einen Tourenstart an. Der langgestreckte Ortskern von **Kochel am See** liegt auch von hier ein ganzes Stück weit vom Ufer entfernt. *Dort steht das „Schmied von Kochel-Denkmal", das an die „Sendlinger Mordweihnacht" im Jahre 1705 erinnert. Damals wurden ein paar Tausend aufständische Bauern im Münchner Stadtteil Sendling massakriert, weil sie versucht hatten, München von den kaiserlich-österreichischen Truppen zu befreien. Ihr Anführer war Balthasar Mayer, bekannt als der „Schmied von Kochel".*

Der Seeausfluss in die ***Loisach*** ist nun deutlich zu hören. Unerfahrene Paddler sollten, wenn sie es kräftig rauschen hören, etwas Aufmerksamkeit walten lassen, um hier nicht unabsichtlich in die Stromschnelle zu geraten. Der ganze nördliche Uferbereich des Kochelsees ist Teil der unter Naturschutz stehenden ***Loisach-Kochelsee-Moore*** und darf in der Zeit vom 20.03.-15.07 nicht betreten werden. *Die Moorlandschaft stellt ein ausgedehntes und den-*

noch zusammenhängendes Feuchtgebiet dar und bietet Lebensraum für viele bedrohte Arten wie zum Beispiel für das Braunkehlchen, den Großen Brachvogel oder Bekassine und Eisvogel. Mehr als 200 Vogelarten wurden hier gezählt.

Schon liegt die Nordwestecke des Sees vor mir und der Mündungsbereich der ***Loisach*** mit dem vorgelagerten Kieswerk. Die Bucht dahinter endet an der Schiffsanlegestelle **Schlehdorf**, von der es dann nur wenige Schritte zum oberbayerischen ***Traditionshotel „Klosterbräu“*** sind.

Zeit für eine Pause oder eine kleine Wanderung nordwärts entlang eines beschilderten Weges Richtung Karpfsee und dann hinauf zum ***Freilichtmuseum Glentleiten.*** *Hier sind über 60 original erhaltene Gebäude samt Einrichtung zu bewundern. Das größte Freilichtmuseum Südbayerns gewährt somit einen umfassenden Einblick in den ländlichen Alltag der Menschen dieser Region.*

Vor dem Rückweg bietet sich gleich nebenan die Einkehr zu bayerischen Schmankerl wie Schweinsbraten, Tafelspitz oder Kaiserschmarrn in die ***Kreut-Alm*** an. Von der von mächtigen Linden beschatteten Terrasse der „Kreut“ hat man einen schönen weiten Blick. Unter mir am See sind die Doppeltürme des ***Klosters Schlehdorf*** zu sehen. *Mitte des 8. Jahrhunderts gegründet, war es bis ins 10. Jahrhundert Benediktinerkloster. Heute wird es von rund 60 Missions-Dominikanerinnen geführt und auf dem Klostergelände gibt es neben einem Gästehaus und einem Klosterladen eine Mädchen-Realschule.*

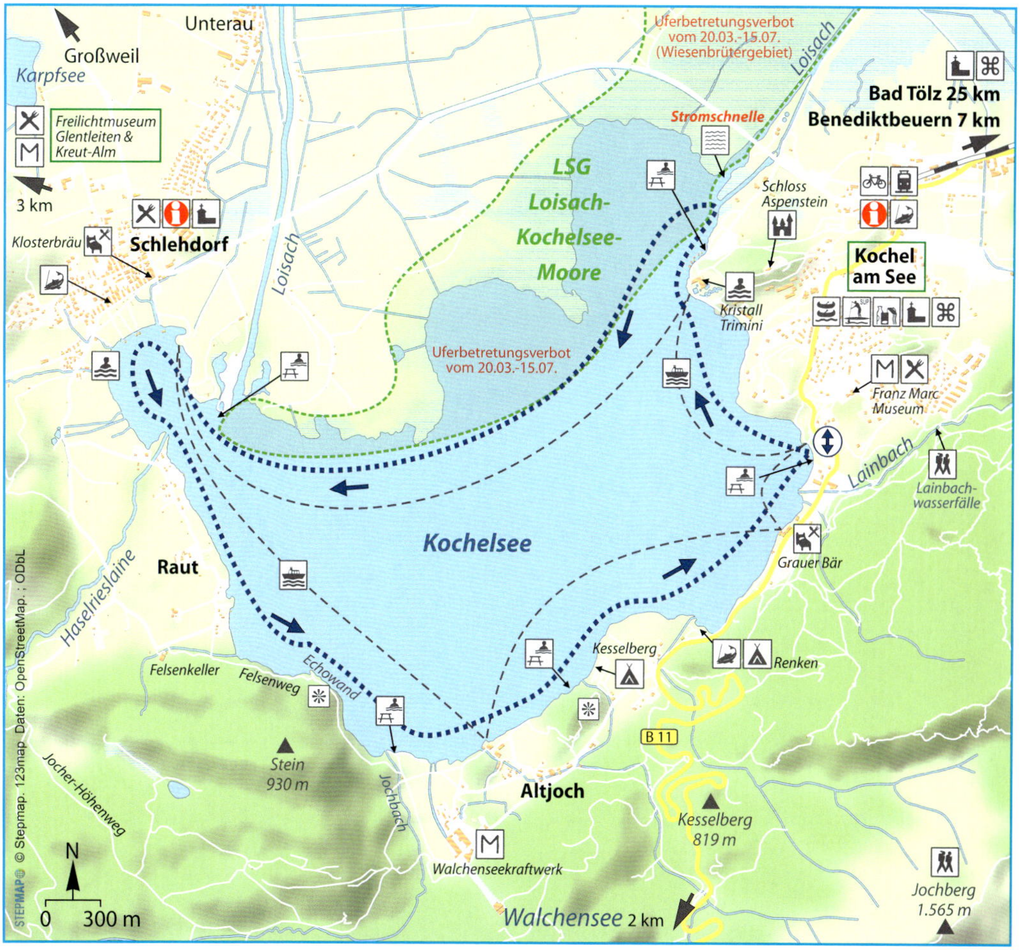

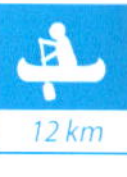

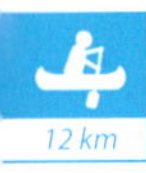
12 km

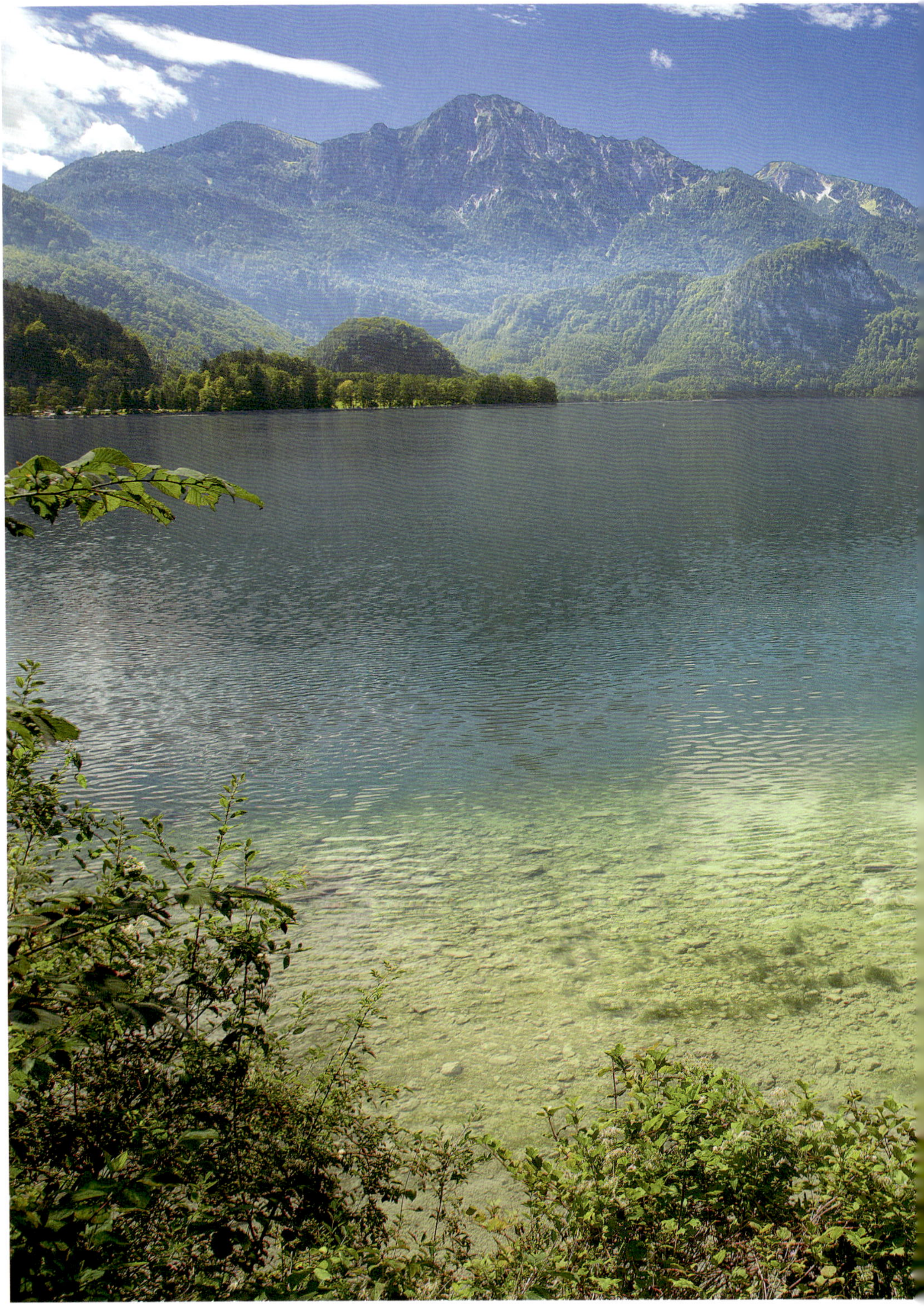

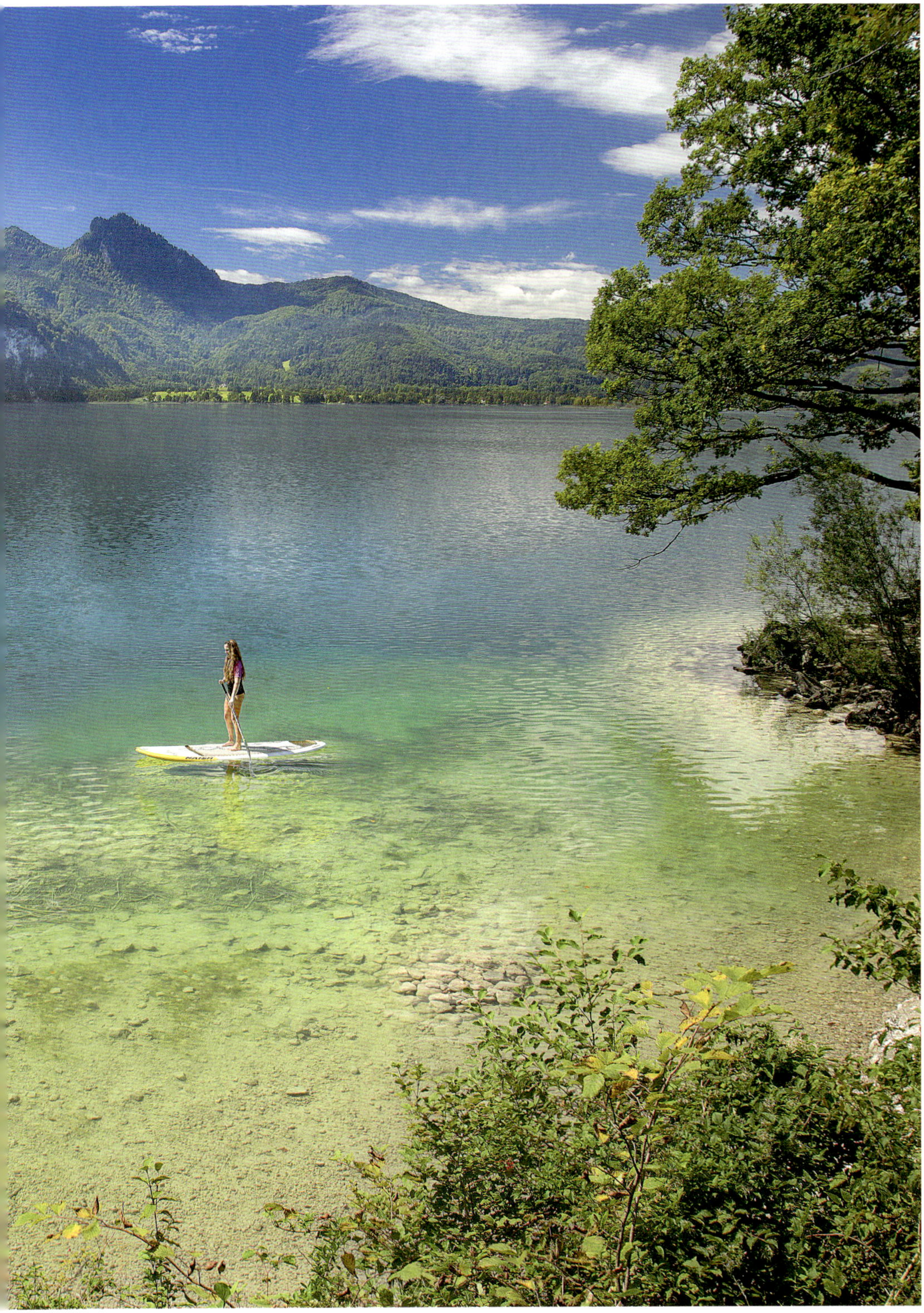

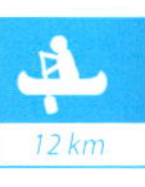
12 km

Wieder im Kajak, paddle ich vorbei an schönen Bootshäusern die in den See ragen.

Die Schulter des über 1.700 Meter hohen ***Herzogstands*** begrenzt nun als grandiose Naturkulisse das Seeufer. *Er ist einer der bekanntesten Münchner Hausberge und wird zu allen Jahreszeiten viel begangen.* Die Felswand des Herzogstands ist auch bekannt als das „Echo vom Kochelsee". Jeden zweiten Freitag fährt bei schönem Wetter zwischen Juni und September zur Zeit der Abenddämmerung, das Ausflugsschiff „Herzogstand" auf der Höhe von **Altjoch** an das Bergmassiv heran. Dann stimmen zwei mitfahrende Trompeter der „Kochler Blasmusik" von Deck aus ein Lied an und integrieren das von den Felswänden zurückgeworfene Echo in ihr Musikstück. Ein tolles akustisches Schauspiel vor der einmaligen Kulisse von Herzogstand und Heimgarten.

Wer dann mit SUP-Board oder Kanu vor Ort ist, kann an diesem Schauspiel kostenlos teilhaben.

Die kolossalen Fallrohre des *1918-24 erbauten Walchenseekraftwerks vor Augen, einem der größten Wasserkraftwerke der Welt, das seit 1983 zum Industriedenkmal erklärt wurde*, geht es auf die am Südufer liegenden ***Campingplätze*** zu. Der erste Platz, der sehr sympathische ***„Kesselberg"***, begeistert durch seine ruhige Lage, den netten Badestrand und ein ***„Stüberl"*** mit gutbürgerlich-bayerischer Küche.

Nur einen Steinwurf entfernt liegt vor dem Ausgangs- und Endpunkt meiner Rundtour das ***Seehotel „Grauer Bär"***. Hier genießt man anspruchsvolle Küche und wer es sich zum Übernachten ausgesucht hat, kann nach dem Paddeltag in der großzügigen Wellnessanlage entspannen.

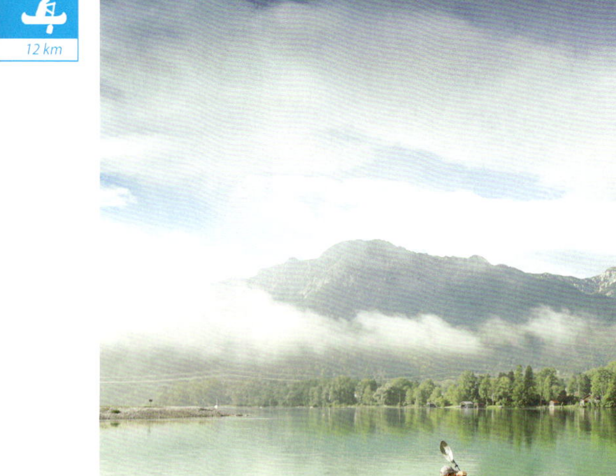

Morgendliches Paddeln vor Schlehdorf

Walchensee

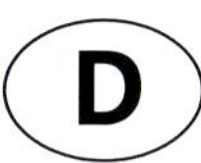

Ausflugsziel für Sommerfrischler

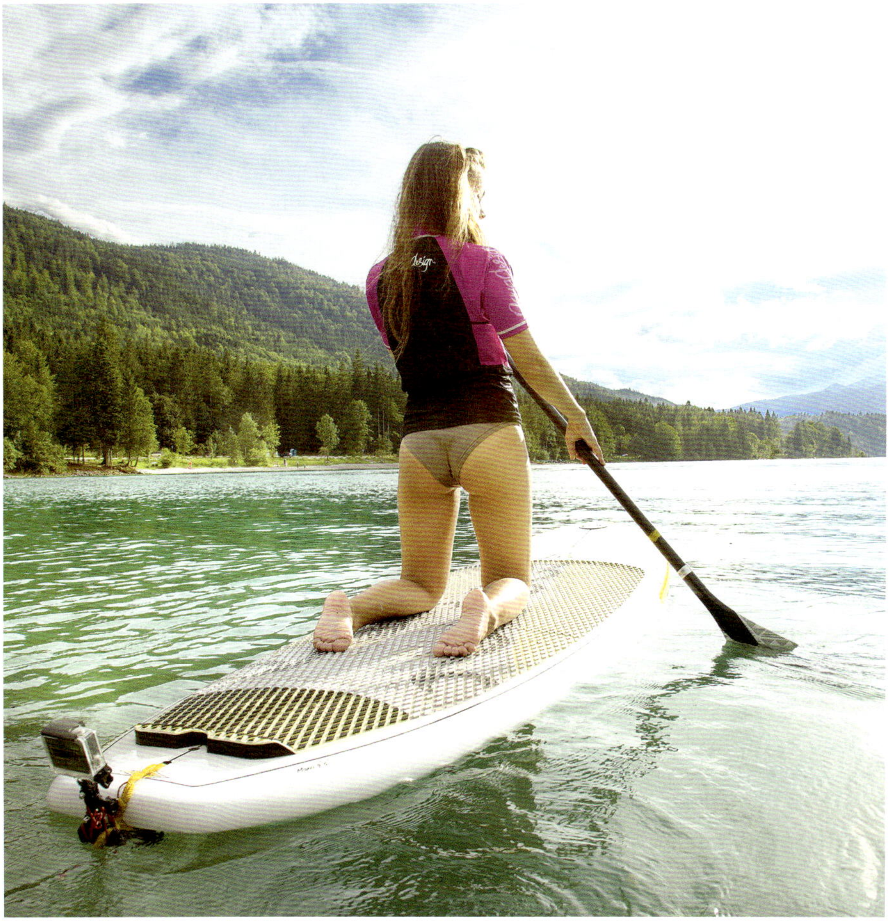

Tour

Tour-Infos Walchensee

Landschaft	Kultur	Baden	Verkehrslärm
★★★★		★★★	★★★

Charakter des Sees

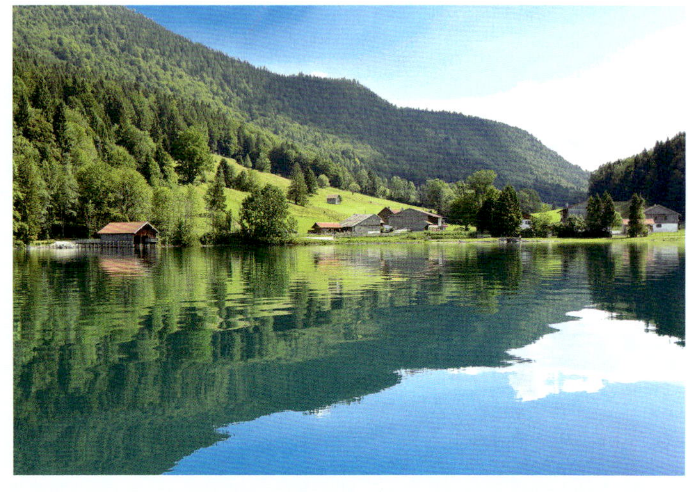

Der Walchensee ist einer der Lieblingsspots für spontane Wochenendausflüge im Münchner Großraum. Die Beliebtheit des dreieckigen Sees, dessen gleichlange Seiten je etwa sechs Kilometer messen, ist natürlich nicht unbegründet – eingerahmt von Jochberg, Herzogstand und Karwendelgebirge ist die Kulisse einfach traumhaft, ebenso das türkisfarbene, glasklare Wasser. Auf gut 800 Metern Meereshöhe liegend, ist es allerdings eher kalt und die Wassertemperaturen liegen auch im Sommer meist nur zwischen 17 und 20 °C. Die Wasserqualität muss als durchweg sehr gut bezeichnet werden und die Sichttiefe von 8- 10 Metern gibt hervorragende Einblicke in die Unterwasserwelt.

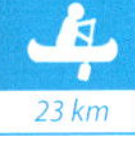

Wassersportler haben trotz der im Sommer zahlreichen Besucher gute Chancen an den vielen naturbelassenen Stränden ihren eigenen kleinen Privatstrand für eine Pause zu finden. Entlang der etwa 20 Kilometer langen Ufer gibt es überdies für Kanuten und SUP-Boarder eine ganze Menge Natur zu entdecken: bizarre Uferfelsen, reizvolle, bewaldete Ufer mit weißem Kiesstrand oder urig-bayerische hölzerne Bootsschuppen. Man sollte allerdings wissen, dass der Walchensee mit den bei schönem Wetter häufigen Thermikwinden, zu den besten Windsurfspots Süddeutschlands gehört.

Länge und Dauer der Tour: 23 km, 1-2 Tage **Schwierigkeit:** leicht **Saisonfaktor:** hoch

Etappenvorschlag: **1. Tag:** Niedernach – Ort Walchensee (mit Bucht Einsiedl) (12 km)
2. Tag: Ort Walchensee – Niedernach (11 km)

Bootswagen: für den Transport zum Übernachtungsplatz und zur Ein- und Aussetzstelle.

Gefahren

Herannahende Gewitter und plötzlich auftretende thermische Fallwinde. Diese wehen dann meist von 11 bis 14 Uhr aus Richtung Nordost vom Pass herunter und breiten sich wie ein Fächer in Richtung Süden aus. Bei vorherrschender Hauptwindrichtung aus Nordost wird dieser Effekt zusätzlich verstärkt. Auch starke Föhnwinde können den See aufwühlen. Dieser weht dann aus südlicher Richtung, ist aber nicht so häufig in paddelrelevanter Stärke anzutreffen wie z.B. am Achensee.

Befahrungsregelungen

Die ***Insel Sassau*** steht unter Naturschutz *(Betretungsverbot)*. Bitte auch die ***Sturmwarnung*** bei der **Wasserwacht Walchensee** im Auge behalten. Der See ist für Motorboote gesperrt.

Anreise

Aus **München**: A 95 Richtung Garmisch-Partenkirchen bis Ausfahrt 10 *(Murnau / Kochel)*. Dann auf der St 2062 über ***Schlehdorf*** bis ***Kochel*** fahren. Dort rechts ab auf die B 11 und weiter bis zum **Walchensee**. Am Westufer entlang bis kurz hinter **Einsiedl** und dann links ab und am Südufer entlang.

Aus Richtung **Innsbruck**: Über die A 12 / B 177 nach ***Mittenwald***. Von dort auf der B 11 über ***Krün*** und ***Wallgau*** bis **Einsiedl** an die Westseite des **Walchensees**. Dort rechts ab und am Südufer entlang.

Einsetzen und Parken

Im Südosten des Sees etwas südlich von **Niedernach** in einer Kiesbucht. Die Straße am Südufer des Sees von ***Einsiedl bis Jachenau*** ist eine ***mautpflichtige Privatstraße***. Hier gibt es unzählige Kiesbuchten, die sich perfekt zum Einsetzen des Kanus oder SUP eignen.
Weitere Einsetzmöglichkeiten: in **Walchensee** neben dem Wickidorf, Gasthof **Einsiedl**, Parkbuchten an der Straße unterhalb des Herzogstandes *(teils steile Ufer, eher für SUPler)*. Im Norden in **Urfeld**.

Kartenmaterial

Outdoorkarte 04 Bad Tölz - Lenggries, Isarwinkel, 1:35.000, ***Kümmerly + Frey***
Walchensee - Kochelsee - Sylvensteinstausee: 1:25.000, ***KOMPASS-Karten***
Supertrail Map Walchensee / Isartal, 1:50.000, ***Outkomm***
Karwendelgebirge mit Wanderwegen, Radwanderwegen, 1:50.000, ***Landesamt für Vermessung***
Estergebirge, Herzogstand, Wank, 1:25.000, ***Deutscher Alpenverein***

Literaturtipps

Wanderführer München und seine Hausberge, ADAC Verlag
Die Geschichte des Walchensees und seiner Fischerei, Edition Alpenblick & Seenland
Sagen und Legenden um Tölzer Land und Isarwinkel, *Gisela Schinzel-Penth,* Ambro Lacus Verlag
Der Walchensee und die Jachenau von 1897, *E. Becker,* www.forgottenbooks.com *(Online PDF)*
„Kalter Fels", Alpen Krimi im Karwendelgebirge, *Stefan König,* Emons Verlag

Übernachtung in Wassernähe *(in der Reihenfolge des Tourenverlaufs)*

Sachenbach:
Seppenbauernhof *(FeWo)*
Sachenbach 2
Tel. +49 (0)8851 254
www.seppenbauernhof.de

Jörglbauer *(Zimmer, FeWo)*
Sachenbach 1
Tel. +49 (0)8851 359
www.sachenbacher-walchensee.de

Urfeld:
Jugendherberge Walchensee
Urfeld 17, Tel. +49 (0)8851 230
Tel. +49 (0)89 922 098 555
www.jugendherberge.de/274

Hotel Karwendelblick *(Kanu-, Rad-Vermietung f. Hausgäste)*
Urfeld 15
Tel. +49 (0)8851 410
www.hotel-karwendelblick.de

Ort Walchensee:
Hotel Zum Schwaigerhof
Seestraße 42
Tel. +49 (0)8858 920 20
www.schwaigerhof.de

Gästehaus & Café Seehof
Seestraße 44
Tel. +49 (0)8858 222
www.seehof-walchensee.de

Lobisau:
Camping Walchensee
(Kiosk, Lebensmittel)
Tel. +49 (0)8858 92 91 68
www.camping-walchensee.de

Einsiedl:
Wohnmobil Nachtparkplatz
Tel. +49 (0)8858 92 91 68
www.nachtparkplatz-einsiedl.de

Kanuvermieter

Am Walchensee:
Bootsverleih Einsiedl
Einsiedl 1
Tel. +49 (0)157-83 15 49 90
weitere siehe Kochelsee, S. 139

Kochel a. See:
Montevia *(Schlauchkanadier, Rafting, SUP, Veranstalter)*
Alte Straße 27
Tel. +49 (0)8042 972 400
www.montevia.de

Die Tourist-Info bietet im Sommer 1 x in der Woche **„Paddeln für die ganze Familie"** um die Insel Zwergern **mit Picknick** an.
Tel. +49 (0)8858 411
www.walchensee.de

Tourist-Infos

Tourist-Info Walchensee, Ringstraße 1, Walchensee, Tel. +49 (0)8858 411, www.walchensee.de
Tourist-Info Kochel am See, Kalmbachstraße 11, Tel. +49 (0)8851 338, www.kochel.de
Tourist-Info Bad Tölz, Max-Höfler-Platz 1, Bad Tölz, Tel. +49 (0)8041 786 70, www.bad-toelz.de

Sehenswürdigkeiten rund um den Walchensee

Urfeld: *Walchensee-Museum* (Urfeld 4, Tel. +49 (0)89 928 600 92, Jun-Sep, Do-So 10.30-16.30, www.walchenseemuseum.de).

Lovis-Corinth-Weg (auf einer Länge von 2,5 km erfährt man auf 7 Ausstellungstafeln Wissenswertes über Leben, Werk und Werdegang des Künstlers. Startpunkt ist gegenüber vom *Café am See* in Urfeld).

Walchensee (Ort): *Filmkulissen-Wikingerdorf „Flake"* (Apr-Okt, Eintritt frei, www.walchensee.de); *St. Ulrichs-Kirche* (20. Jh.); Alte katholische *Pfarrkirche St Jakobus.*

Halbinsel Zwergern: *Kapelle St. Margareth* (14. Jh.); *Klösterl Walchensee* (17. Jh., ehemaliges Kloster der Hieronymiten (heute Jugendbildungshaus) mit barocker *St. Anna Kapelle* (im Sommer sonntags offen).

Altjoch am Kochelsee: *Erlebniskraftwerk Walchenseekraftwerk* (Altjoch 21, Tel. +49 (0)8851 772 25, Mai-Okt 9-17, Führungen Jun-Okt Di 16, www.walchensee.de).

Sonstige Aktivitäten am Walchensee

23 km

Wandern:

Lohnende ***Wanderungen*** auf den ***Herzogstand*** (1.731 m), ***Heimgarten*** (1.790 m), ***Hochkopf*** (1.328 m), ***Simetsberg*** (1.840 m) oder ***Jochberg*** (1.567 m). Besonders beliebt ist der „Hausberg der Münchner" der Herzogstandgipfel, *einst Lieblingsberg des Märchenkönigs Ludwig II. und einer der schönsten Aussichtsberge Bayerns* (zu Fuß oder mit der Seilbahn **Herzogstandbahn,** www.herzogstandbahn.de).

Walchensee-Rundwanderweg (24,5 km, 7 Std.).

Rundwanderung östlich des Sees von ***Niedernach*** an der Jachen nach ***Jachenau*** *(Einkehr),* zurück über ***Sachenbach*** *(Kiosk)* (ca. 15 km, 4-4:30 Std.)

Eine klassische und ***leichte Wanderung*** startet von der Talstation der **Herzogstandbahn** (950 Höhenmeter Aufstieg, die Talfahrt dann bequem mit der Herzogstandbahn). Besonders schön ist jedoch die Fortsetzung ***über den Grat*** zum ***Heimgarten*** und dann der ***Abstieg über die Ohlstädter Alm*** zurück zum Ausgangspunkt Talstation (Kondition und Schwindelfreiheit, gutes Schuhwerk, sonst leicht, ca. 1.200 Höhenmeter auf und ab).

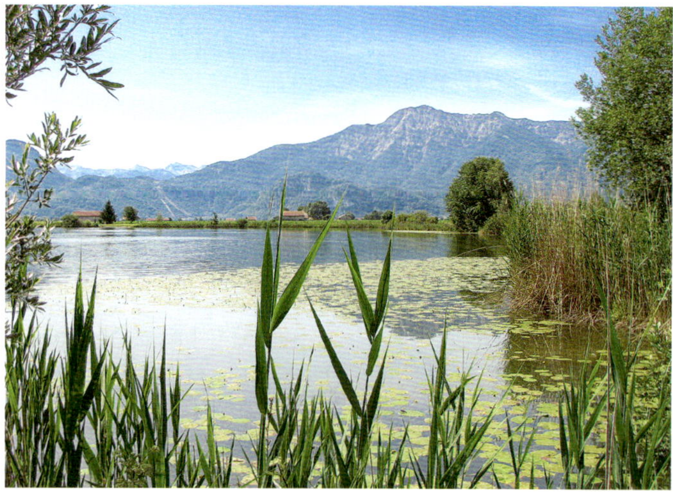

Eichsee im Loisach-Kochelsee-Moor

Herzogstand – Heimgartengipfel – Walchensee (aussichtsreiche Tour, 11,5 km, 4:30 Std.)

Urfeld – Jocheralm (1.380 m) (leichte Tour mit Alm-Einkehr *(Mo geschlossen),* 9 km, 4:30 Std.)

Familienfreundliche Wanderung Altlacher Hochkopf. Keine Einkehrmöglichkeit. Im Anschluss zum ***Wikingerdorf „Flake"*** *(Drehort von „Wickie und die starken Männer", „Wickie auf großer Fahrt")*, 10,5 km, 3:40 Std.).

Klettern:

Kletterwald Blomberg, höchster Kletterwald Deutschlands (Am Blomberg 1a, Bad Tölz – Wackersberg, bei schönem Wetter Mi-Fr 12-17, Sa & So 10-17, Mo & Di Ruhetag, www.kletterwald-blomberg.de).

Fahrrad:

Eine ***Walchenseeumrundung*** mit dem Rad ist fast ohne Höhenmeter und mit einem Abstecher in die ***Jachenau*** eine wunderbare Tour (leicht, 100-300 Höhenmeter). Besser an Tagen oder zu Tageszeiten mit wenig Verkehr.

Mountainbike-Tour vom Ort **Walchensee** aus über **Einsiedl** zum ***Aussichtspunkt Simetsberg*** *(Rast, keine Einkehr)*, technisch leicht, etwas Kondition, auf und ab ca. 550 Höhenmeter).

Baden:

Der smaragdfarbene, glasklare See (einer der saubersten Seen Oberbayerns, Trinkwasserqualität!) mit dem rundum begehbaren, unverbauten Ufer lädt an natürlichen Kiesstränden in meist ruhiger Lage zum Baden und Relaxen ein. Wegen der vielen flachen Uferzonen ideal für Familien mit Kindern. Wassertemperatur im Sommer zwischen 17 und 22°C.

Badeplätze z.B. in den Orten **Walchensee**, **Urfeld** und **Einsiedl**, auf der **Halbinsel Zwergern**, **zwischen Urfeld** und **Sachenbach** und am **Walchensee-Südufer**.

Thermal- & Erlebnisbad:

Freizeit- & Thermalbad Kristall Trimini (Seeweg 2, **Kochel am See**, Tel. +49 (0)8851 53 00, Mai-Sep, tgl. 9-21, Eintritt ab 5 €, www.kristall-trimini-kochel-am-see.de)

Erlebnisbad Isarwelle, Goethestr. 22, **Lenggries**, Tel. +49 (0)88518042) 50 95 96, Di-So 11.30-21, Sa & So 10-19.30, in den bayr. Schulferien ab 10 & Mo geöffnet, www.lenggries.de).

Angeln:

Von März bis September ist **Boots- und Uferangeln erlaubt**. Voraussetzung ist ein Fischereischein und der Kauf eines Angelscheines. Ausländische Gäste können einen Gastfischereischein erwerben, auch ohne Sachkundenachweis. Beliebte Fischarten sind: **Seesaiblinge, Renken, Bach-** und **Seeforellen, Hechte, Barsche** und **Aal**. Info: www.fischereigenossenschaft-walchensee.de

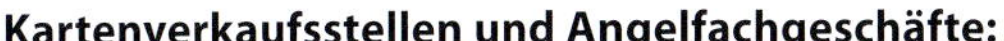

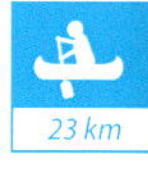

Kartenverkaufsstellen und Angelfachgeschäfte:

Angelbedarf & Bootsverleih Helene Edlinger, Seestr. 15, Walchensee, Tel. +49 (0)8858 422

Bootsverleih und Angelbedarf Karl Asenstorfer, Urfeld 27, Urfeld, Tel. +49 (0)8851 363

Tauchen:

Das „Highlight“ der bayerischen Tauchreviere! Geheimnisvolle Mythen vom „Riesenwaller“, über den verschollenen Reichsbankschatz, die verschwundene millionenschwere Zinnfigurensammlung des Reichsjugendführers Baldur von Schirach, bis hin zum versunken Goldschatz des Klosters Benediktbeuern, aber auch die vielen Flugzeug- und Autowracks machen den See so interessant für Taucher.

Michis Tauchertreff, Tauchbasis am Walchensee, Einsiedl, Tel. +49 (0)8858 381 od. Tel. +49 (0)175-278 65 01, www.tauchbasis-walchensee.de

Bergbahnen:

Herzogstandbahn, Am Tanneck 6, Walchensee, Tel. +49 (0)8858 236, www.herzogstandbahn.de

***Brauneckbergbahn* Lenggries**, Gilgenhöfe 28, Tel. +49 (0)8042 50 39 40, www.brauneck-bergbahn.d

Blombergbahn in **Bad Tölz-Wackersberg,** ***Bergstation*** Blomberghaus und Wandergebiet, ***Mittelstation*** Sommerrodelbahn, ***Talstation*** Kindererlebnispark und „Blomberg-Blitz“ (Alpen-Achterbahn), Am Blomberg 2, Tel. +49 (0)8041 37 26, www.blombergbahn.de

Fahrradvermietung:

Einsiedl: ***Bootsverleih Einsiedl,*** Einsiedl 1, Tel. +49 (0)157-83 15 49 90 (tgl. 9-18)

Urfeld: ***Fahrradverleih Asenstorfer,*** Café am See, Urfeld 27, Tel. +49 (0)8851 363

Walchensee Ort: ***Windsurfcenter Walchensee,*** Seestr. 10, Walchensee, Tel. +49 (0)173-416 44 78

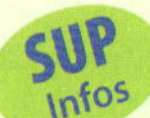

SUP-Tipp: Nachmittags einen ***Downwinder*** von **Urfeld** über **Sachenbach** fahren *(Pause beim Kiosk vom Jörglbauer)* und an der **Insel Sassau** vorbei bis zum Südufer.

Buch-Tipp: **SUP-GUIDE Bayerisches Alpenvorland** + die schönsten Biergärten, *A. & A. Klotz,* T. Kettler Verlag

SUP-Vermietung, Touren, Shop:

Niedernach:
SUP Walchensee
Waldschänke
Niedernach 55 1/2

Shop in **Jachenau:**
Setzplatz 12 *(Jun-Sep, Sa 9.30-12)*
Tel. +49 (0)8043 918 676
www.sup-walchensee.de

Einsiedl:
Bootsverleih Einsiedl
Einsiedl 1
Tel. +49 (0)157-83 15 49 90

Lenggries (23 km, Mautstraße):
SUP-Station Alride
Bergbahnstr. 1
Tel. +49 (0)178-187 84 09
www.alride.de

Benediktbeuern (23 km):
SUP Station, Prälatenstr. 29
Tel. +49 (0)8857 99 66
Tel. +49 (0)172-662 97 27
www.sup-station-bayern.de

Penzberg (32 km):
Stand Up Paddle Penzberg
Alpspitzstr. 3
Tel. +49 (0)176-51 60 58 11
www.stand-up-paddle-penzberg.de

Der Walchensee

23 km

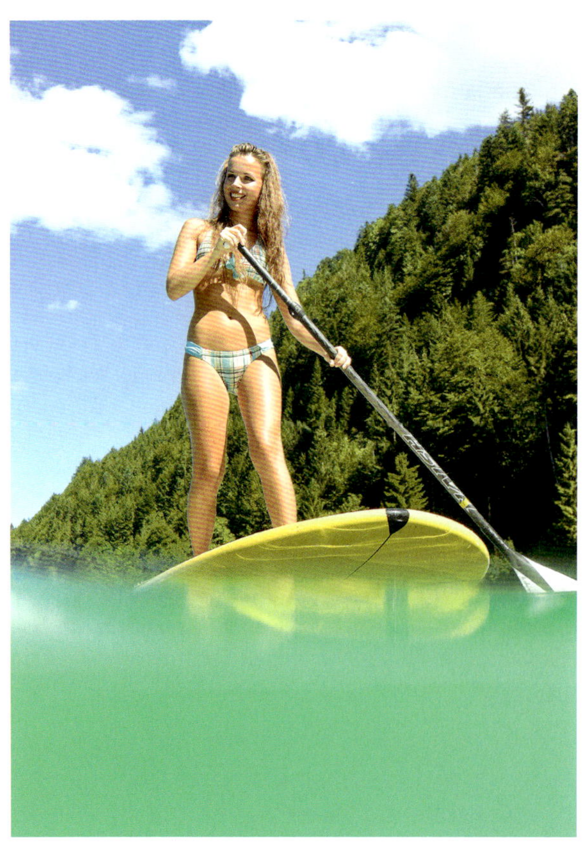

Faszination Stand Up Paddling auf dem klaren Walchensee

Schon beim Ausladen der Kajakausrüstung fällt mir die außergewöhnliche Schönheit des Walchensees und seine ihn umgebende Landschaft auf. Doch bin ich nicht der erste zu dieser frühen Stunde dem das auffällt – es ist schon Einiges los hier am See.

Künstler und Maler haben die Einzigartigkeit der Gebirgslandschaft vor langer Zeit zu würdigen gewusst. Im Jahre 1834 schuf der Maler Lorenzo Quaglio ein Ölgemälde, das er schlicht „Der Walchensee" nannte und das heute im Münchner Stadtmuseum seinen Platz hat. Der Künstler Lovis Corinth baute 1919 gleich ein Haus für sich und seine Familie in der Nähe von Urfeld. Der Malerprofessor gilt als einer der wichtigsten Vertreter unter den deutschen Impressionisten und hatte die Landschaft so sehr in sein Herz geschlossen, dass er häufiger für mehrere Monate am Stück blieb. Während dieser Zeit entstanden seine Walchensee-Landschaften, die heute in bedeutenden Museen und Galerien hängen. Zahlreiche seiner Werke werden auch im ***Walchenseemuseum*** in **Urfeld** ausgestellt.

Das Boot ist beladen und nun geht es, entgegen dem Uhrzeigersinn, Richtung **Niedernach**. Das Wasser ist klar und schimmert in unglaublichen Grüntönen. Aber schon bald mischt es sich mit dem trüben Wasser des ***Rißbachstollen***, der in der östlichsten Ecke in den See fließt. *Er bekommt sein Wasser vom Tiroler Wildfluss Rißbach, der oberhalb der Mündung in die Isar durch diesen sieben Kilometer langen Stollen in den Walchensee geleitet wird, um die verfügbare Wassermenge für das Walchenseekraftwerk bei Bedarf zu erhöhen.*

In der kleinen lauschigen Bucht dahinter kommen mir drei SUP-Boarder entgegen. Sie haben sich ihre Boards wohl bei der neben der ***Waldschänke*** angesiedelten Firma ***„SUP Walchensee“*** gemietet und sind jetzt unterwegs zu einer morgendlichen Ausfahrt. Die Waldschänke, ein sympathisches Ausflugslokal mit Biergarten, hat auch schon früh geöffnet. Es liegt an einer landschaftlich besonders hübschen Stelle, da wo das Flüsschen ***Jachen*** seinen natürlichen Abfluss aus dem Walchensee zur Isar hin hat. Es fließt über die ***Jachenau***, ein langgezogenes Tal, das Richtung Lenggries führt. *Seit alters her wurde das in der Jachenau geschlagene lose Holz über die Jachen gedriftet. Seit Jahrzehnten schon wird dies aber nicht mehr praktiziert, inzwischen transportieren Lkw's das Holz aus dem Tal.*

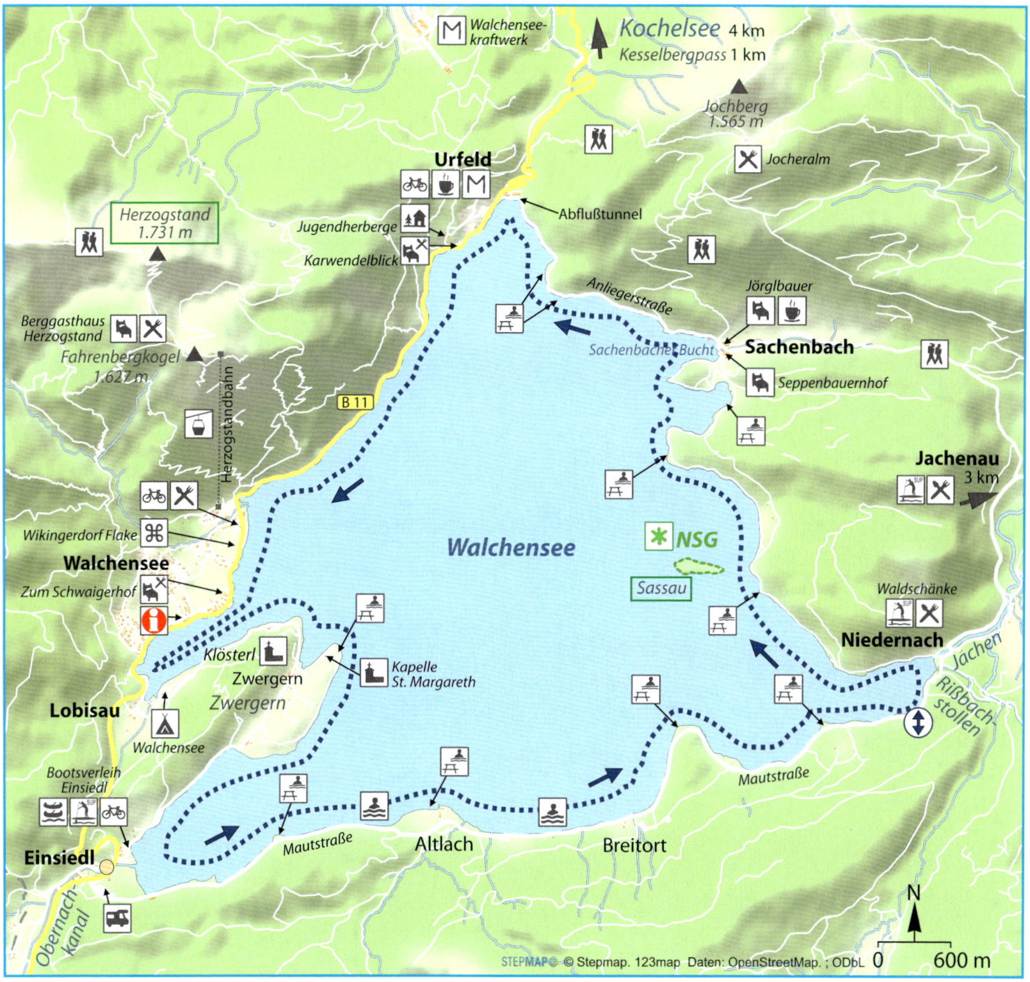

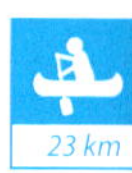

Jetzt ändere ich meine Fahrtrichtung und paddle entlang des Ostufers nach Norden.

Sassau, die einzige Insel auf dem Walchensee, kommt langsam näher. Dicht mit einem artenreichen Mischwald bewachsen, hat das unbewohnte Eiland die Form eines Donnerkeils. *Berühmt für seine teils 500 Jahre alten Eiben, steht es unter Naturschutz und darf nicht betreten werden. Das war nicht immer so. Einst gehörte die Insel zum Besitz des Klosters Benediktbeuern und gab den Angehörigen des Klosters beim Einfall der Schweden während des Dreißigjährigen Krieges Zuflucht und Schutz. Sogar Gebäude ließ der Abt errichten, die er mit langen Geschützen und Kanonen zur Verteidigung verstärkte. Heute sind davon nur noch Reste der Grundmauern zu sehen.*

Vor mir erhebt sich der 1.731 Meter hohe ***Herzogstand*** über dem See, einer der bekanntesten Münchner Hausberge. Dank der Herzogstandbahn und des Berggasthauses ist er auch bei Spaziergängern sehr beliebt. Von dort oben aus hat man einen Ausblick von der östlichen ***Karwendelspitze*** über die ***Stubaier- und Ötztaler Gletscher,*** die ***Zugspitze*** und bis hin zu den ***Lechtaler und Allgäuer Bergen.***

Ein Stück weiter links ragt die spitze Kuppe des noch höheren ***Simetsberg*** aus einem mit grünem Wald bedeckten Gebirgszug. Der ***Jochberg***, der im Nordosten des Sees liegt, ist hinter dem Uferwald noch nicht auszumachen. Auf zwei bewaldeten Halbinseln an denen ich vorbeipaddle, böten sich viele schöne Rastmöglichkeiten am feinen Kiesstrand. Viele von ihnen sind schon von mit Decken, Liegestühlen und Sonnenschirmen ausgerüsteten Badegästen in Beschlag genommen.

Dahinter macht der malerisch gelegene, aus zwei Höfen bestehende, Ort **Sachenbach** Lust auf eine Paddelpause, denn beim Kiosk vom ***Jörglbauern*** *(Sommer 10-18)* bekommt man im Sommer kleine bayerische Brotzeiten.

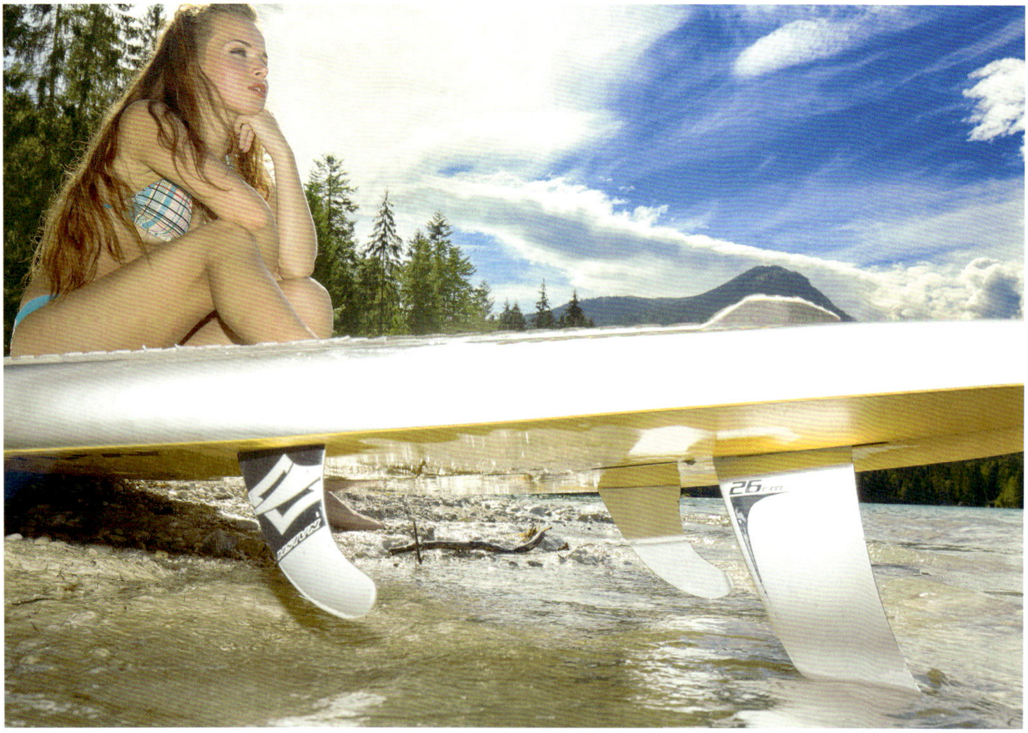

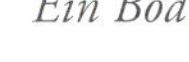

Ein Board zu mieten ist am See kein Problem, im Sommer sollte man aber reserviert haben

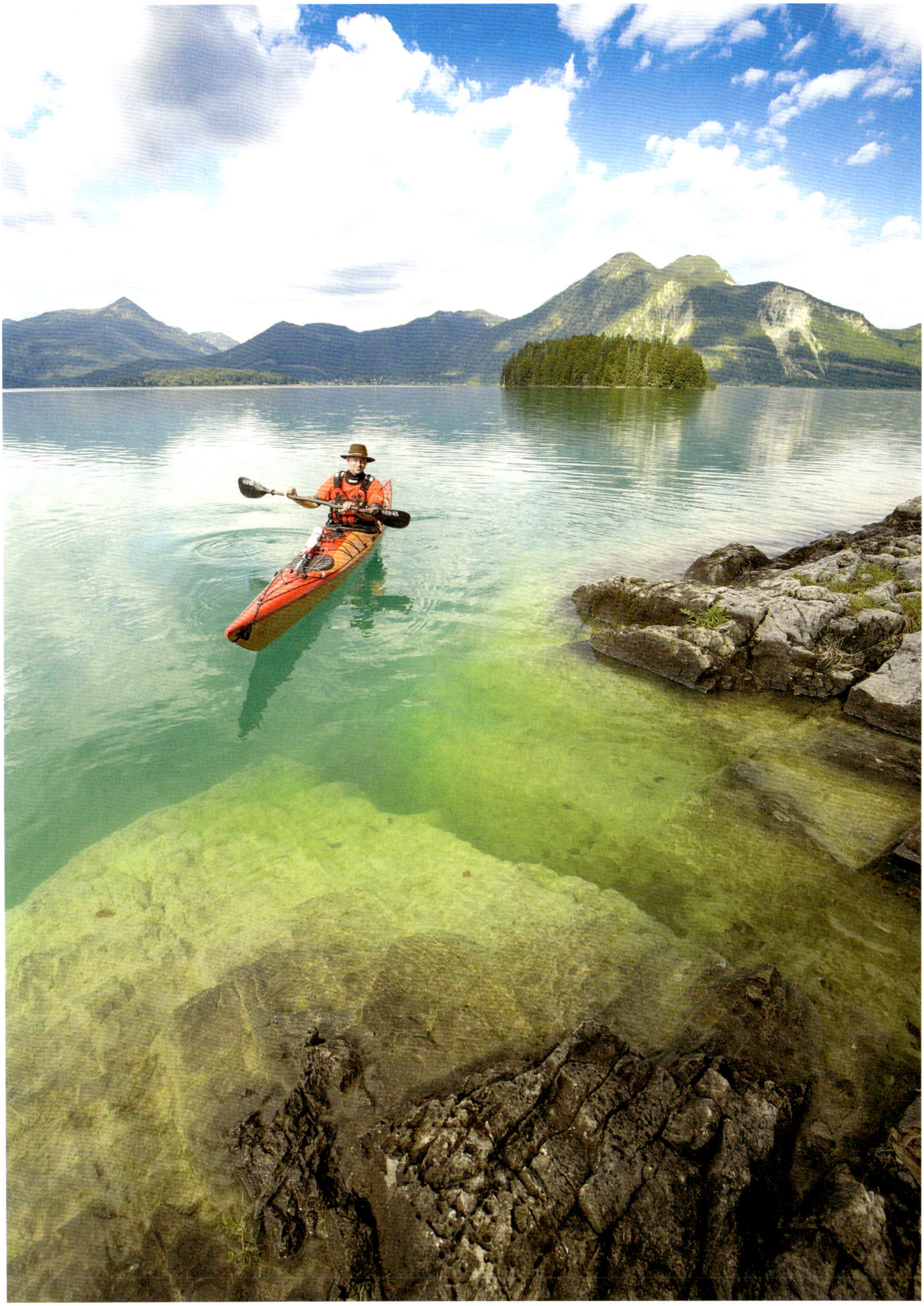

Über allem thront der 1731Meter hohe Herzogstand, einer der bekanntesten Münchner Hausberge

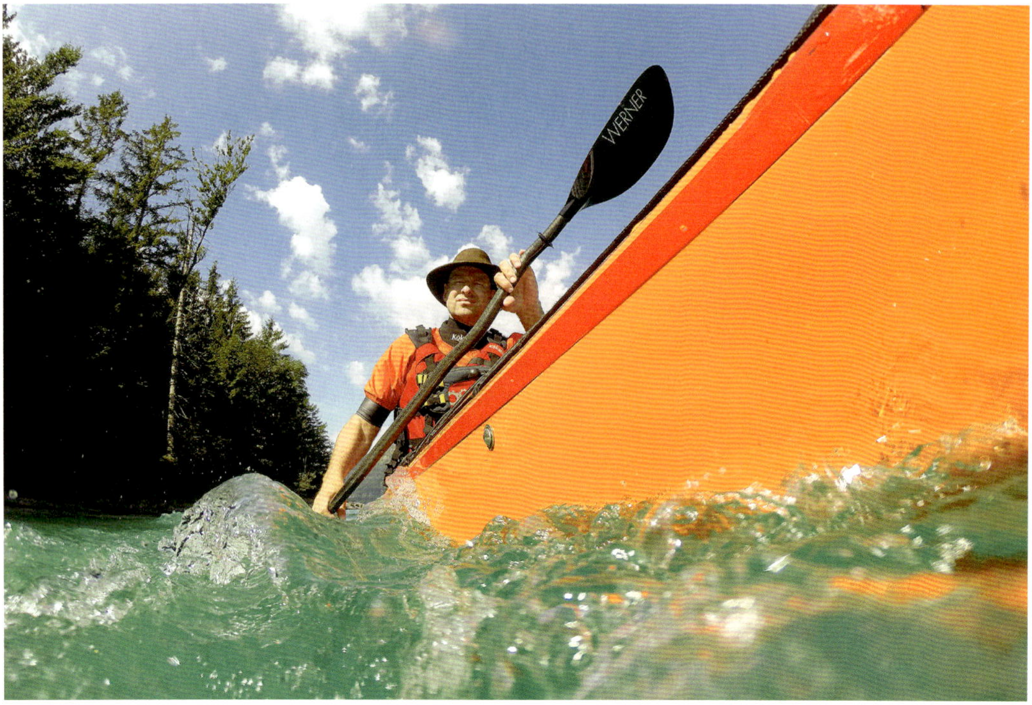

Das Wasser des Sees ist klar und schimmert in unglaublichen Grüntönen. Außerdem ranken sich um ihn zahlreiche Sagengeschichten.

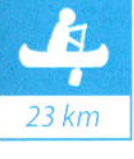

Die sehr grünen Wiesen rundherum scheinen fast ein wenig zu kitschig aus der Landschaft herauszuleuchten, die dazwischen gestreuten hölzernen Wirtschaftsgebäude lockern das Ganze aber auf.

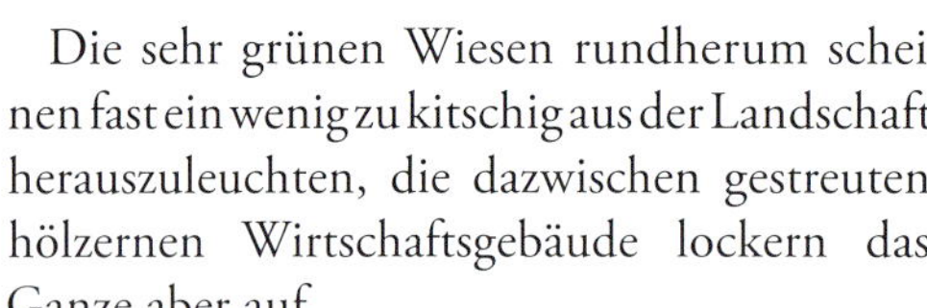

Vorbei an einem hübschen hölzernen Bootshaus paddel ich aus der ***Sachenbacher Bucht*** heraus. Das Ufer zu meiner Rechten wird wieder etwas felsiger und in einigen kleinen Buchten sitzen Windsurfer, neben sich das bereits fertig aufgeriggte Material liegen. Sie warten darauf, dass um die Mittagszeit der Wind aus Nordwest auffrischt und die Wellen über den jetzt noch ruhigen See schiebt, um dann einen „Downwinder" zu surfen.

Ganz in der Nähe, in Richtung Seemitte, befindet sich die tiefste Stelle des Walchensees. Sie misst immerhin 192 Meter.

Um die außergewöhnliche Tiefe des Sees ranken sich zahlreiche lokale Sagengeschichten. Die schrillste unter ihnen ist wohl jene, die erzählt, dass der See mit den Weltmeeren zusammenhänge. So soll beim großen Erdbeben 1755, als das portugiesische Lissabon in Schutt und Asche gelegt wurde und viele Menschen dabei ihr Leben verloren, zur selben Zeit trotz Windstille der Walchensee in tobende Aufruhr geraten und schäumende Wellen ans Ufer geworfen haben.

Viel weniger skurril und sicherlich dem Fremdenverkehr nicht abträglich, sind die Spekulationen über den verschollenen Reichsbankschatz. *Zu Kriegsende brachten Beamte der Reichsbank von Berlin aus einen Teil ihrer Goldreserven, die anrückenden Russen im Nacken, ins Forsthaus der kleinen Siedlung Einsiedl am Südwestufer des Sees. Von dort wurde das Gold in den folgenden Wochen mehrmals „umgelagert", letztlich aber den nach dem Gold suchenden Amerikanern unter Druck übergeben. Aber wohl nicht alles. Rund 36 Goldkisten werden noch am Walchensee vermutet.*
Eine abenteuerliche Geschichte.

Nun erreiche ich **Urfeld** am Nordende des Sees und sehe den Einlaufstollen, durch den das Wasser zum Kraftwerk geleitet wird. Nur ein paar Meter entfernt liegt das ***Walchensee-Museum.*** *Es ist sehr informativ und zeigt nicht nur zahlreiche Graphiken, Lithographien und Radierungen des Malerprofessors Lovis Corinth sondern auch Wissenswertes zur Region.*

Die ganze bisherige Paddelstrecke war die für PKWs gesperrte Ostuferstraße nur von Anliegern befahren worden, aber nun begleitet die Hauptverkehrsstraße das Walchensee-Ufer.

Ich halte daher etwas Abstand, um mich nicht zu sehr vom Verkehr gestört zu fühlen. Schon als ich die letzten Häuser von Urfeld hinter mit lasse, fällt mir das ***Hotel Karwendelblick*** mit seinen hölzernen Vorbauten ins Auge. *Erbaut wurde es Ende des 19. Jahrhunderts von „Georg Ritter von Vollmar auf Veldheim", einem Adligen der sich, zur damaligen Zeit eher unüblich, politisch verstärkt für die sozial Schwachen einsetzte. Er wurde gar Reichstags-Abgeordneter in Berlin und hatte als Parteifreunde Rosa Luxemburg, August Bebel und Karl Liebknecht in diesem Haus zu Gast. So war er sogar der Hauptgründer der bayerischen SPD, deren Gründung in diesem Hause beschlossen wurde.*

Ein Windhauch streicht über meinen Rücken und die Thermik von der Passstraße herunter beginnt sich bemerkbar zu machen. So kommt nun doch noch mein mitgeführtes Segel zum Einsatz. Mit einem Zug am Tampen ist es in den Wind gebracht. Zwar bin ich nicht so schnell wie die inzwischen aus ihren Startlöchern gekommenen Surfer, aber trotzdem macht es einen Heidenspaß in flotter Fahrt durch das türkisgrüne Wasser zu gleiten.

So erreiche ich schnell den unter dem mächtigen ***Herzogstand*** liegenden Ort **Walchensee**, wo am Ufer die Reste der Filmkulisse aus der Entstehung des Films „Wickie und die starken Männer" zu bewundern sind. *Das nachgebau-*

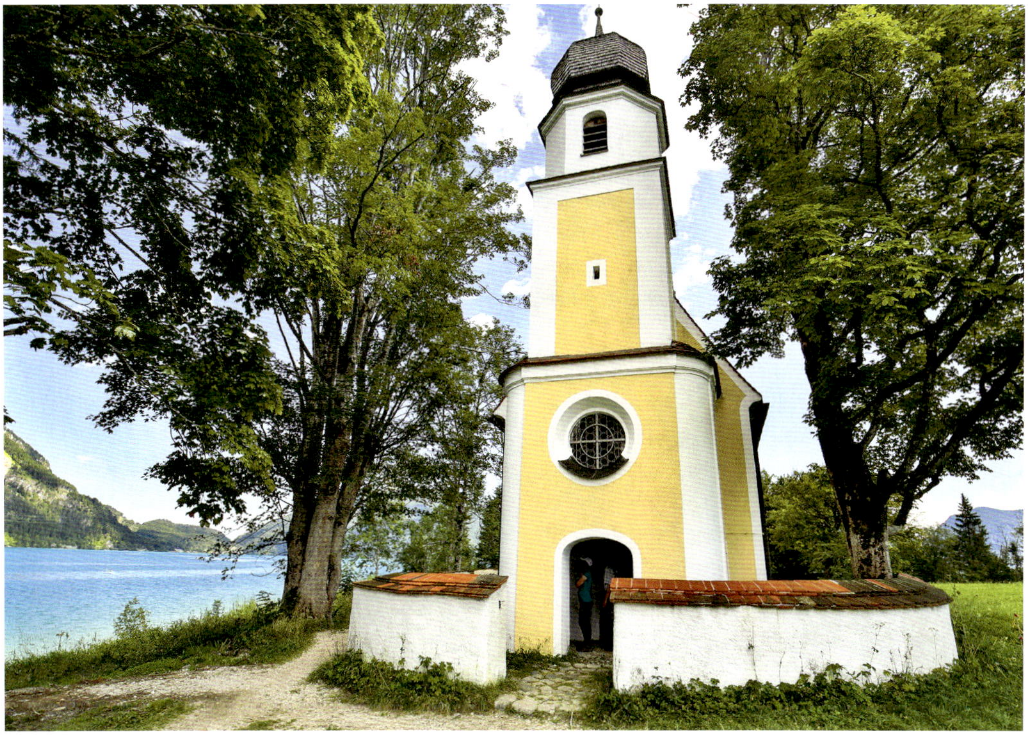

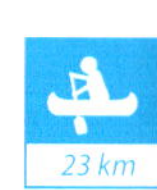

Das Kirchlein St. Margareth auf der Halbinsel Zwergern wurde bereits 1344 eingeweiht

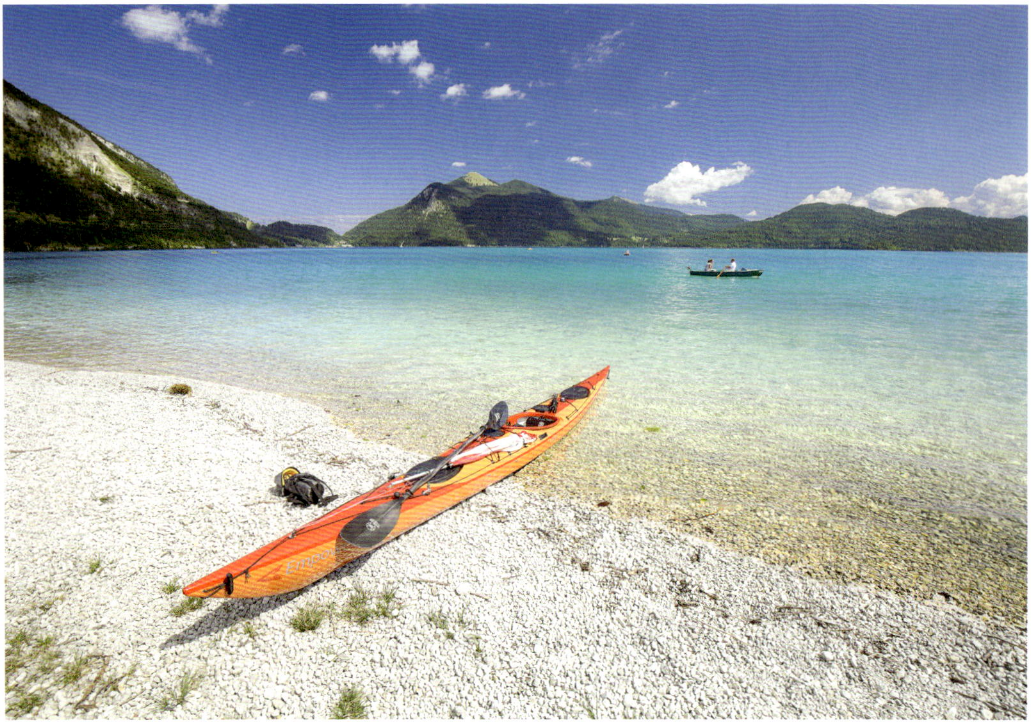

Seine außergewöhnliche Schönheit macht den Walchensee zu einem beliebten Badesee

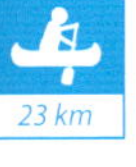

te Dorf „Flake" ist vor allem ein Highlight für Kinder und Familien. Auf 11 Informationstafeln erfährt man Wissenswertes rund um das Zeitalter der Wikinger. Auch die ältere Generation hat ihren Spaß, wenn einmal im Jahr im Spätsommer der Wikingermarkt abgehalten wird, mit Schaukampf, Bogenturnier, Feuershow und natürlich Kulinarischem.

Am Ende der tiefen Bucht werfe ich einen Blick auf den schön gelegenen ***Campingplatz Walchensee*** in **Lobesau.** Von ihm aus hat man einen herrlichen Blick auf das Herzogstandmassiv. Aus der Bucht wieder heraus, geht es nun vorbei am hübschen ***Klösterl*** aus dem 17. Jahrhundert (heute Jugend-Bildungs-Haus des Bistums Augsburg) mit der barocken ***Kapelle St. Anna,*** die im Sommer an Sonntagen besichtigt werden kann, um die ***Halbinsel Zwergern*** herum, an deren hufförmiger Spitze an weißen Kiesstränden die Urlauber in der Sonne dösen.

Die Halbinsel, auf deren zweiter Landnase die ***Kapelle St. Margareth*** schon seit 1344 steht, geleitet mich nach **Einsiedl** am südwestlichen Ende des Sees. Hier gibt es einen hervorragenden Biergarten, wo ich unter 100 Jahre alten Kastanien eine Pause einlege. Erfrischt paddle ich entlang des Südufers mit seinen naturbelassenen Badestränden. Deren Reize werden lediglich durch die manchmal etwas dicht an den Liegeflächen vorbeiführende Mautstraße geschmälert. Der Wind legt jetzt in Richtung Osten nochmal zu, so dass ich die wilde Fahrt über den See mit flatterndem Segel ausgiebig genieße, bevor ich, leider viel zu schnell, wieder am Ausgangpunkt meiner Tour angelangt bin.

Sylvensteinstausee

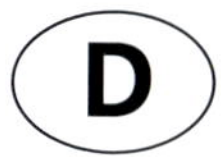

Seeperle im Karwendel

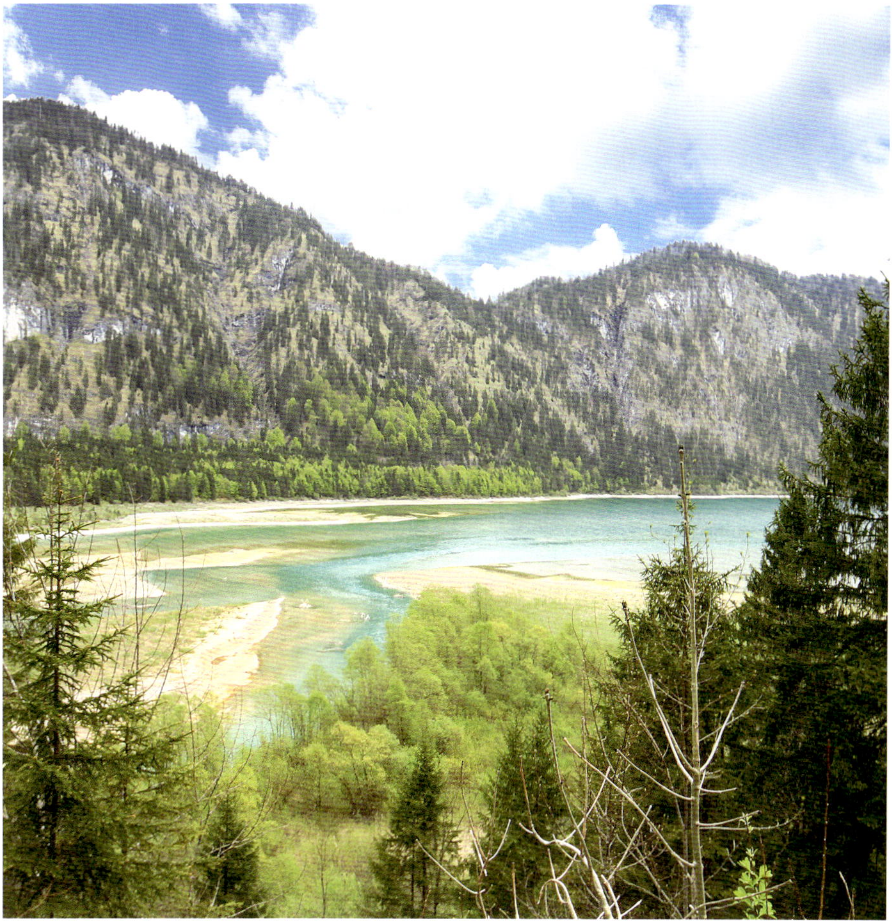

Tour

Tour-Infos Sylvensteinstausee

Landschaft	Kultur	Baden	Verkehrslärm
★★★★	★	★★	★★

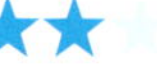

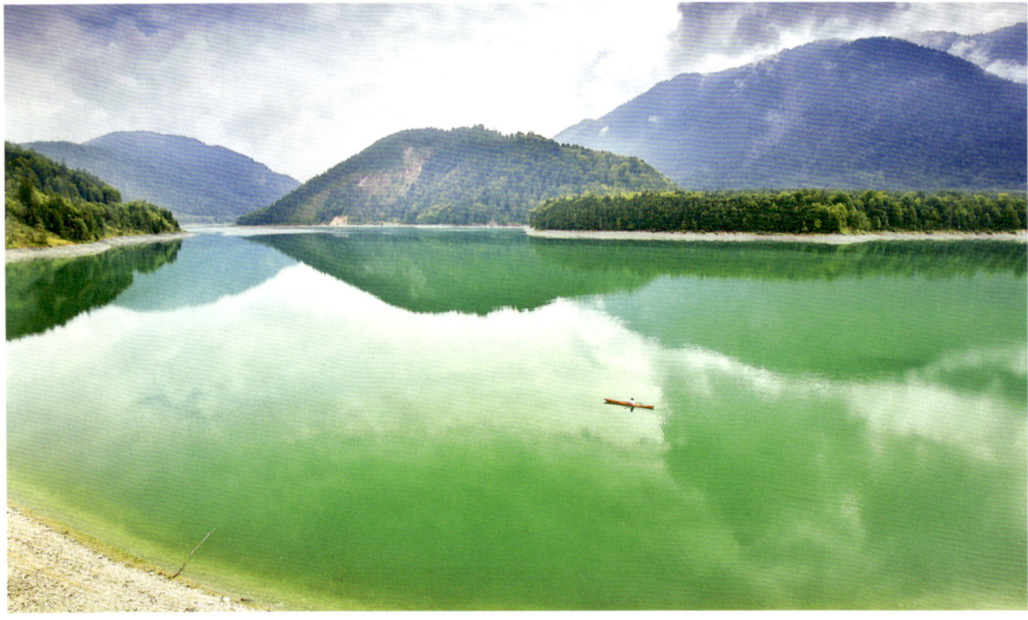

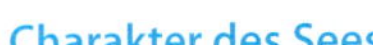

Charakter des Sees

Bei hohen Wasserständen schmiegt sich der Sylvensteinspeicher, auch Sylvensteinsee genannt, in die spektakuläre Landschaft des Karwendelgebirges, fast so, als wäre er ein natürliches, von den Gletschern der Eiszeit zurückgelassenes Relikt. Der Reiz des Stausees hängt allerdings vom Wasserstand ab – ist wenig Wasser im Becken, verliert er seine natürliche Anmutung.

Der von Isar, Walchen und Dürrach gespeiste See bildet drei Arme aus, von denen jeder für uns Wassersportler auf seine eigene Weise interessant ist. Am schönsten sind die jeweiligen Enden, wobei die Mündung der Isar mit ihrem breiten Delta aus Kiesinseln und bänken eine herausragende Stellung einnimmt. Wer den eher ruhigen See zur Gänze umrunden möchte, der kommt auf etwa 16 Paddel-Kilometer. Die Wasserqualität ist durchweg gut und die Sichttiefen erreichen rund fünf Meter.

Trotz des Verkehrs, der über die spektakuläre Stelzen-Brücke (Faller-Klamm-Brücke) inmitten des Sees führt, kann man auch ruhige Plätze finden. An seiner breitesten Stelle misst er etwa 700 Meter, ist im Durchschnitt aber schmaler. Daher sind die Winde nicht so ausgeprägt wie an größeren und breiteren See, was zu deutlich weniger Wellenbildung führt.

Länge und Dauer der Tour: 16 km, Tagestour **Schwierigkeit:** leicht **Saisonfaktor:** niedrig

Bootswagen: evtl. für den Transport zur Einsetzstelle.

Gefahren & Befahrungsregelungen: Gewitterstürme und thermische Winde können auftreten. In der Nähe des Staudammes ist das Befahren untersagt (Balkensperre).

Wasserstand Sylvenstein/Isar: www.hnd.bayern.de/pegel/isar/sylvenstein-16002500

Anreise

Aus **München**: Auf der A 95 Richtung Garmisch-Partenkirchen. Ausfahrt 9 *(Sindelsdorf)* abfahren und auf der B 472 über ***Bad Tölz*** und weiter auf der B 13 über ***Lenggries*** nach **Fall**. Dort links in die Dürrachstraße auf den Wohnmobilstellplatz zum Boot abladen.

Aus Richtung **Innsbruck**: Auf der A 12 Richtung Salzburg. Ausfahrt 43 *(Jenbach)* abfahren. Auf der Achenseestraße und der B 181 entlang des ***Achensees*** bis zur Grenze. Dort links auf die B 307 und bis zur ***Sylvensteinmauer*** fahren. Auf der B 13 bis **Fall**. Links ab in die Dürrachstraße ... *siehe oben.*

Einsetzen und Parken

Direkt neben dem ***Wohnmobilstellplatz Fall*** *(Dürrachstraße, Fall)* führt ein Forstweg zum Wasser, wo man das Boot einsetzen, aber nicht parken kann. Parkplatz 300 Meter westlich von **Fall**.

Kartenmaterial

Outdoorkarte 04 Bad Tölz - Lenggries, Isarwinkel, 1:35.000, ***Kümmerly + Frey***
Walchensee - Kochelsee – Sylvensteinstausee, 1:25.000, ***KOMPASS-Karten***
Topographische Karte Bayern, Blatt 51, Karwendel 1:50.000, ***Landesamt für Vermessung & ...***

Literaturtipps

Karwendel: Die schönsten Tal- und Höhenwanderungen, 47 Touren, Bergverlag Rother
Der Isarwinkel und Bad Tölz: Ein einzigartiges Stück Bayern, *B. & G. Schwarz, A. Ostler,* Volk Verlag
Entlang der Isar – Ausflüge auf den Spuren der Flößer, *Gabriele Rüth,* Allitera Verlag
Der Jäger von Fall: Eine Erzählung aus dem bayerischen Hochlande (Roman), *Ludwig Ganghofer,* Independent Publishing Platform
Lausbubengeschichten, *Ludwig Thoma,* Jazzybee Verlag

Übernachtung in Wassernähe

Fall:
WoMo-Stellplatz auf Waldparkplatz *(WC)*
Dürrachstraße
Tel. +49 (0)8042 501 80

Outdoor-Hotel Jäger von Fall
(auch Outdoor-Veranstalter)
Ludwig-Ganghofer-Straße 8
Tel. +49 (0)8045 130
www.jaeger-von-fall.de

Gasthaus Faller Hof B&B
Schöttlstr. 1
Tel. +49 (0)8045 915 96 77
www.fallerhof-sylvensteinsee.de

Lenggries (14 km nördlich):
Alpengasthof Lenggrieser Hof
Tel. +49 (0)8042 505 60
www.lenggrieser-hof.de

Hotel „Alpenrose"
Tel. +49 (0)8042 915 50
www.hotel-alpenrose.de

Jugendherberge Lenggries
Tel. +49 (0)8042 24 24
www.jugendherberge.de/239

Lenggrieser Berg Camping
(Zelt, Hütten, Zimmer, ab Sep 2018)
Tel. +49 (0)171-988 46 85
www.lenggrieser-bergcamping.de

Arzbach (18 km nördlich):
Alpen-Campingplatz Arzbach
Tel. +49 (0)8042 84 08
www.alpen-campingplatz.de

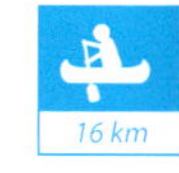

Kanuvermieter & Veranstalter

Einsetzstelle Sylvenstein:
Snow and Raft
(Schlauchkanadier, Hartschalen-Kanus nur für geübte Paddler)
Marktstraße 4
83661 Lenggries
Tel. +49 (0)8042 962 09 23
Tel. +49 (0)179-216 03 89
www.snowandraft.de

Doktor Boot
(Anliefer- & Abholung der Boote)
Büro: Josef-Kistler-Str. 3
82110 Germering
Tel. +49 (0)162-644 85 56
www.doktor-boot.com

Bavaria Raft *(nur Schlauchboote)*
Firmensitz: **82441 Ohlstadt**
Enzianstraße 1
Tel. +49 (0)8841 676 98 70
www.bavariaraft.de

Bad Tölz:
Action & Funtours
Königsdorfer Straße 22 f
Tel. +49 (0)8041 79 60 96
Büro: **82131 Gauting,** Karlstr. 7
Tel. +49 (0)89 850 59 04
www.action-funtours.de

Tourist-Infos

Tourist-Info Bad Tölz, Max-Höfler-Platz 1, Bad Tölz, Tel. +49 (0)8041 786 70, www.bad-toelz.de
Gästeinfo Lenggries, Rathausplatz 2, Lenggries, Tel. +49 (0)8042 500 88 00, www.lenggries.de
Jachenau Gästeinformation, Dorf 51 ½, Jachenau, Tel. +49 (0)8043 91 98 91, www.jachenau.de

Sehenswürdigkeiten rund um den Sylvensteinstausee

Sylvensteinstausee: *Staumauer* (1959); *Walchenklamm.*

Vorderriß: *Gasthaus Post* (Thoma-Stube mit Gemälden und Erinnerungen an die Familie des Heimatdichters; *neugotische Königskapelle* (1866 von König Ludwig II. gestiftet).

Lenggries: *Heimatmuseum* (Flößerausstellung); *Kalkofen* (18. Jh.); barocke *Pfarrkirche St. Jakob (*18. Jh.); *Friedhofskapelle Maria Hilf* (14. Jh.); Barockschloss *Schloss Hohenburg* (18. Jh.) mit Jagdsaal und opulenten Treppenhäusern, *Burg Hohenburg* (11. Jh.).

Bad Tölz: *Altstadt*; Kath. *Stadtpfarrkirche Mariä Himmelfahrt* (15./19. Jh.); *Franziskanerkloster* (17. Jh.); *Altes Rathaus* (17. Jh.); *Bürgerbräu Stadtmuseum* (17. Jh.); *Mühlfeldkirche* (16. Jh.); Kath. *Doppelkirche Heilig Kreuz* (18. Jh.) auf dem *Kalvarienberg.*

Sonstige Aktivitäten am Sylvensteinstausee

Paddeln, SUP:

Die ***Isar*** zwischen **Wallgau** und **Krün** gleicht ***„Klein-Kanada"*** und ist bei höheren Wasserständen einer der schönsten Wildwanderflüsse Deutschlands (20 km ab Krün bis zur Geschiebesperre vor dem Sylvensteinsee), Baumhindernisse und leichte Schwälle sind zu beachten. Hinter dem Sylvensteinsee geht es weiter, denn eine Umtragung der Staumauer ist nicht möglich. Ein Wiedereinsetzen ist erst etwa drei Kilometer weiter, unterhalb der hohen Staumauer, empfehlenswert. Siehe auch KANU KOMPAKT „Isar & Loisach" und SUP-GUIDE Bayerisches Alpenvorland + die schönsten Biergärten, beide Thomas Kettler Verlag.

Wandern:

16 km

„Gumpentour" Schronbachtal und Staffelgraben (12,6 km / 3:30 Std.). Wunderschöne Wanderung von den Gumpen im ***Schronbachtal*** zu den Wasserfällen und Gumpen im ***Staffelgraben*** (Vom Zielpunkt mit dem Bergwanderbus zur Staumauer zurück. Start beim Parkplatz unterhalb der Staumauer, dem Schild „Schronbachtal" folgen.

Rundweg „Rosskopf am Sylvensteinsee" vorbei an der ***Krottenbachklamm*** (8,5 km, 2:15 Std.)

Eine technisch einfache ***Familienwanderung*** führt vom Parkplatz am östlichen Ende des Speichers nach Norden hinauf auf die ***Hochalm*** *(keine Einkehr)* (hin + zurück 7,2 km, ca. 4 Std., 670 Höhenmeter).

Eine konditionell fordernde ***Wanderung***, die Trittsicherheit verlangt, führt ebenfalls vom Parkplatz am östlichen Ende des Sylvensteinspeichers nach Süden hinauf aufs ***Demeljoch***. Der Abstieg geht über das Tal zwischen ***Hühnerberg*** und ***Jägerbergl*** (Auf & Abstieg ca. 1.450 Höhenmeter).

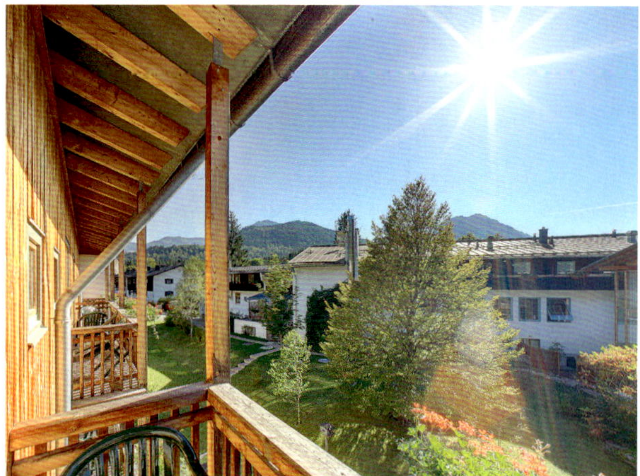

Das Outdoorhotel „Jäger von Fall" am Sylvensteinsee veranstaltet viele Outdoor Aktivitäten für Jung und Alt

Für die Wanderung vom Parkplatz an der unteren Isar hinauf zum südlich gelegenen ***Grasköpfl*** benötigt man Trittsicherheit und etwas Kondition. Abstieg über ***Moosenbachalm*** und ***Krottenbachtal*** (Auf- & Abstieg 1.300 Höhenmeter).

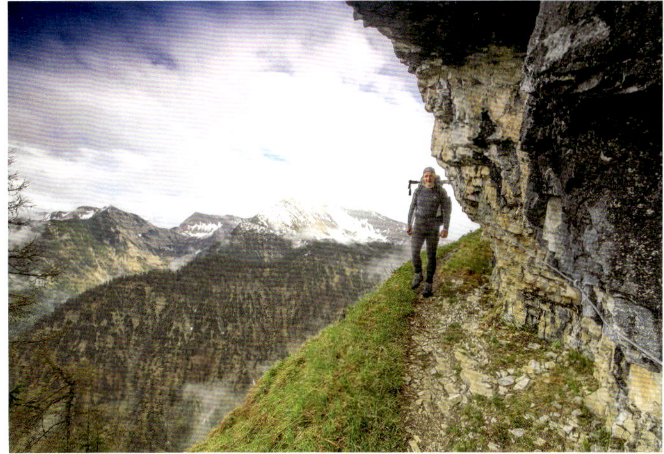

Für die Grasköpfelwanderung sollte man trittsicher sein

Klettern:

Kletterwald Blomberg, höchster Kletterwald Deutschlands (Am Blomberg 1a, Bad Tölz – Wackersberg, Bei schönem Wetter Mi-Fr 12-17, Sa & So 10-17, Mo & Di Ruhetag, www.kletterwald-blomberg.de

Canyoning:

Touren für Einsteiger am Sylvenstein bietet ***„Action & Funtours"*** www.action-funtours.de

Fahrrad:

Vom Sylvensteinssee ***isaraufwärts nach Österreich*** und bis in die ***Eng*** zu den ***Ahornböden*** ist eine technisch leichte Radtour die etwas Kondition erfordert (hin und zurück ca. 60 km, auf und ab ca. 500 Höhenmeter).

Eine technisch leichte und konditionell nicht so anspruchsvolle Radtour führt **von Fall** über die ***Mautstraße*** **nach Wallgau oder Krün** (auf und ab ca. 150 Höhenmeter).

Isar-Radweg (255 km) von **Krün** bis **Deggendorf.**

Baden:

Besonders im ***Mündungsbereich der Isar*** gibt es auf flachen Kiesbänken viele hübsche Plätze, an denen man selbst an Wochenenden fast alleine ist. Aber auch sonst finden sich lauschige Stellen *(Kiesufer)* und Liegewiesen. Ein öffentlicher ***Badestrand*** ist nur nahe der Ortschaft **Fall** angelegt. Die Wassertemperaturen liegen zwischen 18 und max. 21 Grad.

16 km

Thermal- & Erlebnisbad:

Erlebnisbad Isarwelle, Goethestr. 22, **Lenggries**, Tel. +49 (0)88518042) 50 95 96, Di-So 11.30-21, Sa & So 10-19.30, in den bayr. Schulferien ab 10 & Mo geöffnet, www.lenggries.de).

Freizeit- & Thermalbad Kristall Trimini (Seeweg 2, **Kochel am See**, Tel. +49 (0)8851 53 00, Mai-Sep, tgl. 9-21, Eintritt ab 5 €, www.kristall-trimini-kochel-am-see.de)

Angeln:

Angeln von Mai bis Oktober auf: **Hecht, Zander, Seeforelle, Renke, Barsch, Saibling.** Voraussetzung für die Fischkarte ist ein gültiger Fischereischein sowie die Gästekarte Lenggries. Die Fischkarte erhält man in der Gästeinformation Lenggries (www.lenggries.de/fischen-angeln-3).

Bergbahnen:

Herzogstandbahn, Am Tanneck 6, Walchensee, Tel. +49 (0)8858 236, www.herzogstandbahn.de

Brauneckbergbahn **Lenggries**, Gilgenhöfe 28, Tel. +49 (0)8042 50 39 40, www.brauneck-bergbahn.d

Blombergbahn in **Bad Tölz-Wackersberg,** ***Bergstation*** Blomberghaus und Wandergebiet, ***Mittelstation*** Sommerrodelbahn, ***Talstation*** Kindererlebnispark und „Blomberg-Blitz"(Alpen-Achterbahn), Am Blomberg 2, Tel. +49 (0)8041 37 26, www.blombergbahn.de

Fahrradvermietung:

Lenggries: ***Snow and Raft,*** Marktstraße 4, Tel. +49 (0)8042 962 09 23, www.snowandraft.de

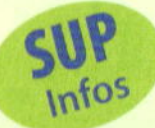

SUP-Tipp: Guter See für ***Anfänger***. Und wer schon sicherer ist, kann auch eine ***geführte Tour auf der Isar*** oder einen ***Yoga-SUP-Kurs*** auf dem Sylvensteinsee mitmachen.

SUP-Vermietung, Kurse & Touren:

Lenggries (15 km nördlich):
Alride *(auch SUP-Yoga)*
Bergbahnstr. 1
Tel. +49 (0)178-187 84 09
www.alride.de

Snow and Raft
Marktstraße 4
Tel. +49 (0)8042 962 09 23
www.snowandraft.de

Jachenau (25 km nordwestlich):
SUP-Walchensee, Tel. (0)8043 91 86 76
www.sup-walchensee.de

Benediktbeuern (38 km nordwestl.):
SUP Station
Prälatenstraße 29
Tel. +49 (0)8857 99 66
Tel. +49 (0)172-662 97 27
www.sup-station-bayern.de

Tagestouranbieter & Shop:
Garmisch-Partenkirchen
(41 km westlich):
Island Times
Griesstr. 3
Tel. +49 (0)160-302 13 72
www.island-times.de

Sylvensteinstausee

Direkt neben dem Wohnmobil-Nachtparkplatz von **Fall** führt ein Forstweg hinunter zum ***Sylvensteinspeicher***. Er endet nach wenigen hundert Metern unterhalb der ***Faller Klammbrükke.*** Hier kann man sein Boot einsetzen, laut einer Beschilderung aber nicht parken. Schnell ist das Boot abgeladen und das Auto oben an der Straße abgestellt.

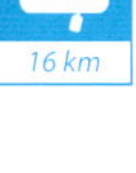

Das Wasser ist fast unbewegt auch für SUP-Anfänger ist es heute perfekt. An einigen Stellen kräuseln leichte Windböen die Wasseroberfläche wie ein Waschbrett, um dann zu verschwinden oder an anderer Stelle wieder aufzutauchen. Morgendliche Nebelschleier steigen aus den Waldufern auf und verleihen dem See eine mystische Stimmung. Kurzum: ideale Paddelbedingungen.

Mein erstes Ziel ist das ***Dürrachbecken***, das gleich südlich der Brücke liegt. Nur langsam treibe ich mein Kajak voran, denn ich möchte die sonntägliche Stille genießen. Zwar hält mein Bug genau auf die Berge des ***Karwendels*** zu, jedoch verstecken sie sich teils noch in den tiefhängenden Wolken. Eine große Wiesenfläche

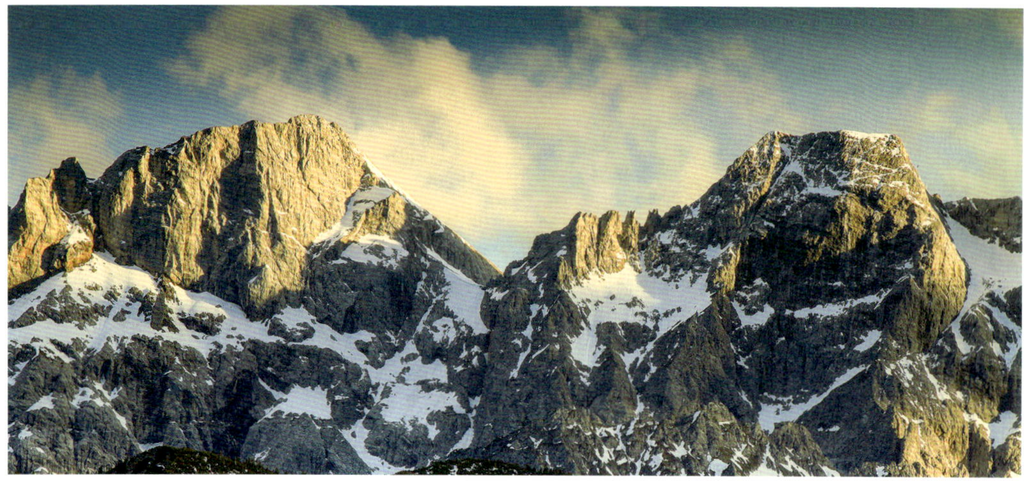

erstreckt sich am rechten Ufer, dahinter schließt die Mündung der ***Dürrach*** das Seebecken ab und zeigt einige Kiesbänke und sandigen Boden, dessen Wellenlinien im flachen, klaren Wasser gut zu erkennen sind. Beim Versuch anzulanden bleibe ich im schlickigen Ufer stecken, der Sylvensteinspeicher hat also demnach nicht seinen höchsten Wasserstand erreicht. Dann sollte man besser dort anlanden, wo man direkt auf Kiesboden trifft. Im ***Schürpfengraben***, jetzt ein kleiner Bach, der einträchtig neben der Dürrach in den See mündet, springen ein Stück weiter oben ein gutes halbes Dutzend Wasserfall-Stufen in Richtung See. Das Canyoning-Revier, das im unteren Bereich bei einheimischen Begehern beliebt sein soll, kann allerdings bei Regen so schnell anschwellen, dass er zu einem reißenden Gebirgsbach wird.

Ich wende das Kajak und paddle auf der anderen Seite des ***Dürrachbeckens*** zurück. Auf Höhe der Sylvensteinbrücke biege ich rechts in den ***Walchenarm*** ab. Am Ufer stoße ich bald auf einige Felsen, die hier sehr fotogen direkt aus der Wasseroberfläche ragen. Linkerhand taucht der Staudamm des Sylvensteinsees an der anderen Uferseite auf, wo Arbeiter mit Wartungsarbeiten beschäftigt sind. Kürzliche Umbauarbeiten sollen annährend so viel gekostet haben wie der ganze Bau des Staudamms selbst – 30 Millionen Euro. *Gebaut wurde die 180 Meter lange und 41 Meter hohe Betonmauer 1959 zum einen aus Gründen des Hochwasserschutzes. Ein anderer Grund war, dass wegen der intensiven Umleitung des Isarwassers in andere Flusssysteme das Flussbett in warmen Sommern zunehmend austrocknete. Besonders Bad Tölz litt unter dem Wassermangel.* Jetzt kann durch den See im Sommer ein Mindestdurchfluss gewährleistet werden. Natürlich wird das Wasser hier auch in einem Kraftwerk zur Stromerzeugung genutzt.

In Richtung Osten wird der See, umrahmt von bewaldeten Bergen, immer enger. Auch das Wasser wird zusehends seichter. Bei höherem Wasserstand kann man in die ***Walchen*** hinein paddeln, wo die nur zwei Meter breite Klamm mit grünem klaren Wasser vor einem Wasserfall endet.

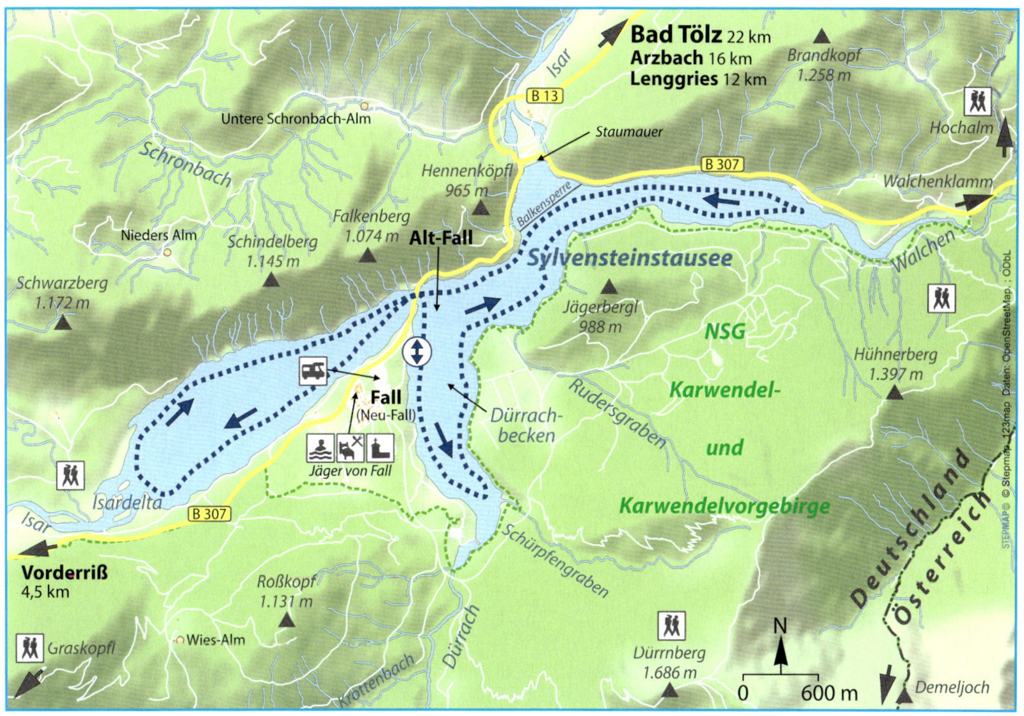

16 km

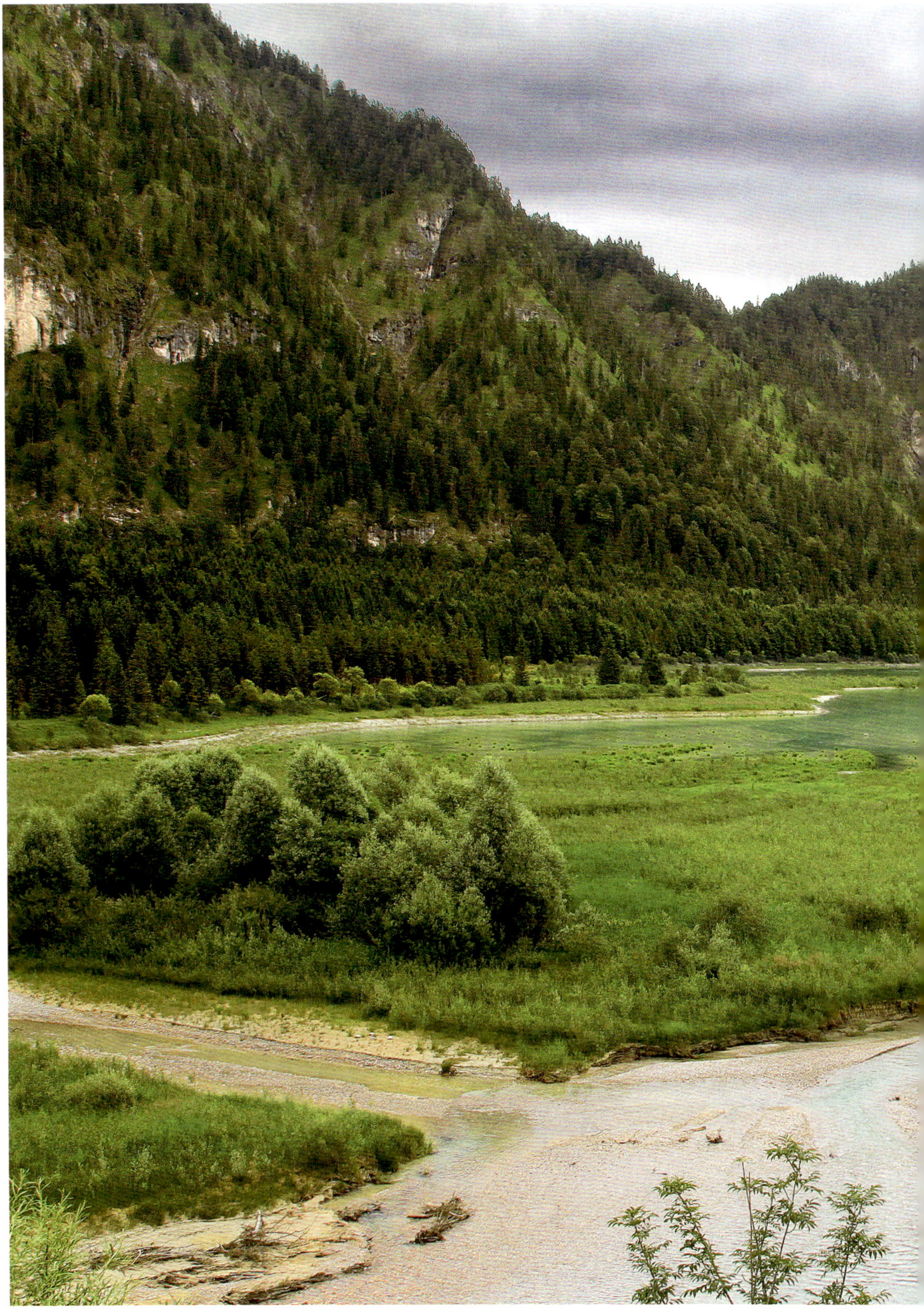

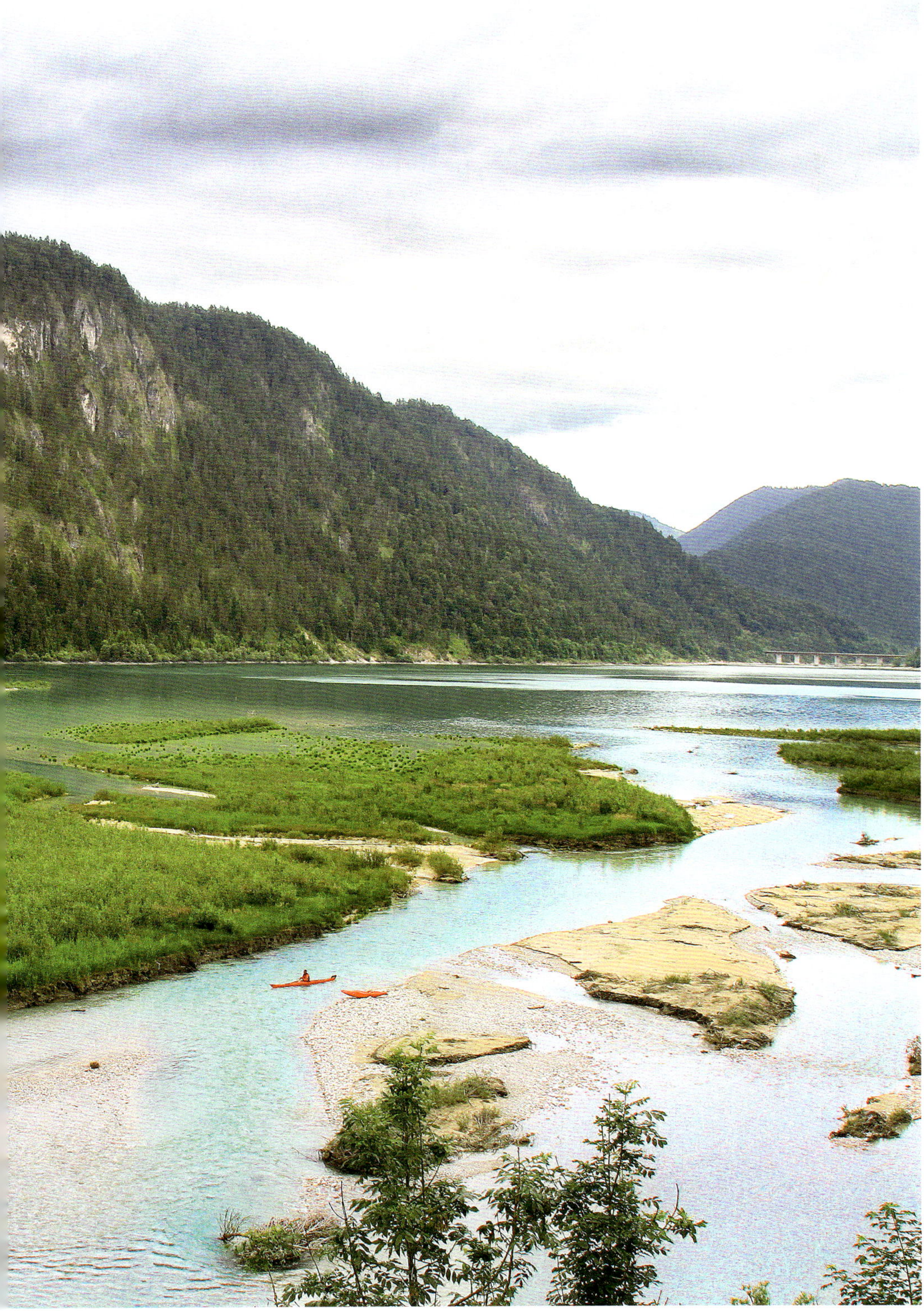

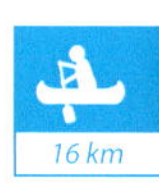
16 km

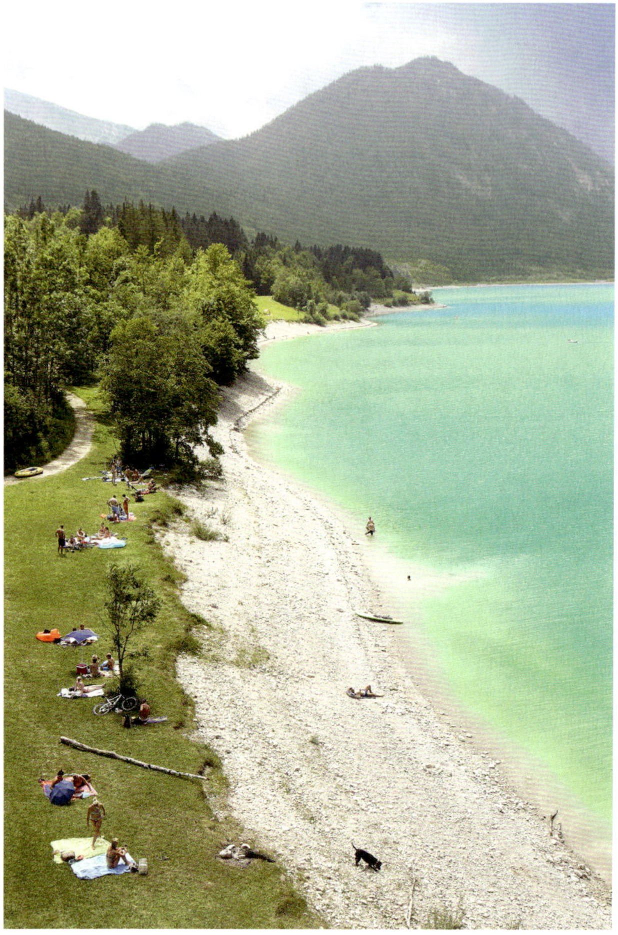

Badestrand nahe der Ortschaft Fall

16 km

Heute ist leider der Wasserstand nicht hoch genug und ich kehre bei den über das Wasser gespannten Trennelementen aus aneinandergeketteten Fichtenstämmen um. Die Barriere soll wohl das Holz und die Stämme, die von der Walchen mitgeschwemmt werden, aus dem Speichersee und damit aus dem Kraftwerk heraushalten. Jedenfalls müsste man hier mit dem Kajak umsetzen, wenn man vom See in die ***Walchenklamm*** will.

Mittlerweile hat der Straßenverkehr auf der Ufernordseite des Seitenarmes deutlich zugenommen. Kurz vor dem Staudamm, an den nicht herangefahren werden darf, lenke ich den Bug meines Kajaks wieder auf die imposante Stahlbetonbrücke zu, von ihr aus soll bisweilen der „Sylvenstein", ein von den Flößern gefürchteter Felsen, zu sehen sein, nach dem der See benannt ist. Direkt davor, im See versunken, liegt das alte ***Dorf Fall***, *das überwiegend aus Holzhäusern bestandene „Dorf der Jäger und Förster" und Schauplatz von Ludwig Ganghofers Wilderermelodrama, der Urvater aller verfilmten Heimatschmonzetten. Seinen Namen verdankt Fall der „Faller Klamm", einem Wasserfall, der direkt neben dem Ort lag. Immerhin schon 1280 in schriftlichen Quellen erwähnt, war die Gegend während der bayerischen Monarchie Hofjagdrevier von Prinzregent Luitpold von Bayern.*

Mit den Bauarbeiten für den Sylvensteinspeicher wurde das Dorf 1954 abgerissen und die Leute ins höher gelegene Neu-Fall umgesiedelt. Die Kapelle aus dem Jahre 1740 sprengte man, was den Mythos widerlegt, dass bei niedrigem Wasserstand ihr Turm zu sehen sein soll.

Jenseits der Brücke liegt am linken Ufer der Badeplatz von Neu-Fall, erkennbar an der davor im türkisgrünen Wasser vertäuten Badeinsel. Vor mir erhebt sich der 1753 Meter hohe ***Grasköpfl*** aus der Landschaft. Wer nach einer schönen Gratwanderung sucht, der sollte dem Berg einen Besuch abstatten.

Das ***Isardelta*** ist nun nicht mehr weit. Je nach Wasserstand des Sees mäandert hier die Isar durch die Ablagerungen und bildet zahlreiche kleine Fließe in denen im Sommer sogar feine Kiesstrände zu finden sind – eine herrliche Wildflusslandschaft, die auf der Strecke von Krün bis zum Sylvensteinspeicher für sportlich ambitionierte Paddler ein Genuss ist. Entlang der steilen, aber bewaldeten ***Falkenbergwand*** geht es am Nordufer zurück zum Ausgangspunkt dieser schönen „Bergtour" mit dem Kajak.

Achensee

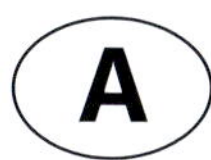

Der größte See Tirols

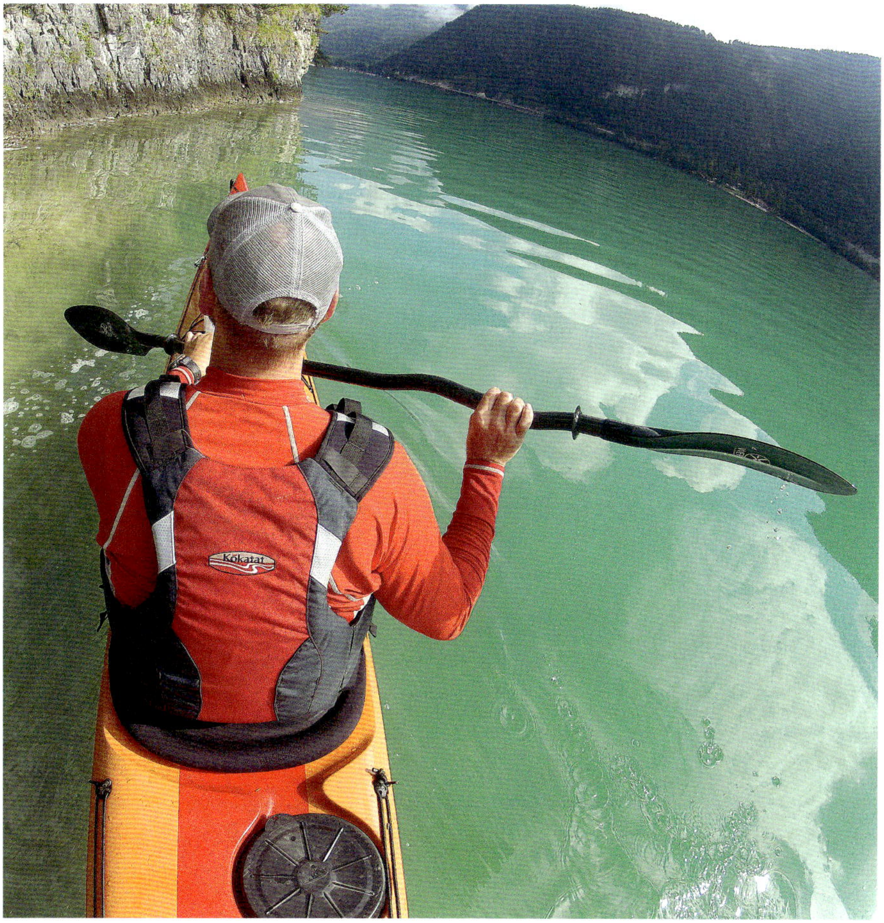

Tour

Tour-Infos Achensee

Landschaft	Kultur	Baden	Verkehrslärm
★★★★	★★ 	★★★★	★★ 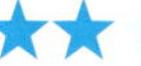

Charakter des Sees

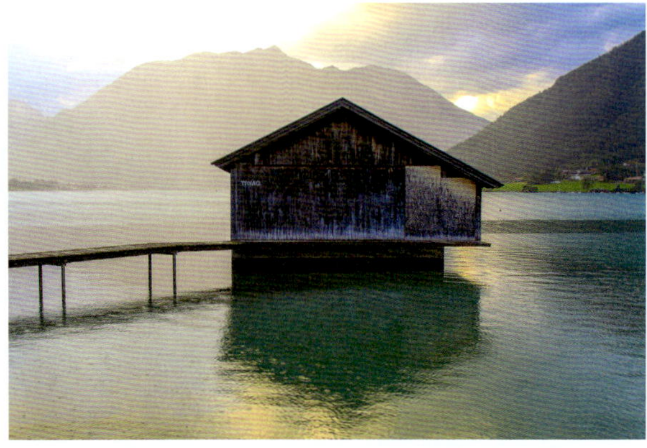

Mit knapp zehn Kilometern Länge und etwa einem Kilometer Breite, gehört der Achensee zu den mittelgroßen Seen in diesem Buch. Er bietet zum Kajakfahren und Stehpaddeln ideale Bedingungen für eine ausgedehnte Tagestour oder eine gemütliche Runde mit Übernachtung. Eingebettet zwischen den Bergen des Karwendel am Westufer und dem Rofangebirge am Ostufer ist seine Lage besonders spektakulär. Das Ostufer wird größtenteils von Straßen begleitet. Hier gibt es einen Campingplatz in Schwarzenau, etwas weiter nördlich als die Mitte des Sees, wo man bei Nordwinden geschützt anlegen kann.

Das Westufer ist großteils frei von Straßen und somit die deutlich attraktivere Seite. Dort bieten sich zahlreiche „wilde" Anlandemöglichkeiten und mit der Gaisalm (Di Ruhetag, Mai, Jun, Sep 10-17, Jul+Aug 10-18, Okt 11-15) auch eine gute Einkehrmöglichkeit bei einem zünftige Wirt. Am Nord- und Südende finden sich jeweils Campingplätze und Einkaufsmöglichkeiten.

Länge und Dauer der Tour: 20 km, 1-2 Tage **Schwierigkeit:** leicht **Saisonfaktor:** hoch

Etappenvorschlag: **1. Tag:** Buchau – Scholastika *(Alpen Caravan Park)* (9 km)
2. Tag: Scholastika – Buchau (11 km)

Bootswagen: hilfreich für den Transport zum Übernachtungsplatz und zur Ein- und Aussetzstelle.

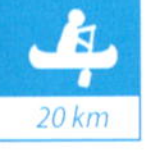

Gefahren

Im Sommer entsteht zwischen dem Karwendelgebirge und dem Rofangebirge ein thermischer Wind. Meist kommt er als moderater Nordwind daher und bläst dann ab etwa 14 Uhr mit etwa 3 bis 4 Beaufort. Von den einheimischen Surfern und Kitern wird er „Boarischer Wind" geschimpft, also" Bayerischer Wind". Ziehen zusätzlich Schlechtwetterfronten auf, kann dieser Wind deutlich stärker werden und mit Gewitterzellen angereichert sein.

Für Paddler ist es daher sinnvoll eine Umrundung des Sees im Süden zu starten, um dann nachmittags den Rückenwind nutzen zu können. Meist im Frühjahr oder Herbst kommt es am Achensee zu sehr böigem Föhnwind aus Süden. Da die Windstärke zwischen 3 und 8 Beaufort schwanken kann, ist für Kanu- und SUP-Sportler besondere Aufmerksamkeit geboten.

Achtung: Gewitterstürme und Fallwinde! Seeschifffahrt Vorrang gewähren!

Befahrungsregelungen

Im ***Mündungsbereich der Ache*** bei **Maurach** sind die ***Schilfgebiete gesperrt.***

Private Motorboote mit Verbrennungsmotor sind mit Ausnahme der Achenseeschifffahrt und der Wasserschutzpolizei auf dem See nicht erlaubt.

Anreise

Inntalautobahn A 12 *(Vignettenpflicht)*, Ausfahrt *Wiesing/Achensee,* Achensee-Bundesstraße B 181 nach ***Maurach*** (7 km). Dort Richtung ***Achenkirch*** und in **Buchau** links auf den Parkplatz (kostenpflichtig) des **Strandbades Buchau.**

Mautfreie Anreise über den **Achenpass** oder **Bad Tölz**. Von **München** A 8 bis zur Autobahnausfahrt Nr. 97 *(Holzkirchen)* und wahlweise über ***Tegernsee – Achenpass*** oder ***Bad Tölz*** über die Staatsgrenze bis zum Ort ***Achenkirch***. Hier 10 km am Ostufer des Sees Richtung **Maurach**. Vor Maurach rechts ab auf den Parkplatz (kostenpflichtig) des ***Strandbades*** **Buchau.**

Einsetzen und Parken

Maurach *(Badestrand Buchau, Buchauerstr.)*, gebührenpflichtige Parkplätze.

Kartenmaterial

maps.achensee.com

Isarwinkel - Bad Tölz – Lenggries, , WK 182 1: 50.000, ***KOMPASS-Karten***

Achensee - Karwendel - Rofan XL (2-Karten-Set), 1:25.000, ***KOMPASS-Karten***

Rofan: Topographische Karte 1:25.000, ***Deutscher Alpenverein***

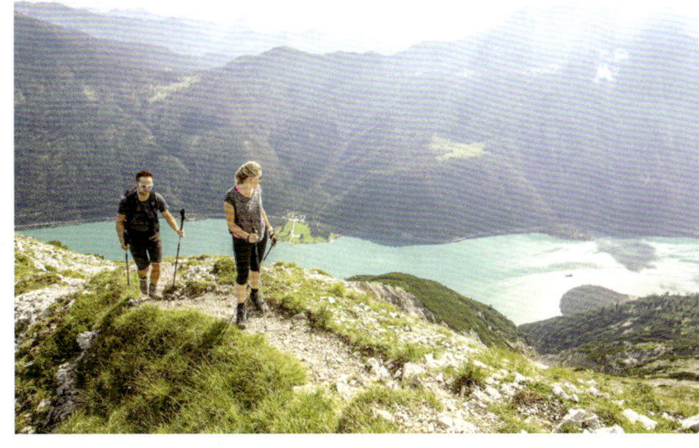

Literaturtipps

Achensee und Brandenberger Tal. 50 ausgewählte Bergwanderungen im Rofangebirge und in den Gebieten rund um den Achensee und das Brandenberger Tal, *Rudolf Wutscher,* Bergverlag Rother

„Tirolerwut" (Achenseekrimi) und **„Tirolertod"**, *Lena Avanzini,* Emons Verlag

Das Geheimnis des Klausners vom Achensee, *Joachim Voß,* united p.c.

Übernachtung in Wassernähe *(in der Reihenfolge des Tourenverlaufs)*

Maurach:

Seecamping Wimmer
Achenseestraße 75
Tel. +43 (0)5243 202 38
Tel. +43 (0)660-420 63 16
www.achensee-camping.at

Karwendel-Camping & Hüttendörfl *(übernachten im urigen Tiroler Holzhaus)*
Planbergstraße 23
Tel. +43 (0)5243 61 16
www.karwendel-camping.at

Pertisau:

Gasthof St. Hubertus
Hausnummer 2
Tel. +43 (0)5243 52 33
www.hubertus-achensee.at

Seepension Knappenhof
Pertisau 3
Tel. +43 (0)5243 52 50
www.seepension-knappenhof.at

Achenkirch:

Alpen Caravan Park Achensee
Achenkirch 17 *(Zimmer & Zelt)*
Tel. +43 (0)5246 62 39
www.camping-achensee.com

Fischerwirt am Achensee
Achenkirch 15
Tel. +43 (0)5246 62 58
www.fischerwirt.tirol

Schwarzenau:

Achensee Camping
Achenkirch Nr. 1
Tel. +43 (0)664-466 20 70
www.campingplatz-achensee.at

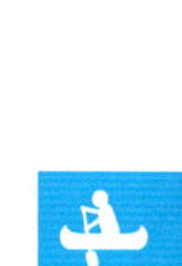

Kanuvermieter & Veranstalter

Pertisau:

Bootsverleih Pertisau *(Mai-Sep)*
Kasbachstraße 35
Tel. +43 (0)5243 59 89
www.fischerei-achensee.at/bootsverleih

Wassersportzentrum Achensee
Buchauerstraße 3
6212 **Maurach** am Achensee
Tel. +43 (0)5243 52 10
Tel. +43 (0)664-654 15 13
www.surfen-achensee.at

Tourist-Infos

Maurach, Achenseestr. 5, Tel. +43 (0) 5243 535 50, www.achensee.com
Achenkirch, Im Rathaus 387, Tel. +43 (0)5246 532 10, www.achensee.com
Pertisau, Pertisau Hnr. 53d, Tel. +43(0)5243 430 70, www.tourismus-pertisau.at

Sehenswürdigkeiten rund um den Achensee

Achenkirch: *Pfarrkirche* (18. Jh.); *Annakircherl* (17. Jh.); *15 Kapellen* im Gemeindegebiet; *Sixenhof Heimatmuseum* (Achenkirch 29, Tel. +43 (0)5246 65 08, Eintritt 4,- €, Mai-Okt, tgl. 13-17, www.sixenhof.at).

Pertisau: *Dreifaltigkeitskirche* (20. Jh.); *Tiroler Steinöl Vitalberg Erlebniszentrum mit Bergbaustollen* (Pertisau 56, Tel. + 43 (0)5243 201 86, Mai-Nov, tgl. 9-17.30, Dez-Apr, tgl. 10-16.30, www.vitalberg.at & www.steinöl.at).

Maurach: *Marienkirche* (20. Jh.); *Häuserer-Bichl Kapelle* (20. Jh.);
Achenseer Museumswelt, Museumsdorf (Museumsweg 3-9, Tel. +43 (0)5243 20 523, Mai-Okt, Mi, Fr, So & Fei 13.30-17, Dez-Mär Mi, So & Fei 13.30-17, Eintritt 7 €, www.achenseer-museumswelt.at);
Achenseebahn: Dampf-Zahnradbahn, fährt seit 125 Jahren von Jenbach zur Südspitze des Achensees (Bahnhofstr. 1-3, Jenbach, Tel. +43 (0)5244) 62 243, Mai-Okt, tgl. mehrere Fahrten, www.achenseebahn.at).

Eben (3 km südlich vom Achensee)**:** *Notburga-Kirche* (18. Jh.); *Notburga-Museum,* Eben 1, Tel. +43 (0)5243 52 27 oder +43 (0)664-391 41 86, Mai-Okt, Mi, Fr, So 15-17, www.notburga-museum.at).

Jenbach (9 km südlich vom Achensee)**:** *Schloss Tratzberg* 13. Jh. (Tratzberg 1, Tel. +43 (0)5242 635 66, Apr-Okt, tgl. Führungen 10-16, www.schloss-tratzberg.at).

Sonstige Aktivitäten am Achensee

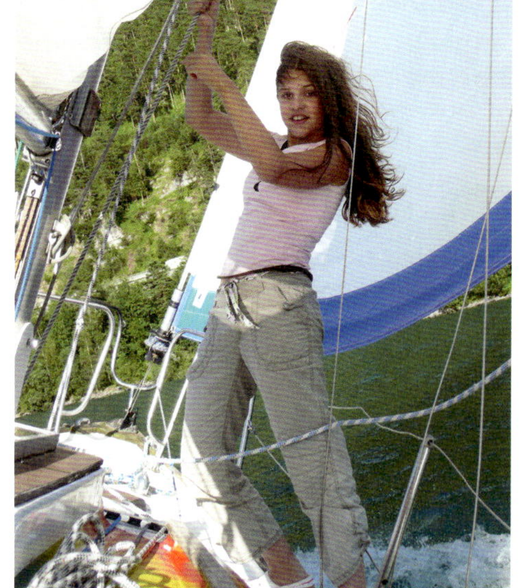

Wandern:

Rund um den Achensee gibt es ein paar hundert Kilometer Wanderwege von leichten Spaziergängen bis hin zum Klettersteig.

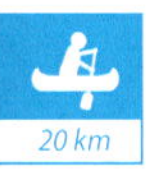

Ein s*chöner, familientauglicher Spaziergang* führt von **Pertisau** entlang des Westufers des Achensees auf dem ***Mariensteig*** zur **Gaisalm** *(Einkehr, Di Ruhetag).* Von hier mit dem Schiff zurück oder weiter auf dem etwas anspruchsvolleren ***Gaisalmsteig*** *(festes Schuhwerk erforderlich)* auf schmalen Wegen *(teils mit Drahtseilen gesichert)* und steilen Stufen bis **Scholastika / Achenkirch** *(Radfahren und Mountainbiken ist auf diesem Weg verboten).* Zurück mit dem Schiff.

Die Lift- und Gondelbahnanlagen ermöglichen schnellen Zustieg auch in größere Höhen wie z.B. am ***Rofangebirge*** (leicht, mit etwas Kondition).

Wandertipp für trittfeste Wanderer mit viel Kondition: Vom Achenkircher Ortsteil **Scholastika** über die ***Seekar- und Seebergspitze*** nach **Pertisau.**

Eine ***leichte Wanderung*** mit etwas Kondition führt von **Pertisau** auf den ***Zwölferkopf*** *(Einkehr im Alpengasthaus)* und mit der ***Karwendel-Bergbahn*** (www.karwendel-bergbahn.at) wieder hinab.

Klettern & Klettersteige:

Die Region wartet mit insgesamt ca. ***250 Sportkletterrouten, 8 Klettersteigen,*** zahlreichen alpinen Klassikern und einem ***Waldhochseilgarten*** auf.

Der ***Achensee 5-Gipfel-Klettersteig*** besticht mit atemberaubenden Tief- und Ausblicken.

Ein nur 50 Meter kurzer Klettersteig für Kinder und Einsteiger ist der ***„Übungsklettersteig Rofan"*** nahe der **Bergstation der Rofanseilbahn**.

Der ***Klettersteig*** **Buchau** ist zwar ein kurzer, aber landschaftlich einmaliger Steig in Talnähe entlang des ***Dalfazer Wasserfalls.***

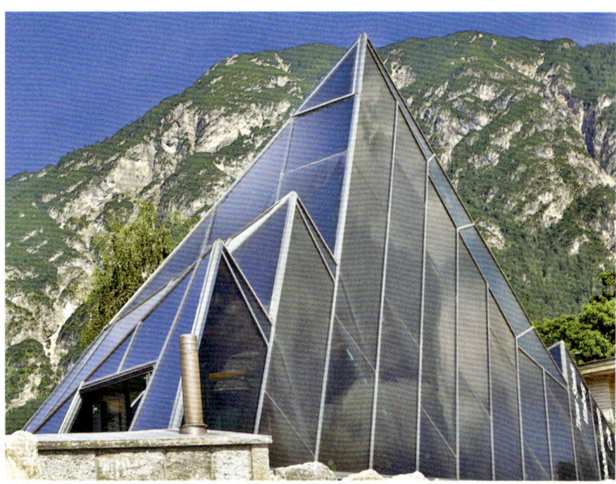

Im „Glasberg" des Steinölmuseums in Pertisau befindet sich das Vitalberg Café

Der ***Abenteuerpark Achensee*** in **Achenseehof** bietet einen spektakulären ***Hochseilgarten*** mit über 40 Baumpodesten, auf 7 Parcours mit wilden Seilrutschen, zusätzlich ein Bagjump, zwei Sportkletterrouten auf Bäumen (Monkey Climbing), Slackline Parcours u.v.m. ***Abenteuerpark Achensee,*** Achenkirch 7 A, Tel. +43 (0)699 19 08 99 68, Apr-Jun+Okt, Mi, Sa, So, Fei 10.30.-17.30, Jul-Sep, Di-So+Fei 10.30.-17.30, www.abenteuer-achensee.at

Fahrrad:

Auf der ***östlichen Seeseite*** kann man vorzüglich mit dem Rad unterwegs sein, bis hin nach Pertisau, da große Teile des Weges auf einer alten Straße oder Radwegen verlaufen.

Angeln:

Wer angeln möchte, benötigt einen Fischereibefähigungsnachweis. Dafür muss ein Prüfungsformular oder eine Fischereischein des Heimatlandes vorgelegt werden. Um Überfischung zu verhindern, ist die Austeilung von Fischereikarten kontingentiert. Die ***Fischereitageskarte*** kostet 17 Euro (2018).

Die ***Regelungen*** bitte der Internetseite entnehmen: www.fischerei-achensee.at/fischen-am-achensee

Fischereikarte: ***Bootshaus Pertisau,*** Seepromenade 22, Tel. +43 (0)5243 63 02 (Mai-Sep tgl. 7.30-17)

Tauchen:

Der glasklare Achensee erfreut sich bei Tauchern enormer Beliebtheit. ***Tauchen in Tirol*** *(auch Ausrüstungsvermietung),* Eduard-Bodem-Gasse 3, Innsbruck, Tel. +43 (0)512 39 34 84, www.tauchen-in-tirol.at

Fahrgastschifffahrt auf dem See:

Es werden etwa stündlich die 6 Anlegestellen **Seespitz, Buchau, Pertisau, Achenseehof, Gaisalm und Scholastika** angefahren, ***Achenseeschiffahrt,*** Pertisau, Tel. +43 (0)5243 525 30, www.tirol-schiffahrt.at

Bergbahnen:

Karwendel-Bergbahn in **Pertisau** zum Zwölferkopf-Wandergebiet und Alpengasthaus Karwendel Pertisau 11, Tel. +43 (0)5243 53 26, Mai-Okt tgl. 8.30-17, www.karwendel-bergbahn.at

Rofan Seilbahn in **Maurach** (Mai-Okt tgl. 8.30-17) zum Wandergebiet mit 150 km Spazier- & Wanderwegen, 3 Berggasthöfe. **Special:** ***Airrofan Skyglider*** (Fluggerät, das der Gestalt eines Adlers gleicht und mit einer Geschwindigkeit von 80 km/h als „Seilbahn" vom ***Gschöllkopf*** (2.040 m) in die Tiefe gleitet.
Rofan Seilbahn, Achenseestr. 10, Tel. +43 (0)5243 52 92, tgl. mehrere Fahrten, www.rofanseilbahn.at

Fahrrad- & E-Bike-Vermietung:

Pertisau: ***Sport Wöll,*** Pertisau 11c, Tel. +43 (0)5243 58 71, www.sportwoell.at

Maurach: ***WW Sport Wörndle***, Dorfstraße 26, Tel. +43 (0)5243 61 07, www.sport-woerndle.at

Zudem gibt es ***16 E-Bike-Vermietstationen*** entlang des Achensees. www.achensee.com

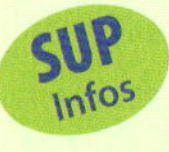

SUP-Tipps: Bei Nordwind bieten sich tolle ***Downwinder*** von **Achenkirch** bis nach **Pertisau**. Am **Westufer** paddelt man ***unter den Felswänden von Seekarspitze*** und ***Seebergspitze,*** um in der **Gaisalm** *(Di Ruhetag)* eine Jause einzulegen.
Nicht minder schön: ein ***Sundowner*** vom **Achenseehof** aus.

SUP-Vermietung & Kurse:

Maurach:
Wassersportzentrum Achensee
Buchauer Straße 3
Tel. +43 (0)5243 52 10
www.surfen-achensee.at

learn2kite *(auch Kurse)*
Buchauer Str. 3
Tel. +43 (0)676-444 45 54
www.learn2kite.at

Pertisau:
Strandbad Pertisau
Am See
Tel. +43 (0)5243 58 23

Ostufer, Schwarzenau:
Achensee Camping *(auch Kurse)*
Achenkirch Nr. 1
Tel. +43 (0)664-466 20 70
www.campingplatz-achensee.at

Achenkirch:
Bootsverleih Achensee Nord
Strandbad, Hnr. 1
Tel. +43 (0)664-372 46 15

Der Achensee

Gleich hinter der deutsch-österreichischen Grenze liegt auf 930 Metern Meereshöhe, eingebettet zwischen hohen Felsgipfeln mehrerer Zweitausender, der türkisfarbene ***Achensee***. Er ist der größte See Tirols und bis zu 133 Meter tief. SUP-Fahrer dürfen sich hier noch mehr als Kajakpaddler auf eine ungeheure Sichttiefe von bis zu zehn Metern freuen.

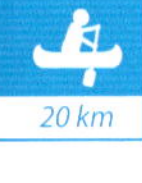

Bei schönem Wetter bietet sich ein Start im Süden des Sees an, da am Nachmittag mit einer Windzunahme aus Norden *(siehe Berg- und Talwind Seite 15)* zu rechnen ist, was einem dann den Rückweg erleichtern kann. Eine geeignete Einsetzstelle ist der Badestrand in **Buchau**, der bei schönem Wetter allerdings gut besucht ist. Mich links haltend, passiere ich bald die Schilfzonen am Südufer mit gebührendem Abstand, spielen diese Flachwasserzonen doch eine wichtige Rolle als Rast- und Überwinterungsplatz für Wasservögel wie Zwergtaucher, Tafel-, Reiher- und Stockente sowie Blesshühner. Den hier mündenden ***Wankratbach*** konnte ich auf einer Wanderung am Vortag von oben betrachten, wie er sich als grünes Wasserband deutlich vom umliegenden hellen Flachwasser abhebt.

Vor **Seespitz** verlaufen Eisenbahn und Straße in einem parallelen Strang. Die ***Achenseebahn****, eine seit 1889 ausschließlich von Dampflokomotiven gezogene Schmalspur-Zahnradbahn,* die auf der sieben Kilometer langen Strecke zwischen **Jenbach** und der ***Dampferanlegestelle Seespitz*** verkehrt, fährt schnaufend und stampfend an mir vorbei. Die historische Bahn ist europaweit die älteste ihrer Art und auch heute noch bei den Touristen sehr beliebt.

Einmal auf eines der Schiffe der ***Achenseeschifffahrt*** umgestiegen, kann man von hier über Pertisau in knapp einer Stunde nach Scholastika, dem Ortsteil von Achenkirch, am nördlichen Ende des Sees fahren.

Unter mir kann ich den Schatten eines dikken Fisches im klaren Wasser stehen sehen. Der Achensee gilt als artenreich. Bach-, Regenbogen- und Seeforelle, Seesaibling, Brachse, Elritze, Schleie, Flussbarsch, Hecht, Koppe, Renken, Rotauge, Gründling und Schmerle und kommen hier vor. Eine Besonderheit ist, dass die Seeforellen nicht in den Zuflüssen laichen, sondern direkt im See in einer Tiefe von rund zehn Metern.

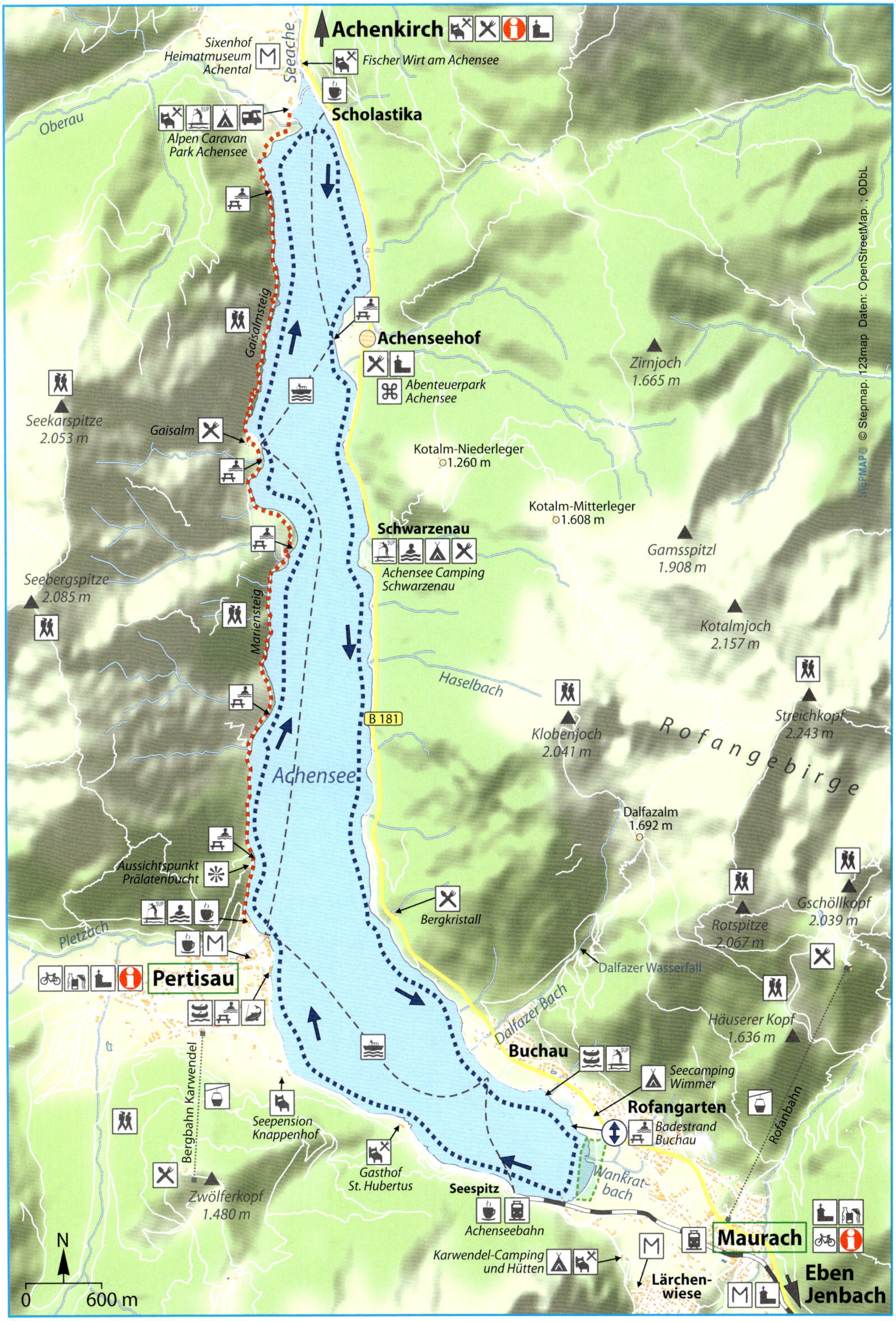

Achenkirch
Sixenhof
Heimatmuseum
Achental
Fischer Wirt am Achensee
Seeache
Scholastika
Oberau
Alpen Caravan
Park Achensee
Gaisalmsteig
Achenseehof
Abenteuerpark
Achensee
Zirnjoch
1.665 m
Seekarspitze
2.053 m
Gaisalm
Kotalm-Niederleger
1.260 m
Kotalm-Mitterleger
1.608 m
Schwarzenau
Achensee Camping
Schwarzenau
Gamsspitzl
1.908 m
Seebergspitze
2.085 m
Mariensteig
Kotalmjoch
2.157 m
Haselbach
B 181
Klobenjoch
2.041 m
Streichkopf
2.243 m
Rofangebirge
Achensee
Dalfazalm
1.692 m
Aussichtspunkt
Prälatenbucht
Bergkristall
Rotspitze
2.067 m
Gschöllkopf
2.039 m
Pletzach
Dalfazer Wasserfall
Pertisau
Dalfazer Bach
Häuserer Kopf
1.636 m
Buchau
Bergbahn Karwendel
Seecamping
Wimmer
Rofangarten
Badestrand
Buchau
Seepension
Knappenhof
Rofanbahn
Gasthof
St. Hubertus
Wankratbach
Zwölferkopf
1.480 m
Seespitz
Achenseebahn
Maurach
Karwendel-Camping
und Hütten
Lärchenwiese
Eben
Jenbach
N
0 600 m
STEPMAP © Stepmap, 123map Daten: OpenStreetMap : ODbL

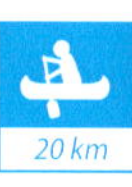

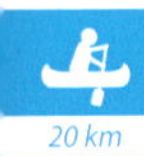
20 km

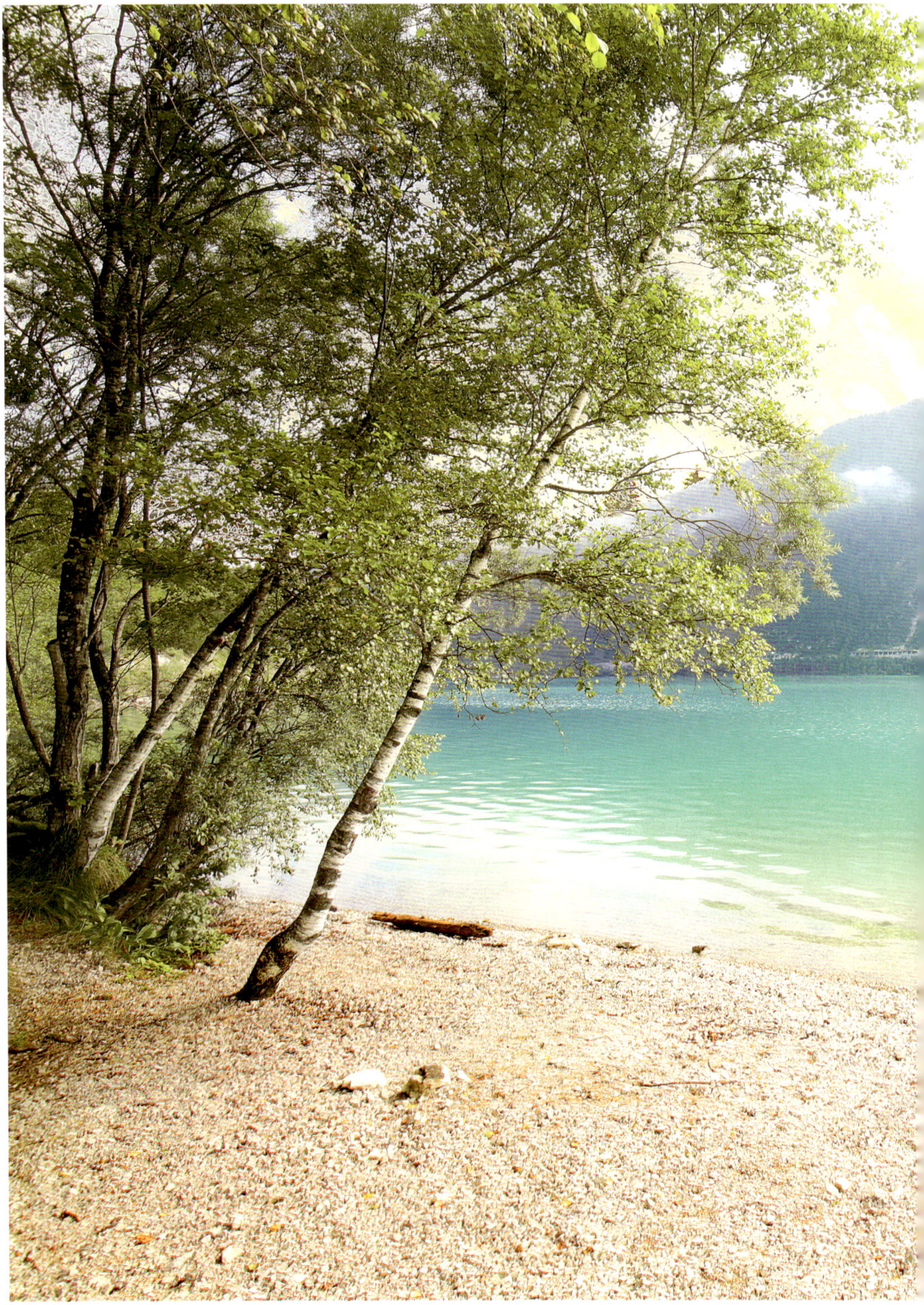

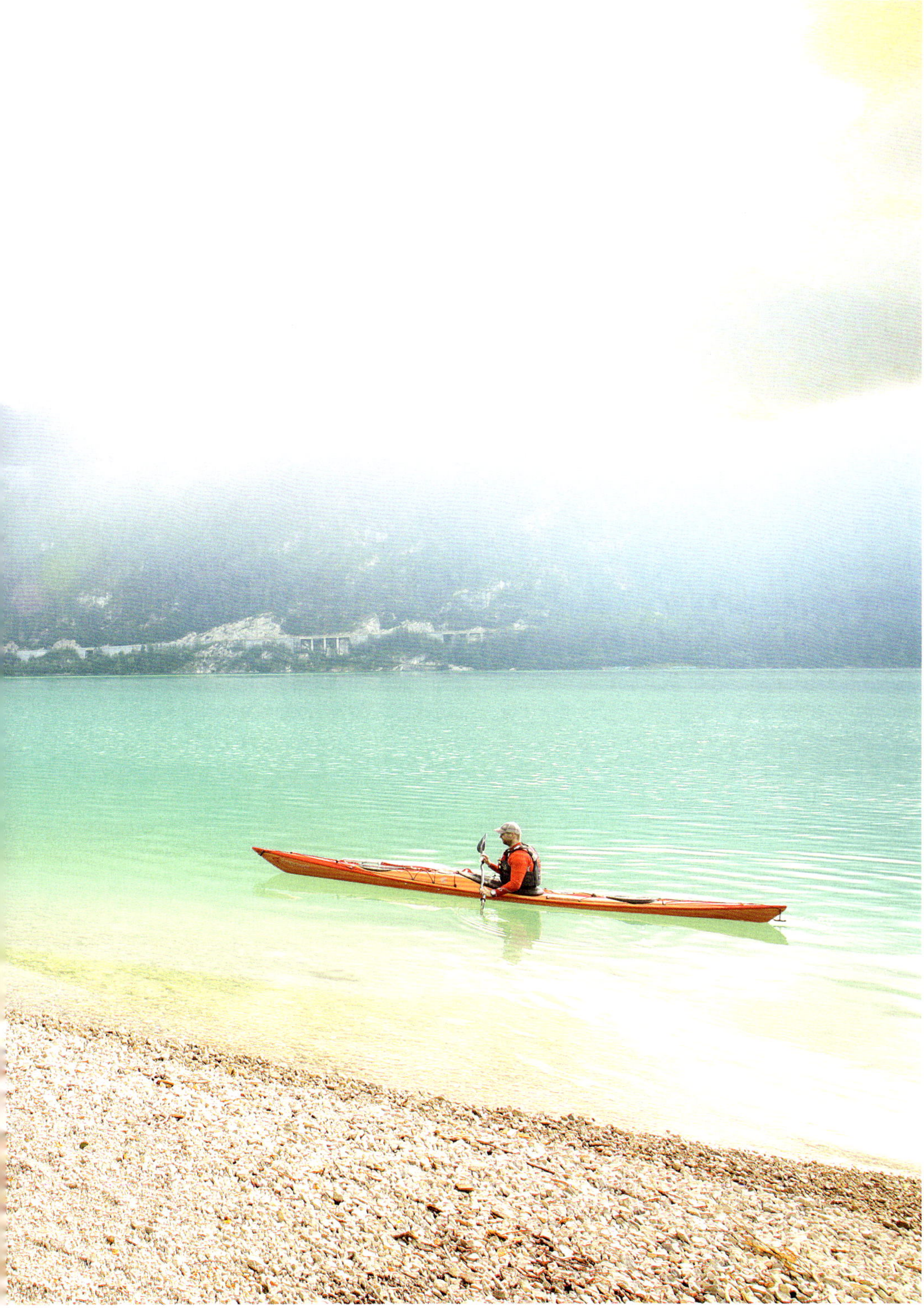

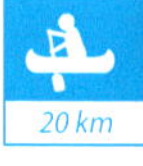
20 km

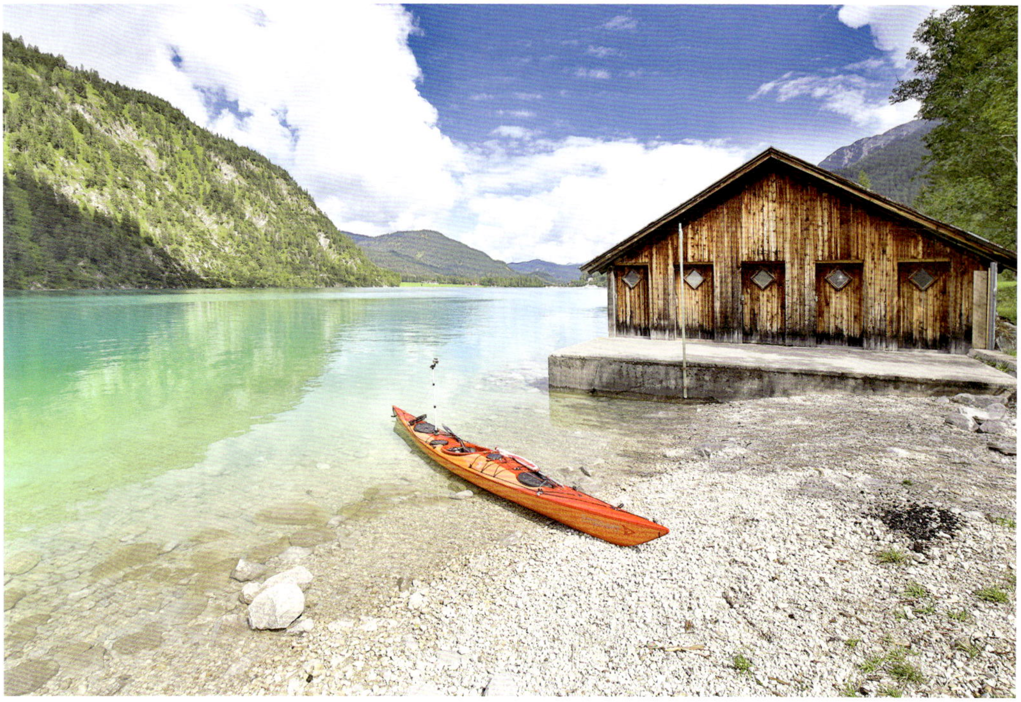

Die Ufer am Achensee sind allesamt frei zugänglich

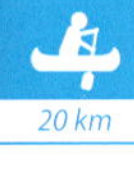

Den Ortseingang von **Pertisau** schmückt seit 2015 ein kleines Highlight: Von einem 15 Meter hohen Steg, dessen Aussichtsplattform von abgehobelten Baumstämmen umgeben ist, hat man einen einzigartigen Ausblick in die Umgebung. Im Stegbereich stellt ein Infoterminal in Forellen-Optik den ersten Anlaufpunkt für Besucher dar. Außerdem wurde der gesamte Uferbereich neu gestaltet – Restaurants, Cafés und Geschäfte laden zum Bummeln ein und außer der örtlichen Badestelle sorgen zwei große Holzbadestege für Badevergnügen.

Nördlich des kleinen Touristenörtchens beginnt das fast unbebaute Westufer des Achensees – sechs der schönsten Kilometer, die man auf einem alpinen Bergsee erleben kann. Während auf der gegenüberliegenden Uferseite das mächtige ***Rofangebirge*** in den Himmel steigt, werde ich auf dieser Seite gefangen von den unendlich grünen Farbtönen des klaren Sees. Das Kajak scheint fast zu schweben und fasziniert sehe ich den Schatten des Bootes über den Grund fliegen. Fast könnte einem dabei schwindelig werden. Der See hat tatsächlich annährend Trinkwasserqualität und gilt als oligotroph. Das bedeutet, er weist keine Schichtung auf, hat einen hohen Sauerstoffanteil und nur wenige Nährstoffe im Wasser gelöst. Als Folge gibt es einen großen Artenreichtum unter den Pflanzen und Algen, die allerdings nur in geringer Individuenzahl vorkommen. Beeindruckend ist auch der Blick in das steile, großteils bewaldete Ufer. Fichten und Buchen ragen aus der Böschung. Einige sind ins Wasser gerutscht und am Seeboden für lange Zeit als Baumleichen konserviert.

Nicht umsonst ist das Westufer als „Ruhegebiet Achental-West“ Bestandteil des 727 km² großen Naturschutzgebietes „Alpenpark Karwendel“, eines der größten Naturschutzgebiete der Ostalpen. An den Achenseeufern gibt es zahlreiche großflächige Erosionsanrisse an den Bergflanken mit besonders angepassten Pflanzengesellschaften wie Bergkiefern und Erica.

Ein Flussuferläufer flitzt vor mir am Ufersaum aus groben Kalksteinen entlang, auf der Suche nach Nahrung. Es folgt ein Abschnitt mit schönen Uferfelsen, die sich unter Wasser fortsetzen und von der prallen Sonne besonders schön modelliert werden. Nun kommt eine weitere Schuttzunge in Sicht, die sehr deutlich zu erkennen ist und an der man vorzüglich für eine kleine Pause anlegen kann. Auf dem Wanderweg oberhalb huschen Wanderer mit Rucksäcken vorbei.

Auf der nächsten Schuttzunge liegt die **Gaisalm**, die einzige Alm, die nur zu Fuß oder mit dem Schiff erreichbar ist. Hier existiert eine Anlegestelle für die Seeschifffahrt, neben der man rechts in der Bucht anlegen kann. Der Wirtsbetrieb genießt einen hervorragenden Ruf und lockt in einer zünftigen „Marend", wie die deftige Tiroler Jause auch genannt wird, mit hausgemachten Mehlspeisen oder einem krossen Schweinsbraten – jeden 2. Sonntag findet ein Frühschoppen mit Tanzmusik statt und im September das „Gaisalmfestl".

Hinter der Gaisalm wird es wieder etwas felsiger. Kleine Wasserfälle plätschern in winzigen Buchten in den See und ein Stückchen weiter passiere ich eine feine Rasthütte. Bald sind auch die offenen Wiesen von **Achenkirch** erreicht. An der Badestelle des ***„Alpen Caravan Park Achensee"*** ist einiges los. Kinder toben im flachen Wasser, Jugendliche veranstalten Luftmatratzen-Rennen und Erwachsene grillen oder chillen am Ufer. Der Campingplatz bietet die Wahl zwischen Zelt und Zimmer und am Abend oder bei Schlechtwetter ist es im ***„Achensee-Stüberl"*** am Kachelofen besonders gemütlich. Achenkirch eignet sich, will man die Tour auf zwei Tage ausdehnen, gut für einen Übernachtungsstopp. *Um die Jahrhundertwende genossen namhafte Künstler, vor allem Schriftsteller wie Peter Rosegger oder Ludwig Ganghofer die besondere Atmosphäre des bekannten Urlaubsorts und machten den See so zum beliebten Sommerfrische-Ziel.* Wer von hier aus wandern möchte, findet dazu reichlich Gelegenheit. Eine Tour für trittfeste Wanderer führt nach Pertisau über die mehr als 2.000 Meter hohe ***Seekar- und Seebergspitze.***

Nur einen Steinwurf entfernt, entwässert in der nördlichsten Spitze des Sees dieser über die

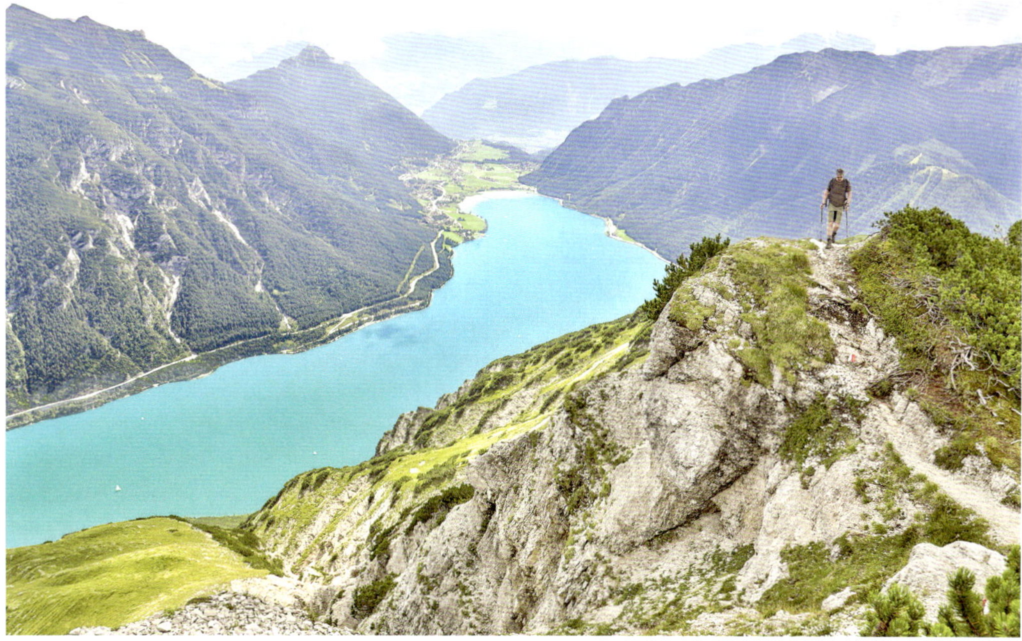

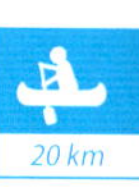

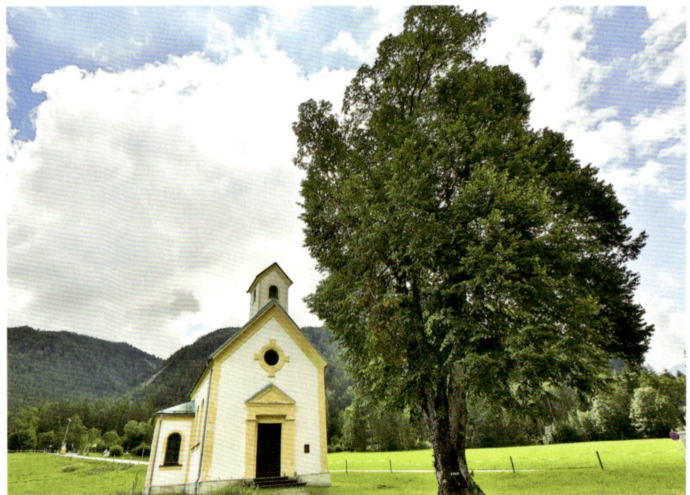

Die Seehofkapelle birgt einen neugotischen Altar

Wie viele größere Alpenseen hat auch der Achensee zwei Gesichter. Der große Nachteil der Ostseite ist, dass sie auf langen Strecken direkt von einer Straße begleitet wird, was eine ständige Geräuschkulisse zur Folge hat. Vorbei am ***Yachtclub Achenkirch***, in dessen Umfeld einer große Zahl von Segelbooten und Yachten ankert, erreiche ich den **Achenseehof**. Ein Ausflugsrestaurant, dessen Spitze an einen Leuchtturm erinnern soll, lädt ein zu Speis und Trank. Die umgebenden Wiesen werden gern als Liegewiese genutzt und am Kiesstrand lässt sich hervorragend baden. Mitten auf der weitläufigen Wiese steht die ***Seehofkapelle***, die *Ludwig Rainer, ein bekannter Sänger seiner Zeit, im ausgehenden 19. Jahrhundert errichten ließ, als er sich den Achenseehof als Ruhe- und Alterssitz zulegte. Wer ins Innere der Kapelle blickt, entdeckt einen Altar im neugotischen Stil.*

Drei Minuten entfernt bietet der ***„Abenteuerpark Achensee"*** ein umfangreiches Spektrum an herausfordernden aber auch „sanften" Outdoor-Aktivitäten für jede Altersklasse.

Bald ist der von Mischwald umgebene ***Campingplatz* Schwarzenau** erreicht, von dessen terrassenförmig angeordneten Stellplätzen man eine wunderschöne Aussicht auf den smaragdgrün schimmernden Achensee hat. Besucher können aber auch nur im Terrassen-Bistro einkehren. Seit neuestem werden hier auch SUP-Kurse angeboten.

Ein Promenadenweg und ein dichter Waldgürtel hat sich nun zwischen Straße und Seeufer geschoben, auf dem viele Mountainbiker entlangflitzen. Das Schöne an der Ostseite ist natürlich der Ausblick auf das westliche Ufer, den ich nun ausgiebig genieße, bevor ich am Strandbad **Buchau**, dem Ausgangspunkt meiner Tour, anlege.

Seeache nordwärts zur Isar. Hier liegt schon seit 1875 das urige ***Hotel „Fischerwirt am Achensee"***. Die schmackhaften Fischgerichte von Renke, Saibling oder Achenseehecht landen frisch auf dem Teller. Anhänger der feinen und regionalen Küche kommen im 200 Meter entfernten ***„Gründler's Genießerwirtshaus" (Slow Food)*** auf ihre Kosten. Ob der Wildschweinrücken mit Nußkruste zwei Hauben bei „Gault Millau Österreich 2017" rechtfertigt, mögen die Paddler mit dem nötigen Kleingeld entscheiden. Wer am nächsten Tag vor der Weiterfahrt noch Zeit hat, kann im ***Heimatmuseum Sixenhof****, einem typischen Tiroler Einhof, Einblicke in die frühere Lebensweise unserer Vorfahren bekommen. Zahlreiche Exponate aus Handwerk, Jagd und Fischerei, der Achenseeschifffahrt und der Holzwirtschaft dokumentieren deren Leben in dieser Region.*

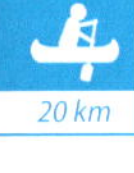

Nun geht es zurück entlang des Ostufers, vorbei am ***Fähranleger* Scholastika** mit Promenade, Café und Kiosk. *Im Mittelalter lag hier, an der Trasse der heutigen Achenseestraße, seinerzeit ein Saumpfad zwischen den Salinen von Hall in Tirol und München, ein Zollhaus. Die für den Salzhandel bedeutsame Zollstation wich 1880 einem Grand Hotel im neogotischen Stil, das 1913 abbrannte.* Heute wird ein restaurierter Teil noch für Reisegruppen und Veranstaltungen genutzt.

Tegernsee

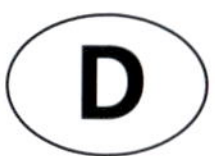

Ausfahrt vor den Toren Münchens

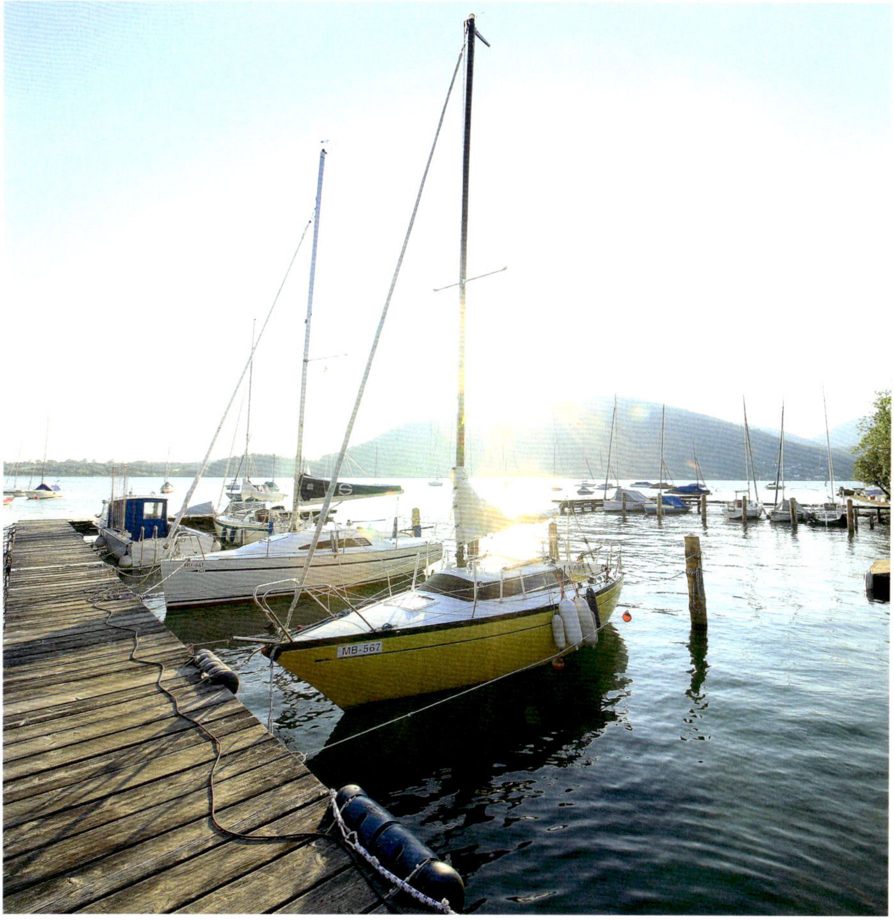

Tour

Tour-Infos Tegernsee

Landschaft	Kultur	Baden	Verkehrslärm
★★★	★★	★★★	★★

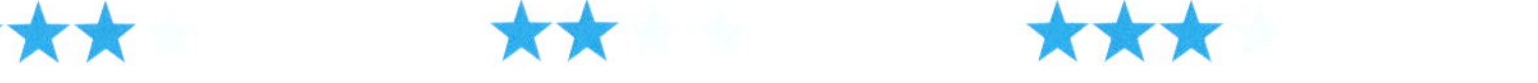

Charakter des Sees

Der sieben Kilometer lange und bis zu knapp zwei Kilometer breite See ist nur 50 Kilometer von München entfernt. Er liegt in einem ausgewiesenen Landschaftsschutzgebiet und ist von dicht bewaldeten Bergen umgeben, von denen der Wallberg mit 1722 der höchste ist. Entstanden ist der Tegernsee durch das Vorschieben eines Zungengletschers durch die Eismassen der Würm-Eiszeit. Das so geschaffene Becken bietet heute Paddlern ein wunderbares citynahes Ausflugsziel.

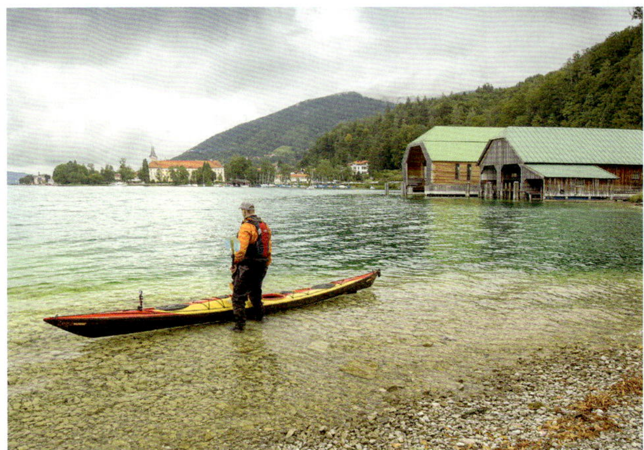

Natürlich ist man an einem verkehrstechnisch derart günstig gelegenen See in der Saison nicht allein. Die hervorragende Wasserqualität lässt Paddler tief blicken. Auch wenn die Seeufer großteils besiedelt sind durch Einzelanwesen, Bauernhöfe und traditionsreiche Orte, erlebt der Wassersportler auch Naturflächen wie ausgedehnte Schilfgebiete und bewaldete Abschnitte. Verkehrslärm stört lediglich im Nordostteil des Gewässers und am Ende des Ringsees.

Länge und Dauer der Tour: 19 km, 1-2 Tage **Schwierigkeit:** leicht **Saisonfaktor:** hoch

Etappenvorschlag: **1. Tag:** Seeglas (Gmund) – Rottach (7,5 km) oder Abwinkl (12 km)
2. Tag: Rottach – Seeglas (11,5 km) oder Abwinkl – Seeglas (7 km)

Bootswagen: hilfreich für den Transport zur Einsetzstelle.

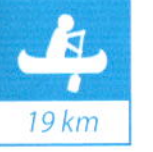

Gefahren

Plötzlich auftretende Fall- und starke Föhnwinde, Gewitter.

Auch am Tegernsee bilden sich bei gutem Wetter thermische Winde aus. Am frühen Morgen, bis etwa neun Uhr, weht an schönen Tagen ein Südwind mit 2-3 Windstärken. Kommt eine Föhnwetterlage hinzu, dann kann sich die Windstärke deutlich auf 5-6 Beaufort erhöhen.

Nachdem der Südwind eingeschlafen ist, bildet sich ab Mittag oft ein Wind aus entgegengesetzter Richtung (Nordost), der in der Regel 2-3 Beaufort erreicht und am Abend wieder abflaut.

Bei Ostwindlagenunterstützung kann es dann auch mit 5-6 Beaufort wehen.

Befahrungsregelungen

Südlich von **Gmund** ist ein ***Uferstreifen als Naturschutzgebiet*** ausgewiesen, der nicht befahren werden darf. Ebenso muss die ***Ringinsel südlich von* Abwinkl *seeseitig umpaddelt*** werden. Beide Gebiete sind durch gelbe Tonnen markiert.

Private Boote mit Verbrennungs- oder Elektromotor dürfen nur eingesetzt bzw. gefahren werden, wenn vom zuständigen Landratsamt eine schifffahrtsrechtliche Genehmigung erteilt worden ist.

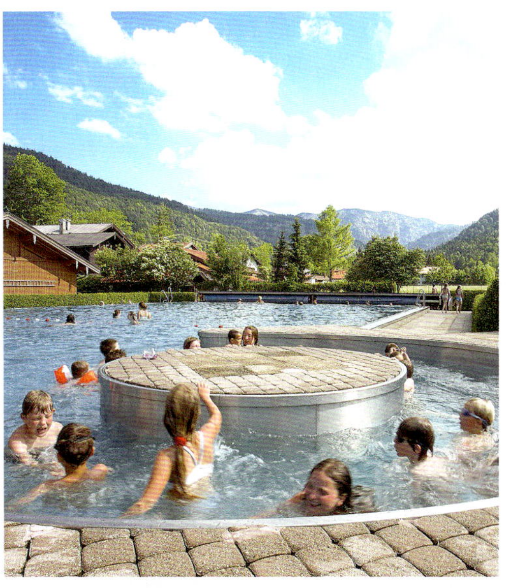

Anreise
Von **München**: Auf der A 8 Richtung Salzburg bis Ausfahrt 97 *(Holzkirchen)*. Weiter auf der B 318 bis **Seeglas** hinter **Gmund** fahren. Im Kreisverkehr erste Ausfahrt nehmen und dann rechts abbiegen auf ***Seeglas / Parkplatz***.

Einsetzen und Parken
Neben dem ***Strandbad Seeglas*** in **Gmund**, *Seeglas 1,* (Parken gratis).

Alternative Einsetzstellen: Am südlichen Ortsrand von **Tegernsee Ort, Rottach-Egern** neben dem Strandbad *(Bootswagen)*, Liegewiese an der ***Weißachmündung*** im südöslichen Seeende, **Gmund** am ***Mangfallausfluss*** *(Bootswagen)*.

Kartenmaterial
Mangfall Gebirge West, Tegernsee, 1:25.000, ***Deutscher Alpenverein***

Tegernsee & Umgebung, 1:25.000, ***Publicpress***

Outdoorkarte 04, Tegernsee - Schliersee, 1:35.000, ***Kümmerly+Frey***,

Tegernseer Tal: Wanderkarte mit Aktiv-Guide, 1:25.000, ***KOMPASS-Karten***

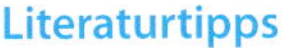

Literaturtipps
Wanderführer Tegernsee und Schliersee: die 40 schönsten Hütten und Hüttentouren, Bruckmann

Sagen und Legenden um Miesbach und Holzkirchen, *G. Schinzel-Penth, H. Schinzel*, Ambro Lacus

DER Regionalführer für die Alpenregion Tegernsee Schliersee (Wandern, Rad...), Frischluft-Edition

Der Tegernsee (Leben im Tegernseer Tal in Geschichte und Gegenwart), Kiebitz Buch

Der Tegernsee und seine Umgebung, *Max Carl von Krempelhuber,* Unikum Verlag

„Wolfsschlucht", Krimi (und weitere Wallner & Kreuthner – Krimis), *Andreas Föhr,* Knaur HC

„Tod am Tegernsee", Kriminalgeschichten vom Tegernsee, Gmeiner-Verlag

Übernachtung in Wassernähe *(in der Reihenfolge des Tourenverlaufs)*

Tegernsee Ort:
Hotel Fischerstüberl am See
Seestr. 51
Tel. +49 (0)8022 91 98 90
www.hotel-fischerstueberl-tegernsee.de

Rottach-Egern:
Gästehaus Stuferhof
Seestr. 81
Tel. +49 (0)8022 667 00
www.stuferhof.de

Weißbach (ca. 1 km vom See):
Campingplatz Wallberg
Rainerweg 10
Tel. +49 (0)8022 53 71
www.campingplatz-wallberg.de

Bad Wiessee OT Abwinkl:
Gästehaus Weber am See
Ringseeweg 21
Tel. +49 (0)8022 87 03
www.weberamsee.de

Bad Wiessee:
Gästehaus Steinbrecherhof
Dorfplatz 7
Tel. +49 (0)8022 811 46
www.steinbrecherhof.de

Hotel Wittelsbach am See
Bodenschneidstr. 2
Tel. +49 (0)8022 665 80
www.hotelwittelsbach.com

Gästehaus Grieblinger
Am Strandbad 12
Tel. +49 (0)8022 835 66
www.grieblinger.de

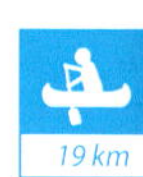

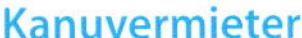

Kanuvermieter
Tegernsee Ort: ***Marina Tegernsee*** *(nur Sit-on-Top-Kajaks und SUP)*, Hauptstr. 39,
Tel. +49 (0)8022 704 88 55, mobil +49 (0)160-530 04 00, www.marina-tegernsee.de

Tourist-Infos

Gmund, Wiesseer Str. 11, Tel. +49 (0)8022 706 03 50, www.gmund.de
Tegernsee Ort, Hauptstr. 2, Tel. +49 (0)8022 927 38 60, www.tegernsee.com
Bad Wiessee, Lindenplatz 6, Tel. +49 (0)8022 860 30, www.tegernsee.com
Rottach-Egern, Nördliche Hauptstr. 9, Tel. +49 (0)8022 67 31 00, www.tegernsee.com

Sehenswürdigkeiten rund um den Tegernsee

Gmund: *Pfarrkirche St. Ägidius* (17. Jh.) im Barockstil mit altem *Friedhof*; ehemalige *Pestkapelle* und heute *Kriegergedächtniskapelle Maria-Hilf-Kapelle* (17. Jh.); *Jagerhaus Gmund*: Exponate zur Gmunder Ortsgeschichte und zur Geschichte des Wilden Jager von Gmund (Seestr. 2, Tel. +49 (0)8022 93 78 10, Jan-Okt, Mo, Fr, So 14-17, www.jagerhaus-gmund.byseum.de).

Tegernsee Ort: *Ehemalige Klosterkirche St. Quirin* – jetzt kath. Pfarrkirche (11. Jh.); *Konvent Schloss Tegernsee* (17. Jh.); *Rathaus* (19. Jh.); *Seeschlössl* (19. Jh.); *Kuramthaus* (19. Jh.); *ev.-luth. Pfarrkirche* (19. Jh.); *Neumüllerkapelle* (19. Jh.); *Schneekapelle* (18. Jh.); *Riedersteinkapelle* (19. Jh.); *Ufermauer* (18. Jh.).

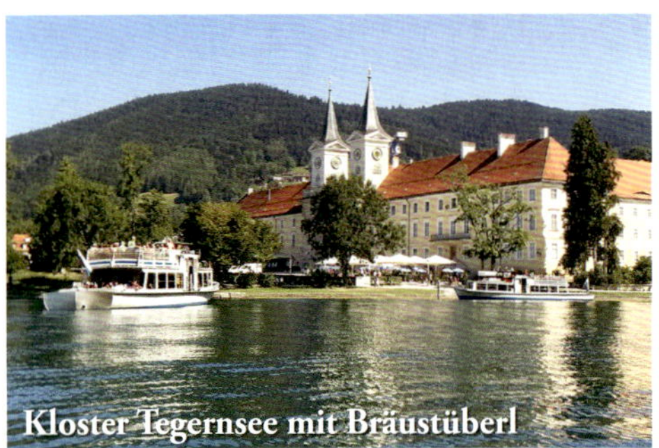
Kloster Tegernsee mit Bräustüberl

Olaf Gulbransson Museum widmet sich dem Maler & Karikaturisten (Im Kurgarten 5, Tel. +49 (0)8022 33 38, Di-So 10-17, www.olaf-gulbransson-museum.de). *Museum Tegernseer Tal:* Exponate, Informationen zu Kultur & Geschichte der Region (Seestr. 17 Ecke Bahnhofstr.), Tel. +49 (0)8022 49 78, Di, Do, Fr, Sa, So 14-17, Mi 11-17, www.museumtegernseertal.de).

Rottach-Egern:
St. Laurentius-Kirche (12. Jh.) mit einem der meistbesuchten *Friedhöfe* – Ruhestätte berühmter Persönlichkeiten; ev.-luth. *Auferstehungskirche* (20. Jh.) vom Architekten Olaf Andreas Gulbransson 1955 erbaut; *Kutschen-, Wagen- & Schlittenmuseum* (Feldstr. 16, Tel. +49 (0)8022 70 44 38, Mai-Okt Di-So 14-17, Mär-Apr Sa, So 14-17). *Deutsches Wappenmuseum* (Georg-Hirth-Str. 4, Tel. +49 (0)8022 859 87 71, www.deutsches-wappenmuseum.de).

Bad Wiessee: *Rathaus* (20. Jh.), kath. *Pfarrkirche Maria Himmelfahrt* (20. Jh.), ev.-luth. *Friedenskirche* (20. Jh.), *St. Antonius Kirche* (20. Jh.); *Aquadome* – Das begehbare Aquarium (Überfahrtweg 13, OT Abwinkl, tgl. 10-19, Eintritt frei, Bistro Do-So 11-17, www.fischerei-tegernsee.com).

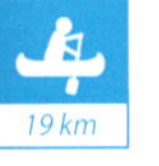

Sonstige Aktivitäten am Tegernsee

Strandbad Point

Wandern:

Eine schöne und technisch ***einfache Wanderung*** führt vom Ort **Tegernsee** das ***Alpbachtal*** hinauf, folgt dann den freien Almflächen der ***Kreuzbergalm*** *(Einkehr)* und zieht sich hinüber zum ***Neureuth-Haus*** *(Einkehr)*. Zurück geht es über den ***Kohlhaufgraben*** (12,7 km, Auf- & Abstieg ca. 640 Höhenmeter).

Eine ***ausblickreiche Gipfeltour*** die Trittsicherheit und Kondition erfordert, führt vom nahen **Wildbad Kreuth** die ***Weißach*** aufwärts, biegt ab zur ***Schwaiger-Alm*** entlang am ***Sagenbach***, und dann ins ***Tal der Langen Au***. Der Weg führt hinauf über ***Scheuerer Alm*** *(keine Einkehr!)* und ***Ableitenalm*** *(keine Einkehr, eine der schönsten Aussichten im Mangfallgebirge)* bis zum ***Risserkogel***. Zurück über den ***Grubereckgipfel*** (Auf- und Abstieg ca. 1150 Höhenmeter).

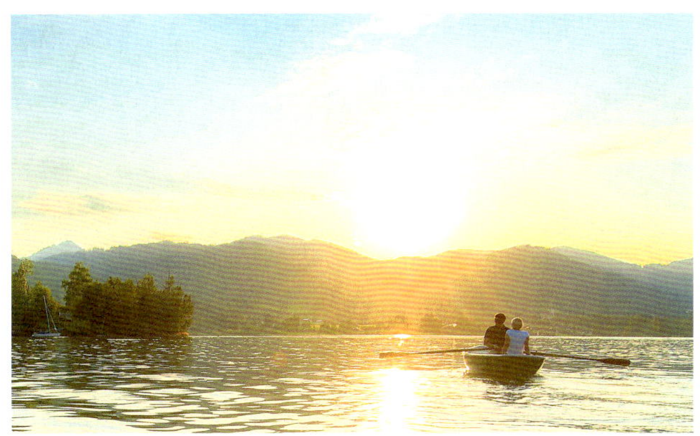

Fahrrad:

Eine Ausfahrt auf dem einfachen *Tegernseer Seerundweg* ist ein Erlebnis für die ganze Familie (20 km, auf und ab ca. 160 Höhenmeter).

Eine konditionell und technisch *fordernde Mountainbike-Runde* führt von **Rottach-Egern** aus in Richtung *Kreuth* und dann um die Berge *Risserkogel* und *Schinder* mit einem kurzen Abstecher nach Österreich (43 km, auf und ab ca. 1.050 Höhenmeter).

Strand-, Thermal- & Erlebnisbad:

Gmund: *Freibadestelle „Waakirchner Strand"* **Gut Kaltenbrunn**, *Strandbad Kaltenbrunn*, Zum Seeblick 9 *(Naturbad, Eintritt frei, Kiosk)*, *Strandbad Seeglas*, Seeglas 1 *(Naturbad, Eintritt frei, Restaurant).*

Tegernsee Ort: *Strandbad & Strandcafé Tegernsee* (Eintritt frei) mit *„Monte Mare Seesauna" (tgl. ab 10, ab ca. 15 €)*, Hauptstr. 63, Tel. +49 (0)8022 18 74 770 www.monte-mare.de

Badestrand „Point" (Foto links unten) mit feinem Sand *(Eintritt frei, Kiosk, Beachvolleyball).*

Rottach-Egern: *Beachclub „Fährhütte 14",* Weißachdamm 50 *(exklusiv, kostenpfl. Liege, tolles Restaurant).*
Badewiese „Popperwiese" am **Ringsee** *(Kiosk, Beachvolleyball).*
See- & Warmbad Rottach-Egern, Nördliche Hauptstr. 35, Tel. +49 (0)8022 928 90, www.rottach-egern.de

Abwinkl: *Freibadeplätze Ringseeweg & Seerosenweg* (beide Eintritt frei).
Abwinkler Freibad (Eintritt frei, Kiosk, große Liegewiese, Beachvolleyball).

Bad Wiessee: *Bade-Park,* Wilhelminastr. 2, Tel. +49 (0)8022 862 60, www.badepark-bad-wiessee.de
Strandbad Grieblinger, Am Strandbad 12 (klein aber fein, flacher Badestrand, Liegewiese).

Schliersee: *Vitaltherme &Sauna Schliersee*, Perfallstr. 4, Tel. +49 (0)8026 92 09 00, www.monte-mare.de

Lenggries: *Erlebnisbad Isarwelle,* Goethestr. 22, Tel. +49 (0)88518042) 50 95 96, www.lenggries.de

Angeln:

Wer am Tegernsee einen Angelschein erwerben möchte, braucht einen Fischereischein. Gefangen werden **Seeforelle, -saibling, Bachforelle, Hecht, Barsch, Aal, Brachse, Rotauge.**
Angelkarten: *Fischerei Tegernsee*, Seestr. 42, Tel. +49 (0)8022 15 61, www.fischerei-tegernsee.com

Bergbahnen:

Wallbergbahn (Wandergebiet mit reizvollen Wanderwegen z.B. zum *Wallberg-Kircherl,* Wallbergstr. 26, **Rottach-Egern**, www.wallbergbahn.de

Brauneckbahn (Wandergebiet Brauneck, viele Almhütten), Gilgenhöfe 28, **Lenggries** (25 km westlich)**,** Tel. +49 (0)8022 70 53 70, www.wallbergbahn.de

Schliersbergalm mit *Ferienpark* (Schienenbahn Alpenroller, Sommerrodelbahn, Holzspielplatz, Schwimmbad, Gastronomie u.v.m), **Schliersee** (16 km östlich), Tel. +49 (0)8026 67 23, www.schliersbergalm.de

Wallberg-Kircherl

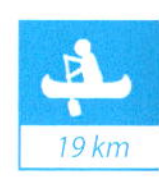

Fahrgastschifffahrt auf dem See:

Die *Schifffahrt Tegernsee* verkehrt auf drei verschiedenen Routen. Es werden **Bad Wiessee Ortsmitte, Kaltenbrunn, Gmund, Tegernsee Seesauna, Tegernsee Rathaus, Tegernsee Bräustüberl, Rottach-Egern Strandbad, Rottach-Egern Bachmair, Rottach-Egern Überfahrt, Bad Wiessee Abwinkl** angefahren. *Bayerische Seenschifffahrt,* Filiale Tegernsee: Tel. +49 (0)8022 933 11, www.seenschifffahrt.de

Fahrrad- & E-Bike-Vermieter:

Rottach-Egern: ***Peter Eiblwieser,*** Fürstenstr. 28, Tel. +49 (0)8022 61 23, www.fahrrad-eiblwieser.de
Bike & More *(mobile Vermietung)*, Tel. +49 (0)171-699 05 00, www.fahrradverleih-schliersee.de

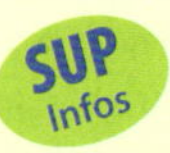

SUP-Tipps: ***SUP-Tour frühmorgens.*** Entdecke die ***Unterwasserwelt*** des glasklaren Alpensees vom Board aus! ***Sundowner*** zum ***Strandbad Seeglas*** *(super chillig) in* **Gmund**, nach **Tegernsee** zum ***Point*** oder ***Yachtclub*** oder in den **Südwesten** zur ***Fährhütte 14*** *(exclusiv, Mi-So).*

SUP-Vermietung & Kurse:

Tegernsee:
Marina Tegernsee
Hauptstr. 39
Tel. +49 (0)160-530 04 00
www.marina-tegernsee.de

Gmund:
Surf-und Segelschule Stickl
Seeglas 2
Tel. +49 (0)8022 754 72
www.segelschule-stickl.de

Bad Wiessee:
SUP-Center *(auch Kurse)*
Bootshaus beim
Hotel "Terrassenhof"
Adrian-Stoop-Str. 50
Tel. +49 (0)8022 188 41 26
www.sailingcenter.de

Anfang Juli: Tegernsee-SUP-Cup am Hotel Terrassenhof
www.sup-alps-trophy.com

Rottach-Egern:
Bootsverleih Malerwinkel
Seestr. 40 a
Tel. +49 (0)8022 266 82
www.bootsverleih-malerwinkel.de

Gästehaus Reiffenstuel
Seestr. 44 & 67
Rottach-Egern
Tel. +49 (0)8022 927 350
www.reiffenstuel.de

Der Tegernsee

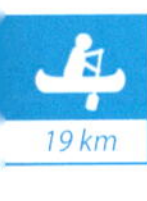

Gmund, der nördlichste Uferort, wird oft auch ***„Das Tor zum Tegernsee"*** genannt und tatsächlich führte *anno dazumal die einzige Straße von Norden her durch ein Tor unter einer Scheune hinein in den Ort. Bis es dem damaligen König Max I. Joseph auf seinem Weg in die Sommerresidenz Schloss Tegernsee im Wege stand und er es abreißen ließ. Gmunds ursprünglicher Ortsname lautete „Gimunda" oder auch „Gmündt", was auf die Mündung des Flüsschens Mangfall in den See hinein hinweist.*

Der ländlich geprägte Ort gilt als der familienfreundlichste am ganzen See und vom weitgehend unverbauten Nordufer hat man den besten Blick nach Süden über den See, bis zu den ***Tegernseer Bergen.***

Am Beginn des schönen ***Seeuferwegs*** der vom Gmunder Ortsteil **Seeglas** Richtung Nordwesten bis zum ***Gut Kaltenbrunn*** führt und einen herrlichen Blick über den ganzen See und auf die Berge bietet, starte ich zu meiner Rundtour. Neben dem Badeplatz schiebe ich das Kajak ins Wasser und die ersten Paddelschläge führen mich hinaus auf den See. Sein klares Wasser weist auf eine gute Wasserqualität hin. Das war aber nicht immer so. *In den 1950er Jahren verschlechterte sie sich massiv aufgrund des anwachsenden Tourismus, aber auch wegen lokaler, ungeklärter Einleitungen aus der Landwirtschaft. Es kam zu Algenvermehrung und Badeverboten, bis wenige Jahre später eine Ringkanalisation gebaut wurde.* Heute gehört das Gewässer zu den saubersten ganz Bayerns und ist Teil der Trinkwasserversorgung für die Landeshauptstadt München.

Am östlichen Ufer muss ich zunächst etwas Abstand halten, denn hier zeigen gelbe Tonnen, dass ein verschilftes Naturschutzgebiet umfahren werden muss. Hinter dem Seeufer erheben sich tief bewaldete Bergkuppen. In einer angedeuteten Bucht liegt die ***Kapelle von St. Quirin*** direkt am Seeufer.

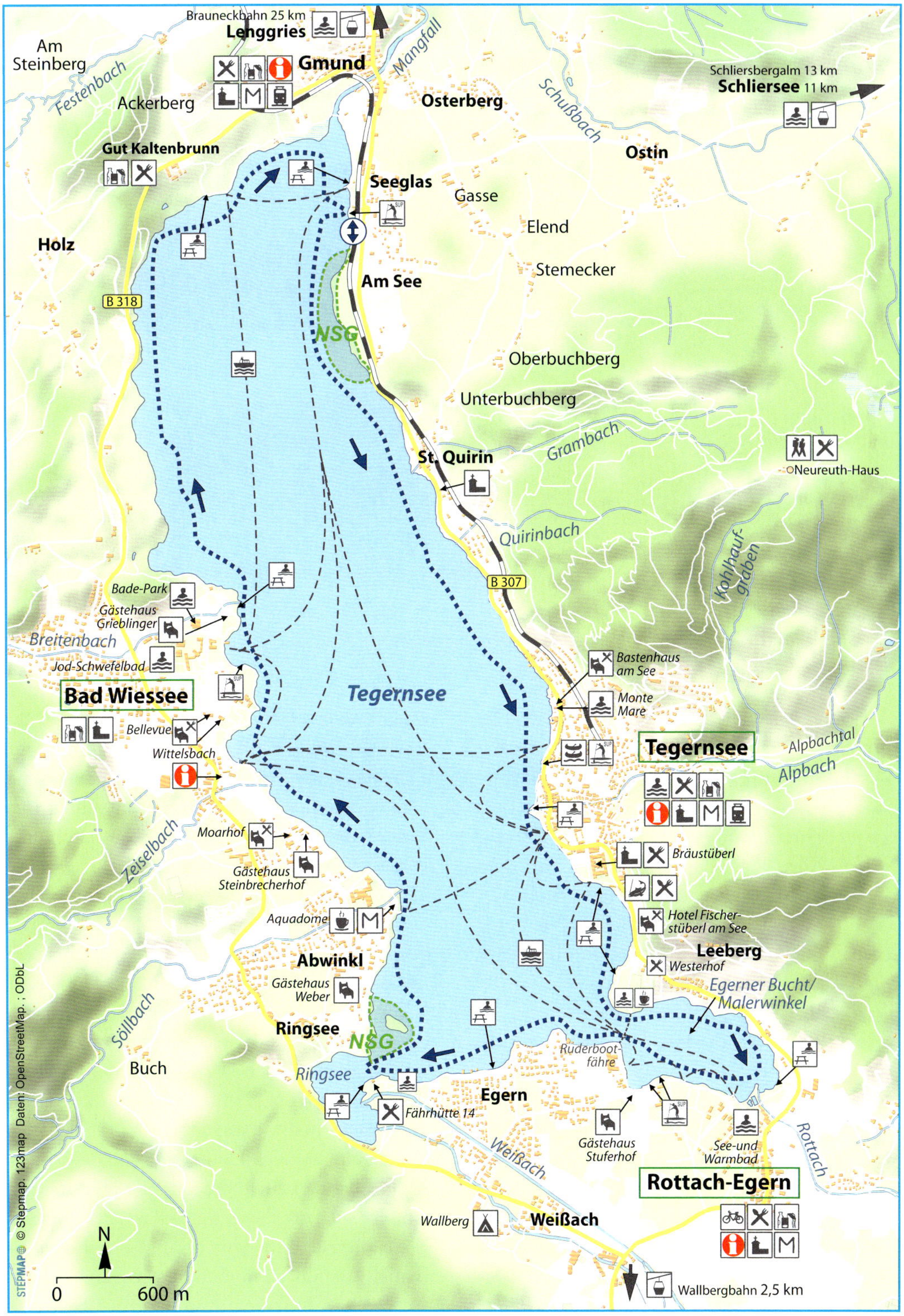

Brauneckbahn 25 km
Lenggries
Am Steinberg
Festenbach
Ackerberg
Gmund
Mangfall
Osterberg
Schußbach
Schliersbergalm 13 km
Schliersee 11 km
Ostin
Gut Kaltenbrunn
Seeglas
Gasse
Elend
Holz
Stemecker
Am See
B 318
NSG
Oberbuchberg
Unterbuchberg
Grambach
St. Quirin
Neureuth-Haus
Quirinbach
B 307
Kohlhaufgraben
Bade-Park
Gästehaus Grieblinger
Breitenbach
Jod-Schwefelbad
Bastenhaus am See
Monte Mare
Tegernsee
Bad Wiessee
Bellevue
Wittelsbach
Tegernsee
Alpbachtal
Alpbach
Moarhof
Zeiselbach
Bräustüberl
Gästehaus Steinbrecherhof
Aquadome
Hotel Fischerstüberl am See
Leeberg
Westerhof
Abwinkl
Gästehaus Weber
Egerner Bucht/ Malerwinkel
Söllbach
Ringsee
NSG
Ruderbootfähre
Buch
Ringsee
Egern
Fährhütte 14
Gästehaus Stuferhof
See-und Warmbad
Rottach
Weißach
Rottach-Egern
Wallberg
Weißach
N
0 600 m
Wallbergbahn 2,5 km
STEPMAP © Stepmap, 123map Daten: OpenStreetMap ; ODbL

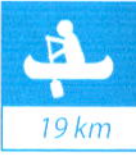

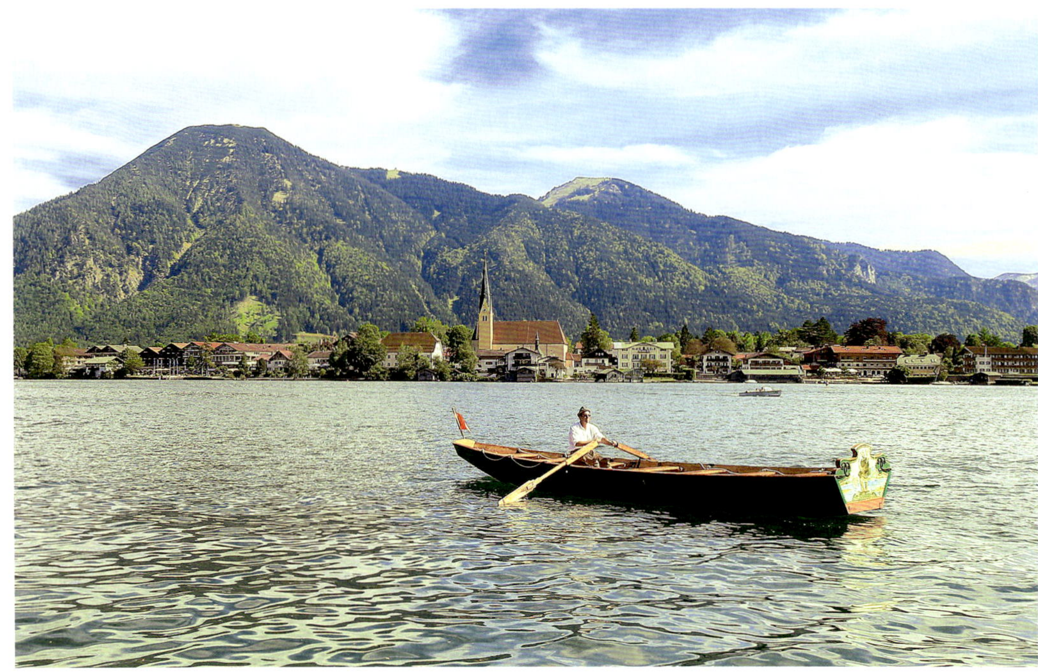

Zwischen 20 und 40 Mal rudert der „Überführer" Stefan Mayr täglich von Mai bis Oktober Einheimische und Ausflügler über die engste Stelle des Tegernsees zwischen der Point und dem Hotel „Überfahrt"

Bis zum Ort **Tegernsee** begleitet nun in Hörweite die Landstraße den Paddler. Der Ort selbst erscheint in traditionell bayerischer Architektur. Eine Ausnahme bildet die Promenade, die auf einem Stegsystem direkt ans Ufer gebaut wurde, wo Wirtschaften zur Einkehr locken. Allerdings ist das Anlanden mit dem Boot nicht ganz einfach, während Stehpaddler ihre SUP-Boards ohne Mühe auf den Steg legen können. Mittelpunkt des Ortes Tegernsee bildet das ehemalige Kloster, das ich, an der alten Stadtmauer vorbeipaddelnd, erreiche. *Im Jahre 746 von Benediktinermönchen gegründet, sollen die Gebeine des hl. Quirinus kurz darauf von Rom hierher gelangt sein. Da verwundert es nicht, dass das Kloster zu einem der bedeutendsten regionalen Kulturmittelpunkte des Mittelalters wurde. Im Jahre 1817 baute es König Max Josef I. zu seiner Sommerresidenz um und empfing dort Zar Alexander I. von Russland und Kaiser Franz I. von Österreich.* Heute sind auf dem Areal das bekannte ***„Bräustüberl"***, die ehemalige ***Klosterkirche*** und das Gymnasium unter einem Dach vereint. *Um die Wende zum 20. Jahrhundert zog Tegernsee vermehrt Sommerfrischler und Kurgäste an, in deren Schlepptau auch viele Künstler kamen.*

Zurück auf dem Wasser liegt kurz hinter dem Kloster oberhalb des Ufers der ***Yachtclub*** und die ***„Fischerei Tegernsee"***. Bei schönem Wetter kann man es sich mit einem geräucherten Saibling und einem gepflegten Bier auf deren Terrasse gemütlich machen oder sich im Verkaufsraum mit Räucherfisch für die Weiterfahrt eindecken.

Einen Steinfwurf entfernt stecke ich die Nase meines Kajaks in die leerstehenden hölzernen Wartungshallen der Seeschifffahrt. Die Stimmung im Inneren vermittelt einem das Gefühl in einer Kathedrale zu paddeln.

Gleich neben den Hallen liegt die ***Tegernseer Halbinsel Point*** mit ihrem reizvollen Sandstrand, an dem ich mir die Beine vertrete. An heißen Tagen herrscht in dem Strandbad ordentlich Trubel. Abends kann man hier nach einer SUP Sundowner-Tour gemütlich auf der Seeterrasse des *„Kiosks an der Point"* chillen oder noch eine Runde Beach-Volleyball spielen. Oberhalb, fast an der Straße, befindet sich das ***Westerhof-Café*** im *Stieler-Haus, 1829 erbaut und eines der ersten Stadthäuser am Tegernsee. Das biedermeierliche Sommerhaus der Künstlerfamile Stieler, Joseph Karl Stieler war Hofmaler des bayerischen Königs, ist heute ein kulturelles und kulinarisches Highlight. Neben der sehr leckeren Küche, hat es sich mit vielen kulturellen Veranstaltungen einen Namen gemacht.*

Nun nehme ich das Südende des Sees genauer in Augenschein. Dort bildet das Gewässer zwei größere Buchten aus. Zunächst komme ich in die ***Egerner Bucht***, die im lokalen Sprachgebrauch auch ***„Malerwinkel"*** genannt wird. *Ein beliebtes Motiv hier arbeitender Maler war die Kirche von Rottach mit der imposanten Bergkulisse im Hintergrund.* Die Szenerie wirkt vor den bewaldeten Hängen des 1700 Meter hohen ***Wallberges***, in die die Kirchturmspitze hineinzuragen scheint, besonders malerisch. Die Bucht schließt mit dem ***See- und Warmbad*** **Rottach-Egern** und dessen Liegewiese ab. Wer dem Ort einen Besuch abstatten will, legt am besten am Ufer des Kurparks an.

Hinter der schmucken Kirche liegen die Gräber der Schriftsteller Ludwig Thoma, Ludwig Ganghofer, Hedwig Courths-Mahler und Heinrich Spoerl, zu dessen Werken die „Feuerzangenbowle" zählt sowie des Sängers Leo Slezak, des Malers und Architekten Olaf Gulbransson, Mary Gerold-Tucholskys, der zweiten Ehefrau Kurt Tucholskys und anderer Persönlichkeiten die in Rottach-Egern gelebt haben.

Vorbei an der 2005 gegossenen Friedensglocke auf Höhe des **Rottacher** ***Seehotels „Überfahrt"***, verlasse ich die Egerner Bucht. Von hier rudert auch der ***„Überführer" Stefan Mayr*** täglich zwischen Mai und Ende Oktober Einheimische und Ausflügler über die engste Stelle des Tegernsees zur ***Point*** ans gegenüberliegende Ufer.

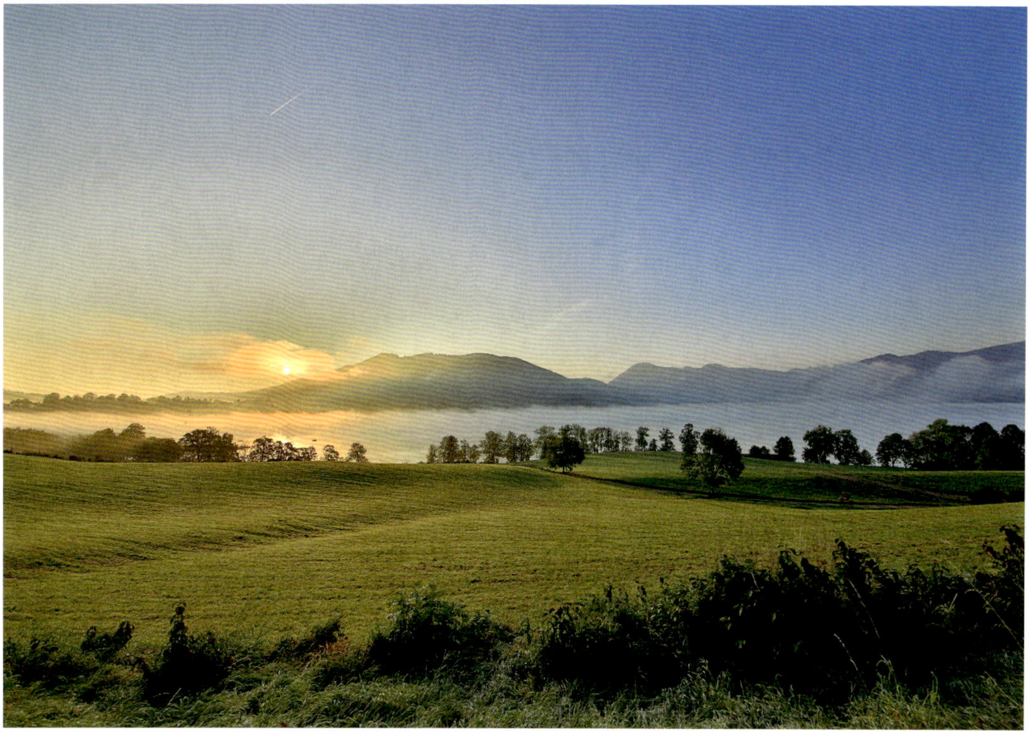

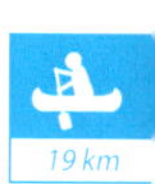

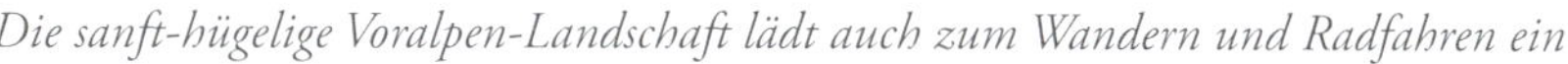

Die sanft-hügelige Voralpen-Landschaft lädt auch zum Wandern und Radfahren ein

Mein Ziel ist der ***Ringsee***, der sich in der Südwestecke des Gewässers befindet und die zweite große Bucht des Tegernsees bildet. Die Berge im Rücken, den Alpensee vor mir, passiere ich die öffentliche ***Badestelle „Popperwiese"***, wie das reizvolle Fleckchen heißt.

Entlang eines Waldgürtels gelangt man bald zur ***„Fährhütte 14"***, die mit ihrer chilligen Atmosphäre auf eine ganz andere Weise Gäste anzuziehen sucht. An ihrem nicht öffentlichen Badeufer muss man zwar für die Liege ein paar Euro bezahlen, hat dafür aber im schikken Naturbad seine Ruhe, was an den Badestränden rund um den See nicht unbedingt immer der Fall ist. Die natürliche Holzhütte, umgeben von Wasser und Schilf ist eine Oase der Ruhe. Von Austern bis Fleischpflanzerl, von Filetsteak bis Wiener Schnitzel reicht das nicht ganz billige kulinarische Angebot.

Unmittelbar dahinter, im ***Ringsee***, mündet die aus den Blaubergen nördlich des Achensees kommende ***Weißach***, die auf den letzten Kilometern kanalartig ausgebaut ist. Nichtdestotrotz erscheint ihr kleines Delta im Ringsee in Form eines Kiesfächers durchaus sehr natürlich. Immerhin so natürlich, dass seit 2006 genau hier sich der Europäische Biber wieder angesiedelt hat. Gekommen ist das Nagetier flussauf über die Verbindung von Inn und Mangfall.

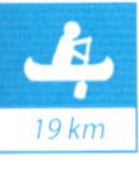

Dem Ringsee vorgelagert liegt die kleine ***Ringseeinsel***. Die mit Gras und dichtem Gebüsch bewachsene unbewohnte Insel ist nur knapp 2000 Quadratmeter groß und steht unter Naturschutz. Eine Markierung aus gelben Tonnen hält Paddler auf Abstand.

Ein Stück weiter fallen die schönen Ufergrundstücke von **Abwinkl**, einem Ortsteil von Bad Wiessee, ins Auge. *Schon nationalsozialistische Kader rissen sich die attraktivsten Grundstücke am See unter den Nagel. So hatten Nazi-Größen wie Heinrich Himmler oder Max Amann Anwesen am Tegernsee. Da wundert es nicht, dass sich der Begriff „Lago die Bonzo" etablierte.*

Heute gehören die Grundstückspreise zu den

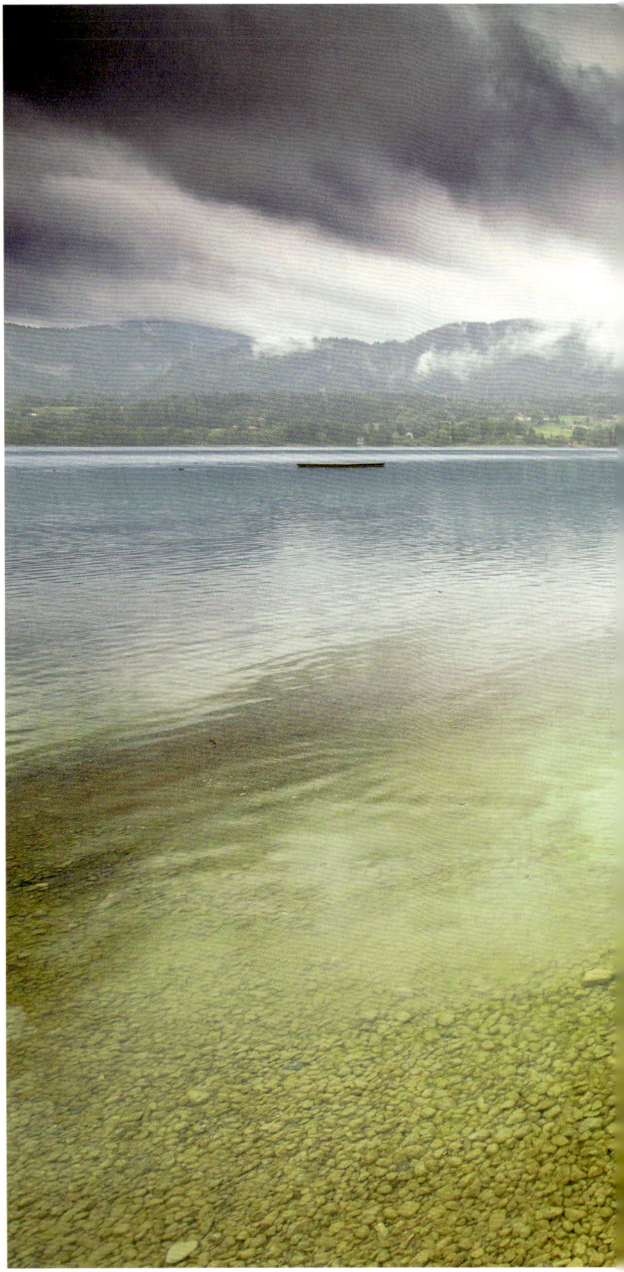

höchsten im Alpenraum, München ist ja auch nur eine halbe Autostunde entfernt.

Direkt an der Mündung des ***Söllbachs*** gibt es einen weiteren Grund anzulegen. Der ***„Aquadome"***, ein 60.000 Liter fassendes, begehbares Süßwasser-Aquarium, gewährt einen Blick in die Welt der Fische des Tegernsees mit über 20 heimischen Fischarten. Daneben betreiben die flotten Fischer der ***„Fischerei Tegernsee"*** ein tolles Bistro. Schmankerl von heimischen Fischen,

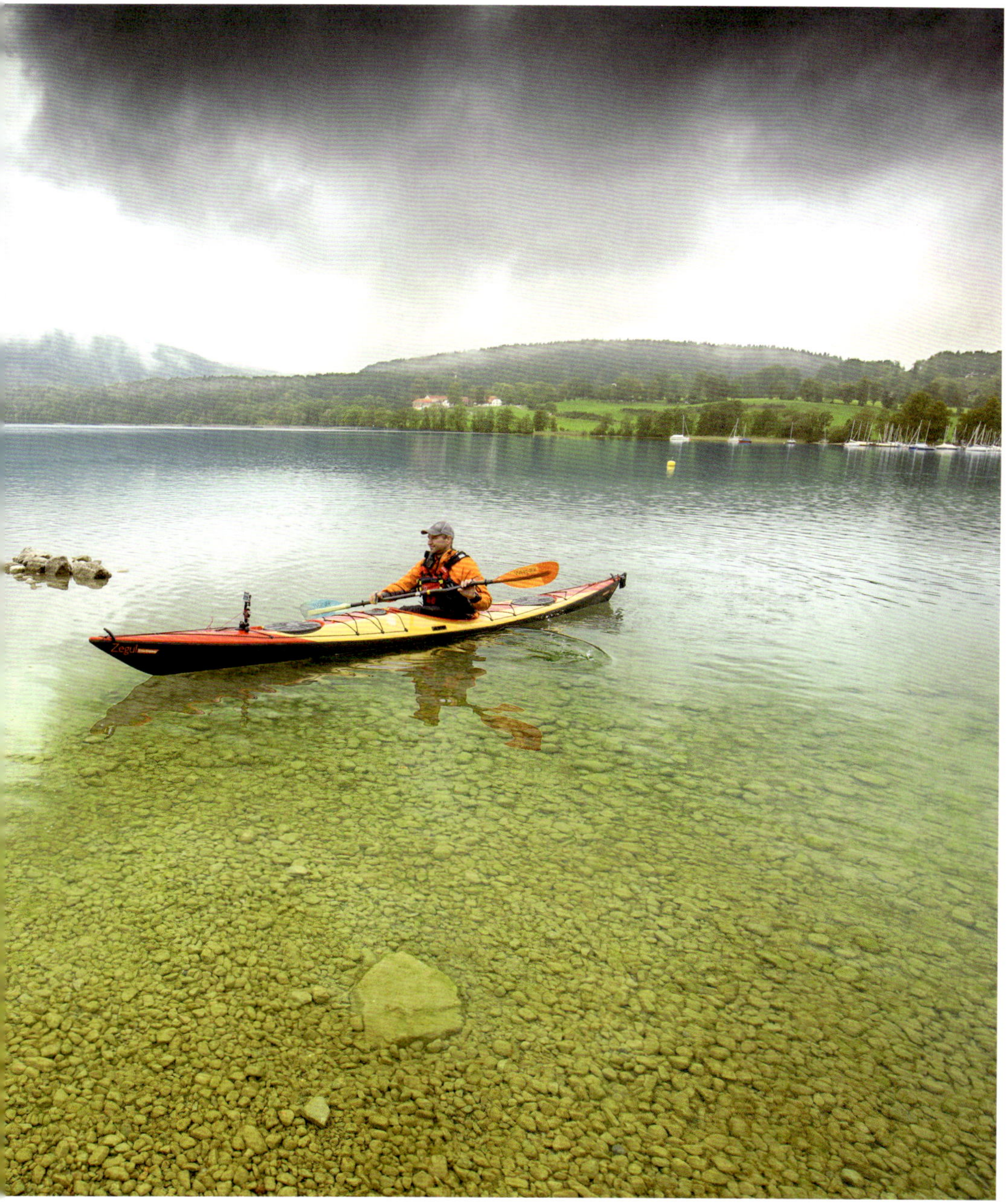

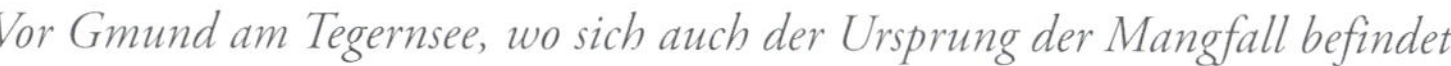

Vor Gmund am Tegernsee, wo sich auch der Ursprung der Mangfall befindet

aber auch mediterane Fischgerichte, gute Weine und dazu der Blick über den Tegernsee auf die umliegenden Berge – was will man mehr?

Fast nahtlos geht Abwinkl in **Bad Wiessee** über, bekannt durch die stärksten Jod-Schwefelquellen Deutschlands. *Mehr einem Zufall war ihre Entdeckung zu verdanken, denn Anfang des 20. Jahrhunderts suchte ein holländischer Bergbauingenieur nach Öl. Zwar wurde er zunächst auch fündig, doch bald sprudelte anstelle des „Schwarzen Goldes" stark nach Schwefel riechendes Wasser aus dem Bohrloch. Auf Anregung eines Wiesseer Arztes wurden 1910 die ersten original Wiesseer Quellenbäder verabreicht. Unter dem Motto „Gesundbaden in Deutschlands stärksten Jod-Schwefelquellen" hilft das Wasser auch heute bei Erkrankungen der Haut und Atemwege, des Bewegungsapparates und des Herz-Kreislauf-Systems.* Auch heute noch kann man im Jod-Schwefelbad kuren oder im ***Bade-Park*** nebenan Quellsprudelbecken, Wasserrutsche oder die Sauna genießen.

Hinter Bad Wiessee wirkt die Landschaft dank des bewaldeten Ufers und der ausgedehnten Schilfgebiete wieder deutlich natürlicher. Am nördlichen Ufer liegt etwas versteckt oberhalb einer ***Naturbadestelle*** das ***„Gut Kaltenbrunn"***. *Ein Vierseithof der im 15. Jahrhundert entstanden ist und ehemals im Besitz des Klosters Tegernsee war.* Heute betreibt die Münchner Größe „Feinkost Käfer" ein Wirtshaus mit Gastgarten. Es gibt Obazdn, frischen Wildkräutersalat und andere Leckereien. Hier kommt wirklich jeder auf seine Kosten und man kann sich entspannt zurücklehnen und den tollen Ausblick über den Tegernsee genießen.

Ein Stück weiter, in **Gmund**, verlässt das Flüsschen ***Mangfall*** den Tegernsee und mündet nach 58 Kilometern bei Rosenheim in den Inn. Sie ist aber eher etwas für Wildwasser- denn für Tourenpaddler. Entlang des hübschen Seeuferweges gelange ich bald zum Ausgangspunkt meiner schönen Rundfahrt um den Tegernsee.

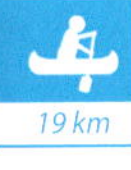

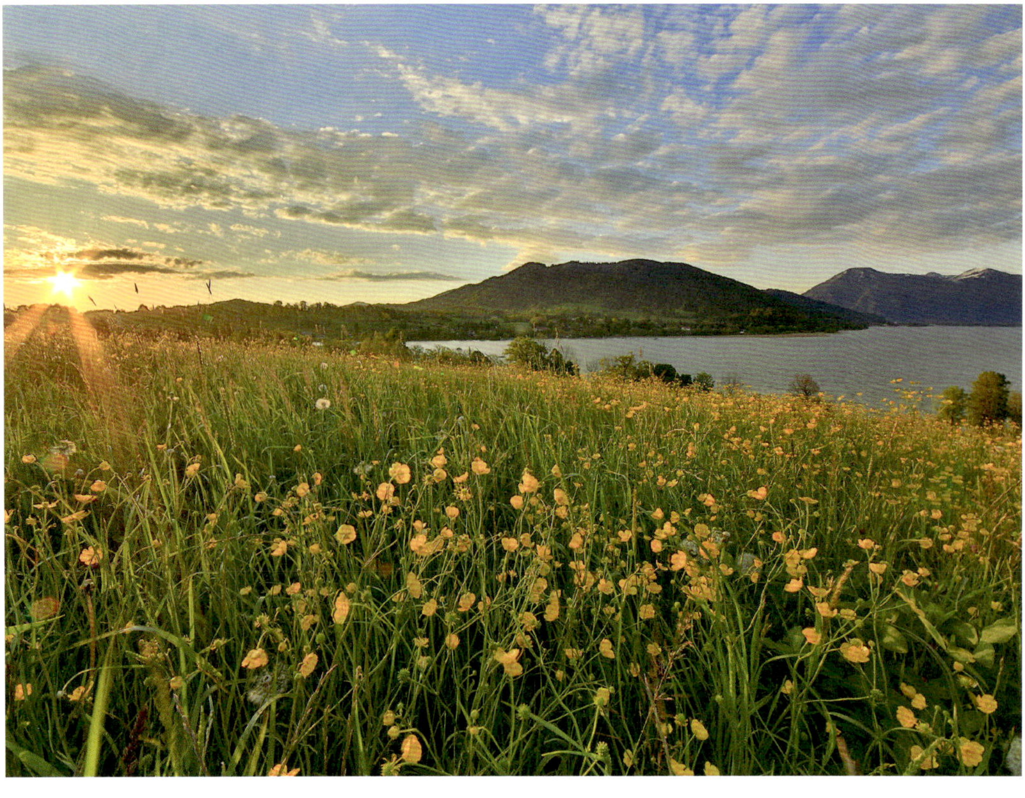

Chiemsee

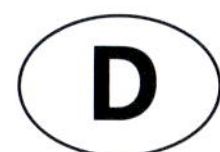

Unterwegs auf dem „Bayerischen Meer"

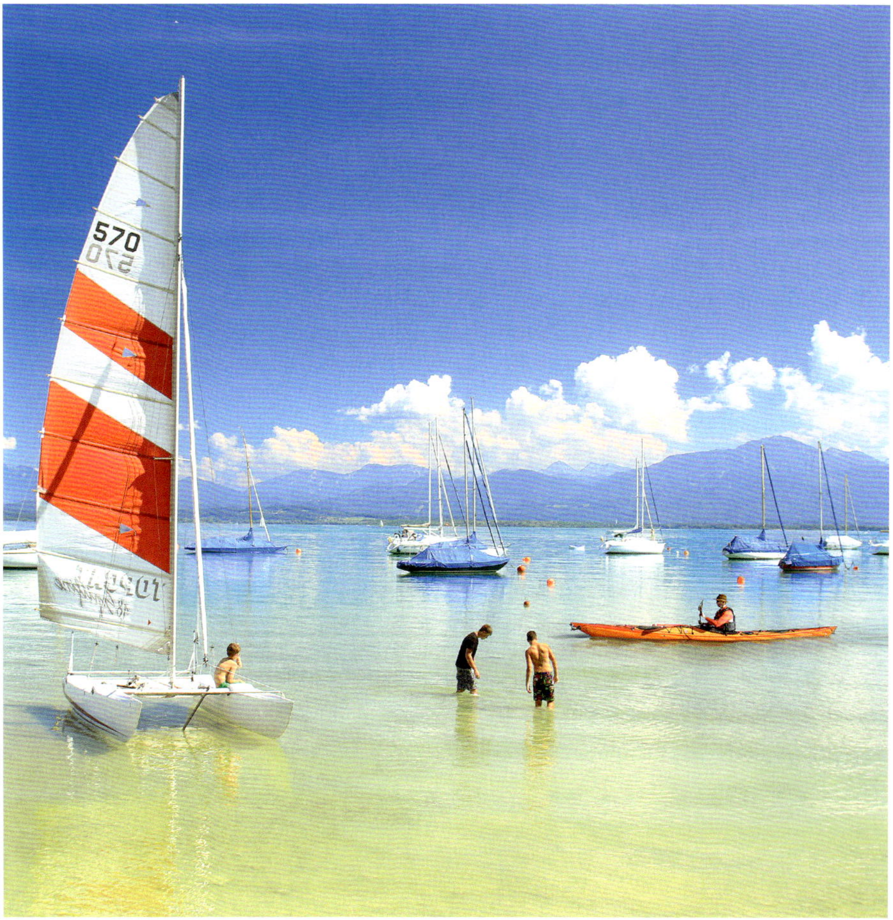

Tour

Tour-Infos Chiemsee

Landschaft	Kultur	Baden	Verkehrslärm
★★★★	★★★★	★★★★	★★

Länge und Dauer der Tour: 50 km, 2-3 Tage **Schwierigkeit:** leicht **Saisonfaktor:** In den Ferien hoch

Etappenvorschlag: **1. Tag:** Esbaum – Fraueninsel (8 km) **2. Tag:** Fraueninsel – Rödelgries (20 km)
3. Tag: Rödelgries – Esbaum (18km)

Bootswagen: evtl für den Transport zum Übernachtungsplatz und zur Ein- und Aussetzstelle.

Gefahren

Im offenen Nordostteil des Sees ist man dem Wind, verbunden mit starker Wellenbildung, ausgesetzt, während im Südwestteil die Inseln sowie einige tiefe Buchten Windschutz bieten. Die Thermik ist nicht so ausgeprägt wie an den direkt von Bergen umgebenen Seen, trotzdem gibt es lokale Wetterphänomene.

Ein ***Land-Seewind-Effekt*** sorgt häufig zwischen 9 und 10 Uhr für eine leichte Brise, die aber für den Paddler höchstens in puncto Vorankommen interessant wird, weil sie nur 2 Beaufort Windstärken erreicht. Bei gutem Wetter kommt es ***mittags*** häufig zu einem ***leichten thermischen Wind***. Im Sommer ab etwa elf Uhr herrscht zum Teil heftiger thermischer Nordwind mit entsprechendem Seegang *(zwischen den Inseln geringer)*.

Ausdauernde Sturmtiefs, die starken Westwind bringen, werfen Wellen am Ostufer auf, die aus paddeltechnischer Sicht eine Herausforderung darstellen und manchmal so groß werden sollen, dass sie von lokalen Wellenreitern gesurft werden können.

Für einen lokal begrenzten ***Düseneffekt*** sind der ***Mühlner Winkel, Kailbacher Winkel*** und ***Schafwaschener Winkel***, nördlich der Herreninsel, bekannt.

Auch am Chiemsee sollte man immer einen Blick für den Himmel haben, nur dass man hier, wegen der Sichtweite, ein herannahendes Gewitter frühzeitig erkennt. Mit 30 bis 35 Gewittertagen pro Jahr, die sich meist nachmittags oder abends bilden, ist zu rechnen. Werfen sich die Wolken zu blumenkohlartigen Gebilden auf, zeigt dies das Herannahen eines klassischen Gewitters an. Gelegenheit also, sich rechtzeitig ans Ufer zurückzuziehen.

Ein Netz aus **Blinklichtern rund um den See**, das von Anfang April bis Ende Oktober täglich von 7-22 Uhr in Betrieb ist, **warnt mit orangefarbigen Blitzen vor starkem Wind.** Dabei bedeutet 40-maliges Blinken in der Minute Starkwindwarnung mit Windstärken (6 -8) und 90-maliges Blinken Sturmwarnung mit mehr als 8 Windstärken.

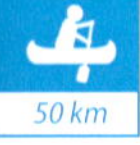

In den Sommermonaten herrscht ***reger Schiffsverkehr***, der das Nadelöhr zwischen der ***Halbinsel Urfahrn*** und ***Herrenchiemsee*** passieren muss. Hier sollte im Sommer zügig und auf direktem Weg gequert werden – bitte beachten: **das Anlegen an Herrenchiemsee ist nicht erlaubt (der Schiffsverkehr soll nicht behindert werden).** Ansonsten übt die Berufsschifffahrt keinen störenden Einfluss aus. Es gibt eine lange Zwangspassage entlang des ***Naturschutzgebietes „Mündung Tiroler Achen"***.

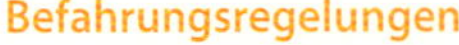

Befahrungsregelungen

Motorboote sind nur mit Ausnahmegenehmigung und unter strengen Auflagen erlaubt. Generell ist das **Befahren der Uferbereiche inkl. der Schilfzonen verboten**. Im ***Mündungsgebiet der Tiroler Achen*** *(im Osten zwischen Chieming und Feldwies)* existiert ein großes **Sperrgebiet**, das durch weiße Bojen markiert wird. Darüber hinaus gibt es sogenannte **Ruhezonen** für Vögel und Fische sowie zum Schutz des Schilfbestandes. Diese Bereiche sind ebenfalls durch Bojen markiert, die manchmal allerdings etwas sparsam verlegt und daher schlecht sichtbar sind.

Charakter des Sees

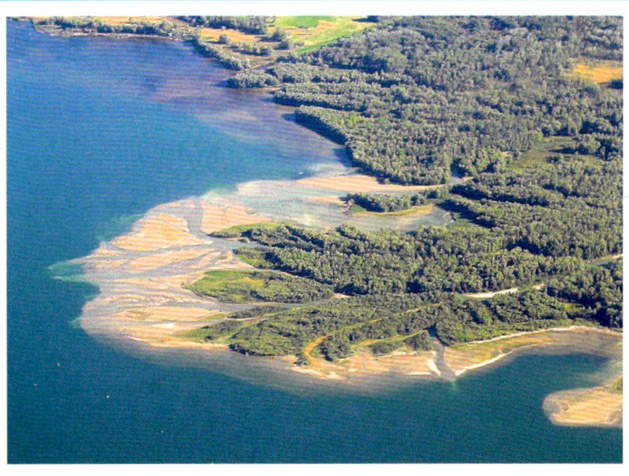

Der Chiemsee, auch gern als „Bayerisches Meer" bezeichnet, gehört mit knapp 80 Quadratkilometern zu den größten Seen in diesem Buch. Immerhin ist er mit 64 Kilometern Uferlänge nach dem Bodensee und der Müritz der drittgrößte See Deutschlands. Bezieht man seine Inseln mit ein, addiert sich diese auf 83 Kilometer, von denen einige der mit Schilf gesäumten Bereiche unter Naturschutz stehen und daher nicht bepaddelbar sind. Im Bereich der flachen Ufer wärmt sich das Wasser schnell auf, das macht ihn zu einem beliebten Badegewässer. Paddler jedweder Couleur werden am Chiemse glücklich, Egal ob zur gemütlichen Biergartenausfahrt, einem Schlossbesuch mit dem SUP-Board oder einer Mehrtagestour mit Übernachtung auf dem Campingplatz, bzw. im Hotel – der See ist ein echtes Wassersport-Eldorado!

Den besonderen landschaftlichen Reiz macht die unmittelbare Nähe der Chiemgauer Alpen aus. Die umliegenden Orte, aber vor allem zwei der drei gößeren Inseln, die Herren- und die Fraueninsel, die wir als Paddler allesamt besuchen können, versprechen mit Museen, barocken Kirchen, hübschen Klöstern, Schlössern und Parks echten Kulturgenuss. Immerhin hat sich der bayerische „Märchenkönig" Ludwig II. auf Herrenchiemsee das Neue Schloss als verkleinerte Kopie von Schloss Versailles erbauen lassen.

Anreise

Über **München**, bzw. **Innsbruck**: A 8 Richtung Rosenheim bis Ausfahrt 105 *(Frasdorf)*, weiter Richtung *Frasdorf/Aschau*. Auf der St 2093 / 2092 / 2095 über ***Prien*** bis zum Esbaum 2 kurz vor **Seebruck** fahren. Dort, an der Gärtnerei, rechts ab auf Parkplatz.

Über **Salzburg**: Auf A 1 und A 8 nach Deutschland. Ausfahrt 111 *(Schweinbach)* und auf der Vachendorfer Straße nach **Seebruck**. Hinter der ***Alz-Brücke*** rechts, nach 300 Metern links in die Rosenheimer Str. und aus dem Ort raus bis zur Gärtnerei *(Esbaum 2)* fahren. Dann links auf den Parkplatz.

Einsetzen und Parken

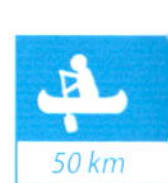

Am Seeufer westlich von **Seebruck**, *Esbaum 2,* unterhalb des kostenfreien Parkplatzes.
Alternativ beim **Strandbad Rimsting**, am ***Chiemsee-Uferweg*** zwischen den Gemeinden **Prien** und **Breitbrunn** im Südteil des Sees. Dort großer Parkplatz mit günstigem Tagestarif. Gegenüber des Parkplatzes setzt man in das Flüsschen Prien ein und erreicht nach wenigen Metern den Chiemsee.

Kartenmaterial

UK50-54 Chiemsee, Chiemgauer Alpen, 1:50.000, ***Landesamt für Digitalisierung***
Chiemsee - Chiemgauer Alpen (Wandern, Rad), 1:50.000, ***KOMPASS-Karten***
Rad- & Wanderkarte Chiemsee, 1:50.000 sowie **Reiseführer „Chiemgau",** beide ***Publicpress***

Literaturtipps

Chiemsee: Berge und Seen zwischen Rosenheim und Salzburg. 55 Touren, Bergverlag Rother
Mit Kindern im Chiemgau: 42 Wander- und Entdeckertouren zwischen Bergen und See, *Christian Winkler & Stefanie Holtkamp*, Naturzeit Reiseverlag

Lieblingsplätze und 11 Almhütten: **Der Chiemgau - weiß-blau und weltoffen,** Gmeiner-Verlag

„Gschicht'n vom bayerischen Meer" (Chiemsee Geschichten), **„Chiemseejazz"** (Krimi), *beide von Heinz von Wilk*, Chiemgauer Verlagshaus

„Frau Maier hört das Gras wachsen", „Chiemsee Blues", beide Krimis Pendragon Verlag

„Tod am Chiemsee" (Krimi), *Ina May*, Emons Verlag

„Ein Sommer am Chiemsee", Roman, *Johanna Nellon*, Ullstein Verlag

„Weitlings Sommerfrische", Roman, *Sten Nadolny*, Piper Verlag

„Wer mordet schon am Chiemsee?", 12 kurze Krimis und 225 Freizeittipps, Gmeiner-Verlag

Übernachtung in Wassernähe *(in der Reihenfolge des Tourenverlaufs)*

Lambach (OT von Seebruck):
Chiemsee Camping Lambach
Lambach 3
Tel. +49 (0)8667 78 89
www.camping-am-chiemsee.de

Landgasthof Lambach
Lambach 8-10
Tel. +49 (0)8667 879 90
www.hotel-lambach.de

Gstadt:
Gästehaus Grünäugl am See
Seeplatz 7
Tel. +49 (0)8054 90 88
www.pension-chiemsee.com

Fraueninsel:
Inselhotel Zur Linde
(hochpreisig)
Tel. +49 (0)8054 903 66
www.linde-frauenchiemsee.de

Gästehaus Neumair
Haus 25
Tel. +49 (0)8054 600
www.neumair-fraueninsel.de

Hotel-Restaurant Inselwirt
(hochpreisig)
Tel. +49 (0)8054 630
www.inselwirt.de

Breitbrunn:
Gästehaus Gradlhof
Badstraße 2
Tel. +49 (0)8054 218
www.gradlhof.de

Gästehaus Danglhof
Badstraße 3
Tel. +49 (0)8054 71 07
www.gaestehaus-danglhof.de

Oberleitner - Haus am See
Seestr. 24, Tel. +49 (0)8054 396
www.oberleitner-hausamsee.de

Rimsting:
Hotel Seehof
Schafwaschen 6
Tel. +49 (0)8051 16 97
Tel. +49 (0)151-53 28 55 10
www.gasthof-seehof.de

Prien:
Hotel Möwe am See
Seestr. 111
Tel. +49 (0)8051 50 04
www.hotel-moewe-chiemsee.de

Panorama Camping Harras
Harrasser Str. 135
Tel. +49 (0)8051 90 46 13
www.camping-harras.de

Fischer am See
Harrasser Str. 145
Tel. +49 (0)8051 907 60
www.fischeramsee.de

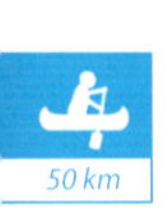

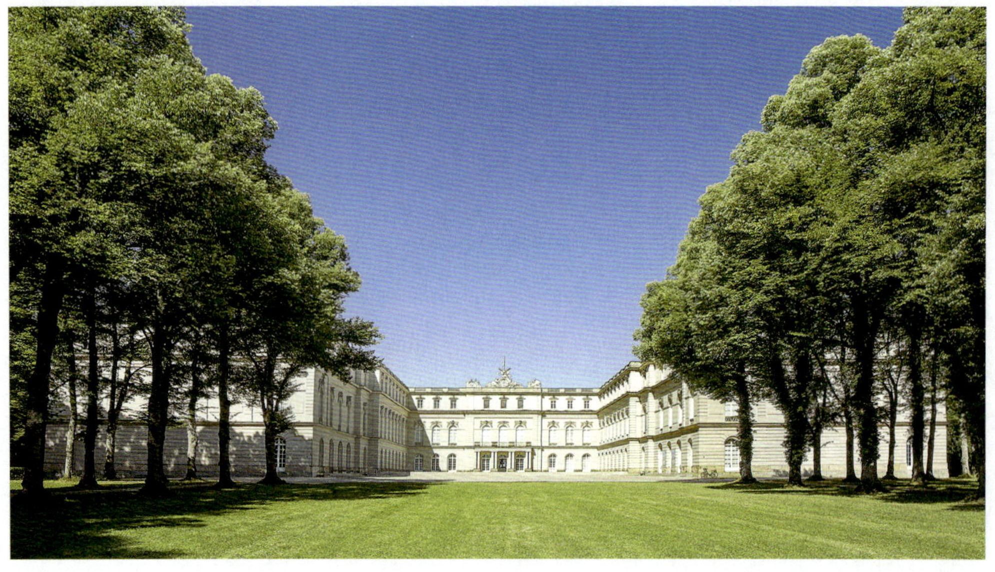

Übersee-Feldwies:
Chiemsee Camping
Rödlgries 1, Tel. +49 (0)8642 470
www.chiemsee-camping.de

Chieming (südlich):
Chiemsee Strand Camping
Am Chiemsee 1
Tel. +49 (0)8664 500
www.chiemsee-strandcamping.de

Möwenplatz Camping
Grabenstätter Str. 18
Tel. +49 (0)8664 361
www.moewenplatz.de

Chieming (OT Stöttham):
Camping Seehäusl
Beim Seehäusl 1
Tel. +49 (0)8664 303
www.camping-seehaeusl.de

Bauernhof Schüzing
(günstige Fremdenzimmer)
Schützing 1
Tel. +49 (0)8664 410
www.schuetzing.de

Arlaching:
Ferienresidenz Chiemseestrand
(FeWos für 1-4 Pers., ab 1 Tag)
Seestraße 6
Tel. +49 (0)8667 87 70
www.ferienresidenz.de

Camping Kupferschmiede
(auch Gästezimmer)
Trostberger Straße 4
Tel. +49 (0)8667 446 o. 12 66
www.campingkupferschmiede.de

Seebruck:
Pension Seeblick
Traunsteiner Str. 55
Tel. +49 (0)8667 208
www.seeblick-seebruck.de

Seehotel Wassermann
(Wellness, Hallenbad, Rad & E-Bikes an Hausgäste)
Ludwig-Thoma-Str. 1
Tel. +49 (0)8667 87 10
www.seehotel-wassermann.de

Weitere private Zimmer:
www.private-gastgeber.de

Kanuvermieter & Veranstalter

Seebruck:
Alzkanu Wassermann
Alzbrücke, Traunsteiner Str. 1
Tel. +49 (0)151-222 877 32
www.alzkanu.de

Chiemsee Kaufmann Kajakverleih
Haushoferstr. 1 *(1.7.-15.9.)*
Tel. +49 (0)8051 77 77
www.kajakverleih-chiemsee.de

Gstadt:
Chiemsee-Surfcenter Gstadt
Am Strandbad Hofanger
Tel. +49 (0)171-546 07 55
www.chiemsee-surfcenter.de

Bernau-Felden:
Chiemsee Kaufmann Kajakverleih
Rasthausstraße 29 *(ab Mai)*
Tel. +49 (0)8051 77 77
www.kajakverleih-chiemsee.de

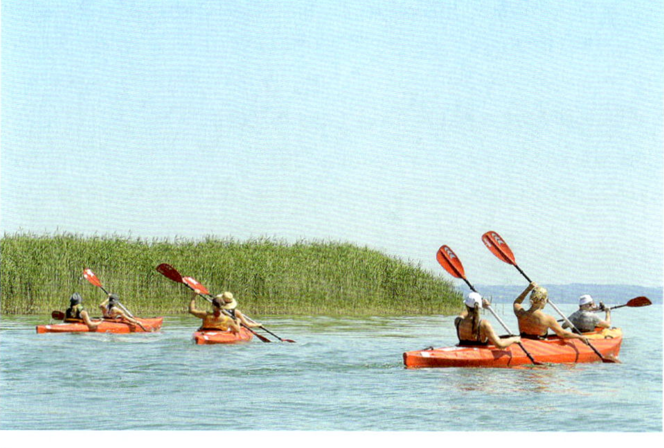

Übersee-Feldwies:
Parker Outdoor
Vermietung am Kiosk Inselblick
Julius-Exter-Promenade 23
Tel. +49 (0)8642 595 56 50
www.parkeroutdoor.com/verleih

Rosenheim (22 km westlich):
Prijon Sportshop
Innlände 6
Tel. +49 (0)8031 21 94 44
www.prijonshop.de

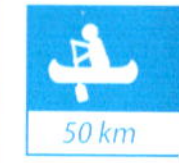

Tourist-Infos

Chiemsee-Alpenland, Felden 10, Bernau, Tel. +49 (0)8051 96 55 50, www.chiemsee-alpenland.de
***Tourist-Info* Gstadt,** Seeplatz 5, Tel. +49 (0)8054 442, www.gstadt.de
***Tourist-Info* Prien**, Alte Rathausstraße 11, Tel. +49 (0)8051 690 50, www.tourismus.prien.de
***Tourist-Info* Chieming**, Hauptstraße 20b, Tel. +49 (0)8664 98 86 47, www.chieming.de
***Tourist-Info* Seebruck**, Am Anger 1, Tel. +49 (0)8667 71 39, www.seeon-seebruck.de/tourist-info
Links: www.chiemgau-tourismus.de, www.chiemsee-inseln.de, www.private-gastgeber.de

Sehenswürdigkeiten rund um den Chiemsee

Gollenshausen: *Pfarrkirche St. Simon und Judas* (1313) Apostelkirche am Chiemseeufer mit beachtenswertem *Apostelzyklus* (16./17. Jh.) und *Fresken* an Außenwand.

Gstadt: *St. Petrus Kirche* (ca. 15. Jh.).

Fraueninsel: *Kloster Frauenwörth* (11. Jh.) mit dem freistehenden *Glockenturm* (12. Jh.) und der *karolingischen Vorhalle* (eines der ältesten erhaltenen Gebäude Bayerns); *1000 Jahre alte Linden* im Inselzentrum; *Insel-Töpferei* seit 1609 (Tel. +49 (0)8054 12 33, www.inseltoepferei.de).

Herrenchiemsee: *Neues Schloss Herrenchiemsee* (1886, Besuch nur mit Führung) mit *König Ludwig II.- Museum* und dem 42 Hektar großen barocken *Schlosspark*; *Augustiner-Chorherrenstift* (Altes Schloss, 1642-1731) mit Museum und Gemäldegalerien („Galerie Maler am Chiemsee" & „Julius Exter"); *Pfarrkirche St. Maria* (17. Jh.) mit wertvoller *barocker Orgel* von 1668. Die Öffnungszeiten der Gebäude und Museen orientieren sich am Fahrplan der Fahrgastschiffe, Tel. +49 (0)8051 688 75 70.

Prien: *Pfarrkirche Mariä Himmelfahrt* (18. Jh.) mit *Deckenfresken* von Johann Baptist Zimmermann, *Chiemseebahn* von 1878 (Seestr. 108, Tel. +49 (0)8051 60 90, www.chiemsee-schifffahrt.de); *Galerie im Alten Rathaus*, Tel. +49 (0)8051 690 50, nur zu Ausstellungen Di-So, 14-17, www.galerie-prien.de); *Heimatmuseum Prien* (Valdagnoplatz 1, Tel. +49 (0)8051 927 10, Apr-Okt, Di-So 14-17, www.kultur-prien.de).

Urschalling (OT von Prien): *Kirche St. Jakobus* (12 Jh.) mit tollen romanischen und gotischen Fresken.

Übersee-Feldwies: *Museum „Künstlerhaus Exter"* mit herrlichem Landschaftsgarten. Der avantgardistische „Farbenfürst" Julius Exter war Mitbegründer der „Münchener Secession". Nur im Sommer während Sonderausstellungen geöffnet (Blumenweg 5). *Chiemsee Summer* im August (eines der größten Reggae-Open-Air-Festivals Europas mit rund 30.000 Besuchern, www.chiemsee-summer.de).

Chieming: *Pfarrkirche Mariä Himmelfahrt* (19. Jh.).

Seebruck: *Römermuseum Bedaium* (Römerstr. 3, Tel. +49 (0)8667 75 03, Di-Sa 10-12 & 14-16, So 14-16, www.roemermuseum-bedaium.byseum.de), *Keltengehöft* in **Stöffling**, nordwestl. von Seebruck.

Sonstige Aktivitäten am Chiemsee

Kanu:

Auf der *Alz* (ab 01.07.) von **Seebruck** nach **Altenmarkt** *(herrlicher Wanderfluss, spritzige Einlagen, 17 km).*

50 km

Wandern:

Rundwanderung um den Chiemsee (Mehrtagestour auf dem ufernahen, aussichtsreichen Panoramaweg, 65 km, 17 Std.).

Rund um Herrenchiemsee, Inselrundweg mit tollen See- & Bergblicken, 9 km, 3:30 Std.

Rundwanderweg am Ufer zum *Beobachtungsturm „Ganszipfel"*, **Gstadt – Mühln-Breitenbrunn – Gstadt**, familienfreundlich, 5,5 km, 1:30 Std.).

Aussichtsreiche *Rundwanderung* **Prien – Aussichtspunkt Weingarten – Prien** (14,5 km, 4 Std.).

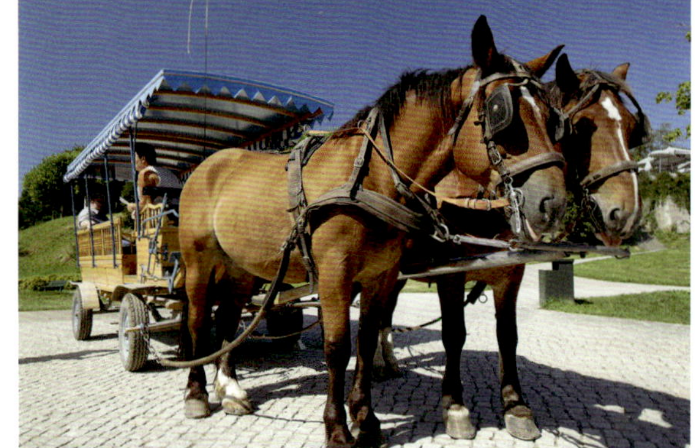

Rundwanderweg „Rottauer Hochmoor" **Bernau – Rottau** *(Besuch des Moor & Torfmuseums Torfbahnhof Rottau,* www.torfbahnhof-rottau.de*)* **– Bernau** (12,5 km, 3:50 Std.).

Prien: ***Rundweg durchs „Harrasser Moor"*** mit traumhaften Blicken auf die ***Kampenwand*** (10 km, 2:50 Std.).

Anspruchsvolle ***Bergtour zur Kampenwand***, tolle Aussicht über den Chiemsee (von **Rottau**, 19 km, 6 Std.).

Wanderung auf den Hochfelln (1.674 m) vom **Wanderparkplatz Kalkofen** aus. Alternativ mit der ***Hochfelln-Seilbahn in*** **Bergen**, Tel. +49 (0)8662 85 11, www.hochfelln-seilbahnen.de

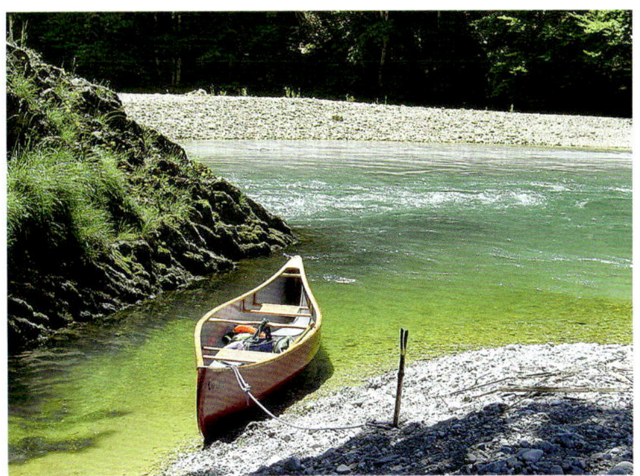

Vom Camping **Lambach** bzw. im Norden des Sees gibt es zahlreiche Möglichkeiten, z.B.:

Archäologischer Rundweg – Rad- & Wanderweg zu verschiedenen archäologischen Stätten (ca. 27 km, Start/Ende am ***Römermuseum Bedaium*** in **Seebruck,** www.roemermuseum-bedaium.byseum.de).

See- und Moorrundweg (ca. 9 km ab **Seeon**).

Wanderung im NSG Seeoner Seenplatte (ca. 6,5 km ab **Seeon**).

Zur Alzschleife (ca. 12,5 km ab Seeon).

Kleiner Latschenfeld-Rundweg (8 km ab **Seebruck**).

Fahrrad:

Der ***Chiemsee Radweg*** umrundet auf 55 Kilometern das „Bayerische Meer". Da es kaum Berge gibt, sind nur 160 Höhenmetern zu absolvieren. Die Tour, abwechselnd über Panoramawege und wenig befahrene Straßen führend, ist für Jedermann machbar.

Chiemgau-Radweg (ca. 34 km) von **Inzell** über **Ruhpolding** nach **Reit im Winkl.**

Klosterweg (ca. 43 km) verbindet die drei berühmten **Klöster Baumburg, Seeon** und **Frauenchiemsee.**

Chiemsee-Waginger See-Weg (ca. 51 km) von **Chieming** zum ***Waginger See*** und zurück.

Achental-Rundweg (ca. 64 km) – reizvolle Radrundtour ins ***Tal der Tiroler Achen*** und dem ***Oberwössner Talbecken*** mit vielen Sehenswürdigkeiten.

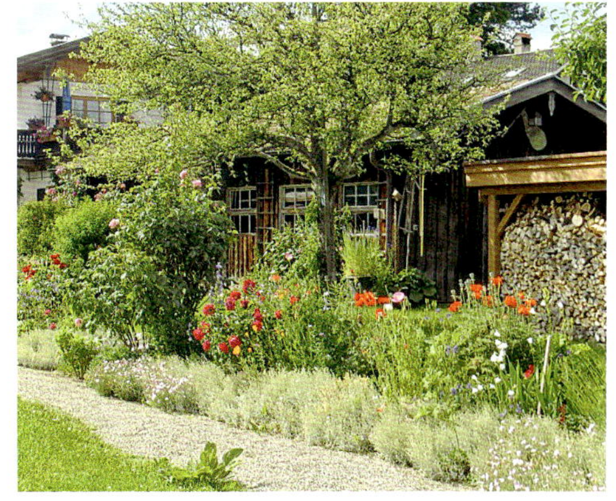

Rafting auf der Tiroler Achen:

Sport Lukas, Hauptstr. 3, **Schleching** (südlich vom Chiemsee), Tel. +49 (0)8649 243, www.sportlukas.de

KANU-OUT-DOOR, Frühlingsstraße 7, Reit im Winkel, Tel. +49 (0)171-427 23 32

Baden:

Strandbad **Gollenshausen** *(Kiosk, Eintritt frei)*; **Gstadt:** ***Strandbad Hofanger*** *(Eintritt frei, Kiosk, Beachvolleyball, Wassertrampolin)*, ***Strandbad Café Inselblick*** *(Eintritt frei)*, **Breitbrunn:** ***Strandbad*** *(Restaurant, Spielplatz, Beachvolleyball und Liegewiese)*; **Rimsting:** ***Strandbad*** *(Eintritt frei)*; **Prien:** ***Badeplatz Schraml*** *(Eintritt frei, Kiosk, Beachvolleyball)*, ***Strandbad Schöllkopf*** *(Kiosk)*; **Bernau:** ***Strandbad Chiemseepark-Felden***; **Übersee:** ***Strandbad Übersee-Feldwies*** *(800 m Strand, Café, Kiosk, viele sportliche Angebote, Spielplätze)*; **Chieming:** ***Strandbad*** Chieming *(Kiosk, Restaurant)*, ***Strandbad Heimbucher***; **Seebruck:** ***Strandbad Chiemseepark*** *(Restaurant, viele sportliche Angebote, Spielplatz)*.

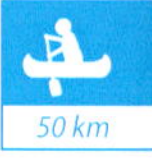

Sauna & Erlebnisbad:

Prienavera, Seestr. 120, Prien, Tel. +49 (0)8051 60 95 70, tgl. 10-21, ab 9 €, www.prienavera.de

Angeln:

Gegen Vorlage eines Angelscheins kann man am Chiemsee einen Fischerei-Erlaubnisschein erwerben. **Brachse, Aal, Hecht, Wels, Seesaibling, Seeforelle, Barsch, Zander, Renke** können gefangen werden.

Angelkarten:

Chiemsee-Alpenland Tourismusverband, Felden 10, Bernau, Tel. +49 (0)8051 96 55 50.

Sport Mayer, Hauptstr. 12, Chieming, Tel. +49 (0)8664 444, www.windsurfing-chiemsee.de

Verkehrsamt Gstadt, Seeplatz 5, Gstad, Tel. +49 (0)8054 442, www.gstadt.de (Mo-Fr 9-12 & 14-17);

In der ***Tourist-Infos*** **Seebruck** und **Prien.**

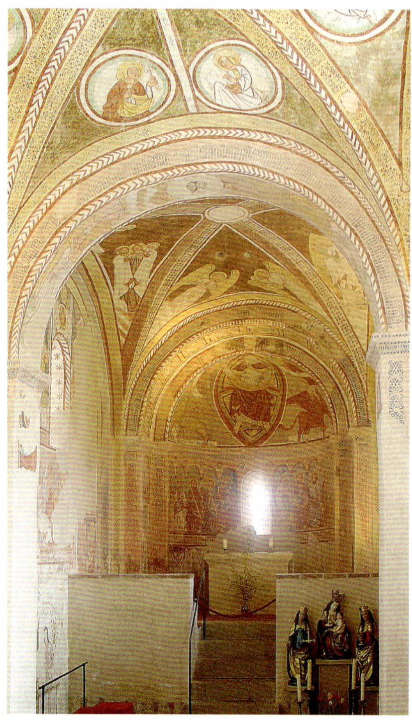

Klettern:

Kletterwald Prien *(größter Kletterwald am Chiemsee),* Harrasser Str. 39, Tel. +49 (0)8051 965 08 85, www.kletterwald-prien.de

Fahrgastschifffahrt:

Ganzjährig verkehren ***Linienschiffe der Chiemsee-Schifffahrt*** auf verschiedenen Strecken:

So gibt es einen ***Pendelverkehr (Inseltour West)*** von **Prien** über die **Inseln** nach **Gstadt und zurück**.

Die ***„Große Chiemseetour"*** von **Prien** über die **Inseln** und **Seebruck** nach **Chieming.**

Von **Übersee-Feldwies** werden **Frauen- und Herreninsel** angefahren. Weitere Informationen:

Chiemsee-Schifffahrt, Seestraße 108, Prien, Tel. +49 (0)8051 60 90, www.chiemsee-schifffahrt.de

Bergbahnen:

Bergener Hochfelln-Seilbahnen, Maria-Eck-Str. 8, Bergen, Tel. +49 (0)86 62 85 11, www.hochfellnseilbahn.de

Hochplattenbahn, Schlosstr. 46, Marquartstein, Tel. +49 (0)8641 69 95 59 od. 7216, www.hochplattenbahn.de

Kampenwandbahn, An der Bergbahn 8, Aschau, Tel. +49 (0)8052 44 11, www.kampenwand.de

Hochriesbahn Samerberg, Hochriesstr. 80, Samerberg-Grainbach, Tel. +49 (0)8032 975 50, www.hochriesbahn.de

Fahrrad- & E-Bike-Vermietung:

Seebruck:

Bikes and more, Am Seefeld 4, Tel. +49 (0)8667 87 68 55, www.bikes-and-more.net

Chiemsee Kaufmann, Haushoferstr. 1, Tel. +49 (0)8051 77 77, www.radlverleih-chiemsee.de

See Hotel Wassermann, Ludwig-Thoma-Str. 1, Tel. +49 (0)8667 8710, www.seehotel-wassermann.de

Gstadt:

Fahrradverleih Gstadt, Breitbrunner Str. 8, Tel. +49 (0)176-57 91 28 81, www.fahrrad-verleih-gstadt.de

Prien:

Chiemsee Kaufmann, Osternacher Str. 120, Tel. +49 (0)8051 77 77, www.radlverleih-chiemsee.de

Bootsverleih Fischer Schaber, Harrasser Str. 143, Tel. +49 (0)8051 44 85, www.fischeramsee.de

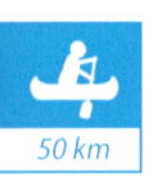

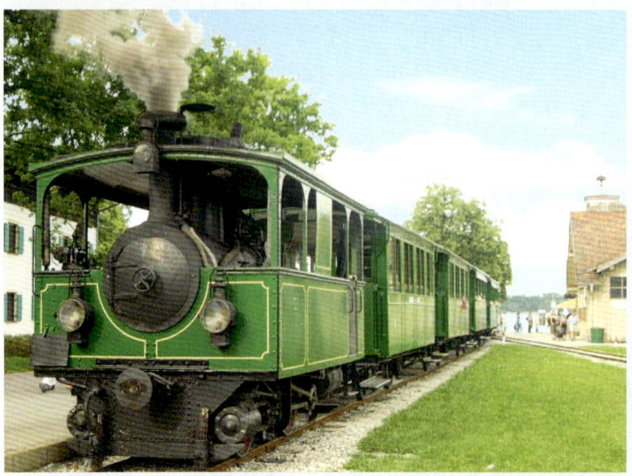

Bernau:

Fahrradverleih Fritz Müller, Felden 12, Chiemseepark, Tel. +49 (0)8051 961 49 48 od. +49 (0)170-485 19 30, www.fahrradverleih-chiemsee.de

Chieming:

Chiemsee Kaufmann, Bei den Bädern 1, Tel. +49 (0)(0)8051 77 77, www.radlverleih-chiemsee.de

Tipps: Der Bus ***Chiemseeringlinie*** mit Fahrrad-Anhänger shuttelt von Mai-Okt Radfahrer bequem zum Ausgangs- oder Zielpunkt. Auf den ***Chiemsee-Schiffen*** kostet ein Fahrrad nur 4 Euro Aufpreis.

SUP Infos

SUP-Tipps: Von **Bernau** paddelt man nur wenige Meter hinaus und ist mitten im einzigartigen ***Panorama der Kampenwand.***
In **Übersee** chillt die Szene am Abend in den ***Sundownerbars*** an der Julius-Exter-Promenade.
SUP Alps Trophy, Chiemsee Insel-Marathon (22. Sep 2018), Chiemseepark, www.sup-alps-trophy.com

SUP-Vermietung, Kurse, Touren & Events:

Seebruck:
Bootsverleih Wassermann
Alzbrücke
Tel. +49 (0)8667 87 14 60
www.alzkanu.de

Chiemsee Kaufmann SUP
Haushoferstr. 1
Tel. +49 (0)8051 77 77
www.sup-chiemsee-center.de

Gstadt:
Chiemsee-Surfcenter Gstadt
Am Strandbad Hofanger
Tel. +49 (0)171-546 07 55
www.chiemsee-surfcenter.de

Prien:
WSS Wasser Sport Schönwalder
(Verleih, Kurse, Touren)
Harrasser Str. 39
Tel. +49 (0)175-413 76 90
www.supcenter-chiemsee.de

Bernau-Felden:
Chiemsee Kaufmann SUP
Rasthausstraße 29
Tel. +49 (0)8051 77 77
www.sup-chiemsee-center.de

Übersee-Feldwies:
SUP Chiemsee *(Mai-Sep)*
Julius-Exter-Promenade 21
Tel. +49 (0)176-84 370 385
www.sup-chiemsee.de

Parker Outdoor
Vermietung am Kiosk Inselblick
Julius-Exter-Promenade 23
Tel. +49 (0)8642 595 56 50
www.parkeroutdoor.com

Chieming
Cypress Warehause im Strandbad Chieming
Bei den Bädern 3
Tel. +49 (0)861 16 45 26
www.strandbad-chieming.de

Der Chiemsee

Es ist Mitte August und das Thermometer soll heute auf unglaubliche 34 Grad Celsius steigen. Genau der richtige Zeitpunkt für eine Tour auf dem ***Chiemsee.*** Ist er doch, insbesondere wegen der hohen Wassertemperaturen in den flachen Uferbereichen, beliebtes Ziel für einen Badeurlaub und für fast jede Art von Wassersport. Schon in der Römerzeit lagen an seinem nordöstlichen Ufer bekannte Badeorte.

Unterhalb des großen Parkplatzes von **Esbaum**, westlich von **Seebruck**, setze ich mit meinem Kajak ein. Die ***Chiemgauer Alpen*** mit den Gipfeln des ***Hochgern***, des ***Hochfelln*** und der ***Kampenwand*** bilden einen malerischen Hintergrund während ich im frühen Morgenlicht entlang gelber Tonnen auf den See hinauspaddle.

Die ersten Paddelzüge über das still daliegende Wasser sind ein wahrer Genuss. Kleine Wellen laufen der Kontur des Kajaks folgend nach außen hin ab und verschwinden dann leise gluckernd hinter mir. Mich ans westliche Ufer haltend, nehme ich Kurs auf die Fraueninsel, die mit ihrem Kirchturm deutlich aus dem See hervorsticht. Am Ufer zeigen sich verschilfte Streifen im steten Wechsel mit kleinen Seglerhäfen, deren Masten in der Sonne reflektieren. Der Kirchturm von **Gollenshausen** steht über dem See, dahinter wiegen sich sanfte Hügel mit grünen Wiesen gen Horizont. So früh am Morgen liegen sowohl der sympathische ***Lambacher Campingplatz*** als auch daneben der ***Landgasthof Lambach*** noch in tiefer Stille.

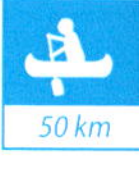

Die Tradition des gemütlichen Hotels mit den hübschen denkmalgeschützten Lüftlmalereien reicht zurück bis 1648, als genau hier Napoleon die Schlacht von Tittmoning plante. Sogar König Ludwig II. machte in der damaligen Posthalterei gerne Rast.

Der Name des ***Hotels „Malerwinkel"*** einen Steinwurf entfernt, wird der Landschaft, die ich durchpaddle, wahrlich gerecht. Bezeichnete man doch damit Orte, die vor allem bei den Malern der Romantik beliebt waren, in denen sie ihre idyllischen Landschaftsmotive fanden.

Am verschilften Ufer steht regungslos ein Silberreiher und wartet auf Beute.

Rund 300 verschiedene Vogelarten kommen am See vor, eines von 17 deutschen Feuchtgebieten mit internationaler Bedeutung, insbesondere für den Schutz wandernder Vogelarten. Sogar Flamingos werden bisweilen am See gesichtet. Allerdings geht man davon aus, dass es sich bei den Chiemsee-Stammgästen um sogenannte Zooflüchtlinge handelt. Von zahlreichen hölzernen Beobachtungstürmen an besonders schönen Punkten rund um den Chiemsee und die Hochmoore in der Chiemsee-Alpenland-Region, lassen sich Seltenheiten wie Prachttaucher, Flußregenpfeifer, Eisvogel, Fischadler oder Pirol beobachten. Ein Motorengeräusch weckt mich aus meinen Paddelträumen. Mit der Hoffnung auf guten Fang holt vor mir ein Fischer sein Netz ein. Gefangen werden Renken, auch Maränen genannt. *Sie gehören zu den lachsartigen Fischen und werden in den tiefen Regionen des immerhin bis zu 73 Meter tiefen Chiemsees gefischt.*

Der vorzügliche Speisefisch wird am besten bei einem der Wirte auf der Fraueninsel oder einem

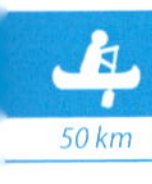

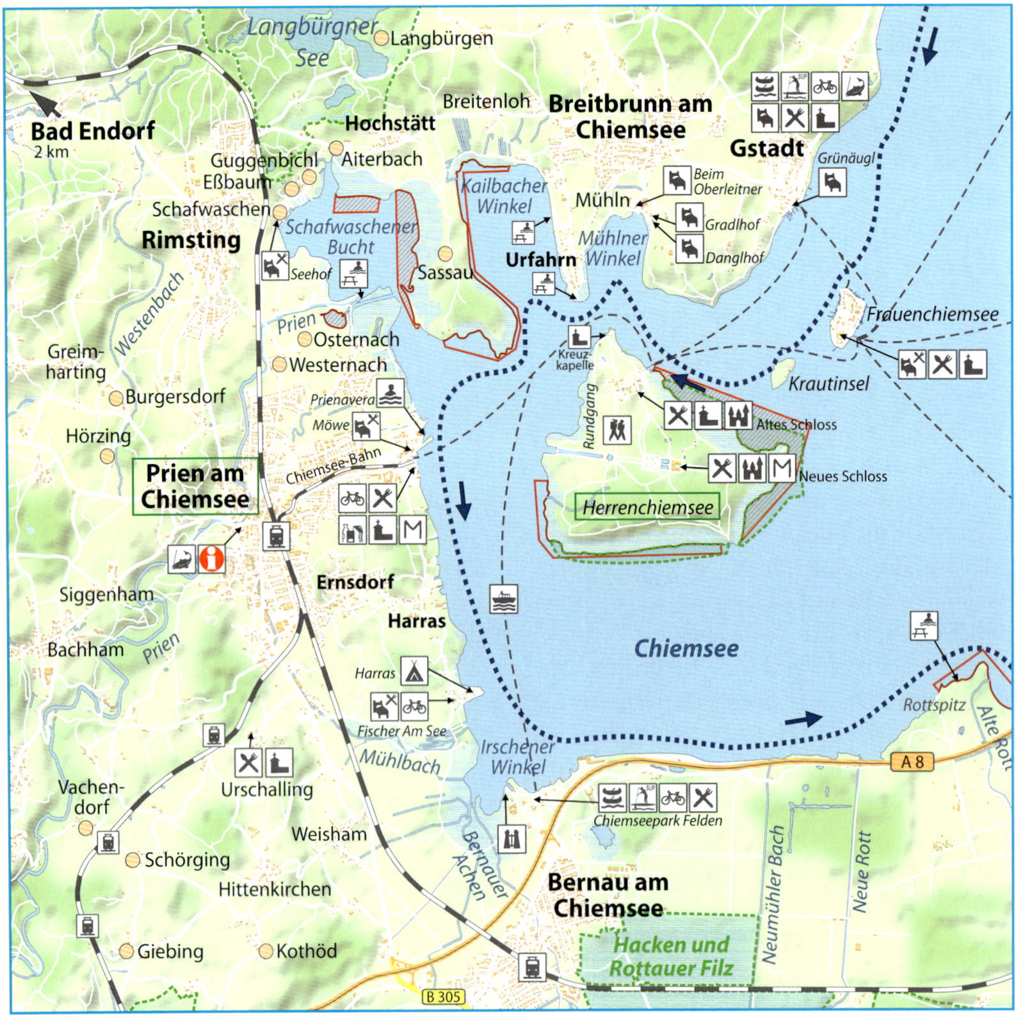

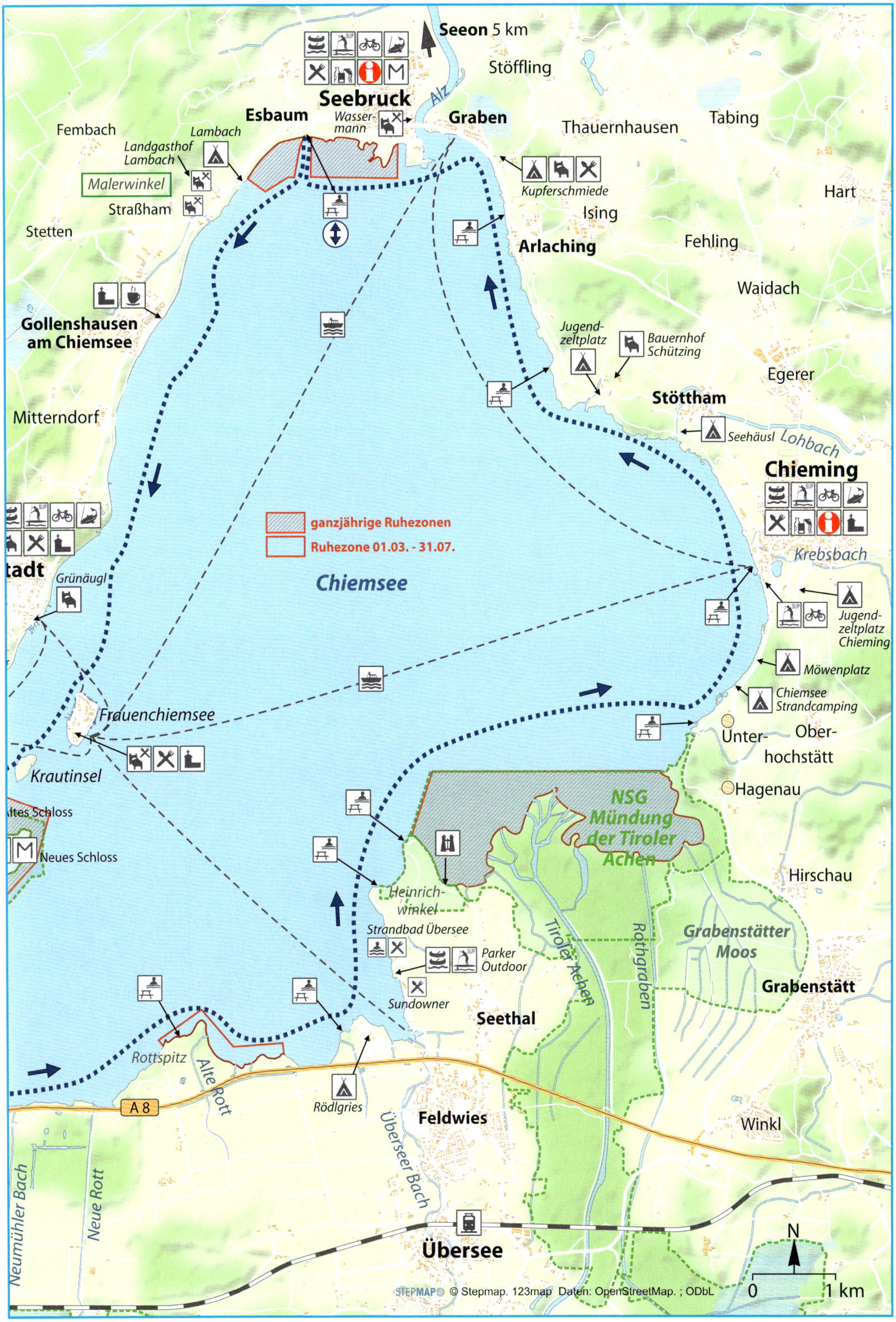

Seeon 5 km
Stöffling
Seebruck
Esbaum
Wasser-mann
Graben
Thauernhausen
Tabing
Fembach
Lambach
Landgasthof Lambach
Malerwinkel
Straßham
Stetten
Kupferschmiede
Hart
Ising
Arlaching
Fehling
Waidach
Gollenshausen am Chiemsee
Jugend-zeltplatz
Bauernhof Schützing
Egerer
Stöttham
Mitterndorf
Seehäusl
Lohbach
Chieming
ganzjährige Ruhezonen
Ruhezone 01.03. - 31.07.
Krebsbach
tadt
Grünäugl
Chiemsee
Jugend-zeltplatz Chieming
Möwenplatz
Chiemsee Strandcamping
Frauenchiemsee
Unter- Ober-hochstätt
Krautinsel
Hagenau
NSG Mündung der Tiroler Achen
ltes Schloss
Neues Schloss
Hirschau
Heinrich-winkel
Strandbad Übersee
Grabenstätter Moos
Parker Outdoor
Tiroler Achen
Rothgraben
Grabenstätt
Sundowner
Seethal
Rottspitz
Alte Rott
A 8
Rödlgries
Feldwies
Überseer Bach
Winkl
Neumühler Bach
Neue Rott
Übersee
N
0 1 km
STEPMAP © Stepmap. 123map Daten: OpenStreetMap. ; ODbL

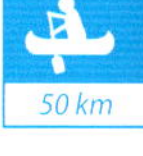

der Berufsfischer rund um den Chiemsee zubereitet (**Tipp:** ***„Fischer am See“*** südlich von ***Prien***, warme Küche 11.30-14 und ab 18 Uhr, Adresse siehe „Übernachtung in Wassernähe“ Seite 196).

Das hinter dem Fischerboot liegende **Gstadt** *bot schon 1168 den ersten „Touristen“, damals noch Pilger, Gelegenheit zur kurzen Überfahrt auf die Fraueninsel.* Auch heute noch ist der Ort bedeutende Anlegestelle für zahlreiche Chiemsee-Schiffe, auch jene nach Herren- und Frauenchiemsee.

Frauenchiemsee *oder auch* ***Fraueninsel*** *genannt, wurde im 19. Jahrhundert von „landsüchtigen“ Malern aus München und anderen Städten entdeckt, die hier eine Künstlerkolonie gründeten. Über fünfzig ihrer Werke befinden sich in der* ***„Galerie Maler am Chiemsee“*** *im Augustiner-Chorherrenstift auf der Nachbarinsel Herrenchiemsee.* Die knapp 300 Einwohner zählende Fraueninsel lockt zu einem Spaziergang durch das kleine Fischerdorf mit den schönen blumengschmückten Vorgärten und zur Einkehr in einem der zahlreichen Biergärten.

Dominiert wird die Insel von der 782 von Herzog Tassilo III. gegründeten altehrwürdigen Klosteranlage. Seine Blütezeit erlebte das Kloster zwischen dem 11. und 15. Jahrhundert. Die heutigen Gebäude wurden allerdings 1730 neu gebaut. In der Klosterkirche bestaunt man Fresken aus romanischer Zeit und den nordwestlich der Kirche aus dem 12. Jh. stammenden Glockenturm. Er ist, ebenso wie die karolingische Torhalle des Klosters, ein Wahrzeichen des Chiemgaus. Nördlich der Klosterkirche liegen auf dem Inselfriedhof viele Künstler und Gelehrte begraben. Neben dem Klostergarten, einem gärtnerischen Kleinod, der im Inneren einen Kräutergarten nach Hildgard von Bingen beherbergt, ist der in der Inselmitte an ihrer höchsten Stelle stehende Lindenhain zu nennen. Zwei der Linden, die Tassilolinde und die Marienlinde, sollen angeblich mehr als 1000 Jahre alt sein.

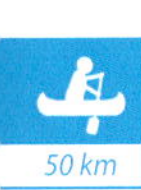

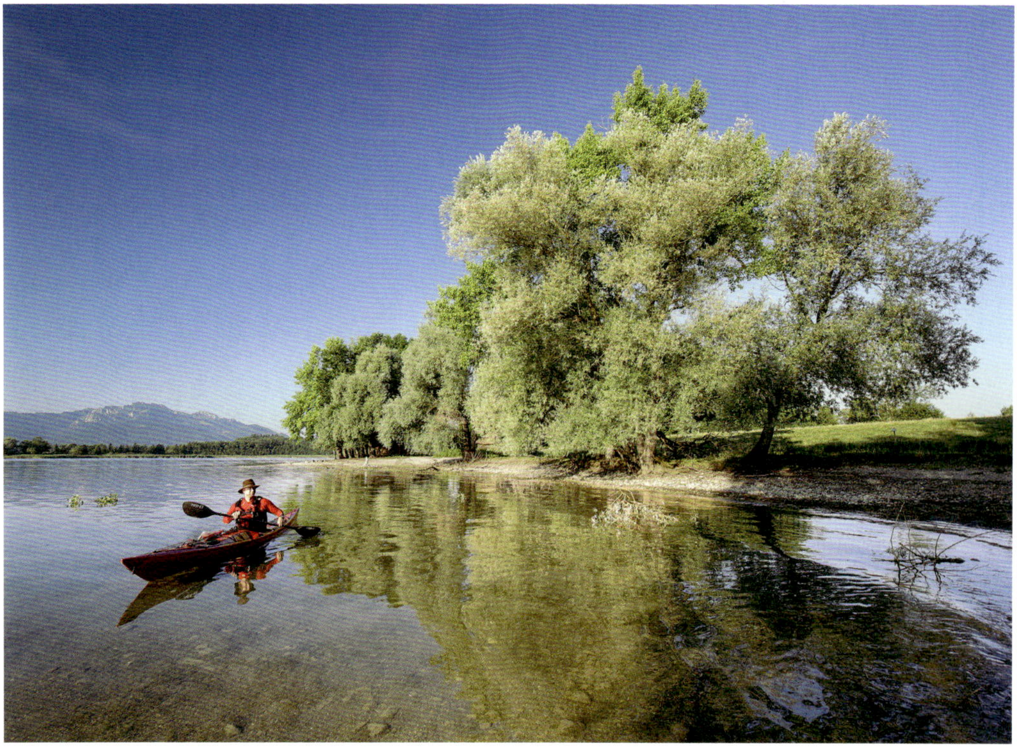

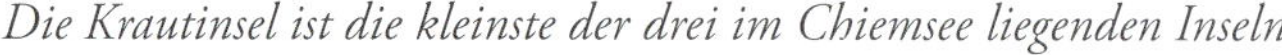
Die Krautinsel ist die kleinste der drei im Chiemsee liegenden Inseln

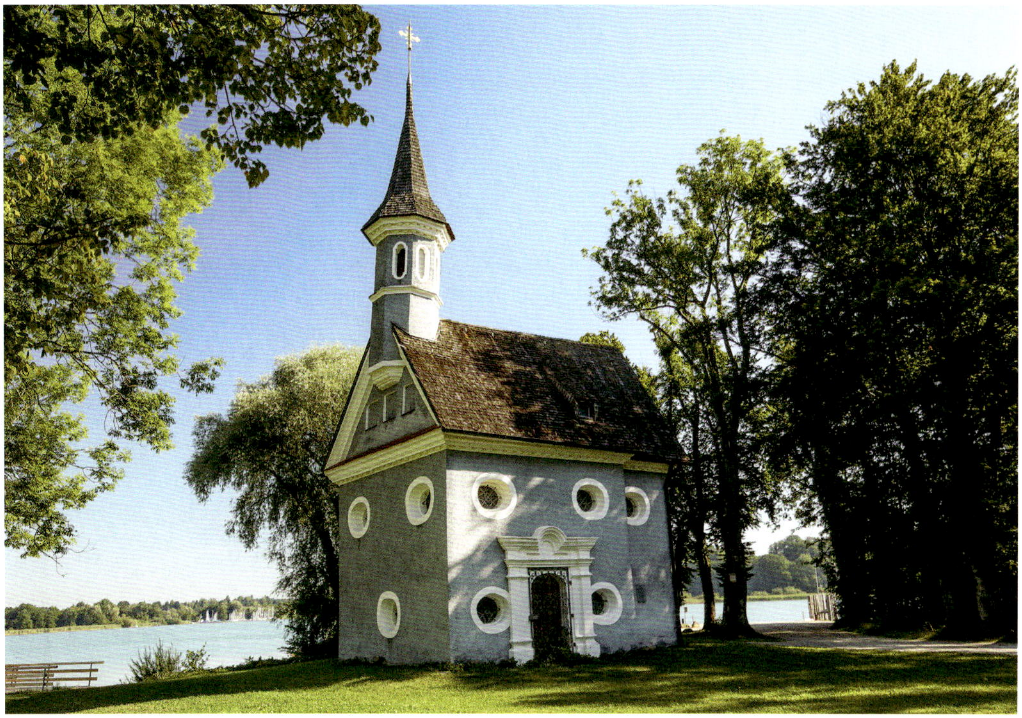

Mein „Inselhüpfen“ führt mich als nächstes zur ***Krautinsel***, die nicht von den Linienschiffen angefahren wird und deshalb noch als Geheimtipp gilt. *Im Mittelalter diente sie den Nonnen des Benediktinerinnenklosters auf der Fraueninsel als Kräuter- und Gemüsegarten, daraus leitet sich ihr Name wohl ab.* Perfekt für eine Pause für alle, die gern in der Natur sitzen. Alte Weidenbäume stehen an den Ufern und spenden Schatten und der Hügel mitten auf der Insel bietet einen feinen Überblick über das Eiland. Nur Bootsfahrer und Einheimische treffen sich hier.

Nun nehme ich Kurs auf die **Herreninsel**, vorbei an einer winzigen, von ein paar Weiden bewachsenen Kiesbank. Von den berühmten ***Schlossanlagen Herrenchiemsees*** sehe ich erstmal nichts, denn aus der Kajakperspektive kann ich nur ein großes Schilffeld und dichten Wald wahrnehmen. So halte ich auf das Nordende zu, umrunde dieses und ziehe bei der ***Kreuzkapelle*** *(Foto oben)*, wo einige Stege aus dem Grün hervorragen, mein Kajak ans Ufer. Ein Anlegen an der Insel, von der Schlossverwaltung eigentlich nicht erlaubt, wird an dieser Stelle bei Einzelpaddlern jedoch geduldet.

Gegenüber des Schiffsanlegers stehen die Kassenhäuschen, an denen man die Eintrittskarten für Museen und Schloss erwerben kann. Ein Stück den Berg hinauf steht das ***Alte Schloss Herrenchiemsee (Augustiner-Chorherrenstift)*** *an dessen Stelle wohl schon im 7. Jahrhundert eine klösterliche Niederlassung existierte. Das ehemalige Chorherrenstift, das Kloster Herrenchiemsee, mit den weitläufigen Klosteranlagen samt Kaiser- und Fürstensaal wurde im 18. Jahrhundert neu erbaut. Nach der Säkularisation wurde es als Schloss genutzt. Zur Ausarbeitung des Grundgesetzes der Bundesrepublik Deutschland versammelte sich 1948 der Verfassungskonvent zur Ausarbeitung eines Entwurfes für deren Verfassung. Neben dem Verfassungsmuseum befindet sich hier auch die bereits erwähnte Gemäldegalerie „Maler am Chiemsee“ sowie das Museum Sakrale Bauten, das sich mit der Geschichte des ältesten Klosters Bayerns und des Domstifts beschäftigt.* Neben der vollständigen Einrichtung der ehemaligen

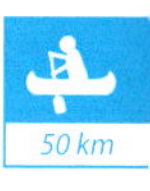

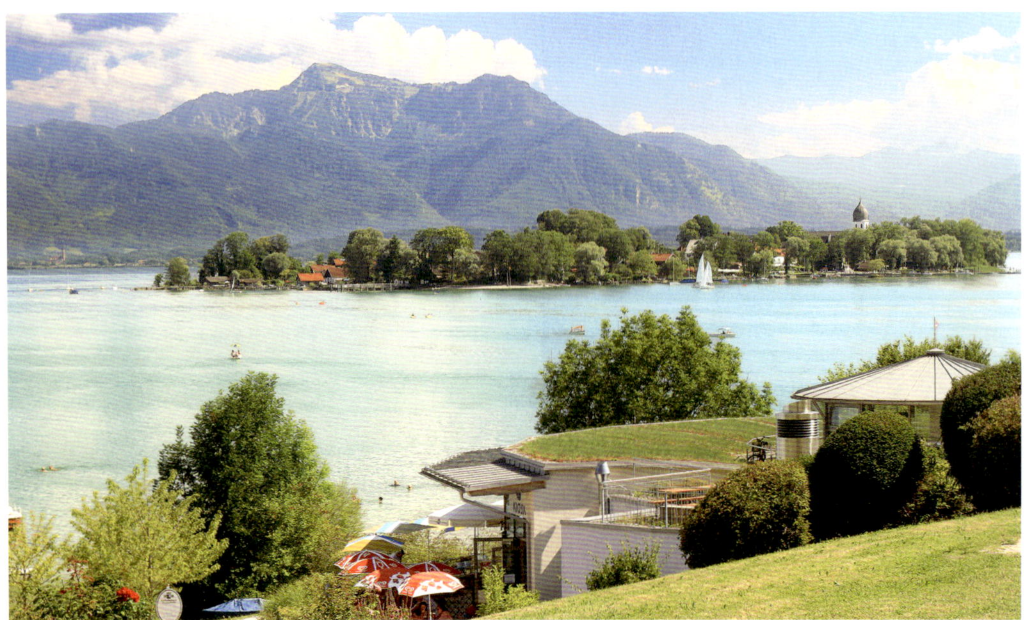

Die Fraueninsel, hier von Gstadt aus gesehen, besteht aus einem Fischerdorf und dem Kloster Frauenwörth

Wohnräume Ludwigs II. sind auch der Kaisersaal und das Gartenzimmer zu sehen, die zu den qualitätvollsten barocken Profanräumen Deutschlands zählen.

Die an der Nordspitze der Insel stehende ***Seekapelle zum Hl. Kreuz***, 1697 erbaut, ist mit ihren ovalen Fenstern und dem angesetzten Türmchen sehr hübsch anzuschauen, aber leider nicht zugänglich. Dem von alten Eichen und Buchen bestandenen Uferwald folgend, stoße ich auf die Sichtachse des ***Neuen Schlosses***, *das auf Geheiß König Ludwigs II. von 1879 bis 1890 erbaut wurde. Der Anhänger der französischen Monarchie ließ sich im 42 Hektar großen Schlosspark eine verkleinerte Kopie von Schloss Versailles erbauen, das neben Schloss Neuschwanstein und dem Schloss Linderhof heute zu den meistbesuchten touristischen Attraktionen Bayerns gehört. Der „Märchenkönig" hat somit trotz der „einstmaligen Verschwendung" von Staatsmitteln dem Land Bayern im Nachhinein doch noch einen Dienst erwiesen.*

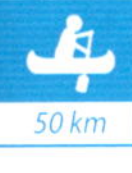

Wieder im Kanu, werfe ich gegenüber der Inselnordspitze einen Blick in die tief eingeschnittenen Buchten. Die Bucht ***Mühlner Winkel*** ist zwar die kleinste der drei Buchten, aber mit Strandbad und drei Sportboothäfen ist immer was los. Dazwischen liegt die ***Halbinsel Urfahrn,*** von deren Südwestufer aus, fast zum Greifen nah, die ***Herreninsel*** liegt. *Wohl deshalb ließ sich von hier aus König Ludwig II. auf die Insel rudern, um den Fortschritt am Bau seines Schlosses zu verfolgen.*

Ein idyllisches Kleinod ist die ***Kailbacher Bucht***. Dort kann man vorzüglich am Badestrand von **Breitbrunn** anlegen, während das Ufer gegenüber durchgehend Ruhezone ist. Ähnlich sieht es in der dritten Bucht aus, dem ***Schafwaschener Winkel***, der fast wie ein eigener kleiner Nebensee des Chiemsees anmutet und mit einer artenreichen Flora und Fauna aufwarten kann. Hier findet man Ruhe zum Baden und Relaxen. Der Ostteil der Bucht ist ganzjährig als Naturschutzzone ausgewiesen, während man im Bereich der Mündung des ***Flüsschens Prien***, an der ***Rimstinger Strandanlage***, den Schlamm ausbaggern musste, um gegen die fortschreitende Verlandung der Bucht vorzugehen.

Jetzt liegt **Prien**, Luft- und Kneippkurort und

Hauptstandort der Chiemsee-Schifffahrt, vor mir, das erstmal wegen seiner großen Yachthäfen und dem wellenförmigen Dach des Erlebnisbades Prienavera ins Auge fällt. Wer mag, kann vom Schiffsanleger mit der 1887 in Betrieb genommenen ***Chiemseebahn*** stilvoll über eine zwei Kilometer lange Schmalspur ins Ortszentrum fahren – immerhin der ältesten Dampfstraßenbahn der Welt!

Hinter Prien komme ich zu dem auf einer Halbinsel gelegenen ***Campingplatz Harras.*** Er ist der ideale Ausgangspunkt für Wanderungen, Rad- und Bergtouren. Zum Beispiel zur kulturhistorisch bedeutsamen kleinen ***St.-Jakobus-Kirche*** im drei Kilometer entfernten **Urschalling**. *Ihre Grundsteinlegung erfolgte im 11. Jahrhundert. Die Kirche beherbergt kunsthistorisch wertvolle Fresken des 12. und 14. Jahrhunderts, darunter das Dreifaltigkeitsfresko Urschalling.* Wenn man schon mal da ist – neben dem romantischen Kirchlein liegt die urige ***„Mesner Stub'n"***. *Heute ein Wirtshaus, stammt der ehemalige Hof aus dem 17. Jahrhundert und gehört zu den ältesten Gebäuden der Gegend.* Im malerischen Biergarten oder der alten Wirtsstub'n gibt es hausgemachte Schmankerl wie Kalbsherz in Rotwein, Schwabenpfand'l mit Kasspatz'n oder hausgeräucherten Lammschinken. Außerdem – Exportbier aus dem Holzfass.

Nun quere ich die Bucht des ***Irschener Winkel*** hinüber nach **Bernau** zum ***Chiemseepark Felden.*** Von dort sind es nur ein paar Schritte zum ***Beobachtungsturm „Irschener Winkel"*** von wo aus man einen guten Blick in die durch die ***Bernauer Ache*** verlandende Bucht mit ihren ausgedehnten Röhrichten hat. Diese bieten Fischen ideale Versteckmöglichkeiten und überdies gehört die Bucht zu den bedeutendsten Brut- und Rastgebiete für Vögel am Chiemsee.

Eine Zeit lang wird es nun laut, denn die A 8 verläuft auf mehreren Kilometern fast direkt am Ufer entlang. Die „Durststrecke" nimmt

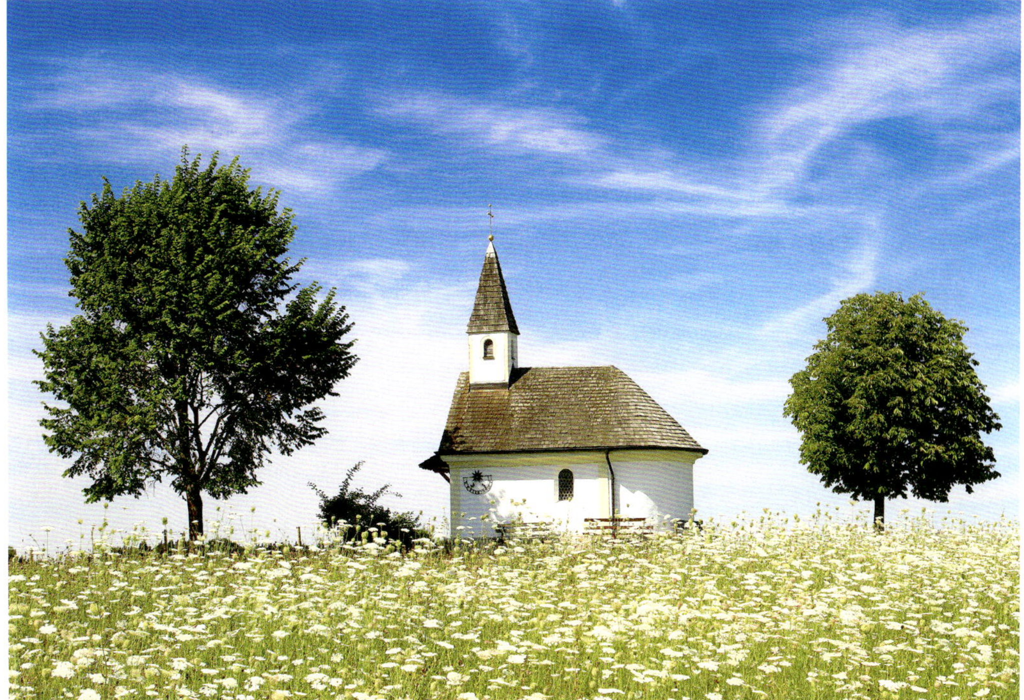

Die Kapelle von Schalchen bei Gstadt liegt auf einer kleinen Anhöhe und wurde von den Wirtsleuten des gleichnamigen Landgasthofs Ende des 20. Jahrhunderts als Dank für ihr erfolgreiches Leben erbaut

erst mit Erreichen der ***Halbinsel Rottspitz***, die unter Einheimischen auch ***„Paradiesstrand"*** genannt wird, ein Ende. Mit den kleinen hübschen Badebuchten ist sie schon viele Jahre ein wilder und beliebter FKK-Strand. Hinter dem „Paradiesstrand" kommt die Autobahn nochmals für kurze Zeit in Ufernähe, bevor dann die Kiesstrände am ***Campingplatz Rödlgries*** wieder Ruhe versprechen. Entlang der ***Halbinsel Heinrichwinkel***, wo sich die chillige ***Sundownerbar*** befindet, hier treffen sich am Abend die SUPler, geht es zum ***Strandbad* Übersee**. Von dort führt ein Uferweg, vorbei an Streuobstwiesen, knorrigen Pappeln und Eichen, abermals zu einem Beobachtungsturm *(Lachsgang)* auf die westliche Seite des ***Achendeltas.*** Er bietet einen tollen Blick auf eine einmalige Vogelwelt. Die Tiroler Achen kommt aus den Bergen Österreichs und wechselt den Namen in ihrem Verlauf ganze fünf Mal. Der spritzige Wildfluss ist bekannt unter den Wildwasserpaddlern und einigen Raftanbietern. Die ***Entenlochklamm*** genannte Schlucht, etwa 23 Kilometer südlich von hier, die von der Achen, hier heißt sie noch ***Kössener Ache,*** durchflossen wird, ist von außergewöhnlicher Schönheit. *Der letzte Teil der Achen vor dem Chiemsee bis hinaus in ihren Mündungsfächer steht unter Naturschutz und darf zu keiner Jahreszeit betreten oder befahren werden. Geschützt wird hier ein in Mitteleuropa sehr seltenes Binnendelta mit einer großen Vielfalt an Lebensräumen, von vegetationslosen Kiesbänken bis hin zu üppigen Auwäldern sowie wertvollen Streuwiesen im* ***Grabenstätter Moos.*** *Heute gehört der Mündungsfächer der Tiroler Achen zu den artenreichsten Vogelgebieten Bayerns.* Wer Glück hat - ganz viel Glück - kann Seeadler in der Höhe kreisen sehen. Die Flora zeigt seltene Arten wie z.B. den Lungen-Enzian und viele Orchideenarten.

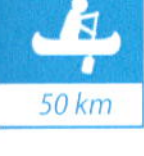

Zurück im Kajak, sehe ich an der wunderschönen Spitze der Halbinsel Heinrichwinkel bunte Kajaks am Ufer liegen. Ein paar SUP-Boarder versuchen sich in wilden Manövern, während zwei von ihnen mir mit rhythmischen Schlägen entgegenkommen. Das nun folgende Delta der ***Tiroler Achen*** ist als Naturschutzgebiet unübersehbar durch eine Reihe weißer Bojen gekennzeichnet. Das bedeutet, dass es auf den nächsten vier bis fünf Kilometern keinerlei Anlandemöglichkeit gibt. Daher ist vor Querung ein kritischer Blick über die Schulter auf das von den Bergen kommende Wetter dringend anzuraten. Der Wind hat inzwischen leicht aufgefrischt. Prima, so kann ich endlich einmal Segel setzen und mich ein wenig schieben lassen. Die Hände im Wasser, die Füße auf Deck, zurückgelehnt in meinen Sitz. So entspannt kann paddeln sein?

Das letzte Stück bis nach **Chieming** passiere ich zwei langgestreckte Campingplätze deren Zelte direkt hinter dem kiesigen Strand stehen und sich somit für Kanufahrer perfekt eignen, denn die Boote müssen nicht weit geschleppt werden. Der Ort selbst ist wegen seiner guten Lage ein beliebter Erholungsort. *Bodenfunde belegen, daß die von Salzburg nach Augsburg verlaufende Römerstraße auch durch Chieming führte. Drei dem Seegott Bedaius geweihte römische Altarsteine, die aus dem 3. Jahrhundert n.Chr. stammen, sind im Glockenturm der Pfarrkirche eingemauert.*

Hinter Chieming mache ich nochmal Pause auf der Terrasse des campingplatzeigenen ***Restaurants Seehäusl.*** Im Schatten der Bäume wird eine alpenländische Küche mit mediterranem Einschlag serviert, dazu der Blick über den See auf die Chiemgauer Alpenkette . . . herrlicher kann ein Paddeltag sich kaum dem Ende neigen.

Auf der letzten Etappe zeigt sich das Ufer zunehmend bewaldet, dazwischen liegen einzelne Gehöfte, bevor kurz vor **Seebruck** der Uferbewuchs ganz verschwindet und einem schönen Stadtbild Platz macht. Mitten durch den Ort entwässert der reizvolle Wanderfluss ***Alz*** den Chiemsee, der allerdings bis zum 30. Juni nicht befahren werden darf. Hinter Seebruck muss ich wieder Abstand zum Ufer halten, da dieses ganzjährig unter Schutz gestellt ist. Die Einfahrt hinein zur Aussetzstelle unterhalb des Parkplatzes **Esbaum** ist dank der gelben Bojen leicht zu erkennen.

Wiestalstausee

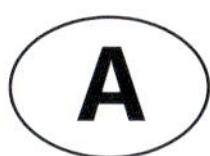

Urige Paddelperle im Salzburger Land

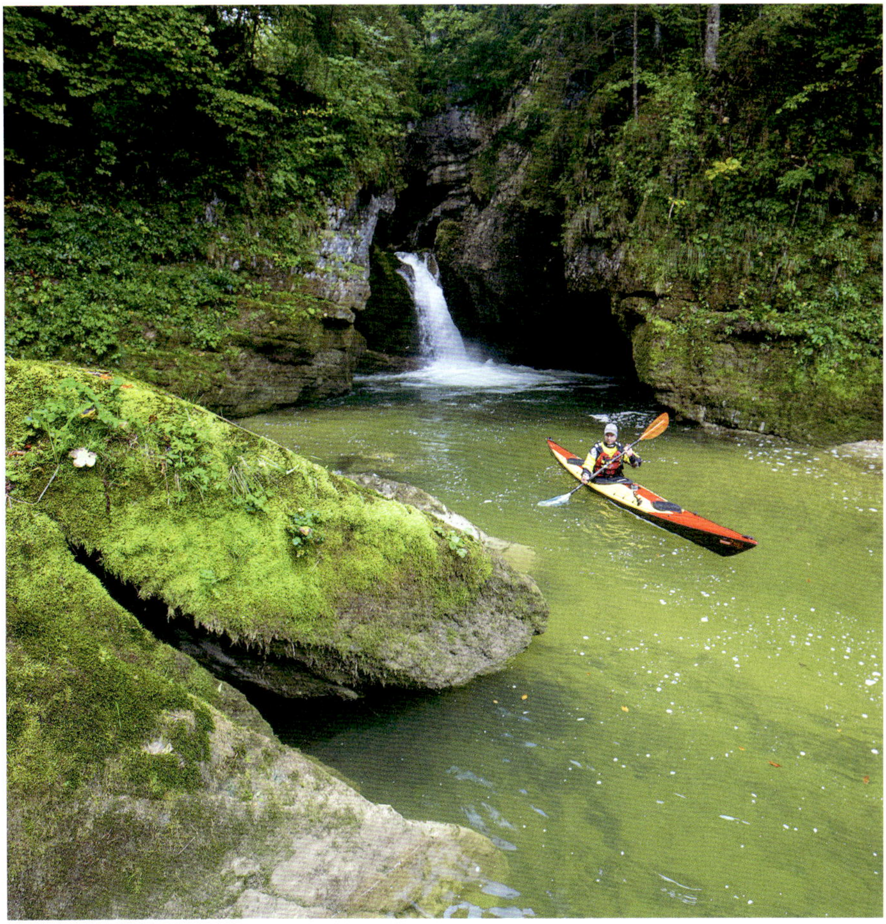

Tour

Tour-Infos Wiestalstausee

Landschaft	Kultur	Baden	Verkehrslärm
★★★★	★	★★★★	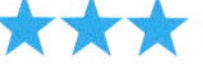

Charakter des Sees

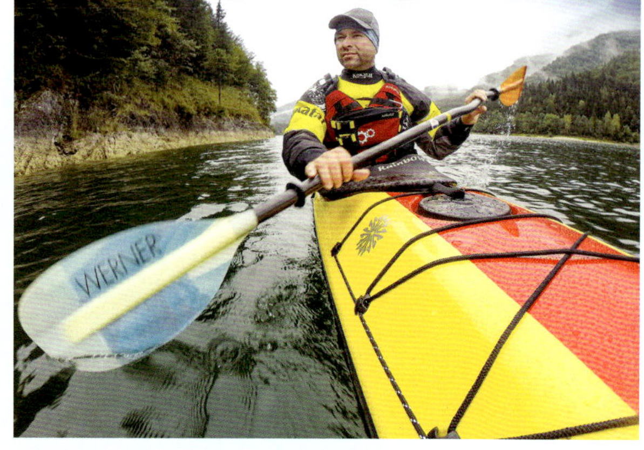

Der Wiestalstausee ist nur knapp vier Kilometer lang und nicht mehr als 500 Meter breit. Damit handelt es sich um einen der kleineren Seen, den fitte Paddler schnell umrunden, an dessen Ufern Genießer aber auch einen ganzen Tag verbringen können. Wie bei allen Stauseen ist das Paddelerlebnis abhängig vom Wasserstand. Und das bedeutet in der Regel: je mehr desto besser. **Bei Niedrigwasser kann der See NICHT bepaddelt werden.**

Trotz der geringen Ausmaße ist eine Paddeltour ein Erlebnis, weil das gänzlich von bewaldeten Bergen umschlossene Gewässer vor allem landschaftliche Reize bereithält. Zu denen gehören sicherlich der ein oder andere Wasserfall besinnlicher und wilder Natur, die traumhaften Pausenplätze und das wunderbar klare Wasser.

Das Ostufer wird von einer Straße begleitet, auf der es besonders zum beruflichen Feierabend hin Verkehr gibt. Das Westufer ist gänzlich frei von Straßen und somit zweifelsfrei die schönere Seite. Der Staudamm befindet sich am Südende des Sees.

Länge und Dauer der Tour: 8 km, Halb- bis Ganztagestour **Schwierigkeit:** leicht **Saisonfaktor:** mittel

Bootswagen: evtl. für den Transport zur Einsetzstelle.

Gefahren

Wegen der geringen Ausmaße ist man bei einer Tour rund um den See immer schnell an Land, falls Gewitter aufkommen sollte. Thermische Winde können auch hier vorkommen.

Befahrungsregelungen

Segel-, Elektro- und Motorboote sind generell verboten mit Ausnahme von Anrainerbooten.

Anreise

Aus Richtung **Salzburg**: B 158 bis ***Hinterschroffenau***. Rechts auf die L 107 über **Ebenau** zum **Nordende des Sees.**

Aus Richtung **Linz**: A 1 bis Ausfahrt 274 *(Thalgau)*. Rechts auf die *Henndorfer Landesstraße*, die in die *Enzersberger Landesstraße* übergeht bis ***Elsenwang***. Dort rechts auf die B 158, in ***Hinterschroffenau*** links auf die L 107. Diese über **Ebenau** bis zum **Nordende des Sees**.

Einsetzen und Parken

An der Brücke bei **Heiligenstein** am **Nordende des Sees**, da wo der ***Almbach*** mündet.
Für SUP-Boarder ist die Ostseite des Sees (dort gebührenfreie Parkbuchten) besser geeignet.

Am Südende gebührenpflichtiges Parken beim Staudamm (dort gibt es eine Barriere, die das Hineintreiben in den Zulauf verhindern soll – hier nicht einsetzen).

Kartenmaterial

Salzburg & Umgebung: Wanderkarte mit Aktiv-Guide + Radwegen, 1:25.000, ***KOMPASS-Karten***
Tennengebirge - Hochkönig - Hallein - Bischofshofen, 1:50.000, ***KOMPASS-Karten***

Literaturtipps

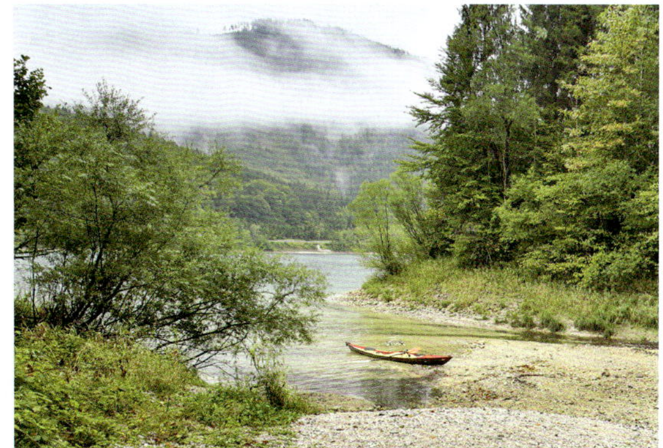

Rund um Salzburg. Flachgau - Tennengau - Rupertiwinkel. 59 Touren, *Sepp Brandl,* Bergverlag Rother
Genusswandern in Salzburg: Einkehren, entspannen und Natur erleben. Die 100 schönsten Ausflüge, Löwenzahn Verlag
Das große kleine Buch: Die Salzburger Hausberge erleben, Servus Verlag
„Wasser und Eis", Alpen-Klima-Krimi, *Rüdiger Opelt,* Schardt Verlag
„Wer mordet schon in Salzburg?" 11 Krimis und 125 Freizeittipps, „Beste Aussichten im Salzburger Land": 66 Lieblingsplätze und 11 Almhütten, beide Gmeiner-Verlag
Aktiv-Reiseführer „Salzburg, Seen & Berge mit Kindern", *Katja Faby,* Peter Meyer Verlag

Übernachtung in Wassernähe *(in der Reihenfolge des Tourenverlaufs)*

Hinterebenau (2,5 km nördlich)**:**
Hotel Obermayr
gute Küche
(Canyoningtouren-Veranstalter, Mountainbikevermietung an Gäste)
Wiestalstraße 74, Ebenau
Tel. +43 (0)6221 72 36
www.hotel-obermayr.at

Adnet (3,8 km südlich)**:**
Gasthof Seefeldmühle
Adnet 68
Tel. +43 (0)6245 832 24
www.seefeldmuehle.com

Strubklamm (Faistenau)
5,9 km nordöstlich**:**
Gasthaus „Seewirt"
Strubklamm 5
Tel. +43 (0)6228 26 53
www.seewirt-faistenau.at

Faistenau (8 km östlich)**:**
Gasthof Botenwirt
Hinterseestraße 51
Tel. +43 (0)6228 22 28
www.botenwirt-faistenau.at

Nähe Hallein
(12,5 km südwestlich)**:**
Camping Auwirt &
Hotel Apartment Auwirt
Salzburger Straße 42
(Navi: Salzquellenweg)
Tel. +43 (0)6245 804 17
www.auwirt.com

Salzburg:
Camping Schloss Aigen
Weberbartlweg 20
Tel. +43 (0)662 62 20 79
www.campingaigen.com

Kanuvermieter & Veranstalter

Fuschl am See (18 km nordöstlich)**:**
Fuschlseebad
Kajak-Vermietung evtl. nur fürs Fuschseebad
Dorfstr. 30
Tel. +43 (0)6226 82 88
www.fuschlseebad.at

Radau OT von St. Wolfgang (44 km südöstlich)**:**
seekajakcenter.at
Sit-on-Top-Kajaks, Transport zur Einsetzstelle anfragen
Graben 53
Tel. +43 (0)664-514 57 78
www.seekajakcenter.at

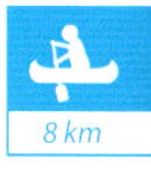

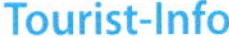

Tourist-Info

Ebenau: ***Tourist-Info,*** Wiestalstraße, Tel. +43 (0)6221 80 55, www.fuschlseeregion.com
Internet: www.salzkammergut.at

Sehenswürdigkeiten rund um den Wiestalstausee

Heiligenstein (am See): *Industriedenkmal „Maschinenhaus des Strubklamm-Kraftwerks"* (1924) oberhalb des Wiestalstausees (Wimberg).

Weitere Sehenswürdigkeiten sind mehrere Kilometer ab Kraftwerkshaus (in Klammern) entfernt:

Ebenau (4 km nördlich): *Museum im Fürstenstöckl:* Fürsterzbischöfliche Waffenschmiede & Heimatmuseum mit Erzeugnissen des ehemaligen Ebenauer Eisen- Kupfer- u. Messinghammerwerks, Prunkwaffen der Leibgarde Erzbischof Wolf Dietrichs sowie Stein-, Radschlossgewehre und Prangerstutzen, alles seinerzeit im Ebenauer Werk erzeugt (Messingstr. 31, Tel. +43 (0)6221 72 29, Jun-Sep, Di+Do 10-12).

Faistenau (8 km östlich): *Tausendjährige Linde, Pfarrkirche Faistenau, Felsenbad Faistenau* (Almbachstraße): idyllische Badegumpen im Fels, eines von drei Flussbädern in Österreich.

Adnet (10 km südwestlich): *Pfarrkirche* (15. Jh.), *Marmormuseum*, Adnet 18, Tel. +43 (0)6245 840 41 So 14- 16.30, Mi 9-11.30, Sa 10-12.30, http://marmormuseum.adnet.at).

Hallein (12,5 km südwestlich): *Ruine Thürndl* (13.Jh.); *Burg Gutrat* (12. Jh.); *Schloss Wiespach* (15. Jh.); *Ruine Alt-Gutrat* (12. Jh.); *Ev. Schaitbergerkirche* (20. Jh.); ehem. *Augustinerkloster* (17. Jh.), Kath. *Dechantkirche*; *Keltenmuseum* (Pflegerpl. 5, Tel. +43 (0)6245 80 783, tgl. 9-17, www.keltenmuseum.at).

Bad Dürrnberg (17 km südwestlich): *Salzwelten im Salzbergwerk* (Ramsaustr. 3, Tel. +43 (0)6132 200 85 11, Apr-Okt 9-17, www.salzwelten.at).

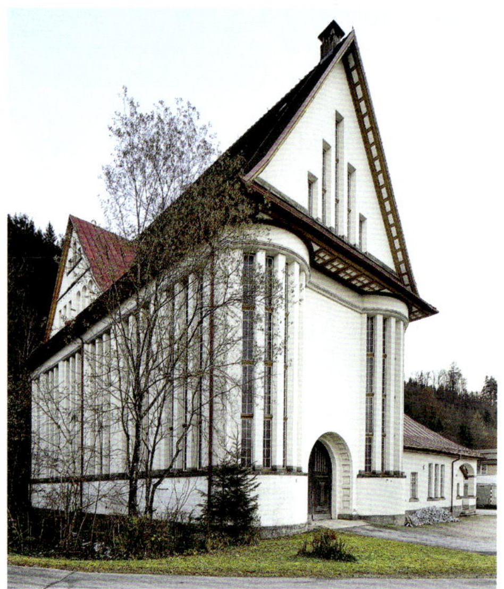

Das Maschinenhaus des Kraftwerks von 1924

Salzburg (20 km nordwestlich): *Festung Hohensalzburg* (11. Jh.), Schloss *Mirabell* (17. Jh.), Schloss *Kleßheim* (18. Jh.), Schloss *Leopoldskron* (18. Jh.), *Salzburger Festspiele* (weltweit das bedeutendste Festival der klassischen Musik und darstellenden Kunst), *Salzburger Dom* (17. Jh.), römisch-katholische *Franziskanerkirche* (8. Jh.), *Bürgerspitalkirche* (14. Jh.), *Stift Nonnberg* (11. Jh.).

Das Haus der Natur (Museumsplatz 5, Tel. +43 (0)662 84 26 53, tgl. 9-17, www.hausdernatur.at).

Salzburg Museum: Museum für Kunst- und Kulturgeschichte (Mozartplatz 1, Tel. +43 (0)662 62 08 08 700, Di-So 9-17, www.salzburgmuseum.at).

Sonstige Aktivitäten am Wiestalstausee

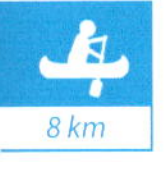

Wandern:

Auf dem ***„Metzgersteig"*** entlang der ***Strubklamm*** (7 km, 3 Std.) im Dreieck zwischen Faistenau (Gasthof Seewirt) – Ebenau – Stauseenordende, mit spektakulären Blicken in die bizarre Talschlucht.

Von **Ebenau**, dem Ort der alten Mühlen, der ***Ebenauer Mühlenwanderweg*** (6 km langer Rundwanderweg, an dem sich sieben restaurierte Wassermühlen aus dem 16.-17. Jh. befinden);

Ebenfalls lohnend von **Ebenau,** der ***Messingweg*** ein 1,2 km langer ***Rundwanderweg*** mit Schautafeln zur Geologie und Kulturgeschichte von Ebenau, der auch am ***Museum im Fürstenstöckl*** und dem 53 Meter langen, ***begehbaren Wasserstollen*** des ehemaligen Messingwerks in der Klamm des ***Schwarzaubaches*** vorbeiführt.

Eine schöne ***Wanderung*** führt von **Höhenwart** am ***Mörtlbach*** über die ***Spielbergalm*** auf den ***Ochsenberg***. Hier ist etwas Kondition notwendig.

Weniger anstrengend ist die Wanderung entlang des ***Tauglbach*** bei **Bad Vigaun**. An der Römerbrücke schlängelt sich der Bach durch eine schöne Klamm.

Zweistündige ***Wanderung*** auf dem ***Marmorweg*** durch die ***Adneter Brüche***. An Schautafeln werden die Besonderheiten des edlen Gesteins und dessen Gewinnung erklärt.

Schönes Farbspiel der Tauglbachklamm

Fahrrad:
Eine schöne ***Radtour*** führt vom Wiestalstausee über **Hinterschroffenau** zum ***Vorder-*** & ***Hintersee***.

Canyoning:
Die ***Almbachklamm*** (unterhalb Wiestalstausee) und die ***Strubklamm*** (oberhalb des Wiestalstausee) sind beliebte Schluchten für Canyoning-Touren. In beiden Bächen ist aufgrund der Rückhaltefunktion des Stausees die Gefahr von Sturzfluten geringer als in anderen Schluchten.

Canyoning Anbieter:
Hotel Obermayr, Wiestalstraße 74, Ebenau, Tel. +43 (0)6221 72 36, www.canyoning-salzkammergut.at
Gasthaus „Seewirt“, Strubklamm 5, Faistenau, Tel. +43 (0)6228 26 53, www.seewirt-faistenau.at
Outdoorfriends, Austraße 59, Molln, Tel. +43 (0)664 734 657 76, www.canyoningtour.at
Montée Austria, Wolfgangseestr. 26, Hof bei Salzburg, Tel. +43 (0)6228 300 08, www.montee.com
Salzburg Adventures, Halberstätten 21, Seekirchen, Tel. +43 (0)680 326 67 67, www.salzburgadventures.com

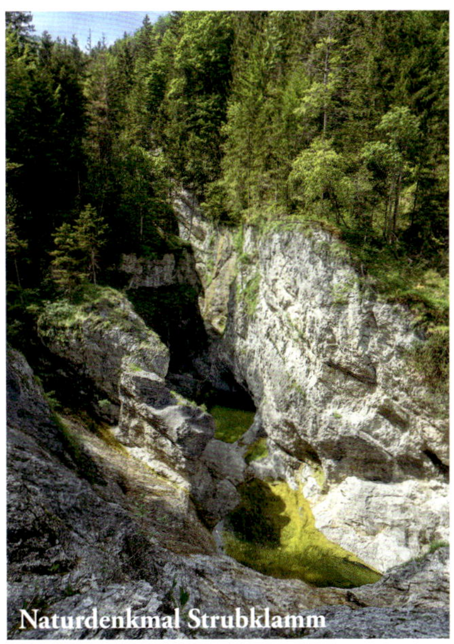
Naturdenkmal Strubklamm

Baden:
Überall am See ***traumhafte Pausenplätze***, an denen es sich gut baden lässt.
Felsenbad Faistenau im Almbach, nördlich des Strüblweiher (wildromantisches Flußbad mit kleineren und größeren Gumpen, die dadurch entstanden sind, dass der Fels im Laufe der Zeit von Eis, Wasser und Geröll ausgeschwemmt wurde, hier ist sogar grillen erlaubt).
Fuschl am See (18 km nordöstlich**):** ***Fuschlseebad***, Strand- & Hallenbad, Sauna, Wellness, auch SUP- Vermietung, Dorfstr. 30, Tel. +43 (0)6226 82 88, Mai-Sep tgl. 10-22, ab 5,70 €, www.fuschlseebad.at

Angeln:
Angeln kann man im See: **Bach-** und **Seeforelle, Saibling, Barsch, Döle** und **Zander.** Oder Fliegenfischen auf **Bachforellen** im Mörtlbach.
Das Angeln vom Kanu aus ist nicht erlaubt.
Die Lizenz zum Fischen ist im ***Café-Restaurant „Almstüberl“*** am Wiestalstausee erhältlich (Familie Ofner, Wimberg 53a, Adnet OT Höhenwart, Tel. +43 (0)6245 867 45, Mi-So).

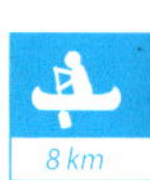

Fahrradvermietung: **Fuschl am See:** ***Fahrradverleihstation Hotel Mohrenwirt,*** Dorfplatz 3, Tel. +43 (0)6226 82 28, www.mohrenwirt.at

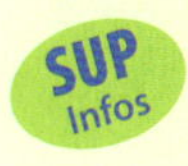

SUP-Tipp: Ein ***Sundowner*** empfiehlt sich am Nordende des Gewässers.
SUP-Vermietung: **Hallwang** (18 km nordwestlich)**:**
Stemax, Mayrwiesstr. 25, Tel. +43 (0)664 920 80 23, www.stemax-boarding.com

Der Wiestalstausee

Das *Wiestal* ist ein nordöstliches Seitental des *Salzachtals* südlich von **Salzburg**. Der *Wiestalbach*, auch *Almbach* genannt, wird hier in mehreren Staustufen gebändigt um Strom zu gewinnen. *Die beiden Kraftwerke Wiestal und Strubklamm deckten bis 1945 tatsächlich den gesamten Strombedarf der Stadt Salzburg.* Heute ist der Wiestalstausee ein beliebter Badesee und wird auch gerne als Angelgewässer genutzt.

Früh am Morgen lade ich das Kajak vom Dach des Autos, das ich in der Parkbucht an der Brücke nahe dem Gehöft **Heiligenstein** geparkt habe. Nur zögerlich löst sich der Nebel über der stillen Wasserfläche auf. Leise plätschert der Almbach über eine kleine Staukante in den See und bildet dort ein flaches Schilf- und Röhrichtgebiet aus. Ein paar Paddelschläge bringen mich hinaus auf den See und hinüber zum westlichen Ufer. Der erste Wasserfall des Tages ergießt sich über eine Rinne ins grünlich klare Wasser. Dichter Mischwald, bestehend aus Buchen und Fichten, schluckt fast alle Geräusche. Von der am gegenüberliegenden Ufer verlaufenden Straße ist zu dieser sonntäglichen Zeit eh kein Straßenverkehr zu erwarten. Unter der Woche mag dies anders sein oder an einem sonnigen Sommerwochenende, zählt das Wiestal doch zu einer der „Hausstrecken" der Salzburger Motorradfahrer. Mittlerweile haben sich die Wolken in höhere Regionen zurückgezogen, bis in die Nähe der Berggipfel. Bei wolkenlosem Himmel wären in der Ferne die Salzburger ***Kalkhochalpen*** und der charakteristische Gipfel des weit entfernten ***Watzmann*** auszumachen.

Es ist eine Freude zu sehen wie das Boot mit jedem Schlag, am Paddelblatt vorbei, nach vorne gezogen wird. Die Felsen neben mir lockern das Ufer auf und geben einem so gar nicht das

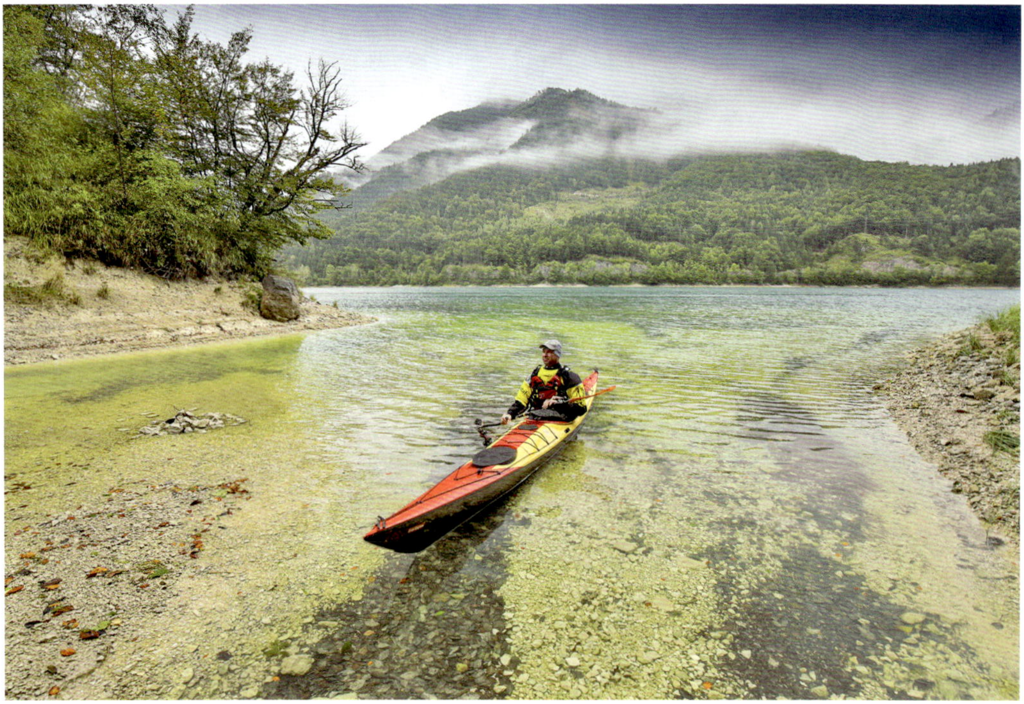

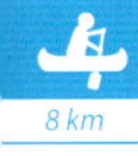

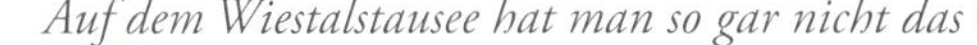

Auf dem Wiestalstausee hat man so gar nicht das Gefühl auf einem künstlichen See unterwegs zu sein

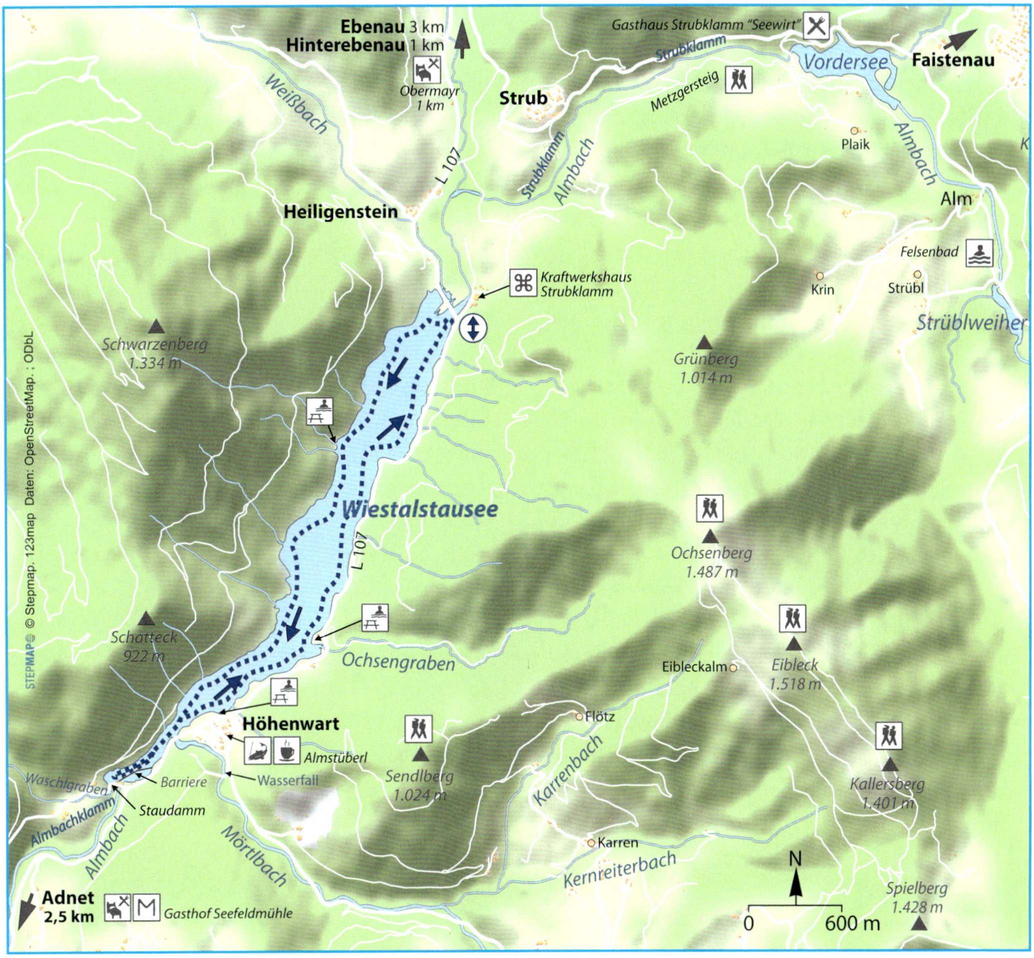

Gefühl auf einem künstlichen See unterwegs zu sein. Unvermittelt finde ich mich in einer wunderschönen kleinen Bucht wieder. Eine Sitzbank und ein Feuerplatz laden zur Rast ein.

Im hinteren Teil der Bucht plätschert abermals ein Bach, diesmal über mehrere Stufen, in den See. Diesen Platz merke ich mir für die Rückfahrt, denn jetzt ist es noch zu früh für eine Paddelpause. Stattdessen geht es unter überhängenden Buchenzweigen weiter am kiesigen Ufer entlang, an dem sich ein Angler positioniert hat. Ein wunderbarer Ort um die Angel auszuwerfen. Die Ruhe, die den See umgibt, ist optimal zum Fischen und vom Saibling bis hin zum Zander kann in dem bis zu 26 Meter tiefen See alles gefischt werden.

Treibholz hat sich an einigen Stellen gesammelt. Wieder passiere ich eine kleine Bucht die mit einem Wasserfall aufwartet. Bald schon kommt die Staumauer in Sicht. Davor beindruckt mich rechts die Felswand aus der ebenfalls unaufhörlich Wasser sickert.

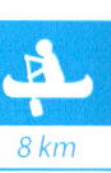

Das Wiestalkraftwerk war das erste Kraftwerk, das die Stadt Salzburg mit Strom versorgte. Doch nicht nur die Resource Wasser wird hier schon seit langem genutzt. Besonders bekannt ist die Gegend für ihre Salzbergwerke. Es wird vermutet, dass die Salznutzung am nahen Dürrnberg bei Hallein schon vor mehr als 2.500 Jahren begann. Zu dieser Zeit waren es die Kelten, die nach dem „weißen Gold“ gruben und einen regen Handel damit betrieben. Nicht zuletzt beruhen Reichtum

und Entwicklung der Weltkulturerbestadt Salzburg großenteils auf diesem Rohstoff. Interessierte können im ***Keltenmuseum*** in **Hallein** und im ältesten ***Besucherbergwerk*** der Welt, in **Bad Dürrnberg**, mehr darüber erfahren.

Nun drehe ich mein Kajak in die Gegenrichtung und paddle am mir noch unbekannten Ufer den See zurück. Nach einem knappen Kilometer kommt rechts eine Brücke ins Blickfeld. Darunter hindurch geht es hinein in einen Seitenarm. Bald höre ich lautes Rauschen und bin überrascht, abermals auf einen Wasserfall zu stoßen. Dieser ist aber im Gegensatz zu den vorherigen deutlich spektakulärer, führt wesentlich mehr Wasser und ergießt sich aus der engen Schlucht des fischreichen Mörtlbaches und landet in einem dunklen Trog, dessen Wände mit Moos bewachsen sind, das sich hier in dem feuchten Mikroklima besonders gut halten kann. Ein wenig verwunschen sieht der Platz aus der Kajakperspektive aus. Oberhalb von hier liegt die kleine Ortschaft **Höhenwart** mit dem Café-Restaurant Almstüberl (Mi-So), wo man auch Angelkarten bekommt.

Außer der Straße begleiten nun zahlreiche Kiesbänke die Ufer auf denen sich die ersten Badegäste eingefunden haben, obwohl sich an den Berggipfeln noch immer graue Wolkenschleier stauen, was dem Ganzen die Stimmung eines einsamen Waldfjords verleiht. Überhaupt sind die teils versteckten und ruhigen Badeplätze am See, in naturbelassener Landschaft und dem herrlichen Ausblick auf das umliegende Waldgebiet, die kleinen Besonderheiten des Wiestalsees. Bevor ich wieder meinen Ausgangspunkt erreiche, quere ich nochmal hinüber zu dem schönsten aller Pausenplätze an diesem See. Hier genieße ich mein Frühstück bevor ich den letzten Kilometer zurück zur Einsetzstelle paddle.

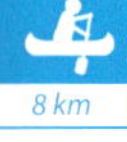

Nur 100 Meter Fußweg von der Ein- und Aussetzstelle in Richtung der wenigen Häuser des Gehöftes **Heiligenstein**, steht das *in den 1920er Jahren errichtete, denkmalgeschützte Kraftwerkshaus Strubklamm, eine für ein Kraftwerk wirklich schöne Architektur.*

Hier bietet sich auch die Möglichkeit des „Einstiegs" in eine nette zweistündige ***Rundwanderung*** auf dem sogenannten ***„Metzgersteig"*** mit spektakulären Ausblicken in die canyonartige ***Strubklamm*** und auf den ***Wiestalstausee***. *Der Weg war seit Jahrhunderten ein wichtiges Teilstück der Verbindung zwischen Adnet und Faistenau.* Am Strubklammsee gibt es die Möglichkeit im ***Gasthaus „Seewirt"*** zu einer Brettljause, Tiroler Speckknödeln oder echten Pinzgauer Kasnock´n einzukehren. *Der Name des Steigs geht darauf zurück, dass man früher das Nutz- und Schlachtvieh von Hintersee-Faistenau nach Hallein getrieben hat, was zwar eine große Abkürzung darstellte, aber der Weg durch die Klamm war nicht ungefährlich. Laut einer Sage machte ein Metzgergeselle ihn zum Schauplatz einer brutalen Beziehungstat. Mit seiner schwangeren Geliebten war er auf dem Weg zum Wolfgangsee, als er beschloss, diese loszuwerden und sie kurz entschlossen in die Tiefe der Strubklamm stürzte. Die junge Frau konnte sich jedoch an einem Ast festhalten. Sie versprach dem brutalen Burschen über den Mordversuch Stillschweigen zu bewahren, wenn er sie wieder hinaufzöge. Aber anstatt seiner Freundin zu helfen, schnitt dieser einfach den Ast ab und die Frau stürzte in den Tod. In der Wallfahrtskirche Sankt Wolfgang geschah dann das angebliche Wunder: Der Metzger erblickte hinter dem Altar das Antlitz seiner toten Freundin. Völlig verunsichert verlor er die Nerven und stellte sich dem Gericht.* Wer heute über den Metzgersteig wandert, kann sich die Geschichte lebhaft vorstellen. An mehreren Stellen bieten sich unglaubliche Ausblicke über hundert Meter tief in die Schlucht. Da gilt es vorsichtig zu sein – Absturzgefahr!

Wolfgangsee

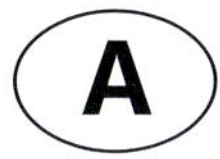

Die Perle des Salzkammergutes

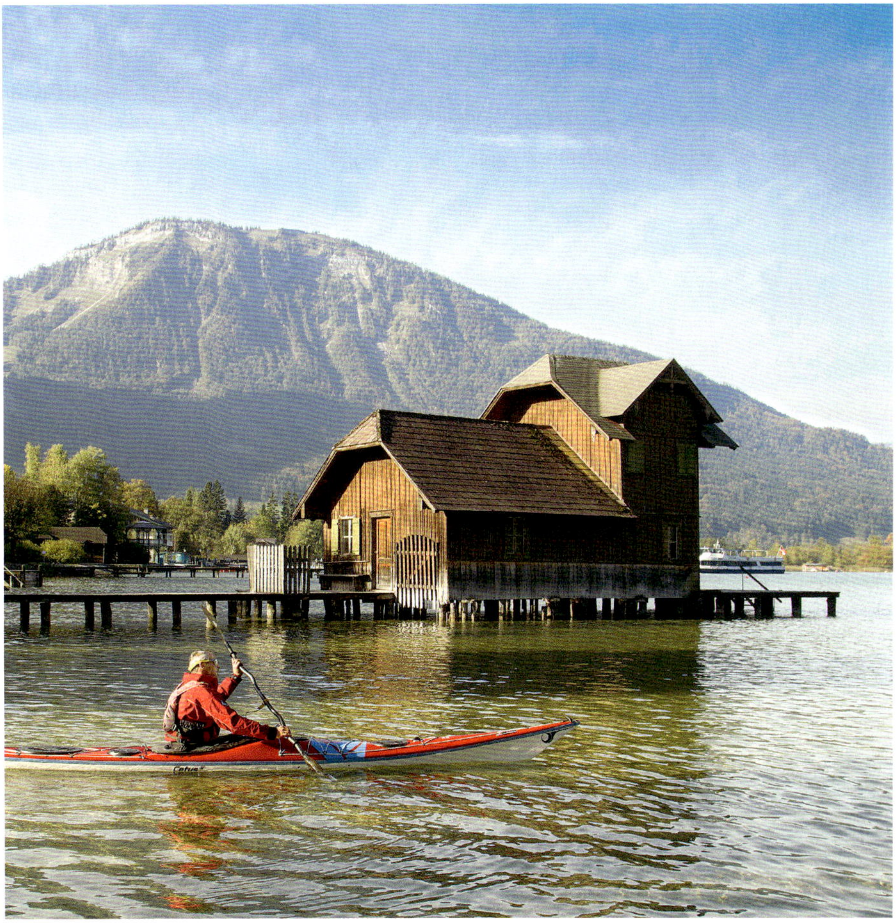

Tour 16

Tour-Infos Wolfgangsee

Landschaft	Kultur	Baden	Verkehrslärm
★★★★	★★	★★★	★★

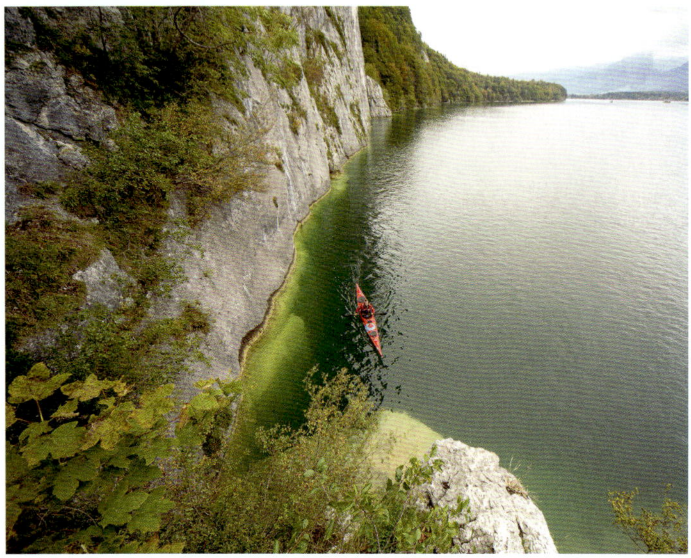

Charakter des Sees

Das Hotel „Im weißen Rössl" am Ufer des Wolfgangsees ist Handlungsort zahlreicher, weltbekannter Heimatfilme der Kategorie „Schmalz und Hochadel". Dass man auf dem See auch gut paddeln kann, wissen dagegen weit weniger Menschen. Etwas mehr als 20 Kilometer sind es, wenn man einmal rum will um den Wolfgangsee, dessen langgestreckter Talkessel in der Mitte von der Geschiebefracht des Zinkenbachs fast in zwei Hälften geteilt wird. Der Verkehrslärm an seinen Ufern ist mit der Ausnahme im Nordwesten als relativ gering zu beurteilen. Schön, denn so kann man die abwechslungsreiche Landschaft besser genießen.

Kanuten und SUP-Boarder haben das Privileg, hautnah unterhalb der massiven Falkensteinwand entlangpaddeln zu können, in das kleine Delta des Zinkenbachs hinein zu gelangen, sich an den mitunter lieblichen Wiesenufern zu erfreuen oder sich ganz allgemein am schönen Bergpanorama zu ergötzen.

Länge und Dauer der Tour: 26 km, 1-3 Tage **Schwierigkeit:** leicht **Saisonfaktor:** mittel

Etappenvorschlag: **1. Tag:** Strobl – Abersee – Altmünster (5 km)
2. Tag: Abersee – Gschwandt (12 km)
3. Tag: Gschwandt – Strobl (9 km)

Bootswagen: evtl. für den Transport zum Übernachtungsplatz und zur Ein- und Aussetzstelle.

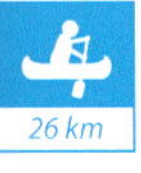

Gefahren

Ist das Wetter schön, dann entsteht auch am Wolfgangsee ein Thermikwind. Dieser ***„Brunnwind"*** genannte Wind weht aus westlicher Richtung und ist in der Regel zwischen 2 und 4 Beaufort stark. Er weht meist von mittags bis abends (ca. 18.00 Uhr).

Kommen kühle Wolkengebiete aus dem Westen, dann entsteht auf dem See ebenfalls ein konstanter Westwind. Der Föhnwind weht hier aus Süd oder Ost und kann mitunter sehr stark werden.

Achtung vor starken Fall- & Gewitterwinden sowie Steinschlag unterhalb der Falkensteinwand.

Befahrungsregelungen

Die Schilfgebiete im ***Naturschutzgebiet Blinklingmoos*** müssen zur Brutzeit weiträumig umfahren werden. Private Motorboote dürfen den See nur am Tage befahren.

Anreise

Über **Salzburg**: Auf der B 158 nach ***St. Gilgen*** und weiter am Westufer des **Wolfgangsees.** Kurz vor **Strobl** links in die Salzburger Straße, nach der Rechtsbiege links in die *Moosgasse*, die in die *Bürglstraße* übergeht. Vor der Brücke über die ***Ischler Ache,*** links am Ufer, ist die Einsetzstelle.

Von **Passau / Linz:** A 1 Richtung Salzburg, Ausfahrt 224 *(Regau)* und links auf die B 145. Vorbei an ***Gmunden,*** entlang am ***Westufer*** des ***Traunsees*** bis ***Bad Ischl*** fahren. Dort auf die B 158 Richtung ***Wolfgangsee*** und in **Strobl-Weißenbach** abfahren auf die *St. Wolfganger Landesstraße* bis über die ***Ischler Ache.*** Dahinter links in die Straße ***Bürglstein*** bis zum Parkplatz.

Einsetzen und Parken

Am **Ostende des Sees**, südlich des Ausflusses der ***Ischler Ache*** in den Wolfgangsee. Parken auf der anderen Flussseite auf dem Parkplatz *„Bürglstein".*

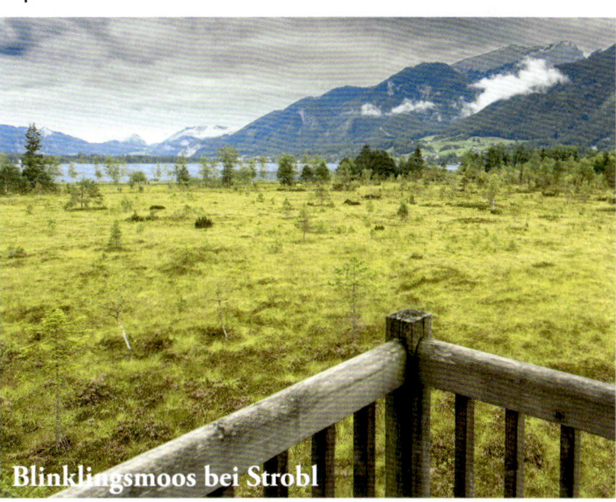
Blinklingsmoos bei Strobl

Kartenmaterial

Wolfgangsee - Fuschlsee - Mondsee, 1:25.000, ***KOMPASS-Karten***

Bad Ischl - Bad Goisern - Wolfgangsee XL: Wander-, Rad- & Mountainbikekarte, 1:25.000, ***KOMPASS-Karten***

WK 5282, Attersee - Mondsee - Wolfgangsee, 1:35.000, ***Freytag-Berndt***

Literaturtipps

Berg und Uferwanderungen Salzkammergut: 60 Touren, *Werner Mittermeier,* Plenk Verlag

Salzkammergut: Bad Ischl - Wolfgangsee - Mondsee - Traunseeregion - Hallstatt - Ausseer Land, Bildband mit Infos, *Bernhard Helminger,* Colorama Verlag

Wanderführer **„Salzkammergut West: Zwischen Salzburg und Bad Ischl" 52 Touren,** Bergverlag Rother

„Göttinnensturz", *Anni Bürkl,* **„Kalter Weihrauch",** *Marlene Faro,* beide Krimis Gmeiner-Verlag

„Auf der Suche nach dem verschwundenen Mädchen", Max und Micha - **Die Junior Detektive vom** Wolfgangsee (und weitere Bücher dieser Reihe), *Klaus Kurt Löffler,* Eigenverlag

„Goldmantel", Historischer Roman aus dem Salzkammergut, *Ulrike Mara, edition innsalz*

Der falsche Verdacht: Ein Salzkammergut-Krimi, *Raimund Bahr,* Verlag Federfrei

Übernachtung in Wassernähe *(in der Reihenfolge des Tourenverlaufs)*

Schwarzenbach:
Camping Berau & Landhotel
Schwarzenbach 16
Tel. +43 (0)6138 25 43
www.berau.at

Au (OT von St. Wolfgang):
Seecamping Appesbach
Au 99
Tel. +43 (0)6138 22 06
www.appesbach.at

Landhaus zu Appesbach
Au 18
Tel. +43 (0)6138 220 90
www.appesbach.com

St. Wolfgang:
Pension Linortner
Markt 55
Tel. +43 (0)6138 80 14
www.stwolfgang.at

Ried (OT von St. Wolfgang):
Seeterrassen-Camping Ried
Ried 18
Tel. +43 (0)6138 32 01
www.seeterrassencamping-ried.at

Hotel Seehang
Ried 123
Tel. +43 (0)6138 23 85
www.seehang.com

Gasthof Falkenstein
Ried 29
Tel. +43 (0)6138 22 58
www.hotel-falkenstein.at

Leopoldhof
Ried 8 *(ca. 60 m vom Ufer)*
Tel. +43 (0)6138 24 38
www.leopoldhof.at

St. Gilgen:
Jugendgästehaus St. Gilgen
(ca. 60 m vom Ufer)
Mondseestraße 7-11
Tel. +43 (0)6227 23 65
www.jugendherbergsverband.at

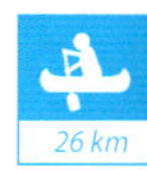

Gschwand, Farchen:
Seegasthof Gamsjaga
Gamsjaga 2
Tel. +43 (0)6227 32 22
www.gamsjaga.at

Camping Birkenstrand
Schwand 4
Tel. +43 (0)664 940 48 79
www.birkenstrand.at

Camping Lindenstrand
Schwand 19
Tel. +43 (0)6227 32 05
www.lindenstrand.at

Seecamping Primus
Schwand 39
Tel. +43 (0)6227 32 28
www.seecamping-primus.at

Reith (OT von Abersee):
Seecamping Wolfgangblick
Seestr. 115
Tel. +43 (0)650 593 42 97
www.wolfgangblick.at

Gschwendt (OT von Strobl):
Camping Weidingerbauer
Gschwendt 41
Tel. +43 (0)6137 70 71
www.wolfgangsee.at/camping-weidingerbauer

Gästehaus Linderhof
Gschwendt 223
Tel. +43 (0)6137 70 08
www.gaestehaus-linderhof.com

Terrassencamping Schönblick
Gschwendt 33
Tel. +43 (0)6137 70 42
www.camping-schoenblick.at

Der Zirlerhof
Camping Seewinkl
+ Zimmer + FeWo
Gschwendt 31
Tel. +43 (0)6137 70 69
Tel. +43 (0)664 530 79 21
www.zirlerhof.at

Strobl:
Gasthof Kirchenwirt
Bürglstraße 18
Tel. +43 (0)6137 720 70
www.kirchenwirt.eu

Kanuvermieter & Veranstalter

Bad Ischl
(12,5 km östlich von Strobl)**:**
xsport - Wiesinger
Shop, Touren und Vermietung
Di & Do 16-20 oder anmelden
Rettenbachwaldstr. 4
Tel. +43 (0)664-514 57 78
www.xsport.at
www.seekajakcenter.at

Schwarzenbach:
Badeplatz Berau
Schwarzenbach 16
Tel. +43 (0)6138 25 43
www.berau.at

Au:
Seecamping Appesbach
Au 99
Tel.+43 (0)6138 22 06
www.appesbach.at

Ried (OT von St. Wolfgang):
Bootsvermietung Fam. Arndt
Ried 133
Tel. +43 (0)6138 25 870
www.hotelarndt.at

Sportcamp Raudaschl
An der Seepromenade, Ried 25
Tel. +43 (0)6138 29 16
Tel. +43 (0)660-523 66 78
www.sportraudaschl.at

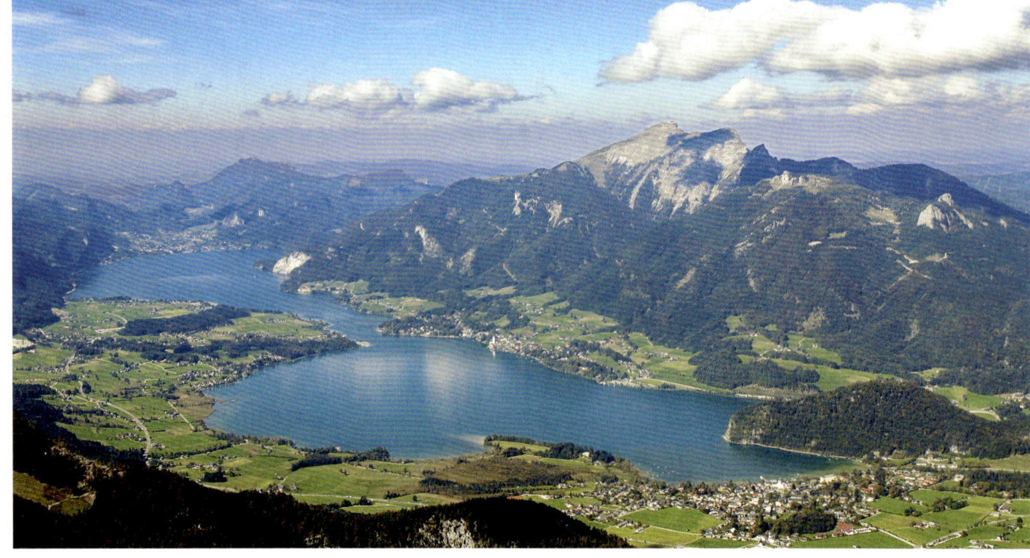

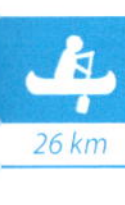

Tourist-Infos

***Wolfgangsee Tourismus* St. Wolfgang,** Au 140, Tel. +43 (0)6138 80 03, www.wolfgangsee.at
***Tourist-Info* St. Gilgen,** Mondsee Bundesstr. 1a, Tel. +43 (0)6227 23 48, www.wolfgangsee.at
***Tourist-Info* Strobl,** Moosgasse 275, Tel. +43 (0)6137 78 55, www.wolfgangsee.at

Sehenswürdigkeiten rund um den Wolfgangsee

Strobl: *Pfarrkirche St. Sigismund* (18. Jh.); *„Aberseer Heimathaus Lipphaus"* Museum (Strobl 4, Tel. +43 (0)6137 72 55, Jun-Sep, Sa, 14-17 & So 10-12); *Deutschvilla Strobl* – Zentrum für Kunst am Wolfgangsee (Ausstellungen, Konzerte, etc,); *Wildpark & Gasthof Kleefeld* südlich oberhalb von Strobl (Rotwild, Steinböcke, Wollschweine, Bergziegen, u.v.m., www.kleefeld.at).

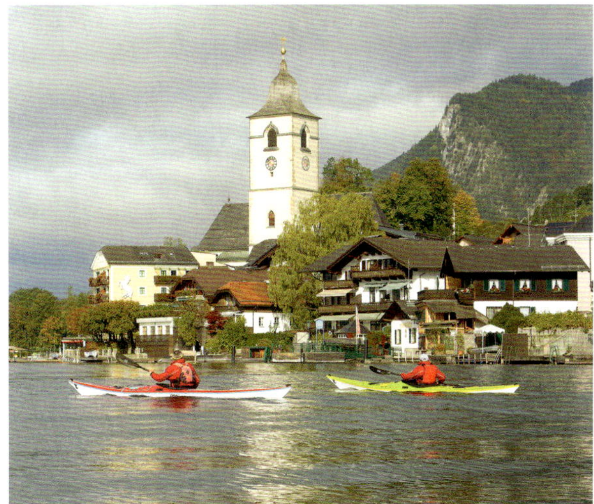

St. Wolfgang: *Wallfahrtskirche St. Wolfgang* (12. Jh.) mit gotischem *Flügelaltar* von Michael Pacher und *Turmmuseum* (kirchliche Relikte); *Pilgerbrunnen* (16. Jh.); *Friedhofskapelle* (17. Jh.); *Kalvarienbergkapelle* (1837);
Puppenmuseum mit über 1.000 Puppen (Markt 123, Tel. +43 (0)6138 201 45, Mo, Mi-So 11-18, www.puppenwelt.at); *Historische Zahnradbahn* (Originalmaschinen von 1893 / 1894) auf den *Schafberg.*

Ried (OT von St. Gilgen): *Falkensteinkirche*; *Hochzeitskreuz* (17. Jh.).

Winkl (OT von St. Gilgen): *Burgruine Hüttenstein* (13. Jh.); *Schloss Hüttenstein* (19. Jh.); *Ochsenkreuz* (16. Jh.).

St. Gilgen: *Pfarrkirche St. Gilgen* (18. Jh.); *Mozart-Brunnen* (20. Jh.); *Museum Zinkenbacher Malerkolonie* (Aberseestr. 11, bei Öffnung: Tel. +43(0)676-772 34 05, wenn nicht offen: Tel. +43 (0)6227 76 66, Anf. Jul-Anf. Okt, Di-So, 15-19, www.malerkolonie.at)
Musik.Instrumenten.Museum der Völker (Aberseestr. 11, Tel. +43 (0)6227 82 35, Jun-15. Okt, Di-So, 9-11 & 15-19, www.hoerart.at).
Heimatkundliches Museum Sankt Gilgen, Pichlerplatz 6, Tel. +43 (0)6227 26 42, Jun-Sep Di-So 10-12 & 15-18, www.heimatkundliches-museum-sankt-gilgen.at).

Abersee (OT von St. Gilgen): *Arboretum am Wolfgangsee* (über 60 Baum- und Straucharten, Informationen über Ökosysteme, Erkundungstour in den Baumkronen in 6 Metern Höhe, Moortümpel mit Steg, Plattform über den Zinkenbach Rastbänke u.a.m. Eintritt frei!, Tel. +43 (0)6243 23 35).

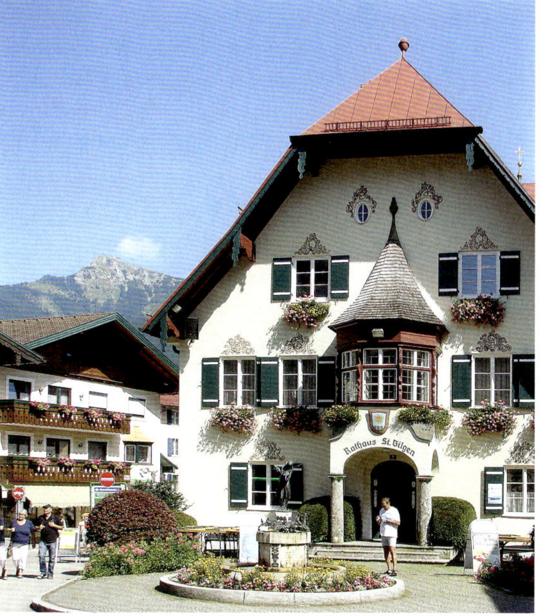

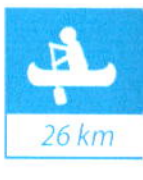

Sonstige Aktivitäten am Wolfgangsee

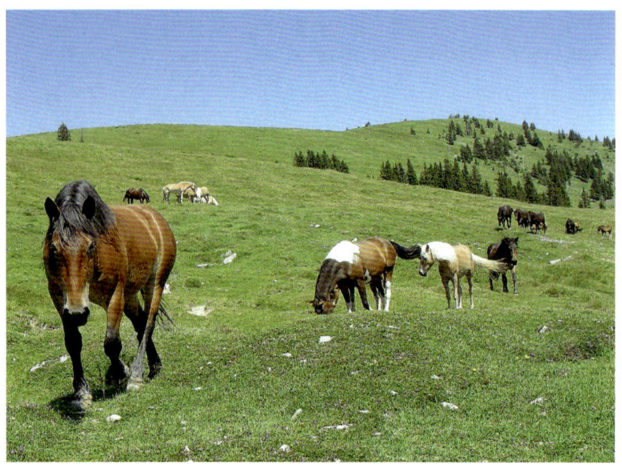

Wandern:

Technisch einfache Wanderung von **Strobl** auf den ***Gipfel Bleckwand***. Etwas Kondition nötig (Auf- und Abstieg ca. 950 Höhenmeter).

Von **St. Gilgen** mit der ***Gondelbahn*** auf das ***Zwölferhorn*** (herrliche Wander- & Themenwege, einzigartige Almlandschaft), z.B. Leichter ***„Pillstein-Panorama-Rundweg"*** (4,4 km, 1:30 Std.), mittelschwere ***„Große Illinger-Alm-Runde"*** mit Themenweg *(Einkehr Illingerbergalm,* ca. 4 Std.).

Technisch ***leichte Wanderung*** von **St. Gilgen** auf den ***Schafberg***, mit ***Bergbahn*** und ***Schiff zurück***. Etwas Kondition nötig (Auf- und Abstieg 1150 Höhenmeter).

Auf Europas ***ältestem Pilgerweg „Dem Weg der Wallfahrer"*** (**St. Gilgen – Falkensteinkirche – St. Wolfgang**, 10 km, 3:50 Std., zurück mit dem ***Schiff***).

Bürgl-Panoramaweg, Rundweg um den ***Bürglstein*** von **Strobl** aus (leicht, 5 km, 1:15 Std.).

Kleine, familiengerechte ***Wanderung*** von **Strobl** entlang des ***Blinklingmoos***, einem der schönsten Moore Österreichs *(zahlreiche Infotafeln)*, zu einem 10 Meter hohen Aussichtsturm.

***100 Kilometer Wanderwege auf der* Postalm**, der zweitgrößten Alm Mitteleuropas. Südwestlich von **Strobl** (13 km) zu erreichen zu Fuß, mit Pkw oder dem Postbus.

Dittelbachwildnis bei **St. Wolfgang.** Im Unterlauf durchfließt der ***Dittelbach*** eine eindrucksvolle ***Schlucht*** mit ***Wasserfällen***, die, besonders nach stärkeren Regenfällen, eindrucksvolle Naturschauspiele sind („Untere Fall", noch schöner der „Obere Fall"). Von der **Talstation der SchafbergBahn** immer geradeaus bergwärts der Aussschilderung ***„Hupfmühle"*** folgen.

Fahrradfahren:

Leichte Runde um den ***östlichen Teil des Wolfgangsees*** auf dem ***Salzkammergutradweg*** mit einer ***Fährfahrt zwischen St. Wolfgang und Abersee*** (14 km, 1-2 Std.,170 Höhenmeter).

Von **Brunn** (Westufer bei **Abersee)** auf der ***Zwölferhorn-Mountainbike-Runde*** (Brunn – Illingerbergalm – Pillstein – Zwölferhorn – Stubneralm – Sausteigalm – Steingrabenalm – Brunn), technisch und konditionell anspruchsvolle Runde mit gut 1.000 Höhenmetern (19 km, ca. 2:40 Std.).

Mit dem ***Rennrad über die Postalm*** (90 km, 3:50 Std., 1.000 Höhenmeter).

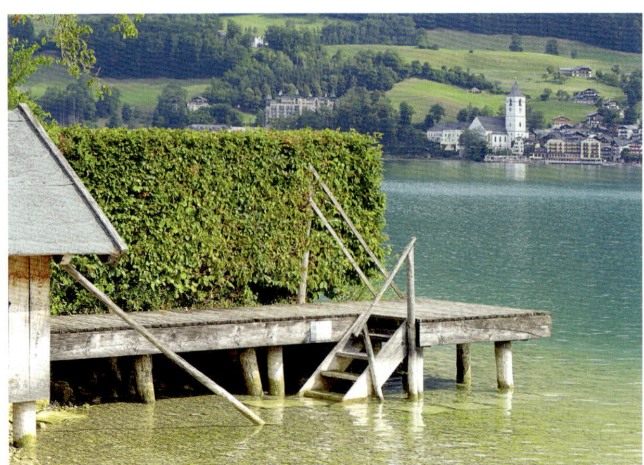

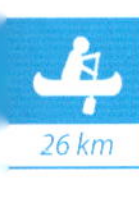

Baden:

Das Seewasser hat Trinkwasserqualität!

Strobl: ***Naturstrand Wasswiese, Liegewiese Gschwendt, Liegewiese Felmayer*** *(Beachvolleyballplatz, Imbiss).*

St. Wolfgang-Au: ***Seecamping Appesbach*** *(Restaurant, SUP).*

St. Wolfgang-Ried: ***Badestrand Intermezzo*** *(Privatbesitz, Eintritt, Café, Appartments),* ***Strandbad Ried-Arndt*** *(Bootsvermietung, Strandcafé).*

St. Gilgen-Fürberg: ***Waldbad Fürberg*** *(Eintritt, Blick auf Klippenspringer, Hunde erlaubt, Leinenpflicht!).*
St. Gilgen: ***Badewiese Sonnplatz*** *(Eintritt frei)*, ***Strandbad St. Gilgen*** *(Badebereich für Kinder, Sprungturm. Sprungbrett, Eintritt frei).*
Gschwand: ***Badeplatz Franzosenschanze*** *(Eintritt frei).*

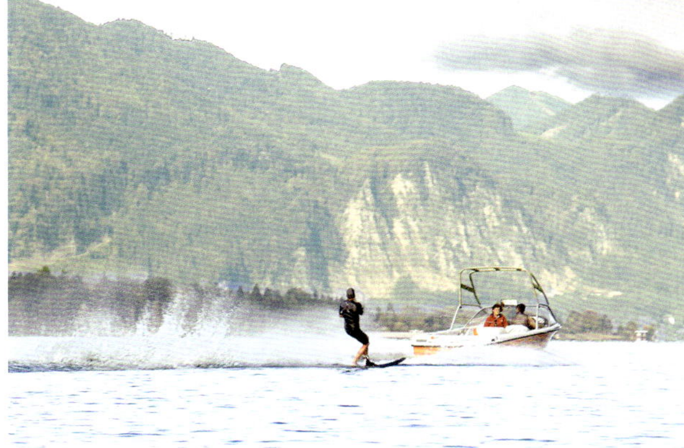

Thermalbad & Sauna:

St. Wolfgang: ***Wellness-Alm am Leopoldhof,*** Hallenbad, Sauna, Kinderbetreuung, Ried 8, Tel. +43 (0)6138 204 20, tgl. 10-22, ab 21 €, www.wellness-alm.at
Bad Ischl (11 km östl. von Strobl): ***Eurotherme & Sauna*** mit Thema „Salz und Sole", Voglhuberstr. 10, Tel. +43 (0)6132 20 40, Mo-So 9-24, ab 18 €, www.eurothermen.at)

Angeln:

Es gibt keine Lizenzen für den gesamten Wolfgangsee. Im Ostteil benötigt man als Tourist eine gültige Gästekarte, eine Tages- oder Wochenlizenz des Fischereirechtbesitzers sowie eine amtliche Gastfischerkarte. Im Westteil benötigt man keine Gästekarte. Gefangen werden z.B.: **Seeforellen, Bachforellen, Saiblinge, Maränen** und **Hechte**. Es ist eine Fangliste zu führen. **Info**: wolfgangsee.salzkammergut.at

Fahrgastschifffahrt auf dem See:

Seeschifffahrt mit Anfahren von **Strobl, Gschwendt-Parkplatz, St. Wolfgang, Schafbergbahn, Ried -Falkenstein, Fürberg, St. Gilgen.** *WolfgangseeSchiffahrt,* Markt 35, St. Wolfgang, Tel. +43 (0)6138 223 20, www.wolfgangseeschifffahrt.at

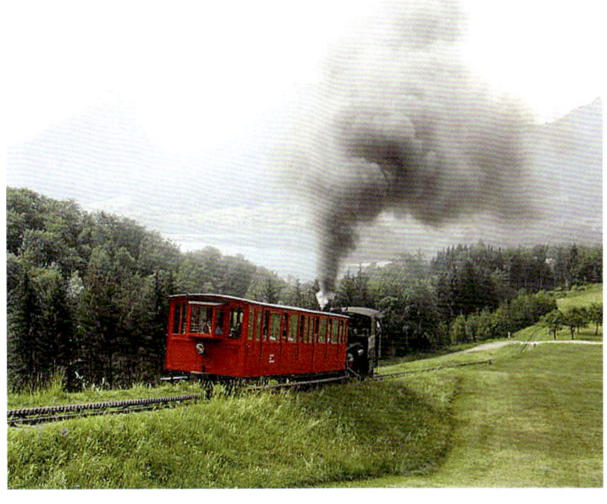

Rundfahrt mit dem kleinen Schiff „Zwölferhorn", ***Schifffahrt am Wolfgangsee,*** Brunnleitenweg 32 a, St. Gilgen, Tel. +43 (0)664-554 74 31, www.schiffahrt-am-wolfgangsee.at
Fahrradfähre **St. Wolfgang – Abersee** sowie Charterservice **St.Gilgen – St. Wolfgang:** ***Schifffahrts- & Freizeitbetriebe Greinz,*** Seestr. 126, Abersee, Tel. +43 (0)664-101 94 39, www.schifffahrt-greinz.at

Bergbahnen:

SchafbergBahn, Markt 35, St. Wolfgang, Tel. +43 (0)6138 223 20, www.schafbergbahn.at
Zwölferhorn-Seilbahn, Konrad-Lesiak-Platz 3, St. Gilgen, Tel. +43 (0)6227 23 50, www.12erhorn.at

Fahrradvermietung:

Strobl: ***Sport Girbl,*** Bahnstraße 300, Tel. +43 (0)6137 74 84, www.sport-girbl.at
Au: ***Seecamping Appesbach***, Au 99, Tel. +43 (0)6138 22 06, www.appesbach.at
St. Wolfgang: ***Reisebüro Pro Travel***, Markt 152, Tel. +43 (0)6138 25 25, www.protravel.at
Ried: ***Sportcamp Raudaschl***, Ried 25, Tel. +43 (0)6138 29 16 / +43 (0)660-523 66 78, www.sportraudaschl.at
St. Gilgen: ***Verleih Gisa Leitgeb***, Mondseestraße 3, Tel. +43 (0)680-306 09 37 oder +43 (0)6227 26 04

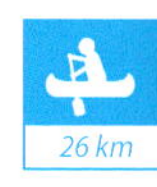

E-Bike-Vermieter:

Schiffsanleger Gschwendt: ***Kiosk am Parkplatz***, Tel. +43 (0)681 202 086 00

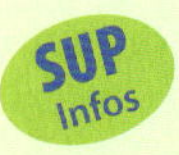

SUP-Tipps: ***Geführte Tour*** oder ***Kurs*** beim Seecamping Appesbach in **Au.**
Nach dem ***Sundowner*** in **Ried** an der ***Strandbar „Sunseebar"*** beim Sportcamp Raudaschl die Seele baumeln lassen oder in **Berau** im ***Hias*** eine ***Holzofenpizza*** auf der Dachterrasse.

SUP-Vermietung & Kurse:

Au (OT von St. Wolfgang):
Naish SUP Center
Seecamping Appesbach
Au 99
Tel.+43 (0)660-220 64 04
Tel.+43 (0)6138 22 06
www.appesbach.at
www.naishsupcenter.at

Strobl:
Strobler Bootsvermietung
Promenade, Fichtenweg 142
Tel.+43 (0)664-536 73 77
www.eisboot.at

Schwarzenbach:
Badeplatz Berau
Schwarzenbach 16
Tel. +43 (0)6138 25 43
www.berau.at

Ried (OT von St. Wolfgang):
Sportcamp Raudaschl
An der Seepromenade, Ried 25
Tel. +43 (0)6138 29 16
Tel. +43 (0)660-523 66 78
www.sportraudaschl.at

Der Wolfgangsee

Dort wo der See über die ***Ischler Ache*** entwässert, setzen wir südlich des Flusses am Seeufer ein. Das abfließende Wasser des ***Wolfgangsees*** oder ***Abersee***, wie er von den Einheimischen auch genannt wird, landet nach etwa 12 Kilometern bei Bad Ischl in der ***Traun***. Für uns geht es in die Gegenrichtung, einmal gegen den Uhrzeigersinn um die „Perle des Salzkammergutes".

Während gleich rechts der hübsche bewaldete Buckel des ***Bürgls*** die Sicht einschränkt, liegt am gegenüberliegenden Ufer der Ort **Strobl**, der mit seiner Kirche und den alpenländischen Häusern recht idyllisch aussieht. *Eine Gemeinde die bei Schriftstellern, Künstlern und Schauspielern beliebt war. So lebten hier zeitweise die Schauspieler Theo Lingen, Emil Jannings und Hildegard Knef.*

Schon gleich zu Beginn unserer Tour schillert das Wasser in unbeschreiblichen Grüntönen. Kein Wunder, denn die Sichttiefe am Wolfgangsee beträgt über 10 Meter. Die Wasserqualität ist sogar so gut, dass der See als Referenzgewässer für Wasserqualitätsanalysen dient.

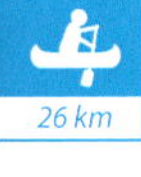
26 km

Bald nehmen wir etwas Abstand vom Ufer und paddeln hinaus auf den 13 Quadratkilometer großen Bergsee, der an seiner tiefsten Stelle immerhin 114 Meter misst. Im Gegensatz zu den meisten anderen paddelbaren Seen des Salzkammergutes erstreckt er sich von Ost nach West und bietet so ein Einfallstor für spektakuläre Lichtstimmungen am Morgen und am Abend.

Wie bestellt eröffnet sich um uns herum mit jedem Paddelschlag etwas mehr des einmaligen Panoramas, das sich anfangs hinter dem ***Bürgl*** versteckt hielt. Rechterhand queren wir die Bucht von **Schwarzenbach**, die DER Treffpunkt für SUPler ist und auf beiden Seiten von Campingplätzen mit SUP-Vermietung flankiert wird. Schon sehen wir den namensgebenden Ort des Sees vor uns. Im Windschatten des ***Schafberges***, liegt **St. Wolfgang,** das 1000-jährige Ziel der Wallfahrer. *Seinen Namen hat es vom Heiligen Wolfgang, einem Bischof aus Regensburg, der hier im 10. Jahrhundert Schutz suchte. Die Örtlichkeiten an denen er sich aufhielt zogen so viele Pilger an, dass St. Wolfgang zeitweise zum drittgrößten Wallfahrtsort der Christenheit wurde.* Vom Wasser aus besticht der Ort durch seine einheitliche Struktur und die zwei Kirchtürme, die über die Dächer hinausragen. Unser Rundgang durch den Ort führt vorbei an alten Bürgerhäusern, bunten Läden und Cafés direkt zur Wallfahrtskirche mit dem berühmten Flügelaltar von Michael Pacher und zum Wolfgangibrunnen, einem mehr als 500 Jahre alten Pilgerbrunnen auf einer Terrasse über dem Marktplatz. *Weltberühmt wurde der Ort durch das Hotel „Weißes Rössl", Originalschauplatz der Operette von Ralph Benatzky.* Wem sowas gefällt, kann ja im ***„4-Sterne-Superior-Ambiente"*** übernachten, wo das Singspiel in Dauerschleife auf dem Hauskanal gespielt wird.

Einer der vielen „Gschmå-Platzl" rund um den Wolfgangsee findet man am sogenannten ***Malersteig***, der vom Ortszentrum auf den ***Kalvarienberg*** führt. *Der Begriff „Gschmå" steht für „schön, gemütlich" und dieses Gefühl müssen wohl die um 1820 den See entdeckenden Landschaftsmaler gehabt haben, als sie einige der wunderschönen Bilder von dieser Gegend malten. Besonders gerne vom Kalvarienberg oberhalb des Ortes aus.* Informationen über die zahlreichen Künstler die seit Jahrhunderten den Wolfgangsee besuchen erhält man auf Schautafeln. *Auf der gegenüberliegenden Seeseite entstand zwischen 1927 und 1938 die sogenannte Zinkenbacher Malerkolonie. Bedeutende österreichische Künstler verbrachten die Sommer hier und schufen teils bedeutende Werke.* Das ***„Museum Zinkenbacher Malerkolonie"*** gewährt tolle Einblicke in diese Zeit.

Wer besonders hoch hinaus will, erreicht mit der 1893 in Betrieb genommenen ***Schafbergbahn***, einer Zahnrradbahn für die eine Reservierung dringend anzuraten ist, die schönste Aussichtswarte Österreichs – den 1782 Meter hohen ***Schafberg-Gipfel***. Ein „Muß" für jeden Wolfgangsee-Urlauber. Man kann ihn auch über verschiedene Routen in zwei bis drei Stunden besteigen. Auf Höhe des Ortes hat der von links einmündende ***Zinkenbach*** mit seinem Geschiebe über die Zeit einen Schwemmkegel geschaffen, der den See an dieser Stelle auf wenige hundert Meter verengt hat.

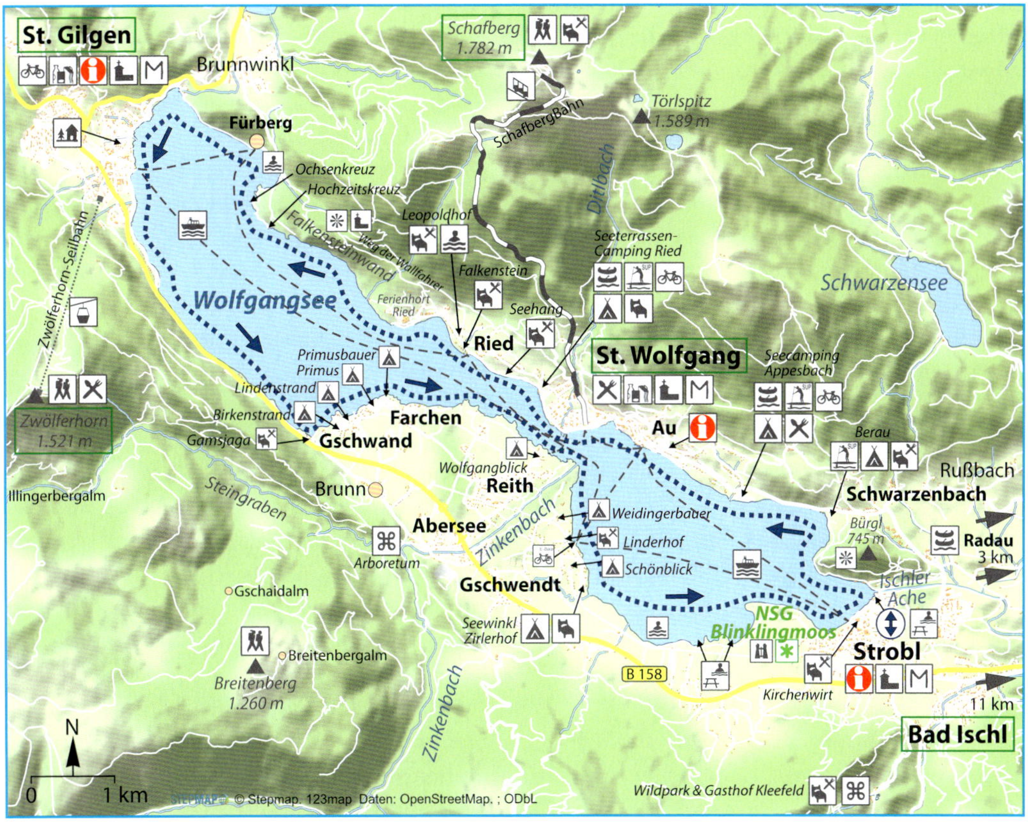

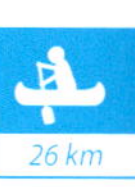

Vorbei paddeln wir dann am Ortsteil **Ried** und der am Seeufer hervorstechenden riesigen schlossähnlichen Anlage des ***Ferienhortes Ried***, *das 1910 als Sommererholungslager für bedürftige Gymnasial- und Realschüler errichtet wurde.* Heute ist hier die Höhere Bundeslehranstalt für wirtschaftliche Berufe untergebracht. Bald darauf kommen wir zum ***„Frauenstein“***, einem vorspringenden Felsen, der in einer Nische ein Muttergottesbild birgt.

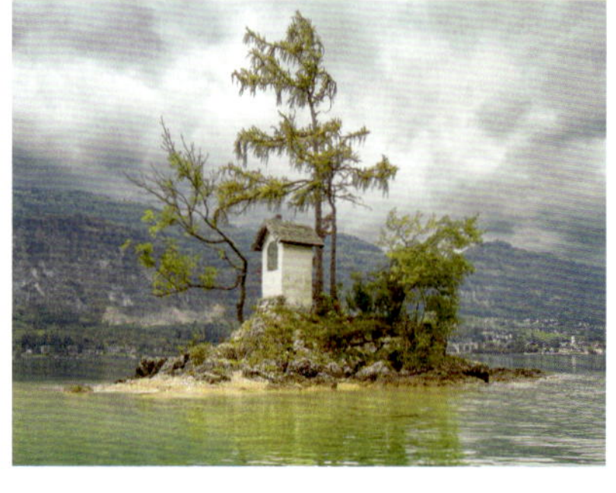

Im nordwestlichen Teil des Sees öffnet sich nun der Blick auf die atemberaubende ***Falkensteinwand***, die mehr als 200 Meter hoch lotrecht aus dem Wasser aufragt. Ganz sicher der Hauptdarsteller im nördlichen Teil des Sees. Eine solche Attraktion ist natürlich auch Ziel für Klettersportler. Wer genau hinschaut, sieht vielleicht den ein oder anderen Wandakrobaten am Fels umherturnen. Wie zu winzigen Insekten geschrumpft paddeln wir direkt unter der Wand hindurch und genießen den Blick in die Höhe.

Dort wo die Wand wieder etwas flacher wird, treffen sich im Sommer oft Klippenspringer die von den Felsvorsprüngen in der Falkensteinwand in die Tiefe springen. Amateure eifern dabei den Extremsportlern der „Red Bull Cliff Diving World Series“ nach, nachdem diese 2005 zum ersten Mal am See Station machten. Regelmäßig kommt es zu teils schweren Verletzungen – kein Wunder ist doch die Wucht beim Aufprall aus bis zu 30 Metern Höhe neunmal so stark wie bei einem Sprung vom Zehn-Meter-Turm. Wer nicht gar soviel Lust auf Adrenalin hat, der kann am Ende der Wand auch hervorragende Pausenplätze finden, samt winziger Strände und schattenspendender Bäume.

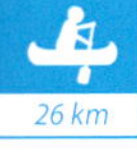

Gleich nach der Falkensteinwand steht auf einem Felsen das ***Hochzeitskreuz***, *das ein frisch gebackener Ehemann als Dank für die Rettung seiner Braut errichten ließ, als auf deren Hochzeit die ganze Gesellschaft im Eis einbrach.*

Nur ein paar Paddelschläge weiter stoßen wir auf ein winziges Inselchen. Eigentlich ist das Eiland nicht viel mehr als ein Fels, der aus dem Wasser schaut. Auf ihm hält sich, von den Unbilden der Natur gebeutelt, eine größere Lärche am Leben sowie ein paar zerzauste Büsche. Da wäre aber auch noch das ***Ochsenkreuz*** auf der Insel, zu dem es ebenfalls eine alte Überlieferung gibt: *Ein Almbauer war auf dem Weg nach St. Gilgen um sein Rindvieh zum Schlachten zu bringen. Dafür lief er entlang eines schmalen Pfades direkt an der Seekante. Wegen eines Steinrutsches geriet einer der Ochsen in Panik und rutschte in den See. Um sein wertvolles Vieh nicht aufgeben zu müssen, sprang der Bauer, er konnte nicht schwimmen, hinterher. In Panik klammerte er sich an des Ochsen Schwanz und ließ sich quer über das Wasser bis hin zu dieser kleinen Insel ziehen. Dankerfüllt ließ der Bauersmann hier einen Bildstock errichten.*

Der Ort **St. Gilgen**, in Deutschland am ehesten als Urlaubsort des bundesdeutschen Altkanzlers Helmut Kohl bekannt, der hier auch zum Ehrenbürger ernannt wurde, zeigt sich nun am Seeende direkt vor uns. Die ***Pfarrkirche St. Gilgen*** mit ihren doppelstöckigen Zwiebeltürmen und die umstehenden Waldberge und Felswände prägen das hübsche Erscheinungsbild vom Wasser aus. Wer mag, kann mit der ***Zwölferhorn-Gondelbahn*** einen Ausflug auf den gleichnamigen Hausberg des Ortes machen.

In einem weiten Bogen geht es nun am Südwestufer zurück. Zwischen St. Gilgen und dem Ort Gschwand herrscht auf der ufernahen Straße auf rund zwei Kilometern reger Autoverkehr. In der Ferne ist hinter dem Südufer die Kette der ***Osterhorngruppe*** zu erkennen.

Ab **Gschwand** entfernt sich die Straße vom See und es zeigen sich ausgedehnte Wiesenflächen und längere Abschnitte mit flachem Wasser. Nun bekommt das kühle Nass geradezu karibische

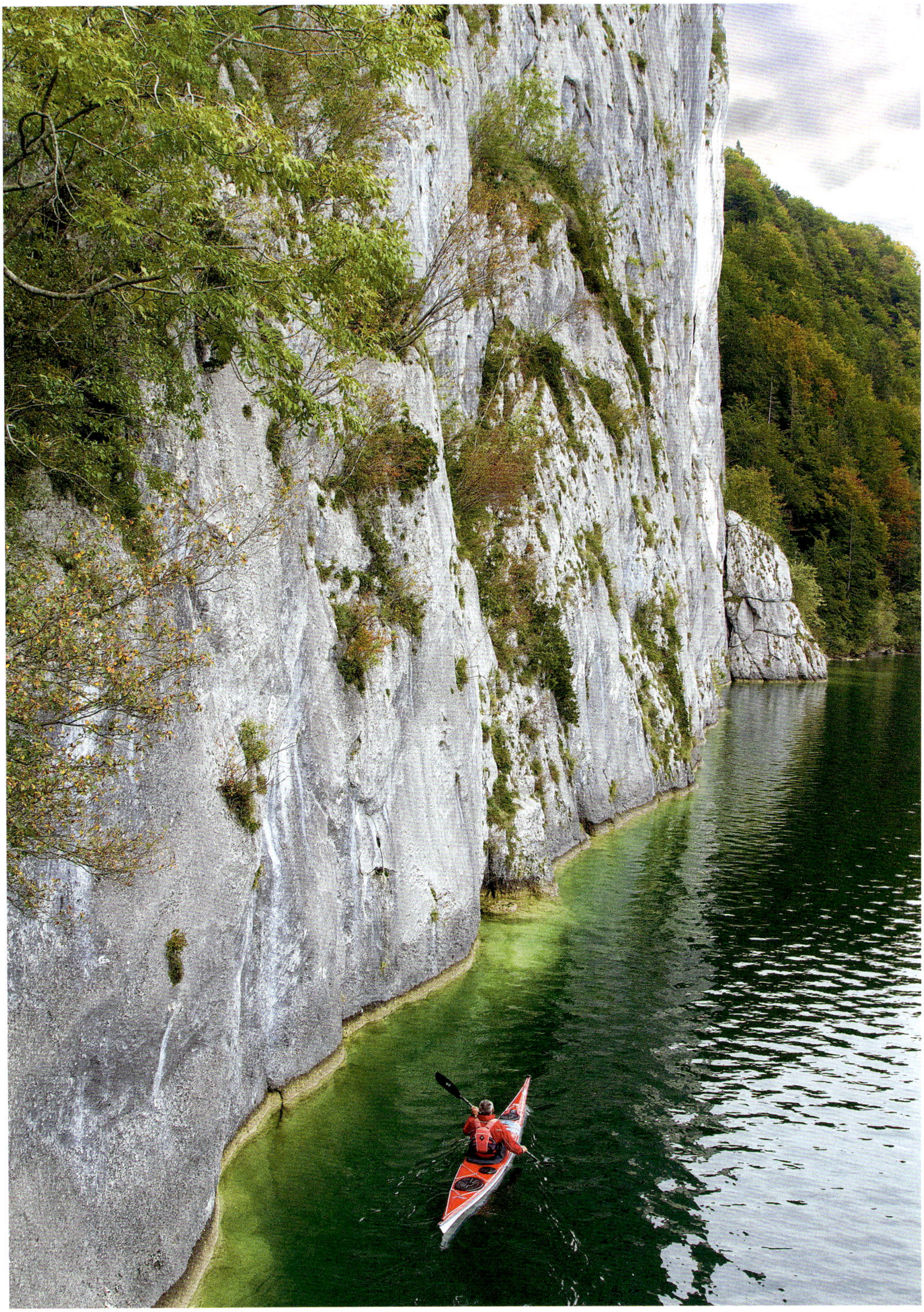

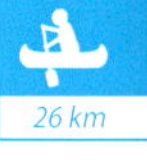

Auf den Felsen der Falkensteinwand treffen sich im Sommer oft wagemutige Klippenspringer

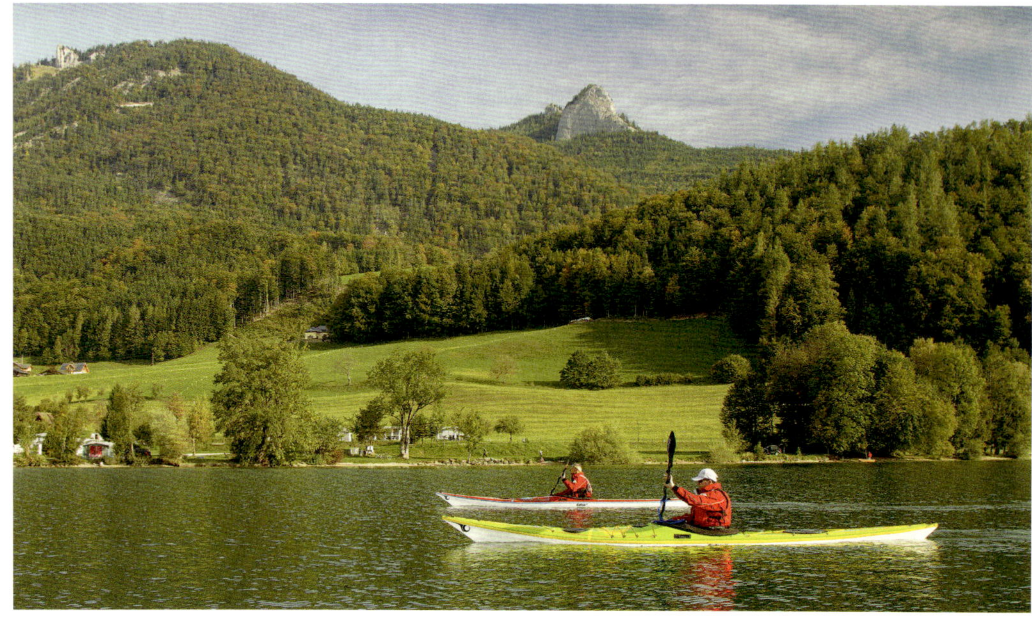

Am nordwestlichen Ufer des Wolfgangsees kann man dank fehlender Straßen die abwechslungsreiche Landschaft genießen

Anmutung. Wer einen Campingplatz sucht, der wird hier fündig werden. Es reihen sich gleich mehrere in einer Kette auf. Für Familien ist wohl besonders der Campingplatz Lindenstrand ein Volltreffer, er hat einen feineren Kiesstrand der in das türkisblaue Seewasser führt und die ebene Wiese ist durchsetzt von schattenspendenen Linden und kleineren Apfelbäumen.

Jetzt nehmen wir die Mündung des ***Zinkenbachs*** etwas genauer in Augenschein. Seine Ufer sind zu großen Teilen mit Schilf bestanden, dazu gesellen sich solitäre Weiden und Ahornbäume, in deren Blätterwerk sich schon der beginnende Herbst zeigt. Beim letzten Hochwasser hat der kleine Bach so viel Geschiebe mitgebracht, dass die Kieszunge um fünf Meter gewachsen ist und die Fahrrinne der Seeschiffart in der Seemitte zu gefährden drohte, die man daraufhin ausbaggerte. Ein schmaler Kiesstreifen lädt hier zum Sonnen und Planschen im angenehm warmen und kristallklaren Flachwasser ein. Auf den vorgelagerten Kiesbänken, dem sogenannten ***„Zinkenbachspitz“***, ist man zumeist allein und hat einen wunderschönen Ausblick auf das gegenüberliegende St. Wolfgang.

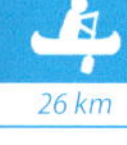
26 km

Sind wir noch bei Bilderbuchwetter gestartet, hat sich mittlerweile eine nahezu bedrohliche, dunkle Wolkendecke gebildet. Die Gipfel der höheren Berge, wie der des markanten ***Sparbers***, beginnen jetzt in den finsteren Schwaden zu verschwinden. Rechter Hand befindet sich auf den nächsten Kilometern das ***Naturschutzgebiet Blinklingmoos***, dessen Torfmoose einen bis zu sechseinhalb Meter mächtigen Torfkörper haben. *Umrandet von Streuobstwiesen leben hier mehr als 60 gefährdete Flora- und Fauna-Arten. Darunter befinden sich an den nassen Lebensraum angepasste Arten wie der Rundblättrige Sonnentau.* Den Schilfbereich müssen wir Wassersportler zur Brutzeit weiträumig umfahren.

Am Ufer reihen sich nun private und kostenpflichtige Badeplätze sowie öffentliche FKK-Flächen aneinander. Durch seine sonnige Lage am weiten, flachen Süd-Ostufer hat das fast am Endpunkt unserer Tour liegende **Strobl** schöne Naturbadestrände mit recht hohen Wassertemperaturen.

Gosausee

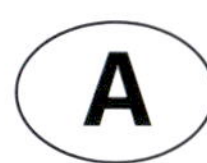

Paddeln im „Auge Gottes"

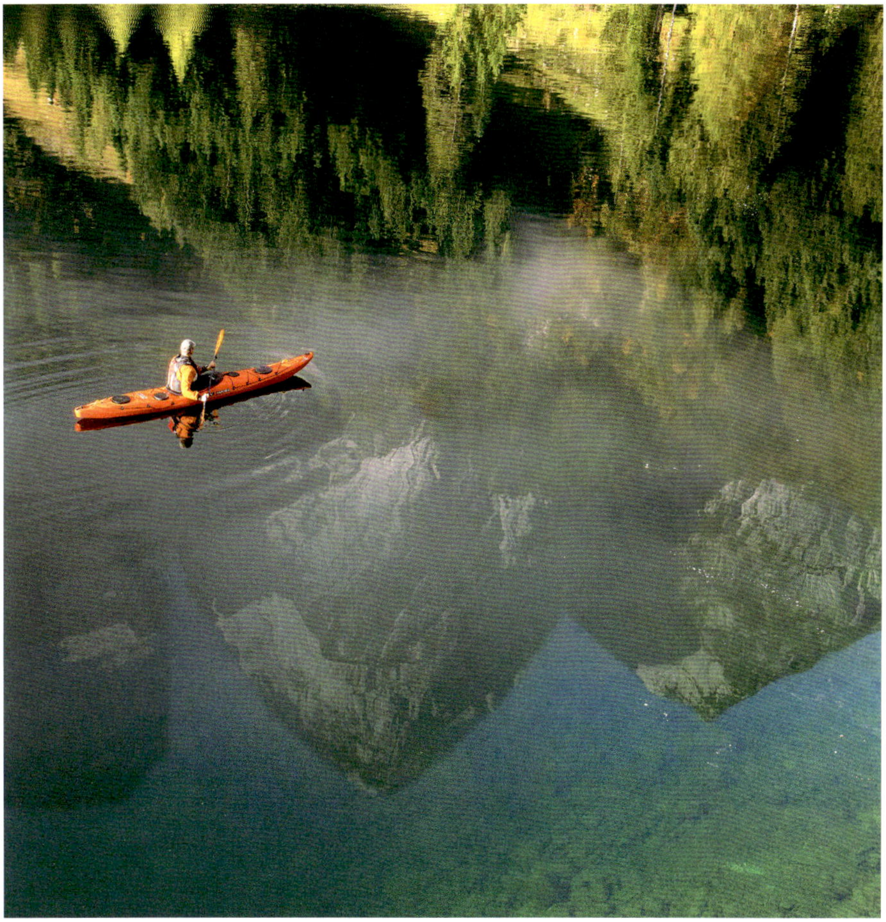

Tour

Tour-Infos Gosausee

Landschaft	Kultur	Baden	Verkehrslärm
★★★★	★	★	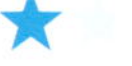

Charakter des Sees

Der Vordere Gosausee ist ein kleiner Bergsee, der in einem engen Bergtal 933 Metern über dem Meer und unterhalb der markanten Gipfel der Gosaukette liegt – ein Bilderbuchsee! Im Hintergrund kann man bei gutem Wetter das Dachsteinmassiv mit seinen Gletschern leuchten sehen. Dieses Landschaftsbild ist eine Ikone Österreichs. Wegen seiner geringen Größe von nur knapp zwei Kilometern Länge und 500 Metern Breite eignet sich das Gewässer lediglich für eine gemütliche Bummeltour bei der man das unglaubliche Panorama bewundert. Auf dem Wasser ist man meist alleine unterwegs. Wegen der gut geschützten Lage ist der See ausgesprochen ruhig und es kommt, verglichen mit den großen Bergseen, häufig zu Spiegelungen auf der Wasseroberfläche.

Als beliebtes Wanderziel kann es an den Ufern besonders in der Saison und an Wochenenden hoch hergehen. Bleibt noch zu erwähnen, dass die Sichttiefe fast unendlich erscheint und zu den besten in diesem Buch gehört, was es zusammen mit der geschützten Lage und der geringen Größe für SUP-Touren prädestiniert. In den Wintermonaten wird das Wasser des Gosausees bis auf eine Resttiefe von 36 Metern abgelassen.

Länge und Dauer der Tour: 4 km, Halbtagestour **Schwierigkeit:** leicht **Saisonfaktor:** niedrig

Bootswagen: hilfreich für den Weg vom Parkplatz zur Bootsrampe.

Gefahren

Ausgeprägte Wellen sind selbst bei viel Wind kaum zu erwarten.

Neben gelegentlich auftretenden Fallwinden kann lediglich der mangelnde Rundumblick dazu führen, dass ein sich näherndes Gewitter erst spät bemerkt wird.

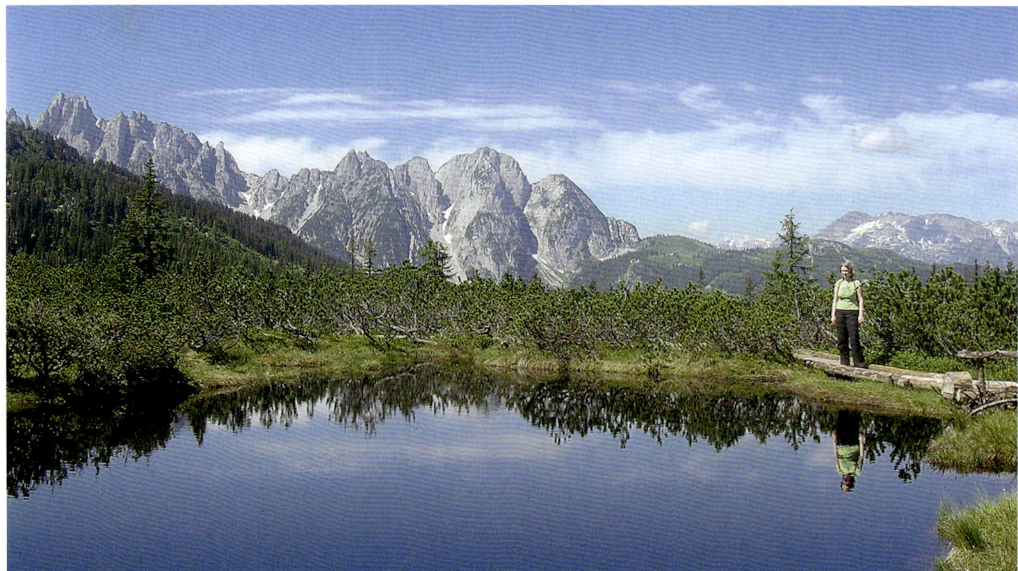

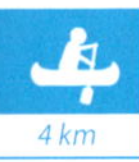

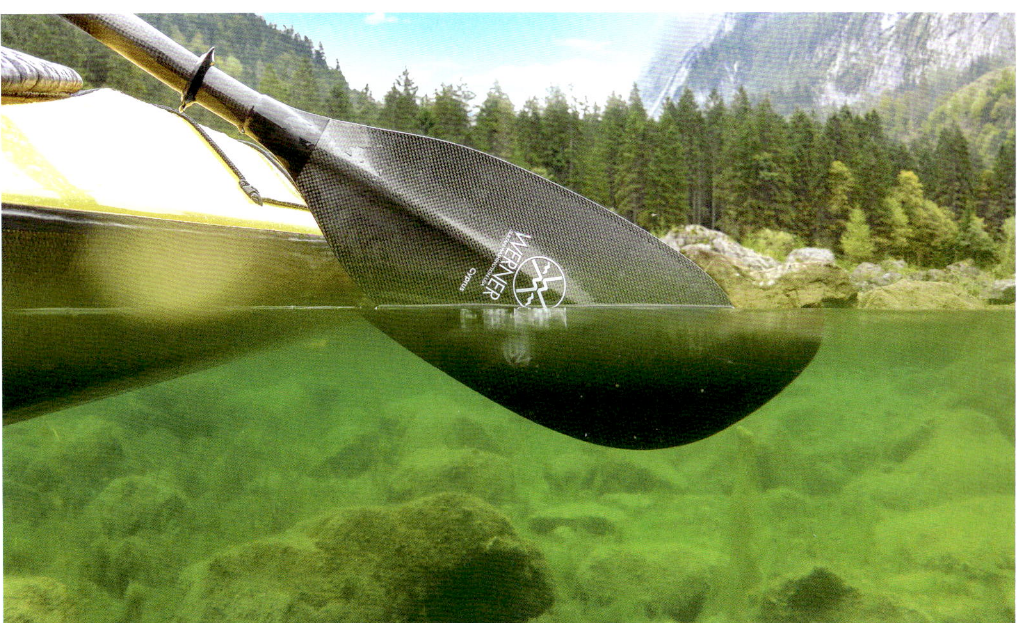

Anreise

Aus **Salzburg**: Über A 1 und A 10 Richtung Villach bis zur Ausfahrt 28 *(Golling)*. Richtung ***Golling*** und dann rechts ab über die B 159 auf die B 162 *(Lammertal Straße)*. In ***Voglau b. Abtenau*** *(Lammerbrücke)* links ab auf die *Lammerstraße* und über die B 166 *(Pass Gschütt Straße)* bis **Gosau** fahren. Dort rechts ab auf die *Gosausee Bezirksstraße* und weiter bis zum **Gasthof Gosausee**.

Aus **Linz**: Über A 7 und A 1 (Richtung Salzburg) bis Ausfahrt 224 *(Regau)* fahren. Links ab auf die B 145 *(Salzkammergut Straße)* entlang des ***Traunsees*** bis ***Stambach***. Dann links auf die B 166 *(Pass Gschütt Straße)* entlang des ***Hallstätter Sees*** bis **Gosau** fahren, weiter siehe oben.

Einsetzen und Parken

Bootsrampe beim **Gasthof Gosausee**. Direkt vor dem See gibt es an der Gosaukammbahn mehrere große gebührenpflichtige Parkplätze.

Kartenmaterial

Dachstein: Topographische Karte, 1:25.000, ***Deutscher Alpenverein***
Der Dachstein, 1:25.000, ***KOMPASS-Karten***
WK 281, Dachstein - Ausseerland - Filzmoos - Ramsau, 1:50.000, ***Freytag-Berndt und Artaria KG***

Literaturtipps

Dachstein & Gosausee: Das Gosautal, die Berge, die Seen, die Geschichte, AROVELL Verlag.
Wandern: Salzkammergut Ost: Dachstein, Traunstein, Totes Gebirge. 52 Touren, Bergverlag Rother.
„Vom Dachstein zur Rax. Auf den Spuren von Georg Hubmer“, *Fritz Lange,* Sutton Verlag.
„Der Raxkönig“, Ein österreichischer Heimatroman, *Ottokar Janetschek,* KRAL Verlag.

Übernachtung in Wassernähe *(in der Reihenfolge des Tourenverlaufs)*

direkt am See: *Gasthof Gosausee,* Gosau 395, Tel. +43 (0)6136 85 14, www.gasthof-gosausee.at
Weitere Hotels und Gasthöfe in **Gosau**.

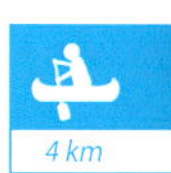

Kanuvermieter & Veranstalter: keine. Nächste Vermieter am Hallstätter See (ca. 25 km).

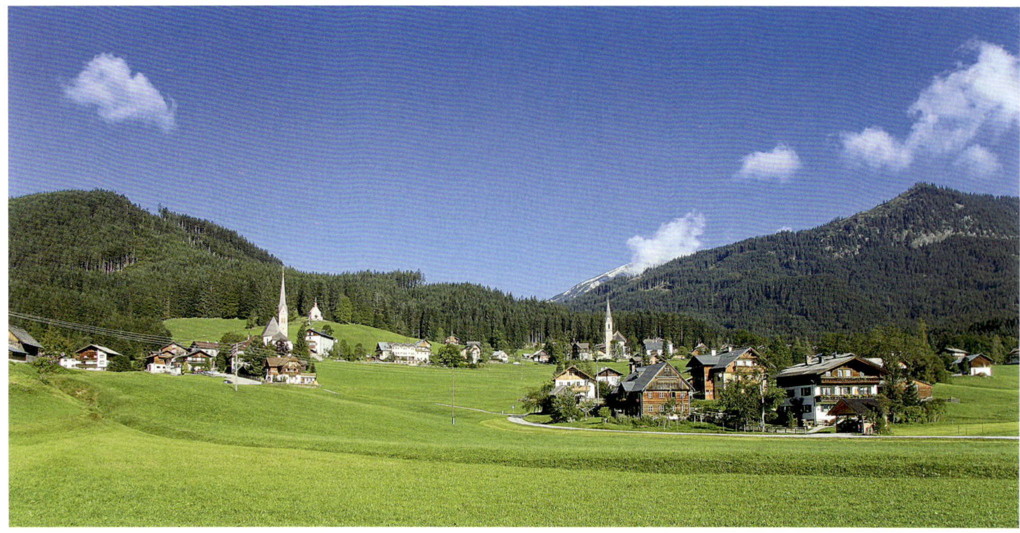

Gosau mit den charakteristischen zwei Kirchen und der Kalvarienbergkapelle

Sehenswürdigkeiten rund um den Gosausee

Gosau: *Kath. Pfarrkirche Gosau* (16. Jh.), *Ev. Pfarrkirche Gosau* (19. Jh.);

Familien-Erlebnispark Urzeitwald, Gosau 444, Tel. +43 (0)6776 142 69 29, Anf. Jul-Anf. Sep 10-18, nur bei gutem Wetter!, www.urzeitwald.at)

Freilichtmuseum Schmiedbauern: Blick auf das bäuerliche Kulturerbe des Gosautals, Toffengründe am Stausee hinter Gosauschmied (15 Autominuten), Tel. +49 (0)6136 82 95, www.gosau.com

Sonstige Aktivitäten am Gosausee

Wandern:

Themenweg „Was(s)erleben" – bequemer, einstündiger Wanderweg rund um den ***Vorderen Gosausee***, der in elf Stationen Wissenswertes über das lebenswichtige Element vermittelt. Die Runde kann natürlich auch die beiden anderen Gosauseen ***(Gosaulacke und Hinterer Gosausee)*** mit einbeziehen und wird dann noch interessanter und etwas anstrengender. **Startpunkt: Parkplatz „Gasthof Gosausee"**.

Wer ***weite Panoramen*** liebt, ohne sich groß anstrengen zu müssen, nimmt vom selben Parkplatz die ***Gosaukammbahn*** hinauf.

Eine anspruchsvollere Wanderung geht z.B. von der Bergstation der Gondelbahn zum ***Großen Donnerkogel*** über 650 Höhenmeter hinauf auf einen tollen ***Aussichtsgipfel***. Natürlich sind auch längere Touren bis hinein ins Dachsteinmassiv über mehrere Tage möglich.

Anstrengende Wanderung um den ***Gosaukamm Gosau***, **Startpunkt: Vorderer Gosausee** oder **Bergstation Gosaukammbahn** an der Gablonzer Hütte *(Einkehr, Übernachtung)*, Gehzeit: 8 Stunden.

Einstündige Wanderung auf die ***Ebenalm*** *(hausgemachte Spezialitäten)* nördlich des Sees. Die Alm ist auch idealer Ausgangspunkt für weitere Wanderungen wie z.B. zum ***Löckersee (Hochmoor)*** und den ***Gosauer Schleifsteinbrüchen***, zum ***Plankenstein***, zur ***Rossalm*** und zur ***Seekarhöhe***.

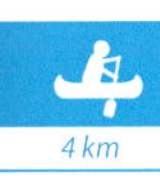

An den steilen Abstürzen des ***Lärchkogels*** ist der ***„Laserer-Alpin-Klettersteig"*** gelegen.

Tauchen:

Der See ist nicht zuletzt wegen der atemberaubenden und vielfältigen Unterwasserwelt, seiner Wasserqualität und der höchsten Sichtweite (Unterwasserblick auf den Hohen Dachstein) aller 76 Seen im Salzkammergut ein Muss für jeden Taucher. Eine „Dive-Card" ist für 15 € im „Gasthof Gosausee" erhältlich.

Tauchclub Dachstein-Salzkammergut, Tauchbasis Gosausee/Hallstätter See *(Termine auf Anfrage, Füllstation, Tauchgerätevermietung, Ausbildungskurse, geführte Tauchgänge, Nachttauchen)*, Gerhard Kaiser, Tel. +43 (0)664-88 60 04 81, www.dive-adventures.at

Baden & Thermalbad:

Baden mit Gletscherblick! Mehrere flache Seezugangsmöglichkeiten *(steinig!)*.

Hallenbad Gosau die große Glasfront bietet einen besonders schönen Ausblick auf das Bergpanorama.

Golling an der Salzach: ***Aqua Salza Golling*** (40 km entfernt), Wellness, Sauna und Freizeitbad. Möslstr. 199 (Mo-Mi & Fr-So 10-20 Do 10-21.30, Sauna bis 22, ab 10,80 €, www.aqua-salza.at)

Angeln

Das Fischen im Stausee ist von 1. Mai bis 15. September gestattet. 1 Angelrute mit einem Haken, kein Stoppelfischen, kein Fischen mit Wurm oder Teig und keine Drillinge, Fangbeschränkung: 3 Salmoniden pro Tag. Bachforellen: 30 cm, Krebsfang ausnahmslos untersagt. Weitere Infos und Lizenz- und Angelkartenausgabe im ***Tourismusbüro Gosau***, Gosau 547, Tel. +43 (0)6136 82 95.

Bergbahn:

Gosaukammbahn zur Zwieselalm, Wandergebiet Dachstein West (***Gosauer Bergbahnen***, Gosauseestr. 52, Gosau, Tel. +43 (0)50 140, Mai-Okt, tgl. 8.15-16.50, im Sommer bis 17.20 Uhr, www.dachstein.at).

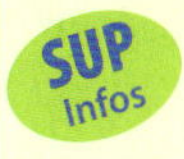

SUP-Tipp: ***Sunriser:*** Wegen des tollen Lichts ist eine SUP-Tour am frühen Morgen auf dem Gosausee ein echtes Highlight.

SUP-Vermietung: **keine.** Nächste Vermieter am Hallstätter See (ca. 25 km).

Tourist-Infos

Informationsbüro Gosau, Gosauseestr. 5, Tel. +43 (0)6136 82 95, www.dachstein-salzkammergut.at

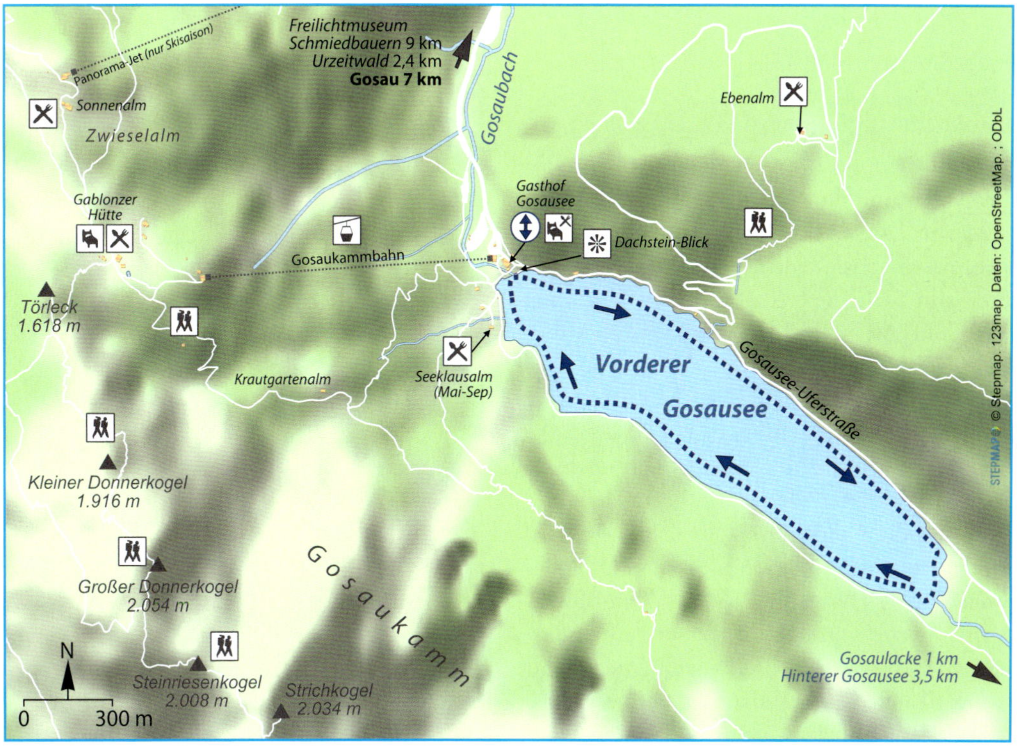

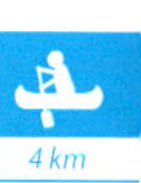

Der Gosausee

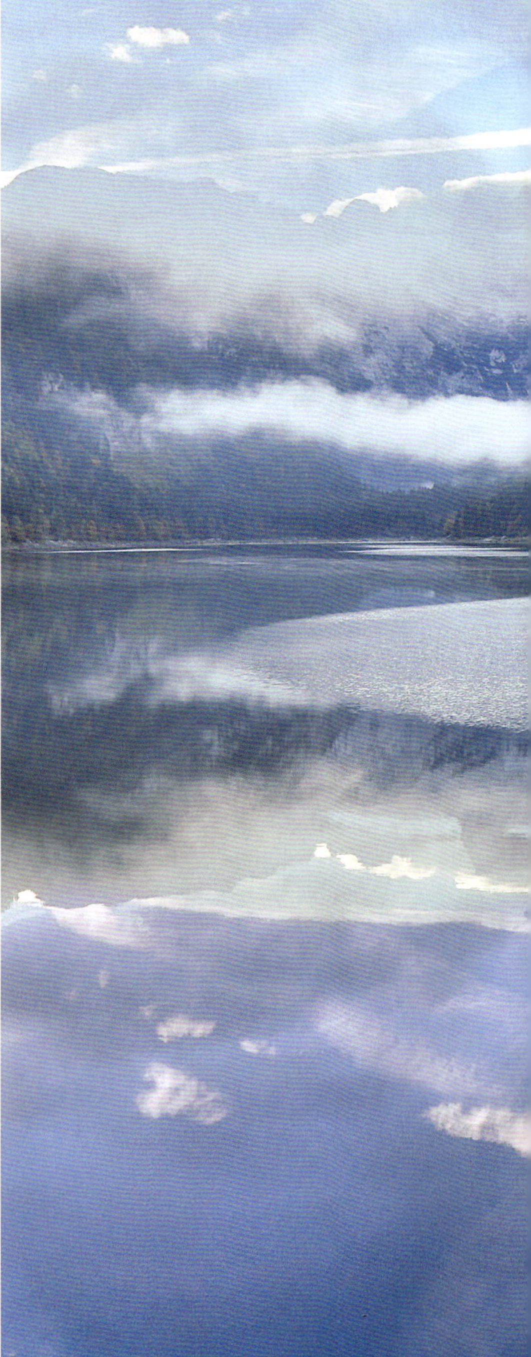

Eigentlich sind es drei Seen, aufgereiht wie an einer Kette, die man unter dem Namen ***Gosauseen*** kennt: ***Vorderer Gosausee, Gosaulacke*** und ***Hinterer Gosausee***. Paddeln geht aus logistischen und Naturschutzgründen nur auf dem Vorderen Gosausee.

Während meiner Anfahrt hinauf ins Gosautal über kurvige Bergstraßen, stehen dicke Nebelwolken in der Luft, und auch an der Staumauer angekommen, ist der Vordere Gosausee noch verhüllt von grauen Nebelschwaden. Gerade als ich dabei bin das Kajak an der Bootsrampe ins Wasser zu lassen, reißt der Nebel wie aus dem Nichts urplötzlich auf und der Blick wird frei auf die spektakuläre Berglandschaft. Schnell lenke ich das Kajak auf den glasklaren und grünlich schimmernden See hinaus. *Schon der Weltreisende und Naturforscher Alexander Freiherr von Humboldt hat den Gosausee, als krönenden Abschluß des Tals, unmittelbar vor den mächtigen Mauern und Türmen des Dachsteins gelegen, tief beeindruckt und überwältigt, als „das Auge Gottes" bezeichnet.*

Jetzt spiegeln sich die Zinnen des ***Gosaukamms*** in ihm. An den Ufern wechseln grüne Bergwiesen mit dunklen Fichtenhainen, durchsetzt von Lärchen-, Buchen- und Ahorngruppen, deren gelbe Nadeln und Blätter von der Sonne in Szene gesetzt werden, als wären sie aus Gold. Meine Paddelschläge zerstören die gespiegelte Welt hinter mir.

Vor mir schaue ich auf den ***Dachstein*** samt seinem Gletscher, der über dem Trog des Sees aufragt. Ich lasse mir alle Zeit der Welt – Schlag für Schlag, Tropfen für Tropfen genieße ich die Bergszenerie. Langsam schiebt sich das Kajak an den Felsen des Nordufers entlang. Die Felswand setzt sich bis in die Tiefe des Sees fort. Das Kajak scheint wieder einmal über dem endlosen Grund zu schweben. Langsam zieht sich die Wolkendecke wieder zu und der Fernblick schrumpft. Trotzdem ragen die Kämme der

4 km

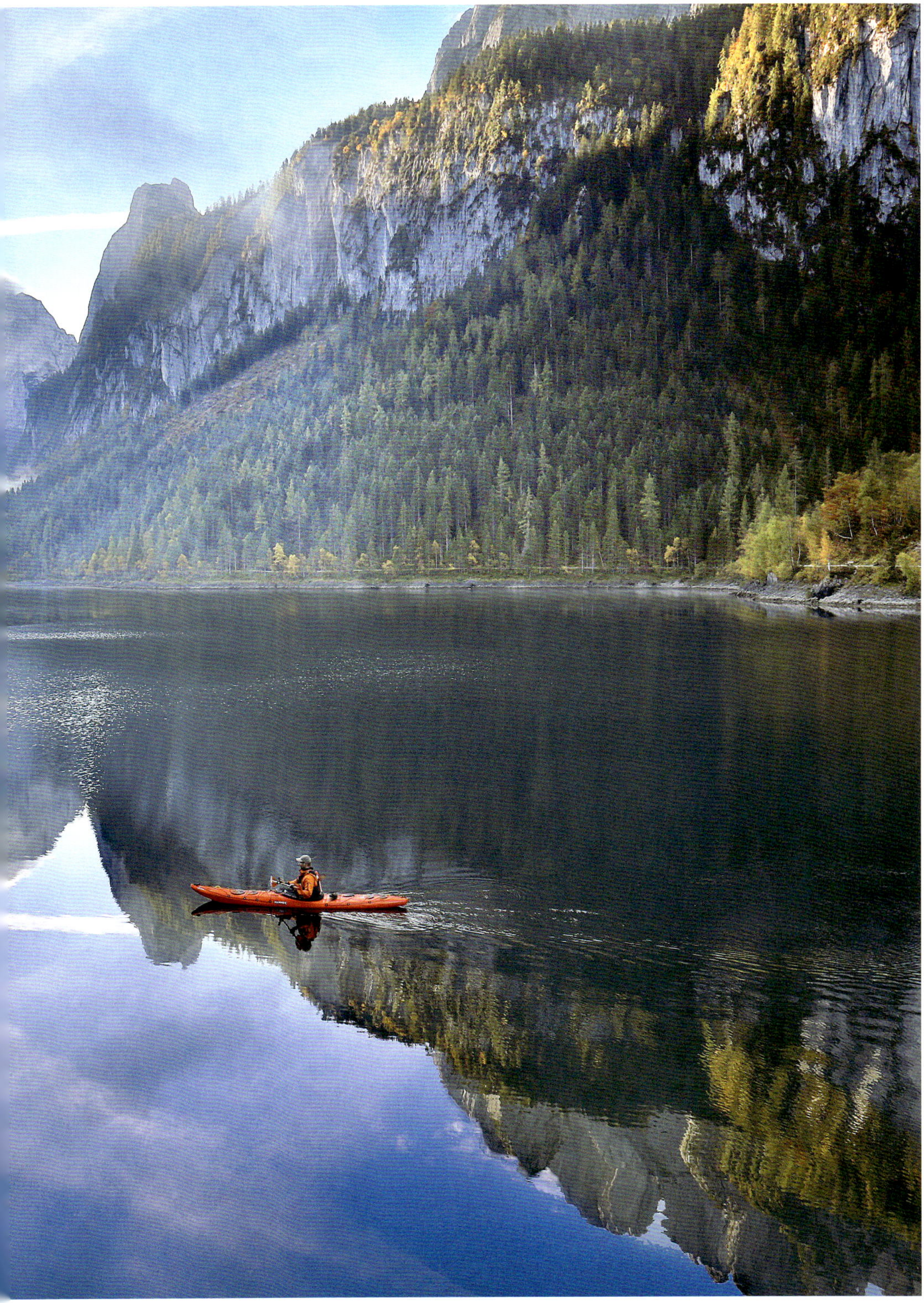

4 km

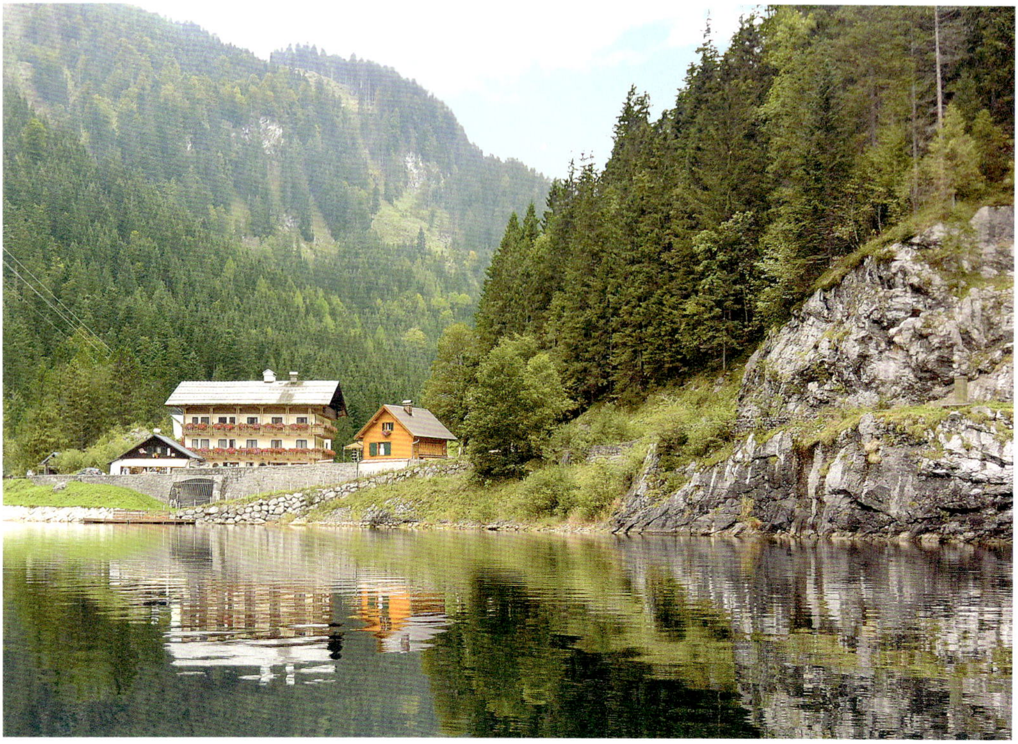

Der Gasthof „Gosausee" ist perfekter Ausgangspunkt für Touren in die beeindruckende Bergwelt

markanten Zinken der ***Gosaukette*** noch aus den Wolken hinter einer lagen Wand aus Fels hervor.

Ein Stück weiter bestaune ich die gut erhaltenen Baumstümpfe unter Wasser, die wohl noch aus der Zeit der Stauseeerbauung stammen. *Ursprünglich war der Gosausee ein natürlicher Bergsee, der im Jahre 1913 zwecks Energiegewinnung um zusätzliche 12 Meter aufgestaut wurde.* So erhielt er sein heutiges Aussehen.

Auf der anderen Seeseite fällt eine breite Mure auf, die sich wie eine Autobahn aus Gestein in den See wälzt. Hier walten ganz offensichtlich die Urkräfte der Natur. Am Ende des Sees stoße ich auf eine Reihe von knapp unter der Wasseroberfläche liegenden Felsbrocken zwischen denen sich grüne Seegraswiesen ausbreiten. Ein Schild warnt vor „der Gefahr unter Wasser". Scheinbar will der Betreiber der Tretbootvermietung verhindern, dass die „Kurbelkapitäne" hier auf Felsriffe auflaufen und aufwändig freigeschleppt werden müssen.

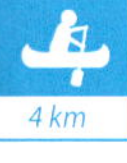

Als Kajakfahrer und SUP-Paddler (Achtung Finne!) ist ein Slalom zwischen den Felsen jedoch ein wahrer Genuss, zumal sie von oben gut auszumachen sind.

Nicht weit von hier befindet sich ein kleiner Kiesstrand an dem man für eine kleine besinnliche Pause gut anlegen kann.

Wieder auf dem Wasser nehme ich die Berge auf der anderen Seite in Augenschein. Nicht ganz so zerklüftet, bilden sie aber eine ebenso schöne Kulisse, die insbesondere durch einen runden Waldbuckel unterstrichen wird. Nach zwei Stunden und einer Strecke für die ich im normalen Paddeltempo wohl nur etwas mehr als eine halbe Stunde gebraucht hätte, beende ich die Ausfahrt an der Bootsrampe unterhalb des an prominenter Stelle am Seeende errichteten Gasthofs.

Hallstätter See

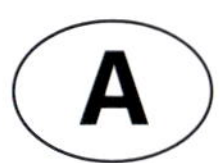

Unterwegs auf dem „stillen Fjord"

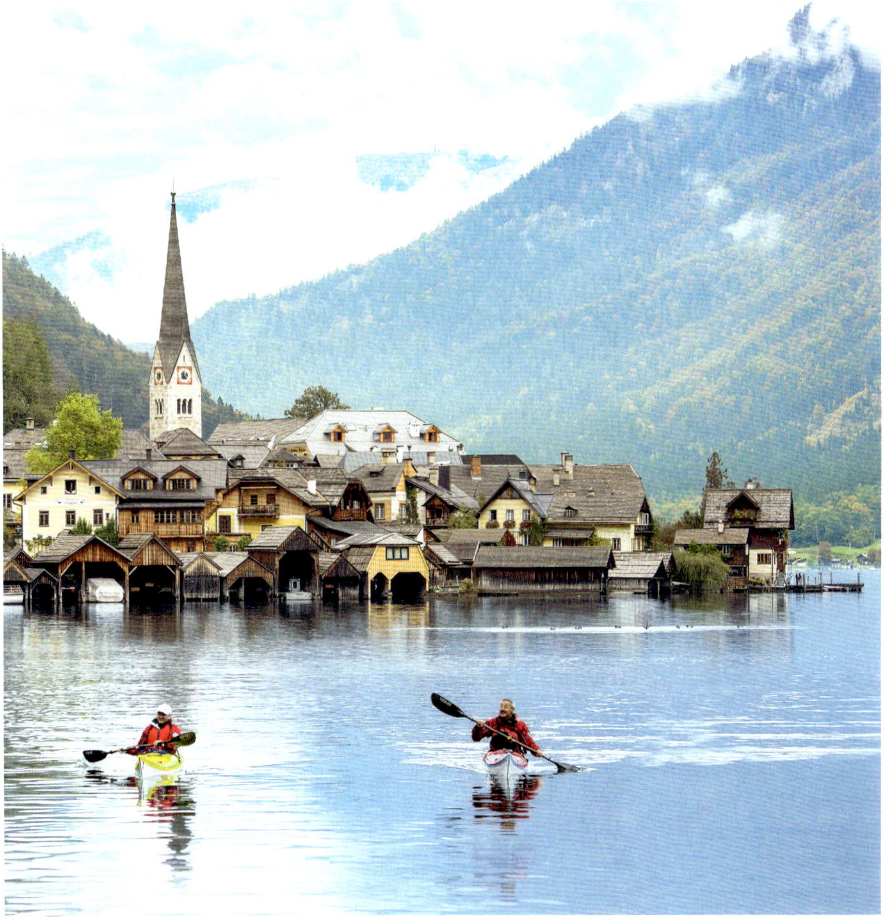

Tour

Tour-Infos Hallstätter See

Landschaft	Kultur	Baden	Verkehrslärm
★★★★	★★★	★★	★★

Charakter des Sees

Der fjordartige Hallstätter See ist wie eine riesige „Gebirgsbadewanne" in grandioser Natur, extreme Steilhänge des Dachsteinmassivs bilden sein u-förmiges Tal. Ausgeschliffen wurde diese Wanne vom Traungletscher während der letzten Eiszeit. In Relation zu den hohen Bergflanken ist seine Tiefe von 125 Metern nicht besonders herausragend. Die Sichttiefe ist abhängig von den Schwebstoffen, die der Regen in den See spült. Bestenfalls kann man 14 Meter tief blicken, was wirklich sehr faszinierend sein kann, wenn man auf einem SUP-Board steht. Aber auch der Blick vom Sitz eines Kanus in die Tiefe ist beeindruckend.

Früh am Morgen spiegeln sich oft die umliegenden Berge auf der glatten Seeoberfläche. Wer einmal um das gesamte, acht Kilometer lange und bis zu zwei Kilometern breite, Berggewässer paddeln möchte, kann mit einer Strecke von etwa 19 Kilometern rechnen. Bezieht man ein Stück des Traun-Deltas stromauf mit ein, sind es sogar über 20 Kilometer. Da sich der See in sanften S- Kurven windet, sind immer nur Teile des Sees gleichzeitig zu sehen, was eine Befahrung besonders abwechslungsreich macht.

Die große Menge kalten Wassers, die durch die Traun im Süden des Sees in diesen gelangt, sorgt für niedrige Badetemperaturen. Kulturell hat die Gegend eine Menge zu bieten. Nicht umsonst wurde die Region Hallstatt rund um das älteste Salzbergwerk der Welt von der UNESCO zum Weltkulturerbe erklärt.

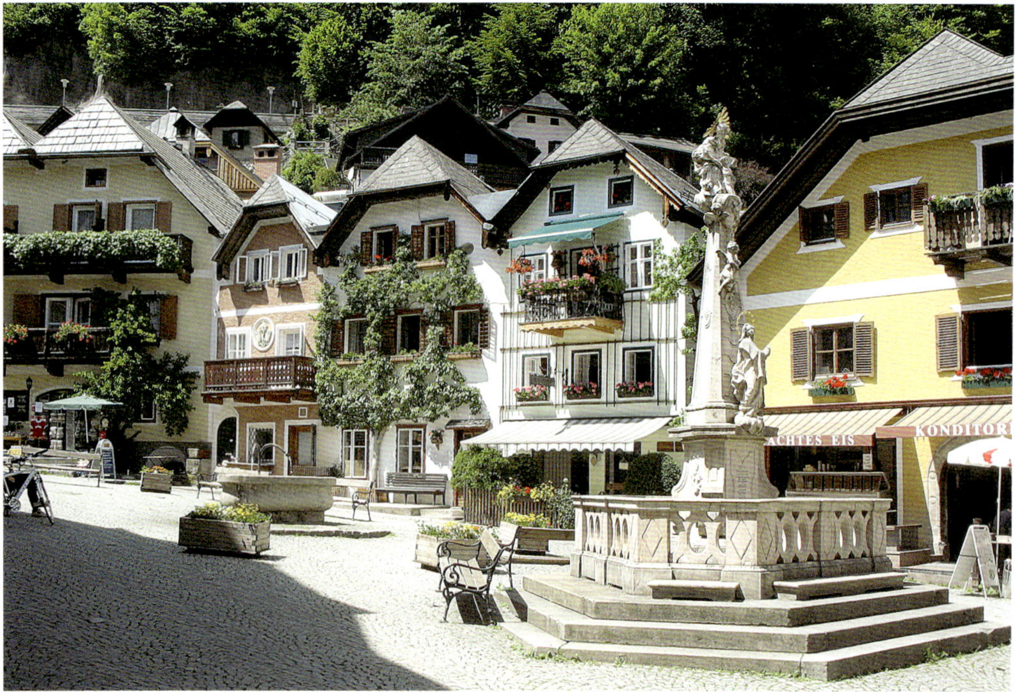

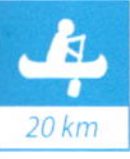

Der malerische Markt des weltberühmten Weltkulturerbe-Ortes Hallstatt

Länge und Dauer der Tour: 20 km, 1-2 Tage **Schwierigkeit:** leicht **Saisonfaktor:** niedrig

Etappenvorschlag: **1. Tag:** Gosaumühle – Traunmündung (8 km)
2. Tag: Traunmündung – Gosaumühle (12 km)

Bootswagen: Für den Kanutransport zur Einsetzstelle und zum Campingplatz sinnvoll.

Gefahren

Wegen der hohen und steilen Felswände rundum ist der See gut geschützt vor Winden und gilt daher als relativ ruhiges Gewässer. Nichtsdestotrotz darf man als Wassersportler das Wetter niemals aus den Augen verlieren. Thermikwinde können hier natürlich auch auftreten.

Ein Beispiel ist der sogenannte „Waldbacher", ein Wind, der aus dem Waldbachtal herunterweht. **Im Norden und Süden des Sees sind Sturmwarnleuchten** *(orangefarbene Blinkscheinwerfer)* so positioniert, dass trotz der Seewindungen mindestens ein Signal von jedem Punkt des Sees aus zu sehen ist.

Schnelles Drehen der Leuchten = ein Sturm steht unmittelbar bevor – runter vom See!

Langsammes Drehen der Leuchten = in nächster Zeit kann Sturm aufziehen – in Ufernähe bleiben!

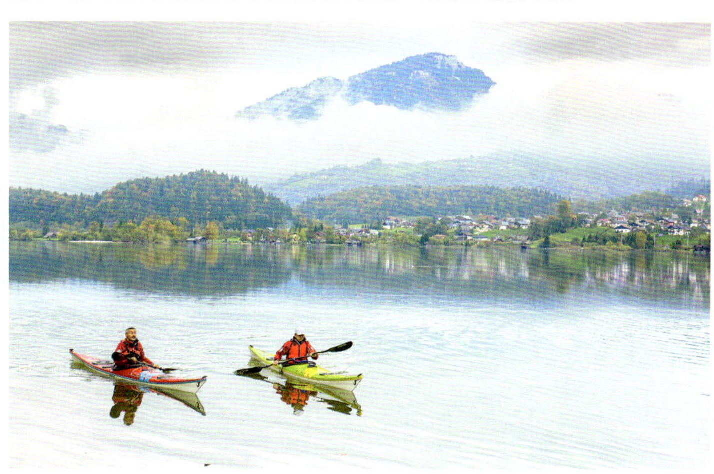

Gewitter sind wegen der hohen Felswände erst sehr spät auszumachen.

Außerdem befindet sich ein **gefährliches Wehr am Auslauf der *Traun*** bei **Bad Goisern** (Nordende).

Befahrungsregelungen

Im Juli und im August dürfen auf dem Hallstätter See keine Motorboote fahren.

Anreise

Von **Salzburg**: Auf der B 158 und B 145 über ***Gosauzwang*** bis zur Bushaltestelle und Parkplatz **Gosaumühle** *(Pass Gschütt Straße)* fahren.

Von **Linz**: Auf der A 1 und B 145 bis ***Bad Goisern***. Hinter dem Ort rechts ab auf die B 166 und bis zur Bushaltestelle und Parkplatz *(Pass Gschütt Straße)* fahren.

Einsetzen und Parken

Strandbad Gosaumühle *(Eintritt frei, kostenloser Parkplatz)*.

Kartenmaterial

Dachsteingebirge - Hallstätter See XL: Wander-, MTB- und Tourenkarte, 1:25.000, ***GPS-genau, KOMPASS-Karten***

Literaturtipps

Berg- und Uferwanderungen Salzkammergut: 60 Touren, *Werner Mittermeier,* Plenk Verlag.
Wandern: Salzkammergut Ost: Dachstein, Traunstein, Totes Gebirge. 52 Touren, Bergverlag Rother
Erlebnis-Wandern Salzkammergut: Wellness, wandern und Natur erleben, Tyrolia Verlag
„Sissis Tod", Salzkammergut-Krimi, *Bernhard Barta,* Haymon Verlag
„Die Schattenuhr", Salzkammergut-Roman, *Alfred Komarek,* Haymon Verlag

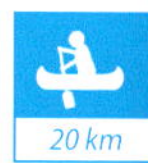

Übernachtung in Wassernähe *(in der Reihenfolge des Tourenverlaufs)*

Hallstatt:
Pension Sarstein
Gosaumühlstr. 83
Tel. +43 (0)6134 82 17

Seehotel Grüner Baum
(hervorragende Küche)
Marktplatz 104
Tel. +43 (0)6134 826 30
www.gruenerbaum.cc

Bräugasthof Lobisser
Seestraße 120
Tel. +43 (0)6134 82 21
www.brauhaus-lobisser.com

Pension-Hallberg
Seestraße 113
Tel. +43 (0)6134 87 09
www.pension-hallberg-1.at

Camping Klausner-Höll
(Imbiss, Kiosk)
Tel. +43 (0)6134 83 22
www.camping.hallstatt.net

Obertraun:
Camping am See
(Glamping – glamouröses Campen)
Winkl 77
Tel. +43 (0)6131 265
www.camping-park-am-see.at

Jugendherberge "Jutel Obertraun"
(direkt an der Traun)
Winkl 26
Tel. +43 (0)6131 360
www.jutel.at

Seehotel am Hallstätter See
Obertraun 152
Tel. +43 (0)6131 462
www.hallstatt-blick.at

Hotel "Haus am See"
Obertraun 169
Tel. +43 (0)6131 266 34

Kanuvermieter & Veranstalter

Obertraun:
Seecafé Obertraun
am Strandbad, Obertraun 301
Tel. +43 (0)650-617 71 65

Bad Goisern:
Outdoor Leadership
Steinach 4
Tel. +43 (0)6135 60 58
www.outdoor-leadership.com

Sport Zopf
Obere Marktstraße 6
Tel. +43 (0)6135 82 54
www.zopf.co.at

Tourist-Infos

Hallstatt, Seestraße 99, Tel. +43 (0)6134 82 08, www.dachstein.salzkammergut.at
Bad Goisern, Kirchengasse 4, Tel. +43 (0)6135 83 29, www.dachstein.salzkammergut.at
Obertraun, Obertraun 180, Tel. +43 (0)6131 351, www.dachstein.salzkammergut.at

Sehenswürdigkeiten rund um den Hallstätter See

Hallstatt: Katholische *Pfarrkirche Maria Himmelfahrt* (16. Jh.); *Karner – Gebeinhaus* mit der größten Schädelsammlung Europas (16. Jh.); *Puppenautomaten-Museum mit Restaurationsatelier* (private Sammlung, Wunderwerke der Uhrmacherkunst) beim Camping am See;
Museum Hallstatt (Welterbemuseum), Seestraße 56, Tel. +43 (0)6134 82 80 15, Apr & Okt 10-16, Mai-Sep 10-18, Nov-Mär Mi-So 11-15, www.museum-hallstatt.at)
Salzwelten Hallstatt: ältester Salzstollen weltweit (Salzbergstr. 21, Tel. +43 (0)6132 200 24 00, nur mit Führung, Apr-Sep 9.30-16, sonst 9.30-14.30, Eintritt Erw. ab 22 €, Kinder 11 €, www.salzwelten.at)
Salzbergbahn (Apr-Sep 9-18 sonst 9-16, einfache Fahrt Erw. 9,- €, Kinder 4,50 €).

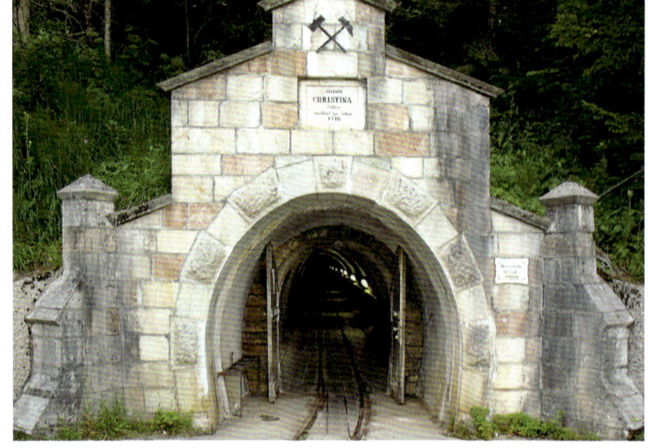

Obertraun: *Dachsteinhöhlen (Rieseneishöhlen)*: Die Schauhöhlen geben einen Blick in die größten unterirdischen Eislandschaften Mitteleuropas; *Schloss Grub* (16. Jh., Privatbesitz); *Pfarrkirche Heilige Dreifaltigkeit* (18. Jh.); *Evangelische Bethaus Obertraun* (20.Jh.).

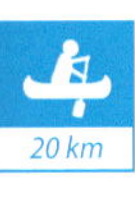

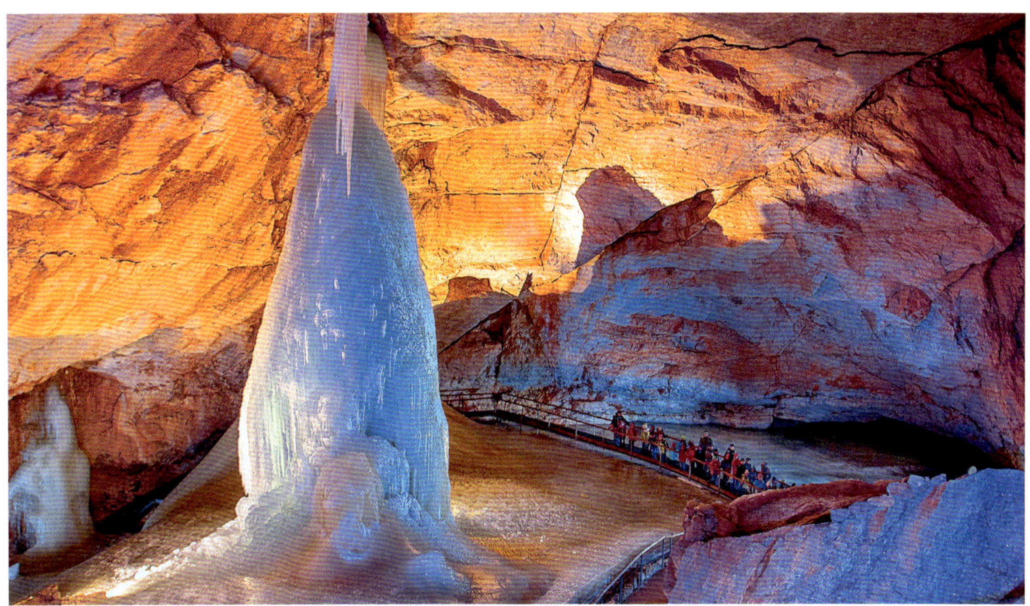

In der Eishöhle lernt man in Begleitung erfahrener Höhlenführer die magische Unterwelt des Dachsteins kennen

Bad Goisern: *Pfarrkirche St. Martin* (15. Jh.); romantische *Kirche St. Agatha* (14. Jh.) im Ortsteil **Sankt Agatha** ist ein Kleinod; *Chorinsky-Klause* (Stauwerk aus dem 19. Jh.).

Heimat- und Landler Museum, gibt Einblick in die 270-jährige Geschichte und Lebensweise der Landler, Protestanten, die die unter Karl VI. und Maria Theresia nach Siebenbürgen, ins heutige Rumänien, deportiert wurden (Kurparkstraße 10, Tel. +43 (0)6135 65 30, Jun-Sep Di-So 10-12, Mi + Fr 15-17, www.landler.com/landler/brauch/museum.html).

Erlebnismuseum Anzenaumühle, Anzenau 1, Tel. +43 (0)664-893 37 59, Mitte Mai-Anf. Okt, Mi-Sa 10-12 & 15-18, Anreise mit der Bahn von Steeg-Gosau bis Bahnhof Bad Goisern Jodschwefelbad, von dort 15 Min. Fußweg Richtung Bad Ischl, www.anzenaumuehle.at).

Sonstige Aktivitäten am Hallstätter See

Kanu:

Für Paddler mit Wildwassererfahrung ist die Weiterfahrt auf der ***Traun*** von **Steeg / Bad Goisern** über **Bad Ischl** bis zum ***Traunsee*** möglich. Achtung: ***Zwischen Steeg und Laufen einige gefährliche Wehre.***

Wandern:

„Soleweg" – Entlang der ältesten Pipeline der Welt (ca. 40 km von Hallstatt nach Ebensee am Traunsee, einer der schönsten Wanderwege Österreichs, sanfte Steigungen, Begehung des „Gosauzwang" – eine von 1755-1758 erbaute Soleleitungs-Brücke bei Hallstatt).

Mittelschwere, aber ***konditionell fordernde Wanderung*** **Bad Goisern** – ***Pötschenpass*** – über die wunderbare ***Sarsteinkette*** hinunter nach **Obertraun** (zurück mit dem Zug).

Von der **Bergstation Krippenstein** (Seilbahn von **Obertraun**) gibt es ***mehrere leichte Rundwanderwege*** zu 4 Aussichtspunkten – **1.** zum ***„WeltNATURerbeblick"*** (5 Min.), **2.** zur ***„Welterbespirale"*** (15 Min.), **3.** zu den ***„5fingers"*** *(Foto siehe nächste Seite)* spektakulärste Aussichtsplattform der Alpen (30 Min.), ***4. Heilbronner Rundwanderweg*** mit ***„Dachstein Hai"*** in dessen Maul hat man einen Blick auf den versteinerten urzeitlichen Meeresboden (leichte Familienwanderung, 3 Std.).

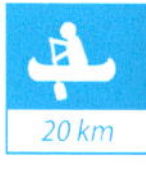

Ostuferwanderweg (einer der schönsten Wanderwege im Salzkammergut, leicht, ca. 1:50 Std., Rückfahrt mit dem Schiff möglich) Bad Goisern – Hallstatt. ***Teilweise Natur- und Pflanzenlehrpfad***.

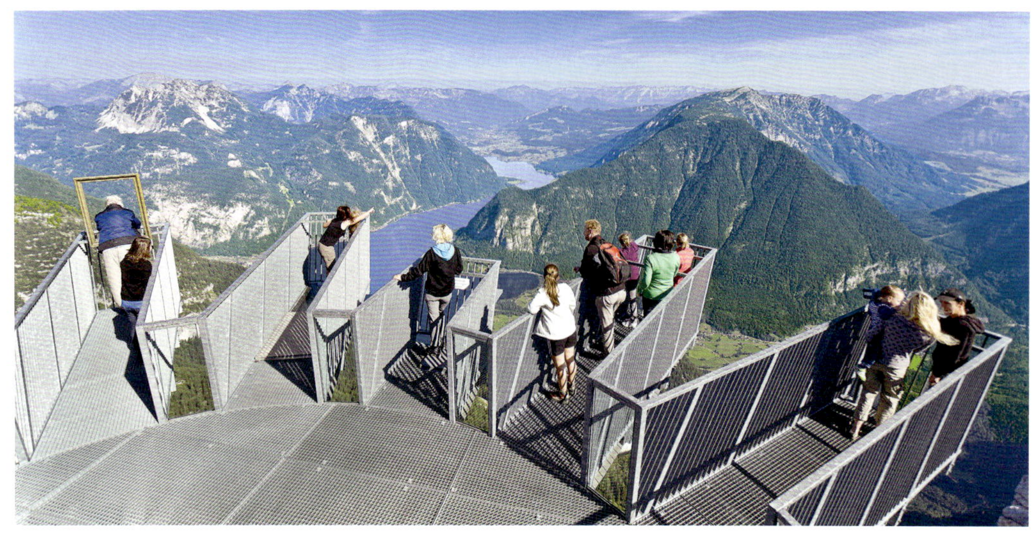

Nichts für schwache Nerven! Die Aussichtsplattform „5fingers"

Gut beschilderter ***Rundwanderweg (Themenwanderung)*** entlang der Motive der bedeutensten Maler der österreichischen Romantik führt von **Hallstatt** zu den spektakulären***Wasserfällen Waldbachstrub*** durch das ***wildromantische Echerntal*** (4,5 km, 2:50 Std., 450 Höhenmeter).

Auf den Plassen, den Hausberg der Hallstätter. ***Auffahrt*** von **Hallstatt** mit der ***Salzbergbahn*** zum ***Rudolfsturm***, von dort 3:50 Std. zum Gipfel.

Koppenwinkel-Runde von **Obertraun**. Abstecher zur ***Koppenbrüllerhöhle*** (wasserführende Tropfsteinhöhle). *Einkehrmöglichkeit:* ***Koppenwinklalm*** und ***Gasthaus Koppenrast*** (12 km, 3:50 Std.).

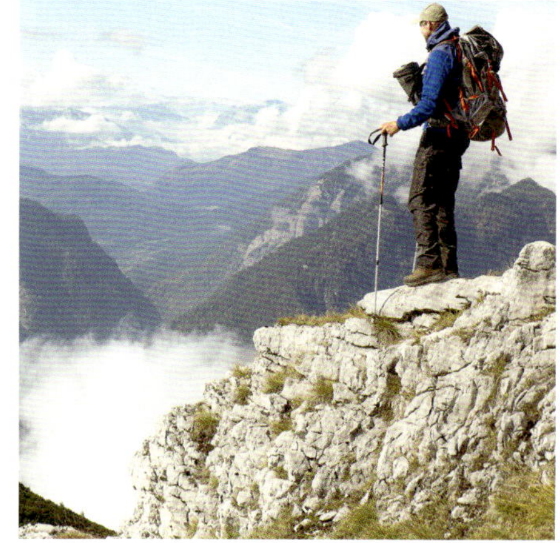

Klettern:

Die Klettersteige ***Seewand-Klettersteig*** und ***Echernwand-Klettersteig*** bei **Hallstatt** sowie der ***Extrem Klettersteig Nordwand-Krippenstein*** bei **Obertraun** sind was für Profis, es gibt aber auch viele Routen für Einsteiger.

Anfänger & Profis können sich im ***Klettergelände „Outdoor Leadership"*** oberhalb von **Bad Goisern** in über 300 Kletterrouten (alle Schwierigkeitsgrade) austoben (Steinach 4, www.outdoor-leadership.com).

Fahrrad:

Technisch und konditionell ***einfache Tour*** mit dem Rad rund ***um den Hallstätter See*** (21 km).

Konditionell fitte Biker fahren über den ***Ostuferradweg*** am ***Hallstätter See***, um dann über den ***Pötschenpass*** nach **Bad Aussee** zu gelangen. Über **Koppenrast** geht es zurück nach **Obertraun** (44 km, 1.000 Höhenmeter, technisch leicht).

Baden & Thermalbad:

***Strandbad* Untersee, *Strandbad* Gosaumühle, *Badeinsel* Hallstatt, *Freibadeanlage* Winkl, *Strandbad* Obertraun, *Hundebadeplatz* Kessel** – *alle gratis* und mit großer *Liegewiese*.

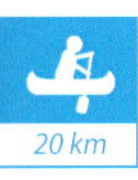

Bad Aussee (ca. 14 km östlich vom **See**): ***Narzissen Bad Aussee*** *(Solebad & Sauna)*, Pötschenstr. 172, Tel. +43 (0)3622 55 30 01 00, tgl. 10-22, ab 16 €, www.narzissenbadaussee.at

Bad Ischl (ca. 9 km nördlich von **Bad Goisern**): ***Eurotherme,*** *Badevergnügen mit Salz & Sole, Sauna,* Voglhuberstr. 10, Tel. +43 (0)6132 20 40, Mo-So 9-24, ab 18 €, www.eurothermen.at

Bad Mitterndorf (ca. 25 km östlich von **Obertraun**): ***GrimmingTherme***, *Thermalbad, Saunadorf, Kinderbereich,* Neuhofen 183, Tel. +43 (0)3623 210 10, tgl. 8-22, ab 17 €, www.grimming-therme.com

Angeln:

Die Ausgabe einer Fischerkarte erfolgt nur an Personen, die im Besitz einer gültigen amtlichen Fischerkarte, eines Fischereischeins oder einer Fischergastkarte sind. Geangelt wird z.B. auf **Forelle, Saibling, Reinanke (Maräne / Renke)** und **Hecht**.

Infos: www.lfvooe.at/reviere-und-gewaesser/oberes-salzkammergut/hallstaettersee

Angel-Lizenzausgabestellen:

Hallstatt: *Tankstelle Hallstatt,* Lahnstr. 169, Tel. +43 (0)6134 87 12

Bad Goisern: *Büchsenmacher u. Anglerbedarf Struger,* Wartburggasse 5, Tel. +43 (0)6135 83 26

Bad Ischl: *Angelsport Sams,* Schulgasse 8, Tel. +43 (0)6132 215 02

Bootsfahrt:

Zillenfahrt über den ***Hallstätter See*** (Rundfahrt oder Fahrt von **Hallstatt** nach **Obertraun**) von Juni bis September. Die traditionellen flachbodigen Holzboote mit der charakteristischen Form, genannt Fuhren oder Zillen, transportieren heute anstelle von Salz Gäste aus aller Welt über den fjordartigen See. Früher wurde das "weiße Gold", nach seinem Abbau im ältesten Salzbergwerk der Welt, von Hallstatt über den Hallstätter See weiter über die Traun bis zur Donau transportiert. Daraus entstand der historische Beruf der Salzschiffer.

Fahrgastschifffahrt auf dem See:

Ausflugsdampfer fahren auf dem Hallstätter See seit 1862. Es gibt drei Linien.

Angefahren werden: **Untersee Ost, Untersee West, Obersee, Bahnstation, Obertraun, Hallstatt Lahn, Hallstatt Markt.**

Hallstätter See-Schifffahrt, Am Hof 126, Hallstatt, Tel. +43 (0)6134 82 28, www.hallstattschifffahrt.at

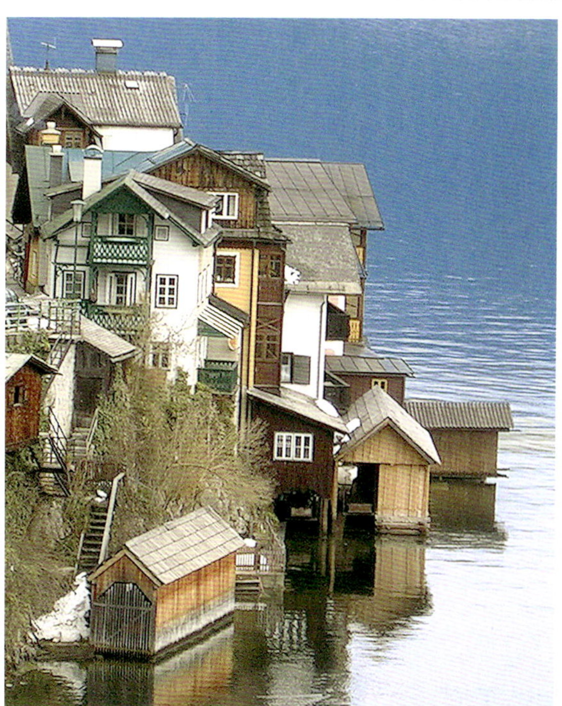

Bergbahnen:

Dachstein Krippenstein-Seilbahn: Koppenbrüllerhöhle an der **Talstation**, an der **Mittelstation** begeistern die ***Eis***- und ***Mammuthöhle*** auf der ***Schönbergalm***, **Bergstation** der Teilstrecke II lockt mit ***Wanderwegen*** und mehreren ***Aussichtsplattformen*** sowie ***Berggasthäusern*** wie „Lodge am Krippenstein" oder Panoramarestaurant.

Ganz oben an Teilstrecke III lässt sich auf der ***Familienalm „Gjaid Alm"*** herrlich übernachten. ***Dachstein Tourismus,*** Winkl 34, Obertraun, Tel. +43 (0)50 140, www.dachstein-salzkammergut.com

Fahrrad- & E-Bike-Vermietung:

Vermietung in den Tourismusbüros und in den Büros der Ferienregion Dachstein Salzkammergut.

Obertraun: *Seecafé am Strandbad* *(E-Bikes),* Obertraun 301, Tel. +43 (0)650-617 71 65

Obertraun: *Sportshop Feuerer* *(auch E-Bikes)*, Seestraße 59, Tel. +43 (0)6131 267 60

Bad Goisern: *Bikes 4 You,* Gschwandt 62, Tel. +43 (0)699-113 703 13, www.bikes4you.at

Bad Goisern: *Mauna Loa Bikeworld* *(auch E-Bikes),* Untere Marktstraße 91, Tel. +43 (0)6135 207 76, www.mauna-loa.at

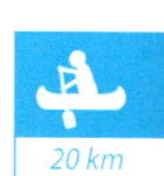

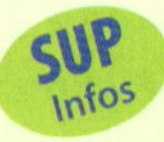

SUP-Tipp: ***3-Seen-Tour-Special*** – Faszination Salzkammergut! An drei Halben Tagen die drei schönsten Seen des Ausseerlandes befahren. ***Keep Me Fit – Fitness Work Out*** (2 Std.) bzw. ***Yoga*** auf dem Board oder ***2-stündige SUP Family Tour*** mit der ganzen Familie.

SUP-Vermietung, Touren & Kurse:
Bad Mitterndorf (ca. 23 km östlich von Obertraun):
Naish SUP-Center Salzkammergut
Sonnenalm 5
Tel. +43 (0)664-358 37 47
www.sup-salzkammergut.at
www.naishsupcenter.at

Es werden bepaddelt: Salza-Staussee, Grundlsee, Altausseer See *(Drehort des letzten James Bond)*, Hallstätter See

Der Hallstätter See

Die Wolkenschleier hängen tief im Trog des Hallstätter Kessels, als wir vom Badestrand des ***Strandbads*** **Gosaumühle** zu unserer Tour um den See aufbrechen. Früh am Morgen liegt die Wasserfläche des Sees noch still da, was letztlich seiner geschützten Lage geschuldet ist. Später zerstören die Wellen der zahlreichen Ausflugsschiffe schnell jede Illusion der gespiegelten Landschaft. Gegen den Uhrzeigersinn wollen wir rund um den See und steuern deshalb zuersteinmal Hallstatt an. Da die steilen Ufer des Sees großteils unbesiedelt sind, erscheint er uns schon nach den ersten Paddelschlägen wie ein norwegischer Fjord. Nur ist seine maximale Wassertiefe mit 125 Metern lange nicht so beeindruckend wie die seiner nordischen Verwandten, die locker die zehnfache Tiefe erreichen. Kur darauf wir erreichen wir ein kleines Inselchen, das am Ende einer flachen Sandbank in den See ragt. Es wurde wohl irgendwann einmal künstlich von der Landnase abgetrennt oder aufgeschüttet. Trotzdem ist das Eiland ein Augenschmaus, denn darauf leuchtet uns in kräftigen, roten Farben das Herbstkleid eines Viburnum-Busches entgegen. Wegen seiner auffälligen Früchte und der Herbstfärbung des Laubes wird der Schneeball gerne in Gärten und Parkanlagen kultiviert. Mit Blick auf die vor uns steil aufragenden Felswände wird der See tiefer, sein Wasser scheint fast dunkelschwarz zu sein. *Gletschermassen der letzten Eiszeit haben die u-förmigen Täler in den Alpen ausgefräst. Hier im Salzkammergut war der Traungletscher verantwortlich für die tiefe Wanne.* Ein Stückchen weiter mündet rechts der ***Gosaubach*** in den See. Die Kieselfracht des kleinen Baches hat einen Schwemmkegel aufgeschüttet, der den See in ein nördliches Becken mit zwei Quadratkilometern Fläche und einer maximalen Tiefe von 44,5 Metern und ein größeres südliches Becken mit einer Fläche von sechseinhalb Quadratkilometern und einer maximalen Tiefe von 125 Metern teilt.

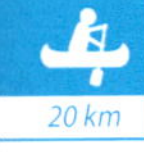

Die mittlerweile durch die Wolken lugende Sonne lässt die herbstlichen Uferwälder aus Buchen, Ahorne, Weiden und Pappeln in gelbbraun gedämpften Farben aufleuchten.

Die zwei Konfessionen dienenden Kirchen von **Hallstatt** ragen im wahrsten Sinne des Wortes aus dem lieblichen Alpendörfchen heraus, das sich großenteils an einen Berghang klammert. Seine Häuser sind mit ihren hölzernen Giebeln, Balkonen und den mit Schindeln gedeckten Bootsschuppen kleine Schmuckkästchen. *Bis ins 19. Jahrhundert lebte man hier im hinteren Teil des Sees ziemlich abgelegen. Wenn man bedenkt, dass erste Siedlungsspuren schon zwölftausend Jahre alt sind, dann verwundert es ein wenig, dass erst 1875 eine Straße gebaut wurde. Vorher mussten die Menschen über beschwerliche*

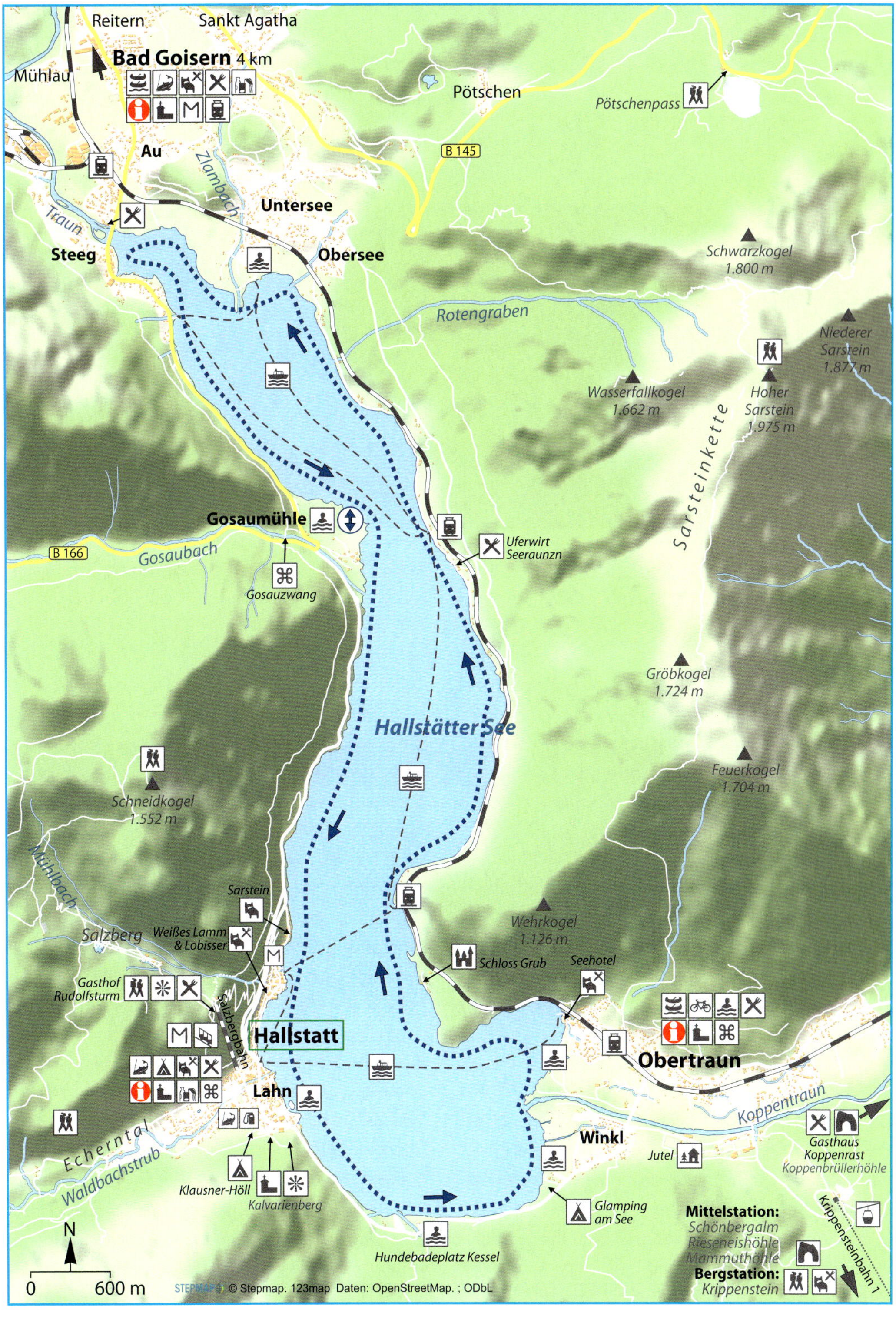

Reitern
Sankt Agatha
Bad Goisern 4 km
Mühlau
Pötschen
Pötschenpass
B 145
Au
Zlambach
Untersee
Traun
Steeg
Obersee
Schwarzkogel
1.800 m
Rotengraben
Niederer
Sarstein
1.877 m
Wasserfallkogel
1.662 m
Hoher
Sarstein
1.975 m
Sarsteinkette
Gosaumühle
B 166
Gosaubach
Uferwirt
Seeraunzn
Gosauzwang
Gröbkogel
1.724 m
Hallstätter See
Schneidkogel
1.552 m
Feuerkogel
1.704 m
Mühlbach
Sarstein
Salzberg
Weißes Lamm
& Lobisser
Wehrkogel
1.126 m
Schloss Grub
Seehotel
Gasthof
Rudolfsturm
Salzbergbahn
Hallstatt
Obertraun
Lahn
Koppentraun
Echerntal
Waldbachstrub
Winkl
Jutel
Gasthaus
Koppenrast
Koppenbrüllerhöhle
Klausner-Höll
Kalvarienberg
Glamping
am See
Hundebadeplatz Kessel
Mittelstation:
Schönbergalm
Rieseneishöhle
Mammuthöhle
Bergstation:
Krippenstein
Krippensteinbahn 1
N
0 600 m
STEPMAP © Stepmap. 123map Daten: OpenStreetMap. ; ODbL

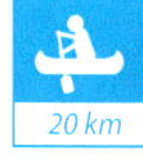

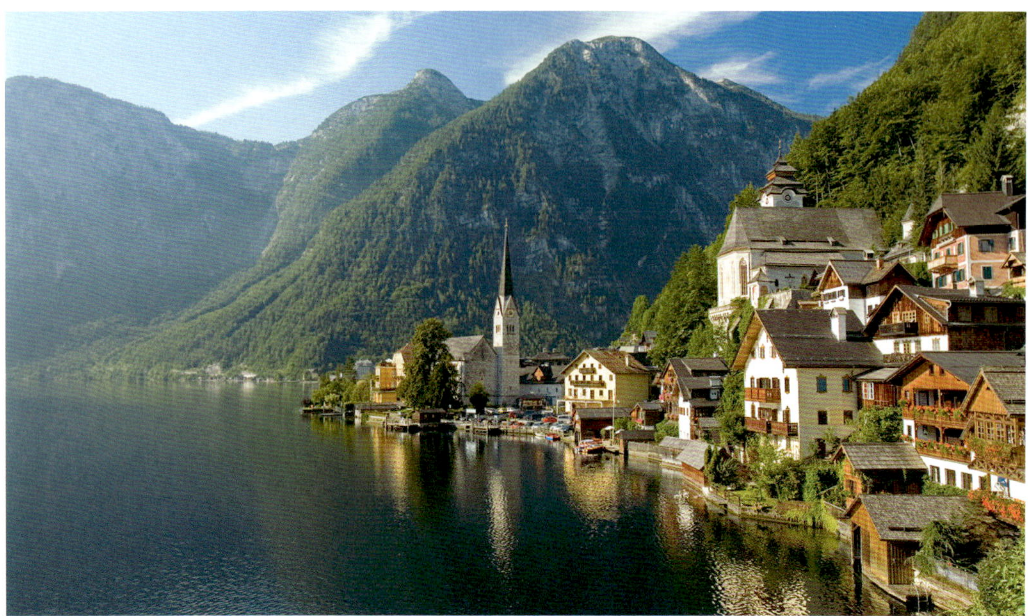

Uferpfade marschieren, um in Kontakt mit der Außenwelt zu gelangen. Schwere Lasten wurden sowieso nur mit Booten befördert. Das geschah mit den alpenländischen „Plätten", die im Salzkammergut auch „Fua" genannt wurden. Diese hölzernen Arbeitsboote sind auch heute noch kiellos und kastenförmig mit einer aufgekippten flachen Spitze. Ihre Konstruktion erlaubt das Anlanden an allen Ufern. Bewegt werden die Boote wie die venezianischen Gondeln mit einem großen, einzelnen Ruder im Heck.

Wir steuern die Anlegestelle der Seerundfahrt an, um dem Ort einen Besuch abzustatten.

Das hier entdeckte Gräberfeld aus der Eisenzeit machte Hallstatt berühmt und sogar zum Namensgeber für eine ganze europäische Epoche: Die „Hallstattzeit". Daneben gilt Hallstatt als Geburtsort des ersten Salzbergwerkes der Welt, das wohl 1.500 vor Christi seinen Betrieb aufnahm. Soviel Kultur wurde 1997 mit dem Siegel „UNESCO-Weltkulturerbe" belohnt. Ein Besuch des ***Welterbemuseums Hallstatt*** ist daher ein „Muss" für jeden Besucher, ebenso ein Besuch der ***„Salzwelten"***. Die ***Panorama-Bahn*** bringt einen hinauf auf den ***Salzberg***, dann geht es hinein in eine einzigartige Welt unter Tage – kilometerlange Stollen, die Menschen einst vor Tausenden von Jahren begonnen hatten in den Berg zu schlagen. *Im Jahre 2002 wurde im prähistorischen Teil des Salzberges die älteste Holzstiege Europas gefunden und nach jahrelanger Erforschung 2015 die neue Schaustelle für die Stiege errichtet.* Ein „Bronzezeitkino" in 400 Metern Tiefe verbindet seitdem Jahrtausende alte Geschichte mit Hightech, indem ein Arbeitstag der Bronzezeit in einer Filmanimation inszeniert wird. Die reiche Geschichte und die örtliche Alpenidylle veranlasste eine chinesische Investorengruppe, eine 1:1-Kopie des Dorfes in der Stadt Boluo in der subtropischen Provinz Guangdong zu errichten. Kein Wunder also, dass wir im echten Ortskern von Hallstatt von chinesischen Reisegruppen umringt werden, die sich die Siedlung auch einmal im Original ansehen wollen.

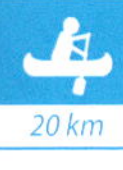

Hinter Hallstatt wird die Landschaft weiterhin von gewaltigen Bergen aber auch von einer nahen Straße begleitet. Vor der ***Traunmündung*** (hier heißt sie noch ***Koppentraun***) in **Winkl** liegt der ***Campingplatz Park am See***. In einem stilvollen, ökologischen Park mit seltenen Pflanzen, alten Säulen, Steintreppen, einem roman-

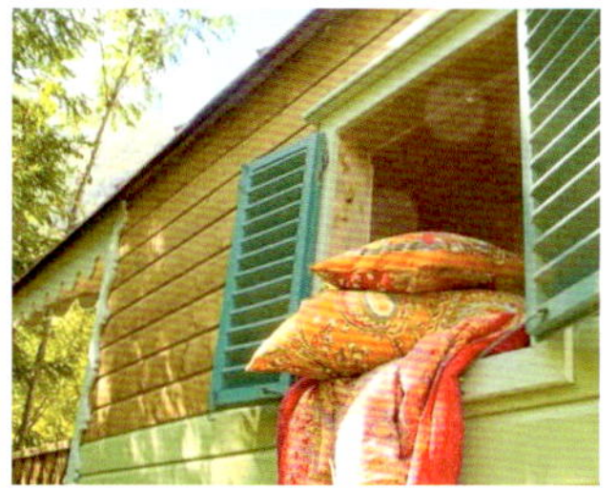

tischen naturbelassenen Strand, holzbetriebener Sauna und mit einem großartigen Blick auf das historische Hallstatt wird das Konzept des „Glamping" verfolgt. Das Kunstwort steht für „glamouröses Campen" und ist Campen ohne Verzicht auf Genuss und Komfort. Man kann hier in einem der fünf originalen Gypsy Roulottes, „Zigeunerwagen" aus dem 19. Jahrhundert, schlafen, die teils wahre Museumsstücke mit allem Komfort sind, oder aber auch ganz normal sein Zelt aufstellen. Das platzeigene Café wird von den Gästen seines gemütlichen und hübsch gestylten Frühstücks wegen geschätzt.

Mit der nahen ***Krippensteinbahn*** in **Obertraun** geht es hinauf zu den bekanntesten Naturdenkmälern Österreichs, den im Jahre 1910 entdeckten ***Dachsteinhöhlen***. *Die Schauhöhlen bestehen aus der Rieseneishöhle, einer der größten unterirdischen Eislandschaften Mitteleuropas und der Mammuthöhle, einer der größten europäischen Kalksteinhöhlen mit über 62 Kilometern Gesamtganglänge.*

Wer noch länger bleiben möchte, kann von **Obertraun** aus tolle Wanderungen unternehmen oder auch nur die viereinhalb Kilometer an der bezaubernden ***Koppentraun*** entlang zum Fuße des ***Koppen-Passes*** gehen. Dort liegt sehr schön im Wald das weithin bekannte ***Restaurant „Koppenrast"*** mit einer exzellenten österreichisch-mediterranen Küche, die sich zwischen traditioneller Jause und Gerichten im klassischen Haubenbereich bewegt. Von hier aus führt auch ein bequemer Wanderweg in etwa 15 Minuten zum Höhleneingang der wasserführenden ***Koppenbrüllerhöhle***, deren Tausende Jahre alten Tropfsteine im Rahmen einer einstündigen Führung bewundert werden können.

Gleich hinter dem Campingplatz spuckt die ***Koppentraun*** ihr Wasser in den See. Der kühle Bergfluss sorgt dafür, dass der See auch

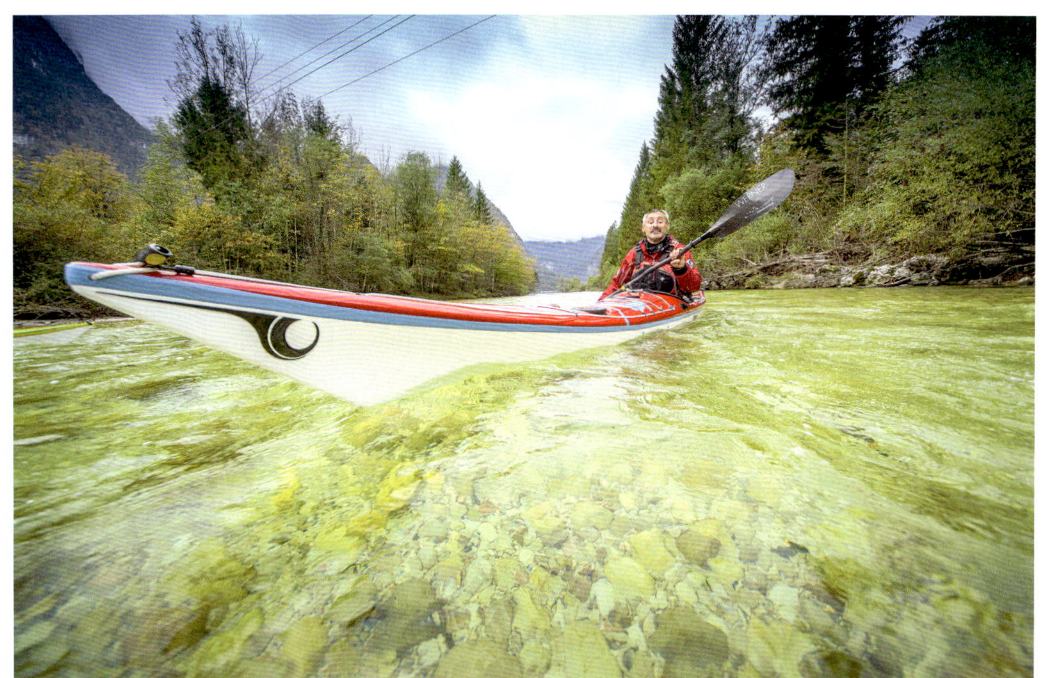

Abstecher in die glasklare Koppentraun

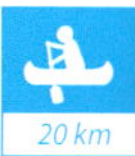

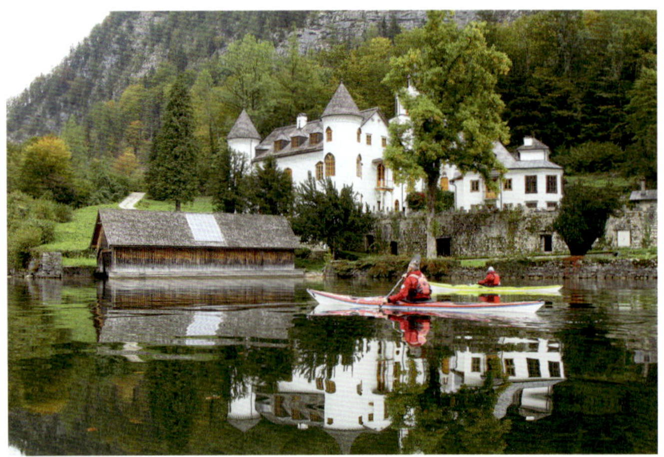

Durch den Botschafter des Zaren wurde Schloss Grub im 19. Jh. umgestaltet und bekam sein romantisches äußeres Erscheinungsbild

gen, vorbei an einigen hübschen bewohnten Seegrundstücken, zur netten ***Gaststätte „Uferwirt Seeraunzn"*** kurz vor der Schiffsanlegestelle. Sie ist ein kulinarischer Treffpunkt am Hallstätter See und eines der beliebtesten Ausflugslokale der Ferienregion Dachstein Salzkammergut. In der gemütlichen Gaststube oder auf der großen Sonnenterrasse direkt am See, gibt es fangfrische Fische oder selbstgemachte Mehlspeisen und andere Köstlichkeiten.

Hinter der engsten Stelle des Gewässers und auf Höhe der Gosaumühle wird die Landschaft offener, das Tal am Nordende des Sees weitet sich. Nach zweieinhalb Kilometern entlang des Ostuferwanderweges, erreichen wir das schöne ***Strandbad*** **Untersee**, direkt neben der Schifffahrtsstation. Die kiesige Mündung des ***Zlambachs*** streckt sich dahinter als Kegel in den See, er eignet sich auch hervorragend für eine letzte Pause. Nun ist es nicht mehr weit bis zum Nordende des Sees, wo ein Wehr wie ein martialischer Kamm mit scharfen Zinken die ***Traun,*** ab hier heißt sie jetzt nur noch „Traun", auf ihrem Weg einmal gut durchkämmt, ehe diese als breiter Fluss hinein ins ***Innere Salzkammergut*** fließt, hin zum Traunsee um schlussendlich im Stadtgebiet von Linz in die Donau zu münden. Man sollte etwas Abstand zum Wehr halten, um nicht unter einer Brücke hindurch in die Rechen hineingezogen zu werden. Ein Stück davor bietet sich am rechten Ufer die Möglichkeit anzulegen, um im hinter dem Wehr gelegenen ***Gasthaus „Steegwirt"*** einzukehren.

Auf den letzten Kilometern zurück zur **Gosaumühle** begleitet wieder die Straße das Ufer. Die bewaldeten Uferhänge dämpfen den Straßenlärm, sodass wir die letzten Paddelschläge unserer Tour mit Blick auf die mächtigen Bergriesen immer noch genießen können.

im Sommer mit teils 16 Grad nicht unbedingt Wohlfühl-Badetemperaturen erreicht. Wir zielen mitten hinein in den Fluss und fahren ein paar hundert Meter aufwärts und bewundern das klare Wasser und ihren Kiesgrund, über den ab und an die Schatten von Fischen huschen. Wie weit man gegen die Strömung ankommt, ist stark abhängig vom Wasserstand und der damit verbundenen Strömungsgeschwindigkeit.

Zurück auf dem See, liegt bald hinter der gegenüberliegenden Landspitze ein frisch renoviertes Schlösschen. *Das 1522 erbaute Schloss Grub, mit seinen fröhlichen runden Ecktürmen ist in Privatbesitz und eine Besichtigung daher nur von außen möglich. Folgende Sage rankt sich um das Schloss: Eine über das Eis des zugefrorenen Sees spazierende Hochzeitsgesellschaft benahm sich demnach gotteslästerlich, weil zwei begleitende Grafen um ein Mädchen stritten. Das Eis barst und 40 Menschen ertranken. An das Unglück erinnert noch heute eine Säule im Schloss Grub.*

Die Bahnlinie flankiert jetzt das Ufer und ab und an rauscht ein Zug an uns vorbei. Hinter einer ummauerten Insel befindet sich mit 125,2 Metern die tiefste Stelle im See, genau dort, wo eine mächtige Eisenbahn- und reizvolle Wanderwegbrücke parallel über das Wasser führen.

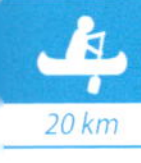

Das eben noch bewaldete Ufer macht bald ausgedehnten Wiesenflächen Platz und wir gelan-

Attersee

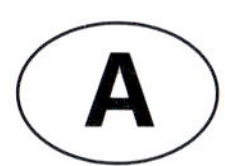

Türkisblaues Kleinod im Herzen Österreichs

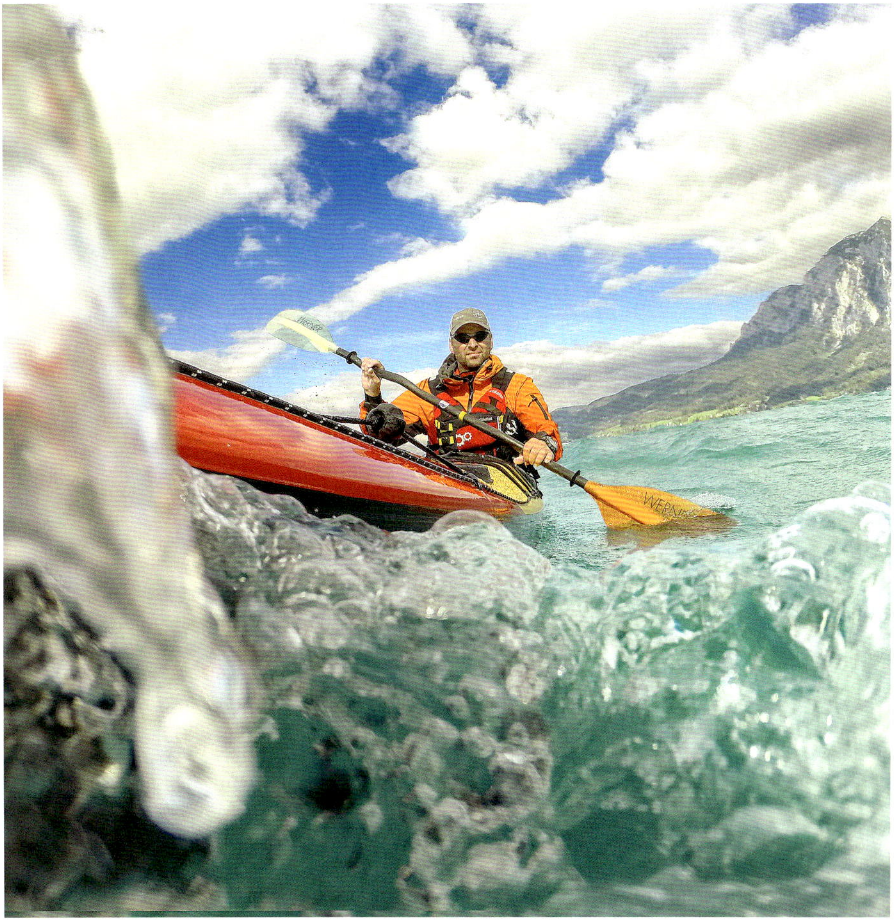

Tour

Tour-Infos Attersee

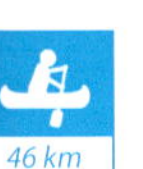

Landschaft	Kultur	Baden	Verkehrslärm
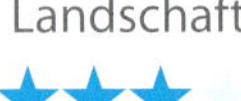	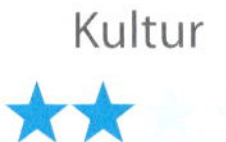	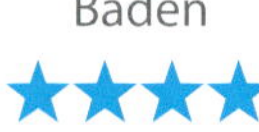	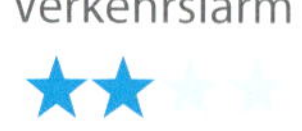

Charakter des Sees

Der auch Kammersee genannte Attersee ist mit 20 Kilometern Länge und vier Kilometern Breite der größte See, der zur Gänze auf österreichischem Boden liegt. Die landschaftliche Kulisse ist nicht so rau wie die des benachbarten Traunsees. Felswände wird man hier vergeblich suchen, da der Attersee in eine sanfte hügelige, grüne Landschaft übergeht. Seine tiefste Stelle misst ganze 171 Meter. Aufgrund der großen Durchschnittstiefe hat er deutlich mehr Wasservolumen als viele flächenmäßig größere Seen. Seine Ufer werden fast durchgängig von Straßen begleitet. Allerdings gibt es keinen ausgeprägten Durchgangsverkehr, wie z.B. an vielen Schweizer Seen, was insgesamt für eine mäßige Belastung mit Verkehrslärm sorgt. Das Alpengewässer wird gern von den Bewohnern der nahen Stadt Linz frequentiert. Der Norden des Sees ist besiedelter als der Süden. Es gibt sehr wenige Uferabschnitte, die nicht von Privatgrundstücken besetzt werden.

Länge und Dauer der Tour: 46 km, 2-3 Tage **Schwierigkeit:** leicht bis mittel **Saisonfaktor:** hoch

Etappenvorschlag: **1. Tag:** Weißenbach – Weyregg (13 km) **2. Tag:** Weyregg – Nußdorf (17 km) **3. Tag:** Nußdorf – Weißenbach (16 km)

Bootswagen: evtl. für den Transport zum Übernachtungsplatz bzw. zur und von Ein- und Aussetzstelle.

Gefahren

Der Wind am Attersee ist in der Saison, zumindest bei schöner Wetterlage, ein ständiger Begleiter – Traumbedingungen für fortgeschrittene Kajakfahrer.

Dann kommt es zur Ausprägung thermischer Winde, um deren Existenz SUP-Boarder und Kanuten wissen sollten. **Wassersportler tun gut daran, die Planung der Tour an die Windsysteme anzupassen.**

Am frühen Morgen kommt es an einem solchen idealtypischen Schönwettertag zu einem ***Südwind aus dem Weißenbachtal***, der mit etwa drei Beaufort über die Südhälfte des Sees weht und etwa bis auf die Höhe von Nußdorf reicht. Er wird von den Einheimischen auch **Oberwind** genannt.

Mit der Erwärmung der Luftmassen über dem flachen Alpenvorland verschwindet er am späten Vormittag und wird durch den **Rosenwind** ersetzt. Dieser ***Nordostwind*** weht quasi in entgegengesetzte Richtung, erreicht am Nachmittag seinen Höhepunkt mit etwa 4 Beaufort und schläft dann mit abnehmender Sonneneinstrahlung bis zum Abend wieder ein. Meist reicht er nicht über den ganzen See, sondern kommt nur bis zum „Gschwendter Eck“ bei Stockwinkl.

Die Wellen können bei starkem Wind bis zu 50 cm Höhe erreichen. Natürlich kommt es bei windigen Großwetterlagen zu stärkeren Winden und Wellen. Ebenso ist bei Durchzug einer Gewitterfront mit paddelunfreundlichen Bedingungen zu rechnen, bei denen man besser das Land aufsucht oder gar nicht erst ablegt.

Wegen seiner konstanten berechenbaren aber meist nicht zu starken Winde ist das Gewässer ein wahres Segeleldorado, so dass mit viel Segelbooten gerechnet werden muss.

Achtung: Gewitterstürme und Fallwinde! Wenn die Blinklichter an den Ufern aufleuchten, ist mit einem sich nähernden Sturm unbestimmter Stärke zu rechnen *(siehe Sturmwarnung S. 17)*.

Befahrungsregelungen

Schilfgebiete während der Brutzeit meiden. In den Sommermonaten Juli und August ist das Fahren mit Motorbooten oder Yachten unter Maschine verboten, in der Nebensaison aber erlaubt.

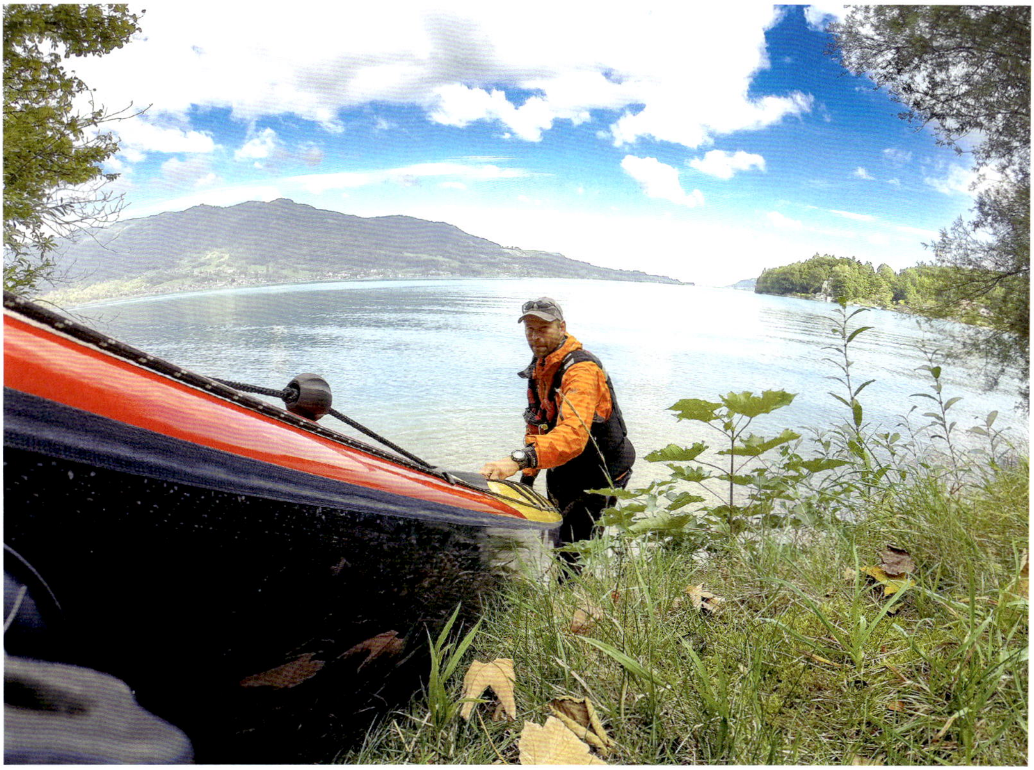

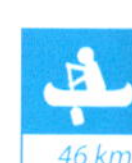

Anreise

Über **Salzburg**: A 1 Salzburg – Wien / Linz, Ausfahrt 264 *(Mondsee)* in ***Mondseestraße*** / B 154 einfädeln, B 151 und ***Seeleiten Str.*** / B 152 bis **Weißenbach** fahren. Dort links in die *Franz-von-Schönthan-Allee* abbiegen.

Über **Linz**: A 1 Richtung Salzburg, Ausfahrt *Schörfling am Attersee* abfahren und links auf der ***Schörflinger Bezirksstraße*** bis zum ***Attersee***. Dort links auf die B 152 und bis **Weißenbach** am Seeufer entlang. Dort rechts in die *Franz-von-Schönthan-Allee* abbiegen.

Einsetzen und Parken

Am Ufer des ***Strandbades Europacamp*** in **Weißenbach** *(Franz-von-Schönthan-Allee 42)*.

Kartenmaterial

Salzkammergut, St. Wolfgang, Attersee, Traunsee, Nr. 14, 1:35.000, ***Kümmerly + Frey***
Nördliches Salzkammergut, Wolfgangsee, Attersee, Traunsee, 1:50.000, ***Kompass-Karten***
WK 282, Attersee - Traunsee – Wolfgangsee, 1:50.000, ***Freytag-Berndt und Artaria KG***
Attersee - Mondsee - Fuschlsee – Irrsee, 1:25.000, ***Mayr Wanderkarten, KOMPASS-Karten***

Literaturtipps

Salzkammergut für Bergwanderer. Die 80 schönsten Tal-& Höhenwanderungen,Bergverlag Rother
Der Attersee: Die Kultur der Sommerfrische, Bildband mit schöne Fotos, Brandstätter Verlag
„Tod mit Seeblick", **Attersee Krimi,** *Beate Maxian,* Prolibris Verlag
„Mords-Salzkammergut", Kriminalgeschichten aus der größten Alpen-Seeregion Österreichs, Gmeiner-Verlag

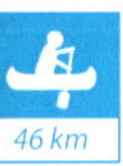

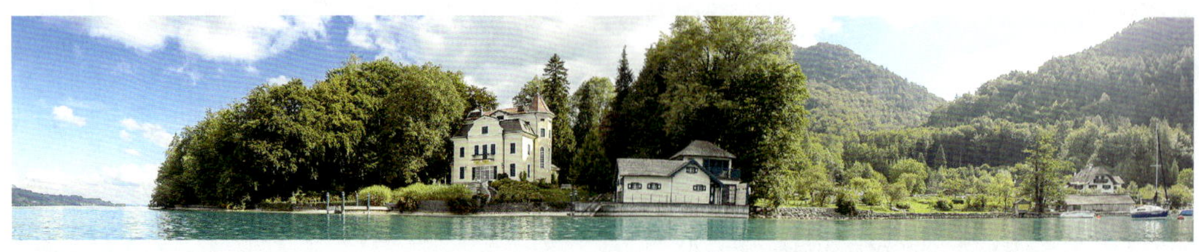

Übernachtung in Wassernähe *(in der Reihenfolge des Tourenverlaufs)*

Weißenbach:
Europacamp
(zelten, Hütte, Jugendherberge)
Franz-von-Schönthan-Allee 42
Tel. +43 (0)7663 89 05
www.europacamp.at

Hotel Post am Attersee
Ischler Straße 1
Tel. +43 (0)7663 81 41
www.hotelpost-attersee.at

Steinbach:
Camping Grabner
Seefeld 47
Tel. +43 (0)7663 89 40
www.camping-grabner.at

Activhotel-Föttinger & Camping Seefeld
Seefeld 14
Tel. +43 (0)7663 81 00
www.hotel-attersee.at

Weyregg:
Strandhotel Weyregg
Weyregger Str. 103
Tel. +43 (0)7664 23 77
www.strandhotel.co.at

Gasthof Landeroith
Weyregger Str. 2
Tel. +43 (0)7664 211 99
www.landeroith.at

Seewalchen:
Hotel Litzlberger Keller
Moos 8
Tel. +43 (0)7662 23 12
www.litzlbergerkeller.at

Attersee:
Seegasthof Oberndorfer
Hauptstraße 18
Tel. +43 (0)7666 786 40
www.oberndorfer.info

Camping Wimroither-Mühle
(450 m vom See)
Mühlbach 5
Tel. +43 (0)7666 77 49

Gast-Haus-Berndt
Aufham 11
Tel. +43 (0)7666 77 27
Tel. +43 (0)676-515 00 17
www.haus-berndt.at

Nußdorf:
Hotel Ragginger
Seestraße 9
Tel. +43 (0)7666 800 50
www.hotel-ragginger.at

Seecamping Wiesinger
Seestraße 9
Tel. +43 (0)664-343 57 66
www.wiesinger.at/camping

Seecamping Gruber
Dorfstraße 63
Tel. +43 (0)7666 804 50
www.camping-gruber.at

Seepension Neubacher
Uferstraße 24
Tel. +43 (0)7666 84 02
www.neubacheramsee.at

Dexelbach (OT v. Nußdorf):
Camping Bruckbacher
Dexelbach 1 *(auch WoMo)*
Tel. +43 (0)7666 85 70
Tel +43 (0)650-522 08 08
www.camping-bruckbacher.at

Stockwinkel (OT v. Unterach):
Hotel Seegasthof Stadler****
Stockwinkel 1
Tel. +43 (0)7665 83 46
www.seegasthof-stadler.at

Zettel-Mittel (OT v. Unterach):
Pension Zettelmühle
Atterseestraße 45
Tel. +43 (0)7665 85 15

Unterach:
Inselcamp *(1.Mai - 15.Sept.)*
Elisabethallee 3
Tel. +43 (0)7665 83 11
www.inselcamp.at

Kanuvermieter & Veranstalter

Schörfling am Attersee
Bike & Boot Austria
Hauptstraße 8 *(Outdoor-Shop)*
Kaun-Testcenter in **Weyregg**
Tel. +43 (0)7662 22 02
www.bike-boot-austria.at

Nussdorf am Attersee
Yachtschule Koller, Dorfstr.
Tel. +43 (0)676-330 52 53
www.yachtschule-koller.com

Gmunden:
Kajak Kanu Salzkammergut
Traunsteinstraße 13
Tel. +43 (0)7612 624 96
www.kajak-kanu.at

Weyregg am Attersee:
Aktivpoint.com
Forsthausstr. 4
Tel. +43 (0)664-798 18 55
www.aktivpoint.com

Bad Ischl (19 km südlich von Weißenbach am Attersee)**:**
xsport - Wiesinger
Shop, Touren und Vermietung
Di & Do 16-20 oder anmelden
Rettenbachwaldstr. 4
Tel. +43 (0)664-514 57 78
www.xsport.at
www.seekajakcenter.at

Tourist-Infos

Tourist-Info Vöcklabruck, Graben 8, Tel. +43 (0)7672 26 64 40, www.voecklabruck.info
Tourist-Info Schörfling, Hauptstr. 7 B/2, Tel. +43 (0)7662 25 78, www.oberoesterreich.at/seewalchen
Info-Büro Nußdorf, Dorfstr. 33, Nussdorf, Tel. +43 (0)7666 806 40
Tourismusbüro Weyregg, Weyreggerstr. 69, Tel. +43 (0)7664 22 360
Tourist-Info Steinbach, Steinbach Nr. 5, Tel. +43 (0)7663 40 10
Tourist-Info Unterach, Hauptstraße 9, Tel. +43 (0)7665 832 70
Tourist-Info Attersee (Ort), Nußdorfer Str. 15, Tel. +43 (0)7666 771 90
Website für alle: www.attersee.salzkammergut.at

Sehenswürdigkeiten rund um den Attersee

Weißenbach: *Weißenbachklamm* und *Nixenfall.*

Steinbach: *Pfarrkirche Steinbach* (15. Jh.); *Gustav Mahler-Komponier-Häuschen* (Seefeld 14, OT Seefeld, Tel. +43 (0)7663 81 00, www.mahler-steinbach.at); *Bierschmiede:* Brauereiführung möglich (Seefeld 56, **OT Seefeld**, Tel. +43 (0)664-548 63 21, www.bierschmiede.at).

Weyregg: *Pfarrkirche zum Hl. Valentin* (1931/32, Grundmauern 15. Jh.); *versch. Kapellen* (19.-21. Jh.);
Hausmuseum „Auf den Spuren der Habsburger" im *Kaisergasthof* (Weyregger Str. 75, Tel. +43 (0)7664 22 02, Jun-Sep tgl. 9-24, www.kaisergasthof.at).
Alpakagestüt „See-Alpaka" (Weyregger Str. 121, Tel. +43 (0)7664 26 49, www.see-alpaka.at).
Attersee-Aquarium beim Musikpavillon (Straße: Seedorf, Tel. +43 (0)7664 22 55 (Mai-Okt je nach Witterung, www.weyregg.at).

Unterach: *Pfarrkirche „St. Bartholomäus"* (10. Jh.).

Schörfling: *Schloss Kammer* (13. Jh., privat); *Pfarrkirche Sankt Gallus; Loretokapelle* (17. Jh.);
Galerie „ab original" (hochwertige Kunstwerke der Australischen Ureinwohner, Holzbauernstr. 6).

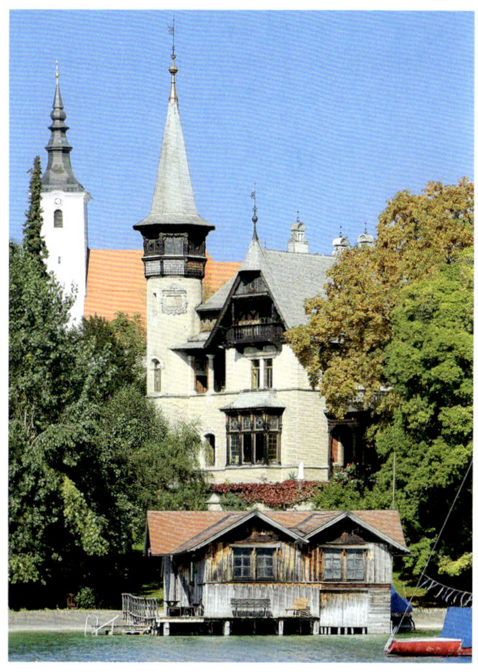

Villa Paulick mit hölzernem Bootshaus

Gustav Klimt Zentrum (Allee von Schloss Kammer, Hauptstr. 30, Tel.+43 (0)664-82 83 990, Apr-Mai & Sep-Okt Mi-So, Fei 10-16, Jul-Aug tgl. 10-16), *Gustav Klimt Themenweg* von **Seewalchen** bis **Kammer** (pro Richtung: 1,5 km, ca. 45 Min., Audio-Guide im Gustav Klimt-Zentrum, www.klimt-am-attersee.at).
Franz Meinharts Bauernmuseum: kuriose Dinge, Schilder, Werkzeuge (2 km östl. von Schörfling, Fantabergweg 8, Tel. +43 (0)7662 29 249

Seewalchen: Katholische *Pfarrkirche Hl. Jakobus* (12. Jh.) mit spätgotischen *ornamentalen Fresken* und *Holzfiguren; Michaelkirche Kemating* (15. Jh.); *Villen* und prachtvolle Sommerbauten (19. Jh.); *Info-Pavillon* zum UNESCO Welterbe *Prähistorische Pfahlbauten.*

Buchberg: *Stefanskirche Buchberg* (18. Jh.).

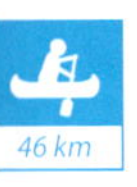

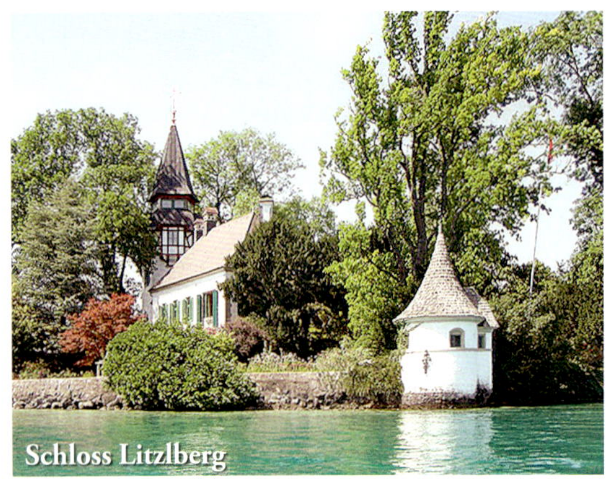
Schloss Litzlberg

Litzlberg: *Schloss Litzlberg* (19. Jh.).

Attersee (Ort): *Info-Pavillon* UNESCO-Welterbe *Prähistorische Pfahlbauten* (www.pfahlbauten.at); *Christophoruskapelle*; *Bienenhof Attersee:* Lehrpfad, Schauimkerei, Hofladen (Neuhofen 5, Tel. +43 (0)7666 208 45, Do-Sa 10-18.30, So 10-17, Sommerferien tgl. 10-18.30, www.bienenhofattersee.com)

Nußdorf: *Pfarrkirche Nußdorf* (14. Jh.); *Reiserbauernmühle* (17. Jh.)

Burgau: *Burggrabenklamm* (1,- € a. Drehkreuz).

Mondsee (am Mondsee)**:** *Pfahlbaumuseum* und *Heimatmuseum* in der ehemaligen Klosterbibliothek des Klosters Mondsee (Marschall-Wrede-Platz 1, Tel. +43 (0)6232 28 95, Mai-Jun Di-So 10-17, Jul-Aug Di-So 10-18, Sep-Okt Di-So 10-17, www.mondseeland.org).

Sonstige Aktivitäten am Attersee

Wandern:

Auf dem 2,5 km langen ***Künstlerweg*** von **Weißenbach** nach **Steinbach** ***(auf den Spuren von Gustav Mahler, Friedrich Gulda, Franz von Schönthan, Charlotte Wolter, Hedwig Bleibtreu, Gustav Klimt).***

Eine konditionell leicht fordernde, **schöne Wanderung** auch für Familien, führt von **Weißenbach** ***hinauf zum Schoberstein*** (Auf- und Abstieg ca. 700 Höhenmeter).

Eine mit 1.300 Höhenmetern konditionell anspruchsvolle aber technisch einfache Wanderung von **Au am Mondsee** hinauf auf den ***Schafberg***, dem wohl ***besten Aussichtsgipfel*** der Gegend mit Blick auf alle umliegenden Seen Attersee, Mondsee und Wolfgangsee. Wer es gemütlicher mag nimmt die steile Dampf-Zahnradbahn ***SchafbergBahn*** von **St. Wolfgang am Wolfgangsee** hinauf zum Gipfel.

Fahrrad:

Der ***Atterseeradweg*** führt ufernah rund um den See und ist mit knapp 50 Kilometern Länge und 160 Höhenmetern eine schöne Möglichkeit den See aus einer anderen Perspektive kennenzulernen.

Klettersteige / Klettern:

Das ***Höllengebirge*** auf der Ostseite des Attersees ist nicht nur für Bergwanderer ein beliebtes Ausflugsziel, auch Kletterer finden hier ein anspruchsvolles Gebiet.

Attersee Klettersteig Mahdlgupf: schwieriger *(nicht für Anfänger, komplette Klettersteigausrüstung nötig)*, aber schöner und langer Klettersteig auf den ***Mahdlgupf***.

Klettern Adlerspitz: Kletterei auf schönen Routen im mittleren Schwierigkeitsbereich.

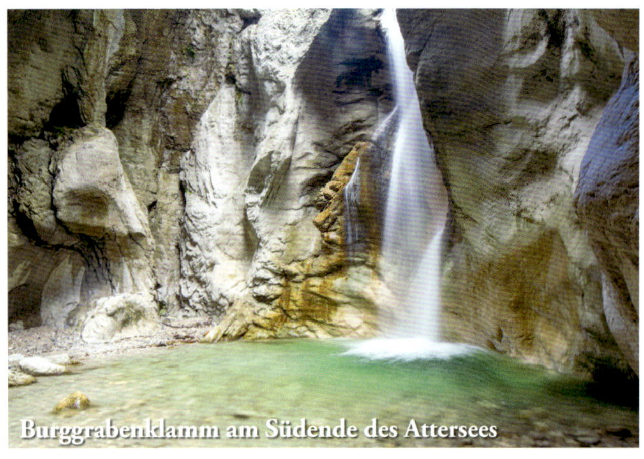
Burggrabenklamm am Südende des Attersees

Vöcklabrucker Pfeiler: gut gesicherte Kletterroute auf den aussichtsreichen ***Brunnkogel***.

***Kletterturm in* Unterach,** Elisabethallee, Tel. +43 (0)664-88 52 20 39, tgl. 7-22, Fr 16.30 Schnupperstunde, Info: Sportverein Unterach, www.svunterach.at

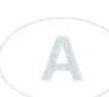

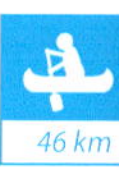

Baden:

Seebäder und öffentliche Badeplätze: ***Seebad Schönauer* Schörfling**, Erlebnisbad Attersee in **Attersee**, *Sprinzensteinpark Freibadeplatz* in **Attersee**, *Strandbad* **Seewalchen**, *Strandbad* **Weyregg**, *Badeplatz* in **Weyregg**, *Bundesforstebad* in **Weyregg**, *Solar Strandbad* **Steinbach**, *Strandbad* **Unterach**, *Freizeitgelände* **Unterach**, *Seebad* **Nussdorf**, *Freibadeanlage* **Litzlberg**, *Europabad* **Weißenbach.**

Thermalbad & Sauna:

St. Wolfgang: ***Wellness-Alm am Leopoldhof,*** Hallenbad, Sauna, Kinderbetreuung (Ried 8, Tel. +43 (0)6138 204 20, tgl. 10-22, ab 21 €, www.wellness-alm.at).

Bad Ischl (11 km östl. von Strobl): ***Eurotherme & Sauna*** mit Thema „Salz und Sole" (Voglhuberstr. 10, Tel. +43 (0)6132 20 40, Mo-So 9-24, ab 18 Euro, www.eurothermen.at).

Tauchen:

24 Taucheinstiege, 5 Tauchschulen, **Infos:** www.attersee.salzkammergut.at unter Aktivitäten - ganzjährig.

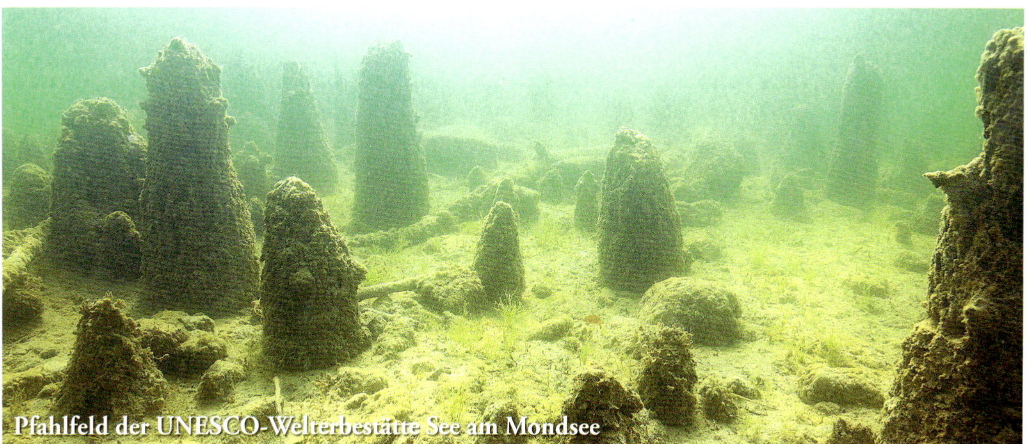
Pfahlfeld der UNESCO-Welterbestätte See am Mondsee

Angeln:

Um im Attersee zu fischen, benötigt man ein ***Fischbuch*** (hier notiert man jeden Fang) und eine ***gültige Lizenz***. Außerdem den Nachweis einer OÖ *(Oberösterreichische)*-Fischerkarte oder eine adäquate sonstige Fischereilegitimation (z.B. Fischereierlaubnisschein). Gefangen wird hier: **Maräne (Renke), Hecht, Seeforelle, Seesaibling, Barsch, Weißfisch, Aal,** www.fischen-am-attersee.at

Angel-Lizensausgabestellen:

Nußdorf am Attersee - ***BP Tankstelle Höllerweger***, Dorfstraße 16, Tel. +43 (0)7666 80 63-15
Weyregg am Attersee - ***Fischer Josef Lechner,*** Steinwand 32 , Tel. +43 (0)7664 23 66
Seewalchen am Attersee - ***Angelsport Nagl,*** Atterseestraße 29 , Tel. +43 (0)7662 24 68

Fahrgastschifffahrt auf dem See:

Die Attersee-Schifffahrt bietet einen Linienverkehr von Ende März bis Ende Oktober. Es gibt mehrere ***Rundkurse*** (Nord „Familienkurs", Süd „Villenkurs", große Rundfahrt „Karibik der Alpen" und kleiner Rundkurs Süd „Klein-Venedig"). Alle wesentlichen Siedlungen am See werden angefahren. ***Schifffahrtsbüro am Bahnhof Attersee***, Tel. +43 (0)7666 78 06, www.atterseeschifffahrt.at

Bergbahn (Wolfgangsee):

SchafbergBahn, Markt 35, St. Wolfgang, Tel. +43 (0)6138 223 20, www.schafbergbahn.at

Fahrrad- & E-Bike-Vermietung:

Unterach: ***Michel's 2 Rad-Verleih*** *(auch E-Bikes),* Hugo-Wolf-Weg 17, Tel. +43 (0)664-307 45 53, www.attersee.at

Schörfling: ***Bike & Boot Austria,*** Hauptstraße 8, Tel. +43 (0)7662 22 02, www.bike-boot-austria.at
Steinbach: ***Activ-Hotel Föttinger,*** Seefeld 14, Tel. +43 (0)7663 81 00, www.hotel-attersee.at

SUP-Tipps: ***Sundowner*** zwischen **Seewalchen** und **Kammer,** hier trifft man auf Gleichgesinnte und kann im Windschutz das ***Schloss Kammer*** umrunden. Geschützt üben in der ***Unteracher Bucht.*** Oder ***Karibikfeeling*** in in der ***Litzlberger Bucht*** mit tollem Blick aufs Höllengebirge.

SUP-Vermietung, Touren & Kurse:

Weyregg
aktivpoint Surfschue Weyregg
mit Kanu & SUP Testcenter
Forsthausstr. 4
Tel. +43 (0)664-798 18 55
www.aktivpoint.com

Schörfling am Attersee
SUP-Center Attersee
Agerstraße 30 *(auch Shop)*
Tel. +43 (0)699-81 13 83 17
Tel. +43 (0)664-412 72 97
www.sup-attersee.at

Weitere Vermietstationen
SUP-Center Attersee

Strandbad Litzlberg
Litzlbergerstraße
Jul-Aug Mo-So 11-18
Sep nach Vereinbarung
Tel. +43 (0)699-81 13 83 17

Strandbad Seefeld
Steinbach 4
Tel. +43 (0)664-547 63 75
Mai-Aug Mo-So 12-20
www.sup-attersee.at

Der Attersee

Auf dem großen Areal des ***Europabades*** in **Weißenbach** direkt am ***Attersee***, einem Strandbad mit schattenspendenen Bäumen, kann die Tour begonnen werden. Mit dem angeschlossenen ***Campingplatz***, der auch über Holzbungalows verfügt sowie der Jugendherberge, ist das Europacamp im Südosten des Sees auch wie geschaffen für einen längeren Aufenthalt.

Zum Tourenbeginn sind die Gipfel des ***Toten Gebirges*** noch zum Greifen nah, besonders jetzt, in der klaren Sommerluft. Aber bald verschwindet die Kette des spektakulären Gebirgszuges mit seinen steinernen Riesen in Richtung Osten und entfernt sich vom See, während ich entlang des Ostufers auf **Steinbach** zupaddle. Grüne, stark bewaldete Berge mit runden Kuppen prägen die Landschaft. Der erste von ihnen, der ***Bramhosen***, ist immerhin noch 960 Meter hoch. Nicht dass das den landschaftlichen Reizen abträglich wäre, lediglich der rohe Aspekt der Berge verschwindet und wird durch lieblichere Anblicke ersetzt.

Die wuchtige Kirche von **Steinbach** fällt in der ufernahen Wiesenlandschaft besonders auf. *Im Rahmen von Grabungen fand man Mitte des 19. Jahrhunderts Statuen von heidnischen Gottheiten, was zur Vermutung führte, dass bereits Kelten und Römer diesen Platz nutzten.* Nun folgt die breite Seezunge von **Seefeld**, auf der es gleich zwei ***Campingplätze*** gibt. Ein wunderbarer Pausenplatz in unmittelbarer Nähe ist die Mündung des ***Kienbachs***, wenn man es etwas ruhiger mag. Direkt vor dem zweiten Campingplatz befindet sich das sogenannte ***Komponierhäuschen des Komponisten Gustav Mahler.*** *Hier soll der Musiker Ende des 19. Jahrhunderts häufig Gast im Gasthof Föttinger gewesen sein, den es auch heute noch gibt. Damit er dort ungestört komponieren konnte, wurde eigens für ihn das kleine Häuschen am Seeufer errichtet. In seinen Werken sollen die Geräusche des Windes in den Uferbäumen und das brandende Seewasser zu hören sein.* Wer mag, kann natürlich einkehren und den musischen Ort nach Voranmeldung näher in Augenschein nehmen. Der dem ***Gasthof Föttinger*** angeschlossene ***Campingplatz Seefeld*** eignet sich als Station für Ausflüge und Wanderungen in die Umgebung. Das vielfältige Geschmacksspektrum charaktervoller Biere möchte im Ort die ***Bierschmiede*** den Besuchern nahebringen. Zum einen während einer Brauereiführung, aber auch in den angeschlossenen Braustub'n und dem Gschäft'l, wo es alle Bierspezialitäten auch zum Mitnehmen gibt.

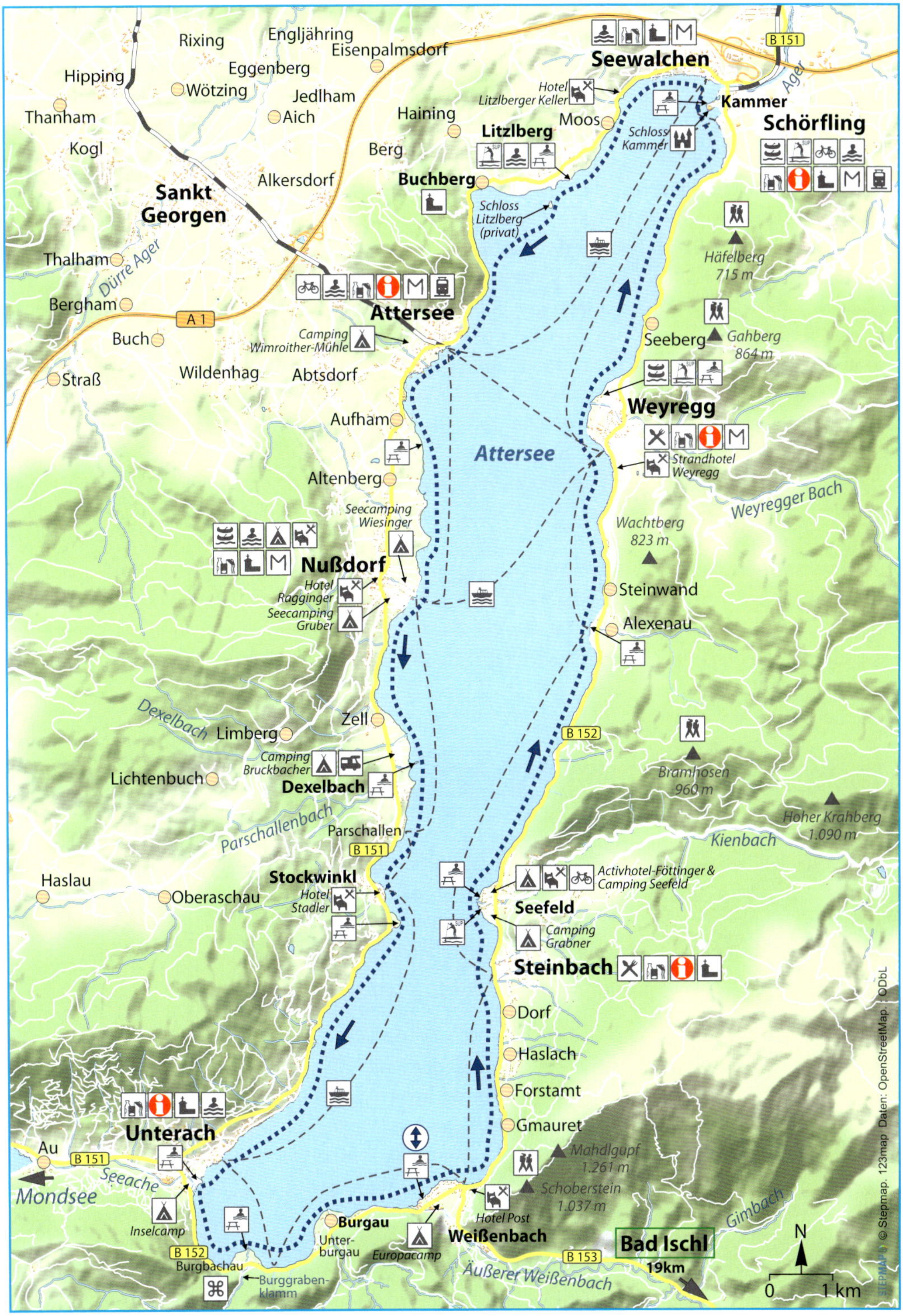

Rixing
Engljähring
Eisenpalmsdorf
Hipping
Eggenberg
Wötzing
Jedlham
Thanham
Aich
Haining
Kogl
Berg
Sankt Georgen
Alkersdorf
Seewalchen
B 151
Hotel Litzlberger Keller
Kammer
Moos
Schörfling
Litzlberg
Schloss Kammer
Ager
Buchberg
Schloss Litzlberg (privat)
Häfelberg 715 m
Thalham
Dürre Ager
Bergham
Attersee
A 1
Buch
Camping Wimroither-Mühle
Seeberg
Gahberg 864 m
Straß
Wildenhag
Abtsdorf
Weyregg
Aufham
Attersee
Strandhotel Weyregg
Altenberg
Seecamping Wiesinger
Weyregger Bach
Wachtberg 823 m
Nußdorf
Hotel Ragginger
Seecamping Gruber
Steinwand
Alexenau
Dexelbach
Limberg
Zell
B 152
Camping Bruckbacher
Lichtenbuch
Dexelbach
Bramhosen 960 m
Parschallenbach
Parschallen
B 151
Hoher Krahberg 1.090 m
Kienbach
Haslau
Stockwinkl
Activhotel-Föttinger & Camping Seefeld
Oberaschau
Hotel Stadler
Seefeld
Camping Grabner
Steinbach
Dorf
Haslach
Forstamt
Unterach
Gmauret
Au
B 151
Mahdlgupf 1.261 m
Seeache
Schoberstein 1.037 m
Mondsee
Inselcamp
Hotel Post
Gimbach
Burgau
Unterburgau
Weißenbach
Bad Ischl 19km
N
B 152
Burgbachau
Europacamp
B 153
Burggrabenklamm
Äußerer Weißenbach
0 1 km

46 km

Hinter Seefeld frischt der Wind kräftig auf und bläst überdies von vorne. Auf mehreren Kilometern prägt nun dichter Wald das Ufer, an dem auch die B 152 mein ständiger Begleiter ist. Vorbei an der Badestelle und dem Hafen von **Alexenau** werden die Ufer weiter von bewaldeten Rundbergen begleitet, bis ich hinter dem ***Wachtberg*** das „Bilderbuch-Dorf" **Weyregg** erreiche. Etwas ganz Besonderes ist das ***Gestüt von „See-Alpaka"***. Dort werden die Tiere aus den südamerikanischen Anden aufgezogen. Sie können besucht und gestreichelt werden und wer will, kann sich mit Produkten rund um die Alpakafaser im Ladengeschäft ausstatten. Zwei Sehenswürdigkeiten gibt es noch in Nähe des Schiffsanlergers. Der ***Kaisergasthof***, *einst kaiserliche Poststation, fand sogar Aufnahme in den oberösterreichischen Museumsführer. Mehr als 300 Originalexponate aus der Kaiserzeit sind zu besichtigen.* Links des Anlegers können Besucher die Lebenswelt des Attersees hautnah in einem 4,5 Meter langen und rund 9.000 Liter fassenden ***Aquarium*** erleben. Im Internetpavillon informiert ein Terminal mit Kurzfilmen zu Themen rund um den Attersee.

Das Landschaftsbild bleibt sich auch auf den nächsten Kilometern treu, nur dass die Berge, der ***Gahberg*** und ***Häfelberg***, etwas flacher sind. Von ihnen soll man eine schöne Aussicht ins ***Höllengebirge*** und auf den Attersee haben. Überdies erwarten jene die ihn besteigen eine ***Sternwarte*** (Führungen und Sternwartennächte) und die ***Gahbergkapelle***.

Langsam wird der Attersee schmaler und sein nördliches Ende kommt in Sicht. Entlang einer der größten Sportboothäfen am See nähere ich mich dem im **Schörflinger Ortsteil Kammer** gelegenen ***Schloss***. *Das einstige Wasserschloss, das aus einer Feste des 13. Jahrhunderts hervorgegangen ist und Mitte des 17. Jahrhunderts zu einem dreigeschossigen Seeschloss umgebaut wurde, steht heute auf einer Halbinsel und ist eines der Wahrzeichen des Attersees. Zwischen 1900 und 1916 hielt der Maler Gustav Klimt, der am Attersee seine Sommeraufenthalte verbrachte, in zahlreichen Gemälden das Schloss und seine Umgebung fest.*

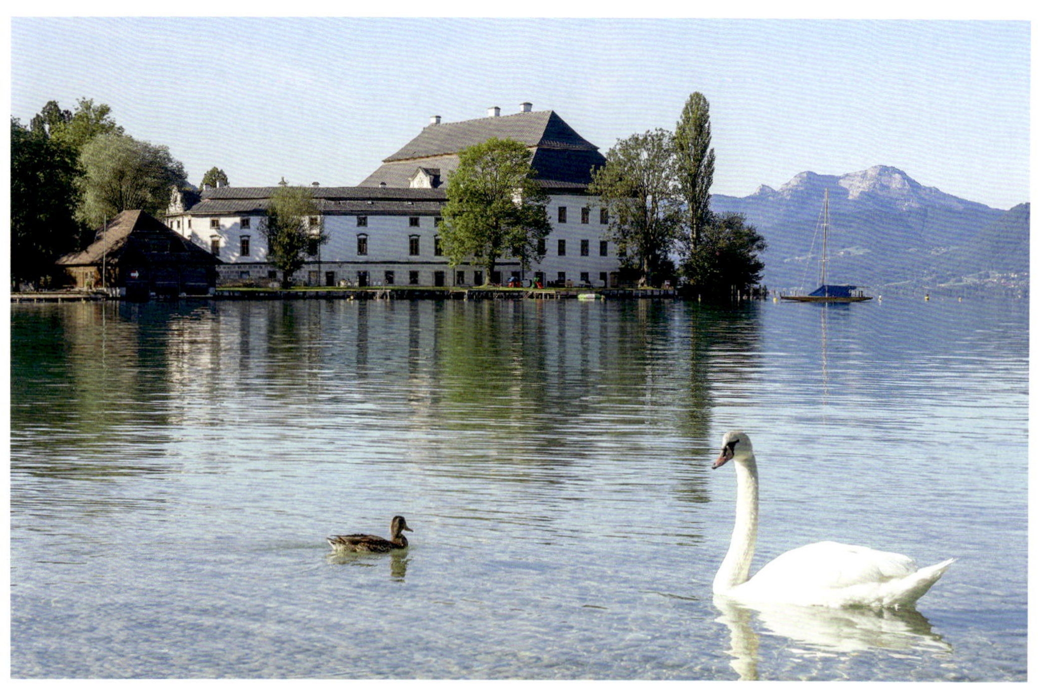

Schloss Kammer bei Schörfling, im Hintergrund der Schafberg

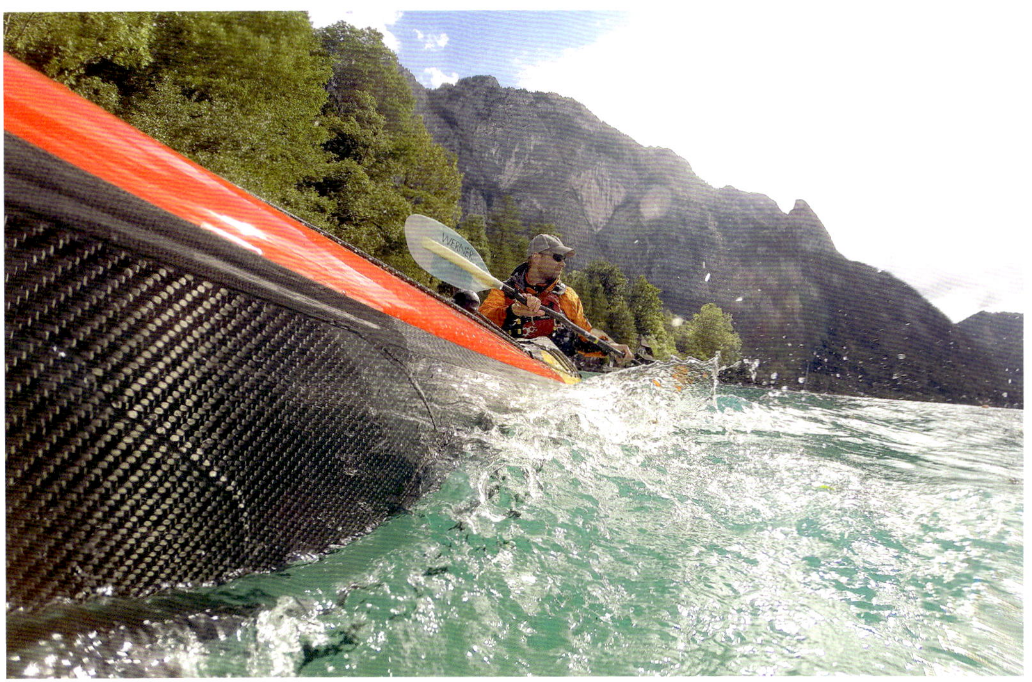

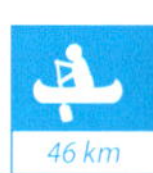

Traumbedingungen für fortgeschrittene Kajakfahrer – Wind ist in der Saison, zumindest bei schöner Wetterlage, ein ständiger Begleiter

Nur einen Steinwurf entfernt treffe ich auf die ***Ager***, den Ausfluss des Attersees. Ein schönes Gewässer, das über die Traun in die Donau fließt und bei hohem Wasserstand von geübten Kanuten und SUP-Boardern (Wildwasser I-II) befahren werden kann. Wer seine Kanuausrüstung vervollständigen möchte, findet in **Schörfling** ein Outdoor-Fachgeschäft.

Hinter dem Schiffsanleger, an der Einmündung in die ***Ager***, liegt am Ufer der ***„Info-Pavillon zum UNESCO-Welterbe Prähistorische Pfahlbauten“***. Er lädt die Besucher ein, sich in die Rolle eines Urzeitmenschen zu versetzen und beschreibt in kompakter Form das Leben am See. *Zwischen 4000 und 3500 v. Chr. entstanden am gesamten Atterseeufer die ersten Pfahlbauten. Drei der rund 30 versunkenen jungsteinzeitlichen Pfahlbaustationen gehören inzwischen zum UNESCO-Weltkulturerbe.*

Der ***Gustav-Klimt-Themenweg*** verläuft im Rahmen eines rund halbstündigen Spaziergangs am Ufer entlang nach **Seewalchen** zur ***Villa Paulick.*** *Der Besitzer, der k.u.k. Hoftischlermeister Friedrich Paulick, beherbergte als Gäste zahlreiche Künstler, darunter auch Gustav Klimt.* Auf dem Weg informieren Tafeln über den Jugendstilmaler. Schwerpunkt sind dabei jene Orte, an denen Klimts Landschaftsbilder entstanden sind. Überhaupt sind die prachtvollen Villen von **Seewalchen** einen Rundgang wert, *siedelten doch wohlhabende Wiener und Linzer Familien in den Jahren 1870-1900 hierher und errichteten die von Parks umgebenen Villen mit einer meist beeindruckenden Innenarchitektur. Fast alle Gebäude stehen heute unter Denkmalschutz.*

Nun drehe ich den Bug des Kajaks und paddle am westlichen Seeufer zurück. Gleich zu Beginn bietet die ***Fischerei Ecker*** in dritter Generation fangfrischen und geräucherten Fisch im angeschlossenen Laden. Besondere Spezialität sind die nach alter überlieferter Art mit Buchenmoder geräucherten Atterseefische wie Reinanken, Maränen, Saiblinge, Hechte und Aale.

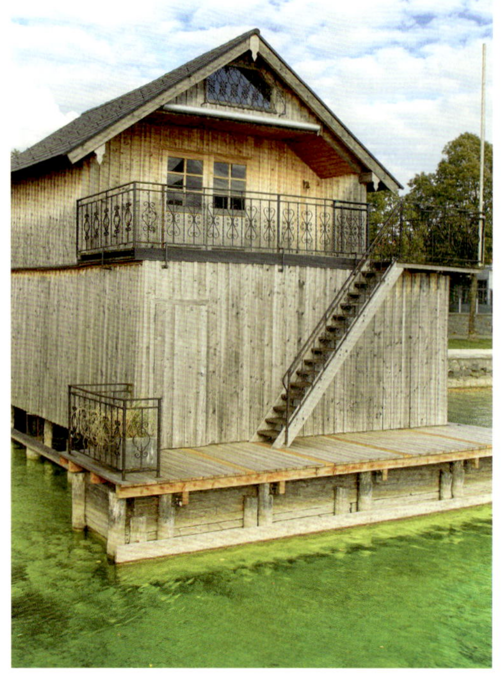

Hölzernes Boosthaus in Seewalchen

Der Wind hat nun weiter zugelegt, was nicht weiter schlimm ist, da er von hinten bläst und ich mit Rückenwind viel schneller vorankomme und den ein oder anderen Wellenberg sogar surfen kann. Eine Gruppe von Kite- und Windsurfern zischt vor mit hinaus auf den See. Auf der Nordwestseite treten die Berge erstmal ganz vom Ufer zurück und machen grünen, flachen Hügeln Platz.

Auf der großen Liegewiese der ***Freibadeanlage* Litzlberg** lege ich erstmal eine Pause unter einer altehrwürdigen schiefen Esche ein. Die Größe der vorhandenen Einrichtungen, die riesigen Parkplätze und das Wirtshaus zeigen, dass die Anlage in der Hauptsaison gut besucht sein muss. *Bekannt wurde Litzlberg in der Belle Epoque als Geheimtipp der Sommerfrische. Gustav Klimt verbrachte auch hier einige Sommer um zu malen.*

Rechts voraus liegt jetzt das kleine ***Inselschloss Litzlberg***, das durch einen langen Steg mit dem Ufer verbunden ist. *Auf diesem Eiland stand schon im 14. Jahrhundert ein Kastell. Im Laufe der Zeit verfiel es, so dass die Reste im 18. Jahrhundert demontiert wurden, um sie beim Wiederaufbau des abgebrannten Schörfling einzusetzen. Der Wiener Bankier Baron Eduard von Springer erwarb die Insel, erweitere die Grundfläche und ließ sich 1896 vom Wiener Architekten Max Kaiser ein Schlösschen im Stil des Historismus errichten,* das sich auch heute in Privatbesitz befindet und nicht besichtigt werden kann.

In der frischen Brise erreiche ich schnell **Attersee**, den Ort der dem Gewässer seinen Namen gab. Am Ufer steht, wie in Seewalchen, ein Pavillon, in dem man wieder etwas über die Geschichte der prähistorischen Siedlungsform der Pfahlbauten lernen kann. Etwa 20 Minuten Fußweg entfernt, Richtung Norwesten, liegt der ***Bienenhof Attersee.*** Im Hofladen kann man sich mit köstlichem Bio-Honig eindecken und auf einem Lehrpfad mit 30 Informationstafeln und einem Schau-Bienenstock in die Welt der Honigbiene eintauchen.

Entlang eines schönen, bewaldeten Abschnitts, der leider viel zu kurz ist, kommen die zwei direkt nebeneinander liegenden großen ***Campingplätze*** von **Nußdorf** in Sicht, vor denen viele Segelboote ankern. Die Plätze verfügen über einen großen Badestrand, Restaurant mit mediterranen Spezialitäten und Kiosk. Neben dem zweiten Campingplatz steht in einem 13.000 Quadratmeter großen Park das villenartige ***Hotel „Das Grafengut“.*** *Es war das Wohnhaus des weltberühmten kaiserlichen Gesandten und Forschers Eugen Freiherr von Ransonnet-Villez, der den Park mit exotischen Gewächsen und mittlerweile meterhohen Bäumen bepflanzte.*

Hinter Nußdorf geht die Straße mit dem Seeufer wieder auf Tuchfühlung. Ein guter Grund weiter draußen zu bleiben. Auf Höhe des in einer Bucht liegenden Örtchens **Stockwinkel** lasse ich eines der Seerundfahrtschiffe vor mir auf dem Weg zum Anleger passieren. Dahinter markiert ein schönes Naturgrundstück die engste Stelle im Süden des Sees. Beim Blick über den südlichen Teil des Gewässers kommen jetzt die Berge wieder vermehrt in den Fokus und ich versuche mir vorzustellen, wie das riesige Becken des Attersees einstmals *während der Würmeiszeit von der Zunge eines riesigen Gletschern aus der Landschaft gefräst wurde. Als sich dieser dann zurückzog, blieb eine lange, tiefe Mulde zurück, die sich mit Schmelzwasser füllte. Feine, vom Gletscher zermahlene Teilchen haben sich als Sediment am Boden gesammelt und den Seegrund quasi abgedichtet* – zum Glück für alle Wassersportler!

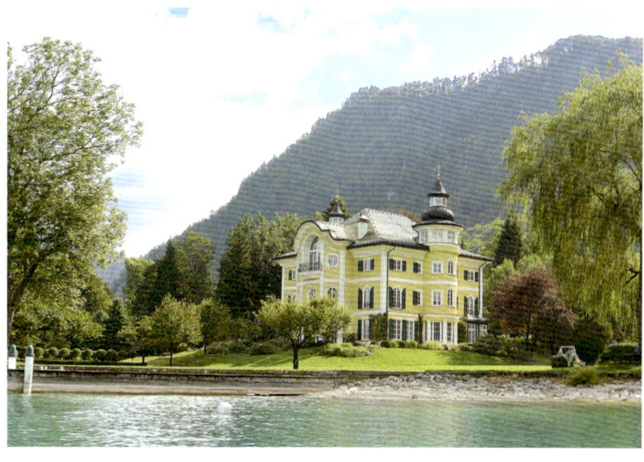

Die Villa Campeau auf der Halbinsel Burgau

Auch die Waldberge im Uferhintergrund werden schon wieder höher. Hübsche kleine Bootshäuschen säumen das Ufer nach **Unterach** am Attersee. *Der Ort am Südende des Attersees trug im vorigen Jahrhundert die Bezeichnung „Klein-Venedig" und verzaubert auch heute noch durch die vielen Villen, die in der Glanzzeit um die Jahrhundertwende entstanden sind.* Dem Wind ist hier im Süden des Sees mittlerweile fast die Puste ausgegangen und ich kann genüsslich die letzten Sonnenstrahlen des Tages genießen und den schönen Ortskern mit seiner wuchtigen ***Pfarrkirche „St. Bartholomäus"*** vom Wasser aus bewundern. Auch hier wurden jungsteinzeitliche Pfahlbaureste

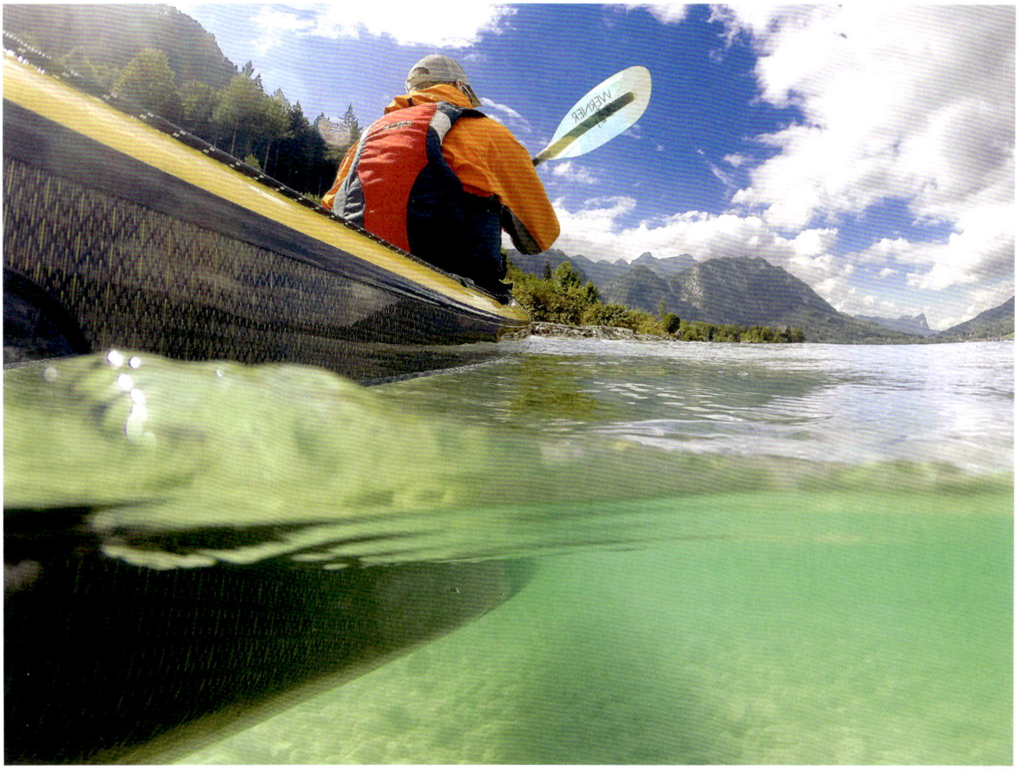

Das glasklare Wasser hat Trinkwasserqualität!

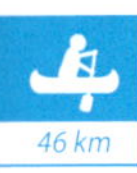

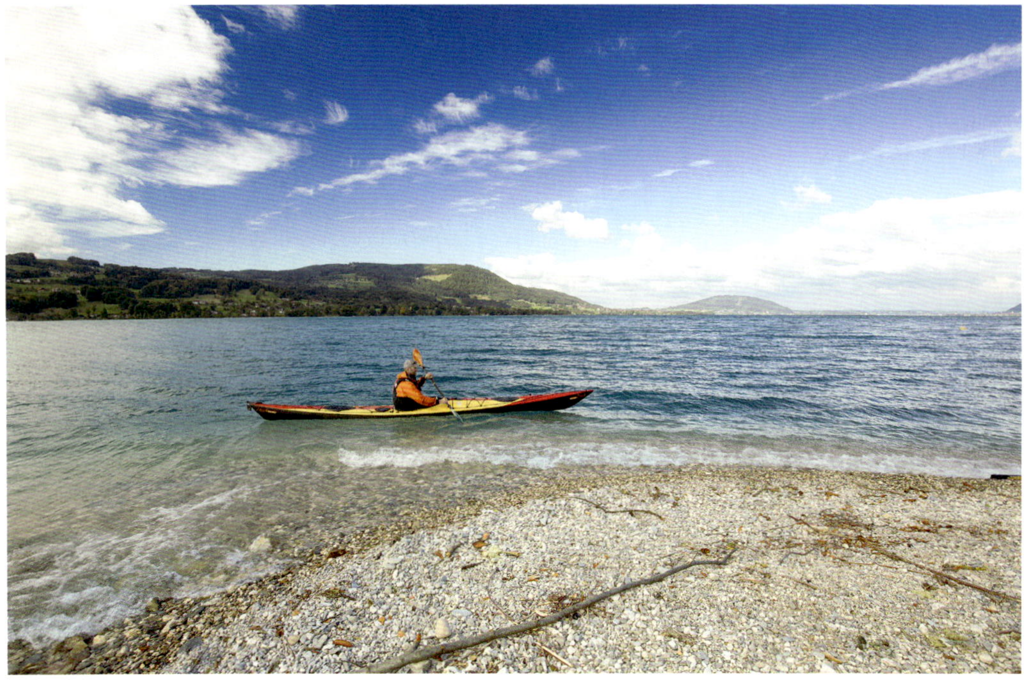

gefunden, so kann das Örtchen also eine lange Siedlungstradition mit vielen Geschichten vorweisen. *Darunter ist auch die schrecklich-schöne Dorfgeschichte aus der Pestzeit im Mittelalter. Die Krankheit hatte hier so stark gewütet, dass es keine Überlebenden gab, bis auf einen einsamen Mann. Dieser entfachte ein großes Feuer um auf sich aufmerksam zu machen und erhielt prompt Antwort vom Ufer bei Weyregg gegenüber. Als er sein Boot nahm, um hinüber zu rudern, traf er mitten auf dem See auf eine Weyreggerin, die ihm ihrerseits mit einem Kahn entgegenkam. Von diesem Paar sollen die Bewohner rund um den Attersee abstammen.*

Nun passiere ich die Mündung der ***Seeache***, wo mir das Wasser vom drei Kilometer entfernten ***Mondsee*** kräftig entgegenströmt. Die Seeache soll für erfahrene Kanuten befahrbar sein. Entlang einer Kiesschüttung, die wie ein Löffel in den See ragt und vom ***Burggrabenbach*** über die Jahrtausende aufgeschwemmt wurde, geht es die letzten Kilometer am Südufer auf Burgau zu. Wer an der Kiesschüttung bei **Burgbachau** anlegt, kann der wunderschönen ***Burggrabenklamm*** einen Besuch abstatten. Der abgesicherte, am Felsen montierte Weg in die wildromantische Schlucht ist gekrönt mit einer neuen spektakulären Hängebrücke, die ca. 270 Meter über die Klamm und den tosenden, 40 Meter hohen Wasserfall führt. Oberhalb kann man dann den „alten" Wanderweg fortsetzen.

Die mächtigen Berge im Rücken und zur Rechten, geht es vorbei am ***Schiffsanleger von* Burgau** und an **Unterburgau**, seit dem 19. Jahrhundert ein beliebter Platz für Sommervillen, nicht zuletzt wegen der meist großen Seegrundstücke. Die sich anschließende Flachwasserzone mit dem einladenden Kiesstrand mutet wegen der türkisen Wasserfarben schon fast karibisch an. Ein Stückchen weiter ist die Mündung des ***Weißenbachs*** erreicht, der in seinem Oberlauf durch eine beeindruckende Klamm fließt und dessen Wasser von Gumpen zu Gumpen springt. Seine Mündung ist leider von Kiesbänken fast gänzlich verschüttet, für eine Einfahrt mit dem Kajak zu flach. Dahinter liegt auch schon das ***Europacamp*** in **Weißenbach** – eine tolle Fahrt geht zu Ende.

Traunsee

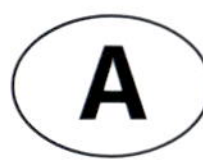

Lacus Felix – Paddeln auf dem „glücklichen See"

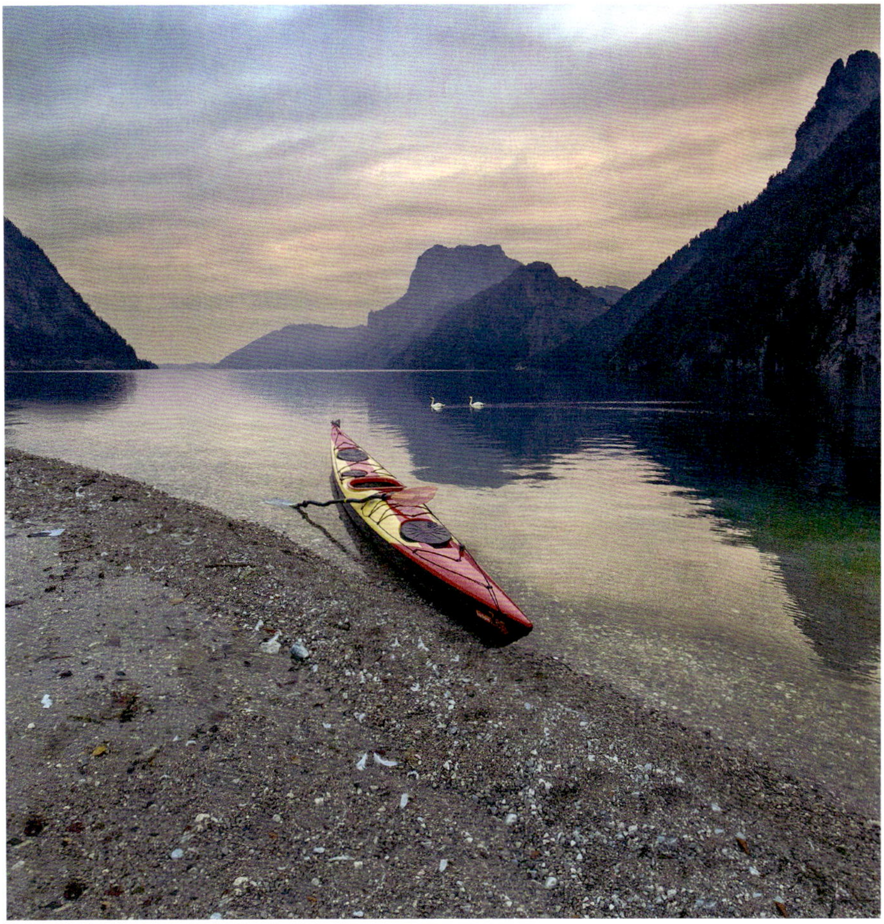

Tour

Tour-Infos Traunsee

Landschaft	Kultur	Baden	Verkehrslärm
	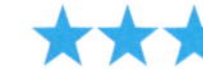	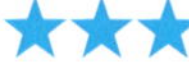	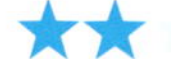

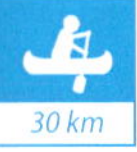

30 km

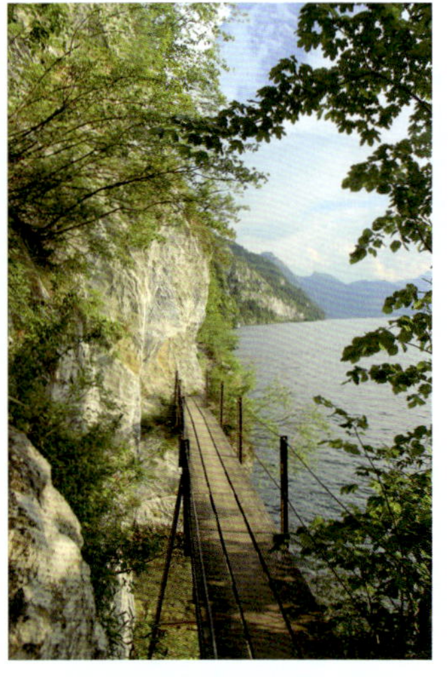

Charakter des Sees

Von den Römern wurde der 12 Kilometer lange und drei Kilometer breite Traunsee „Lacus Felix" genannt, was so viel bedeutet wie „der glückliche See". Dass das Berggewässer Paddler jeder Couleur glücklich machen kann, ist wegen der spektakulären Felswände des 1.691 Meter hohen Traunsteinmassivs, die auf mehreren Kilometern lotrecht aus dem Wasser ragen, sichergestellt.

Verbunden mit der Tatsache, dass jene östliche „wilde Seite des Sees" unzugänglich und fast unbesiedelt ist und auch auf der gegenüberliegenden Seite die Straßen meist mit etwas Abstand vom Ufer verlaufen, ist der Traunsee sicher einer der schönsten Paddelgewässer in diesem Buch.

Um die Tour perfekt zu machen, findet der Kanute oder SUP-Paddler mehr als ein Dutzend einsamer Pausenplätze. Auch kulturell gibt es rund um das Berggewässer so manchen unerwarteten Höhepunkt.

Länge und Dauer der Tour: 30 km, 1-3 Tage **Schwierigkeit:** mittel **Saisonfaktor:** mittel

Etappenvorschlag: **1. Tag:** Strandbad Ebensee – Altmünster (16 km)
2. Tag: Altmünster – Strandbad Ebensee (14 km)

Bootswagen: evtl. für den Transport zum Übernachtungsplatz und zur Einsetzstelle.

Gefahren

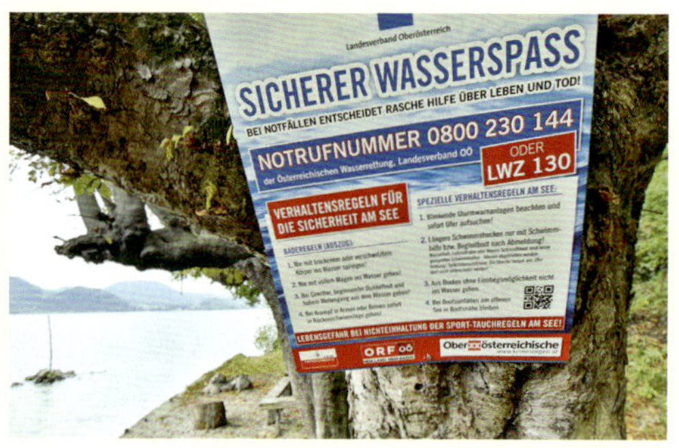

Herrscht schönes Wetter am Traunsee, dann entwickelt sich ein berechenbares thermisches Windphänomen von ***„Ober-"*** und ***„Unterwind"***.

Vor Mitternacht beginnt der ***Oberwind*** aus den Bergen (von Süden) herunterzublasen, bis ihm so zwischen 9 und 10 Uhr seine Puste ausgeht.

Mit etwas Anlaufschwierigkeiten beginnt mittags der ***Unterwind*** aus der entgegengesetzten Richtung (von Nordost) zu blasen. Der Wind kann zwischen drei und fünf Beaufort stark werden.

Schlechtwetterwind aus Westrichtung ist am Traunsee sehr böig.
Gefürchtet ist auch der sogenannte ***„Viechtauer"***, ein Wind, der bei herannahendem Gewitter plötzlich auftreten kann und oft **gefährliche acht Beaufort erreicht.** Ein Zeichen, dass dieser Wind kurz bevorsteht, soll eine gelbliche Wolkenbildung über der Hochsteinalm sein. Der Wind bläst vor allem in Höhe der Ortschaft Viechtau, daher sein Name.

Vorsicht vor Gewittern, Fallwinden wie dem „Viechtauer" und Steinschlag an den Felsen!

Befahrungsregelungen

Private Motorboote mit Verbrennungsmotor sind im Juli und August auf dem See verboten.

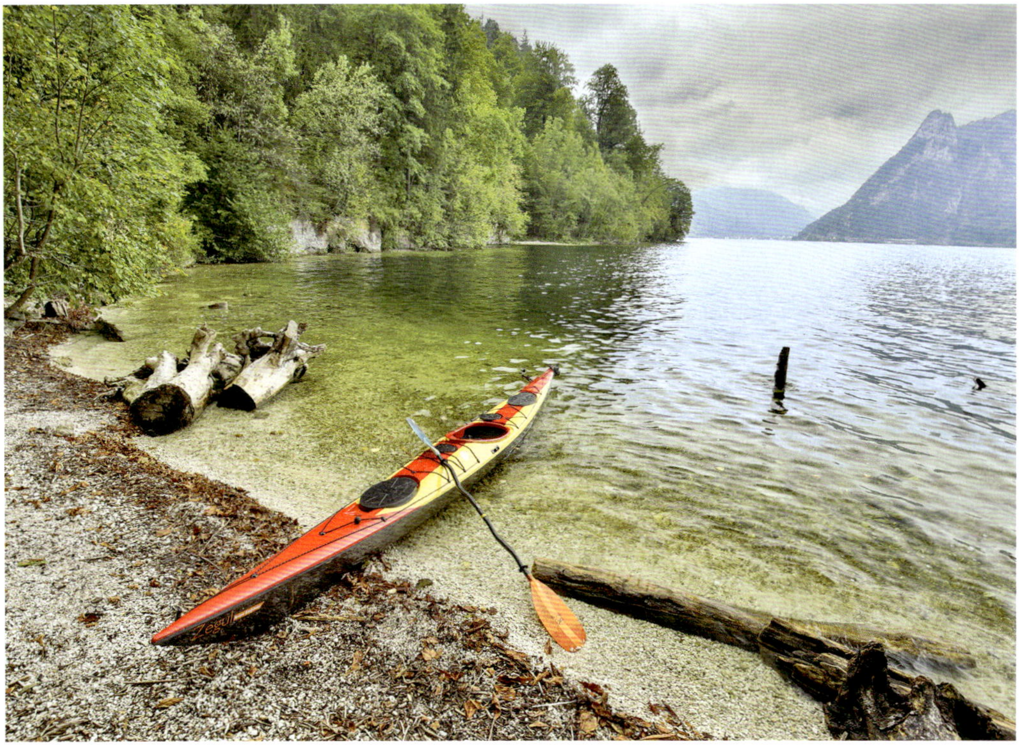

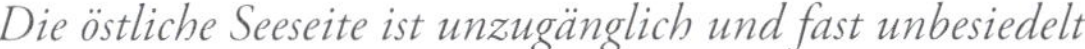

Die östliche Seeseite ist unzugänglich und fast unbesiedelt

Anreise

Über **Salzburg**: A 1 Salzburg – Wien / Linz, Ausfahrt 264 *(Mondsee)* nach rechts in B 154 / *Mondseestraße* einfädeln, ***Nordufer Mondsee*** B 151 bis zum Attersee, dort auf die B152 / *Seeleiten Str.* bis ***Weißenbach*** fahren. Rechts auf die B 153 bis ***Mitterweißenbach***, dann links auf die B 145 abbiegen und entlang der Traun zum Ort **Ebensee-Rindbach** fahren.

Über **Linz**: A 1 Richtung Salzburg, Ausfahrt 224 *(Regau)* und links auf die B 145. Vorbei an ***Gmunden*** und ***Traunsee*** am Westufer entlang bis **Ebensee - Rindbach** fahren.

Einsetzen und Parken

Freizeitanlage Rindbach, Strandbadstraße, **Ebensee**.

Kartenmaterial

Salzkammergut, St. Wolfgang, Attersee, Traunsee, Nr. 14, 1:35.000, ***Kümmerly + Frey***
Nördliches Salzkammergut, Wolfgangsee, Attersee, Traunsee, 1:50.000, ***Kompass-Karten***
WK 282, Attersee – Traunsee – Wolfgangsee, 1:50.000, ***Freytag-Berndt und Artaria KG***

Literaturtipps

Salzkammergut für Bergwanderer. **Die 80 schönsten Tal-& Höhenwanderungen,** Bergverlag Rother
Berg- und Uferwanderungen Salzkammergut, 60 Touren, *Werner Mittermeier,* Plenk Verlag
Nimm dir Zeit am Traunsee: Wege. Menschen. Hüttenschmankerl, *Johann Prangl,* Pichler Verlag
Mythos Traunstein: Seine Opfer, seine Retter, *Christoph Mizelli,* Colorama Verlag
„Sissis Gift“, Salzkammergut-Krimi, *Bernhard Barta,* **„Auf sanften Schwingen kommt der Tod: Carla Bukowskis zweiter Fall“**, *Lena Avanzini,* beide Haymon Verlag

30 km

Übernachtung in Wassernähe *(in der Reihenfolge des Tourenverlaufs)*

Ebensee:
WoMo-Stellplatz Schiffsanlegestelle
Trauneck 9
Tel. +43 (0)6133 70 51
www.ebensee.at

WoMo-Stellplatz Rindbach
Strandbadstraße
Tel. +43 (0)6133 70 51
www.ebensee.at

Frühstückspension Schöffau
Schöffauweg 1
Tel. +43 (0)6133 71 44 20

Ostufer / Gmunden:
Hois'n Wirt
Traunsteinstraße 277
Tel. +43 (0)7612 773 33
www.hoisnwirt.at

Gasthaus Ramsau
Traunsteinstraße 239-241
Tel. +43 (0)7612 641 16
www.gasthof-ramsau.at

Seepension Neuwirth
Traunsteinstraße 149
Tel. +43 (0)7612 636 31

Seehotel im Weyer****
Neueröffnung Herbst 2018
Traunsteinstraße 23
Tel. +43 (0)7612 704 88
www.seehotelimweyer.at

Altmünster:
Camping Traunsee
Hauptstraße 14
Tel. +43 (0)7612 893 13
Tel. +43 (0)664 545 43 70
www.camping-traunsee.at

Altmünsterhof
(auch FeWo, nicht direkt am Wasser, Fahrräder für Hausgäste)
Ackerweg 2
Tel. +43 (0)7612 874 75
www.altmuensterhof.at

Traunkirchen:
Strandcamping Traunkirchen
Uferstraße 46
Tel. +43 (0)676-452 08 96
Tel. +43 (0)660-384 50 70
www.strandcamping-traunkirchen.jimdo.com

Seepension Hofstätter
Ortsplatz 12
Tel. +43 (0)7617 34 88
www.oberoesterreich.at/seepension.hofstaetter

Kanuvermieter & Veranstalter

Gmunden:
Kajak Kanu Salzkammergut
Traunsteinstraße 13
Tel. +43 (0)7612 624 96
Tel. +43 (0)664-444 24 03
www.kajak-kanu.at

Altmünster:
Sport & Abenteuerschule
(auch Kurse & geführte Touren & Shop)
Hauptstraße 14 a
Tel. +43 (0)664 545 43 70
www.sport-abenteuer.at

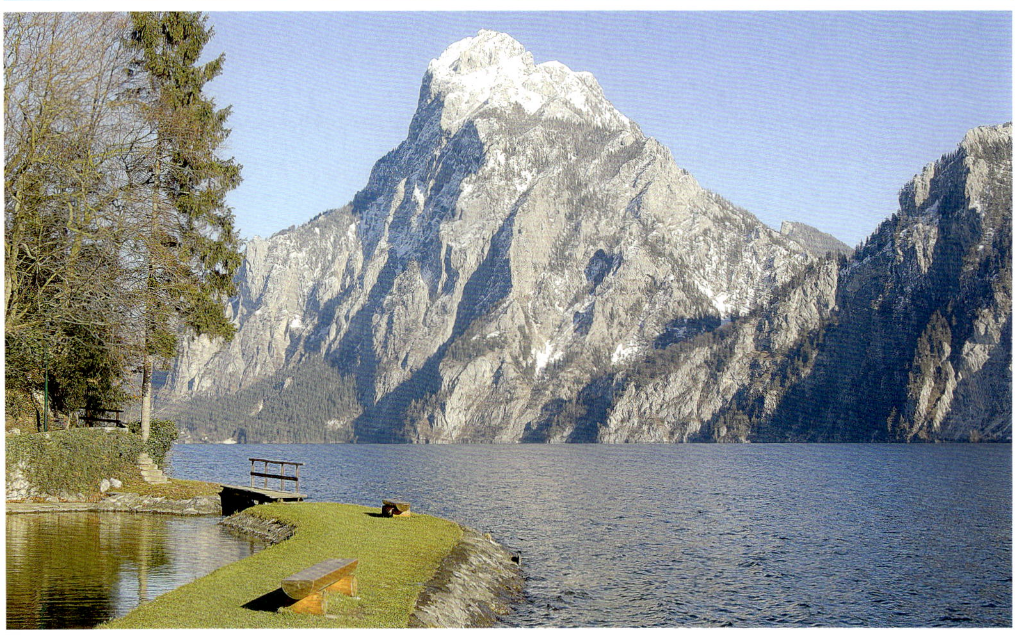

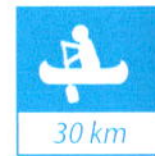
30 km

Tourist-Infos

Gmunden, Rathausplatz 1, Tel. +43 (0)7612 657 52, www.traunsee.at
Ebensee, Hauptstraße 34, Tel. +43 (0)6133 80 16, www.traunsee.at/ebensee
Altmünster, Marktstraße 6, Tel. +43 (0)7612 87 18, www.traunsee.at/altmuenster
Traunkirchen, Ortsplatz 1, Tel. +43 (0)7617 22 34, www.traunsee.at/traunkirchen

Sehenswürdigkeiten rund um den Traunsee

Ebensee: *Kalvarienbergkirche* (18. Jh.); Kathol. *Pfarrkirche Ebensee* (18. Jh.), barocke Ausstattung; *Zeitgeschichte Museum und KZ-Gedenkstätte Ebensee* mit Stollenanlage (Kirchengasse 5, Tel. +43 (0)6133 56 01, Mär-15. Jun, Di-Sa 10-17, 15. Jun-15. Sep, Di-So 10-17, www.memorial-ebensee.at).
Museum Ebensee: Begegnung Kultur & Industrie und Salzgewinnung (Kirchengasse 6, Tel. +43 (0)676 839 407 78, Ende Mai-Ende Sep, Di, Do, Sa 14-18, www.museumebensee.at).
Naturmuseum Salzkammergut im **OT Langwies** (Langwieserstr. 111, Tel. +43 (0)664-221 01 51, tgl. 10-17, www.naturmuseum-salzkammergut.at).

Gmunden: *Kapuzinerkloster Gmunden; Schloss-Komplex Ort* (www.schloss-ort.at) mit *Seeschloss* (17. Jh., Drehort der Fernsehserie „Schlosshotel Orth"), *Landschloss Ort* (17. Jh.) und *Schlossvilla Toscana* (19. Jh.); *Schloss Cumberland* (19. Jh.); *Schloss Weyer* (16. Jh., Dauerausstellung „Meißner Porzellan"); *Rathaus* (16. Jh.) mit *Keramikglockenspiel*; *Salzträgerbrunnen* (Keramikbrunnen); *Stadtpfarrkirche* mit *Dreikönigsaltar*; *Kapuzinerkirche* (17. Jh.).
Kammerhof Museen Gmunden (5 Museen: Erkudok Institut, Stadtgeschichte, Kirche & Sakrales, Keramik & Kunst, Klo & So (historische Sanitärobjekte), Kammerhofgasse 8, Tel. +43 (0)7612 79 44 00, Mi-Fr 13-17, Sa, So, Fei 10-16 www.k-hof.at).
Gmunder Keramik Manufaktur (Keramikstr. 24, Tel. +43 (0)7612 78 63 81, www.gmunder.at).
Gmundner Straßenbahn (älteste, kürzeste und steilste Straßenbahn Österreichs).

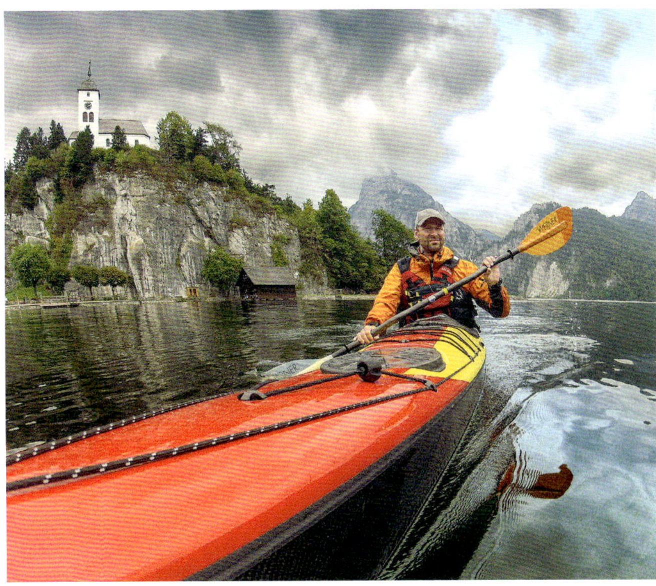
Johannesberg mit Johannesbergkapelle in Traunkirchen

Altmünster: *Kalvarienbergkirche Altmünster* (19. Jh.); *katholische Pfarrkirche* (15. Jh.); *Eggerhaus* (18./19. Jh.) mit Ausstellung zur Wohnkultur, Fassade mit markanter *Pseudosgraffito-Malerei* (Am Wiesenhof 69, Aug, Sep, So 14-17, www.eggerhaus.at); *Oldtimer & Erlebnismuseum „Rund ums Rad"* mit Kindernostalgiewelt (Maria-Theresia-Str. 3, Tel. +43 (0)650 474 86 65, Jun-Aug, 10-12 & 13-17, Mai, Sep, Okt, Sa, So 13-17, www.radmuseum.at); *Schloss Württemberg* (1873-75 im Stil der französischen Renaissance erbaut).

Traunkirchen: *Johannesberg mit Johannesbergkapelle* (14. Jh.) und *Kriegerdenkmal*; *Kalvarienberg* mit vier *Andachtskapellen* und der *Hauptkapelle* mit der *barocken Kreuzigungsgruppe* und alten sehenswerten *Wandbildern*; *Pfarrkirche* (17. Jh.) mit *Fischerkanzel*; *Löwendenkmal*; *Handarbeitsmuseum* (Klosterplatz 2, Tel. +43 (0)664 540 13 64, Mai-Okt, Mi, Sa, So 14-16.30 & Jul, Aug 14-16.30, www.goldhauben.info/handerbeitsmuseum).

Sonstige Aktivitäten am Traunsee

Wandern:

Rundwanderung (leicht, 12 km, 5 Std.) von **Ebensee-Rindbach** zur ***Gassel-Tropfsteinhöhle*** (tropfsteinreichste Schauhöhle der Nördlichen Kalkalpen, geöffnet: Sa, So, Fei 9-16, *Einkehr Gasselhütte*,Tel. +43 (0)680-112 75 44, geöffnet Freitagabend-Sonntag, neben dem Höhleneingang, www.gasselhoehle.at) und zum ***Rindbachwasserfall*** *(Naturdenkmal)*. Schönes Alpenpanorama mit Blick auf das ***Tote Gebirge***.

Mit der ***Feuerkogelbahn*** von Ebensee hinauf auf den ***Feuerkogel***, sonnigster Punkt Oberösterreichs. Dort fantastischer 360 Grad-Panoramablick auf ***Dachstein*** und Seenregion. Wanderparadies – vom einstündigen Spaziergang bis zur mehrtägigen Wanderung auf über 50 Kilometern Wanderwegen.

Leichte Wanderung (2 Std.) ***um den romantischen Vorderen Langbathsee*** *(Naturbadestand, Einkehr, Jagdschloss Langbathsee.)* und ***Hinteren Langbathsee***. Erreichbar per Pkw oder zu Fuß von **Ebensee**.

Familienfreundliche Wanderung um den Offensee am Fuße des Toten Gebirges, umgeben von einer idyllischen Landschaft *(schöne Naturbadestrände, Jausenstaion)*.

Die ***Wanderung vom Offenseetal*** hinauf auf den ***Eibenberg*** ist eine konditionell fordernde Wanderung, die etwas Trittsicherheit erfordert (Auf- und Abstieg 1000 Höhenmeter).

Von Gmunden aus geht eine ***Wanderung rund um den Traunstein*** (1.691 m), die etwas Trittsicherheit und Kondition erfordert, vorbei am ***Grünberg***, ***Laudachsee*** und durch die ***Kaltenbachwildnis*** (Auf- und Abstieg ca. 700 Höhenmeter).

Am und um den ***Grünberg*** (984 m) zahlreiche leichte Wanderungen.

HTL Wels-Klettersteig am Feuerkogel (mittelschwer).

Fahrrad:

Eine einfache Runde mit wenigen Höhenmetern führt um den ***nördlichen Teil des Traunsees*** (ca. 18 km, auf und ab ca. 150 Höhenmeter). Zwischen **Traunkirchen** und **Hoisn** nimmt man eine Schiffsverbindung.

Eine schöne Fahrradtour führt von **Plankau / Roith** hinauf zum ***Offensee*** inklusive einer Umrundung des kleinen Bergsees. (ca. 25 Kilometer und 300 Höhenmeter auf und ab).

Mountainbiken auf der anspruchsvollen und 5.600 Meter langen ***Downhill-Strecke Feuerkogel.***

Öffentliche Badeplätze (Eintritt frei):

Gmunden: ***Badeplatz Weyer*** *(Liegewiese)*, ***Badeplatz Seereiterweg***, ***Badeplatz Seebahnhof***.

Altmünster: ***Esplanade*** *(Beachvolleyball, große Liegewiese und Spielplatz, SUP-Verleih, Wasserski)*.

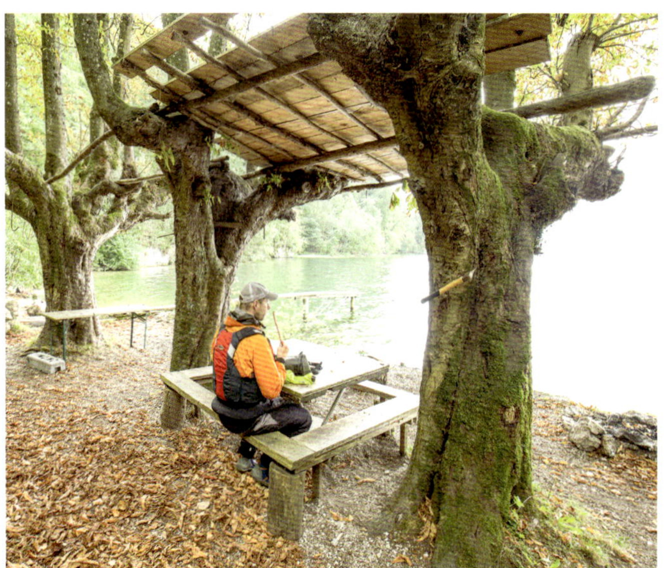

Traunkirchen:

Badeplatz Bräuwiese *(30.000 qm, Kiesstrand, Imbiss)*.

Badeplatz Winkl *(Schwimmsteg)*.

Badeplatz Badeinsel *mit Seebadebecken*.

Ebensee:

Freizeitzentrum ***Rindbach*** *(Liegewiese Beachvolleyball, Fußballplatz, Bootsverleih)*.

Strandbäder:

Strandbad **Gmunden.**

Solarbad **Altmünster** *(beheiztes Becken, Seezugang, Liegewiese)*.

Thermalbad:

Eurotherme **Bad Ischl** (ca. 17 km südwestlich von Ebensee), Voglhuberstr. 10, Tel. +43 (0)6132 20 40, Mo-So 9-24, www.eurothermen.at

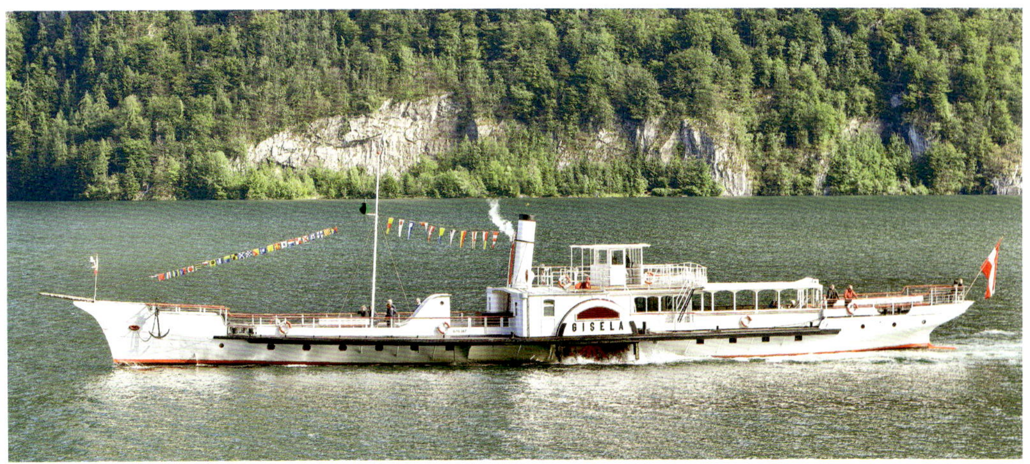

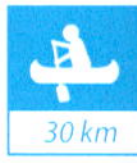

Schaufelraddampfer Gisela befährt als einziges denkmalgeschütztes Schiff Österreichs den Traunsee

Angeln:

Für das Angeln am See benötigt man die ***Oberösterreichische Fischerkarte***, das ***Oberösterreichische Lizenzbuch*** mit der jeweiligen ***Jahresmarke*** und die ***gültige Lizenz (Angelschein)***. Für Gäste aus anderen Ländern wird die jeweilige Angelberechtigung des Heimatlandes für den Erwerb von Tages- und Wochenkarten anerkannt. Gefangen werden: **Forellen, Renken, Saiblinge, Hechte**.

Angelgerät und Angellizenzen:

Traunsee u. Scherrerwasser 1+2, Satoristraße 27, **Gmunden**, www.traunseefischer.at
Höller, Fischerei & Jagd, Kammerhofgasse 6, **Gmunden**, Tel. +43 (0)7612 642 22
Fischereigeräte-Geschäft, Bahnhofstraße 62, **Gmunden**, Tel. +43 (0)7612 679 96
Loidl Ralf, Jagd & Fischerei, Marktgasse 5, **Ebensee**, Tel. +43 (0)6133 205 03, www.jagdfischereiloidl.at

Fahrgastschifffahrt auf dem See:

Seit 1839 verkehren Fahrgastschiffe auf dem See. Es gibt verschiedene Routen. Sie laufen folgende Stationen an: **Ebensee, Traunkirchen, Gasthof Hoisen, Altmünster, Gasthof Grünberg, Grünberg Seilbahn, Seeschloss Ort, Gmunden Rathausplatz.**

Traunsee Schifffahrt, Sparkassegasse 3, Gmunden, Tel. +43 (0)7612 667 00, www.traunseeschifffahrt.at
Stern & Hafferl Verkehrsgesellschaft, Kuferzeile 32, Gmunden, Tel. +43 (0)7612 795 21 51, www.stern-verkehr.at

Wassertaxi:

Schifffahrt Loidl, Ortsplatz Traunkirchen, Tel. +43 (0)664 371 56 46, www.schifffahrt-traunsee.at

Bergbahnen:

Ebensee: *Feuerkogel-Seilbahn* (*geführte Wanderungen*: www.capricorn-adventures.at, Tel. +43 (0)677-62 44 98 34), Rudolf Ippisch-Platz 4, Tel. +43 (0)50 140, www.feuerkogel.info
Gmunden: *Grünberg Seilbahn* *(Almhütten, Sommerodelbahn, Abenteuerspielplatz, Niederseilgarten),* Karl-Josef-von-Frey-Gasse 4, Tel. +43 (0)50 140, www.gruenberg.info

Tipp: ***Berg- & See-Erlebnisticket*** (Schifffahrt und Seilbahn, Erw. 14,50-33,50 €)

Fahrrad- & E-Bike-Vermietung:

Gmunden: *Hammerschmid Bikeshop* *(auch E-Bike),* Traunsteinstr. 139a, Tel. +43 (0)7612 636 92 od. Tel. +43 (0)650-350 48 41, hammerschmid-bikeshop.at
Gmunden: *Salzkammegut Biker*, Bahnhofstr. 54, Tel. +43 (0)7612 622 18, www.salzkammergutbiker.at
Gmunden: *SPORT2000 - Sports 4u*, Bahnhofstr. 22, Tel. (0)7612 648 65, www.sport2000.at

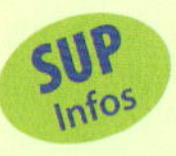

SUP-Tipp: Am ***Strandbad*** in **Ebensee** kommt man in den Genuss eines atemberaubenden Bergpanoramas nicht nur bei Sonnenuntergang. ***Night Paddling mit LED Paddel:*** Entdecke die geheimnisvolle Unterwasserwelt bei Nacht mit ***SUP Traunsee*** in **Gmunden.**

SUP-Vermietung, Touren & Kurse:

Altmünster:
Sport & Abenteuerschule
(auch Kurse, Touren & Shop)
Hauptstraße 14 a
Tel. +43 (0)664-545 43 70
www.sport-abenteuer.at
www.naishsupcenter.at

Gmunden:
Surfschule Hammerschmid
Traunsteinstraße 139 a
Tel. +43 (0)7612 636 92
www.surf-hammerschmid.at

Kajak Kanu Salzkammergut
Mi-Fr 15-18, Sa 9.30-12.20
Traunsteinstraße 13
Tel. +43 (0)7612 624 96
Tel. +43 (0)664-444 24 03
www.kajak-kanu.at

SUP Traunsee
(auch Kurse & Touren)
Am Hochkogl 24
Tel. +43 (0)664-138 05 38
www.sup-traunsee.at

30 km

Der Traunsee

Wie an allen Seen des Salzkammergut, sollte man auch am ***Traunsee*** sehr zeitig zur Tour aufbrechen – zum einen bekommt man noch viel leichter einen Parkplatz und zum anderen ist es frühmorgens am windstillsten.

Daher liegt der See nun spiegelglatt vor mir, als ich entgegen dem Uhrzeigersinn, also entlang des Ostufers, vom Wohnmobilstellplatz **Rindbach** in **Ebensee** aus, starte. Vor dem Bug des Kajaks tun sich bald die ersten spektakulären Felswände auf, die quasi die Füße des 1.125 Meter hohen Spitzlsteins darstellen, dessen Gipfel etwa 700 Meter über mir liegt. Wildromantisch ist das bergige Ostufer, mit dessen Felsen ich jetzt auf Tuchfühlung gehe. Bei Schlechtwetter sollte man sich wegen drohendem Steinschlag hier nicht aufhalten. Immer wieder mal wird das blanke Gestein von üppiger Vegetation unterbrochen. Einige Bäume ragen gar über die Wasseroberfläche. Bald komme ich zum ersten Pausenplatz in Form einer Zunge die sich vor dem steilen Fels gebildet hat. Gleich darauf folgen weitere ähnliche ideale Pausenplätze, an einigen finden sich Grillfeuerstellen, an anderen haben Besucher sich Stühle aus Baumstämmen gezimmert. Im Sommer ist hier sicher einiges los, aber jetzt, im Herbst, ist keine Menschenseele zu sehen.

Ein Stückchen weiter stoße ich auf die Mündung des ***Karbachs,*** der dort ein kleines Kiesdelta aufgespült hat. Im Sommer kann man im Gastgarten der gemütlichen ***Jausenstaion Karbach*** *(Mai-Okt, ca. 11-22, evtl. Ruhetage, Bootstransfer von Traunkirchen möglich)* zu einem „Spritzer" oder einer deftigen Jause einkehren. Vielleicht nachdem man sich, anfangs entlang der Forststraße, zu einer ***Fossilienwanderung*** zum ***Eisenbach*** aufgemacht hat, der etwas weiter oberhalb *(50 Gehminuten)* in den Karbach mündet. Wer auf seiner voreiszeitlichen Spurensuche Glück hat, findet versteinerte Schnecken und Muscheln aus frühgeschichtlicher Zeit. Gleich nebenan liegt die Anlegestelle des ***Steinbruchs Karbach.*** *Mehr als 100 Jahre diente er der Versorgung einer Sodafabrik mit hochwertigem Kalkstein. Seit ein paar Jahren ist der Geschäftszweck nun die Gewinnung, Verarbeitung und der Verkauf von Schotter- und Kalksteinerzeugnissen. Die am Fuße des Rötelsteins aufbereiteten Produkte werden mit Schiffen über den Traunsee nach Ebensee transportiert.*

Die alles beherrschende Silhouette des riesigen ***Traunsteins*** ragt nun über dem Ufer auf. Nach der kleinen zivilisatorischen Unterbrechung wird die Landschaft wieder wilder. Was aber bleibt, sind traumhafte, eingestreute

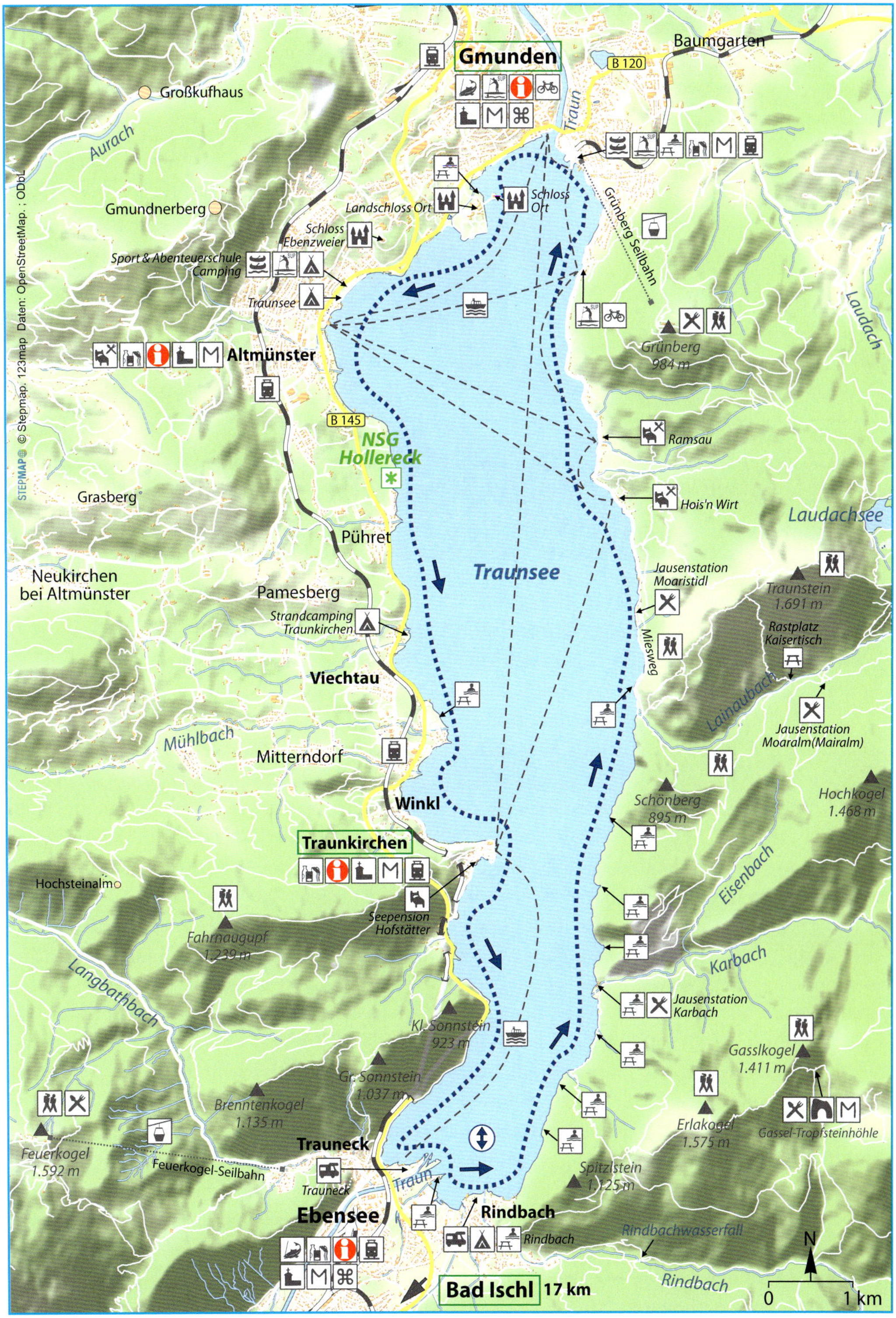

Gmunden
Baumgarten
B 120
Traun
Großkufhaus
Aurach
Gmundnerberg
Schloss Ort
Landschloss Ort
Schloss Ebenzweier
Sport & Abenteuerschule Camping
Traunsee
Grünberg Seilbahn
Grünberg 984 m
Laudach
Altmünster
B 145
NSG Hollereck
Ramsau
Hois'n Wirt
Laudachsee
Grasberg
Pühret
Neukirchen bei Altmünster
Pamesberg
Traunsee
Jausenstation Moaristidl
Traunstein 1.691 m
Strandcamping Traunkirchen
Miesweg
Rastplatz Kaisertisch
Viechtau
Lainaubach
Jausenstation Moaralm(Mairalm)
Mühlbach
Mitterndorf
Winkl
Schönberg 895 m
Hochkogel 1.468 m
Traunkirchen
Hochsteinalm
Seepension Hofstätter
Eisenbach
Fahrnaugupf 1.239 m
Karbach
Langbathbach
Jausenstation Karbach
Kl. Sonnstein 923 m
Gasslkogel 1.411 m
Gr. Sonnstein 1.037 m
Brenntenkogel 1.135 m
Erlakogel 1.575 m
Gassel-Tropfsteinhöhle
Feuerkogel 1.592 m
Feuerkogel-Seilbahn
Trauneck
Traun
Spitzlstein 1.125 m
Ebensee
Rindbach
Rindbach
Rindbachwasserfall
Rindbach
Bad Ischl 17 km
N
0 1 km
STEPMAP © Stepmap, 123map Daten: OpenStreetMap ; ODbL

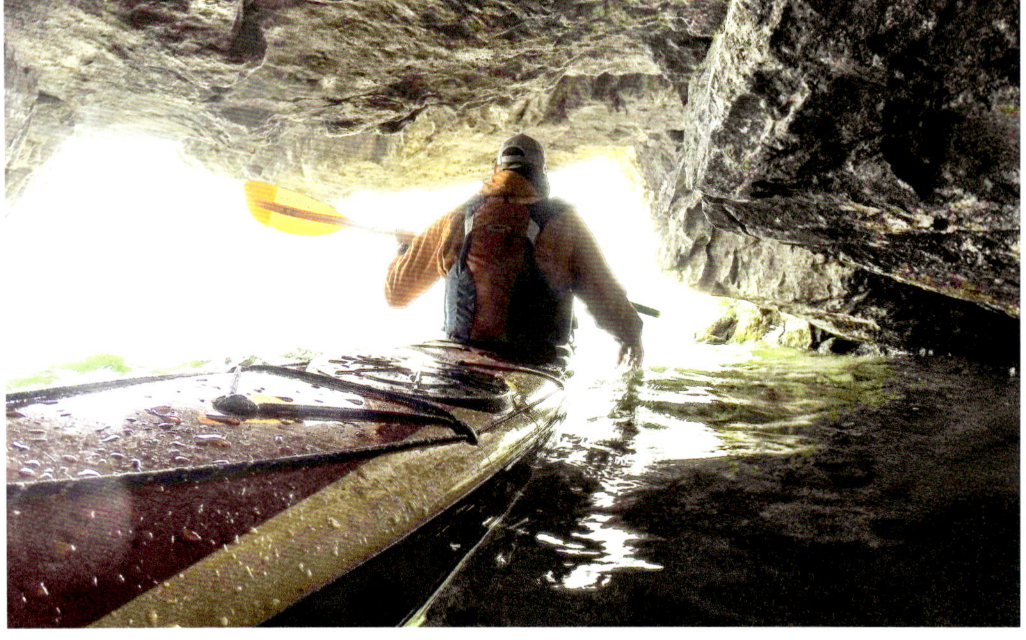

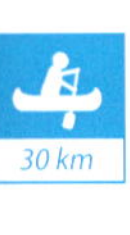

Pausenplätze. Sogar eine winzige Höhle ist vom Wasser aus zugänglich, in der im Kajak sitzend, ein evetueller Regenschauer ausgesessen werden könnte.

Direkt unterhalb des Traunsteins mündet der ***Lainaubach*** in den See. Hier befindet sich auch die tiefste Stelle, die mit 191 Metern angegeben wird und den Traunsee zum tiefsten Gewässer Österreichs macht. Diese große Tiefe des Sees sorgt auch im Sommer dafür, dass die Badetemperaturen selten über 19 Grad liegen. Wer sich die Beine vertreten will: von der Bachmündung führt, vorbei an der Brücke, eine schöne Wanderung hinauf zur ***Moaralm (Mairalm)***. Die Wanderung rechts des Bachtals leicht bergauf dauert etwas weniger als eine Stunde. Links türmen sich die ***Südwände des Traunsteins*** auf, bis man dann zum ***Rastplatz „Kaisertisch***" kommt, wo es links ab auf den Gipfel des Traunsteins geht. Von hier sind es nur noch wenige Minuten geradeaus zur rund 800 Meter hoch, rechts des Bachtals gelegenen Alm. Dort winkt zur Belohnung eine deftige Jause und ein Bier, am Wochenende gar Schmankerl wie Schweinsbraten, geräucherter Saibling und Forelle.

Ebenfalls sehr reizvoll: Links der Bachmündung verläuft der sich direkt am See entlangschlängelnde ***Miesweg***. Mal führt er über Holzbohlen die am Fels zu kleben scheinen, dann wieder durch unbeleuchtete Tunnels in Richtung der Jausenstation Moaristidl.

Vor der beliebten ***Jausenstation Moaristidl*** (tgl. 10-20) an der ich jetzt vorbeipaddle, kann man herrlich oberhalb des Sees auf der Terrasse sitzen und bei einer Brettljause die traumhafte Lage genießen.

Ab hier geht der Wanderweg nun in die Straße über und auf den nächsten Kilometern ist der Uferstreifen locker von Häusern und Wiesen durchsetzt, bevor sich zu Füßen des Traunstein der ***Seegasthof Hois`n Wirt*** hinter der Schiffsanlegestelle zur Übernachtung anböte. Entweder man nutzt ihn als Basisstation für Wanderungen auf und um den ***Traunstein***, durch die ***Kaltenbachwildnis*** zum glasklaren und grün schimmernden ***Laudachsee*** *(Einkehr in der Ramsaualm)* im ***Naturschutzgebiets Traunstein,*** auf dem ***Miesweg***, durch das ***Tal des Lainaubachs***. Oder man macht eine Paddelpause und genießt im Gastgarten unter den schattenspendenden

Kastanien traditionelle Blunz'n, Krautwickler oder die Gmundner Fischsuppe.

Kurz vor Gmunden machen die Berge einer offenen Hügellandschaft Platz. Hier, am Nordende des Sees, entwässert die sehr breite ***Traun*** und teilt die Stadt in zwei Hälften. Für uns Paddler sind die betonierten Uferpromenaden nicht so schön anzuschauen wie aus Sicht der Fußgänger, die unter Alleebäumen schlendernd, den Blick auf den See genießen. Kleine Stege geben dem Paddler aber die Möglichkeit anzulanden.

Das bei weitem Auffälligste an **Gmunden** ist sein romantisches Wahrzeichen, das ***Schloss Ort***. *Der durch eine 120 Meter lange Brücke mit dem Ufer verbundene weiße Prachtbau liegt auf einer kleinen Insel mitten im See und füllt diese fast vollständig aus. Das Schloss zählt zu den ältesten Gebäuden im Salzkammergut und wurde schon 909 urkundlich erwähnt. Die unterschiedlichsten Vorbesitzer sind mit ihm verbunden: vom Ritter und Namensgeber Hartnid von Ort über Adam Reichsgraf von Herberstorff, der als Landeshauptmann von Oberösterreich die protestantischen Bauernaufstände gewaltsam beendete, bis hin zu Johann Salvator von Österreich-Toskana, der aus Liebe zur Schauspielerin Milli Stubel seine Adelswürden ablegte und sich fortan nur noch Johann Ort nannte. In neuerer Zeit diente das Schloss acht Jahre lang als Kulisse der deutsch-österreichischen Fernsehserie „Schlosshotel Orth".*

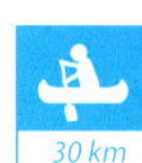

Sehenswert sind vor allem der romantische Innenhof im spätgotischen Stil, der Palas und der Wappensaal, die 1634 errichtete Kirche, sowie die Kerkerzellen und das Museum. Eine Besonderheit des Schlosses ist das von 1634 stammende Uhrwerk, das noch immer täglich per Hand aufgezogen werden muss.

Gleich gegenüber paddle ich vorbei an den mit Zwiebelhelmen gekrönten Türmen des ***Landschlosses Ort***, die aus dem Grün der Parkbäume herausschauen. *Es ist in der ersten Hälfte des 17. Jahrhunderts aus dem Vorwerk des Seeschlosses entstanden.*

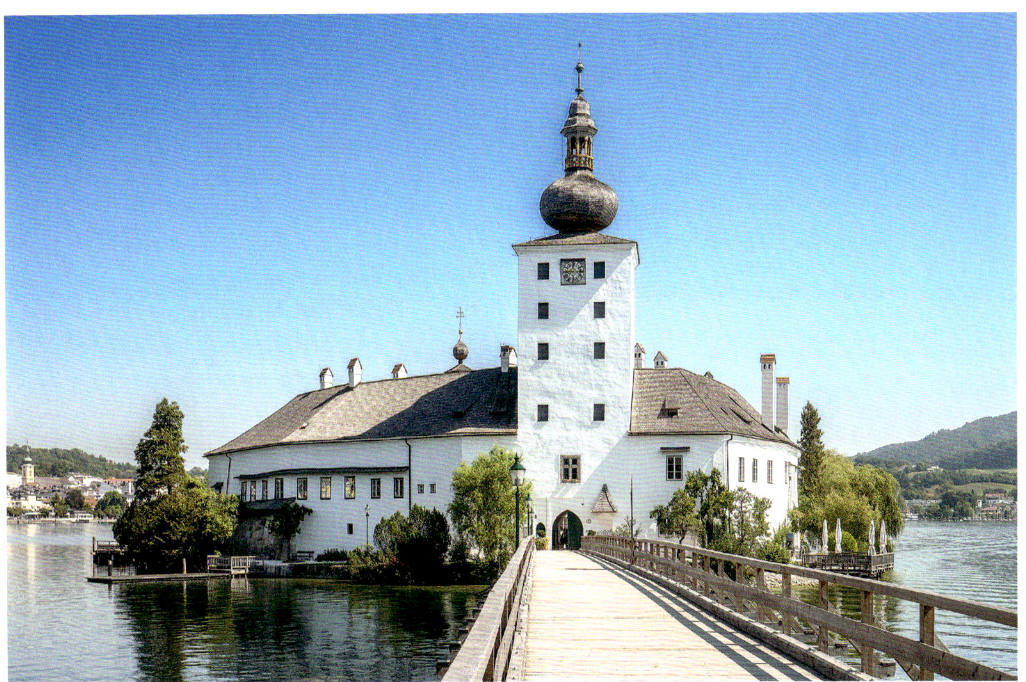

Schloss Ort besteht aus dem auf einer Insel gelegenen bekannteren Seeschloss und dem über eine Brücke angebundenen Landschloss

Zeit das Boot zu verlassen und einen Spaziergang durch die ausgedehnten Grünanlagen des wegen seines schönen Altbestandes an Bäumen unter Schutz stehenden ***Toskanaparks***, hin zur ***Schlossvilla Toscana*** zu unternehmen. *Im 19. Jahrhundert wurde sie auf einem kleinen Hügel als Prinzendomizil der verwitweten Großherzogin der Toskana Maria Antonietta von Neapel-Sizilien erbaut. Heute wird sie als Location für Hochzeiten und andere Veranstaltungen genutzt.*

Gleich hinter dem Park paddel ich vorbei am ***Strandbad von Gmunden*** und zahlreichen Bootsschuppen, bevor nach wenigen hundert Metern schon das nächste Strandbad in Sicht kommt. Es gehört allerdings schon zur Ortschaft **Altmünster**, die ebenfalls mit einem Schloss aufwarten kann. ***Schloss Ebenzweier*** beherbergt heute eine Berufsschule und kann nur von außen besichtigt werden. In Altmünster hat auch die ***„Sport & Abenteurschule“*** ihren Standort, die Schnuppertouren und Kurse für Paddler oder SUP-Boarder anbietet, aber auch Canyoning, Rafting und Klettern stehen auf dem Programm. Ein Campingplatz macht das Angebot komplett.

Die Häuser weichen langsam dem Grün und nun gleitet das Kajak langsam am ***Naturschutzgebiet Hollereck*** entlang. Neben der Verlandungszone Orter Bucht ist es eines der letzten, bei weitem aber größten, naturnahen Verlandungsbereiche am Traunsee.

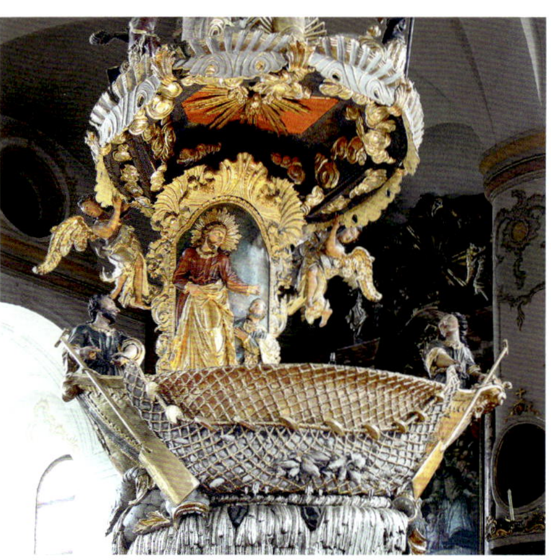

Zahlreiche geschützte und überaus seltene Pflanzen- und Tierarten, wie der Lungenenzian oder der Europäische Laubfrosch leben hier. So stehen mindesten 31 Pflanzenarten auf der Roten Liste, darunter Fieberklee, fleischfarbenes Knabenkraut oder die Mehlprimel. Ziel ist es, die seenahen Bereiche, die sich heute als Schilf- und Großseggenfläche präsentieren, als ungestörtes Rückzugsgebiete für Vogel-, Amphibien- und Insektenarten zu erhalten. Das Schutzgebiet darf daher nicht betreten werden. Der Blick vom Kajak aus über den Traunsee ist gerade auch von der Westseite her äußerst beeindruckend, insbesondere der majestätische Gebirgsstock des Traunstein trägt dazu bei.

Die Straße rückt nun wieder näher an den See und der Verkehr ist deutlich zu hören. Vorbei an **Viechtau** erreiche ich den ***Badeplatz Bräuwiese***, der mit seinem flachen Kiesstrand, der großen Liegewiese und dem herrlichen Ausblick bei den Besuchern sehr beliebt ist. Sogar einen Imbiss gibt es an dem für jedermann kostenlos zugänglichen Platz.

Die nächste Station ist **Traunkirchen**, einer der malerischsten Ferienorte am See. Das idyllische Ortszentrum ist auf einer vom Westufer vorspringenden Halbinsel gelegen, *der mit seinen Klosteranlagen, den Kapellen und dem Inselfelsen schon zur Steinzeit besiedelt war, wie archäologische Funde zeigen. Das 1020 auf der Halbinsel erbaute Kloster dient heute als Hotel und Veranstaltungsort.* Die weithin sichtbare ***Pfarrkirche Mariä Krönung*** verfügt über eine seltene, ganz besondere Sehenswürdigkeit: die sogenannte ***Fischerkanzel*** *(Foto links). Die 1753 in Schiffsform geschnitzte Kanzel hat als Motiv das Wunder des reichen Fischfangs, mit den Aposteln Jakobus dem Älteren und Johannes, die vom Boot aus das mit Fischen gefüllte Netz ziehen.*

Nun ist es nicht mehr weit bis nach **Ebensee**. Ich nehme direkten Kurs auf die ***Traunmündung***, die hier ihre Wassermassen in den See ergießt. Das kiesige Delta ist in mehrere Arme aufgeteilt, auf denen sich Auwald mit Weidendickicht breitmacht. Nur ein paar hundert Meter sind es von hier bis zum Ausgangspunkt der Tour.

Über den Autor

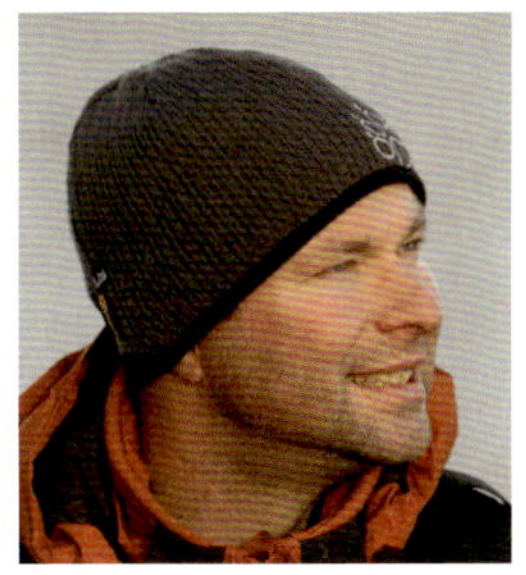

Björn Nehrhoff von Holderberg
ist mit allen Wassern gewaschen. Schon als Kind von seinen Eltern im Faltboot mitgeschleppt, wurde er früh vom Paddelvirus infiziert.

Der Reisebuchautor schreibt und fotografiert für Kanu- und Outdoormagazine und ist zusammen mit Frau und Freunden bevorzugt überall dort unterwegs, wo das Wasser salzig ist.

Auf seiner Internetseite www.liquidmedicine.de schreibt er in seinem Blog von den alltäglichen „kleinen Abenteuern", vom Brandungssurfen bis hin zur Naturfotografie.

Danke an ...

. . . meine Sponsoren, die mir Ausrüstung für die Touren zur Verfügung gestellt haben: **Hilleberg, Kokatat, Kanu-Out-Door, Tahe Marine, Wavecrest, Ortlieb, Flat Earth Sails, Werner Paddles.**

Außerdem muss mal erwähnt werden, wie hart Thomas Kettler und Carola Hillmann an der Verbesserung meines Manuskriptes mitgewirkt haben. Ihr seid echte „Recherchetiere" im positivsten Sinne!

Am wichtigsten war wie immer die Unterstützung meiner wunderbaren Frau Hao, ohne die dieses Buch nicht hätte entstehen können.

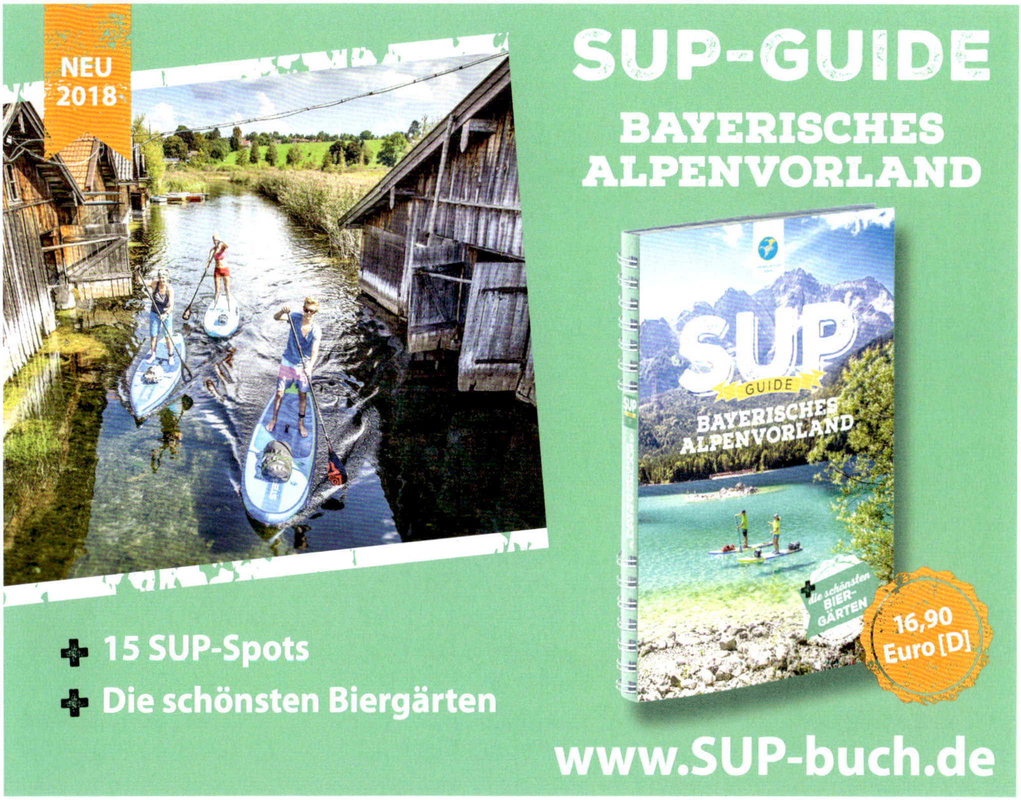

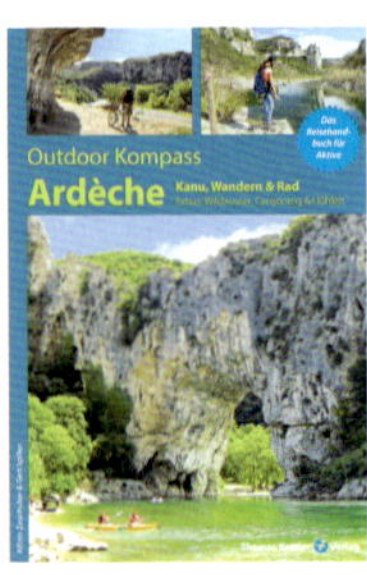

OUTDOOR KOMPASS
Ardèche
Kanu - Wandern - Rad

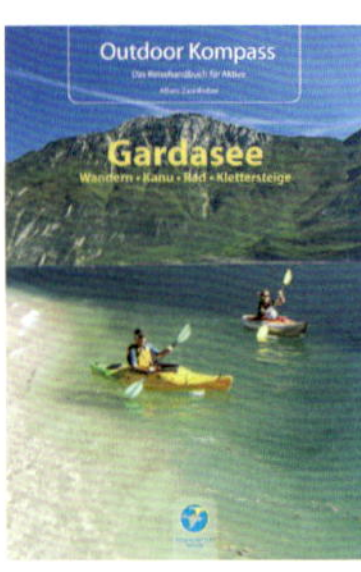

OUTDOOR KOMPASS
Gardasee
Wandern - Kanu - Rad - Klettersteige

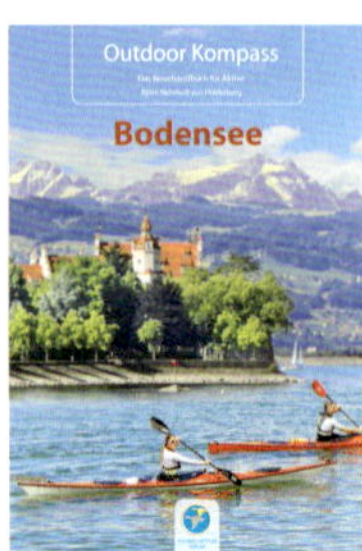

OUTDOOR KOMPASS
Bodensee
Kanu - Rad - Wandern

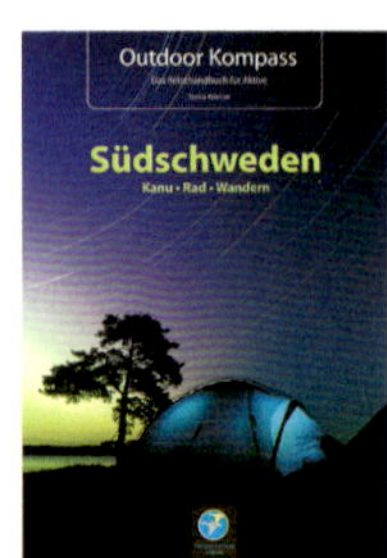

OUTDOOR KOMPASS
Südschweden
Kanu - Rad - Wandern

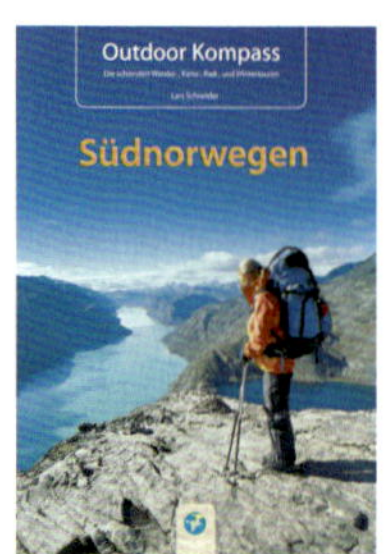

OUTDOOR KOMPASS
Südnorwegen
Wandern - Rad - Kanu - Wintertouren

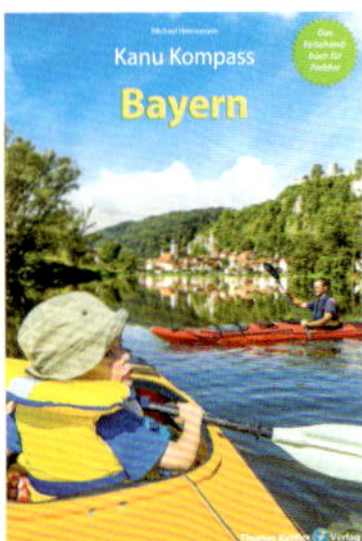

KANU KOMPASS
Bayern

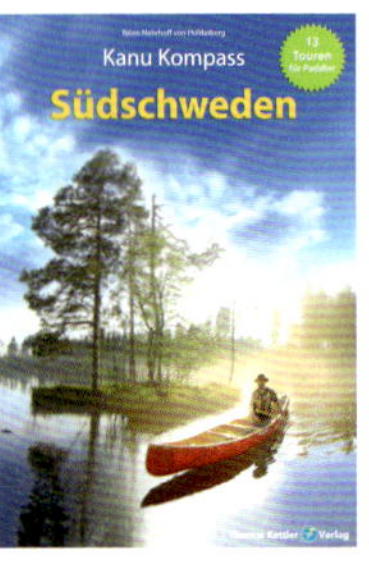

KANU KOMPASS
Südschweden

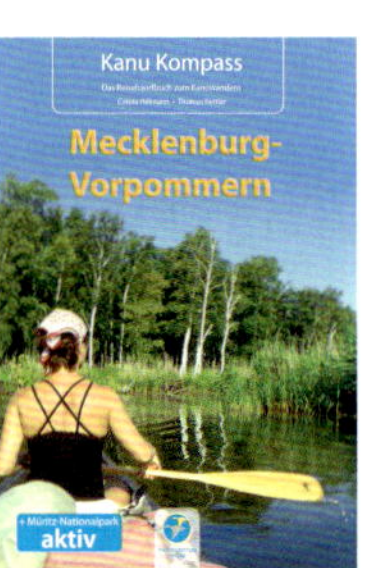
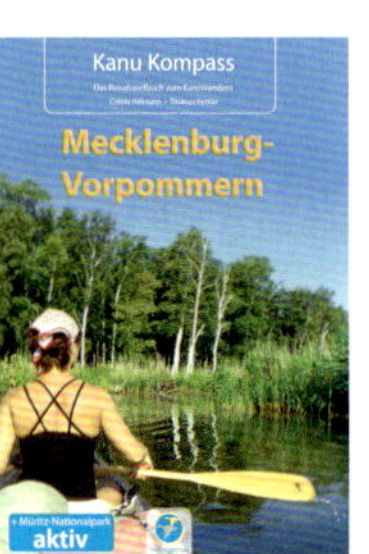

KANU KOMPASS
Mecklenburg-Vorpommern

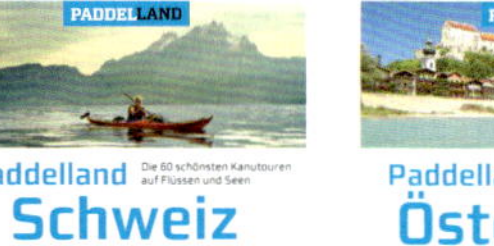

PADDELLAND
Schweiz

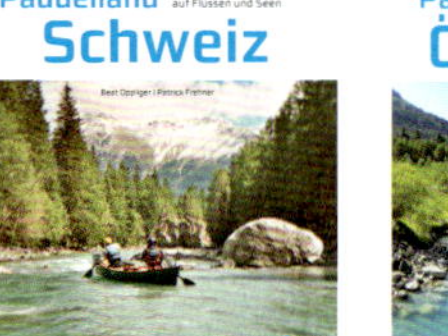

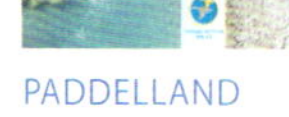

PADDELLAND
Österreich

Die Buchreihe KANU KOMPAKT mit Wasserwanderkarten

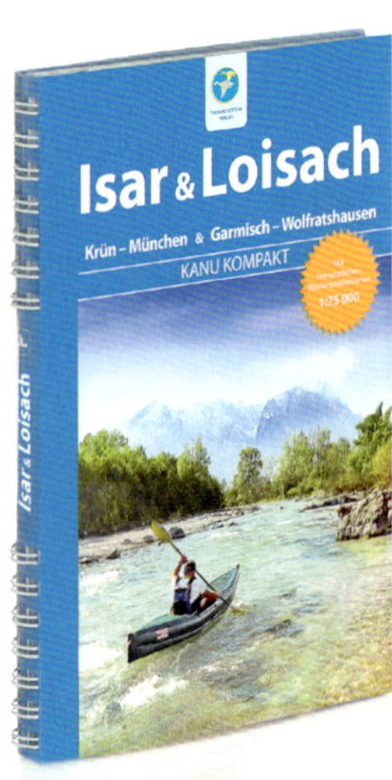

- **Kanutourenführer mit Ringbindung**
- **topografische Wasserwanderkarten**
- **Reiseführer**
- **Kanufahrschule**

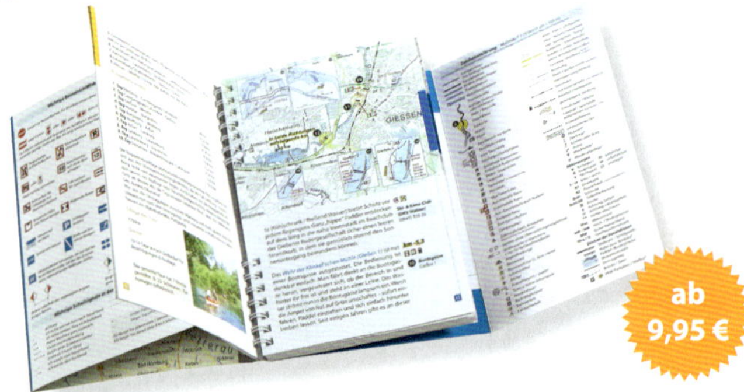

Bislang erschienen: Mecklenburgische Kleinseen 1 & 2, Peene, Müritz-Elde-Wasserstraße, Holsteinische Schweiz, Berlin, Potsdam & Werder, Märkische Umfahrt, Spreewald, Werra, Weser, Lippe, Ruhr, Ems, Lahn, Mosel, Altmühl, Regen, Naab & Vils, Isar & Loisach, Dordogne, Loire 1 & 2
Infos unter: www.thomas-kettler-verlag.de

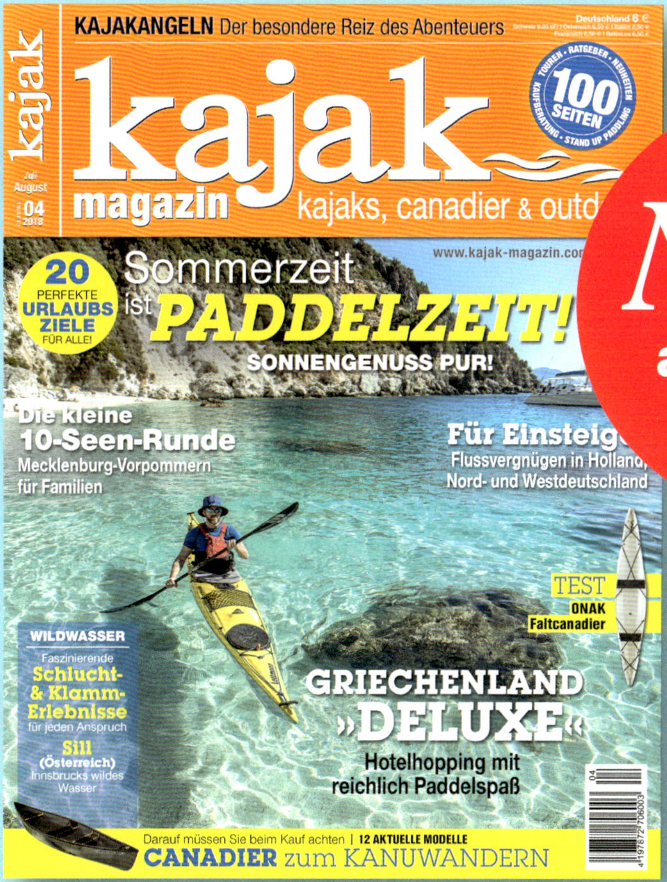

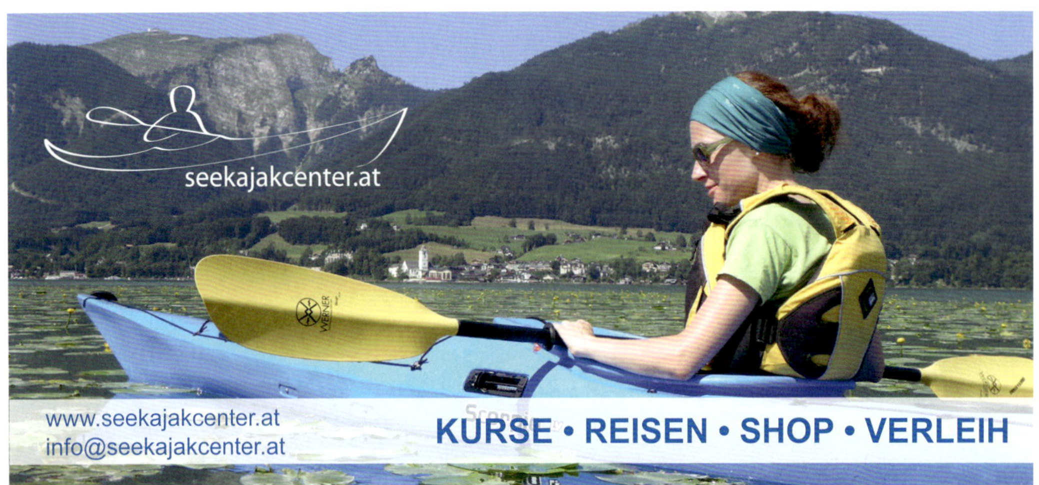
seekajakcenter.at
www.seekajakcenter.at
info@seekajakcenter.at
KURSE • REISEN • SHOP • VERLEIH

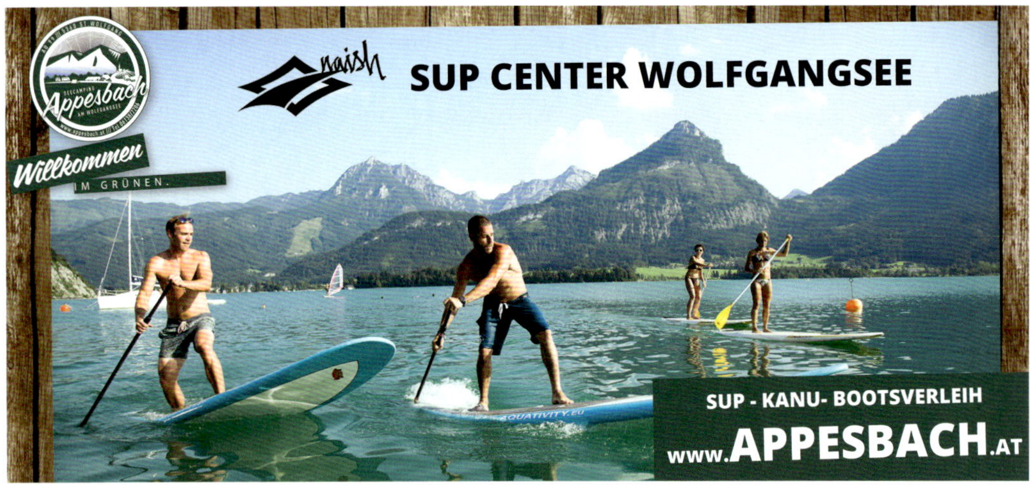
Appesbach
Willkommen
IM GRÜNEN.
naish
SUP CENTER WOLFGANGSEE
SUP - KANU- BOOTSVERLEIH
www.APPESBACH.AT

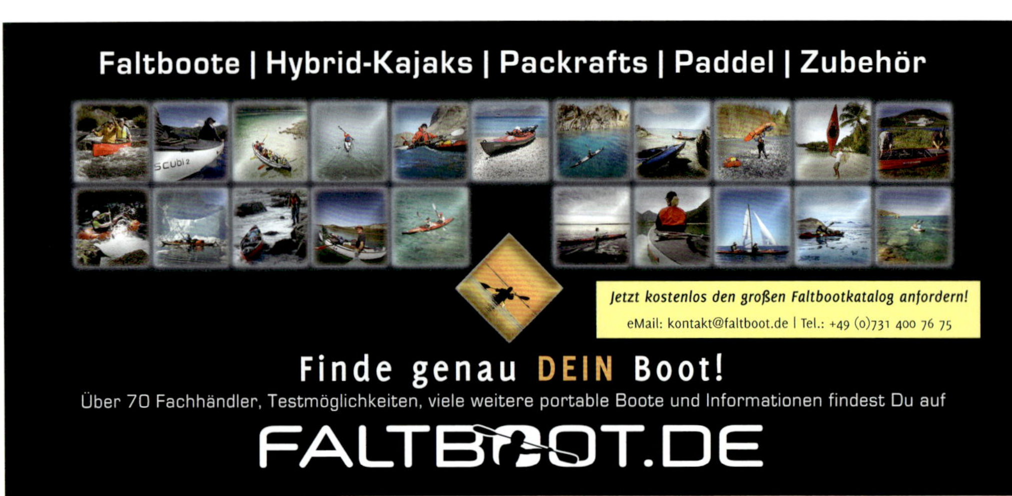
Faltboote | Hybrid-Kajaks | Packrafts | Paddel | Zubehör
Jetzt kostenlos den großen Faltbootkatalog anfordern!
eMail: kontakt@faltboot.de | Tel.: +49 (0)731 400 76 75
Finde genau DEIN Boot!
Über 70 Fachhändler, Testmöglichkeiten, viele weitere portable Boote und Informationen findest Du auf
FALTBOOT.DE

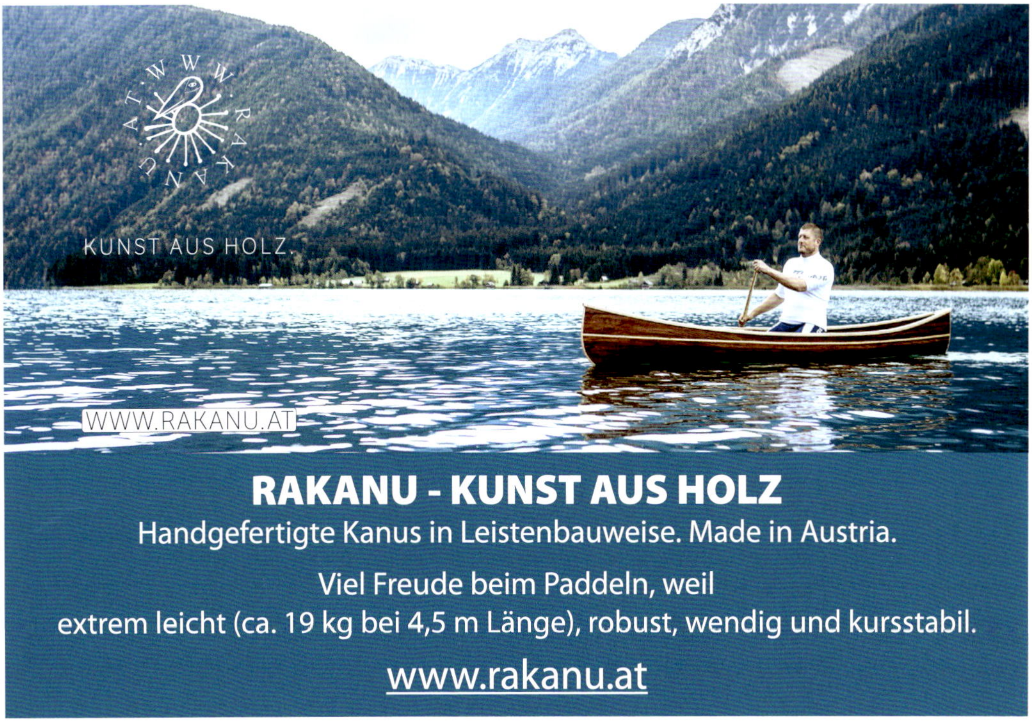

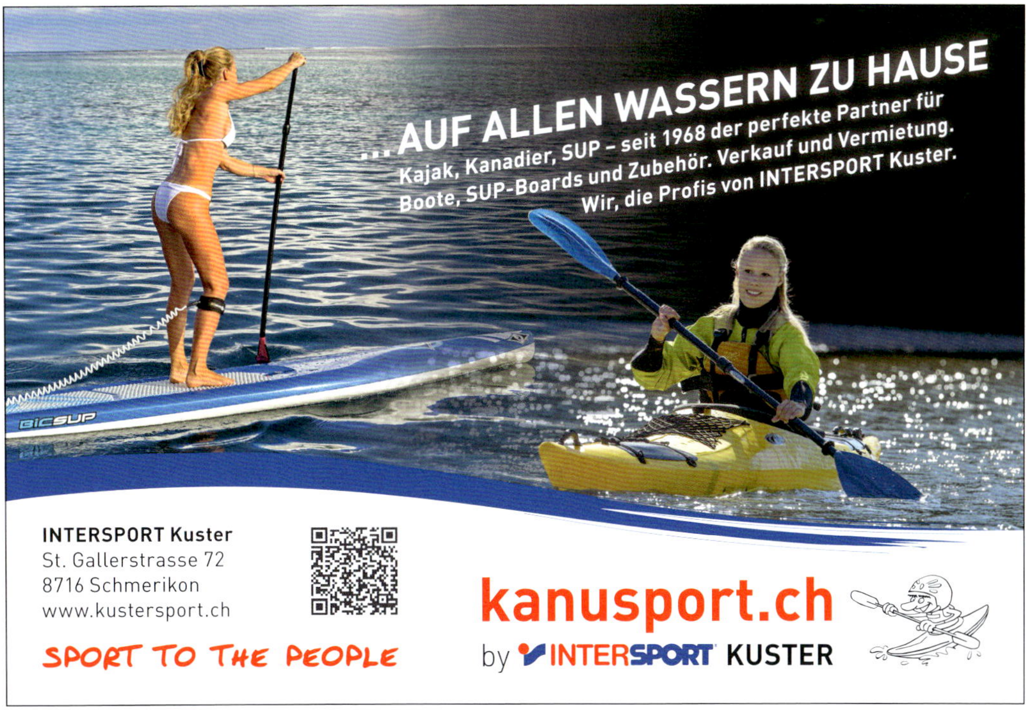

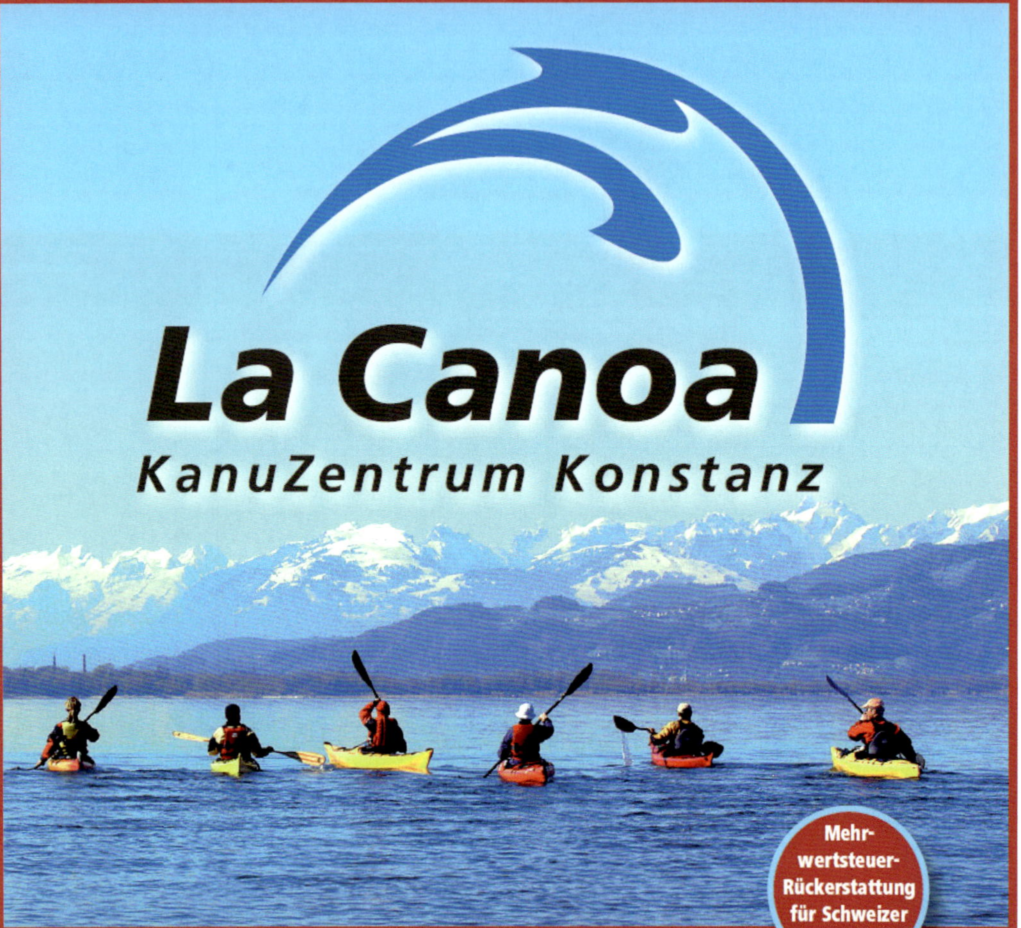

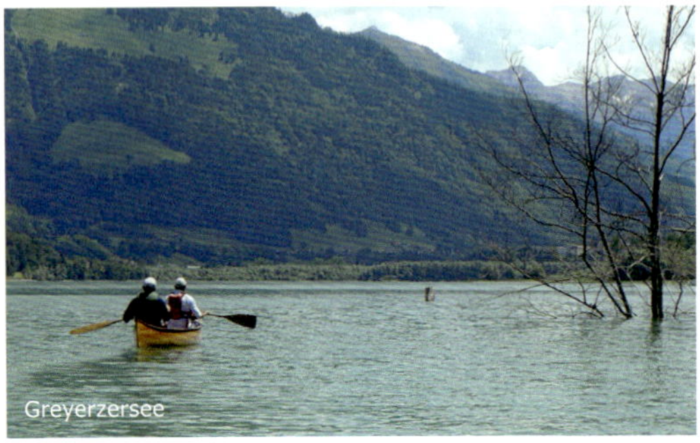

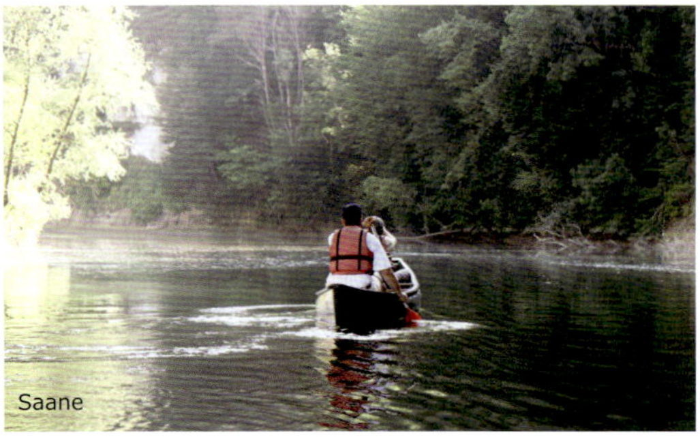

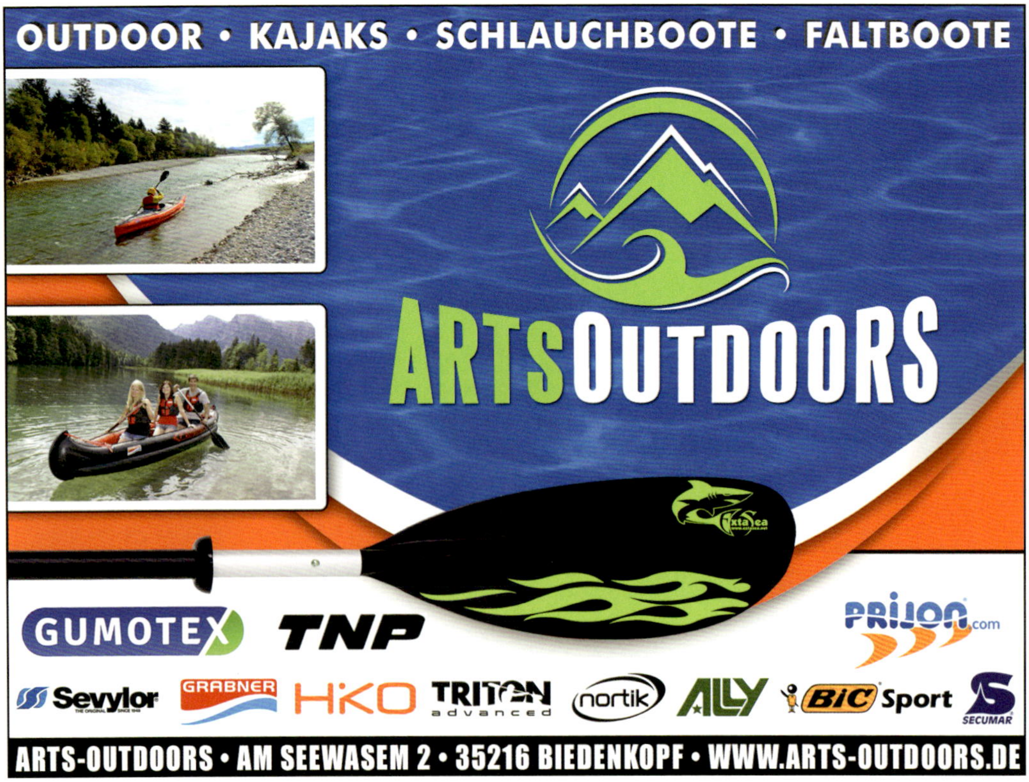

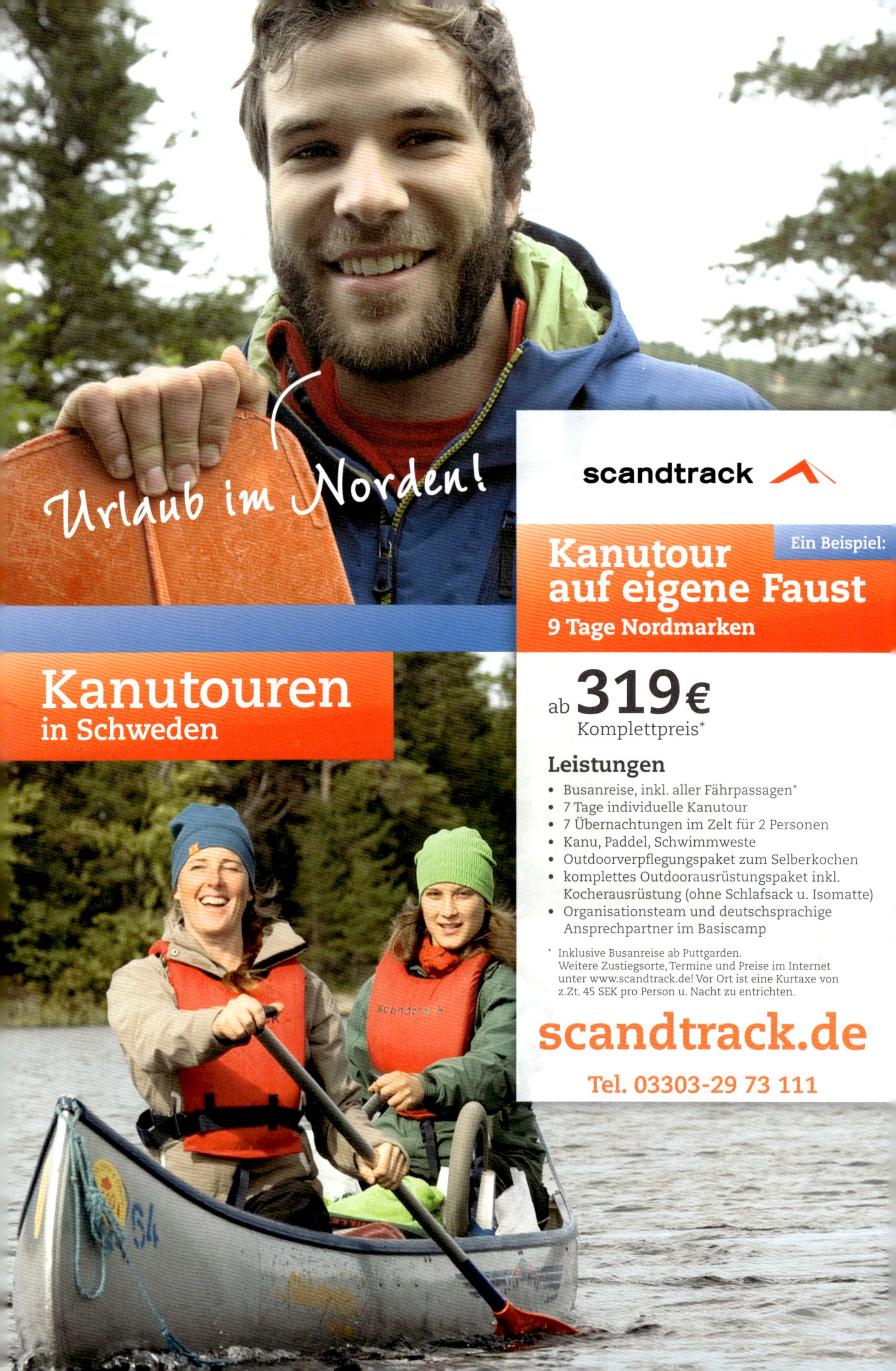

Urlaub im Norden!
scandtrack
Kanutouren
in Schweden
Ein Beispiel:
Kanutour
auf eigene Faust
9 Tage Nordmarken
ab 319€
Komplettpreis*
Leistungen
• Busanreise, inkl. aller Fährpassagen*
• 7 Tage individuelle Kanutour
• 7 Übernachtungen im Zelt für 2 Personen
• Kanu, Paddel, Schwimmweste
• Outdoorverpflegungspaket zum Selberkochen
• komplettes Outdoorausrüstungspaket inkl. Kocherausrüstung (ohne Schlafsack u. Isomatte)
• Organisationsteam und deutschsprachige Ansprechpartner im Basiscamp
* Inklusive Busanreise ab Puttgarden. Weitere Zustiegsorte, Termine und Preise im Internet unter www.scandtrack.de! Vor Ort ist eine Kurtaxe von z.Zt. 45 SEK pro Person u. Nacht zu entrichten.
scandtrack.de
Tel. 03303-29 73 111

Binnenschifffahrtszeichen

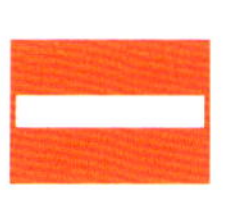
Durchfahrt verboten

Gesperrte Wasserfläche

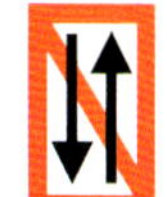
Begegnungs- und Überholverbot

Überholverbot allgemein

Ankerverbot

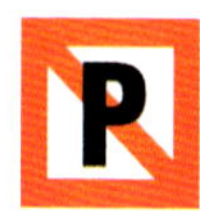

Stilliegeverbot

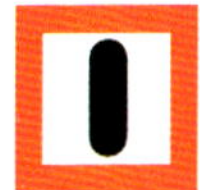
Vorsicht

Festmachverbot

Wellenschlag vermeiden

Fahrverbot für Fahrzeuge mit Motor

Fahrverbot für Sportboote*

Fahrverbot für Fahrzeuge ohne Motor oder Segel

Geschwindigkeit nicht überschreiten

Begrenzte Fahrwassertiefe

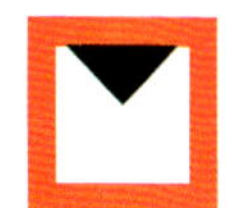
Begrenzte Höhe über Wasserspiegel

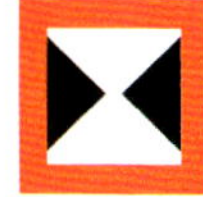
Begrenzte Breite

Fahrwassereinengung rechtes Ufer

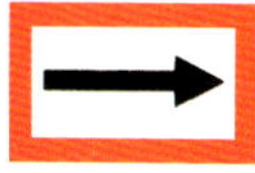
Gebotene Fahrtrichtung

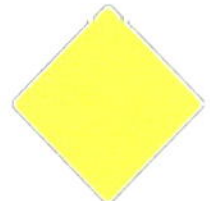
Empfohlene Durchfahrt

Empfohlene Durchfahrt zwischen 2 Schildern

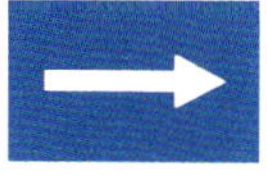
Fahrtrichtungsempfehlung

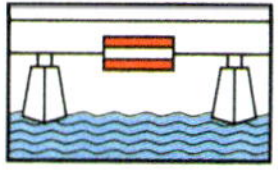
Durchfahrt unter Brücke verboten

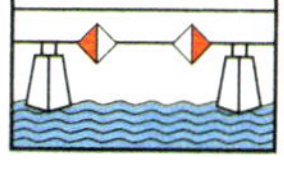
Durchfahrt nur zwischen Schildern

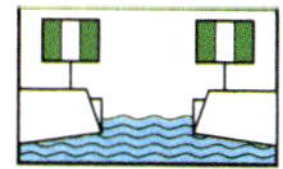
Wehr Durchfahrt frei

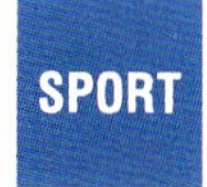

Fahrerlaubnis Sportboote (z.B. Schleuse)

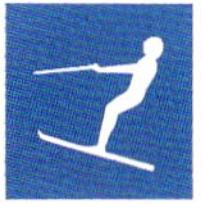
Wasserskistrecke

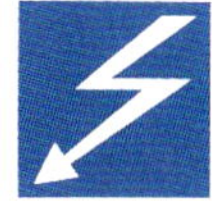
Hochspannungsleitung kreuzt

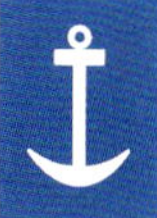
Ankererlaubnis

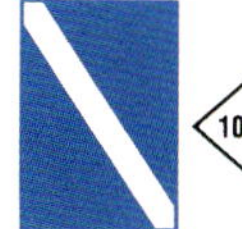
Ende von Einschränkungen

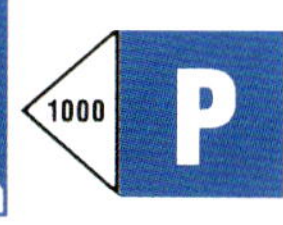

Erlaubnis zum Stillliegen auf 1.000 m

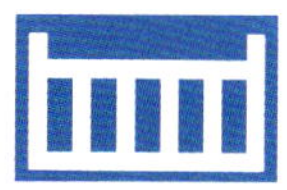
Hinweis auf ein Wehr

nicht frei fahrende Fähre (z.B. Seilfähre)

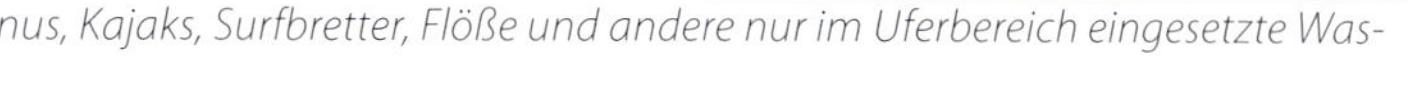

Nach europäischem Recht sind Kanus, Kajaks, Surfbretter, Flöße und andere nur im Uferbereich eingesetzte Wasserfahrzeuge KEINE Sportboote!

Wichtige Schallsignale in der Binnenschifffahrt

Signal	Bedeutung
—	Achtung
•	ich richte meinen Kurs nach Steuerbord
• •	ich richte meinen Kurs nach Backbord
• • •	meine Maschine geht rückwärts
• • • •	ich bin manövrierunfähig
• • • • • •	Gefahr eines Zusammenstoßes *(mehr als fünf kurze Töne)*
— •	ich wende über Steuerbord
— • •	ich wende über Backbord
— — —	ich will überqueren
— — — — —	Notsignal *(wiederholt lange Töne)*

• *kurzer Signalton* — *langer Signalton* *Steuerbord (rechts, grün)* *Backbord (links, rot)*

Register

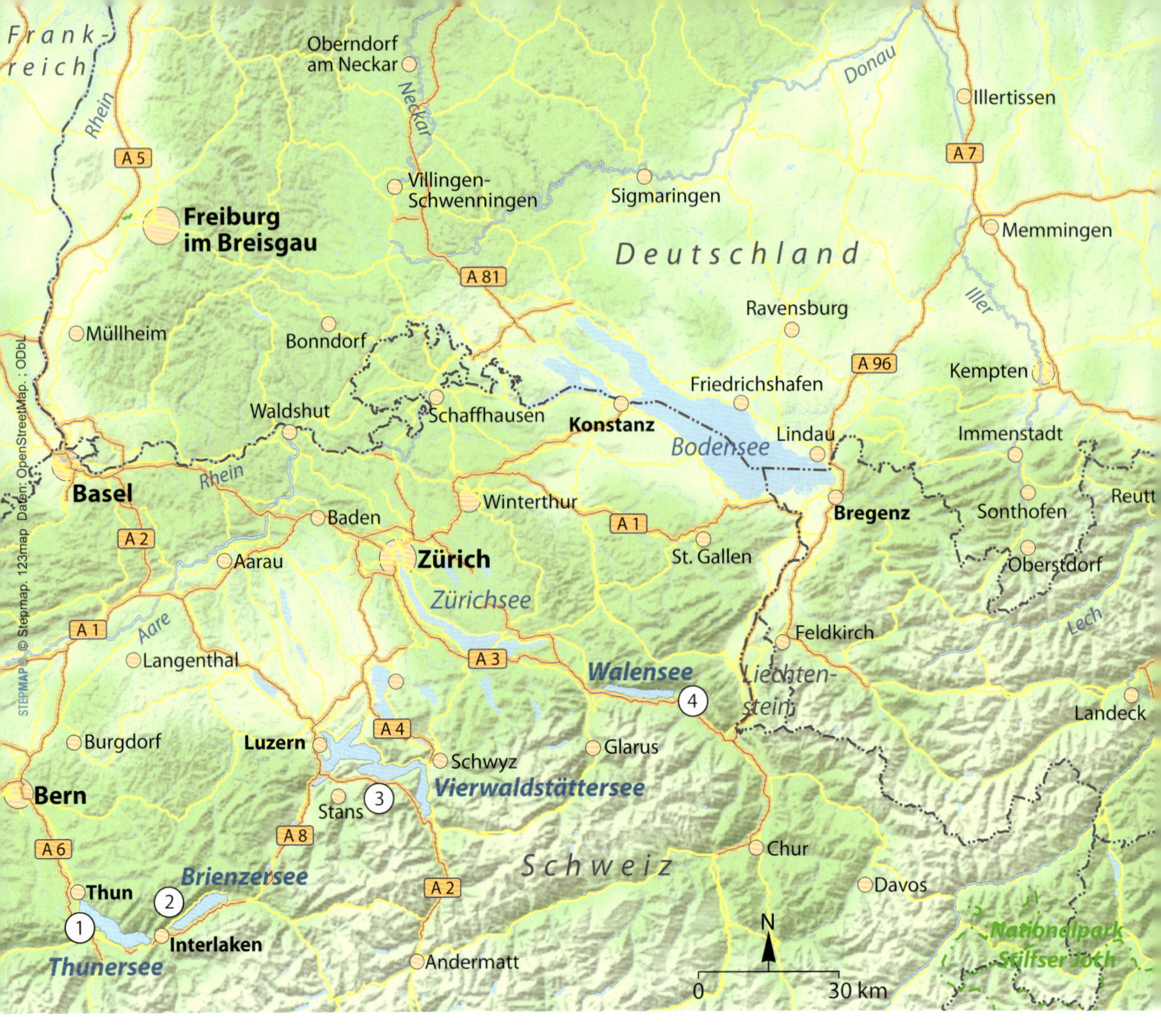
Frankreich
Rhein
A 5
Freiburg im Breisgau
Oberndorf am Neckar
Neckar
Villingen-Schwenningen
Sigmaringen
Donau
Illertissen
A 7
Memmingen
Deutschland
A 81
Iller
Müllheim
Bonndorf
Ravensburg
A 96
Kempten
Friedrichshafen
Waldshut
Schaffhausen
Konstanz
Bodensee
Lindau
Immenstadt
Basel
Rhein
Winterthur
Bregenz
Sonthofen
Reutt
A 2
Baden
A 1
St. Gallen
Aarau
Zürich
Oberstdorf
Zürichsee
A 1
Aare
Feldkirch
Lech
Langenthal
A 3
Walensee
Liechtenstein
Landeck
A 4
Burgdorf
Luzern
Glarus
Schwyz
Bern
Vierwaldstättersee
Stans
A 6
A 8
Chur
Brienzersee
Schweiz
Thun
A 2
Davos
Interlaken
Thunersee
Andermatt
N
0
30 km
Nationalpark Stilfser Joch
STEPMAP © Stepmap, 123map Daten: OpenStreetMap, ODbL